U0541612

欧洲现代史（1878—1919）
欧洲各国在第一次世界大战前的交涉

〔英〕乔治·皮博迪·古奇　著

吴莉苇　译

G. P. GOOCH

HISTORY OF MODERN EUROPE, 1878−1919

本书根据 Henry Holt and Company 出版社 1923 年版译出。

"二十世纪人文译丛"
编辑委员会

* 陈　恒（上海师范大学）

　陈　淳（复旦大学）

　陈　新（上海师范大学）

　陈众议（中国社会科学院）

　董少新（复旦大学）

　洪庆明（上海师范大学）

　黄艳红（上海师范大学）

　刘津瑜（美国德堡大学）

　刘文明（首都师范大学）

　刘耀春（四川大学）

　刘永华（复旦大学）

　陆　扬（北京大学）

　孟钟捷（华东师范大学）

　彭　刚（清华大学）

　渠敬东（北京大学）

　宋立宏（南京大学）

　孙向晨（复旦大学）

　杨明天（上海外国语大学）

　岳秀坤（首都师范大学）

　张广翔（吉林大学）

* 执行主编

作者简介

乔治·皮博迪·古奇（George Peabody Gooch，1873—1968），英国历史学家，擅长史学史，英国近代外交史、思想史，并涉猎德、法、俄等国近代史，有关欧洲近代史的研究总以史料详赡著称，已译为中文的《十九世纪历史学与历史学家》是其备受推崇的名著。

译者简介

吴莉苇，历史学博士，曾任教于中国人民大学国学院，现为自由译者。2000—2014年间发表专业论文近40篇，撰写并出版专著5部（含合著），译著1部。2016年至今已出版翻译专著有《历史上的身体：从旧石器时代到未来的欧洲》《圣彼得堡：三百年的致命欲望》《设计异国格调：地理、全球化与欧洲近代早期的世界》，参与翻译《贸易打造的世界——1400年至今的社会、文化与世界经济》。

总　序

"人文"是人类普遍的自我关怀，表现为对教化、德行、情操的关切，对人的尊严、价值、命运的维护，对理想人格的塑造，对崇高境界的追慕。人文关注人类自身的精神层面，审视自我，认识自我。人之所以是万物之灵，就在于其有人文，有自己特有的智慧风貌。

"时代"孕育"人文"，"人文"引领"时代"。

古希腊的德尔斐神谕"认识你自己"揭示了人文的核心内涵。一部浩瀚无穷的人类发展史，就是一部人类不断"认识自己"的人文史。不同的时代散发着不同的人文气息。古代以降，人文在同自然与神道的相生相克中，留下了不同的历史发展印痕，并把高蹈而超迈的一面引向二十世纪。

二十世纪是科技昌明的时代，科技是"立世之基"，而人文为"处世之本"，两者互动互补，相协相生，共同推动着人类文明的发展。科技在实证的基础上，通过计算、测量来研究整个自然界。它揭示一切现象与过程的实质及规律，为人类利用和改造自然（包括人的自然生命）提供工具理性。人文则立足于"人"的视角，思考人无法被工具理性所规范的生命体验和精神超越。它引导人在面对无孔不入的科技时审视内心，保持自身的主体地位，防止科技被滥用，确保精神世界不被侵蚀与物化。

回首二十世纪，战争与革命、和平与发展这两对时代主题深刻地影响了人文领域的发展。两次工业革命所积累的矛盾以两次世界大战的惨烈方式得以缓解。空前的灾难促使西方学者严肃而痛苦地反思工业文明。受第三次科技革命的刺激，科学技术飞速发展，科技与人文之互相渗透也走向了全新的高度，伴随着高速和高效发展而来的，既有欣喜和振奋，也有担忧和悲伤；而这种审视也考问着所有人的心灵，日益尖锐的全球性问题成了人文研究领域的共同课题。在此大背景下，西方学界在人文领域取得了举世瞩目的成就，并以其特有的方式影响和干预了这一时代，进而为新世纪的到来奠定了极具启发性、开创性的契机。

为使读者系统、方便地感受和探究其中的杰出成果，我们精心遴选汇编了这套"二十世纪人文译丛"。如同西方学术界因工业革命、政治革命、帝国主义所带来的巨大影响而提出的"漫长的十八世纪""漫长的十九世纪"等概念，此处所说的"二十世纪"也是一个"漫长的二十世纪"，包含了从十九世纪晚期到二十一世纪早期的漫长岁月。希望以这套丛书为契机，通过借鉴"漫长的二十世纪"的优秀人文学科著作，帮助读者更深刻地理解"人文"本身，并为当今的中国社会注入更多人文气息、滋养更多人文关怀、传扬更多"仁以为己任"的人文精神。

本丛书拟涵盖人文各学科、各领域的理论探讨与实证研究，既注重学术性与专业性，又强调普适性和可读性，意在尽可能多地展现人文领域的多彩魅力。我们的理想是把现代知识人的专业知识和社会责任感紧密结合，不仅为高校师生、社会大众提供深入了解人文的通道，也为人文交流提供重要平台，成为传承人文精神的工具，从而为推动建设一个高度文明与和谐的社会贡献自己的一份力量。因此，我们殷切希望有志于此项事业的学界同行参与其中，同时也希望读者们不吝指正，让我们携手共同努力把这套丛书做好。

"二十世纪人文译丛"编委会
2015年6月26日于光启编译馆

译者前言兼阅读指南

书的读后感还是交由相关领域的专家或爱好者吧，作为译者，我只简单谈几点与阅读和翻译有关的感想。作为前言而非后记，是受到外审启发，希望读者在阅读正文前能先将此篇作为阅读指南浏览，便少了许多可能会有的阅读困惑。

首先，就本书作为一部学术著作的写作特点需注意之处。

一部在事件发生后不久借助第一手史料撰写的以外交关系为主线的当代史著作，其史料价值不言而喻，作者删繁就简设置诸条平行线索又最终汇聚于"零时"——世界大战——的手法也足够表明他驾驭史料以及于森林中开路的能力。想提请注意的是，此书以外交关系为主线，所以读者不该因为没有全面铺陈各个时期的重大事件包括世界大战的进程而非议作者。对大战进程的叙述——很多人恐怕正好对此类内容最感兴趣——虽然不多，但言简意赅且气势如虹，偶尔出现的几个细节描述还总是令人动容，充分体现出取舍资料的能力与表达能力。

既然是以外交关系为主线，则毋庸诧异书中着墨较多的、形象鲜明的通常是外交部官员和驻外大使们。当然，德国的皇帝与首相是外交系统之外形象非常突出的人物，相反，英国的女王和国王就常在幕后，连首相都半遮半掩。这未必是作者有意为之，而是恰好由英、德两国政治体制及实际政治运作的差异所决定。我们同样也能从法国政治人物的姓名在一个事件的进程中频繁更迭而领会法国的政治特征。

另外，作者是英国人，涉及英国事务常用"我们"的口吻，而且谈及英国政府官员的职务时独独用"大臣"一词（比如Foreign Secretary, Chancellor of the Exchequer），对其他国家的则用"部长"（minister）。因此，涉及英国官员时，经常不会出现"英国"这个前缀，但从用词便能判断是指谁。作者其实不只省略英国官员的国别前缀，对于别国的也经常省略。要把这算为他的叙述风格，还是视为用语不规范？端看读者是读新闻的立场还是读书（尤其是一本接近100年前的书）的立场。其实，阅读时注意这部分内容的基本语境是哪国对哪国的交涉，则出场人物是哪国什么官员也就能清楚了。还有一则算是常识的是，君主制国家的政府首脑译为"首相"，共和制国家的译为"总理"，美国的政府首脑则是"总统"（法国总统偶尔出现），知道这一点也有助于判断人物国别。因此，但凡不真正影响理解的，译者保留这种省略风格。尤其是引用他人话语的段落中出现的这类人称或国别的省略，译者更认为不应当修改，还请读者多留意上下文。

书中对于政坛人物，尤其是英法政坛人物的职务和变更状况几乎不做介绍，大概预计所有读者都已熟稔这些内容。而且作者在《前言》已说明此书是菲弗同题作品的续章，因此对于书中所涉时代的前奏并无什么介绍，也是预期读者在读关于1878—1914年的史书之前已经知晓前一个阶段的基本历史，毕竟这不是通史。对此，一一加译注未免太过烦琐，因此译者在索引中尽量补充了人物的职务，懒得查找传记的读者至少要懂得利用索引。

此书在国外常被选为大学教材，但以我们的历史教材眼光衡量难免非常不习惯，因为它不是第1章到第19章就对应第1年到第36年的顺序，而是连续几章平行叙述同一个时段，只是每章的主角国家不同，当你以为读过一章已经跨越10年之后，发现下一章又回到这个10年的开端，同时还收放自如且不加提示地插入前一章或前几章出现过的事件。可能对有些读者而言更要命的是，这样的写作结构下，竟还连个大事年表都没有。对于以上诸种不适，我谨希望读者，修改对"教材"这种体裁的刻板印象，遇到有兴趣或有疑问之处不惮于从他处查阅补充材料，多读几遍。最后还有一招，就是自己总结事件表或人物表。

此外,在引文说明、参考资料著录及名词统一,亦即时下流行的"学术规范"问题上,1922年的作品的确不如当今作品仔细和明朗。学术规范是逐代积累方具有今日之面貌,后来者既踩在前人肩上便也不该对此过于刻薄,我们需要诉诸时代语境而加以体谅。对于格式不规范的,译者尽力补足与矫正;但对于术语多样化这个问题——比如对于一则讲话,有"宣言""演说""评论""声明"等多种称呼,译者以为这就同作者喜欢用"我们",喜欢用人称代词称国家,喜欢做点无伤大雅的定语和主语省略一样,是他个人修辞风格的体现,也是在学术规范还没有成为八股体例的年代里,学术著作所能享有的"特权"。译者对此加以保留,除了让我们体验一下作者的风格,也让我们反思一下学术著作的写作体例是否只能打着"规范"的名义而日趋僵硬?

其次,对"翻译"这一本书的些许感想。

在翻译本书时,译者明显受制于中文里表达"国家"和契约文件之词汇的贫乏。眼睁睁看着Power、Nation、State、Fatherland、Motherland、Home nation、Country、National home都只能淡漠地写为"国家"或"祖国",完全不能呈现原书使用不同词汇时的情感,着实有种力不能逮的痛楚。作者还喜欢给国家冠以性别人称。凡主权国家都称为"she"。非主权国家如奥斯曼帝国治下各行省,虽然历史上也是个有君主的"国家",却都用了"it",大约就是为了表明这些地区不独立也就没有人格。虽然这种人称表达与今天学术表述中统一用"it"指国家大不相符,涉及近东和北非那些奥斯曼帝国行省时似乎还有歧视嫌疑,但除了有几处指波斯和印度时人称前后不一致,统一改为"她"或"她们",其余的译者都加以保留,因为作者的感情倾向没必要尽皆抹杀。作者在提到"政府"时也常用人称代词略指,有时写为单数的"it",有时又用复数"they",且明显可见是指政府成员班子。这种情况下,译者统一译为"他们",不管是指一国政府还是多国政府,理由就是这个词出场时其内涵总是指政府班子而非一个机构。看到这种人格化指称时，作者对"国家"这个概念或这种观念的拳拳之心跃然而出。我们固然可以说，这种表述有违学术的中立精神，但学术著作非得都冷脸相待吗？

如果说不能传达有关"国家"之词汇的情感色彩会让人心痛，那么书中关于法律契约的一连串词汇——act（法案）、accord（协定）、agreement（协议/协定）、convention（协定）、compact（合约）、covenant（公约）、engagement（约定）、entente（协约）、pact（协定）、protocol（议定/议定书）、stipulation（约定）、treaty（条约）——不能通过中文语汇立刻获知其法律地位和彼此差异，这就令人有些胆战心惊。上文列出了译者给这些术语分配的中文名称，显然有好些是重叠的。这是中文在法律术语上的先天不足，译者也是勉为其难。需要指出的是，作者在谈同一份外交法律文件时可能用到不同词汇，比如有时说"treaty"，有时说"convention"，有时大写，有时小写。对此，译者尽量保留作者用词的差异，同时大写的加书名号，小写的不加。理由如下：（1）作者的用词差异常常是书名号内外的差异，即谈论一份特定文件时用某个词并且大写，而在说到缔结该文件这一事件及其进程时，用另一个词或另两个词并且小写；（2）用词差异有时来自将其他欧洲语言译为英文，比如一份外交法律文件，可能在英文里称"treaty"，但将德国人的表述翻译为英文时就要用"convention"才更贴切，这常涉及引用他人话语时；（3）一份契约文件在历史档案中的名称与当事人在信函或其他作品中提到的名称不一样，在不同国家间或涉及该文件不同阶段产物时也会有不同称呼；（4）同样包含作者用词多样化的努力。凡此种种，译者以为不必依循大一统体例，以遵循原文为上。实在有疑问时，可参照索引，索引中提供的加书名号的名称是文中给一份外交文件的正式名称，还原到相应页码便知彼处谈论的（系列）文件或事件围绕的是这一份文件。

再回到语言互译时言尽其意的问题。到底英语的表现力丰富还是汉语的表达法精妙，正反双方都能析出如山的论据，最后免不了来句和事佬的话收场。作为一个出于实用原因而要频繁观照这两种语言的人其实懒得把这种论题扩充为论文。译者想到的却是，关于"国家"和契约文件这两例表明，倘若某个概念在一种语言中有丰富多样的表达法，说明这种概念在此语言所属文化中的重要性，我们若是借此捕捉一下某种文化乐意关心什么又乐得不在意什么，倒是有更深的开掘空间。

最后，关于这本书的基本内容——战争、政治、国家利益、人类命运，也难免有点感想。

在涉及正义与良心的问题时，政治的原则以及政治家的行为绝大多数都是令人失望乃至痛心疾首的，作为"利益"婢女的政治从不耻于不懂正义。在这样的亘古事实之下，世纪之交的英国和美国政坛上时常体现出的希望在不损害本国利益的基础上顾及正义，此种态度和相关人物的言行已经让身为读者的我感激涕零，哪怕这些个体人物最终受制于政治考量或力量问题而最终不能竭力捍卫正义。

还要注意的是，这些政治家常常以本国舆论支持正义或批评不义为发声或行动的由头，对此我无法恶意地揣度说舆论监督只是该国政治的幌子。这是那个时代英美人士在文明精神上走在人类前列的一个表征，是西方文明的善之花蓬勃绽放出的馥郁。

然而，才过一个世纪多一点，今天的我们已经不得不在担心西方文明最好的一面会衰退，而世界性的恶会蔓延。比照当前中东与近东的复杂局势重温这本近100年前的著作，不免嗅到一些大国政治遗产或政治遗留的气息。不过我非政治史或国际关系的专家，不宜妄置评论，凡悉心阅读者都会有自己的感念。但是，希望人类始终能够坚守追寻光明与正义的勇气，希望人类每一次面临困顿乃至黑暗之时都能踏上光明与正义之途。

吴莉苇

2017年6月1日初稿

2018年5月2日于上海师范大学光启国际学者中心补记

目 录

前　言 / 1

第一章　条约之后 / 3

第二章　三国同盟 / 27

第三章　争抢非洲 / 57

第四章　保加利亚与各国 / 87

第五章　奥德同盟 / 117

第六章　威廉二世 / 140

第七章　亚美尼亚与克里特 / 172

第八章　法绍达 / 195

第九章　南非战争 / 219

第十章　英法协约 / 247

第十一章　英俄协约 / 270

第十二章　近　东 / 290

第十三章　英德竞争 / 311

第十四章　阿加迪尔 / 333

第十五章　巴尔干战争 / 356

第十六章　风暴间隙 / 387

第十七章　世界大战：第一阶段 / 407

第十八章　世界大战：第二阶段 / 442

第十九章　善　后 / 480

索　引 / 507

前　言

大战的结果之一是柏林、维也纳和彼得格勒的档案开放，并且出现了难以计数的自传，记录并解说当权者们、大臣们、外交官们、士兵们和水手们在斗争爆发前的一代时光中或冲突期间所扮演的角色。尽管这类文献满是争议并需谨慎使用，但已积累起充足的材料使得重构柏林会议（Congress of Berlin）至《凡尔赛条约》签订期间欧洲历史主线的尝试合情合理。普日布拉姆（Alfred Francis Pribram）教授的《奥匈密约，1879—1914》（*The Secret Treaties of Austria-Hungary, 1879-1914*）以及关于法俄同盟及与意大利之《协约》的诸黄皮书披露了在大国之间划分成的外交集团的责任与转变。通过下令公开1871—1914年间外交部档案中大多数重要的急件和备忘录，共和制德国（Republican Germany）[1]给她的战胜者们树立了一个榜样，这些文件的前六卷给出截至俾斯麦（Otto von Bismarck）下台时的故事。布尔什维克党人于对抗旧政权和旧外交的运动中再度披露大量急件和电报、条约和议定书，使我们得以估量罗曼诺夫王朝的末代统治者的野心。

在一部单卷本著作的限度内给一个事件积案盈箱、新思想蠢蠢欲动、发明与发现凯歌常奏的时期做出公正评判，这是痴心妄想。本书的主题是欧洲列强彼此的关系。它是一部论欧洲的历史，不是一部论世界的历史。如果

---

[1] 指魏玛共和国，但"魏玛共和国"是后世历史学家的称呼，1871—1945年间德国自己的国号都是"Deutsches Reich"，即"德意志帝国"。——译注

大不列颠因埃及而同法兰西争执或因阿富汗而同俄罗斯争执,那我们必须稍微跨出地中海或里海。但描述1896年的委内瑞拉危机、1899年的布尔战争(Boer War)或者1904年的日俄冲突就完全不是我们的义务。处理国内事务也不必定是我们的目标,比如(英国与爱尔兰的)地方自治或(从北欧到世界范围的)女性选举权、(法国的)德莱弗斯案件(Dreyfus case)或废除与罗马教皇的协定,以及德国社会主义的兴起或(俄国)斯托雷平(Pyotr Stolypin)的农业改革。

没人比笔者更清楚,研究在大战的火焰中毁于一旦的欧洲体系是一项危险的事业,他所达成的任何结论都必然是暂时性的。我们拥有可供稳步追踪发展主线的充足材料;然而每个月都会给我们的认识增加细节,给主角们的人格增添更明确的激赏之情。未来的历史学家将会知晓更多眼下对我们隐藏的东西,而且他将以比那些被风暴和地震震撼过的历史学家更冷静的精神完成任务。

本书意欲作为菲弗(Charles Alan Fyffe)令人高山仰止之《欧洲现代史,1792—1878》(*A History of Modern Europe, 1792-1878*)的续貂之作,菲弗著作迄今仍活色生香一如其出炉之际。

乔治·皮博迪·古奇

1922年12月

第一章　条约之后

1878年7月自柏林会议返回后，比肯斯菲尔德（Beaconsfield）[1]对鼓掌喝彩的群众宣告："我给你们带来了体面的和平。"[2]然而《柏林条约》没有给巴尔干地区的纠结难题提供永久性解决方案，且大多数签约国在失望与屈辱之情下给德国首都留下了刺痛，这预示着欧洲的安宁凶多吉少。土耳其失去了欧洲领土的一半；罗马尼亚怨恨比萨拉比亚（Bessarabia）回归俄国；保加利亚懊恼地惦记着无效的《圣斯特凡诺条约》（the Treaty of San Stefano）分配给她的广阔边界；黑山（Montenegro）尽管领土扩大了一倍，却仍梦想着同一份特许状提供她更慷慨的条款；塞尔维亚悲悼着波斯尼亚被从君士坦丁堡有气无力的掌管之下转移到哈布斯堡家族紧攥的拳头中；希腊在对她自身要求的模糊承认与其巴尔干对手们实质上获得的奖赏之间做对比；最后，俄国看到她用斗争和牺牲换来的珍贵果实被比肯斯菲尔德和安德拉希（Andrassy）[3]在俾斯麦的赞同下（如果算不上真正的鼓励）从她身边夺走了，

1　指1876年受封比肯斯菲尔德伯爵的英国首相（1874—1880年任职）本杰明·狄斯雷利（Benjamin Disraeli）。——译注
2　当代史的学生可以参考《年度记录》（*The Annual Register*）、舒尔特思《欧洲历史年表》（Schulthess, *Europäischer Geschichtskalender*）、弗雷德永《帝国时代》（Friedjung, *Das Zeitalter des Imperialismus*）。埃格尔哈夫《近期历史》（Egelhaaf, *Geschichte der neuesten Zeit*）、德比杜尔《欧洲外交史，1878—1916》（Debidour, *Histoire Diplomatique de l'Europe, 1878-1916*）以及侯兰德·罗斯《欧洲各国的发展》（Holland Rose, *The Development of the European Nations*），非常全面。
3　时任奥匈帝国外相。——译注

而奥地利将波斯尼亚和黑塞哥维那（Herzegovina）作为其可耻中立的奖赏纳入囊中。

第一节

执行《柏林条约》中的条款被证明不是易事[1]，因为俄国和土耳其尽管在近期冲突中是对手，但在按照自身意愿妨碍解决问题方面同仇敌忾。"俄国政策一贯的两重性又露出来了，"索尔兹伯里（Salisbury）[2]在彼得堡[3]向英国大使奥古斯特·洛夫特斯爵士（Lord Augustus Loftus）抱怨，"能想得出的每条诡计、对《条约》的每个细微曲解都被用来妨碍对它的恰当执行。但是从里瓦几亚（Livadia）[4]那里我们除了声明有意遵守《条约》之外什么都得不到。主要问题是：他们是否将在5月3日从罗马尼亚南部全境撤离；如果不撤，我看不到怎么能维系和平；因为既已敦促土耳其人信守《条约》撤离巴统（Batum）、瓦尔纳（Varna）和舒木拉（Schumla），我们不可能在危难时弃他于不顾。沙皇明白名誉问题的意思。"[5]

1878年下半年，针对保加利亚边境定界没有任何进展，而沙皇在此项任务达成之前拒绝从巴尔干半岛撤回军队。英国特派员哈姆利将军（General Hamley）被指示要确保土耳其获得一个可供防御、设防和驻军的边境，然而俄国要求她的保加利亚"小宠"获得更宜人的边境。1879年1月，戈尔恰科夫（Alexander Mikhailovich Gortchakoff）[6]在一份傲慢的急件中指控大不列颠蓄意阻挠进度，索尔兹伯里爵士对此反驳说，拖延是由于俄国代表断言

---

1 见 Hertslet, *Map of Europe by Treaty*, IV；Holland, *The European Concert in the Eastern Question*。
2 时任英国外交大臣罗伯特·阿瑟·塔尔伯特·加斯科因-塞西尔（Robert Arthur Talbot Gascoyne-Cecil），索尔兹伯里侯爵三世。——译注
3 文中有时用彼得堡，有时用彼得格勒，没有明显规则。因圣彼得堡1914年"一战"爆发后才改名彼得格勒，所以关于1914年8月之前的统一译为彼得堡，这之后的译为彼得格勒。——译注
4 沙皇在克里米亚的夏宫。——译注
5 1878年10月16日，Lady G. Cecil, *Life of Lord Salisbury*, II, pp. 344–345。
6 时任俄国首相。——译注

这些安排只是暂时性的，而罗马尼亚东部最终将并入保加利亚。平心而论，沙皇比他的一些臣僚要明智得多，他于春天指示他们必须接受并执行《条约》。自此以后，边境谈判进展顺利。作为对这项迟到承诺的回报，俄国被允许以5月3日作为撤军的起始时间而非撤军进程的结束时间，只要撤军进程在三个月内完成。

柏林会议的主要成就是摧毁了在《圣斯特凡诺条约》召集下形成的大保加利亚。[1] 马其顿（Macedonia）回到土耳其苏丹的直接统治下，罗马尼亚东部被承认为土耳其总督监管下的自治区，保加利亚作为一个位于巴尔干山脉和多瑙河之间、有两百万人口的农业国家而就此起家。会议上理所当然地认为新政权会成为其缔造者的爪牙；当俄国文官武将们屈尊蜂拥至索非亚（Sofia）时，这个预期实现了。该国选举统治者之事悬而未决，由一位俄国特派员东杜科夫亲王（Prince Dondukoff）掌舵，他把保加利亚当作俄国的总督辖区对待，并希望为一位俄国亲王（如果不是为他自己）保留该国王位。这位特使起草的宪法是民主制条款与执行性独裁的奇怪混杂，其所对抗的是当政者和议会的协同围攻，而沙皇作为挽救僵局的鬼使神差之力盘旋在幕后。于是，一院制、男性公民选举权、国民偿付、免费义务教育和一家自由新闻社由于部长们不对可被当政者解散的议院负责这一事实而被对冲。这部宪章在1879年4月于古城特尔诺沃（Tirnovo）举行的名流议会上被接受，当时巴腾堡的亚历山大亲王（Alexander Prince of Battenberg）——黑森的亚历山大亲王（Prince of Hesse，黑森大公的表兄弟）与一位波兰女伯爵门不当户不对的婚姻所生下的儿子——奉诏坐上王位。这位亲王尽管只有22岁，却已在土耳其战争中为俄国人——因此也为保加利亚人——而战，并且是一位有着武人举止和赢家风范的帅小伙。他是与之有姻亲关系的叔叔沙皇选的人，而且他身着俄国将军的制服对宪法宣誓。"从我手中接受你的亲王，"沙皇对保加利亚来的一位代表说，"爱他如同我爱他。"

---

[1] 见 W. Miller, *The Balkans*；Nevill Forbes and others, *The Balkans*。

保加利亚人自然怨恨俄国为了补偿罗马尼亚放弃比萨拉比亚而将保加利亚的领土多布罗加（Dobrudja）移交给罗马尼亚的举动；但除此之外，他们对解放者心怀感激。这位亲王全心分享了他们的情感；然而对俄国人之监管的一番快捷体验同时在这位当政者和他的人民那里造成了剧情突转。"我献身于沙皇并且希望别做任何能被附会为反俄国的事，"他在登基几周后致信罗马尼亚的卡罗尔亲王（Prince Carol）时说，"但不幸的是俄国官员行事极度欠缺考虑。所有部门说的话都一团混乱。每天我所面临的都是或者签字同意俄国人的要求，或者在俄国被控告忘恩负义。我的位置实在如临深渊。我拒绝所有违背我良心之事，而每天我都必须给沙皇写信预先通知俄国官员的中伤诽谤。"[1] 对巴尔干地区外国统治的困难略有所知的卡罗尔回信说："你恐怕有一项棘手的硬活，但我相信保加利亚能摆平许多，你将会成为未来大保加利亚的奠基石。鉴于土耳其人的绝望状况，你的人民的希望将会比你期待的更快实现。再怎么圆滑老辣的外交官们也阻挠不了事件的进行。你信中说的俄国人的不端行为不令我吃惊，我明确感到你会有许多不愉快的斗争。奉劝你小心行事。"[2]

亚历山大亲王尽力维持局面，但心中怒火与日俱增。他对前往彼得堡参访的奥地利大使卡尔诺基（Kalnoky）评论道："如果俄国人继续像这个样子，不出几年他们就会成为保加利亚最讨厌的人。他们接受米卢廷（Milutin，俄国国防部长）的命令，不是我的命令。"沙皇个人的友善虽无折扣，但随着他1881年遭遇暗杀，而即位新皇并不宣称像他父亲那般爱护这位亲王，情势便日益恶化。驻索非亚奥地利公使恳求他别当玩偶，但这位年轻当政者确信螳臂当车无济于事。因为不能与反俄的议会共事，他威胁要辞职，除非授予他不受限的权力。议会被解散，宪法悬停，座无虚席的议会在接下来七年间让位于独裁统治。

1881年政变只给亲王带来表面胜利，因为真正的赢家是俄国。其后两

---

[1] Karls, *Aus dem Leben König Karls von Rumänien*, IV, p. 223.
[2] Corti, *Alexander von Battenberg*, pp. 47–49. 这部有趣的书依据亲王的报告而写。

年，保加利亚只不过就是俄国的一个省。俄国将军们被任命到内政部、国防部和司法部，驯顺的议会仅限于为预算投票。当这位勇敢的亲王开始针对霸占他权力的人起摩擦时，他被告知，俄国部长们受命于沙皇。两年之后，他借赴莫斯科参加加冕礼之机满腹酸楚地向沙皇和戈尔（Nicolay Giers）[1]抱怨俄国人的口信，而当他回国之后便恢复了1879年宪法。那些未被征询的俄国部长心怀厌恨地离开索非亚，亲王则被奉为国民英雄以及"保加利亚人的保加利亚"这一信条的捍卫者。索非亚和彼得堡之间出现某种像公开战争的气氛，亲王的信没人答复。他给德国皇储腓特烈（Frederick）写信时如是说："俄国恨我，因为她怕我，但我为此恨意感到欢欣，我全身心地回报这份欢欣，尽管环境迫使我必须在几年内控制我的感情。"当他想要迎娶德皇的孙女、普鲁士的维多利亚公主（Princess Victoria of Prussia）时，与俄国的这份疏远感有增无减，俄国方面则通过散布他私生活上的不实谣言而试图阻止他的婚姻计划。公主年纪太小而亲王的地位还没稳固到让他足以请求皇帝的允准；当他1884年参访德国时，老迈的君王和俾斯麦都告诉他，他的野心无望达成。首相单刀直入地宣告："这桩婚事不可能，而且只要我是首相，它就不会实现。德国对保加利亚没兴趣。我们的兴趣是与俄国保持和平。现在你是个保加利亚人，你就必须服从俄国。"于是，亲王发现自己在公事和私事上都遭俄国反对和围攻。俄国特务和官员仍留在这个国家忙着与本地不满现状的人串通密谋。俄国赞助人给这个新国家提供的唯一确定服务就是训练了一支军队；但当保加利亚人觉得自己才出土耳其的"虎穴"又落入俄国的"狼窝"时，他们对此丝毫没有感激之情。

　　当保加利亚开始其深受俄国统治妨碍的路线之际，作为一个受土耳其苏丹统治之自治省份的东鲁米利亚踏上一条通向统一的道路。她的居民渴望接受来自索非亚的统治，这一点在她的疆域之内和之外都无异议；而破坏他们愿望的唯一理由就是大不列颠和奥地利将会在俄国影响力至上的领域之内

1　时任俄国外交部长。——译注

加以限制的决心。代表保加利亚人意见的三位领导人起草了一份备忘录递交给各国,针对瓜分而抗议,请求善待这个省份,并宣称该地居民无疑早晚会诉诸武力。于柏林会议之后被直接任命的委员们代表六大国家和土耳其,包括代表奥地利的卡雷男爵(Baron Kallay)和代表大不列颠的亨利·德拉蒙德·沃尔夫阁下(Sir Henry Drummond Wolff)。[1] 经过在君士坦丁堡的一次初步会议后,委员会在菲利波波利斯(Philippopolis)站住脚,并且整体上工作和谐,俄国人的反对逐渐消退。

东鲁米利亚省赖以存在的《基本法》于1879年4月在君士坦丁堡签署。其宪法比起保加利亚的较不民主。在56人的议会中,36人是因财产资质或文化资质而入选,20人或是被任命或因是前政府成员。议会被允许讨论财政和行政,但不得讨论机要政治。保加利亚语、土耳其语和希腊语都被接受为官方语言,主要岗位则被委托给鲁米利亚人。阿莱科帕沙(Aleko Pasha)[2] 这位土耳其驻伦敦使馆前秘书兼保加利亚人出身的基督徒被任命为总督,配6名执行官协助。本地国民军由俄国人和保加利亚人指挥,并引入欧陆法系的司法系统。这个机制平稳运转了几年,而这更多是因为一般都承认与保加利亚的统一只是时间问题。在《柏林条约》决定了该省的命运之后,沙皇差来一位将军建议人民遵从目前的分裂状态。然而他随身带来大批寄售的来福枪,并受命发布一条煽动性消息:"俄国尽其所能来帮助你们。她不对你们与保加利亚的隔离负责。接受这些来福枪,学会如何用,以后请自便。"来福枪和建议都被接受了,居民们相信他们实现俄国的愿望也就是在实现自己的愿望,开始为不太远的未来做计划。亚历山大亲王对诸事件的预演也有份,他在被选登王座之时向安德拉希吐露说,他会尽可能久地尊重《柏林条约》,但不可能永久分裂。

俄国对土耳其的战争在罗马尼亚人的帮助下赢了,但俄国提出了难得会

---

1 见 Drummond Wolff, *Rambling Recollections*, II, pp. 197-241。
2 "Pasha"是奥斯曼土耳其帝国及其治下之埃及的荣誉头衔,相当于英文的"knighthood"。——译注

施加于盟友的惩处且获各国赞同。俄国争辩说比萨拉比亚是在克里米亚战争之后从她手里被夺走的,罗马尼亚人反驳说它是俄国人1812年割走的。不过,与在战场上的及时支援应当被奖赏而非被惩罚这种普遍情感相比,诉诸历史之举分量不够。罗马尼亚确实得到了多布罗加,但她无意于让多瑙河与黑海之间的这块湿地被剥离,因此她不觉得感激,而且那块土地上的人口主要是保加利亚人,将之与保加利亚隔离给布加勒斯特烦恼的政界人士造成额外的复杂性。

卡罗尔亲王充分分享了臣民的愤怒,他在他那有才华的妻子"祈祷者西尔娃"(Carmen Sylva)的辅佐和鼓励下自1866年起靠活力与智慧统治这个国家,并在土耳其战争中带领国家走向胜利。[1] 他在1878年8月4日给父亲——霍亨佐伦-锡格马林根的安东尼亲王(Prince Antony of Hohenzollern-Sigmaringen)的信中称:"欧洲要强迫一个在血腥战场中证明了自己的力量与活力的年轻国家交出一个省份,令人悲哀。我们在战场上赢来的独立却取决于割让比萨拉比亚,这非常伤人。当人民知晓此事时出离愤怒,即使最冷静的头脑也宣称他们宁愿放弃独立也不要支付此种代价。我劝阻部长们和其他领导者们别鲁莽行事。欧洲渴望并需要和平,不会犹豫以折中措施去强力实施柏林会议法令。在第一轮怒火爆发后,他们看到我们不能轻视欧洲。丢失一个省份对一个朝代总归是记重拳。我希望臭名别落到我身上,因为我尽了自己最大的努力避免不幸。多瑙河以外的地方不是作为比萨拉比亚的补偿给我们的。我们是作为战争补偿来获取它们。所以我们在道义上和物质上都赢了很多。这些地区大有前途。"睿智的老爹回信说:"与俄国和解是自保之需,持续的敌意将是持续的危险并将使国内发展受困。然而敌对意见依旧,罗马尼亚的所有朋友都建议暂时妥协。整个国家的能量必须集中在多布罗

---

[1] 罗马尼亚国家建立的历史在这位国王自己的报告、四卷本的《卡尔国王生平》(*Aus dem Leben König Karls von Rumänien*)中得到全面记载。这部作品被希德尼·惠特曼(Sidney Whitman)节译为英文《罗马尼亚的卡罗尔国王》(*King Carol of Roumania*)。

加。正式的抗议会成为政治错误。"[1]

罗马尼亚在1878年11月拥有了多布罗加；但它的南部边界直到两年后才确定，因为问题的真正症结是俄国人的势力范围。根据《柏林条约》，边界应当划在西里斯特里亚（Silistria）以东；但当俄国代表在国际委员会上极力争取把它移到尽可能远离保加利亚在多瑙河之要塞的地方时，其他各国的代表们便尽力把角斗场固定在如此靠近罗马尼亚土地的地方。边界线在1880年6月敲定，罗马尼亚的疆界非常贴近西里斯特里亚城。

与割让比萨拉比亚相比，对罗马尼亚人情感的折辱无出其右的是要求给犹太人平等公民权，这是《柏林条约》作为获取承认的先决条件而列入的。鉴于1866年的宪法宣称只有基督徒可以成为罗马尼亚公民，因此需要举行一个选民大会来修订宪法。激烈的辩论持续整个1879年夏天。心烦意乱的亲王抱怨道："比兵临普列文（Plevna）时的会议还糟，在家里我被指控为犹太人的拥护者，在国外我被指责为懦夫。"他父亲赞同执政到了最严重的危机时刻，但敦促他屈服，因为除了俄国之外的其他各国全都冷酷无情。斯图尔扎（Sturdza）被差遣去问俾斯麦的意见，后者答复说，《柏林条约》是个整体，一部分受到侵害则整个结构都会崩塌。当英国议会没表示同意由大不列颠发起一个让奥地利执行的联名通告时，俾斯麦威胁要将此问题诉诸土耳其。最后，在1879年10月18日，1866年宪法的剥夺资格条款被废除，犹太人被允许入籍并拥有土地。几百个曾参加战争的人得以整体入籍；但有一个例外条款，每个案例都需要立法院特别投票并获三分之二多数通过才可。索尔兹伯里爵士评论说，关于宗教平等原则的这番应酬话被各国接受了，然而不是全面履行要求，他信任罗马尼亚会越来越趋近于各国的自由目标。但他的希望不幸落空，大批犹太人口几乎依旧都是他们出生地的外国人。

俄国、奥地利和土耳其没等到废除剥夺资格条款就承认了新国家，意大利现在步其后尘。西方各国被俾斯麦劝说，在罗马尼亚买下布莱希罗德尔

---

[1] Karls, *Aus dem Leben König Karls*, IV, pp. 88–90, 96–97.

（Bleichröder）和其他德国银行家出资建设的铁路之前不要动手。德国、法国和大不列颠在1880年2月20日表示承认，此时鉴定期结束。一年之后，卡罗尔亲王采用国王头衔，他的王冠由缴获于普列文的土耳其加农炮制成。英国议会对此场合没有异议，所有大国都列席庆祝。同年，这位无嗣国王的继承人被确定为他的侄子费迪南（Ferdinand）——其西班牙王位候选人资格启动了1870年法德战争的利奥波德（Leopold）的儿子。与俄国的关系依旧紧张，1883年罗马尼亚成为三国同盟的一个秘密伙伴。年轻王国能够在和平年代和战争年代安全通过考验，既归结于其胜任的统治者，也有赖于他所信任的大臣伊安·康斯坦丁·布拉迪阿诺（Ion Constantin Bratiano），他是自由派领袖，1876—1888年间在任。

当其他巴尔干国家因参与对抗土耳其而获得奖赏的同时，希腊因保持疏远而得到回报。自这个王国成立之日，她就从没停止过要求更好的边界，战争期间塞萨利（Thessaly）发生了令人不快的示威。她的军队应各国要求撤退了，而她在柏林会议上提出的要求被允准了。德律阿尼斯（Theodoros Delyannis）[1]为她的理由辩护并得到沃丁顿（Waddington）[2]的支持；但条款24模糊得令人苦恼，因为希腊和土耳其被告诫要"校正边界"并在需要之时寻求仲裁。沃丁顿所提议的让渡塞萨利和大部分伊皮鲁斯（Epirus）的边界被插入议定书而非条约；由于柏林会议的漫不经心或胆怯而引起的争议使欧洲的大臣们在三年里殚精竭虑。[3]

希腊倾向于把在柏林提出的边界线想成自己的，并且仅仅出于程序与土耳其非正式会谈。另一方面，土耳其发布一则备忘录谴责希腊的自作主张并宣称保留对那些"幸福地在帝国法律之下的"省份的权利。——大不列颠劝

---

[1] 柏林会议上的希腊代表。——译注
[2] 时任法国总理，全名威廉·亨利·沃丁顿（William Henry Waddington）。——译注
[3] 最好的报告来自驻雅典法国公使孔德·德·穆于的《回忆录》（Comte de Moüy, *Souvenirs*）第6章《兼并塞萨利》（"L'Annexion de la Thessalie"）；比较菲茨莫里斯的《格兰维尔生平》（Fitzmaurice, *Life of Granville*），第2卷第6章。

说高门（Porte）¹于1879年春天派委员与希腊委员在普雷韦扎（Prevesa）会面；但会面只不过揭示出一致性的不可能，因为土耳其仅把议定书当作一种意见表达，而希腊把它当作欧洲考量过后之裁断来炫耀。土耳其人给的条件那么少，希腊人拒绝讨论并乞求各国帮助。在沃丁顿的建议下，希腊人和土耳其人8月于君士坦丁堡在大使们的监督下再次碰面；但谈判再度被证明徒劳无功。

经过好几个月的干涉之后，大不列颠和法国提议发布一份联名通告，要求土耳其执行议定书，并且为防止被拒绝而召开一个由专家襄助的大使会议。各国同意，若土耳其接受会议就保留她做决定的自由。会议于1880年6月在柏林召开，接受了弗雷西内（Freycinet）划定的边界线（包括雅尼纳[Jannina]²）；弗雷西内是沃丁顿的继任，也分享了沃丁顿对希腊的同情。土耳其想比柏林的议定书少提供而希腊想多要求，两者都被拒绝了；而且，在弗雷西内线被一个技术委员会付诸实行之后，土耳其与希腊都被呼吁承认它是"欧洲意愿的唯一彰显"。希腊赶紧服从了一道几乎给予她所有想要之物的命令；但土耳其谢绝了，并且没采取措施强制她。希腊现在决定占领分配给她的领土并开始军事调动。各内阁采纳了大不列颠起草的一则联名通告，通知土耳其不能重议问题且要接受近期会议确定的边界线。看起来苏丹似乎不得不屈服；因为5月重任英国首相的格莱斯顿（William Ewart Gladstone）是土耳其恶名鼎鼎的敌人以及全身心的希腊爱好者。亲土耳其的大使莱亚德阁下（Sir Henry Layard）被从君士坦丁堡召回，而戈申（Edward Goschen）虽然拒绝接替他，却接受了一项开展《柏林条约》之条款的特别使命；因为戈申像首相一样准备好使用武力强制土耳其顺从欧洲的国际公法，而且他兴致勃勃地为制服了黑山土耳其人之抵抗的强硬行动喝彩。俾斯麦则站在另一边，反对可能导向战争并因此重启东欧问题的

---

1 奥斯曼帝国政府的代称。——译注
2 即约阿尼纳（Ioannina）。——译注

高压政治。[1]

　　当此之时，土耳其缘于法国内阁的变故而获得了法国方面意想不到的帮助，此变故使儒勒·费瑞（Jules Ferry）掌权而巴托洛缪·圣伊莱尔（Barthélemy St. Hilaire）担任法国外交部长。亚里士多德著作的老练译者[2]被期望比对希腊对于文明之贡献一无所知的政治家更亲希腊；但是他出手就令欧洲惊讶，发送了一系列急件，活灵活现地描绘战争的危险、训诫希腊的军事调动之举、命令她接受仲裁并接纳土耳其关于柏林会议只不过是一项斡旋尝试的论点。这些语言在阿卜杜勒·哈米德（Abdul Hamid）听来如同乐音，但在雅典激起义愤，人们对政府投了信任票且军事准备继续进行。此时法国建议土耳其与希腊应当将她们的争议提交各国仲裁。土耳其婉拒了提议，她转而要求在君士坦丁堡进行讨论，在那里是她而非希腊应当参加。倦于争议又被俾斯麦鼓动的各国接受了迄今为止她们都谢绝的该条建议，为自己保留了万一不能达成一致而可以强制实施条款的权利。尽管俾斯麦公开宣称自己属意希腊，但戈申报告说，他在君士坦丁堡反对所有那些认为希腊若能确保任何疆界扩展就很幸运并仅仅想要土耳其做出足以阻止雅典发生叛乱之让步的同僚。戈申自己愿意出让塞浦路斯以帮助让土耳其人放弃伊皮鲁斯和塞萨利。然而这个提议被格兰维尔（Granville）[3]否决，他在一份署着1881年3月21日的公告急件中重提在柏林做出的决议并提醒各国，她们一定要满足希腊的合法愿望。土耳其现在担心大使们做出更不眷顾她的决议，于是自己提出割让塞萨利。希腊最终被分配以几乎全部塞萨利，包括拉里萨（Larissa）和伏洛（Volo），而土耳其保留除阿尔塔（Arta）县之外的伊皮鲁斯全境。雅典尽管愤怒于伊皮鲁斯逃脱她的掌握并决定未来某天用战争或外交赢回它，但她屈从了，于是耗费这么多麻烦制定出的《条约》在1881年5

1　Elliot, *Life of Goschen*, I, ch. 7; *The Mission to Constantinople*; 比较 *Die Grosse Politik*, IV, pp. 17–20.
2　指圣伊莱尔。——译注
3　指格兰维尔伯爵二世，全名格兰维尔·乔治·莱维森-高尔（Granville George Leveson-Gower），格莱斯顿任首相时期的英国外交大臣。——译注月24日签署。

俾斯麦本应更属意克里特而非塞萨利的割让；但希腊人坚持延伸他们在大陆的财产，而克里特必须要同意1868年《基本法》的修正案。《哈勒帕协定》(The Pact of Halepa)得名自1878年10月它被签署的地方——干尼亚(Canea)的郊外，该协议规定总督应任职五年并由一位顾问辅佐，该顾问宣誓效忠于不在人身上拥有他的人。全民议会一年召集40~60天，由49位基督徒和31位穆斯林组成。希腊语是议会和朝堂的官方语言。本地人有获取政府职务的优先权。在财政开支被填补之后，盈余的钱在帝国国库和地方需求诸如道路、港口、学校、医院及其他文明便利设施的需要之间平分，自从威尼斯人在17世纪被土耳其人驱逐之后，在这些方面再没投过钱。许诺了政治大赦和税收债务延期，且报纸得到授权许可。这是土耳其人让步的高峰标志。一位能干又有和事佬精神的希腊人佛蒂阿德斯帕沙(Photiades Pasha)被任命为总督，克里特岛步入一个不寻常的安宁时代。

黑山获得了奖赏给她的位于黑塞哥维那边界的宁静领土财产；但她无法获得阿尔巴尼亚的两个县古西涅(Gusinje)与普拉瓦(Plava)，这两地居住好斗的穆斯林，既不为苏丹考虑也不关心《条约》，并且反对像头牛那样被转让给一个新统治者。高门派去劝说这些游牧民遵从柏林判决的特使于1878年8月被谋杀，第二位密使则没能让他们折腰。苏丹很高兴有这样一个借口不必采取进一步行动，而且人们普遍相信曾经形成的抵制《圣斯特凡诺条约》的阿尔巴尼亚同盟会在苏丹的建议下死灰复燃。驻君士坦丁堡的意大利大使科尔蒂伯爵(Count Corti)提出一项折中建议，据此，古西涅与普拉瓦不归黑山，而黑山应获得古西涅的一部分以及波德戈里察(Podgoritza)与斯库台湖(Lake Scutari)之间一条基督徒居住的地带。这个计划被接受了，但它的执行再度遭到属天主教徒的阿尔巴尼亚人的阻挠，他们反对东正教亲王尼古拉(Nicholas)的统治。米尔迪塔(Mirdite)[1]的亲王毕布·多达

---

[1] 阿尔巴尼亚西北的一个区域。——译注

（Bib Doda）尽管自家领土未被牵涉，却长途跋涉来帮助他的天主教徒朋友，一万名武装者迅速在边境集结。

这时，曾经高调表态敬慕黑山的格莱斯顿重掌政权。各国的代表们6月在柏林会面，提议黑山应当得到杜尔奇尼奥（Dulcigno）[1]港与博扬娜（Boyana）河以南一条海岸地带。[2]这次轮到土耳其人抗议了，因为杜尔奇尼奥有穆斯林人口；而且阿尔巴尼亚秘密怂恿抵制割让。格莱斯顿时刻准备着在土耳其人关心的地方采取强硬措施，在他的建议下，各国于9月在杜尔奇尼奥海岸举行了一次海上示威，而黑山军队从陆路进入该城。他评论道："如果土耳其在杜尔奇尼奥愚弄欧洲，我们也能关停所有工作。"土耳其拒绝屈服，海军将官也无意炮轰这座小城。戈申与格莱斯顿一样对土耳其人的阻挠行径感到不耐烦，他从君士坦丁堡给格兰维尔写信称："舰队必须来这里。苏丹已开始抗争。土耳其人一定不能赢。"格莱斯顿没打算允许土耳其人赢，而当他决定夺取士麦那（Smyrna）海关时，苏丹意识到戏该收场了。土耳其司令官德威士帕沙（Dervish Pasha）将阿尔巴尼亚人逐出杜尔奇尼奥，而11月26日该城被黑山军队占领。尼古拉亲王对大不列颠确保他在亚得里亚海（Adriatic）有一个出口公开表达感激之情；但他从不发展这个港口，因为那里其实只不过是一片开放的海滩。德威士帕沙通过诈称邀请毕布·多达参观一艘土耳其船舰而把他带往小亚细亚，完满靖绥北阿尔巴尼亚，毕布·多达在小亚细亚度过他的流亡生涯，直到1908年青年土耳其革命（Young Turk Revolution）才得以回家。阿尔巴尼亚同盟的其他成员也被放逐，黑山未遇更多纷争便占有了她的遗产。

波斯尼亚和黑塞哥维那的居民与阿尔巴尼亚居民一样，反对从穆斯林统治下转让给基督徒统治；但奥地利足够强大，无须她的共同签署人协助便能

1　今名乌尔奇尼（Ulcinj）。——译注
2　见Morley, *Life of Gladstone*, III, pp. 8–10；Fitzmaurice, *Life of Granville*, II, ch. 6；Gwynn & Tuckwell, *Life of Sir Charles Dilke*, I, ch. 21。

强制执行她的《条约》。[1] 在着手从事1877年土耳其战争之前，沙皇就已通过承认奥地利吞并波斯尼亚和黑塞哥维那的权利而取得奥地利的中立立场，而借着大不列颠的提议，这些省份在柏林会议上被托付给她。然而在最后时刻，土耳其全权大使拒绝签署《条约》，除非安德拉希向他们保证占领是临时的而苏丹保留主权。安德拉希拒绝了；但两天之后即《条约》应当签署的日子，他们重申要求，而奥地利全权大使让步了。"奥地利宣布苏丹在波斯尼亚和黑塞哥维那的权益将绝不会因占领而受影响，占领被视为临时性的。会议之后会立即安排占领事宜之细节。"怀揣这份书面声明，土耳其全权大使签署了《条约》。[2]

几天之后，一份告居民书颁发："军队要穿过边境。他们作为朋友前来终结多年来不仅扰乱波斯尼亚和黑塞哥维那还滋扰毗邻奥地利之土地的邪恶。皇帝再也无法眼睁睁看着在他领土左近暴力盛行。在柏林会议上，大家意见一致地决定，奥地利应当恢复秩序与安宁，而苏丹将你们托付给奥匈帝国的皇帝照管。"关于即将到来之占领的这则通告有如一枚炸弹。一个因朝圣过麦加而在当地小有名气的名叫哈迪伊·洛（Hadji Loo）的匪徒在波斯尼亚首府萨拉热窝（Serajevo）组织抵抗，彼处成立了一个临时政府。土耳其不对此做官方声明，而土耳其官员放任该省由反叛者护卫。黑塞哥维那首府莫斯塔尔（Mostar）采取了类似步骤。签署《柏林条约》18天之后，奥地利军队的四个纵队穿过边境，从一开始就遭遇敌意。一个连的轻骑兵被碾为齑粉，人们宣布萨拉热窝面临一场圣战。这座城市在经过孤注一掷的抵抗之后被猛攻而下，城市大部在战火中被夷为平地。与此同时，后方爆发了游击战。被指派参加这项任务的72 000人军队不得不被增援。黑塞哥维那于9月末被镇压，10月20日最后的波斯尼亚堡垒投降。

---

1 见 Sosnosky, *Die Balkanpolitik Oesterreich-Ungarns seit 1866*, I, II, pp. 1-42；Larmeroux, *La Politique Extérieure de l'Autriche-Hongrie*, I。福赫涅《当我们前往波斯尼亚》（Fournier, *Wie wir nach Bosnien Kamen*）披露了各份奥俄协约，刊印于普日布拉姆《奥匈密约》（Pribram, *The Secret Treaties of Austria-Hungary*, II），第2卷，第193—203页。

2 见 Wertheimer, *Graf Andrassy*, III；Bareilles ed., *Le Rapprt Secret de Carathéodory Pacha*。

除了波斯尼亚和黑塞哥维那，奥地利还在柏林获得了于新帕扎尔的桑扎克（Sanjak of Novibazar）设立驻军的权利，这是将塞尔维亚和黑山分隔开并将波斯尼亚和马其顿连起来的一条狭长陆地。有了在波斯尼亚的不愉快经历，安德拉希不忙着占领桑扎克，直到次年他才建议与土耳其进行和平安置。协定于1879年4月签署，据此奥地利仅占领那一地带的西部。驻军在9月建起哨所，土耳其政府和土耳其军队继续留在桑扎克。这个对奥地利毫无益处并把军队封锁在一个战时可成为死亡陷阱之地的奇怪安排注定要持续一代人时间。

波斯尼亚与黑塞哥维那于1879年屈服于压倒性力量和现代火炮；但穆斯林居民的不满几乎不比东正教居民更多。土匪行径在偏远地区持续发生，宪兵哨所偶被袭击。当这些省份最后开始平定下来时，1881年11月的强制征兵搅活了闷燃的余烬。一些被征召者抗命不来，而公共建筑在冬天被付之一炬。甫进入1882年，对巡逻队的最新袭击让奥地利确信她必须行动。吸取了经验的她派出不少于60 000人的军队去镇压叛乱，到4月底恢复安宁。随着同年任命匈牙利贵族兼历史学者卡雷担任联合财政部长，并也负责维护诸省行政事务，波斯尼亚和黑塞哥维那进入一个物质快速发展阶段；在卡雷20年的开明统治期间，基督徒和穆斯林都享受着富足和安宁，而这在奥斯曼帝国统治下是闻所未闻之态。

由于比肯斯菲尔德的最高目标是阻止俄国主导近东，他的外交大臣认为《柏林条约》只不过就是一个缓刑期，其间必须迫使土耳其把自家秩序安顿好。而且这份强制工作只能由大不列颠开展，因为各国中只有大不列颠对于减少苏丹臣民的数量有着无关私欲的渴望。柏林会议结束后一个月之内，一份急件发往君士坦丁堡提出改革框架，照此，土耳其亚洲部分的每个维勒耶特（vilayet）[1]都需要任命一个任期固定的总督，而警察、司法和税收要实质上掌握在欧洲人手中。[2]大使莱亚德阁下被指示要急切催逼土耳其接受；因为

---

1 奥斯曼帝国的第一级行政区划，相当于省。——译注
2 *Life of Salisbury*, II, ch. 8.

"苏丹趋于同意的倾向和我们能坚持不懈的力量在接下来每个月都会减弱"。索尔兹伯里如此渴望攫取机会，他准备支持苏丹要求的一笔600万的借款，理由是没钱就不可能改革。然而该计划被首相否决了；因为债券持有人在刚听到有关一笔新贷款的谣言时就抗议，外加贸易不景气、收成不好以及阿富汗（Afghanistan）战争导致货币短缺。

尽管拒绝了贷款，外交大臣仍继续敦促并威胁苏丹，后者看起来不着急答复英国人8月8日的急件。他在10月17日写道："英格兰对于着手一项完全瓜分政策的不情愿态度所能承受的张力有限；那份不情愿是苏丹的帝国现在唯一的支柱。"几天之后，高门回复了8月8日的急件，许诺进行比起所提议的不那么激进的改革，但如能开展也不是没价值。为了保证或至少为了鼓励他们实行，不列颠政府任命不列颠官员在土耳其亚洲部分的八个中心担任特别领事，去征询居民的怨言，进谏反对滥用职权，鞭策地方官员开展行动，并向君士坦丁堡和伦敦汇报。1879年抵达唐宁街的来自查尔斯·威尔森阁下（Sir Charles Wilson）及其同僚的报告满纸抢劫、饥馑和暴行故事。作为不列颠大使精力充沛之表现的结果，一些坏官员被解职，一些宽容的总督被任命。[1]但因为君士坦丁堡的邪恶之根，领事们并非满怀希望。当他们谈到迫在眉睫的阿拉伯叛乱和亚美尼亚叛乱时，苏丹答复说，那仅仅是欧洲监督员在场所激起的不满，而且他对雇用欧洲人担任高级行政职位的许诺避而不谈。

索尔兹伯里深感压抑，但拒绝承认自己被打败了。他11月给莱亚德写信称："前景不光明。苏丹的性格看来是他这个民族的厄运。但我们必须锲而不舍并运用我们所拥有的各种影响方式。第一步是任命一位能独立掌管宪兵队的欧洲官员——瓦伦汀·贝克将军阁下（General Sir Valentine Baker）。如果苏丹坚持抵抗，我们必须准备做大事。我们行动的上限是公开摆明我们对土耳其的责任已经到头。但致命一击将不会来自我们这里。当前的皇朝体系将不会被亚洲的人民无限期服从。"这一威胁确保了贝克被任命为小亚细

---

[1] 见Watson, *Life of Sir Charles Wilson*, ch. 7-11；比较 *Lord Kitchener's Life*, I, pp. 37-38。

亚的改革监察长（Inspector-General of Reforms），他在俄国战争中为土耳其人而战；但是他接到的指示中并未授予他所希望的执行权。索尔兹伯里力图通过对新近局势的反省密切关注他自己的心灵以及他那些代理人的心灵。1879年底他给一位领事写信称："恐怕你对自己的工作持消沉观点。但这是治愈已积攒数世纪之不当管理的首次严肃尝试。鉴于事务的性质，进度必须缓之又缓。"他做出一个对避免灾难而言为必要的宪法变化框架，包含"一个小型政府议会，根据生平来提名，豁免流放，并附带否决所有省级提名和罢免"。但是他不指望能确保对苏丹特权的这番广泛入侵被赞同，而且他心里不得不承认，当前除了支持领事们，做不了什么。他的任务的确希望渺茫，因为在近期俄国与土耳其的斗争中，他的主要位置是与苏丹并肩厉兵秣马并撕毁《圣斯特凡诺条约》。除此之外，阿卜杜勒·哈米德很清楚目前他无须害怕什么，因为比肯斯菲尔德在唐宁街掌权。

格莱斯顿于1880年5月重掌政权，随即便冒失地尝试让苏丹兑现改革承诺，而当收到惯常的推脱式答复时，他邀请各国在君士坦丁堡联合施压。各国同意了，并且在6月11日向高门发送了一份措辞相同的通告，要求对方"完整地并立即执行《柏林条约》第61条[1]"。9月7日又发送一份集体通告提出所要求之改革的细节。苏丹做了最新承诺并详细说明框架，但他知道除了大不列颠没有其他国家有心投入工作，即使俄国也开始失去兴趣。格莱斯顿的努力与索尔兹伯里的一样没有成效；1883年，急于避免东方问题复起的俾斯麦通知不列颠政府，德国不关心苏丹的基督徒臣民，并建议他放下这件事。确实，眼下也做不了更多。协奏终止，而英国人占领埃及毁了大不列颠在君士坦丁堡曾拥有的不管什么影响力。军事领事撤回，因为他们被相信无所作为，民事领事则被分配到埃尔祖鲁姆（Erzerum）、凡城（Van）和迪

---

[1] "尊贵的高门不再进一步耽搁而着手开展亚美尼亚人居住各省的地方需求所要求之改进与改革，并保证他们的安全，免受切尔克斯人和库尔德人之害。事情进展之成效会定期告知监督其实施的各国。"

亚巴克尔（Diarbekir）。当索尔兹伯里1885年复职时[1]，他要求得到关于英国人在君士坦丁堡之影响的文件，细读之后他评论道："他们堪堪打了水漂而没捞到任何回报。"撤回军事领事是否错误，这是可争辩的；但当格莱斯顿1880年掌握政权时，不列颠不握有在君士坦丁堡能说得上话的影响力。的确开始清楚看到，不包含诉诸强力之意图的压力强化而非弱化了苏丹的抗拒，他无意允许亚美尼亚走上保加利亚的路。此外，没人着意于取消《塞浦路斯协定》——此协定是为了回报不列颠承诺帮助反击俄国人任何夺取土耳其亚洲领土之企图而制定的，旨在约束苏丹引入必要的改革以保护基督徒和其他臣民。各国表现出的间歇性兴趣的可悲结果就是唤醒亚美尼亚高地无法实现的希望，且又增强苏丹心中的疑虑，结出的果子是在即将到来的日子里有组织的大屠杀和暴行。

第二节

尽管大不列颠与俄罗斯关于君士坦丁堡的战争险险地避开了，但两国的敌意依旧，而且看来在阿富汗高地有可能再度擦枪走火。[2]只要比肯斯菲尔德掌权，英国政策的公开目标就是阻挠俄国的野心，而在近东遭遇挫折的亚历山大二世自然而然转移注意力到里海以远的无人居住区。然而他的军队在土耳其战争中遭遇如此重创，以致他不想再试着与大不列颠一决高下；而英国内阁既已取消对君士坦丁堡的胁迫，便希望恢复正常关系。1879年初，刚结束其加拿大任期的达弗林爵士（Lord Dufferin）被派往彼得堡平息风波。这位新大使在出示凭信之后，被独裁者以"劈头盖脸一顿斥骂"欢迎，沙皇抱怨说，他发动战争不是出于野心，而是为了将土耳其的基督徒从其镇压者手

1　1885年6月至1886年1月底复任首相兼外交大臣。——译注
2　见Lady Betty Balfour, *Lord Lytton's Indian Administration*。对保守派政策的列举见Buckle, *Life of Disraeli*, VI, ch. 10, 13；*Life of Salisbury*, II, ch. 8。对阿富汗问题的优秀报告见Holland Rose, *The Development of the European Nations*, ch. 13, 14。

中解救出来，英国却横加阻挠。无论如何，他在柏林曾竭力让英国人称心，而且他将努力为所有未决问题找到一个友善的解决方法。达弗林爵士及其天资卓越妻子的魅力被证明无可抗拒，而且前往英国大使馆的邀请甚至被泛斯拉夫理想的捍卫者们接受了。[1]

尽管两国政府意欲在柏林会议之后以马马虎虎的和谐姿态共处，但当东欧恢复和平之际，在中亚已然调动的武力无法逆转。虽说俄国政府1869年向克拉伦登爵士（Lord Clarendon）保证，它认为阿富汗完全在它的影响范围之外，次年却在考夫曼将军（General Kaufmann）、突厥斯坦总督和阿米尔（Ameer）[2]之间就边界问题展开通信。1875年喀布尔（Cabul）接待了一位俄国特使并且浩罕（Khokand）被吞并，警醒了母国政府，彼处已由狄斯雷利[3]接替格莱斯顿；1876年，谨慎的辉格党人总督诺斯布鲁克爵士（Lord Northbrook）让位给不信奉"巧妙的不作为"这一劳伦斯（Lawrence）政策的利顿爵士（Lord Lytton）。比肯斯菲尔德写道："我们想要一个有野心、想象力、有点自负以及意志强大的人，而且我们得到了。"1876年与卡拉特（Khelat）可汗的一纸条约使俾路支（Baluchistan）纳入不列颠帝国的轨道并使军队能驻扎在阿富汗南部边境处的基达（Quetta）；而1877年在白沙瓦（Peshawa）举行的一场会议因拒绝允许英国官员通达边境哨所而夭折，使总督确认阿米尔无可挽回地将自己托付给了俄国。俄国将军的一句冷嘲热讽"我们的边界都跟我们走"被广泛引用；利顿爵士和印度国务卿索尔兹伯里爵士都对亨利·罗林森阁下（Sir Henry Rawlinson）的作品及警告印象深刻，他马不停蹄、苦口婆心地唤起同胞警惕俄国向印度边界推进的危险。[4]

白沙瓦会议之后，与阿米尔的所有通信都停止了，俄国－土耳其战争则使局势更加复杂。1878年春天召印度军队前往马耳他以及命令军舰前去君

1　Lyall, *Life of Lord Dufferin*, I, ch. 8; Lady Dufferin, *My Russian and Turkish Journals*.
2　阿富汗统治者的称呼。——译注
3　即前文的比肯斯菲尔德。——译注
4　见G. Rawlinson, *Sir H. Rawlinson*。

士坦丁堡都看着像战争在即。俄国以牙还牙,向阿富汗边界调动军队并于柏林会议召开的6月13日这天派遣斯多里朵夫将军(General Stolietoff)去喀布尔。戈尔恰科夫假装这个使命纯粹是礼节性往来;但派遣一位特使去喀布尔构成斯科贝列夫(Skobeleff)在土耳其战争期间就规划了的入侵印度之蓝图的一部分。[1] 不止如此,为了加强俄国在即将到来之谈判中的影响力,国防部长4月25日下令派遣三个纵队示威。主力部队于6月13日留在塔什干(Tashkend);但当它抵达阿富汗边界时,消息传来说《柏林条约》已经签订。然而斯多里朵夫到8月24日才离开喀布尔,人们大体相信他带着一纸与阿米尔的条约离开,使团的成员们则又在阿富汗首都逗留了数周之久。英国政府获悉斯多里朵夫被招待之后,邀请阿米尔接待一个来自印度的类似使团。因为没有收到阿米尔的回信,而且9月8日总督电报国内说特使内维尔·钱伯兰将军阁下(General Sir Neville Chamberlain)不能再等下去了并且要带着扈从经开伯尔山口(Khyber Pass)跋涉去喀布尔。

若阿米尔不示弱,这个提议会引起战争,因此使团被伦敦的一则电报召回,当时伦敦正等着来自彼得堡的一份通信。当《柏林条约》签订时,比肯斯菲尔德期待俄国会撤回斯多里朵夫使团以及军队。等了几周之后,一封信被送给戈尔恰科夫,他以最安抚人心的词句答复说,阿富汗一线的军事示威不会继续了,俄国不打算在那个国家制造特别影响。这份禁止令抵达西姆拉(Simla)时为时已晚,因为与半独立的开伯尔部族谈判让使团通过隘口这件事早就由边境官员启动,他们报告说若延缓进程会激起部落民的轻视之情。使团因它无力攻破之兵力而被迫返回白沙瓦。[2] 10月30日英国决定要求在三周之内为在开伯尔山口受到的冒犯得到一封书面致歉信,并要求接待一个常驻英国使团。因为没收到对这最后通牒的答复,英国军队从三个点越过边界。战败的阿米尔现在提议在喀布尔接待一位特使,但现在已过了希尔·阿里(Shere Ali)汗谈判的时期。他的麻烦是由俄国引起的,然而他请求俄国军

---

1 刊印于Holland Rose, *The Development of the European Nations*, pp. 602–607。
2 *Life of Salisbury*, II, pp. 337–344。

队提供帮助却遭拒绝。首相于12月16日答复谴责性表决时，用友善的语调谈及他的老对手。当看似可能发生战争时，针对印度做准备是正当的，但现在危机已过，沙皇已下令军队撤回。"俄国在这件事上所走的每一步都是让英国体面地改过自新，而她的行为与阿米尔的行为相比呈现出最惊人的反差。"作战行动毫无障碍地进展着，希尔·阿里逃往属于俄国的突厥斯坦，几周后死于彼方。按照5月26日《甘达马克条约》（Treaty of Gandamak），希尔·阿里的儿子雅库布汗（Yakub Khan）在外交政策上接受英国人的指导，并愿意在喀布尔设立一个英国人侨居地，以此回报英国人允诺支持他反对俄国人入侵。有些边疆地区被放弃，英国人继续控制开伯尔山口。首相致信总督说："太感谢你的活力与远见，我们为我们的印度帝国保住了一个有系统的边界。"

比肯斯菲尔德与利顿对亲手杰作的欢欣之情被路易斯·卡瓦纳利阁下（Sir Louis Cavagnari）遭暴乱军队刺杀的消息粗暴干扰，卡瓦纳利是英国特使，带着使命与扈从抵达六周后遇刺身亡。背信弃义的雅库布逊位，而在平息了零星的起义之后，罗伯茨（Roberts）在整个冬天坐镇喀布尔统治全国。次年初，希尔·阿里的一个侄子阿卜杜勒拉赫曼（Abdurrahman）从他作为俄国抚恤金领取者而一直生活的突厥斯坦露面，提出王位要求，并在英国靠山的支持下提出金钱和武装要求，他建起一个强有力的统一王国，而格莱斯顿政府明智地将坎大哈（Kandahar）归还给这个王国。阿富汗借痛苦的经历学到了与俄国串通以及把自己托付给她的支持许诺是为徒劳无益，而大不列颠学到了一个独立和知足的阿富汗是对抗俄国对于印度之图谋的最佳屏障。接替利顿爵士担任总督的瑞彭爵士（Lord Ripon）宣扬并适用如下原则：俄国人在印度疆界之内耍阴谋的危险最好通过赢取印度人民的信心来消弭。他在1882年写道："当前政府稳步追求该政策，将使我们在遭遇俄国人诡计时置身一个比在阿富汗全部边境城市设防筑塞并用英国军队填充所有这些要塞好一些的状况下。"[1]

---

1 见Lucien Wolf, Life of Lord Ripon, II, ch. 15-17。

《柏林条约》的签署以及在喀布尔确立一位友好的阿米尔，使中东的英俄张力在不消除原因的情况下便消失了。俄国不承认英国在阿富汗的宗主权，而每个人都知道蒸汽压路机短暂停歇之后将恢复前行。1879年夏天为针对特卡土库曼人（Tekke Turcomans）而做的远征准备激起英国大使要求解释的请求，随之带来宽慰人的保证。沙皇给女王送了个消息，说远征不会发展成袭击木鹿（Merv），而且亲俄的阿盖尔公爵（Duke of Argyll）嘲笑他的同胞有"木鹿紧张症"（mervousness）[1]。但是对俄国力量的漠视导致1879年底斯科贝列夫领导了一场更大规模的远征，斯科贝列夫在1881年1月袭取了土库曼的要塞盖奥克泰佩（Geok Tepe）并屠杀两万当地居民。大规模的屠戮摧折了土库曼人的精神并将俄国的恐怖名声在中亚散布开来。俄国外交部再次解释说，不会推进到木鹿；但俄国人的保证即使连格莱斯顿内阁也不能取信。印度国务卿哈丁顿（Hartington）于1881年8月1日声明，大不列颠不会容忍外国对阿富汗的干涉。瑞彭面对威胁更愿做个交易，并提议大不列颠应当赞同俄国向木鹿推进，作为回报俄国则要许诺弃绝干涉阿富汗。他相信，俄国会以任何理由占领木鹿，而且他建议说，当我们值得付出赞同时，我们应当寻求阿富汗的安全。哈丁顿同意了该计划，但格兰维尔没同意且认为接受它风险太大。

尽管一再保证，俄国还是在1884年2月占领了木鹿，俄国人的疆土现在几乎（如果说还没真正）与阿富汗西北接壤，并且轻而易举就能到赫拉特（Herat）。[2] 鉴于大不列颠暗示了"决意挑衅"，俄国迈出这一步时完全知晓此事关系重大。由于不可能制止俄国人的武力推进，印度政府建议设立一个联合委员会来划定让俄国不违背信义就无法跨越的边界。内阁同意，俄国也接受，于是彼得·卢慕斯登阁下（Sir Peter Lumsden）于秋季开始与俄国特派员泽列诺伊将军（General Zelenoi）接洽。将军应当在10月13日抵达边

---

[1] 阿盖尔公爵杜撰的词，嘲笑英国两院紧张于俄国向印度扩张的倾向。——译注
[2] 见Fitzmaurice, *Life of Granville*, II, ch. 12; Holland, *Life of the Duke of Devonshire*, I, ch. 14; Gwynn & Tuckwell, *Life of Sir Charles Dilke*, II, ch. 39。

界，但10月初他就通告自己生病且2月之前到不了。卢慕斯登无法着手工作，而且哪怕有英国政府的急函，这位将军的"病"仍持续了整个冬天。与此同时，一大队俄国军队占领了委员会预计要划定其归属权的那个地区的一部分疆土，并威胁到边境，而这些边境的军权被视为对阿富汗的防御而言是必要之物，此一事实使得俄国的背信弃义更加露骨。格兰维尔确信，泽列诺伊使团的耽搁要归结到俾斯麦的同意（若非由他提议），俾斯麦正为英国针对德国殖民目标的政策着恼。

1885年2月14日，一条没有根据的流言传到伦敦，说俄国人正在向赫拉特行军，而在2月21日，据称军队接近潘杰（Penjdeh）这个肥沃的村庄，阿富汗人声称潘杰是他们的领土，而俄国声称这声明值得商榷。[1] 英国政府立即抗议，但俄国政府拒绝撤出他们的开路哨所，并补充说，军官们已被指示避免冲突并且只有当阿富汗人袭击时才需担心出现复杂情势。卢慕斯登这方则建议驻守潘杰的阿富汗人返回他们占领的阵地，但不要前进越过阵地。俄国人加强增援，而印度政府于3月初被命令集合一支兵力出征以防发生战争时舒缓赫拉特。两军相遇时，双方都变得不安和活跃，情势如此黯淡，以致3月4日女王给沙皇发了一封电报。"此封电报的动机是我认为两国之间不应误会的急切愿望。来自阿富汗边界的消息让我极度忧虑。亲爱的兄弟，我求助于你的好感，去尽你所能阻止俄国军队与阿富汗军队之间因武装冲突而可能发生的不幸。"

俄国政府现在把泽列诺伊将军的拖宕合法化为如下理由：在定界之前，必须先设立定界的原则——不管是纯粹地理原则还是掺杂人种地理学的原则，并提议派一位特使到伦敦。该异议如果当真存在，应该在上一年沟通，而且拖延前景不确定这一点更使英国人认为，俄国人将会夺取谈判所指向的在议领土。此外还有一个危险，恐怕阿富汗人会因卢慕斯登在场而受到鼓励抵抗俄国人的进攻，哪怕他们没有煽动冲突。3月30日，预期中的爆发来了。

---

[1] 关于俄国这方，见Olga Novikoff, *The M. P. for Russia*, II, ch. 9, 由W. T. Stead编译。

阿富汗人占领一个阵地，拒绝从那里退出，并被前来占领潘杰绿洲的科马罗夫将军（General Komaroff）攻打。当消息传到彼得堡时，英国大使断言"战争不可避免"。"应当有人告诉我去要求我的护照。"[1]沙皇倾向于不为他的将军承担责任，但新闻界的兴奋迫使他表现出勇敢面目。4月27日，当格莱斯顿向国会请求一笔1 100万的贷款时，指控俄国人未受挑拨便行侵略的行径。置身战事之中，英国政府期望从苏丹那里得到帮助，然而苏丹意图保持中立并征询其他各国是否愿意通过派船来海峡入口以维护他的中立地位。她们都不能保证给予如此帮助，但他仍然受到鼓励保持中立。[2]

张力十足，欧洲的每个首都都认为战争不可避免；然而双方政府都不想要冲突。此外，正在当达弗林爵士座上宾的阿米尔急于阻止他的国家变成英俄冲突的战场，因此拒绝英国军队的提议并表示准备将这块有争议疆土的一部分让与北国。[3]英国政府提议仲裁；但沙皇答复说科马罗夫将军行事正确，而且他绝不会允许让自己的行为被提交仲裁。孜孜不倦地追求和平的英国内阁指出，拒绝意味着战争，并请求沙皇接受任命一位仲裁官，又补充说，这位仲裁官绝不需要下判决。沙皇最终愿意由丹麦国王来仲裁，危机就这样渡过。他最初的拒绝仍旧保密，而他的同意引来两国如释重负的欢呼，除了好战的俄国新闻界，它为这场"屈辱"洒下愤怒的泪水。关于仲裁没有更多消息，两国政府最终同意祖勒菲卡尔山口（Zulfikar Pass）依然归阿富汗，而潘杰被判给俄国。实际上的勘界由一个混合委员会开展，它于1887年完成任务。由斯多里朵夫使团开始并由比肯斯菲尔德对俄国之近东野心的坚决对抗而激起的离辙和惊慌就此终结。

---

[1] Baddeley, *Russia in the 'Eighties*, ch. 10.
[2] 见 *Die Grosse Politik*, IV, pp. 111-128; Freycinet, *Souvenirs*, II, pp. 300-303。
[3] Lyall, *Life of Lord Dufferin*, II, ch. 3.

第二章　三国同盟

第一节

柏林会议在高层政策领域最突出的效果就是让俄国疏远德国。亲斯拉夫者们迫使沙皇支持巴尔干基督徒的反叛，而且当战场上的胜利在谈判桌上被牺牲掉时，他们愤怒的声音提高了八度。比萨拉比亚被归还以及巴统和卡尔斯（Kars）被吞并看来就是对如此多鲜血和财富的可怜回报。"会议是反对俄国人民的一场阴谋，"伊凡·阿卡扎科夫（Ivan Aksakoff）嘶喊着，"而俄国代表参加了。圣彼得堡的外交比虚无主义还危险。这对俄国的历史使命是可耻的背叛，并且永远失去了斯拉夫人的尊敬与爱戴。俄国被她自己的政要钉上十字架。她头上已经被戴上小丑的帽子和铃铛。"[1] 记者之王卡特科夫（Katkoff）在《莫斯科公报》中宣称德国把俄国丢在惨败中，通往君士坦丁堡的大路通过柏林而铺开。外交部第一智囊约米尼（Jomini）在官方报纸上撰写言辞激烈的文章，国防部长米卢廷将军公然运作建立法国同盟。俄国人在君士坦丁堡的全权大使、被俾斯麦描述为俄国最聪明人物的舒瓦洛夫（Schuvaloff）恢复其伦敦职务之后不久就被召回并大体上失宠了。自克里米亚战争以来就帮助制定俄国政策的老手戈尔恰科夫尽管被迫在接下来几年松开他的控制，但没有失去他所有的影响力；他从1875年战争恐慌算起的、对

---

[1] A. Fischel, *Der Panslavismus*, p. 428.

俾斯麦的个人敌意尽人皆知。最后，沙皇本人也分享了以柏林妥协替换圣斯特凡诺之规定性安置所引起的臣民的愤怒。威廉皇帝（Emperor William）基于法德战争的胜利结果而向他的皇甥庄严保证，他绝不忘记俄国所给予的服务；这一事实加剧了沙皇的愤怒。他苦涩地提及俾斯麦领导下的反俄欧洲同盟。亚历山大还不到60岁，但他当政期间的焦虑与失望使他衰老和厌烦。俾斯麦刻薄地把他描述成身心皆病还早衰；且他在柏林会议次年的行为暴露出他缺乏自控。

当听说在国际委员会中被指定开展划界的德国代表，在发生分歧时支持奥地利的意见而非俄国的意见时，沙皇对柏林安置的愤怒到了极点。[1] 1879年春天，意大利动手处理匈牙利人和加里波第人（Garibaldian）的老叛徒图尔将军（General Türr），这关系到她是否会参与一场反对奥地利的战争；巴黎对此产生回响——沃丁顿为此通告俾斯麦，但同样鲜有成效。俄国军队已集结在德奥边界，6月，沙皇在最后时刻取消了为他舅舅的金婚纪念而访问柏林。8月8日，德国大使报告了这位君主愤怒的抱怨，他说："如果德国希望继续一百年来的友情，她必须改变方法。这将以非常严肃的方式结束。"俾斯麦将大使的急件转交威廉皇帝，威廉答复说他的外甥被戈尔恰科夫误导，而且沙皇会很快改变的；但这个愉快的构想被沙皇8月15日亲笔撰写的一封致舅父的信破坏了。威廉重申了对德国代表在委员会上之行为的批评，提醒他的收信人注意俄国1870年提供的服务："你说你绝不忘记的。"沙皇又补充说他止不住担心后果可能对两国都是灾难性的。[2] 这封信的暴烈口气让皇帝痛苦多于生气，他命令俾斯麦起草一份回复。首相从加施泰因（Gastein）答

---

[1] 德国的指示是，当俄国与奥地利有分歧时，支持大多数。关于俾斯麦后期对外政策的最佳作品是普雷恩（Plehn）根据俾斯麦的《反思》（Reflections）而撰写的《俾斯麦基于国家考虑的对外政策》（Bismarck's Auswärtig Politik nach der Reichsgründung）。格兰特·罗伯森的《俾斯麦》（Grant Robertson, Bismarck）也有用。埃里克·马可斯的《威廉一世皇帝》（Erich Marcks, Kaiser Wilhelm I）是对这位皇帝的精熟研究。

[2] 涉及双边联盟之建立的急件发表于 Die Grosse Politik, III, pp. 1—136。本章提及的各条约刊于 Pribram, The Secret Treaties of Austria-Hungary, III; Signer, Geschichte des Dreibundes; Coolidge, The Origin of the Triple Alliance。

复说，写这样一封毫不掩饰威胁之意的信令人遗憾，他从中嗅到米卢廷的气味，如果皇帝以类似的紧张口吻回信，可能会导致战争。另一方面，若跪拜在沙皇脚下，只能助长他的威胁。1870年的恩惠不能强迫德国牺牲与奥地利的友好关系。皇帝于8月28日用一封首相起草的信回复他的外甥，否认他的代理接受了反俄派的指示以及俾斯麦心怀敌意，并重提奥地利与德国曾襄助俄国利益的场合。

当皇帝相信鲁特琴的裂隙未到不能修复之境时，他的全能首相已臻于确信，德国政策制定新方向的时辰已到。当亚历山大和戈尔恰科夫于1875年匆忙赶来柏林，当1876年戈尔恰科夫拒绝了为保证德国拥有阿尔萨斯（Alsace）和洛林（Lorraine）而签订条约以回报德国对俄国近东政策之积极支持的提议时，1872年的三皇联盟（Dreikaiserbund）受到粗暴冲击。而沙皇于土耳其战争前夕询问，如果俄国与奥地利开战，德国是否能保持中立时，也遭漠然对待。[1] 在徒劳无益地努力避免出现令人窘迫的问题之后，首相回答说，德国的朋友们赢了战争或输了战争都的确会让她难过，但两国作为大国都不应把自己置于危险境地而遭受如此伤害。对中立的拒绝激怒了戈尔恰科夫和他的主子。友善的舒瓦洛夫在柏林会议之前讨论双边联盟事宜时，俾斯麦曾指出，德国会处在下风，因为俄国的地理位置和独裁政府都将致使她易于解除纽带。他一生的政策都是在不让他的国家承担俄国的排他性保护之前提下，培养与俄国的友好关系。他把自己在柏林会议的角色定义为一个诚实的掮客，并且他一贯坚称，他已为俄国利益施加了全面影响力。他在1888年2月6日的历史性演说中宣布："我把自己的角色设想为仿佛是俄国的第三个代表。凡是被我听到的俄国的愿望，我都会采纳和履行。我以如此方式行事，以致当会议结束时，我自忖'如果我不是早已拥有俄国最高级别的光闪闪的勋章，那我应当现在就接受它'。因此，战争令我惊讶。1879年的这些攻击长成了给奥地利施压的强制性要求。我不能同意；因为如果我们

---

[1] 关于柏林会议之前的德俄关系，见 *Die Grosse Politik*, II。

让自己与奥地利疏离，我们就必然会堕为俄国的附庸，除非我们希望被完全孤立。可以容忍那样吗？我曾想过有可能；在没有利益上之敌意存在的情况下，俄国就没有理由中止友谊。会议的进程令我失望了，并且告诉我，即使一种完全暂时性从属的政策，都不能向我们保证能对抗敌意。"

俾斯麦夸大了自己在柏林会议上对俄国的谦恭；但是对于令他遭受质问的背信弃义的奚落，他丝毫不找借口，这或者是出于他用一句话就可以完整维系《圣斯特凡诺条约》这种信念。俄国及其统治者神经质般的兴奋让他日益转向思考与奥地利结成针对共同危险的防守同盟。"联盟的思想让我做噩梦。我们曾针对两大强国开展过胜利的战争。每件事都取决于至少她们其中之一放弃报复的打算。不可能是法兰西，《赖希施泰特条约》（The Treaty of Reichstadt）披露出法、奥、俄三方之柯尼茨同盟（Kaunitz' league）可能复活。因此我在俄国与奥地利之间选择。就物质力量而言，与俄国联合有益，而且，因为我更信任王朝间的传统友谊和保守性团体的本能，而不是匈牙利人、斯拉夫人和奥地利天主教徒口中时断时续的公共意见，匈牙利如果只考虑自身利益就总是亲德国的，然而她是反奥地利[1]的；而奥地利的日耳曼人经常与这个王朝脱钩。"

尽管把哈布斯堡的领地作为一个盟国有着显而易见的缺陷，但俾斯麦的犹豫因沙皇的威胁与安德拉希辞职同时发生而一扫殆尽。为防止安德拉希的继任者是亲法派或亲俄派，首相致信说他乐于在加施泰因或其他地方与安德拉希见个面。奥地利外相在反俄保险方面的热切度不遑多让，他曾在英国的帮助下于柏林执拗不驯；他安排8月27日抵达加施泰因。其后两天进行了拖沓而又热烈的谈话。首相先发话说，俄国想让德国投奥地利的反对票，"如果我拒绝，我将是为了奥地利的美丽眼神与俄国决裂"。安德拉希接着抱怨俄国的军队、要求和威胁，补充说维也纳对沙皇的信心丧失殆尽，奥地利、法国与大不列颠已同意一起投票。"那么，如果俄国无端攻击德国，奥地利

---

[1] 原文如此，但疑有笔误。奥匈帝国已经存在，如说匈牙利的立场为反奥地利，这讲不通；后文则显示匈牙利人有反俄传统。——译注

会做什么?"首相问道。安德拉希回答说:"她会尽全力支持你,而且全国人民都会鼓掌赞同。"首相又问:"既然这样,奥地利会考虑一个和平同盟吗?德国除此之外不想要其他。"安德拉希回答说:"我们也是。即使阿尔布雷希特大公(Archduke Albrecht)现在也看到奥地利的福祉与德国绑在一起,而且我认为我能对日耳曼人和马扎尔人(Magyars)双方之于德国盟友的忠诚负责。"两位政要同意在咨询过他们的君主后于维也纳再度会面。威廉皇帝迅即电告"别考虑去维也纳";但俾斯麦答复说,他不接受告知安德拉希自己被禁止再度拜访他这种义务,于是他的君王让步了。与安德拉希的讨论于8月31日被巨细靡遗地汇报,而且俾斯麦争辩说,鉴于沙皇的威胁已毁了对俄国的信心,与奥地利的防守同盟对于德国的安全是不可或缺之物。倘若无此,俄国会进攻,而奥地利会加入法国。如果德国不能立刻搞定奥地利,那她就无法在需要之时获得奥地利的支持。

"我发现皇帝完全信服于此种安排的有用性以及切实的必要性,"安德拉希于9月1日兴高采烈地给俾斯麦写信说,"进一步的论据被证明是多余的。他看到这不仅不会偏离在三大帝国间维持和平的决心,还是移除达摩克利斯之剑的唯一可行之法。一俟你获得威廉皇帝原则上的同意,我就有权收到一份草案文本,并且我自己也准备一份。我会留任到这件事完成,而且我的继任者——我已告知他——也完全同意。在我看到沙皇有意无意地炫耀于欧洲火药桶上方的火炬熄灭之前,以及当我知道欧洲的和平掌握在米卢廷的手和约米尼的手,而现在无疑又是在伊格纳季耶夫(Ignatieff)的手中时,我心中片时无缓。我相信沙皇眼下无意于战争;但我不能忘记他也曾无意于刚刚结束的战争。我认为对此种危险提出反抗是一个欧洲人的必然性。"

俾斯麦感谢安德拉希的来信,并回复说,从事情的地缘性质以及政治性质看,不幸他的任务不能这么快完成,"我已经不得不向我儿子口述了根据电报和其他附加内容扩充而来的60页内容。然而尽管我殚精竭虑,也不能成功地完全去除这样一种理解——认为我们的和平框架可能隐藏了某个激进人物的一些秘密观点。这种思想实在不受一位82岁老绅士的欢迎。对他而言,沙皇的态度只不过最近借着电光石火被阐明，尽管我曾不得已于过去几年间一再承认此种情势。当他发现被迫要在两个毗邻帝国之间做个选择，这是对他的试炼。在我朝，习惯施加了强大影响。此外，沙皇现在通过突然变得阳光灿烂而努力生生把雷神藏在暗处。一周之内，最近的威胁便随着一份派一位德国军官[1]到华沙（Warsaw）的友好邀请接踵而来。皇帝接受了，没有预先知会我就宣布派遣曼陶费勒陆军元帅（Field-Marshal Manteuffel）。曼陶费勒展示出不可低估的取得进展的信心，但我对他的诚恳度和做事能力可不敢有何信心。我也不知道今天在亚历山德罗沃（Alexandrovo）举行的会面是他还是俄国人提议的"。

德皇向俾斯麦保证，他去亚历山德罗沃只是为了发现"那封不可理喻之信"的由来，并且针对那些无根的指控去捍卫他的首相。当两位君王于9月3日会面时，提议这场会谈的沙皇沉浸在大获全胜的心情中。他对8月15日那封信造成的冒犯表示懊恼，并希望当它从来没写过。他的意图离威胁远得不能再远。他只提请注意如下事实，如果两国的新闻界都继续互相骂架，则会产生敌对情绪。不管未来还是过去，欧洲的和平只能靠普鲁士与俄国之间的良好关系来维系。德国代表在欧洲委员会上的投票已激起强烈愤慨，因为俄国只不过试着改善基督徒人民的运气；而敌意助长了土耳其人的固执。俾斯麦表现得无法忘怀戈尔恰科夫1875年的愚蠢公告；但戈尔恰科夫已经是过去时了。威廉皇帝答复说，他因那封信而痛苦，但乐于听到信中没有威胁意图；还没改变观点的俾斯麦不能理解半官方机构的那些攻击；德国代表曾被指示当俄国与奥地利意见一致时支持双方，而当他们意见不合时支持多数派。次日，皇帝与俄国外交部代理负责人戈尔及国防部长米卢廷将军谈话。前者表达了对解除误会的满意之情；而后者解释了在土耳其战争结束之后还维持大规模军事力量的理由是，英国正在通过她的领事们组织和武装小亚细亚，而且近东的一场新冲突近在眼前，英国会在其中得到奥地利支持，还可

---

[1] 原文为"俄国军官"，但从上下文看，应是"德国军官"，而且后面的曼陶费勒是德国将军。——译注

能得到法国支持。

皇帝从亚历山德罗沃返回后确信俄国人的危险是想象出来的。他在将会谈报告转交俾斯麦时补充说,他有信心,沙皇以及那些身居高位之人与德国开战的愿望微乎其微。因此没必要改变传统政策,更不必构筑一个针对俄国的防守同盟。"设身处地站在我的位置想一下。我是作为一个私人朋友、一个近亲和一位盟友出场,为了寻求理解一封信中一些草率而又确实被误解的段落,而我们的会谈带来令人满意的结果。我现在应该加入一个充满敌意的同盟,在背后反对这位君主?我不会绝对否认你备忘录中阐明的危险可能哪天会发生,尤其是当统治者变更之际;但我完全看不到有即将逼近的危险。为了一件可能发生的事束手束脚,这违背我的政治信念和良心。我不能推翻你以及你同安德拉希及其君主已开展的步骤。你因此会谈到分歧的不可预测性发展成可能的侵害,并进入涉及应当采取之可能措施的非正式会谈。但我没有授权你定下协约,更别说一份条约。我希望我们以此种方式再次达成一致。如果这样,我可以满怀信心看待未来——而若换种方式,未来会非常暗淡——并且期望我们与俄国正在日益友好成长的关系持续下去。似乎17年来你我之间首次不一致,这段插曲给我的痛苦我无以言表。"俾斯麦对访问亚历山德罗沃的报告完全不感冒,其实他曾试图阻止这次访问。他指出他并没有攻击俄国的意思。然而如果奥地利被攻击并遭遇危险,德国将被迫出于自身利益支持她,而无论结盟与否,因为当遭遇一个获胜的俄国和一个被击溃的奥地利以及一个敌对的法国时,德国将进退失据。此外,与跟奥地利开战相比,俄国可能用关于西里西亚(Silesia)的承诺就能赢了奥地利。沙皇只会友善到他能赢了法国,或奥地利,或两者。当协议签署时他会得到通知。

当首相在与他的君主斗争以获得许可去推进事态时,他得到了在对外事务关系上占有特殊重要地位之巴伐利亚的赞同。俾斯麦于9月10日给路德维希国王(King Ludwig)写信说:"俄国政策已经变得完全由泛斯拉夫主义的好战及革命倾向主导。舒瓦洛夫失宠了;领头的部长是国防部长米卢廷,他已经扩充了军队。沙皇不想打土耳其战争,却被泛斯拉夫情绪驱策着打了,这种情绪可能驱使他再次发动战争。鉴于这些情况，我止不住确信，未来，可能是不远的未来，和平会受到俄国威胁，且只被俄国威胁。她向法国和意大利寻求支持的努力失败了，而且她刚刚向我们提出威胁性要求，包括我们应当在她和奥地利之间做个明确选择，同时，还要指示东方委员会的德国成员遇到存疑问题时看俄国的眼色投票；然而在我们的意见里，柏林会议决议的真正解释是奥地利、法兰西和英格兰的解释，德国则投与她们相应的票，因此俄国有没有意大利撑腰都是少数派。除非我们加入奥地利，否则奥地利若寻求与法国或俄国签协议是无可非议的，而且安德拉希的辞职使这成为我们最后的机会。"首相以微妙的恭维之辞结束了书信，称他只通知了这两位皇帝。国王立即答复说，与奥地利结盟会得到他全心赞同。

转化他的君主是当前最急迫的任务，在赫尔施泰因（Baron von Holstein）的建议下，俾斯麦呼召当时在巴黎任大使的霍亨罗厄亲王（Prince Hohenlohe）来加施泰因。[1] 霍亨罗厄一抵达就向赫尔施泰因袒露说他本人就没改变意见。"首先，我不信任奥地利。其次，我不觉得俄国真有敌意。最后，我相信奥德联盟会导致出现一个法俄同盟，而这意味着战争。"然而这些疑虑随着他次日见到首相便一扫而空。亲王在日记中写道："他使我确信这是必要的。他说奥地利在面临俄国人的威胁时无法独立支撑。她将会着手与俄国或法国结盟。而这两种情况都会让德国置身于被孤立的险境。皇帝之所以抗拒，归因于决定命运的亚历山德罗沃访问。俾斯麦以辞职胁迫，皇帝则以逊位要挟。他让我去看看皇帝。"

9月16日，内阁副相施托尔贝格伯爵（Count Stolberg）通知首相，皇帝将批准一个一般性的防守同盟，然而此事必须通知沙皇。俾斯麦立刻告诉安德拉希，他的君王"原则上"同意他的见解，并提议口头讨论。他因之于9月21日精神饱满地离开加施泰因前往维也纳。他在自己的《反思》（Reflections）中写道："在漫长旅途中，我站在真正的日耳曼人土地上的意

---

[1] Hohenlohe, *Denkwürdigkeiten*, II, pp. 274-277.

识因我在各车站受到的接待而深化了。我在维也纳找到了思想框架类似的人。密集的人群蜂拥而至的欢迎持续着。过去的斗争没有扼杀血缘群体的意识。皇帝非常大度。"加施泰因讨论与皇帝、安德拉希、已当选的外交大臣海梅尔勒（Haymerle）以及匈牙利首相柯罗曼·蒂萨（Koloman Tisza）继续开展。尽管俾斯麦的首要目标是确保反对俄国，但他也渴望得到针对法国之攻击的帮助；而且他的君主的确禁止建立一个直接单独反对俄国的同盟。俾斯麦回答说，如果奥地利会支持他反对法国，他将支持奥地利反对意大利，尽管德国与意大利没有争端。安德拉希回应说，奥地利不需要帮忙反对意大利，但如果法国受俄国支持，她将支持德国反对法国。

俾斯麦建议，应当通告柏林、维也纳和布达佩斯三方的议会并获得它们同意，以此使同盟固定持久。安德拉希回答说，公开性条约会有挑拨作用，因为它将标记着俄国的孤立并因此削弱圣彼得堡的和平党派。而俄国将会要求进入，那将会成为三皇联盟的复活，但他不愿如此，因为沙皇总是要把他自己的尊严投掷在天平上。俾斯麦评论说，他担心无法确保他的君王愿意接受一个秘密且有限制的条约，但他邀请安德拉希起草一份草案。9月24日，在接受奥地利人的方案之前，首相提出一个最后请求，要求建成一个如同反对俄国一样反对法国的同盟。安德拉希谈到这事时说："他举起手中几乎揉皱的纸，非常安静地靠近我，'我只能说，想想你在做什么。我最后一次建议你妥协。接受我的提案'，他大声叫喊并且做出威胁的样子。'如果不是（一瞬间的沉默，我听到自己的心脏在跳）我必须接受你的提案'。最后几句话他以一种友好的方式说出，还加了一抹微笑，'但它会给我带来一大堆该死的麻烦'。他向我伸出手。这位杰出人物的手段如此具有威胁性，我想知道如果我的神经失灵，那会发生什么。"[1]俾斯麦旋即拜访了维也纳的法国大使解释说，谅解不致令法国不安，因为法国的性格是纯然安宁的。两天之后抵达柏林时，他通知俄国大使说没发生任何令俄国不安之事。

---

1 他的秘书多齐（Doczy）谈起这个故事时无疑添油加醋，但安德拉希向几位朋友描述了该事件。

斗争的第一回合结束；但第二回合以及意志之间更重大的角逐即将登场。俾斯麦没能保证签署他的君王所要求的一般性防卫条约，如果说结果是份条约的话；疲乏厌倦的首相觉得自己没法面对与主人的口头争执。霍亨罗厄早就在9月22日斯特拉斯堡（Strassburg）的一次面谈中尽了他的全力转化皇帝。年迈的君王凄楚地抱怨俾斯麦提议建立一个他不能接受的反对俄国的同盟，"显然要报复那封信"。霍亨罗厄在回答时辩解说，奥地利与俄国会祭出德国而彼此绑在一起，而法国一俟亲英国的沃丁顿下台就会加入他们。9月24日签署条约之后，俾斯麦写了封长信解释条约的性质和益处，并补充说鉴于未来预留着风险，若无此条约他就不能继续为这个国家的安全负责。皇帝由此遭逢此生最痛苦的决定。他烦恼的不仅仅是看上去失信于他的外甥，还因为他确信在新条约制定之前应当公告撤除1873年的协定。皇帝同意了接受维也纳草案，并且他被皇储和毛奇（Helmuth Karl Moltke）怂恿的激烈度不亚于被霍亨罗厄和施托尔贝格怂恿；但是对所有恳求，烦恼的皇帝都答复说"逊位也好过背信"。尽管不是被施托尔贝格伯爵说服的，但他最终在9月28日柏林一次部长会议之后转变了，当时首相解释了条约，补充说除非他的建议被采纳并保证所有在场部长都同意，否则他将辞职。皇帝通过坚称沙皇应当被告知条约来努力抚慰自己的良心；但安德拉希否决了在签署之前让其流通并禁止提到"条约"，以免沙皇要求文本或坚持"趁热打铁成三皇联盟"。通过威胁整个内阁辞职，确保奥地利人会帮助反对法国攻击的最后尝试被拒绝了，皇帝于10月5日让步。条约于10月7日由安德拉希和德国大使罗宇斯亲王（Prince Reuss）在维也纳签署。忧烦的君王现在恳求应当在条约批准之前让他的外甥得到通知，但他再一次被驳回，而条约于10月16日批准生效。

这个共识在一份议定书、一份联合备忘录和一系列条款中被标记。前者由俾斯麦和安德拉希9月24日在维也纳签订，简要描述了协定的起源。同一天签署的联合备忘录中，双方政府承诺继续忠诚于柏林安置。"为避免执行《条约》时的任何复杂性，双方都应在俄国人面前对俄国保持友好态度。

双方都宣布当因《条约》产生任何分歧时,他们的意图不是要攻击或恐吓俄国。作为友善的证据,他们意图展开新商业条约的谈判。"《条约》自身以寻常的温和前言开篇。"鉴于德国同奥地利的亲密合作不是为了对谁进行恐吓,而更应说是打算巩固由《柏林条约》所缔造的欧洲的和平,她们的陛下决定缔结一个关乎和平与协同防御的《条约》,同时彼此庄严承诺绝不允许她们的纯粹防御性共识发展成一种侵略倾向。"

"1. 如两个帝国之一——与她们的希望和忠诚意愿相反——遭到俄国攻击时,另一国有义务襄助并且仅能以达成共同和平为终结。

"2. 如两国之一遭到另一强国进攻,另一方将至少保持善意的中立。然而当攻击方得到俄国支持时——不管通过积极的合作还是通过构成一种威胁的军事措施,另一方则应当援助。"

第三条款限定盟国关系维持五年,而《条约》会在此基础上继续延期三年,除非其中一方想要在它失效之前一年提出谈判。[1] 第四条款限定同盟关系要保密,除非发生某件不可预测之事。"同盟国冒险希望,在沙皇于亚历山德罗沃表达过情绪之后,俄国人的军备不会证实存在威胁。倘若如此,她们会考虑出于忠诚的义务而秘密地让沙皇知晓,进攻两国之一会让她们认为就是直接对抗两国。"

《条约》签署次日,海梅尔勒接替安德拉希担任外交部长。这位伟大的匈牙利政治家在永远离开他的办公室之际致信俾斯麦:"如果说它的形成很困难,那我希望它完全能易于维持。"首相回复说:"对战争的担忧在哪里都会给对和平的信心留下空间。"《条约》的缔造者们能够志得意满地看待他们的亲手作品。它给予安德拉希的正是他所想要的,不多也不少;而尽管俾斯麦没能展开他的整个计划,但他得到抵抗最危险之风险的保证并治愈了维也纳与柏林之间的长期不和。他用理由充足的自豪口吻说:"这是我1866年工作的完结。"《条约》的条款直到1888年才公布;但整个欧洲都知道已发生

---

[1] 它在1883年以及随后的间歇期里续订。直到1902年才同意它应当在每三年期限到时自动展期。

了一场重要变化。索尔兹伯里于10月18日宣布:"我相信欧洲的稳定与和平的最佳希望依赖于奥地利的力量与独立。最近的事件证明了奥地利如被进攻将不会孤立无援这一希望的正当。有报告说德国与奥地利已缔结一个防守同盟。"洪堡国王(King Humbert)[1]表达了对德国大使的满意,而沃丁顿把它描述为和平的誓言。

在俄国,它被认为是个打击,但还不是威胁。"俄国在失去圣斯特凡诺之后又失去奥地利,"亲德国的舒瓦洛夫心酸地评论道,"而现在她连德国也丢了。"威廉皇帝最后被允许送一份9月24日联合备忘录的副本以及一封信,解释说备忘录中描述的谈话因安德拉希临近辞职而变得必要。"两位首相同意签一份新协定以填充日耳曼同盟被废除后的空缺。我确实觉得你将赞同它的原则并将恢复三位皇帝间的协定。然而,如果虚无主义者和泛斯拉夫论主导政府,它们将在邻近国家中遭遇联合抵抗。"沙皇回复说,他完全赞同这份备忘录,并且从中看到对带给欧洲如此帮助的三位皇帝回报以完美谅解。皇帝对其外甥头脑中新偏差的忧虑被证明是无根之木,因为尽管奥德亲善的确切性质处于保密状态,但它起到降温而非升温作用。俾斯麦于11月对法国大使评论说:"六周以前,俄国梦想着烈火与炽焰。我与奥地利的交易给她带来理性。此后一周有报告说圣彼得堡开始了缓和政策。反对德国与奥地利的新闻界运动彻底停止,王位继承人正在来给皇帝致敬。"

奥德同盟立刻消除了对双方派系的危险;但完整要求受到阻碍的俾斯麦认为它只是他宏伟防御框架的一部分。奥多·拉塞尔爵士(Lord Odo Russell)[2]给格兰维尔爵士写信时称,[3]俾斯麦希望能遏制泛斯拉夫洪流直到和平党派在俄国处于优势,并且直到他能够续订三皇联盟。的确,他只把自己的亲手杰作看成是个分支。他在《反思》中写道:"我们的首要考虑是在我们的两位帝国邻居间保持和平。我把这视为要求我们在此之后并不少于在此

---

[1] 意大利国王。——译注
[2] 英国驻德国大使。——译注
[3] Fitzmaurice, *Life of Granville*, II, p. 209.

之前培养与俄国的邻邦关系。如果我们维持通往圣彼得堡的桥梁,维也纳可以约束它的反德影响。如果我们同俄国不可挽回地疏远,则奥地利会扩充她的要求。德国的政策不包括耗费我们的人命与财富来实现一个邻居的打算。出于对欧洲均势的兴趣,让奥地利维持做一个强大而独立的大国是德国的一个目标,她为此会在需要之时出于良好的正义感以她的福祉为赌注,但维也纳应当避免从同盟宣言中推导出决定不予支持。它没有免除我们总要精选的态度。"

当条约的命运还在天平上震颤时,这位首相已在给他的琴弓安装另一条弦。他在1876年曾就密切政治合作事宜徒劳无益地试探过狄斯雷利,而他现在重新开始这一尝试。9月26日,德国大使出现在休恩登(Hughenden),英国首相正在一季的劳苦工作之后于彼处小憩。[1]后者宣称,泛斯拉夫主义者在俄国占主导地位,他们倾向于进攻奥地利,而这种进攻将导致一场全面战争。

按照比肯斯菲尔德论这场会谈的版本,大使宣称,德意志、奥地利与大不列颠之间针对俄国的侵略及维持不列颠在东方利益的彼此互惠支持的同盟将会维系和平,德国首相希望在向皇帝提议之前知道英国首相是否乐意建立此种同盟。比肯斯菲尔德答复说,他赞成并且总是赞成建立同盟的原则或与德国达成良好谅解,但迈出可能看上去与法国敌对的一步就不受欢迎了。不过明斯特(Georg Herbert zu Münster)[2]仅被指示问,如果德国拒绝屈服于俄国之要求的举动将导致战争,英国会做什么,而且按照他的报告,是他的东道主提议一个同盟,并补充说他将把法国对德国的进攻看成一个宣战原因。俾斯麦答复明斯特说,他的期望没有完全实现,因为没有提供关于武装援助的承诺,尽管他很感激监视法国的承诺。明斯特回复道,比肯斯菲尔德认为在与俄国的战争中他支持德国与奥地利是合乎情理的。

---

1 见Buckle, *Life of Beaconsfield*, VI, pp. 486-494; *Life of Salisbury*, II, pp. 364-370; *Die Grosse Politik*, IV, pp. 3-14, III, pp. 127-136。

2 德国驻英国大使。——译注

英国首相对外相提到了德国大使;并且在一两天之后致函索尔兹伯里时,对一个同盟表达了比他给女王的报告中所表现的更多赞许。"对俄国的担心非常普遍,仿佛那个国家最终将会打击我们帝国的根基。我相信在三大国之间的结盟可能会得到这个国家带着点狂热的喝彩。如果奥地利遭俄国攻打,法国没理由反对我们帮助奥地利。"索尔兹伯里告诉大使,如果德国与俄国起了麻烦,内阁会站在德国一边;他希望与两大国都结盟;如果俄国知道德国与英国会支援奥地利对抗进攻,那么和平将会得到保障;我们可以阻止法国加入由俄国引起的冲突。明斯特没有提出结盟的建议,这场谈话留下的印象是俾斯麦目前不那么急着确保英国人的支持。没有采取进一步行动,因为德国首相要确保他的君王赞同对奥地利的条约。当10月底奥地利大使和德国大使信心满满地向索尔兹伯里宣布结论时,双方都没暗示大不列颠应当加入同盟。两边都对事情放下了感到满意。英国首相写道:"陛下如空气般自由,而且也没有对奥德观点表现出任何赞许的意愿。"女王对此答复说:"我们置身事外挺好。"俾斯麦在他这方则获悉大不列颠继续被对同盟国(Central Powers)最友好的情绪和对俄国最不友好的情绪所推动,因此他在确保他的君王赞同一个强调孤立沙皇并几乎要迫使他寻求法国之友谊的同盟方面依然有困难。[1]

当亚历山大的威胁政策驱使德国投入奥地利的怀抱时,他的明显兴趣在于必须取得其邻国们的善意,而他无法从他们的惧怕中压榨出这种东西。俾斯麦刚从维也纳回来,是舒瓦洛夫派而非戈尔恰科夫派的一位外交官萨博洛夫(Sabouroff)就带着指示抵达柏林,来讨论俄德协议。[2] 首相在不泄露任何机密的情况下解释说,奥地利将不再寻找一个西方同盟以捍卫她在东方的利益。"因此我已达成我政策的第一阶段——在她与西方各强国之间设置一

---

[1] 按照艾卡德施坦《回忆录》中所言(Eckardstein, *Erinnerungen*, II, pp. 102-106),比肯斯菲尔德在他倒阁前不久起草了一个同盟框架。

[2] 见 *Die Grosse Politik*, III, pp. 139-179; Simpson, "The Sabouroff Memoirs", in the *Nineteenth Century*, Dec., 1917, Jan., 1918。萨博洛夫的回忆录随后就在俄国发表。

道壁垒。尽管这个夏天乌云密布，但我对于完成第二部分即修复三皇联盟没有绝望。"萨博洛夫答复说，如果俾斯麦能出示一份让俄国有利可图的三方协约以及一份和平誓言，那么沙皇不会反对，但他希望更密切的关系。首相接话说："我对结盟的愿望依旧，但情势已变。1877年时我在准备一个进攻性和防御性同盟，但现在只能是个防御性同盟。"萨博洛夫带走的印象是，协定是可能的，且俾斯麦着手说服他的君王。

1880年1月底萨博洛夫从君士坦丁堡调任柏林之前，两人没再碰过面。现在，与奥地利的《条约》已经签署并批准，他已不能指望一个限于俄国与德国的协定。俾斯麦指出，一份针对一个同盟而彼此防卫的协议涉及德国方面的一项承诺，即在特定情况下进攻奥地利。这会是一项危险的秘密，一旦泄露出去，奥地利将会在西方寻求一个盟国。"你的兴趣是不要让德国和奥地利卷到一起。你忘记了在欧洲的棋盘上成为第三方的重要性。那是所有国家内阁的目标，也是我的首要目标。没人希望成为少数派。所有的政治都把自己化约为如下原则：在一个由五个大国统治的世界里成为第三方。我制定了一个双边协定旨在此后回归到一个三方协约，如果你当真想要的话。我看不出奥地利为何将拒绝。如果她拒绝了，我们可以后退到一个相应的双边协定。"萨博洛夫进一步勾勒出一份协议书，其内容保证俄国会反对外国军舰进入黑海，承诺的回报是，土耳其仅会顺从奥地利的意愿而改变其在欧洲之现状。俾斯麦被请求刺探奥地利的态度。

要确保奥地利的同意并非易事。海梅尔勒对泛斯拉夫主义的疑虑不逊于安德拉希，当他于8月拜访弗里德里希斯鲁（Friedrichsruh）时，他拒绝承担此项任务。他认为奥德条约已经足够，并且他担心相应的三方协约可能使纽带松散。此外，他无意促进俄国在近东的扩张，尽管俾斯麦已坦率告知萨博洛夫，如果俄国回避干涉奥地利在巴尔干西部的势力范围，他不会分享反对将君士坦丁堡——"她门上的钥匙"——移交给俄国的普遍偏见。由于维也纳如此无情，俾斯麦无法给萨博洛夫更多进展，而且到该年底，海梅尔勒重申他确信俄国是敌对的并且不能信任。然而他愿意考虑一个有限协议，因为他不能反驳俾斯麦关于俄国无论如何若在某种纽带束缚下将较少威胁性的论据。

俾斯麦与萨博洛夫动手起草一份协议，沙皇、他的长子以及戈尔都同意。亚历山大现在对于复苏《三国协约》的焦灼不逊于俾斯麦本人，而且大家同意德皇应当转变弗兰茨·约瑟夫（Francis Joseph）[1]。于是德皇发了一封亲笔信到维也纳，宣称为了保证欧洲的和平并加强君主制原则，是时候恢复协定并移除1879年以来所蔓延之痛楚了。即使当弗兰茨·约瑟夫已准备重建三皇联盟时，海梅尔勒还坚持不让步。俾斯麦抱怨说海梅尔勒不是一只易驯服的鸽子；直到俾斯麦通知他必须回答是或否时，他也不会屈服。不过，就在此时，亚历山大二世于3月13日遇刺，导致了拖延，并鼓舞海梅尔勒提出新建议，这让俾斯麦着恼。俾斯麦允许海梅尔勒在三年内敲定条约的延续，评论说当奥地利到时候穿破了贴身的法兰绒，她无法不冒着受冻的危险脱掉它。当海梅尔勒最终声明他的国家接受了时，他倔强地补充了一句"因弗兰茨·约瑟夫皇帝的明确命令"。

亚历山大三世尽管治理水准不高，但比起他父亲性格上更稳定。虽说身为一位丹麦妻子的丈夫并强烈反对德国在宫廷和政府中的影响，他却无意于斩断勉强再度开始与柏林编织的线索；而且他绝不会忘记他曾参与过的土耳其战争的恐怖。发放给俄国外交代表的关于他登基的通告声明，俄国已经达到全面发展，她的对外政策绝对会是和平的，而他的首要任务将是本国的国内发展。比他对和平的爱好更强烈的是他对革命的恐惧；他看到德国和奥地利的保守派政府在反对无政府和不敬神势力——正是这个导致其父沦为牺牲品——的斗争中欢迎盟国。他登基后一周，发电报给德国皇帝送上84岁寿诞的诚挚祝贺；老迈的皇帝评论说："从新沙皇那得到了以往的温暖、忠诚和友谊——是件好事。"

有这样一位统治者便无须再拖延早已存在纲要的协议；3月18日，一个

---

[1] 奥匈帝国皇帝。——译注

"关于双边联盟转为三皇联盟之政策关系的部长宣言"声明"考虑到正在到来的谈判,德国政府与奥地利政府承认三边协议的前景在何种情况下都不能伤害他们那继续决定两国关系的联盟条约"。三年后会结束并要保密的这份条约于6月18日在柏林由俾斯麦、塞奇尼(Szechenyi)和萨博洛夫签署。

1. 如果一国发现自己当与第四大国开战,其他两国应当保持善意中立并试着抑制冲突。这也适用于同土耳其的战争,但仅当三个朝廷针对此战争的结果已达成先在协议时。

2. 俄国与德国一致宣布其坚决尊重奥地利借《柏林条约》所保证之新地位而产生的利益。三个朝廷将体谅它们在巴尔干半岛各自的利益,并许诺欧洲任何对土耳其疆界状况的修改都能依靠一份共同协议而达成。

3. 她们承认关闭海峡原则的欧洲特征和互助义务特征。她们会共同注意让土耳其不要因任何政府的偏爱而例外于这条法令,以致通过出借海峡进行军事操作。为防发生这种侵害或为阻止这种侵害,三国当通知土耳其,她们将认为她若走向侵害这个团体便是置自己于战争状态,并且剥夺了《柏林条约》向她确保的领土现状的安全。

同一天签署的《议定书》增补了不少重要细节。

1. 波斯尼亚与黑塞哥维那。奥地利保留在任何她认为恰当的时间合并这些省份的权利。

2. 新帕扎尔的桑扎克。奥地利全权代表与俄国全权代表之间于1878年7月13日在柏林交换的说明继续有效。

3. 东鲁米利亚。三大国认为对东鲁米利亚和巴尔干的占领对总体和平构成危险。如果发生此事,她们将努力劝阻高门从事如此事业,可以理解,保加利亚和东鲁米利亚应当避免通过对抗性地进攻土耳其的其他省份来刺激高门。

4. 保加利亚。三大国不会反对保加利亚和东鲁米利亚最终重新统一,设若该问题在情势作用下应当被提出。她们同意劝阻保加利亚人针对毗邻省份的所有侵犯,尤其是马其顿,并同意通知她们在此事上她们应当在对自己行为负责的条件下行事。

5. 对东方代理的态度。为避免在地方问题上利益的冲突,三国将命令她们的代表和代理人以友好的解释折中分歧,而当他们难以为继之时,要将问题提交给他们的政府。

德国与俄国的新友好关系——用俾斯麦的话,将会阻止一场奥俄战争以及一个法俄联盟——随着沙皇和皇后9月来但泽(Danzig)访问而板上钉钉。尽管年迈的戈尔恰科夫依旧名义上是外交部长,但他不再有哪怕是部分的控制权;而戈尔,这位娶了德国首相的一位亲戚并且担任外交部执行领导的犹太血统的中产阶级新教徒,陪同他的君王前来,完全赞同其君王对和平的投入。这次访问令双方都很愉快,戈尔通知奥地利大使,皇帝怀着满意与平静的心情而归。他报告说,俾斯麦彻底平静,承认了反对社会主义和革命的联合防御的必要性被证明是联盟的纽带。随着戈尔恰科夫1882年初去世,戈尔被任命为外交部长,这让俾斯麦兴高采烈而让亲斯拉夫派怒气冲冲,他们渴望伊格纳季耶夫上台并把他成功的竞争对手戈尔讥讽为俄国宫廷的德国大使。尽管沙皇决定当他自己的领航员,但好兆头是他的首席顾问是位诚实而谨慎的舒瓦洛夫派政治家。

虽说俄国政府再一次处于同维也纳和柏林的友好时期,俄国的非官方意见却持续敌对。它在新闻界的表现现在得到严格控制,因此当斯科贝列夫——土耳其战争的英雄以及泛斯拉夫派的偶像——在1882年1月于圣彼得堡的一次夺取盖奥克泰佩周年纪念演说中打破沉默时,带来的是惊讶。[1] 这位英勇的将军愤怒于奥地利镇压了黑塞哥维那一场由征兵引起的起义,并因唯恐黑山可能被入侵而惴惴不安,他宣称俄国距离被激怒已经不远了。"俄国人属于伟大的斯拉夫民族,斯拉夫的成员现在被迫害和镇压。我们对俄

---

[1] 见Olga Novikoff, *Skobeleff and the Slavonic Cause (1883)*, II, ch. 2-3; Baddeley, *Russia in the 'Eighties*, ch. 6。

国历史使命的信念是我们的安慰和力量。"对奥地利的警告得到阿卡扎科夫在《罗斯报》(Rus)上招兵买马的响应,而将军的仰慕者们又宣布要让黑山免遭入侵,这自然刺激了同盟国,同盟国的怒气反过来激励了斯科贝列夫在巴黎发布更新的声明。他对同情的耳朵——其中有一个塞尔维亚学生代表团——宣布,俄国解放巴尔干的斯拉夫人不是为了看着奥地利蹂躏他们。她没有因为最近的战争而削弱,并且不会逃避为宗教和民族做出的牺牲。如果奥地利进攻波斯尼亚和黑塞哥维那外围的南斯拉夫人,俄国将开战。他在巴黎的言辞没有权威版本发表,而且传言他补充说德国人是敌人;条顿人(Teuton)和斯拉夫人之间的斗争不可避免且不会耽搁太久;冲突固然可怕,但斯拉夫人将证明他们的胜利。戈尔迅速表达了俄国政府的遗憾之情,而且当将军回国之后被吩咐管住他的舌头。三皇联盟没有因为这次事件变得更糟;但当这位著名的战士几周后在莫斯科暴卒时,对圣彼得堡是场真正的解脱,几乎不亚于对维也纳和柏林的解脱。

威廉皇帝开始意识到,奥地利盟友与一个友善的俄国并非不能共容,于是他支持首相避免任何可能倾向于干扰受欢迎度(如果说和谐是不稳定的)的行动。例如,毛奇在1881年夏天向俾斯麦请求资金巩固东部边界,理由是俄国在加强其防御工事、改善其铁路并且现在能够比德国更快地聚集在德国边境,然而他被婉拒。1883年2月,萨博洛夫建议延长1881年《条约》,而且戈尔在11月一次对弗里德里希斯鲁的访问中重提该建议。皇帝欠邻国1881年访问但泽的一个回访,而即将迎来成年庆典的威廉王子(Prince William)在俄国皇储登基时在场,为他的祖父铺了路。1881年《条约》在1884年3月续订,没有修改,9月间三位皇帝由各自的外交部长陪同在斯凯尔涅维采(Skierniewice)会面,其间,弗兰茨·约瑟夫和卡尔诺基的不信任被其东道主明明白白的诚恳态度化解了。[1]

---

[1] *Die Grosse Politik*, III, pp. 285–377.

第二节

俾斯麦从1871年以来的统治原则就是保卫他的战利品并且通过保持法国被排斥而维护欧洲的和平,因为法国没有盟国就弱到没有能力挑战《法兰克福条约》。1881年,经过十年斗争之后,他得以建立一个与奥地利的同盟、恢复一个三国同盟和获得一个友好的英格兰;而在这一年结束前,欧洲唯一的另一大国正在寻求加入联盟的入场券,尽管没有明言,但这个联盟实际上挑衅了法国在欧洲大陆的野心。

意大利之建国在不同时间分别得到过法国盟友和普鲁士盟友的帮助,而当这个进程完成之后,新政府既没将自己托付给巴黎也没托付给柏林。的确,意大利联合王国一开始并没很严肃地把自己当大国,也没人做出特别努力来追求她的宠眷。俾斯麦确实准备在任何时候把意大利或其他任何国家加入1871年安置的担保人名单中;但他不着急,因为在法国,对教权主义君主制复辟的担忧会阻止罗马与巴黎建立起可靠而诚挚的关系。1876年右派倒台后德普雷蒂斯(Agostino Depretis)[1]掌权,而次年夏天左派最强势人物兼当时的议院议长克里斯皮(Francesco Crispi)被派往各首都执行一项周游使命。[2] 他在巴黎找到了他预期找到的"不信任";但他此行的真实目标是获悉俾斯麦的想法,俾斯麦最近伸出了关于密切联合的触角并正在加施泰因试水。他发话说:"我受命来问,当我们被迫卷入同法国或奥地利的战争时,你们是否愿与我们结盟。"德国首相回答:"如果意大利被法国袭击,我们将加入——而且我们将为此目的制定一份条约。但我不预期会发生这种进攻,除非法国回归君主制亦即教权主义。然而我无法考虑奥地利人敌对的可能性。如果她占领波斯尼亚,你们可以占领阿尔巴尼亚。"他拒绝就改善意大利北部边境向维也纳进言,但建议他的来访者去见安德拉希。这位意大利

---

[1] 意大利首相。——译注
[2] Crispi, *Memoirs*, II, ch. 1.

政要在柏林是一场由贝尼希森（Bennigsen）主持之议院宴会的客人，而且这场典礼在国外被阐释为关乎更密切关系的征兆。克里斯皮在布达佩斯见到了态度友好的安德拉希，但没提结盟奥地利的建议，而他对此确实没有想望。这趟旅程没有立即产生效果，因为1878年德普雷蒂斯被亲法的凯罗里（Cairoli）接替。俾斯麦在1879年邀请安德拉希去加施泰因的前夕，向意大利首相告知他的计划，并向其保证意大利任何时候都会被当作伙伴关系的第三方受欢迎；但凯罗里不认为有必要接受这个提议。当两位内阁大臣在1880年初都成为这位民族统一主义者议长的扶棺人时，奥地利在边境聚集军队，意大利政府则宣布军队在提洛尔（Tirol）的推进必须被视作威胁。民族统一主义者事件被政府容忍而持续，激起维也纳的报复性措施。[1] 但就在一位亲法的首相在罗马掌权、意大利与奥地利在边境互相向对方扔火苗的这个时刻，法国迈出了驱使该新王国加入奥德阵营的一步。

当《塞浦路斯协定》的消息在柏林会议期间泄露时，沃丁顿因为一则法国将在突尼斯（Tunis）寻获补偿的建议而平静。[2] 索尔兹伯里爵士报告说："沃丁顿和我经常讨论地中海所发生的事情，关于突尼斯，我说英国完全没兴趣，也没打算与法国因阿尔及利亚之地理位置而产生的影响力竞争。"[3] 当这位法国总理返回巴黎时，他请求将这些非正式谈判的实质内容记录在一份正式急件中，且索尔兹伯里答应了。俾斯麦也提出类似忠告，他自1871年以来就鼓励法国因为丧失莱茵河诸省而寻求殖民补偿，而且他也预见到法国占领突尼斯会摧毁意大利的亲法派。有条流言说德国首相曾向科尔蒂伯爵提议占领突尼斯，这导致沃丁顿警告意大利政府说法国长期以来都把突尼斯视为其利益的必要组成，而意大利只能冒着开启法国之敌意的风险怀抱征服的梦想。[4] 另一方面，沃丁顿1879年8月在巴黎告诉这位意大利大使，他反对吞并突尼

---

1 见Mayr, *Der Italienische Irredentismus*。
2 Hanotaux, *Contemporary France*, IV, pp. 382–387.
3 *Life of Salisbury*, II, pp. 332–333.
4 见Hanotaux, *Contemporary France*, III, pp. 576–591；Billot, *La France et l'Italie*, I, ch. 1；D'Estournelles de Constant, *La politique française en Tunisie*。

斯；内阁从未讨论过此事；只要他还在任，就不会在没有意大利合作的情形下做任何决议。1880年6月，格雷维（Jules Grévy）总统对大使评论说，尽管突尼斯这个国家可能成为摩擦的来源，但还不值一支便宜雪茄。[1]然而次月，接替沃丁顿担任总理的弗雷西内向这位意大利大使说的话就被揣度为毋宁说在向这位盟友确认意大利的疑虑。"眼下我们没有占领该国的意图，但未来在上帝手中。你们为何坚持考虑突尼斯？为什么不把注意力转向的黎波里（Tripoli）？"大使答复说："我们追求的既非突尼斯也非的黎波里，只有现状。"弗雷西内又答："未来在上帝手中，而有一天，当然是很久以后，法国将会被指引占领突尼斯。倘若如此，意大利应当尽可能早得到通知，并且应当在获取恰当补偿方面得到我们的支持。"于是，通过把未来"置于上帝手中"，弗雷西内那一刻正致力于在他的应许之地站稳脚跟。他在自己的《回忆录》（Memoirs）中写道："与甘必大（Gambetta）一致，我试图使用柏林的许可，并且我指示鲁斯坦（Roustan）劝说当地部族首领接受被摄政。他几乎被说动了，而且鲁斯坦写信给我说：'让一个火炮团的伙伴上岸，部族首领就会签字。'当我下台时，正要授权此事。赘言一句，我告诉费瑞：'果实已熟；你将在正确的时刻摘下它。'突尼斯是个糟邻居，总是有让人担心意大利会对其对手先发制人的危险。"[2]

突尼斯这个国家理论上是奥斯曼帝国的一部分，但由一个两世纪之前就占领她的王朝统治，她的命运就这样在欧洲的大臣们之间被讨论着。在19世纪的第三个25年期间，这块土地只有一小部分被耕种，而且虽说税赋沉重，每年却都还有赤字。1860年，由大不列颠、法兰西和意大利建立起一个三重财政控制体系；但这实验注定要失败，因为三国的每一个都为了自己的利益玩此游戏。大不列颠要确保公共事务上的最大特许权；法兰西学会了把这个国家视作阿尔及利亚的一个自然附属；而意大利在成为一个大国后，对一个从西西里出发几小时就抵达且吸引着数量日增之意大利殖民者的国家无法不

1　Crispi, *Memoirs*, II, ch. 2.
2　Freycinet, *Souvenirs*, II, pp. 168-171.

感兴趣。从19世纪70年代中期开始，三位领事之间的公开斗争与日俱增，且三位碰巧都是有能力、有决心之人。理查德·伍德阁下（Sir Richard Wood）从1855年开始代表大不列颠；1874年抵达的鲁斯坦在叙利亚代表法国并决定为法国赢得突尼斯；而麦奇奥（Macchio）在为意大利努力争取方面同样精力旺盛且无所顾忌。在某些场合，法国驻罗马大使被指示警告意大利政府，称麦奇奥的鲁莽可能会促使法国行动，并且解释说，尽管法国无意于吞并该国，但她不能允许意大利建立起优于法国或确乎与法国平起平坐的影响力。冲突议题因柏林的秘密会谈而决定性地升级，法国只剩下在最合适的时机劫夺猎物了。[1]

费瑞的外交部长、摄政体制的确定支持者巴托洛缪·圣伊莱尔于1881年初与突尼斯的部族首领恢复谈判，借口是规范边境政策。鲁斯坦提交了一份与弗雷西内所批准之条约类似的条约；但部族首领犹豫不决并且外国领事们都劝他拒绝。此时，突尼斯北部的克鲁米尔人（Kroumirs）突袭过阿尔及利亚边境，而在4月4日费瑞获得600万法郎以从事一场恢复秩序的远征。[2] 君士坦丁堡和罗马立刻响起尖锐的抗议声。土耳其自1835年重新占领的黎波里后便宣称对突尼斯有影子宗主权，这声明因继任的部族首领们呈献礼物奉苏丹为哈里发而得到部分承认；1871年，土耳其因希望通过法国的灾祸获益而正式宣布她的主权，这立刻被法国政府宣告为无效。然而当法国军队入侵突尼斯时，土耳其诉诸这份敕令，并准备巩固她在的黎波里的要塞并派遣船只。法国尖刻地回答说，如果土耳其战舰出现在那里，就会被袭击。凯罗里宣布，法国欺骗了他，并邀请大不列颠加入一场海上示威。意大利大使对弗雷西内抱怨说："只要费瑞早告诉我，我们将在意大利征求公开意见；看起来如同被骗的人是我们。"不幸的费瑞没有考虑到他本人被他前任关于在采取决定性一步之前让意大利知晓的承诺所束缚，并辩解说意大利虽然感到吃惊但没有被骗。另一方面，俾斯麦向法国大使保证，德国不会反对法

---

1 法国的行为在一个英国人眼里是何模样，见 Broadley, *The Last Punic War*。
2 Ramband, *Jules Ferry*.

国的行动,哪怕它会导致吞并。[1]格兰维尔提出斡旋,却阻挠了君士坦丁堡的行动,并且只是强制法国确认有利于英国商业的各条约并承诺不在比塞大(Bizerta)设防。

突尼斯远征是法国自"大溃败"以来的首次军事努力,而她的任务看来够容易的。23 000人的军队从阿尔及利亚出发远征,8 000人的军队在比塞大登陆。经过微不足道的抵抗之后,部族首领屈服于他的命运,3月12日签署了《巴尔多条约》(Treaty of Bardo),据此,法国将军既警告他罢免之后就是优先决定权,又承诺他如果投降就不进入首都。这份条约建立了一种保护国制度,法国负责防卫针对首领本人和其王朝的危险,并担保与各国的现有条约,同时负责控制外交关系。要进行财政重组,要有一位代表法国的常驻公使。德国、奥地利和西班牙祝贺法国政府,而且没人关心土耳其的书面抗议。"法国在各国中恢复了地位。"甘必大骄傲地致信费瑞这位法兰西第二殖民帝国的真正奠基人。不到20天就将突尼斯转变成法国的保护国,并且《巴尔多条约》于3月23日批准生效。克列孟梭(Georges Clemenceau)独自投了反对票,理由是"它深刻地修改了欧洲体系并且冷却了在战场上凝结起来的珍贵友谊"。费瑞相信首领投降就包括其臣民的屈服,因此撤回大多数军队;但南方未被征服而部落们迅速起义。斯法克斯(Sfax)遭到炮袭并被暴力夺取,军队扩充到50 000人,10月28日夺取圣城凯万(Kairouan),而对凯万的进攻一直拖延到暑热退去,叛乱也由此结束。

突尼斯被夺走令凯罗里倒台,他向法国大使悲叹自己是最后一个热爱法国的意大利大臣。意大利怒潮滚滚,王朝的声望受到粗暴打击,被刺伤的骄傲驱使她的统治者们做出一个重大决议。他们问自己,有什么能阻止那个把突尼斯纳入囊中的国家不要继续攫取的黎波里,甚或不要袭击这个半岛本身实际上不设防的海岸?意大利的天然盟友应当是地中海上最强大的海军大国;但是大不列颠婉拒了抗议一项她本人提议的行动。那么除了法国这个大

---

[1] 圣伊莱尔给俾斯麦写了一封私人信件表达法国对德国之支持的感激。

敌，她应当转向谁，克里斯皮四年前曾与谁讨论过一个防守同盟？

1879年奥德协定的缔结伴随着柏林与维也纳之间关于意大利的大量讨论。[1] 俾斯麦和海梅尔勒都对意大利政要或军事力量信心不足，而且俾斯麦更热衷于修补连接圣彼得堡的电线而非给罗马抛掷诱饵。另一方面，海梅尔勒急于让俄国保持隔离，故此把意大利视为棋盘上一枚重要棋子，并渴望避免任何可能把意大利推向法国且通过法国而最终把意大利的不满人士与俄国的不满人士联系起来的手段。因此，他谢绝了俾斯麦让他以扩充军备来答复意大利之"民族统一主义"的建议，并且他也无意通过可能引致来自北方之侧面袭击的战争来恢复南部失地。他的政策是避免与意大利争执并吸引大不列颠进入同盟国的轨道，因为大不列颠也是俄国的敌人，并且倘若奥地利与俄国开战，她能够遏制意大利。他知道很难争取德国建立一个旨在反对俄国的三国同盟，因此，当他1880年2月指示卡尔诺基在赴任驻圣彼得堡大使之际便道去柏林时，仅仅提议"为了我们自己的家园"而请求英国人帮助。德国首相不希望奥地利进攻或刺激意大利，但他建议在罗马开诚布公。意大利的帮凶政策——总是准备背后袭击并掠夺部分战利品——需要被严厉教训一下。他已经不再相信她是一个值得信赖的盟友。他压下了一次认为不必要的向英国的要求，因为她会在任何情况下制止意大利；而用同盟的幻象去面对俄国只会引起俄国的怀疑。

讨论于10月重启，当时意大利已经觉察到法国在突尼斯的打算，开始静观形势。德国首相回复说，通往柏林之路经过维也纳；而当维也纳表示准备好听取建议时，意大利外交大臣马菲（Maffei）于1881年2月洪堡国王首次出访维也纳前夕起草了一份中立条约，"作为走向更密切关系的第一步"。其基础是东方的现状当遵照1878年之划分。马菲补充说，法国因为关于突尼斯和的黎波里的交易而在费尽心机争取意大利的友谊。海梅尔勒欢迎有关一

---

1 见Pribram, *The Secret Treaties of Austria-Hungary*, II, ch. 1; *Die Grosse Politik*, III, pp. 183-247; *La France et l'Italie*, I, ch. 2; Crispi, *Memoirs*, II, ch. 2; Chiala, *Pagine di Storia Contemporanea*, II, III; *La Politica Estera Italiana*（匿名作品）。

份中立协议的思想,但补充到,波斯尼亚与黑塞哥维那必须被排除在东方现状的抵押品之外。另一方面,奥地利将保证不在阿尔巴尼亚或向着萨洛尼卡(Salonika)进行征战,只要意大利也能如此;并且奥地利不反对意大利在亚得里亚海以远的地中海区域扩展自己的领域。她也会在突尼斯问题上制定一份符合意大利利益的"协议",并且支持其吞并的黎波里。尽管得到维也纳的支持性回应,正式谈判却没有启动,而且奥地利驻罗马大使报告说"非正式"接触没有被认真看待。奥地利很快就不那么需要渴求此事了;因为6月18日三皇联盟复兴,削弱了与意大利联盟的价值。

当《巴尔多条约》的消息抵达罗马时,松尼诺(Sidney Sonnino)写到,意大利必定要寻求不列颠的友谊以及与德国和奥地利的密切联盟,因为孤立就是毁灭。针对巴黎的愤怒因6月在马赛(Marseilles)的流血冲突而加剧,当时从突尼斯撤回的法国军队被用嘘声欢迎,随之有暴徒袭击被断定为是犯事者的意大利人。许多意大利人离开这座城市,意大利发生了反法示威。然而几个月里都没有下定最后决心,并且关于一份新商业条约的谈判在秋天胜利完成。尽管身为老民族统一主义者的新首相德普雷蒂斯与其外交部长曼奇尼(Mancini)的不热心态度之间有矛盾,他们都于10月陪同国王与王后前往维也纳。结盟不是由东道主提议的,而客人不想冒被拒绝的风险;但是友好的欢迎和对局势的一般性讨论铺了路。一项请俾斯麦仲裁的最新请求激使意大利这个需要防御的大国做出必须率先推进的答复。首相就意大利的行动通知新任奥地利外交部长卡尔诺基,并补充说,任何协议都会使意大利单方获益,因为其政策的不可信赖特征以及大臣们的持续更换更会使她的伙伴轻易卷入麻烦;他还表示说,怀疑她是否会履行自己的义务。俾斯麦忠告其同僚们不要拒绝可能强化意大利王朝地位以及相应之君主制原则的东西;但他建议延迟答复,直到与教皇签署的临时协议完成了,那时再根据这两国与俄国之当下关系的持续性给意大利施加一些奥德义务。然而洪堡国王与其大臣们渴望有个决议,因此在1881年底,驻柏林和维也纳的大使被指示去陈述,除了一些特别问题,意大利希望加入德国与奥地利,并且会准备好与她们合作，即使她们对其他大国的义务不允许建立同盟。1882年1月19日，卡尔诺基与意大利驻维也纳大使罗必朗（Robilant）之间进行了第一次会谈；2月1日，意大利驻柏林大使劳内（Launay）与俾斯麦讨论联盟事宜。首相评论说，因为德国与意大利没有分歧，在条约事宜上意大利必须首先赢得奥地利，"导向柏林的门钥匙在维也纳"。他指出各种困难，其中包括罗马多次内阁变化造成的不确定性，并且既没让这位大使完全满意也没让他完全失望地把他打发了。

维也纳的谈判一点都不容易。罗必朗提出领土的相互担保，卡尔诺基拒绝了，因为对双方都涉及太大风险；而卡尔诺基偏爱的中立条约则被罗必朗宣称为没用。卡尔诺基咨询俾斯麦，俾斯麦建议他不要给罗马的财产签名承保，但应提供比冷淡的中立更多的东西，以免意大利为了对自身资本的担保而卖身给法国。最终达成了一份在中立和担保之间折中的协议，5月20日于维也纳签署。如果意大利被法国无端进攻，意大利的伙伴应当来帮助她。反过来，意大利将帮助德国反对法国的攻击。如果联盟的一方（或两方）被进攻，或与两个或更多大国开战，那么条款中所考虑的情形将对各方成立。如果一个大国威胁到签约国之一的安全，而且这个签约国被迫要开战，那么其他签约国将遵守善意的中立，并保留在她们认为合适的时间介入冲突的权利。如果和平受到威胁，同盟者应当考虑诉诸武力。这份协定将维持五年并保密。出于意大利的愿望，每个同盟者都签署一份附加声明，肯定该条约在任何情况下都不得被视为直接反对大不列颠。

尽管意大利是请愿方，但她获得比奥地利更大的好处；因为后者被约束帮助她反对法国的进攻，而她却不保证帮助奥地利反对俄国的进击。此外，她通过结盟这一事实而被保护免受奥地利攻打。在柏林会议上，她扮演了一个小角色，但从1882年以来，她被承认为是大国。尽管她没能弄到她所垂涎的关于其资本的抵押品，但她对它的控制得到加强。这份条约也给同盟国带来稳固利益。俾斯麦不仅解除了意大利可能会在一次袭击中加入法国的远期忧虑，也获得一个抵抗此种袭击的盟国。奥地利再度不必担心当她专注于同俄国进行生死搏斗时背后遭捅,而且当抵抗法俄袭击时能够指望意大利的帮助。《法兰克福报》准确地将这一三国同盟描述为"出于权宜的婚姻"。它既未补充也未修订1879年的《奥德条约》,而意大利对该条约一无所知。次年,曼奇尼披露了三国同盟的存在,尽管未提条款,所有党派领导人包括凯罗里本人都表示赞同。内阁在一次普选中赢得信任票,在处死奥博唐克(Guglielmo Oberdank)之后对民族统一主义者暴乱的严厉镇压,以及对弗兰茨·约瑟夫的一次刺杀未遂,都是意大利官方已经决定进入新阶段的进一步迹象。这个同盟自然不受梵蒂冈圈子欢迎,它发布了一篇认信文章称弗兰茨·约瑟夫绝不能与萨伏依王朝(House of Savoy)联合。将意大利与其新盟友凝聚起来的纽带有多脆弱,这只有在数年之后才由政要们发现,而更晚才被各同盟帝国的人民发现。

针对法国或俄国扰乱现状而设的俾斯麦保险体系,随着与塞尔维亚和罗马尼亚签署秘密条约而完善。在柏林会议上,俄国对保加利亚的全心支持使之不能公正对待塞尔维亚的主张;而安德拉希为塞尔维亚保住了那时被保加利亚人占领之尼什(Nish)和皮罗特(Pirot)的服务,使塞尔维亚将目光投向维也纳,尽管她不喜欢波斯尼亚被占。塞尔维亚人天生是亲俄派,但《圣斯特凡诺条约》创建的大保加利亚,对一个期待从帮助反对土耳其的共同战斗中得到报偿的国家是个粗暴打击。1880年,新任外交部长米亚托维奇(Mijatovich)赴维也纳与海梅尔勒谈判,[1]宣称如果塞尔维亚不是俄国的总督辖地,那么塞尔维亚就不会以向南扩张为目标;1881年6月28日,这位奥地利大臣在贝尔格莱德(Belgrad)[2]与塞尔维亚外长签署一份十年期的秘密条约。

1. 两国都致力于开展友好政策。
2. 塞尔维亚不会容忍以她的领土为出发点的可能指向反对君主制的政治

1　Mijatovich, *Memoirs of a Balkan Diplomatist*, ch. 3; Pribram, *The Secret Treaties of Austria-Hungary*, I.
2　原文如此拼,实际的拼写或者是Belgrade,或者是Beograd。——译注

阴谋、宗教阴谋或其他阴谋，包括波斯尼亚、黑塞哥维那和新帕扎尔的桑扎克。奥地利在关于塞尔维亚及其王朝方面承担同样义务。

3. 如果塞尔维亚的亲王希望冠以国王头衔，奥地利将认可之并将运用她的影响力来确保其他大国的承认。

4. 在未先获奥地利谅解的情况下，塞尔维亚不会与其他政府签订任何政治条约，也不会让她的领土接纳外国武装力量，无论常规武装还是非常规武装，即使志愿兵亦不可。

5. 若一方被战争威胁或发现自己置身战争，另一方应谨守善意的中立。

6. 当军事合作被认为必要时，细节应当通过一个军事协定来规范。

7. 鉴于有当前不可预知的情形，奥地利将不会反对塞尔维亚向南扩充领土（桑扎克除外）的阵势，并将运用她对其他大国的影响力来善待塞尔维亚。

米兰亲王（Prince Milan）的一则个人声明被并入条约。"我于此正式许诺，在未与奥地利沟通并获其同意的前提下，不会为了塞尔维亚与第三国之间的任何政治条约进入任何谈判关系。"秋季，对一个特定条款不是很满意的塞尔维亚首相前往维也纳，并且以一份"两国政府宣言"重申米亚托维奇认为早已清楚的含义。"条款4不能削减塞尔维亚与另一大国谈判和缔结条约的权利，甚至是政治性质的条约。它暗示，对塞尔维亚来说，除了不要谈判和签署任何可能违背该条约精神和主旨的政治条约，就没有其他操心的事了。"于是，塞尔维亚获得了奥地利的同意去向南扩展并成为一个王国，米兰亲王于次年因这项特权而使自己受益。作为回报，塞尔维亚将外交政策交由奥地利掌握，并将其资本账户从俄国商号转移到奥德商号。1889年2月，她因忠诚而获得奖赏，即盟约续订到1895年并且得到额外的抵押品和特许。奥地利通过在她掌管之下的领土而着手阻止任何来自黑山的不怀好意入侵，并怂恿土耳其在必要之时采取类似步骤；塞尔维亚被授权沿着瓦达河谷（Vardar valley）方向"竭环境之许可而尽可能远地"扩张边界。

罗马尼亚一如塞尔维亚，在土耳其战争中站在俄国一方；也如塞尔维亚，对自己缺乏奖赏感到极其愤慨。被迫割让比萨拉比亚一事在她的记忆中化脓，于是当俄国于1879年开始威胁同盟国时，罗马尼亚的霍亨佐伦家族的统治者表明要与维也纳和柏林携手。卡罗尔1880年的日记记录了维也纳恢复睦邻友好的首轮努力，但由于罗马尼亚想要特兰西瓦尼亚（Transylvania）和布科维纳（Bukovina）而失败了。[1] 1883年，经过布拉迪阿诺同俾斯麦和卡尔诺基的长期对话之后，[2] 奥地利外交部长和罗马尼亚大臣于10月30日在维也纳签署五年期的秘密盟约。如果罗马尼亚无端遭到进攻，奥地利就去帮忙。如果奥地利与俄国接壤处的州境遭到进攻，罗马尼亚将会帮忙。如果双方都遭侵略威胁，军事问题要通过一份协定来决定。同一天也签署一份供德国表示同意的条约，且奥罗双方都毫不迟疑地邀请威廉皇帝附议协定。德国接受了邀请，五年后意大利被要求并同意加入该条约。此条约在间隔期里得到续订，并直到1914年仍生效。

1883年，俾斯麦比从前更能祝贺自己的工作成绩。奥地利和意大利是他的盟友。大不列颠态度友好且两国宫廷因联姻而接续。俄国是复兴的三皇联盟的一分子。塞尔维亚的政策在维也纳的轨道内解决了，布加勒斯特的统治者则是一位结盟的霍亨佐伦国王。同年，冯德尔·高尔茨将军（General von der Goltz）开始重组土耳其军队，并为德国人在博斯普鲁斯（Bosphorus）的影响奠定基础。法国孤家寡人，因埃及问题疏远了大不列颠，又因突尼斯问题疏远了意大利；在儒勒·费瑞英雄气概十足的带领下，她似乎把思想从莱茵河诸省转移到重建其殖民帝国的诱人工作上，在这方面她得到并感激柏林的外交支持。俾斯麦这位强大的首相如巨人般驾驭着欧洲，弱小一点的人们焦灼地看着他的脸色行事。

1　Karls, *Aus dem Leben König Karls*, IV.
2　*Die Grosse Politik*, III, pp. 263–282; Pribram, *The Secret Treaties of Austria-Hungary*, I.

第三章　争抢非洲

柏林会议以来，欧洲各国间关系的复杂度因着欧洲之外的领土竞争和商业竞争而与日俱增；黑大陆提供了关于扩张、野心和阴谋的诱人空间。在本章叙述的开端时期，各国的财产在地图上还仅是一小块一小块的土地——阿尔及利亚的北方有两块向南延伸几千英里的不列颠殖民地，一些英国人、西班牙人和葡萄牙人的定居点点缀在西部和东部海岸。40年后，阿比西尼亚（Abyssinia）[1]和利比里亚（Liberia）成为非洲没有臣服于欧洲统治的仅存部分。瓜分进程一往无前的速度自然制造出摩擦；尤其是大不列颠和法兰西的冲突不止一次把两国人民带到战争的边缘。

第一节

伊斯梅尔（Ismail）于1863年登上奥斯曼帝国埃及总督的宝座，继之而来的是修建铁路、电报、灯塔、海港以及最重要的苏伊士运河（Suez Canal），运河1869年开通；与此同时又有大笔金钱浪费在对苏丹国（Sudan）的战争中和修建这位统治者的奢华宫殿上。[2]当该国的微薄资源被耗尽时，这个挥金如土的人开始寻求海外贷款。1875年他把他的苏伊士运河股份卖给

---
[1]　埃塞俄比亚的旧称。——译注
[2]　除了官方出版物，最重要的作品见Lord Cromer, *Modern Egypt*；Freycinet, *La Question d'Egypte*。还有一部有用的总结之作，见Sir Auckland Colvin, *The Making of Modern Egypt*。

不列颠政府导致英国派遣凯夫（Steven Cave）调查委员会前来，调查结果说国家破产在所难免。1876年5月相应成立了公共债务委员会（Caisse de la Dette），由英国、法国、德国、奥地利和意大利控制岁入的很大部分。同年秋季，戈申和茹贝尔（Joubert）代表英国和法国债券持有人的利益访问埃及，由此建立起一种双重控制体系——由一位英国官员督导岁入，由一位法国官员监视花销。索尔兹伯里本会偏爱英国支配权，但接受了"均势影响"。"当你有一个邻居，决心要掺和一个你深感兴趣的国家，你可以退出、垄断或分享。退出将会让法国人得以穿过我们的大路前往印度。垄断将会濒临战争危险。所以我们决定分享。"[1]

1878年，在英法委员会的深入调查之后，总督的巨额财产被纳入监管，而且为取代双重控制体系，伊斯梅尔接受了作为立宪君主的职位，并由一位亚美尼亚人努巴尔帕沙（Nubar Pasha）任首相，里夫斯·威尔森（Rivers Wilson）任财政部长，一位法国人担任公共工程部长。[2] 然而七个月之后的1879年2月，伊斯梅尔策划一起军事暴动，迫使努巴尔辞职，并试图重获个人统治的愉快。结果达成暂时妥协，设立一个新内阁，保留英国人部长和法国人部长，并让总督的儿子陶菲克（Tewfik）任内阁的名义首脑。但是4月间伊斯梅尔解散了他的无论是欧洲人还是本地人的部长们，而任命谢里夫（Cherif）为首相。法国金融机构要求立即干预，于是法国总理沃丁顿建议发落总督；但英国政府不希望仅仅作为债券持有人的红利征收员。不管怎样，总督被警告注意自己的行为，然而这警告徒劳无益；6月，英国与法国在开罗的代理人敦促他逊位。他拒绝了；但土耳其苏丹发电报来罢免了他，并命陶菲克接任。打击来得这么突然，伊斯梅尔无力抵抗，只好安静退隐到意大利，倒也不空留遗恨。

尽管索尔兹伯里没有教唆苏丹采取行动，但这仍不失为有益决定。现在的任务是恢复双重控制体系。他于7月7日给利昂爵士（Lord Lyons）写信

---

[1] *Life of Salisbury*, II, pp. 331-332.
[2] 见 Sir C. Rivers Wilson, *Chapters from My Official Life*。

时说:"我们希望对埃及的政府有所控制,尽管我们不想承担任何公开责任。对我们来说,作为幕后操纵者比当表面统治者更安全,也更有力量。控制应当采取监察形式。我们不能行使实际权力。"[1] 贝林少校(Major Baring)和德布列尼埃(De Blignières)被任命为监管员,没有执行权,但有对所有行政部门的调查权以及建议权。由于监管员是不能罢免的,埃及现在实质上被两大国统治。贝林少校于1879年12月29日致信利昂爵士说:"这里有非常确定的进步,自我被与埃及事务联系起来之后,我记忆中还没有哪件事进展如此顺利。我喜欢我所见到的总督。我们想要的是时间。"指派了一个国际清偿委员会来安排与埃及债权人的债务和解,而索尔兹伯里坚持它不应只是处理债务问题,还应处理该国的需求。与法国和其他大国间的困难导致拖延到1880年春季才能任命一个全权委员会;但它的工作快速而有效,清偿法律7月便通过。债权人被分成三个类别,岁入的三分之二被作为他们债权的按揭款,利息减少为4%,并对国家开支设立一个限额。公共债务委员会的成立和对开支的限制将埃及从破产的深渊———一块肥沃土地和一群勤劳人民曾经被一个浪费的统治者带去这个边缘——拯救出来。

　　罢免伊斯梅尔之后两年是平静的发展,而1880年成立的格莱斯顿内阁首先有其他地方的更急迫问题要面对;[2] 但开罗政府缺乏道义威信。对外来统治和一直增多的外国定居者的憎恨成长为对"埃及人的埃及"的威胁性要求。风暴于1881年9月9日爆发,当时一位埃及武官阿拉比(Arabi)在5 000名士兵的扈从之下包围了宫殿,要求增加军队、更换内阁并设立全国议会。[3] 这场叛乱不仅是反对欧洲人,还是反对土耳其家系或北高加索(Circassian)家系的统治阶层,他们在军队和行政机构中垄断高位。政府弱到无法抵抗,阿拉比获得晋升,于是遮着军事面纱的独裁政治和外国督导相结合的时期到来

1　Lord Newton, *Life of Lord Lyons*, ch. 13.
2　关于格莱斯顿政府的埃及政策(1880—1885),见格莱斯顿、格兰维尔、迪尔克(Dilke)、德文郡公爵(Duke of Devonshire)诺斯布鲁克、利昂爵士的官方传记。
3　关于阿拉比和民族主义者的更多信息,见 Wilfrid Brunt, *Secret History of the English Occupation of Egypt* 及其 *My Diaries*;Broadley, *How We Defended Arabi*。

了。阿拉比成为民族英雄，而两套权力之间的摩擦在所难免。随着一个土耳其使团的到来，情况变得复杂；法国政府和英国政府尽管渴望合作，但发现在关于推翻总督之预期阴谋这一事件上该采取的措施上难以达成一致。

随着1881年11月法国大内阁组建，甘必大立刻邀请大不列颠讨论关于总督安全性的措施，并提议一个充满同情和支持的连带保险。[1]甘必大是共管制的支持者，并且深切留意蒂耶（Thier）的忠告——"尤其绝不能放弃埃及"。1882年1月6日，甘必大一份获英国政府认可的备忘录通知总督说，两国政府都认为他坐稳宝座"便足以保证良好秩序与繁荣"，并表达了他们决心用联合起来的力量进行守卫，反对"所有可能威胁埃及所建立起来之事物秩序的复杂的、外部的或内部的原因"。格兰维尔向法国大使解释说，认可这份备忘录并没让英国政府承担任何特定的行动模式。他确乎自信地评论说他没想过它会被证明有任何实际用途，并对法国大使描述它是纯粹的柏拉图式空谈。他给利昂爵士写信时说："糟糕时期随时会到来。甘必大可能希望联合干涉，而对此的反对意见很大。最佳计划应当是让各国同意大不列颠和法兰西做她们的受托人。"

1月8日送呈的联合备忘录得到总督毫无感激的对待，还怀着出乎所有人意料的怒气。苏丹把它解读成篡夺自己的至高权威，且是埃及将沦入突尼斯命运的一个征兆；刚刚开过会的贵族议院把它视为可激励总督抵制其建议的东西；民族主义党派把它当作干涉的威胁而憎恨之；各国开始窃窃私语。爱德华·马利特阁下（Sir Edward Malet）自开罗发电报称："我们暂时在一切事情上都不再有信心。每件事都曾极好地进展着，英国曾被看作这个国家忠诚的祝福者和保护者。而现在人们认为她已确定无疑地把自己的运气丢到法国身上，而法国基于与她的突尼斯战役绑到一起的动机已最终决定干涉此地。从此举引出国家党派的那一刻起，军队和议院便借反对英格兰和法兰西的共同纽带统一起来，并使他们更强有力地感到将埃及与奥斯曼帝国统一起

---

[1] 见Reinach, *Le Grand Ministère*；Deschagel, *Gambetta*。

来的纽带是他们为了拯救自己免遭入侵而必须竭尽全力依附的保障。由于议院的召集而已沉入幕后的军队再度成为人们言必提及之对象，阿拉比在抗议他认为不正当的干涉方面首当其冲。"这份备忘录实际上极度失策，它没有给总督带来力量，却给阿拉比带来力量，他就此不只代表军队，还代表国家。此外，英法两国政府并未达成真正一致，因为当甘必大焦急地期盼着英法入占之时，格兰维尔却急于避免行动，并且当需要武力时，更乐于让土耳其人介入。克罗默爵士（Lord Cromer）宣称："从联合备忘录颁布之时起，外国干涉就成为不可逃避之必需。"温和的格兰维尔慌了，并提议发一份联合电报声明备忘录遭到误解；但甘必大自然拒绝撤回。大力支持公众意见的名流们现在强迫总督更换部长们，阿拉比成为国防部长，监管员的权力消失了。

这种局面随着甘必大于掌权两个月后在2月1日倒台而弗雷西内接替执掌得到缓和，弗雷西内并不分享他这位朋友的埃及冒险愿望或其对欧洲之不悦的漠不关心。新首相被告知，1月8日签署了这份备忘录的英国政府不仅对行动的方法，也对行动的原则有所保留，并且他们反对军事干涉。已无必要警告法国说她可能会孤身一人，因为弗雷西内与格兰维尔一样急于避免风险。土耳其早就为反对这份联合备忘录而抗议，四大国与高门做了类似的口头沟通，称"现状应当维持，且不能在没有诸大国和宗主国的同意下改变"。甘必大因其过激政策而在法国最高层政要中形影相吊。儒勒·费瑞宣称："在财政上，埃及是英法的问题，在政治上它则是关乎欧洲协调（Concert）的问题。"这也是弗雷西内以及他那位重要的顾问——格雷维总统持有的观点。

如今甘必大高耸的形象不再阻碍道路，格兰维尔能够自由表达他对英法伙伴关系方面之协奏的偏爱。2月6日，他提议交换最近观点，建议说任何干涉都要以欧洲的名义，并且应当咨询过苏丹。弗雷西内接受该建议，并且两国政府于2月11日向四大国发布了一份邀请进行讨论的公告。曾表达过希望弗雷西内比甘必大"更加欧洲化"的俾斯麦满意于该邀请将难题国际化，但他无意让德国军队进驻非洲。他确实告诉法国大使，如果拥有特别利益的法国与大不列颠意欲采取行动,而其他大国向她们提出委托要求,他将会赞同。对这位强大的首相而言,此类问题是他棋局中对抗法国的兵卒。他断言,埃及是西方两大国的石勒苏益格-荷尔斯泰因(Schleswig-Holstein);她们将共同介入,并为了战利品而争吵。

局势的纠结程度令人无可奈何。格莱斯顿内阁拒绝从任何方面干涉,而法国的政策每个月都不一样。弗雷西内罢免陶菲克的一个提议被伦敦以不必要,且联合备忘录已承诺支持他,故也确实不可能为由而拒绝。弗雷西内的下一个计划是派遣一支英法分遣舰队去亚历山大里亚(Alexandria)保护外国人,其他四大国被请求协力要求土耳其当前回避进行任何干涉。另一方面,如果法国与英国认为舰队抵达之后土耳其军队的入驻是适宜的,那么土耳其军队可能被英法征召并听命于她们。格兰维尔同意该计划,同时建议说苏丹应当被告知可能晚些时候需要请求他的帮助,并且其他大国亦包括土耳其在内应当派代表出席海上示威。但后一项提议被弗雷西内推辞。

爱德华·马利特阁下指出,除非苏丹确定同意各国的行动并预先公布,否则议院与军队恐会联合抵制。然而,因英法派分遣舰队前去亚历山大里亚而着恼的苏丹没心情示好,而且他在巴黎和伦敦的大使都被指示提抗议。其他各国也因未被咨询而感觉受冒犯,并且对于英法建议的联合让苏丹不要干涉之议加以婉拒。格兰维尔因此努力用一封消除疑虑的电报安抚各国和高门。"从未提议让军队登陆。政府打算当恢复平静和能确保未来时便把埃及留给她自己并召回她们的舰队。如果不能达成和平解决,她们将与诸大国及土耳其协调行动,达成看起来对她们和法国政府最佳的措施。"温言软语骗不了聪明人,苏丹秘密鼓励阿拉比对抗英法的压力。当总督接受英法关于解散其内阁并让阿拉比临时撤离该国的要求时,内阁屈从了;但公众意见要求阿拉比官复原职,而逆来顺受的总督让步了。把他从军事独裁中解放出来的尝试只不过给他的轭打上了铆钉。民族主义者陶醉于他们的胜利,人们时时刻刻期待着袭击欧洲人。

海上示威失败了,弗雷西内提议开个会,格兰维尔同意。俾斯麦欢迎这个建议,但苏丹拒绝,他宁愿派遣一个委员会去埃及。然而这个使团注定要失败,因为它的领导者德威士帕沙被指示支持总督,他的同事则被秘密命令协助阿拉比。使团的目标不是帮助总督,而是恢复苏丹的权威——苏丹的愿望是把埃及设置成反对欧洲人入侵的壁垒。

在会议召开之前,亚历山大里亚于6月11日发生了预料已久的大爆发,50位欧洲人被杀,更多人受伤。阿拉比现在掌权了,并要求德威士帕沙离开这个国家。因担心性命不保而匆忙离开的不仅有基督徒家庭,也有土耳其家庭。一听说这个消息,弗雷西内就主张立刻召开会议,不管有无土耳其参加,而这会议于6月23日在东道主缺席的情况下于君士坦丁堡召开。[1] 会议首日,苏丹通知达弗林爵士,他准备排斥他所憎恨的法国,并将埃及的控制权和管理权移交给大不列颠,只保留他所拥有的修正过的主权权益。大使答复说,如果苏丹是保留土地所有权来移交埃及,那么大不列颠不大可能接受这负担,而且他的拒绝已得到英国政府的批准。经过两星期的讨论,苏丹被请求派出一支军队去恢复秩序,条件是不要改变埃及的特权和国际义务;但在土耳其接受有限定的条件之前,改变全局的一步已经迈出。

自亚历山大里亚大屠杀以来阿拉比就统治着埃及,弗雷西内开始谈论与他达成协议;但英国政府强硬地回复说,军事党派必须推翻。当加强亚历山大里亚的堡塞之举看起来威胁到进出港湾的船只时,机会来了。7月3日,英国舰队被指示,如果继续修建屏障,就破坏土木工事。此命令被通知各大国,法国受邀协作。弗雷西内推辞,理由是这项孤立行动将违背大会职责,除非是为了捍卫国民的安全,而且也没有现成的军队镇压这次袭击将会引起的叛乱。弗雷西内预言的混乱旋即爆发。一些欧洲人被谋杀,欧洲人街区被付之一炬,城市连续三天被劫掠,这时一部分英国军队才刚刚登陆。阿拉比宣布进行针对英国人的"不和解战争",然后被从国防部长任上解职。

这新闻被以各不相同的情绪接收。苏丹指责这项行动违反国际法,沙皇

---

1 见 Lyall, *Life of Lord Dufferin*, II, ch. 1。

公开表达他的愤慨。法国已通过撤走船只宣告了她的不赞同，此时回避发表深入评论。专注于讨论土耳其干涉之条件的大会有一刻看起来失去了目标；但大不列颠表现出无意让自己进一步偏离欧洲协调，7月15日，她邀请各国协力确保运河的安全。弗雷西内对这项有限职责倒不担心，英国与法国的分遣舰队被命令巡视运河；但也需要陆军，因此英法发了一份电报请求大会选择国家在需要之时捍卫运河，英法大使们被指示补充说，他们的政府早就担起此项职责。弗雷西内早已确保其初步的信任票，此时承诺在未得议会进一步授权之时不会采取行动。然而德国、奥地利和俄国谢绝发布指令，尽管她们不反对英法两国捍卫其自身利益。拒绝发布指令之事警醒了法国，当7月29日弗雷西内请求更多信任时，他指出防御运河不会构成对埃及的干涉，但他被压倒性多数击败了。议会的投票将埃及交给了大不列颠。自舰队驶离亚历山大里亚始，法国弃权之态已然确定。突尼斯早被证明比所期待的更加麻烦；埃及的一场战役暗示了困难与艰苦，而法国也担心俾斯麦会设个陷阱。次日，即7月30日，霍亨罗厄亲王通知弗雷西内，柏林已经准备提议用一种他会喜欢的形式集体保护运河，7月31日和8月1日，类似的通信分别从意大利、俄国和土耳其那里传来。这位悲痛的大臣在回忆录中写到，如果这些保证信来得早一两天，他也就不会下台了。尽管如此，克列孟梭在劝说神经紧张的议会收缩其职责时仍是在代表国民的大多数发声。

在弗雷西内被赶下台的前一天，英国驻罗马大使邀请意大利与大不列颠和法兰西联合维护运河安全，并与大不列颠在埃及国内事务中协作，法国拒绝参与。[1] 曼奇尼回复说，鉴于问题已提交君士坦丁堡的大会并且土耳其已经着手派遣军队，他不能支持另一种介入模式。格兰维尔礼貌地答复说，他很高兴有个机会证明不列颠对意大利的友情。克里斯皮痛苦地为这个决定遗憾，他让曼奇尼想起加富尔（Count of Cavour）对克里米亚战争的参与，"皮埃蒙特[2]的政府拥有今日意大利政府所缺乏的勇气"。相反，格兰维尔很

---

[1] Crispi, *Memoirs*, II, ch. 3.
[2] 指加富尔任首相的皮埃蒙特－撒丁王国（Kingdom of Piedmont-Sardinia）。——译注

高兴意大利拒绝了。"我们做了正确的事。我们表现出愿意接纳他人，并且我们不因有伙伴而感到不便。"他担心与任何大国的合作将会不可避免导致摩擦，而镇压阿拉比的道路现在扫清了。尽管苏丹已同意派遣军队，但雇用他们的条件尚未被接受，而且他无心作为各国的受托人行动。这样，一开始决心连联合军事干涉都避免的大不列颠现在被委派独立行动，法国则自甘必大倒台以来因自身的温驯而一声不吭地把埃及移交给她的竞争对手。

英国政府如今展示出迄今为止都欠缺的决心和能量。苏丹被通知说，出于日益严峻的局势，大不列颠考虑授予自己恢复埃及秩序并维持运河安全的职责，大不列颠会发一份公告急件通知各大国，她将在总督的核准之下保护运河。沃尔斯利将军（General Wolseley）驶向塞得港（Port Said），而9月13日阿拉比在特勒凯比尔（Tel-el-Kebir）被击溃。几天之后，沃尔斯利进入开罗，总督从避难地亚历山大里亚返回。既已确定外国干涉是必需的，则大不列颠比土耳其更胜任此项任务；但用格兰维尔的话说，强加于我们的孤立行动并非我们所寻求之行动。

俾斯麦对特勒凯比尔的新闻很高兴。安普希尔爵士（Lord Ampthill）从柏林报告说："因为你所采取的强有力的政策，你得到他全面的赞同。他从未掩饰过他急于见到奥地利占领波斯尼亚、法国占领突尼斯和英国占领埃及；现在这些愿望都实现了，他的下一个愿望是占领能够持久，并因此将又一场东方危机周期性复发的危险最小化。在他看来，逐渐肢解土耳其帝国是东方问题的唯一和平解决法。"首相的良好愿望被官方社会与非官方社会向他儿子、时为德国大使馆一员的赫伯特（Herbert Bismarck）展示出的善意所巩固。俾斯麦宣称："与埃及的命运相比，不列颠帝国的友谊对我们重要得多。"他补充说，他将不会反对吞并，尽管他不建议这样做。[1] 法国则在另一边自说自话地声称在西方两大国之间的局势没有因为这场战役而急剧改变。特勒凯比尔事件之后几日，在巴黎的英国外交官被告知"早日就英国未

---

[1] *Die Grosse Politik*, IV, pp. 36–38.

来的打算给个概念会符合英国的利益"。虽然不可能给出确切答复,但埃及政府与不列颠政府相仿,希望废除双重控制体系。这个曾经每次都拒绝合作请求的国家现在要对抗在所难免的单边干涉结果。当11月向法国提出设立债务委员会主席职务时,法国以同法国的尊严不一致为由而拒绝接受这个仅相当于出纳员的职务,作为废除双重控制体系后的对等职务。经过一些尖锐的外交往来,法国"恢复她在埃及行动的自由"——这是对持续到1904年之敌意的委婉说辞。热度不相上下的是土耳其苏丹对未向他请求许可、亦未经他许可而在一个土耳其省份里泰然自若的不列颠驻军之壮观场面的怒火。

尽管这时无论自由派还是保守派的英国政要没一个人梦想着永久占领,但需要建立一些组织;因此,作为驻君士坦丁堡大使而在大会中担任领导角色的达弗林爵士于11月7日作为高级委员抵达埃及,并在埃及停留到1883年5月。[1] 他发出指令:"女王陛下的政府尽管渴望英国占领军停留此地的时间应当尽可能短,却觉得在能对维持埃及的和平、秩序和繁荣方面提供令人满意之担保的基础上重建行政管理事务之前,在总督权威得以稳定之前,在自治政府得以明智发展之前,在履行了对外国之义务之前,无法从如此强加于他们的这一任务中抽身。"达弗林用他一贯的辨别力和技巧完成了这一困难任务。苏丹颁发一纸诏书,禁止总督在未提交他核准的情况下采纳任何措施;但陶菲克一方面在承认苏丹的权利时很慷慨,一方面解释说他不再是一个自由代理人,"货真价实的总督是达弗林爵士"。若抵抗就会导致被废黜。

达弗林报告将文采同政治智慧与洞见相结合。他宣布,埃及从不知晓好政府;但时代的精神已抵达尼罗河谷,农夫如同他自己的门农(Memnon)[2],不会再对新一天到来时的晨曦无动于衷。他的能力必须要发展。埃及应当既不被伦敦统治,也不被一个不负责的集权官僚机构统治,而应当由被代议制在谨慎的限制之内所创造的市政化且公共的自治政府管理。不成熟的公共选民提供了政治成长的起始点。农夫将投票选举省议会成员,省议会成员则选

---

1 Lyall, *Life of Lord Dufferin*, II, ch. 2.
2 希腊神话中的埃塞俄比亚王。——译注

举立法会的大多数成员,而全国议会的半数以上成员将由乡村代言人委派。然而立法会和全国议会在新税收之外的事务上都是咨询性团体,因为税收需有全国议会的同意。行政重组的框架包含了军队、司法、警察、税收和其他急迫问题;但欧洲人一段时间里的辅助是不可或缺的。"当我们的援手撤出之时,绝对有必要防止我们所编织的结构倾圮坍塌。"达弗林的建议被内阁批准,以一份基本法令的方式表达,并在未来三十年里都以温和专制的形式发挥作用。

　　大不列颠没有征服埃及,因为它属于土耳其,而我们不曾与土耳其打仗。这种反常的立场在一份署着1883年1月3日的、给各国的公告急件中被权威性地界定。格兰维尔爵士宣称,各种事件将大不列颠扔在镇压阿拉比的责任上。"尽管眼下不列颠的兵力仍留在埃及以维系公共安宁,但女王陛下的政府渴望尽快撤离,只要这个国家的状态和维系总督权威的恰当组织方式允许这样做。与此同时,女王陛下的政府的立场是向总督阁下施加影响以让他们担负起提供建议的责任,建议之目标为确保能建立起一个具有令人满意特征并拥有稳定性和进步性元素的事体秩序。"运河必须在战时是中立的,并在和平时期平等开放给所有国家的商业活动。在意欲实行的改革中包括外国人和本国人税收平等,创建一支由外国军官管理的少而精的军队,用一支高效的宪兵队替代本国警察。一位不列颠顾问取代了双重控制体系,而且有了一个代议制议会的前兆。这是内阁对达弗林计划的认可。几天之后,双重控制体系被总督令废止。9月,伊夫林·贝林阁下(Sir Evelyn Baring)[1]顶着最谦卑的头衔——总领事(Consul-General)暨外交代表抵达开罗,完全没想到他要在这个国家统治23年。国库已空且政府欠了一亿债;但局势并非毫无希望。现在有英国驻军在背后支持,而且尽管公共债务委员会仍在,双重控制体系却消失了。总督生性温和并易于屈服,权力立即移交到英国代理手中,而他得到来自祖国的忠诚支持。格兰维尔在正式履职之际便写道:"要

---
[1] 即前文的克罗默爵士。——译注

弄清楚，落在英国头上的时代责任迫使女王陛下的政府坚持采纳他们所推荐的政策，而且那些部长和总督若不遵循此进程有必要被解职。"换而言之，埃及要成为英国有实无名的被保护国。"我们对亲王不是一般地感激，"哈考特（Harcourt）对赫伯特·俾斯麦评论说，"他若愿意，可以令马车颠簸。我们被独自留下，归结于德国的良好愿望。"[1]

尽管不可能提早撤离，但达弗林建议压缩驻军，而贝林准备接受在亚历山大里亚驻扎3 000人的军队。然而当一支由英国雇佣兵希克斯（Hicks）领导的纪律涣散的埃及军队于年底在达尔富尔（Darfur）被1881年举起叛乱旗帜的东古拉（Dongola）酋长马哈迪（Mahdi）歼灭时，缩减军队和从开罗撤军之事延后了。虽说不列颠政府曾经以远征不干苏丹为由，不明智地遏制了对远征的否决，但它现在又以总督既没军队也没钱为由，禁止总督尝试重新征服该省。喀土穆（Khartum）和其他设有要塞的哨所得以维持，但易于被马哈迪的兵潮所包围。不列颠政府应时下令撤离瓦迪哈勒法（Wady Halfa）以南地区；但从萨瓦金（Suakin）到马萨瓦（Massowah）的海岸以及直到白尼罗河的地区都要占牢，以便抑制非洲和亚洲之间的奴隶贸易。当撤离苏丹的决定被当作懦夫行为而遭到反对派责难时，格兰维尔回答说，政府从未承担对那个遥远省份的责任。在杳无人迹的沙漠作战将把埃及扔回财政混乱，而她刚开始被英国人之手从这混乱中解救出来。

埃及政府需要一笔借款来填补叛乱和希克斯远征带来的花销，修订令政府无法盈利的清偿法律也是受欢迎之举。因此格兰维尔提议召开一个会议，让政府能实施其职责并恢复安宁。自1882年以来，埃及问题就不是国际讨论的主题，费瑞接受开会的条件是相关问题应当由格兰维尔同法国大使沃丁顿先进行首轮细谈。法国亲切地放弃了恢复双重控制体系或当不列颠撤退时由法国代替英国驻扎埃及的愿望，并接受了大不列颠不改变埃及之国际局势的承诺。格兰维尔认为这个声明是同意了1883年1月3日急件中的政策，并转

---

[1] *Die Grosse Politik*, IV, p. 48.

而提议于1888年1月撤军，如果各国届时认为这一撤离能够"无损于和平或秩序"地进行。他也提议制订在撤军之后自由使用苏伊士运河的计划和仿效比利时模式让埃及中立的计划。双方都乐于会谈。费瑞在提呈文件时宣布："埃及既非法国的也非英国的，它从未停止是且将来也会是欧洲的问题。"

1884年6月28日召开的会议自身与友善的初衷所引出的愿望不符。尽管会议计划被限定在财政形势，但差异立刻呈现出来。法国意欲提升公共债务委员会的权力并因此以某些措施恢复共管制。英国以安全状况已经改善为由建议将贷款利率缩减0.5个百分点，而法国反对这么做，也同样反对以不列颠的债务抵押作为缩减利率之方式的想法。双方其实出于不同的目的来参加大会，一方仅仅想缓和金融形势，另一方则强调埃及问题的欧洲特性。利昂爵士于6月3日写信称："除了政治成功，儒勒·费瑞几乎不作他想，政治成功对他而言将让法国再度从政治上插手埃及，并且作为实现政治插手的一种手段，获得了对我们军队离开时间的敲定。我对这个会议上双方日渐增长的敌意非常不快。不是说我推测法国有任何与我们开战的蓄意图谋。但是这两个国家在地球上的每个角落都有接触，而就当前的情绪状态来讲，所产生的各种问题都会激发双方彼此的怀疑和恼怒。谁能说得准某时某地一些地方性事件不会产生严重争执，或一些行事专横的、头脑发热的官员们不会惹出实际冲突？"因此，经过一个月内的七轮会谈，会议在未能达成任何决议的情况下结束了。

伦敦会议失败后，考虑到埃及的破产迫在眉睫，前印度总督兼当时的第一海军大臣诺斯布鲁克爵士被派往埃及提供报告及建议。[1]他在那里耗费六周并拟定两份报告。第一份专注于财政问题，推荐延长灌溉渠，废除劳役制，给外国人的税收以更大自由，缩减土地税，发行一笔900万额度的贷款，其利息由英国政府担保。他总结说："这些提议的效果无疑将是会议提出的以国际财政控制替代英国的财政控制；但这一改变在我看来对埃及政府和英国

1　见 Sir B. Mallet, *Lord Northbrook*。

政府都有益处。在英国已经为维持埃及的和平与安全做出牺牲而现在应当承担金融债务之际,我也看不出其他大国能从对英国的这种控制法提出异议中获得什么享受。"第二份报告讨论作为一个整体的埃及问题,主张巩固进步当循序渐进。"我不能推荐政府把撤离英国军队的日期固定在某一天。兵力不久后可以缩减至4 000人;但确定完全撤出的明确日期既不安全也不明智,因为实行此步骤的安全性必须取决于该国的内政,也取决于埃及的政治地位。"

诺斯布鲁克对于"没有大国会反对"大不列颠的财政控制这一信念过于乐观了。当埃及政府采纳他的建议,打破束缚而使用了债款的部分盈余专款来填补行政赤字时,公共债务委员会从法院得到一份要求归还款项的判决。由英国抵押贷款的提议不仅被法国拒绝,也被格莱斯顿、柴尔德(Childers)以及内阁所有下院议员拒绝,尽管格兰维尔与皮尔斯(Peers)赞同。克罗默爵士写道:"如果他的提议被内阁接受并付诸实行,那么构成埃及之祸根的国际主义将遭受一记重拳,而大不列颠作为埃及引路人和保护者的至高权力将得以伸张。没有采取任何措施让他的政策实行。他的使命失败了。"这个判语对于内阁几无公平可言——内阁要确保各国的赞同,就算并非不可能,也是件难事。因为土耳其一点也不倾向于让我们的任务变得容易,而法国依旧明目张胆地敌对。意大利是各国中唯一友善的,因为安排好了应让她拥有马萨瓦和毗邻红海海岸的地区。

最后在1885年3月,《伦敦协定》中放松了对清偿法律令人窒息的固守,允许以3.5%的利率发行900万金额的贷款,由诸大国抵押,用于支付1882年亚历山大里亚被破坏而应得的赔偿,以及1882和1883年的赤字,并留下100万以改进灌溉系统。协定也安排到两年结束时设立一个国际委员会,以防埃及不能支付自己的费用;但状况缓慢改善,委员会不再必要。财政顾问埃德加·文森特阁下(Sir Edgar Vincent)物尽其用地利用了灌溉系统之外的所有一切,而灌溉系统由柯林·斯科特-蒙克里夫阁下(Sir Colin Scott-Moncrieff)开发。伊夫林·伍德阁下(Sir Evelyn Wood)训练了一支本土军队，约翰·斯科特阁下（Sir John Scott）改革了司法管理。总督依旧友善和恬淡，而且虽说埃及最聪明的人——亚美尼亚人努巴尔痛恨被使唤并以辞职抗议，但伊夫林·贝林阁下逐渐赢得他本地同事的信任。

《伦敦协定》增加的一项声明宣告要在巴黎召开一个会议，讨论苏伊士运河的地位。急于复兴法国在埃及之利益并重新征服失地的费瑞邀请各国建立一个系统，保障在任何时候并让所有来者都能自由使用苏伊士运河。法国以及大多数其他国家的目标是运河的国际化而非中立；而英国代表朱利安·庞斯富特阁下（Sir Julian Pauncefote）与里夫斯·威尔森阁下与该政策抗争，他们愿意让运河中立，而非变成出入港埠，并试图让埃及保留警察权益，这项权益将由大不列颠用埃及的名义行使。经过10周讨论，一份反映了多数派观点的条约被起草；但大不列颠和意大利拒绝接受，于是会议无果而终。费瑞不久后的倒阁清除了先前政策的拥护者；而1886年2月22日，一份改进过的文本被提交不列颠请求同意。罗思贝里爵士（Lord Rosebery）押后讨论，谈判断时续地进行，直到1887年10月在法国和大不列颠之间达成一致，并于1888年10月被各国接受。"建立一个确定的体制以保障自由使用运河的条约"本身令法国满意；但在一份署着1887年10月21日的急件中，索尔兹伯里爵士重复了庞斯富特阁下在1885年合议庭结束时用过的重要词句："不列颠明确陈述了全面的保留意见，以致这份条约与传统情况和例外情况不相容，并将妨碍不列颠政府于占领期间的自由行动。"法国接受了关于"对所有大国从中受益之谅解"的保留意见。这份条约就这样被压缩为一份纯理论的宣言；因为，如果大不列颠处于战争状态，她可以控制和封锁运河。

将苏丹出让给马哈迪并撤离欧洲驻军既明智又确乎难免；但是选了戈登（Gordon）担负这项任务是一次悲剧性失策。他曾是伊斯梅尔当政末期的苏丹总督，但他一无是处。克罗默爵士写道："格莱斯顿的政府在处理苏丹问题上犯了两个重大错误。没制止希克斯远征是其忽略之失。派遣戈登去喀土穆是其委任之失。不应该派英国人去喀土穆，而倘若派了，不该是这个人。

如果我早对他更了解一些，我肯定绝不同意对他的任命。一到喀土穆，他的好战精神就左右了他。他首先是个战士；并且是一个非常好斗的战士，而且他无法容忍在马哈迪面前退却的思想。至于给他的指示，他把它们抛到九霄云外。"克罗默爵士的慎重谴责恰如其分。尽管戈登因为自己不服从命令而身亡，但这也构不成借口耽搁派遣远征军去解脱他。近几年来，不列颠在世界上的声望再没有低过1885年2月喀土穆沦陷及其空想派保卫者被歼灭的消息传来之时。不列颠政府冲动地决定要开展那位已陷落英雄的粉碎马哈迪计划；但是潘杰危机迫使他们收手，而且重新征服苏丹一事拖宕了十年之久。

虽说保守派激烈攻击格莱斯顿内阁的埃及政策，但索尔兹伯里也不比他的政敌更想长久留在埃及，因此他于1885年夏季履职之际便立刻派遣德拉蒙德·沃尔夫为特派公使兼全权大使去谒见土耳其苏丹，[1]旨在邀请土耳其苏丹协力处置埃及问题。在沃尔夫抵达土耳其首都两个月之后的10月24日，他签署了一份协定，规定不列颠政府和土耳其政府各自都要派遣一位经埃及总督同意的特派员去埃及，其任务是重组军队并改革行政。协定第六款写着："一俟两位特派员确立了边界安全以及埃及政府的良好运转和稳固，他们就应向各自的政府提交一份报告，政府将参照这份报告确定一份规定英国军队在某个合宜时期撤出的协议。"这份协定得到四大国全体同意，土耳其苏丹表达了对其结论的欢迎。沃尔夫报告说，为了缓和土耳其的怒火已经做了许多，又补充说土耳其的特派员如果选择得当，将有益于创立融合东西方元素的制度并平定苏丹国。他立刻动身前往埃及，土耳其的特派员穆赫塔尔帕沙（Mukhtar Pasha）则在年底继之而往。沃尔夫、穆赫塔尔与埃及总督之间关于苏丹之和平、财政和军队的讨论持续了整个1886年，该年底，沃尔夫返回英国与索尔兹伯里讨论局势。

当两位特派员在开罗消耗时间时，再度被弗雷西内执掌的法国政府继续努力缩短占领期。法国驻柏林大使埃尔贝特（Herbette）在1886年10月18日

---

[1] 见 Drummond Wolff, *Rambling Recollections*, II, pp. 274-320。

与外交大臣赫伯特·俾斯麦首度会谈时,露骨地要求德国在埃及争执上提供支持。[1]他宣称,"报复"这种举动已经过时,如果首相肯公开宣布他有意运用他的巨大威力维持地中海的现状,那么将出现一个极好的缓和期。所有的怀疑与忧虑都将消失;所有的目光都将转离东方前沿,法国得以将她所有的力量和资源运用于她重要的利益所系之地。"对我们而言,英国应当撤离埃及确乎是一个关乎我们作为大国存在的问题。地中海是我们政策的支点,而英国人在法国被憎恨,远过于德国人曾经在法国被憎恨的程度。"大使在随后不久与首相的会见中重申了对德国之协作的诉求,但他被告知,德国不能强制英国离开那个国家。法国的好意绝不能弥补英格兰的恶意。

与此同时,沃丁顿被指示在唐宁街提出问题。索尔兹伯里答复说:"你们认为我们想无限期留下去就大错特错了,我们只是在寻求体面撤出的方式。我们的军队在印度更有用。我们已决心撤军,但当我们这么做时,我们需请求欧洲确定一个时期,以让我们在又出现失序状况时有权利重返。倘无此点,我们的重组工作就会受到危害。一个督导期是必要的。我们打算与土耳其苏丹谈判,但希望首先与法国达成一致。"弗雷西内的答复是要求尽早公布确定的撤军日期,并补充说,撤军越早则督导期可能会越长。"大不列颠正在用英国军官构造骨架。这很自然,但不利于撤军。由于我们的表现,土耳其苏丹现在希望用土耳其军官构造骨架。然而如果英国在一段时间内保留一些欧洲军官,我们不应反对。最后,任何倾向于压缩法国现役人员的行政改革或财政改革都会非常不受欢迎,除非撤军日期能固定下来。埃及是让我们不和的唯一问题。"这份急件带着和解的语调;但是11月17日,法国总理在议院用阴郁且几乎是威胁性的语气说:"如果一个大国明确地把自己安置在埃及,那对法国在地中海的影响会是一个非常严重的打击,按照我的意见,法国绝不应让自己习惯于它能够确然被移交给一个欧洲大国之手的思想。"

---

1 *Die Grosse Politik*, VI, pp. 144–152.

1887年初，沃尔夫返回君士坦丁堡就1885年协议中计划的第二份协定进行谈判，并给土耳其宰相寄送一份备忘录，就埃及的中立、在埃及军队中保留足够数量的英国军官以及在需要之时重返等事项提议。高门答复说，近来的要求是篡夺苏丹的君权；但在5月22日君士坦丁堡签署的协定中授予了联合干涉的权利。英国军队应在三年后撤退。如果面临危险程度大到使得延期成为必要，则他们应当在危险消失之后即刻撤出。在这份协定被批准之后，各国被邀请来担保埃及的不可侵犯性。然而土耳其在有理由担心入侵或内部失序时，或者如果埃及总督忽视其对宗主国之职责或其国际义务时，土耳其将使用她的军事占领权。不列颠政府在类似情况下被同样授权派驻军队消除危险。不列颠司令官和土耳其司令官要以顾及土耳其正当权益的方式行事，而当他们介入的理由消除后，土耳其军队和不列颠军队都应撤出。如果苏丹不行动，则大不列颠可以独自采取军事行动。在《协定》的一份附件中，沃尔夫解释说，如果在三年期结束时地中海的一个大国不接受该《协定》，大不列颠将视此拒绝为《协定》所考虑"不及之危险的表现"。

土耳其的苏丹、宰相卡米勒帕沙（Kiamil Pasha）、部长们以及宗教领袖都急于放下埃及问题；但《协定》在法国和俄国引起怒火爆发。俄国驻君士坦丁堡大使奈利多夫（Nelidoff）责备土耳其宰相牺牲了苏丹的权益，补充说俄国宁愿要一个未加界定的过渡状态，而不是承认大不列颠特别权利的状态；戈尔也向圣彼得堡的土耳其公使评论说，俄国可能会拒绝与她联合。敌对性更强的法国徒劳无益地怂恿德国联合抗议，又通知苏丹说她无法接受没有时间限制的重返权。土耳其人慌了，并自称相信如果《协定》批准，法国就可能占领叙利亚，而俄国可能占领亚美尼亚。高门为此请求宽限一个月批准条约；不过接受了这样的时限也没用，且沃尔夫7月16日离开君士坦丁堡。此后不久，土耳其驻伦敦大使试着重启谈判，但索尔兹伯里中肯地答复说："既然苏丹受其他顾问影响的程度深到否定他最近才批准的一项协议，那么任何新的协议都显然易于遭遇同样命运。"

尽管抛弃了《沃尔夫协定》，但土耳其特派员仍留在开罗，没有明确的职能，并且像个阴谋中心那样待着。另一方面，大不列颠的外交地位改善了；因为世界现在知道她已与土耳其苏丹达成一项撤军协议，但苏丹却在法国和俄国的压力下撤回同意意向。法国的行为没有鼓励大不列颠做更多努力来限制她在尼罗河谷的停留期；而且，一再发生的赤字于1888年停止，此现象鼓舞贝林和他的同事们继续进行他们的艰难事业。

第二节

当法国为色当（Sedan）的失利寻求补偿以重建她丧失的殖民帝国时，胜利的德国在十年间对其在欧洲大陆的霸主地位心满意足。几百万德国人在19世纪移居美洲，但失去他们并未引起深刻遗憾。汉萨传统未曾对俾斯麦施加咒语，他既不想要殖民地也不想要舰队，尽管他鼓励其他大国将视线投放大海以外。其实他拒绝阻挠他们的野心，对于捍卫他自己的作品来说是个本质要素。霍亨罗厄于1880年拜访首相之后写道："他不肯听有关殖民地的事。他说我们没有舰队防守它们，也没有官僚机构管理它们。他提到我关于法国在摩洛哥（Morocco）之计划的报告，并相信如果法国占了摩洛哥会令我们高兴；因为她将会有很多事做，而这将是损失阿尔萨斯－洛林的补偿。"[1] 俾斯麦老谋深算的"不感兴趣"在唐宁街被心怀感激地接纳了。索尔兹伯里1880年1月14日致信奥多·拉塞尔爵士称："基于合理的惯例，你最喜欢那些至少能陪伴你的人。德国显然安排好了当我们的盟友。即使我们古老的朋友奥地利都没有完全摆脱与我们当前状况相冲撞的计划或兴趣。"[2] 这位外交大臣很明智地添加了保留条款，因为德国人的事业使外国土地肥沃起来且其他大国贪婪瓜分非洲，这两大场景刺激了德国的胃口，最终迫使首相在追悔莫及之前满足它的饥饿感。

---

1 Hohenlohe, *Denkwürdigkeiten*, II, p. 291.
2 *Life of Salisbury*, II, p. 373.

德国与非洲产生联系可追溯至17世纪后半叶，当时普鲁士的船只参与奴隶贸易。在黄金海岸（Gold Coast）建了一个根据地，并且满脑子殖民蓝图的大选帝侯[1]买下了塞内加尔近海的一个岛。[2]勃兰登堡非洲公司成立于1681年；但这家企业被证明是一场商业失败，40年后被注销。对黑大陆的兴趣被19世纪的德国探险家、商人和传教士们复苏；当德意志帝国成立时，汉堡的商人们早就在东西海岸开始了活跃的贸易。1878年，利奥波德国王（King Leopold）[3]的国际非洲联盟之德国分会成立；1882年，德国殖民地协会建立。德国人的眼光最常关注的是西海岸。19世纪中期，达马拉兰（Damaraland）和纳马夸兰（Namaquland）建起传教站；1864年，一些传教士挂着德国旗帜驶向瓦维斯湾（Walfisch Bay）——奥兰治河（Orange River）和安哥拉（Angola）之间漫长的无人占据海岸上唯一的港湾。这个海湾被含糊地认为是不列颠的；而在1868年，由于传教同本地人之间的摩擦，不列颠政府许诺给予德国人一如英国臣民的保护，这样便暗示达马拉兰和纳马夸兰在我们的影响范围之内。另一方面，不列颠的有效占领范围除了瓦维斯湾并无他处；此外，尽管1867和1877年好望角殖民地的总督们都请求吞并从好望角殖民地到葡萄牙前哨的整个海岸，但当1878年最终采取行动时，政府拒绝将领土主权拓展到瓦维斯湾以外和距海岸线15英里以远的区域。1880年，当德国传教士抱怨面临本地人战争的危险并缺乏来自不列颠政权的保护时，俾斯麦征询不列颠政府是否准备好给予德国人等同于英国臣民的保护。虽然得到了英国的许诺，但继之而来的是英国对瓦维斯湾以外区域之责任的放弃。进入荒凉海岸任何一角的大门就这样向德国敞开了，不分官方还是非官方。然而有两年里，没有一个大国表现出把没吸引力的无人居住岛屿纳入自己帝国的愿望。

1882年11月，不莱梅商人卢德历茨（Luderitz）在殖民地协会的建议下

---

1 指勃兰登堡选帝侯弗里德里克·威廉（Frederick William）。——译注
2 关于德国殖民帝国之建立，最有用的综述是Zimmermann, *Geschichte der Deutschen Kolonialpolitik*; Lewin, *The German in Africa*。一篇出色的概论见Dawson, *The German Empire*, I, ch. 17。
3 比利时国王。——译注

采取行动，向他的政府要求，如果他获得了西南非洲的领土，政府就提供保护。[1] 俾斯麦做出了所要求的许诺，条件是没有其他大国对该地区提出领土要求。他又询问不列颠政府是否对安哥拉佩克纳（Angra Pequena）地区有主权要求，或能为该地区提供保护。如果都没有，德国政府就将保护自己的臣民，尽管德国完全没有在西南非洲建立根据地的打算。格兰维尔回答说，做决定之前他必须知道所提议之工厂的位置，并且必须咨询好望角殖民地的政府。卢德历茨没等不列颠的答复就与霍屯督人（Hottentot）一位首领签了份条约，获得一小块带有10英里海域的地，并进而竖起德国旗帜。好望角殖民地尽管从没想过占领安哥拉佩克纳，却因此着恼；但这并未促成其占领海岸的其余区域。8月18日，德国政府告知它在好望角的领事，如果没有因此冒犯其他国家的权利，领事馆就应为卢德历茨定居点提供保护；而一艘德国炮舰也停驻在安哥拉佩克纳。几个月后从好望角派来的一艘不列颠炮舰的指挥官被通知，他在德国的领海之内。

首相期待大不列颠以促进德国的殖民地政策作为他在埃及问题上之无价支持的回报，因此拒绝匆忙行事或催促政府，尽管他已经两度提醒说他在等待答复。最终在九个月之后，格兰维尔于1883年11月答复说，虽说德国仅针对瓦维斯湾和安哥拉佩克纳海域的岛屿宣示过主权，但任何外国对安哥拉和好望角之间地区的主权或司法权要求都将侵犯我们的合法权益。这是一次令人恼怒的通信，而俾斯麦征询这些"合法权益"建立在什么基础上之举无可厚非。继之而来的是进一步的耽搁，因为俾斯麦12月31日的急件被交英国殖民部，德比爵士（Lord Derby）着手咨询好望角殖民地；但由于政府部门变化，答复直到1884年5月29日才抵达伦敦，此答复建议不列颠政府承担对直到瓦维斯湾、包括安哥拉佩克纳的整个海岸的控制。但为时已晚，因为在4月24日，厌倦了反复拖延并且知道会面对既成事实的首相就宣布了对奥兰治河到安哥拉佩克纳一线的保护权。在6月11日交付德国驻伦敦大使的一份

---

[1] 关于1883—1885年殖民地摩擦，不列颠政府和德国政府都发表了数量庞大的蓝皮书。试比较 *Lord Granville's Life* 与 *Die Grosse Politik*, IV, pp. 1–108。

直言不讳的急件中，他尖刻地抱怨"与殖民部的猫捉老鼠游戏"以及殖民地是独立国家的托词。他评论说，他的问题本可以无须提交好望角而于一周内就答复。唯一必要的是宣示英国那时被承认领土的范围；然而格兰维尔爵士与德比爵士却选择把这理解为征询英国是否适于吞并新领土。[1] 德国未获公正对待的情绪随着不列颠政要关于英国有权阻止在她领土附近建立定居点的争论以及她关于在非洲之门罗主义的主张而被加强了。格兰维尔答复说，英国政府没想妨碍德国人的殖民，而且他没有收集到德国有殖民野心的信息。他解释说，在涉及好望角政府的事务时必须咨询他们；且德比的理解是，德国希望大不列颠把领土纳入她的保护。此时，赫伯特·俾斯麦短暂访问了一下英国，并非常坦率地告诉格兰维尔他父亲关于英国政府行动都想了些什么。外交大臣为发生误会而道歉，把问题提呈内阁，并于6月21日通知德国大使，大不列颠承认德国在安哥拉佩克纳的主权。8月7日，一位德国海军上校在安哥拉佩克纳土地上升起德国国旗，而且随后好望角和葡萄牙前哨之间的整个海岸地带，除了瓦维斯湾之外，都被宣告为德国领土。对局势的这番笨拙处置令英国内阁一些成员嫌恶。格兰维尔的错误主要在于他没能认识到，尽管首相个人对殖民地不关心，但德国决定拥有殖民地；安普希尔爵士[2]和明斯特对这种无知要负部分责任。

安普希尔报告说："俾斯麦很感激您。新闻界都在称赞您的决议的公平、公正和友好，而且我从各方面都听说这对我们的国际关系有巨大好处；因为德国人已经定下心来保护卢德历茨的事业。分担着举国的热望却担心它会制造出反对英国的愤怒与烦恼的皇储分享了举国对您决议的欢欣，这重建了英国与德国之间的友好感情。太子妃也对总体上的满意状态和新闻界改口之况喜出望外。您驱散威胁性梦魇的举措令我如释重负。俾斯麦违背本人的信念和意愿而在公众意见驱使下制定迄今为止都被他抨击为有害于德国力量之集

---

[1] 生气的俾斯麦5月向法国大使提出在非洲问题上签一个排除英国的协议，但没有下文。见 Bourgeois et Pagès, *Les Origines et les Responsabilités de la Grande Guerre*, pp. 208-210。
[2] 即英国驻德大使拉塞尔。——译注

中的殖民政策，这是不同凡响的事实。"与此同时，涉及德国定居者在斐济（Fiji）提出土地要求的拖拖拉拉的争议被提呈一个混合委员会。

正当太阳开始大放光明之时，好望角议会要求吞并安哥拉佩克纳的消息重燃俾斯麦的怒火与疑心。他于8月22日宣布，如果英国忽视他的抗议，就会出现一道醒目裂痕。问题小到不值得为之打仗，但外交难题可以在各种场合出现。他也重申了对拖延答复他1883年12月31日急件的怨言，并指责德比利用间隔期鼓励好望角政府夺取海岸并预估德国的行动。更令人吃惊的是他对没收到那份向国会宣读之急件的答复的怨言；他警告大不列颠，如果她拒绝帮助德国人的殖民事业，他将从法国寻求帮助。这个偶发事件展示出俾斯麦最糟的一面；因为所提及的这份急件因他本人的指令而从未露过面。温文尔雅的格兰维尔被这些始料未及的爆发惊吓到了。"我担心我们会发现俾斯麦是我们道路上的大难题。他在利用我们达成竞选目的。我们见识过他所有公开的殖民地牢骚；但他还有一个秘密——赫尔戈兰岛（Heligoland）。"事实上，大使曾于5月通知外交大臣说德国意欲建一条从北海到波罗的海的运河，并以出让该岛屿来试探他，理由是此岛屿对英国无用，却将以非同凡响的程度加强德国的好感。外交大臣彬彬有礼地答复说，割让直布罗陀（Gibraltar）无疑会巩固我们与西班牙的友好关系；下一年进一步提及此议题时也遇到同样温吞的回应。格兰维尔相信，割让会不受欢迎，而且在任何情况下格莱斯顿、德比及他本人都不是做这件事的人；但在解决埃及财政危机方面这可能是值得考虑的一个因素。

俾斯麦12月5日写信给明斯特称："我们必须处理两个统治权。一个是格兰维尔爵士所操纵的，他利用我们在埃及和其他地方的友谊，并相信凭他的友情保证就足够偿还。另一个是德比爵士所操纵的，他在我们所触及的大多地方反对我们。我们不能给英国保持两个户头。"一份蓝皮书中发表了一份因喀麦隆（Cameroon）某个村庄遭轰炸而提出抗议和主权要求的急件，不列颠的财产在轰炸中损坏，由此带来一个新的摩擦点。按照规则，这类文件在抵达所诉求之人手中之前是不会发表的；但眼下这个案例中，它被寄给德国大使而非他的上司。俾斯麦因这种无足轻重的事务而对英国大使上演了发怒的戏码，并又对补偿炮轰亚历山大里亚所致之财产损失提出抱怨。当这位首相宣布一位在西非的波兰旅行者是英国特务并且要求对此人及其工作予以正式撇清时，进一步的摩擦产生了。

格兰维尔和德比这两个最善于逆来顺受和安抚调和的人现在确信，更多的屈服只能鼓励这位铁腕首相威吓大不列颠。自1876年即发生吞并的前一年起，德国人的目光就转向德兰士瓦（Transvaal），把它当作移民的通路或可能更多。有人提建议应让一个公司获得德拉瓜湾（Delagoa Bay）或祖鲁兰（Zululand）的圣卢西亚湾（St. Lucia Bay），并建一条到比勒陀利亚（Pretoria）的路线。另一个计划瞄准获取蓬多兰（Pondoland），此计划的设计者是精力充沛的卢德历茨。德拉瓜湾没有悬念，因为大不列颠对此地有先占权；但德国人在祖鲁兰的计划被1884年12月18日圣卢西亚湾升起的英国旗帜突然挫败。与此同时，查尔斯·瓦伦阁下（Sir Charles Warren）被从好望角派去将长途跋涉的布尔人（Boer）移民逐出贝专纳（Bechuanaland），而哈利·庄斯顿阁下（Sir Harry Johnston）被派去执行一项最终导致获得英属东非的使命。

在创建德国的首个殖民地之前，俾斯麦表现出非凡的耐心与考量；但德国非洲帝国下一个阶段的成长是通过一桩不正当交易展开的。1884年4月，不列颠外交部被通知说德国总领事纳赫迪噶尔（Nachtigal）将访问非洲西海岸以汇报德国商业状况；在得到他的目的为纯商业的保证之后，格兰维尔允诺在那个地点提供英国专家们的帮助。然而纳赫迪噶尔经过与首领们的约定之后，于7月5日宣布多哥兰（Togoland）是德国的保护地。他接着驶向喀麦隆，当地大首领接受了100英镑的报酬以签署一份条约，并在喀麦隆河流域竖起德国旗帜。英国驻喀麦隆领事现在休假返回并宣告对尼日尔河（Niger）河口的棕油河（Oil Rivers）流域以及西至拉各斯（Lagos）边界之海岸地带的保护权。纳赫迪噶尔的突然袭击只剥夺了大不列颠在海岸线上的一小角；但德国随后就有机会吞并整个喀麦隆地区，尽管喀麦隆的首领们自1879年起就曾请求英国人的保护，而格兰维尔也承认政府正打算吞并德国尚未吞并的地区。

同在1884年这个多事之秋，德国计划在新几内亚（New Guinea）立足，殖民团体对这个地方已垂涎多年。这个大岛屿的西段属于荷兰人，而且一家不列颠公司于1881年收到过一纸特许状。澳大利亚殖民地政府要求吞并岛屿东半段的要求被置之不理，昆士兰（Queensland）于1883年4月在未得授权的情况下着手吞并事宜，但迅即被本国政府驳回。尽管有此指责，同年底殖民地间的一份协定却要求吞并新几内亚所有未被占领的部分及其邻近岛屿，并宣布在西南太平洋获取领土之事受到德国的南海定居者挑战，这些德国人着手要求他们政府的保护；1884年5月一家德国新几内亚公司成立。该公司派人从事一项探险，在东北海岸获取未被占领的土地，他们请求官方保护并获准。英国内阁意见分裂，有些成员支持澳大利西亚的要求，而格莱斯顿、格兰维尔和德比偏好与德国进行友好安置，因为在英法的埃及争端上亟须德国的善意。内阁没有做出决定，而且当殖民部副部长米德（Meade）于当年底被派往柏林时，被以谴责相待。恼怒的首相宣称，英国在太平洋对德国的阻挠不逊于在非洲。她早已拥有需要多年时间去开发的大块领土，不值得嫉妒德国在新几内亚的一小块土地。米德答复说，各殖民地认为殖民部过度地赞同德国；吞并喀麦隆和多哥兰已被不加抗议地接受了；殖民部已通知外交部更愿让德国而非法国当邻居。

首相于1885年1月25日致信明斯特称："我们与英国的关系自5月以来逐步恶化，如果你当初更积极地展示我们的愿望，这局面本不会出现。"赫伯特·俾斯麦相应地于3月被再度遣往伦敦，并且以德国大使总是害怕采用的坦率态度再一次陈述其国民的怨言。他解释说，德国因为没能在殖民事业上获得预期的支持而不得不展现出德国人的友善和德国人的敌视之区别。这位特使报告说："所有我同之谈过话的部长们都向我保证他们很理解情况，而且现在已经得到如此明白的解释，进一步的误会看来不会再有了。"英国首相热忱地握住伸过来的手。他在下议院以洪亮的声音宣布："如果德国成为一个殖民大国,我所能说的就是,上帝促进她!她在执行天意那着眼于人类利益的伟大目的上成为我们的盟友和伙伴。"完全赞同其上司的外交大臣以更平实的措辞表达了类似的渴望。"在德国显然有一种疑虑,认为我们没有对那个伟大国家当前的位置给予全面认可。然而我认为恰恰相反,除了我们再无其他国家从政治家到人民的各阶层都日加欣赏德国自统一以来在欧洲占据的重要位置并对此倍感欢欣。"在发布这些宣言之后几周,新几内亚的分割就得到友好处置,大不列颠获得岛屿东段的南半部,德国据有北半部,含被命名为威廉皇帝岛的岛屿及新不列颠群岛,后者更名为俾斯麦群岛。太阳又熠熠生辉了;但是在俾斯麦那高压且偶尔还带欺骗的手段在唐宁街留下了令人不快之印象的同时,在每块大陆都有领土的大不列颠却公然嫉妒怨恨一个克制自持的殖民帝国——它位于对于贸易和人口都在增长之大国而言并不合适的热带区域,虽说大不列颠还在领受着德国在埃及问题上的稳固支持,但此情既未被忘怀,亦未被原谅。另一方面,不列颠政要们很感激如此迅速扩张统治的是德国而非法国,因为法国的殖民意味着不列颠贸易的厄运。

没有摩擦就获得最有价值和人口最稠密的部分,这情形标志着德国殖民帝国构建的初期。桑给巴尔(Zanzibar)苏丹的权威覆盖整个东非海岸并深入内陆,几个大国都在19世纪中叶与他签订了商业条约。英国人在他宫廷的影响最大,且1878年英国人对之提出接受英国保护的提案但被拒绝。英国人之外,德国人是欧洲贸易者中最活跃且数量最多的,1884年10月,一位德国领事被派任桑给巴尔。俾斯麦在答复英国外交部一份征询时说,不打算宣称保护权;但是在德国有爱管闲事的人决心迫使政府出手。因在英国侨居期间而于殖民问题上产生现实利益的卡尔·佩特斯(Karl Peters)成立了一个德国殖民地协会,注意力放在东非。虽说缺少官方鼓励,佩特斯和两位朋友还是在1884年11月4日抵达桑给巴尔,打扮成技工,横穿大陆,深入到拥戴苏丹的海岸地区以外,与当地首领签了条约,还在一块6万平方英里的土地上升起德国旗帜。这位探险家匆忙赶回故乡,成立一家德国东非公司,将他的条约权利移交该公司,并在1885年2月取得对这些领土的帝国保护。苏丹提了抗议，但英代表被命令支持德国的主张，而且决定将苏丹的权威限制在距离海岸10英里以内的狭长地带。当苏丹仍然拒绝割让对内陆的所有权并派兵去巩固那里时，一支德国舰队带着最后通牒出现，他屈服了。乌图（Witu）和斯瓦希里（Swahililand）及索马里（Somaliland）部分地区的苏丹领土随后被佩特斯及其伙伴纳入公司，这使给英德的势力范围定界成为必要之举。于是在1886年秋季，大不列颠承认德国对一条海岸区域以及覆盖乞力马扎罗（Kilimanjaro）地区、乌干达（Uganda）和乌图这一区域的权利。由于这两个对手现在达成一致，苏丹别无选择而只能接受他所继承之权利和主权被缩减。三年后，佩特斯因野蛮行事而丧失信用，德国东非公司现下被移交给王室管理，1890年公司将权益卖给王室。德国的海外帝国因立足萨摩亚（Samoa）而得到进一步扩展。无须一船一兵便这样获得的殖民地与母国相隔遥远且彼此疏离，因此不适合定居，至少不适合大批量白人定居；但是拥有它们增加了这个新生德意志帝国的骄傲和自信，将德国人的目光从仅仅沉思欧洲棋盘转向世界政治的更大问题，并最终刺激海上力量的发展。

　　参与瓜分非洲的不仅是大国，还有一位个人统治者，他的国家小到无法满足其统治野心。[1] 1876年，对开发黑大陆充满热切兴趣的利奥波德国王邀请世界上的领军地理学家们来布鲁塞尔并创建"非洲探险与非洲文明国际学会"，他本人任会长。每个国家都要建一个委员会并开展一部分工作，但设在学会总部所在地布鲁塞尔的比利时委员会独自表现出持久并有创造性的活动。斯坦利（Stanley）1875—1877年从印度洋到东非大湖区的旅行以及沿着刚果河（Congo）从大湖区到大西洋海岸的旅行，吸引了国王对刚果盆地的关注。斯坦利被迅速邀请到布鲁塞尔，并且在1878年11月，学会创建了一个名为"上刚果研究委员会"的独立委员会。虽说号称"国际"，但提供财政支持的是利奥波德，他于1879年派遣斯坦利与地方首领签条约。在1880年到1884年夏天之间，这位伟大探险家与几百个当地领袖签了"条约"并在刚

---

[1] 首先见Stanley, *The Congo*。最新且最少偏见的概述见A. B. Keith, *The Belgian Congo and the Berlin Act*。

果及其属地建立起站点，而他的竞争对手、意大利血统的法国海军军官德布拉匝（de Brazza）早就奠定了法属刚果的基础。

在非洲腹地出现一个新国家的前景引起其他殖民大国的忧虑。西海岸至晚早在15世纪就已被葡萄牙人探索过，正是航海王子亨利（Prince Henry the Navigator）与其继承者们的大胆冒险，才构成葡萄牙向大不列颠提出对刚果所有权之诉求的基础。1884年2月，经过拖沓的谈判后签署了《英葡协定》，承认刚果河口两岸都是葡萄牙领土，以此回报葡萄牙承诺在刚果河与赞比西河（Zambesi）对所有国家实行商业平等、自由通航，并在她的新领土内抑制奴隶制和奴隶贸易。格兰维尔指出，大不列颠赞同葡萄牙的主权要求只是迈出第一步，且这份条约不体现对其他殖民大国的偏爱。尽管这未干扰利奥波德国王对内陆的主权要求，但他却不是对刚果这只"瓶子"的软木塞被拔出之况作壁上观之辈，而且他立刻找到强大的同盟。法国的殖民运动在儒勒·费瑞的全程指挥之下，德布拉匝在北岸的成绩唤起了法国可能哪天就获得在议领土之全部的希望。在条约签订两周之后的一天，法国通知葡萄牙她不能承认该条约，一个月之后俾斯麦宣布德国不能认可这样一个未咨询她就做出的深远安排。条约的反对者因美国识别出旗帜是国际刚果学会（即"研究委员会"现在的名称）的而进一步壮胆，这意味着领土主权也是该学会的。与此同时，利奥波德与法国签署一份协议，承诺在没有对其局势和领土做任何预先咨商的情况下不会退出，并且如果学会不得不将其所有物变现，需要满足法国的优先购买权。

面对这个强大的联合，葡萄牙除了屈服更无他选，因为被埃及胶着的大不列颠无法提供她援助。显然，刚果盆地的财富只能由一个国际会议来决定，于是在1884年10月8日，处于短暂蜜月期的德国与法国联合邀请各国来柏林，讨论在刚果河和尼罗河的商业自由、通航自由以及有效实施领土占领的方法。包括美国在内的各国会议于11月召集，并且开到1885年2月底，很多时间都用来讨论法国、葡萄牙和刚果学会间的领土争议。按照会上达成的《柏林法案》，刚果盆地北部由刚果河支流和尼罗河界分，东部由坦噶尼喀（Tanganyika）湖的东端支流界分，南部由赞比西河界分。在这个广阔地区内，所有国家的贸易都享受完全自由。刚果河及其支流享有通航自由，不许对船只和货物征收差别税金，禁止贸易垄断。法案的条款由一个国际委员会执行。各国着手监管本地人的道德安宁与物质福利，抑制奴隶制和奴隶贸易，鼓励传教和探险，防止刚果盆地变成战场。不拥有法律地位的国际学会不能出席会议；但由于它在会议闭幕前被所有大国承认并与各大国都签了协定，它得以签署这份总体法案。英国的承认伴随着一份赋予英国领事执掌领事法庭并对英国臣民实行民事审判权和刑事审判权的协定。已确保得到承认的利奥波德国王开始安顿他与法国和葡萄牙的边界，这边界承认刚果河北岸属于学会。

当《柏林法案》签署时，利奥波德请求比利时议会授权他接受目前为止被官方当作"刚果独立国"而知晓之地的主权地位；申请被批准，但条件是吞并刚果应完全是私人事情。于是国王发现自己无争议地成为一块近100万平方英里土地的统治者，因为，尽管各国已宣称治外法权，她们却并不行使她们的权利，而且她们中的大多数对于法案中关于本地人福祉和商业自由的约定是被违反还是遵守知之甚少且不甚关心。随着外国官员被比利时人取代，这个国家的国际性质很快就消失了，而国王花费的大笔私房钱使他日益决心要当自己家的主人。然而广大的地产要求有更多用于交通和发展的钱财，这超出了他所能支付的，于是他开始在比利时筹钱，先是通过彩票借款，后是通过议会拨款。他的遗嘱于1889年公布，提到在他死后将刚果国留给他的国家，这鼓舞了全国财富进一步投资于该地。

国王早期处置这项庞大工作的努力被人们怀着一般性的同情和赞许而关注；第一任总督忠实于《柏林法案》，而且慈善家们期待有一场系统化的运动来反对使非洲腹地荒凉而又蒙羞之奴隶贸易。1889年不列颠政府怂恿利奥波德在布鲁塞尔召集一场会议时，没有遭遇敌对情绪；而经过数月讨论后，17国于1890年7月签署了《布鲁塞尔法案》。抑制非法交易的精细条款被起草，售卖酒精和武器要受到严格监督并且在某些地区被彻底禁止。离开布鲁塞尔时，与会代表中有不少都满怀希望他们的劳动已保证了刚果本地人有一个比较光明的未来；但是仅仅一年之后，利奥波德国王便启动了垄断体制，接下来20年里，特许权和剥削把刚果国的大片土地变成人间地狱并在它的皇家压迫者头上降下诅咒。

第四章　保加利亚与各国

在三皇联盟于1881年复兴之后的一些年里，欧洲于1875年以来危机和警报接连不断、快速交替的状态中享受着短暂的缓刑；但是比肯斯菲尔德曾在柏林会议中向太子妃吐露，保加利亚人的安稳不会超过七年。[1]这个预言不折不扣地实现了。1885年9月某天在菲利波波利斯的几小时工作引爆了《柏林条约》费尽心思构筑的闸门，重燃俄国与奥地利之间的仇恨，毁了三皇联盟，并引出各国之间重新组队。

东鲁米利亚的民族统一主义已然经过俄国一小段时间的培养，俄国在1881年的协定中为东鲁米利亚与保加利亚的进一步统一而获得奥地利的同意；但当彼得堡与索非亚的友情转冷之后，亚历山大三世不再想要一场将会强化一名不感恩随从的变化。被俄国人的敌意刺痛的保加利亚亲王为了本国的利益而急于摆脱俄国，并在1885年夏天向卡尔诺基吐露自己的烦恼。这位奥地利外交部长邀请亲王参加即将在比尔森（Pilsen）举行的演习，那时他将有机会在邻近的法朗曾斯巴德（Franzensbad）会见戈尔。他抓住这个机会并通知戈尔说，他想要一个临时解决法，对此，俄国外交部长答复称他也想要和解。两人分别时气氛友善，亲王表达了他认为东鲁米利亚当前不会暴

---

[1] 见 *Die Grosse Politik*, V, VI; Corti, *Alexander von Battenberg*; Plehn, *Bismarck's Auswärtig Politik nach der Reichsgründung*, pp. 183-305; Sosnosky, *Die Balkanpolitik Oesterreich-Ungarns seit 1866*, II; Beaman, *Stambuloff*; Pribram, *The Secret Treaties of Austria-Hungary*; Schertfeger, *Zur Europäischen Politik*, V。

动的信念，并向部长保证他无意于给现状搅局。他竭尽诚意地说话；然而6月22日早就在菲利波波利斯附近一个村庄举行了一次会议，会上同意于9月秋收完成后宣布东鲁米利亚省的统一。当这个日期逼近时，亲王被通知说这个国家厌倦了分裂，每个城镇都有一个秘密委员会，将在9月18日宣告统一，而他必须领导这场统一，否则他就要被扫地出门。亚历山大惯于被威胁，因此没把这警告放在心上。一周之后他庆祝生日时，以区别对待在保加利亚服务的俄国人来展现对俄国的善意；然而同一天，东鲁米利亚所有城镇的市长们在为亲王庆生的同时，表达了他应当立刻成为两地保加利亚人统治者的愿望。9月16日首相卡拉维洛夫（Karaveloff）通知亲王说就要宣布统一了，他这才对局势如梦方醒。亚历山大亲王本来对戈尔许过诺的良心而争辩说现在不可能；他又补充道，当行动可行时，他自会采取行动，但眼下保加利亚将独善其身。

亲王对人民统一决心的抗争徒劳无益，9月18日，按照程序，菲利波波利斯的土耳其总督官邸被包围，总督被送出边界。这条新闻立刻借电报告知身在布尔加斯（Burgas）的亲王。"南保加利亚的所有人民今日宣告与北保加利亚统一。南保加利亚的军队早已对你宣誓并占领了土耳其边境，且在不耐烦地等待它的领袖。"电报落款"南保加利亚全军司令官"。亲王电告首相卡拉维洛夫及议长斯塔姆布洛夫（Stambuloff）在特尔诺沃与他会面。前者与亲王一样，认为在忤逆俄国和令保加利亚失望之间难以抉择；但他的犹豫被斯塔姆布洛夫大丈夫气的决心一扫而空。"陛下，叛乱是一个既成事实。陛下面前摆着两条路：一条通往菲利波波利斯并会远及上帝所能带领之处；另一条通往达姆施塔特（Damstadt）。我建议您戴上这个民族赋予您的王冠。""我选择通往菲利波波利斯的路，而如果上帝爱保加利亚，他会佑助我与她。"这就是答复。接受统一的一则通告立刻被起草和发布。同一天，这三个人乘马车启程奔赴菲利波波利斯，沿途被夹道相迎，并在革命三天后进入南部首都。亲王的决定迅即被国民议会批准，它宣布保加利亚民族两大部分就此统一。军队被调动，以备即使并非不可避免也属可能发生的战争。

谋反者们选准了时机。沙皇与往常一样在丹麦与妻子的亲戚们一起消夏，戈尔在蒂罗尔（Tyrol）度假，而新近任命的英国驻君士坦丁堡大使威廉·怀特阁下（Sir William White）是巴尔干人民的铁杆朋友。[1] 欧洲自然预期土耳其苏丹会入侵东鲁米利亚并血洗叛乱；目击了左右为难场面的俄国大使奈利多夫怂恿苏丹用穆斯林的剑重创东正教斯拉夫人。然而阿卜杜勒·哈米德表示无意涉足战场，或者因为他对冲突升级之险心有余悸，或者他预计各国会禁止他推进，抑或因为他认为这个省份自1878年就有名无实了，还可能因为他相信亚历山大亲王可能形成俄国和土耳其之间可喜的缓冲。亲王进入南部都城之际便径直从大教堂的礼赞现场前往清真寺，在那里下令为苏丹祈祷；他还送了条消息给他的宗主，称革命并非针对土耳其，他将保护穆斯林。尽管9月23日土耳其请求各国为维系《柏林条约》而干预，但亲王并未受到君士坦丁堡威胁的情势很快就明朗了。不过，虽说土耳其的态度比谋反者们期望的好，但俄罗斯棕熊立刻张牙舞爪。亲王向彼得堡发电称，他是勉为其难地实现国家的愿望，并请求俄国支持。戈尔电告其君主说"为了上帝的意愿别统一"；沙皇不仅用一份不赞成电文答复亲王的诉请，还加了一道不由分说从保加利亚召回所有俄国官员的命令。一支代表团被遣往哥本哈根，恳请他收敛敌意。答复却是："解除统一就没问题，但只要你还保留现政府，就别指望从我这得到什么，什么也别想，别想。"

与俄国的敌意针锋相对的是大不列颠着手积极支持。在这位年轻英俊的亲王访问英国时，维多利亚女王便中意于他，而她的女儿同巴腾堡的亨利亲王（Prince Henry of Battenberg）联姻，更助长了她对亨利亲王兄弟的兴趣。此外，拥护统一也能让她任意挥洒对俄国持久不衰的恨意。索尔兹伯里赞同她的观点，他现在自己当家做主并能对巴尔干基督徒展现比肯斯菲尔德从不理解的同情。菲利波波利斯临时政府的首批行动之一是恳请不列颠支援；而

---

1 Edwards, *Sir W. White*, ch. 18. 罗伯特·莫瑞尔阁下（Sir Robert Morier）认为大不列颠应当迁就俄国在欧洲的作为，以免其在亚洲成为对手。相反，怀特相信在欧洲事务上屈从俄国会鼓励她在亚洲推进。

不列颠任命了领事以表示事实承认。与此相反，三大帝国建议在君士坦丁堡召开一个大使会议，敦促亲王撤出东鲁米利亚。俾斯麦的政策是通过支持俄国与奥地利各自的势力范围而在她们之间保持和平。他宣称"在保加利亚，我是俄国人"，而且他把亲王描绘为俄国的总督。弗兰茨·约瑟夫对亲王的支持诉求不理不睬；但是卡尔诺基通告苏丹说，尽管他有权利强制保加利亚，但他希望不要弄到这般田地，以免事态复杂化。索尔兹伯里接受开大会，但当需要强制决定时保留自主决定权。在给威廉·怀特阁下的指示中，索尔兹伯里以意味深长的语句宣称，我们不应被《柏林条约》的字句束缚手脚，但必须既考虑理由也考虑合法性且不能忘怀居民的愿望。亲王应被任命为终身总督。英国大使在11月5日召开的大会上发现自己孤军奋战，而既然由于他的反对而不可能达成全体同意，所以会议于11月25日终止。

卡尔诺基既不打算分裂三皇联盟也不打算驱逐亲王，便建议他可以通过割让维丁（Widin）和皮罗特以南一带领土给塞尔维亚，以对他的冒犯进行调解。作为塞尔维亚的同盟和外交保护人，卡尔诺基在菲利波波利斯革命发生之际便径直对他的被保护者实行领土补偿，但他坚持这种补偿应当通过各大国的调停而和平保证。然而德国与俄国都不承认塞尔维亚的赔偿要求，于是米兰国王决定用自己的剑赢取。他拒绝接待携带亲王书信前来的保加利亚部长，并于11月14日宣布开战。索尔兹伯里曾警告塞尔维亚不要进攻保加利亚或土耳其，并保证如果她克制，则不列颠政府将证明是她的朋友。然而一意孤行的米兰拒绝等待。塞尔维亚军队越过边境，在斯利夫尼察（Slivnitza）打了三天仗后铩羽而归，转而图谋皮罗特，但又败北，虽说保加利亚军队是由从未统率过多于一连人马的经验不足的军官们带领。各国发布联合通告，劝说塞尔维亚停止敌对，但保加利亚拒绝停火要求。

奥地利外交部长连忙赶往在尼什（Nisch）的保加利亚司令部制止敌对；当亚历山大亲王答复说，如果各国承认统一，他就停火。部长直言相告亲王不能谈判，如果他前进，就会遭遇奥地利军队，而俄国将占领保加利亚而他会丢掉王座。这一干涉适当其时，因为当敌对在持续两周后停止时，塞尔维亚的军需品耗尽了，而保加利亚人若占领贝尔格莱德，将颠覆这个王朝。[1]

在亚历山大高奏凯歌之后，再没听说过对东鲁米利亚的重新征伐。口无遮拦的卡特科夫谴责沙皇牺牲了俄国的势力范围，戈尔承认无法重振昔日雄风。他暗示，应当由诸大国先要求贝尔格莱德、雅典和索非亚遣散军队，土耳其继之。可是米兰国王依旧斗志昂扬，并指示他参加布加勒斯特和平会议的代表拖延谈判，直至军队准备好再度投入战斗，而到那时就中断讨论。[2] 然而有些将军秘密怂恿米亚托维奇讲和，同时在他于罗马尼亚首都同保加利亚和土耳其的代表们消磨三个月之后，各国坚持要有个结论，于是一则单一条款条约宣称"和平得以恢复"。保加利亚和土耳其之间的争议经由1886年2月1日的一份协定而平息，此协定承认亚历山大亲王五年内为东鲁米利亚总督；且两国同意，若一国被攻击，另一国将派遣军队。格莱斯顿第三次短暂执政期间的外交大臣罗思贝里爵士建议高门放弃这份俄国宣布她绝不接受的协定。由于俾斯麦支持沙皇的异议，军事联盟被取消，俄国对承认亚历山大亲王名号的否决获通过。于是包括土耳其在内的各大国都承认"保加利亚亲王"担任五年东鲁米利亚总督。

然而菲利波波利斯政变引起的风暴尚未平息，因为希腊与塞尔维亚一样为保加利亚领土的扩充而要求赔偿。[3] 她辩称，既然东鲁米利亚能加入保加利亚，那伊皮鲁斯为什么不能加入希腊？然而苏丹没心情牺牲更多，雅典的街头则回荡着"快打仗！"的尖锐呐喊。当希腊军队和土耳其军队被遣往边境时，各国在索尔兹伯里的建议下向雅典发送两份照会，其一要求她解除武装，其二宣布不允许对土耳其进行任何海上袭击。希腊骄傲地答复说，屈从欧洲的恐吓将有损她的自由；而且即使她让船只入港，她也会继续军事准备。德律阿尼斯在边境武装居民，而那些谁的命令也不听的不法之徒骚扰土

1　Mijatovich, *Memoirs of a Balkan Diplomatist*, ch. 4.
2　Ibid., ch. 5.
3　见Moüy, *Souvenirs*, ch. 6; Stillman, *Autobiography*, ch. 37; Rumbold, *Final Recollections of a Diplomatist*, ch. 3-6. 英国公使私下里乐于满足希腊的要求并反对封锁。

耳其边区哨所。除了法国和意大利之外的各大国都准备施加高压，舰队于1886年1月29日集结在苏达湾（Suda Bay）。土耳其被各国的强硬行动所鼓舞，抨击"希腊人莫名其妙的野心"，宣布她准备好"迎接他们的挑战并捍卫自己的荣誉"，甚至还暗示要求给她的军事开支加以补偿。

当格莱斯顿接替索尔兹伯里时，有那么一刻一线光明照耀雅典；但罗思贝里爵士与他的前任一样，既为了和平也为了希腊自身利益，决心阻止冲突。[1] 德律阿尼斯与议院依然这么好战，以致罗思贝里爵士提议要求希腊把军队裁减到符合和平立场，并补充说如果她拒绝，则公使要被召回并宣布封锁。除法国之外，各大国都同意该提议；弗雷西内答复说他对关于军队之要求的口吻如此霸道感到遗憾，并谢绝承诺撤回法国公使或实行封锁。同一天即4月23日，希望让雅典免于遭最后通牒羞辱的他力劝德律阿尼斯在被强制之前就裁军，并补充说，如果希腊听从法国的意见，法国不会忘记这一点。这是一个热心而友好的请求，于是4月25日，希腊首相承诺不会搅扰和平。[2] 尽管希腊在最后时刻改弦更张，但大不列颠、俄罗斯、德意志与奥地利的联合通告于4月26日颁发，要求希腊将陆军和海军缩减到符合和平立场。次日，实行封锁的四国舰队出现在比雷埃夫斯（Piraeus）海岸。公使们离开首都，宣布封锁港口。

德律阿尼斯很倔强；但国王命令他或者遣散军队，或者辞职。他辞职了，并由特里库匹斯（Tricoupis）接任。然而危机尚未过去，因为在特里库匹斯上任这天，土耳其军队接获命令，倘若希腊不立刻停火，则于次日越过边境并向雅典进军。边境全线都有小规模冲突发生，德律阿尼斯派的军官们在主事，也不可能用电报通知前线的每个区域。"如果战争不能立刻停止，我们就输了。"新任首相对《泰晤士报》通讯记者斯蒂尔曼（Stillman）喊着。斯蒂尔曼应首相之请劝说留守英国代表团（尽管与希腊政府没有外交关系）的秘书向国内发一则电报请求说，应当通知土耳其说希腊军队正被命令

---

1 E. T. Cook, *The Foreign Policy of Lord Rosebery*, pp. 6–11.
2 Freycinet, *Souvenirs*, II. 儒勒·费瑞谴责弗雷西内将法国排除在欧洲协调之外。

停止战斗。斯蒂尔曼也通知了土耳其公使，后者向君士坦丁堡发了电报。和平就这样在最后几小时得以维系，希腊也救了自己。斯蒂尔曼报告说："德律阿尼斯答应开战时怀着幼稚的期望，以为各国会强制苏丹做出些许让步。储备惨不忍睹，什么东西都缺。冷眼旁观者能看出战争不是蓄意图谋。"军事准备花费了希腊一亿德拉克马和一笔强制通货；但她足够幸运地找到了博学又高尚的特里库匹斯在未来四年掌管希腊，他是和平的警觉卫士以及她贫瘠资源的勤勉管理者。

当塞尔维亚人和希腊人提出赔偿要求又遭拒绝之际，恼怒的沙皇在等待时机。5月19日，他口气不善地发出通告称"事态会迫使他以武力捍卫帝国的尊严"。他不是为了尊重条约的神圣，而是被受挫的骄傲之心所鼓动，这一点在1886年6月透露出来，其时他突然否认《柏林条约》关于巴统是个自由港的条款。在答复戈尔的异议时，他叫喊着当每个人都在《柏林条约》上打井时他不能遵守条约。大不列颠针对这冒犯独力抗议。亚历山大亲王召唤其新省份的代表们前往索非亚，仿佛该省早就是他领土内一个被承认部分；他还为自己的行为辩解说，因为不这么做反对派就会拒绝《土保协定》（Turco-Bulgar pact），此时沙皇怒火中烧。然而亲王在玩一局会输的游戏，因为俄国特务们在忙着搞阴谋，而且在8月21日晚，一些心怀不满的保加利亚军官进入宫殿，以左轮手枪指着他强迫他签退位诏书，并逼迫他离开这个国家。维多利亚女王以满怀感伤的风格对这位受害者写道："我的同情和焦虑无以言表，你的父母也未必比我还担心。我对你那野蛮的、亚洲气的、暴戾的表兄的愤慨如此强烈，以致我提笔不成书啊。我的政府将尽其所能地为了你的原因争取各大国。"

临时政府占据办公室仅三天，因为忠诚的军队开进首都，议长斯塔姆布洛夫在首都控制了局势，并请求亲王归来。邀请被接受，但亲王在抵达鲁修克（Rustchuk）时接到俄国领事的紧急通知，称保加利亚只有与俄国和解才能得到安宁。亲王理应推迟答复直到他抵达首都，但沙皇无情的敌意令他精神孱弱，而与他在船码头碰过面的斯塔姆布洛夫当时在睡觉，所以亲王发了一封绝望无助的投降电报。"俄国给了我王冠,我准备回归她的君主手下。"这份电文让彼得堡和柏林读起来很受用,但令亲王国内外的朋友大惊失色。维多利亚女王发电报说:"我无言以对,我恳求你收回成命。在有了这样的胜利之后,对你的重要位置而言这不值得。"他的父亲写信称:"这是一个政治错误,你应当在索非亚答复。"这些批评都是正确的,因为他既牺牲了自己的尊严,也牺牲了自己的王位。投降书还不能令沙皇满足,他起草了一份意思赤裸裸的答复并以急件发送,在亲王进入索非亚之前就送达他手中。"我无法同意你返回保加利亚,如我所预见,这个国家早已肆意尝试过不祥后果。你将理解你必须要做的事。我保留未来采取行动的决心。"俄国人的雷电把亲王打回地底,斯塔姆布洛夫气干云霄的规劝亦是枉然。亲王在抵达首都时就逊位了,他悲伤地解释说,一个人反对欧洲是独木难支,希望他的继任者命运好点。在任命一个以斯塔姆布洛夫为首的三人摄政团后,他离开保加利亚这块热土;七年前他满怀热望进入此地,并勇气十足又全副身心地为之效力。

尽管除掉了亚历山大,保加利亚的难题也没有解决;而且事实上导致最坏结果,因为几个最大的国家要逼近争议了。1881年的条约令柏林与彼得堡和解,但只不过给奥地利与俄国在巴尔干竞争的根深蒂固伤痛敷了层膏药。俾斯麦一再宣称德国对保加利亚没兴趣,他从未停止过承认保加利亚属于俄国势力范围;他着实坚信东部问题还不值波美拉尼亚精兵队的骨头,且他一生的原则就是把近东留给俄国随意上下其手;他准备好让土耳其头上来个俄国摄政控制海峡,因为亚历山大(沙皇)渴望海峡胜过其他,甚至超过占领君士坦丁堡。在这场危机之始,俾斯麦就警告卡尔诺基别做任何激怒俄国的事,且在字面上和精神上都要遵守1881年的条约;而他现在提议,俄国与奥地利应当把巴尔干分为东部势力范围和西部势力范围。这个建议得到彼得堡赞同,但被维也纳婉拒,因为维也纳的信条是把俄国从巴尔干排除;对于俄国人占领保加利亚这件被认为极其可能之事,亦是卡尔诺基认为《柏林条约》未曾覆盖之事,奥地利准备好坚决抵制。自柏林与维也纳结盟以来,双方首次在一个国际议题上发生分歧,奥地利对于俾斯麦给予她的死敌全权委托感到厌憎。

9月25日,前国防部长的兄弟尼古拉·考尔巴斯将军(General Nicholas Kaulbars)作为沙皇的代表进驻索非亚,以恢复俄国的影响力。他第一件事便是命令释放绑架亚历山大亲王的人并延迟旨在推选一位新领袖的大议会的选举。摄政团在斯塔姆布洛夫的激励下拒绝服从,选举加强了它的管理权。压倒性反对俄国人的新议院进一步选出丹麦的沃尔德玛(Waldemar of Denmark)——希腊国王及沙皇皇后的兄弟——当保加利亚的亲王;但这份荣誉被拒绝了。俄国候选人、沙皇上学时的朋友明戈瑞利亚亲王(Prince of Mingrelia)则被大不列颠和意大利否决。考尔巴斯现在宣布大议会及其法令非法,内阁和摄政团的政令也非法,然后他在俄国领事的陪同下结束了两个月军靴下的独裁,撤离这个国家。罗马尼亚国王也来接近,而斯塔姆布洛夫对于自己拒绝提案懊悔不迭。

奥地利令其某些领袖政治家沮丧的是,她在反对保加利亚民族主义方面迄今与俄国同一阵线。安德拉希拟写一份备忘录给皇帝,提出奥地利的势力范围曾在近东,现在她必须主导该地区,必须阻止俄国把所有斯拉夫人纳入她自己的势力范围。他抱怨说,卡尔诺基带领奥地利退缩回巴尔干,而她被《柏林条约》从那里挤走了;而且卡尔诺基承认保加利亚属于俄国势力范围的政策将会导致奥地利的势力范围缩水,或被瓜分,这将导致战争。他力陈三皇联盟是个不自然的团体并且破坏了奥地利的行动自由。德国这个盟国就足够了。在匈牙利这个舆论极度恐俄的地方,另一些领袖政客认为,如果奥地利每次都屈从俄国,则德国同盟价值微渺。这些怨尤在匈牙利国会和布达佩斯的代表团处被重申,但它们只是无根之木,因为卡尔诺基和安德拉希之间的实际差异微乎其微。匈牙利首相蒂萨于9月30日宣告,奥地利希望支持巴尔干各国的独立发展并防止任何外国政权进行摄政或建立永久影响。如果土耳其不看重她的权益,别人更没理由武装干涉,而且巴尔干只能在各签约国同意的情形下发生变化。尽管沙皇叫嚣"蒂萨侮辱了俄国也就是侮辱了我",卡尔诺基还是于11月3日在代表团中宣布,对保加利亚的军事占领将迫使奥地利采取行动。与此同时,俾斯麦通知俄国,尽管他不反对占领,但他建议俄国不要激怒奥地利。代表团全体一致地投了信任票;而就算德国不会援手,卡尔诺基也非孤掌难鸣。

大不列颠曾真心义愤地注意着亚历山大亲王被绑架又遭废黜。在梅耶爵士(Lord Mayor)的宴会上,索尔兹伯里为这个国家说话,谴责军官们"被外国的金子收买"而变节;于其上司监督下临时负责外交部批文的伊兹利爵士(Lord Iddesleigh)建议,应当要求苏丹召回亲王。首相虽然拒绝这种挑拨政策,但宣称如他十年前所声明的那样,我们不能允许俄国袭击君士坦丁堡;但是,鉴于英国的利益并非直接关系到保加利亚,所以他决定不采取行动。意大利也表达了她对俄国行为的不赞同,而沙皇被责罚听一场来自布达佩斯、维也纳、伦敦和罗马的责难交响曲。

俾斯麦决定避免卷入因奥地利反对俄国巴尔干政策而引起的争吵;因为他不仅坚称而且诚挚地相信保加利亚被《柏林条约》的签约国默认在俄国轨道内。然而俄国的公众舆论拒绝把首相视为朋友;1879年的新闻界运动复活了;南部边境开始做军事准备。就在俾斯麦为了俄国人的战役而对抗自己的盟友这当口,卡特科夫开始了他的战役,将沙皇的眼睛从柏林移向巴黎。[1]这位最著名的俄国记者是一位称职的古典学者并掌握数门外语。他出道时在莫斯科当哲学教授,后来转入报业,1850年即他32岁时成为《莫斯科公报》的编辑,而他迅速将此报转变为斯拉夫迷的神谕所。在1863年无情镇压波兰叛乱时,他成为享誉国内外的名人,那时他以其同胞们的名义力扼西欧的批评,并激励了戈尔恰科夫面对干涉威胁时做出倨傲的答辩。感激涕零的沙皇不仅悉心阅读他的报纸,还许以这位记者与他直接沟通的特权。卡特科夫的福音就是尼古拉一世(Nicolas I)的福音——专制、东正教、民族主义,尼

---

[1] 见Elie de Cyon, *L'Alliance Franco-Russe*, ch. 4。整部作品对他的朋友兼主人而言是赞美诗。卡特科夫的生平传记亟待撰写。

古拉一世的父亲在经历过早期统治生涯的实验与失望后回归该福音。亚历山大二世遇刺强化了尼古拉一世的影响。亚历山大三世对其德国亲戚不以为然,却很看重自己的丹麦皇后,用比其父更为投入的同情心阅读《莫斯科公报》,结果终于摁灭自己早年自由主义的微光。报纸社论的确是为迎合帝国的眼光而写,而且晚年的卡特科夫在俄国是君主之下、万人之上的人物。

保加利亚争执对三皇联盟的干扰,为这位举足轻重的记者提供了发起他最后也是最重要战役的机会。奥地利对俄国之近东目标的敌意路人皆知,卡特科夫相信俾斯麦精打细算的友善之情的唯一目标就是让俄国保持在德国的轨道上。显然三皇联盟不会续订了;但沙皇能否有勇气与此同时让自己挣脱柏林令人窒闷的拥抱?1886年夏天,《莫斯科公报》开始要求法俄亲善,而在该年底,卡特科夫起草一份备忘录给沙皇,呼吁俄国彻底改变政策方向。他在1870年同情法国,如今他劝说君主别再重蹈他父亲的覆辙。他力陈,在法德战争中承诺中立便意味着敌视法国,因为这使得德国能够从东方进军。诸事件的逻辑指向一份法俄协约。一个强大的法国对欧洲的均势有本质性作用,而一个衰弱的法国便包含对俄国的孤立。如果俄国重获行动自由,她应当成为欧洲的仲裁人并能阻止战争,如她1875年所为。这份备忘录给沙皇留下深刻印象,他将它拿给内政部长托尔斯托(Tolstoi)看,但没给外交部长看,因为此备忘录是对戈尔的一场持续强攻;戈尔依旧对俾斯麦信心十足,并认为没有理由废弃俄德交好的历史政策。在一个没听说过新闻自由的国家对外交部长放肆攻击,此事令国内外的评论员都自然而然得出结论,这场战役即使并非被沙皇本人所鼓动,也是得他许可的。罗伯特·莫瑞尔阁下谨慎地评论说:"我应当以卡特科夫为可信的,因为戈尔既不代表人民也不代表沙皇。"

俾斯麦对这场新闻界战役的抗议徒劳无益,于是他借1887年1月11日在上一期《陆军法案》即将到期时为介绍新一季《陆军法案》而做的演讲中回答了卡特科夫;这场演讲是他最重要的演讲之一,通盘评论了欧洲局势。三天的辩论由上了年纪的毛奇开局,他用阴郁的语调状绘笼罩在祖国上空的危险。"我们之中无人晓得时代的严肃性。所有大国都忙着准备迎接一个不确定的未来。每个人都问,战争要来了吗?我不相信有哪个政治家会故意把火柴放到堆积在每块土地的火药上。但是暴徒的忿怨、党派领导者的野心、被误导的公众舆论——这些都是比统治者意愿更强大的潜在因素。如果有个国家能导向和平,那就是德国,因为那些令其他大国摩拳擦掌的问题与德国都没有直接利害。但是德国要承担这个调停角色就必须要为战争做好准备。如若我国政府的要求被拒绝,那么我相信战争确定发生。欧洲的眼睛盯着这场集会。给予我们全部所需和七年的给养。给一年或三年的赞成票无济于事。"[1]

陆军元帅的摘要中全是俾斯麦两个小时的演讲。[2] "我们没有好战的必要,因为我们属于梅特尼希(Klemens Wenzel von Metternich)所说的饱和国家。但是我们需要一支强大到足够确保我们在一个盟国支持下保持独立性的军队。我们不期待来自俄国的攻击或敌对。这不是我们这个《陆军法案》的理由。我们与现任以及未来的统治者维持同样的友好关系,而他们将不会受我们干扰。我也不相信俄国寻求同盟是为了攻击我们。每个知道沙皇的人都信任他。[3] 如果他打算关系不友善,他会直言。我们不应与俄国产生麻烦,除非我们像我们的反对派杂志所要求的那样去保加利亚自找麻烦。如果我为了此等愚行而背叛,我活该被起诉。当我读到这些慷慨陈词时不禁想到这句话:'赫卡柏对他算什么?'保加利亚对我们算什么?谁统治那儿而她会变成什么样,对我们全都一样。我们不该允许任何人在我们脖子上套绳索并把我们跟俄国缠在一起。俄国的友谊对我们而言比保加利亚的友谊重要得多。困难不在于维持德国同俄国的关系,而在于让奥地利与俄国和平相处,且在双方内阁重申和平是我们的责任。我们冒着在奥地利且尤其是在匈牙利被叫作

---

[1] 这篇演说刊印于 Bismarck, *Reden*, XII, pp. 173-175。
[2] Bismarck, *Reden*, XII, pp. 175-226。
[3] 俾斯麦对巴伐利亚政府解释,出于外交原因他对俄国表示的信心高于他的实际感觉。沙皇非常重视要求打仗的强大势力,而这与德国的利益并不相容。见 *Die Grosse Politik*, V, p. 117。

挺俄派而在俄国被叫作挺奥派的风险。只要我们能维持和平，这无足挂齿。文德陶斯特（Windthorst）[1]希望德国的政策与奥地利的政策一样。我们与奥地利的关系停留在，彼此都心知肚明，从欧洲均势的角度而言，对方作为大国是必需的。奥地利有一些特别的利益我们不能干涉，德国也有着奥地利不能干涉的利益。我们没有请求奥地利介入我们与法国的争吵或者与英国的殖民难题，而出于类似态度，我们对君士坦丁堡也没兴趣。"

在如此这般拒绝了因支持奥地利的近东政策而被拖入与俄国的战争之后，首相开始评论西面；在这里，沃丁顿所开创而费瑞继承的亲善时代走向尾声，一个恶毒的新人占据舞台中心。"我们曾试图在任何除了阿尔萨斯－洛林之外的地方向法国示好。我们不打算也没理由进攻她。我绝不想因为我认为一场战争可能无法避免就打仗。我无法看穿天意之牌。如果法国在未遭我们进攻时都保持和平，那么和平就会一直有保障。我们想要更多法国的土地吗？我并不渴望得到梅斯（Metz）。我对当前法国政府有十足的信心。高布雷（Goblet）和弗卢朗（Flourens）不是制造战争的人。如果你能保证他们连任，那我可以说，省下你们的钱吧。但是一群活跃少数派的神圣之火的刺激令我忧心。我们仍旧担心被攻击——我说不准是十天后还是十年后。如果法国认为她比较强并能打赢，战争就准定发生。我对这点确信不疑。她现在比过去不知强了多少倍。如果她赢了，她将不会展示我们1871年的温和态度。她将对我们敲骨吸髓，而如果我们在被攻之后打赢了，我们也会这么做。1870年的战争与1890年或不管以后哪天的战争相比就是小孩子游戏。我们的政府与军队领袖不能承担无所作为这种责任。即使法国不指望自己能赢，她也有可能会发动一场充当安全阀的战争，一如1870年那次。确实，布朗热（Boulanger）凭什么不这么做？"

著名的布朗热将军曾在阿尔及利亚、意大利、科钦支那和1870年战役中

---

[1] 新托波拉（Nova Topola）的德文名字，德国在波斯尼亚境内的殖民地，而波斯尼亚1878年被纳入哈布斯堡王朝管辖。——译注

效力。[1] 1882年他被任命为国防部步兵统帅，1884年在突尼斯担任军队指挥官。1885年返回巴黎时，他在克列孟梭和激进派的赞助下卷入政治旋涡，且1886年1月，弗雷西内选他担任国防部长。弗雷西内是个好共和派，但是给国防部输送了一支火把则不智地陷共和派于困境。新任国防部长娴熟地打自己的牌，通过改善大家亟须的服役条件而赢得军官和士兵的双双爱戴。但他其他的活动就不那么无辜了，于是人们开始交头接耳并且注意他。1886年夏季，德国大使馆开始警觉，而且不只是德国大使馆。[2] 利昂爵士1886年7月2日报告："今日主题是布朗热的行为。他渐渐把他自己的想法加入重要军事命令中，而且据说他在部长会议中发表奇谈怪论。大家的议论方式让人觉得，问题在于他是志在当克伦威尔还是当僧侣。"两周之后，英国大使馆的纽顿爵士（Lord Newton）描述了布朗热在巴黎一场大规模军事阅兵上的首度露面。"这个游方术士高调地骑着一匹马戏团的黑马。随着他在马背上前后腾跃，人群爆发出喝彩声，格雷维总统、一群意兴阑珊的布尔乔亚部长及围绕他的代表们看上去明显在颤抖和畏缩。自那天起，布朗热成了一个危险人物。这匹马戏团的马做了手脚。"[3] 前任德国大使，即现任阿尔萨斯－洛林行政长官霍亨罗厄亲王，在离开巴黎一年之后于1886年11月10日的日记中描述了这个令人警觉的新局面。"最震惊我的是布朗热地位的变化。去年春季他被认为是个滑稽演员。如今议院大多数站在他一边。弗雷西内没胆量除掉他，而即便费瑞也发现没有他便难以组阁。他知道如何赢得民心并眩惑大众。如果他任职再多两年，人们会普遍确信他是那个重新征服阿尔萨斯－洛林省的人；而由于他完全肆无忌惮又极富野心，他将把民众带入战争。布罗维茨（Blowitz）赞同并说，如果他还在，战争会在1888年爆发。当人们看清他所引领的方向，他的失败便无可避免。那时他将被扫地出门，因为这个国家仍

1　关于布朗热派运动与外交事务关系的最佳研究见Albin, *L'Allemagne et la France, 1885-1904*。布朗热主义的精妙描写见Maurice Barres, *L'Appel du Soldat*。

2　*Die Grosse Politik*, VI, pp. 125-222.

3　Lord Newton, *Life of Lord Lyons*, p. 521.

然爱好和平。但在一年之内情势会不同。"¹比利时代办一个月后响应说:"整个法国都认为他的梦想有着伟大的前景。"在这年临近结束之际,弗雷西内内阁垮了,但他的继任者高布雷将这位冲劲十足的战士留在国防部。

1887年头几个星期,一场法德战争看似一触即发,以致索尔兹伯里被迫考虑如果战争爆发英国该持何态度。1870年,格莱斯顿与格兰维尔曾凭借同意介入反对任何参战者侵犯比利时的中立而拯救比利时免遭进攻。然而1887年,英国首相的同情心深刻灌注于同盟国并确信威胁和平的仅有俄国与法国,因此倘若德国借道比利时来抵抗法国的进攻,他无意于干涉。2月4日的《标准晚报》(*Standard*)——当时此报与首相关系密切——上出现一封落款"外交者"的信,被普遍认为是半官方文件。"1870年,格兰维尔爵士明智地约束英国,若普鲁士侵犯比利时领土,就站在法国一边;若法国侵犯比利时领土,就站在普鲁士一边。索尔兹伯里爵士会审慎地行动,让自己承担类似诺言吗?在我看来,刻下这样一个路线会极度不明智。不管英国对于战斗的任何一方入侵比利时领土有多遗憾,她站在法国一边反对德国,都无法不侵蚀和破坏英国全球政策的主要目标。"他补充说,一条经过一个国家的通道并非进行占领,而且大不列颠肯定会从俾斯麦那里得到领土完整的保证。一篇社论文章力主,投入一场可怕的战争是疯狂之举。同一天即2月4日,斯特德(Stead)在《波迈公报》(*Pall Mall Gazette*)上辩称,1839年的条约并没必定要求军事援助。2月5日,《旁观者》(*Spectator*)撰文称,我们无疑应当坚持比利时不应成为战场,但我们不应也不能阻止军队通过。我们必须抗议,但仅此而已,《晨邮报》(*Morning Post*)响应道。查尔斯·迪尔克阁下(Charles Dilke)在《双周评》(*Fortnightly Review*)上以一篇论说翔实的文章评论说,比利时不再像往日那么受欢迎。²索尔兹伯里的感情被埃及的摩擦进一步挑动,他(2月5日)给利昂爵士写信说,很难不希望让第二次法德战争"结束这种无尽烦恼"。

---

1 Hohenlohe, *Denkwürdigkeiten*, II, pp. 400-401.
2 重印于Charles Dilke, *Present Position of European Politics*, pp. 42-47。

3月，德勒塞普（de Lesseps）以半官方名义出访柏林并让德国首相放心，法国总统和内阁天性爱好和平，俾斯麦对此从无疑义；但只要布朗热仍是民族英雄，和平就命悬一线。这位法国大使报告说"德国在准备打仗。一言不慎就可能促使俾斯麦出于谨慎考量而碾压我们"[1]。4月底，一团火花似乎就要点着欧洲了。4月20日，一位名叫斯纳贝列（Schnaebele）的边境警务督察接获一封来自某德国警长的信，邀请他讨论行政管理事务。刚抵达边境德国方的会面地点，他就立刻被抓住并押往梅斯的监狱。这一粗暴侮辱的理由是，他滥用职权并诱使德国臣民从事间谍活动，而且莱比锡最高法庭的裁决是一俟他越过边界就逮捕他。法国政府保持冷静，举行一场调查，并将报告送给柏林。德国政府答复说，尚未接获全部细节的通报。外交讨论因布朗热的煽动性言辞而变得复杂，他因此被总统指责。当俾斯麦对斯纳贝列是被邀请穿越边境这一事实感到满意时，危险的紧张气氛过去了。[2]斯纳贝列被羁押10天后获释，但被撤职，此事件停止；但法国人相信德国试图挑起争端，而德国媒体大声嚷嚷说布朗热是法国的主人并且想什么时候宣战就什么时候宣战。

这位将军的同僚弗雷西内作证说将军不希望有战争，但由于法国认为他能领导她走向胜利而飘飘然。他的确在玩火，因为他在内阁建议部分军事调动或在边境进行军事示威。和事佬们被迫让自己忙得团团转，儒勒·费瑞还通告总统已准备好策划一场议会危机。为实行该计划，高布雷辞职，鲁维埃（Rouvier）组成一个没有布朗热的内阁，布朗热被任命为克莱蒙费朗（Clermont-Ferrand）的军团统帅。当他在下一年以未经准许而返回首都为由被解除指挥权时，他作为大宪章修订版的拥护者担任议院候选人，并在巴黎获得工人阶级选民的压倒性多数票。但他错失了机会，并在听说已针对他签发逮捕令时逃往布鲁塞尔，这是对共和国而言亦是对世界而言的幸事。他被

1　Bourgeois et Pagès, *Les Origines et les Responsabilités de la Grande Guerre*, pp. 221-222.
2　对斯纳贝列事件最好的报告见Albin, *L'Allmagne et la France,* pp. 78-100；*Die Grosse Politik*, VI, pp. 182-189。

缺席宣判以叛国罪,以自杀结束了自己危险而不名誉的职业生涯。

德国人绷紧了弦注视着布朗热的戏剧般表现,与此同时俾斯麦更关注他东边的邻居;因为法国人的一场袭击不会必然导致俄国加入战场,但俄国人的一场袭击将会成为西边爆发的信号。不仅如此,法国的敌意无药可救;但沙皇那边尚存希望。1887年1月,沙皇请求德皇不要允许亚历山大亲王归国,德皇承诺会禁止他。4月,首相再度于彼得堡抱怨新闻界肆无忌惮的攻击,而戈尔鼓起勇气在政府机关里谴责仇视德国的运动。虽未对卡特科夫指名道姓,但他说了柏林的抗议和对彼得堡的警告是针对《莫斯科公报》的编辑。卡特科夫在他的报纸上很生气地回敬,以致沙皇命令他与戈尔商讨此事。外交部长恰如其分地推辞了与他的敌人会面,并提交辞呈。沙皇不希望割舍他这位经验丰富的部长,但他有意见不同的顾问,并且很不情愿轮流给双方施小恩小惠。3月14日沙皇颁发一道谕旨,命令东部[1]边境不住城里的土地持有人在三年内卖掉地产,除非他们是通过直系亲属或存世的配偶继承来的,且继承人需在该谕旨颁发前在俄国。由于那个地区的土地持有人几乎清一色是德国人,这道法令是对柏林的直接挑战,并换来德国新闻界反对俄国法令的一场运动。

尽管有沙皇对卡特科夫运动的容忍和要求德国土地持有人离开的公告,戈尔的影响力依旧可观,哪怕他一度抱怨说"我什么都不是、什么人都不是,只是我皇家主人的笔杆与传声筒";而且一如往常,这在要求和平与宽厚的一方起作用了。1881年结束并在1884年续订的《三皇联盟条约》现在或者延期或者通告废除。俾斯麦自然急着不仅要保持柏林与彼得堡的电报线畅通,还要维系与俄国和奥地利之间的联系。戈尔同样渴望续订协定,但他哀叹自己孤掌难鸣。他解释说,沙皇对弗兰茨·约瑟夫怀抱高度敬意,袭击他的意图不会比袭击威廉皇帝的意图更多。然而考虑到匈牙利众所周知的敌意,他不能与维也纳保持条约关系;而且公众舆论如果发现他这么做了,将

---

[1] 原文如此,但理应是西部边境。——译注

不会谅解。不过他已准备与柏林保持条约接触，而经过长期讨论之后，俄国大使舒瓦洛夫（Paul Schuvaloff）正式提议一个双边协议。[1]德国首相答复说，他不能保证若奥俄开战会保持中立，除非是奥地利进攻俄国；而且他为了表示自己结盟的意愿，向舒瓦洛夫出示了1879年条约的有效条款。舒瓦洛夫回应道，俄国也是类似态度，只能保证在德国不进攻法国的条件下保持中立。在这些脉络下，协议易于达成，6月18日舒瓦洛夫与赫伯特·俾斯麦签订一份三年期条约。首相要求他的儿子签署该条约，此举促使戈尔评论说这对俄国的好处比对德国大。

条约前言称，德俄双方朝廷已决心通过一份特别协议巩固他们之间的协定，因为1881年签订、1884年续订的《条约》在6月27日失效。

1. 如果一方发现自己与第三个大国开战，另一方将保持善意中立，并将试着使冲突不扩大。如果是签约方之一的进攻引起的针对奥地利或法国的战争，则本条款不适用。

2. 德国承认俄国历史上在巴尔干半岛获得的权益，尤其承认她在保加利亚和东鲁米利亚的压倒性和决定性影响为合法的。两国朝廷保证同意，在未能达成共识的前提下不对上述半岛的领土现状做出修正，并保证反对任何扰乱现状或未经他们许可便修改之的企图。

3. 两国朝廷承认关闭海峡原则的欧洲特征与互惠义务特征。它们应留心不让土耳其例外于这条原则，从而因取悦任何政府而出借海峡供战争操作。万一有侵犯或为阻止侵犯，两国朝廷将告知土耳其说，它们认为她置自身于向受损害一方开战的状态，并自此开始丧失1878年《条约》对其领土的保护。[2]

这份《条约》以一份《附加机密议定书》结束。

---

1 见 *Die Grosse Politik*, V, pp. 211-268；Goriainoff, "The End of the Alliance of the Three Emperors", *American Historical Review*, Jan., 1918。保罗·舒瓦洛夫是彼得·舒瓦洛夫的兄弟，曾在柏林会议上代表俄国。这份《再保险条约》录于 Pribram, *The Secret Treaties of Austria-Hungary*, I。

2 此条款在1881年的《条约》中出现。

1. 德国一如从前，将援助俄国在保加利亚重建一个正规及合法的政府，并保证不同意巴腾堡亲王的复辟。

2. 如果沙皇要被迫防御黑海的入口以守护俄国利益，则德国答应给予善意的中立，并对那些对捍卫沙皇帝国之钥匙必不可少的措施给予道义上和外交上的支持。

1879年双边联盟的存在曾被立刻传达给沙皇；但弗兰茨·约瑟夫却没有获其盟国披露1887年的《再保险条约》。当诸位君主于夏季在加施泰因碰面时，威廉皇帝仅就沙皇退出三皇联盟表示遗憾。这份协定是因沙皇的意愿而保密，因为他不愿增加亲斯拉夫者们的怒气；而俾斯麦完全不担心被指控背信弃义，他表示，希望俄国将会透露它，而他自己在下台之后披露了它。由于奥地利1879年拒绝无限制保证，俾斯麦必须寻找其他方法在面对法国的袭击及其可能后果时守卫德国；承诺若俄国遭袭就保持善意中立时，他绝不是违背或瓦解与奥地利的联盟，因为此联盟承诺德国人只有当奥地利抵抗进攻时才予以支持。此外，在俾斯麦眼中，新协定有利于奥地利，因为德国将对俄国的政策有所牵制。于是自三皇联盟破裂产生危机并使奥地利与俄国走向战争边缘以来，首相的天才为他打造的帝国析取了安全保证，他通过承诺德国会在一场奥地利挑起的战争中保持中立而赢得俄国在一场法国挑起的战争中的中立保证。

《再保险条约》没制造公开效果，因为俄国人知晓它的程度不比奥地利人高。尽管卡特科夫在8月去世致使斯拉夫迷们失去领袖，但新闻界继续重击德国并力主接近法国。9月11日，俾斯麦发出尖刻的怨言；戈尔对此答复说，新闻界的攻击令他深感苦恼，那些攻击直接针对他的程度不亚于针对首相的。他在一些场合请求辞职，但沙皇轻视新闻界并拒绝采取行动。内政部长托尔斯托伯爵是无礼之辈的骨干之一，而波别多诺斯采夫（Pobiedonostseff）的影响令人扼腕。另一方面，戈尔可以性命相保，沙皇绝不会动手反对威廉皇帝以及他的儿子或孙子。嫌隙人一门心思要切断柏林和彼得堡之间的电报线，这一事实加剧了张力。初秋时节，一些文件设法被送到法国政府手中，法国政府在未求证其真实性的情况下将它们转寄在丹麦的沙皇。斐迪南亲王（Prince Ferdinand）在写给弗兰德尔女伯爵（Countess of Flanders）的一封信中承认，在未得柏林的鼓励之下他不会接受保加利亚王座；而第二封信宣布，每过几天就有德国特工向他保证说德国的政策会变。一封未署名但看似来自德国驻维也纳大使罗宇斯亲王的信评论道："我们不能眼下承认他，但我们可以鼓励他。"戈尔立即察觉这个骗局并通知他的君主说它们是伪造的。沙皇答复，该事件在他看来荒谬之至，他知道罗宇斯亲王没本事玩这种花招。他补充说，会与俾斯麦在下次会面时讨论该问题。罗宇斯亲王否认他曾给斐迪南亲王写过这封信。而后者否认他曾给弗兰德尔女伯爵写过信，女伯爵则继而作证说她未曾收到过这种通信。[1]沙皇在11月18日路经柏林回家之时听首相亲口说，牵涉到的这些信件是无耻的伪造。俾斯麦公开宣称，他自认已完全抹除对这位君主的猜疑心，沙皇则对戈尔表示了对他们两人这场谈话的满意。但是俾斯麦希望不要出现可以避免的风险；而同月间，他禁止德国国家银行给俄国人的抵押品放贷，担心德国的钱可能就这样被用于俄国人的入侵，宁愿承担此举驱使俄国人走进法国人交易所的风险。

俄法两国同时敌视德国与大不列颠，这迫使索尔兹伯里与俾斯麦保持密切接触；而大不列颠与奥地利和意大利基于维持地中海现状的联合，使不列颠差不多成为三国同盟的一分子。然而索尔兹伯里担心威廉王子即位（这不会等太久了）后可能导致亲俄政策，于是他在11月10日向俾斯麦表达，希望从后者那里得到一些直接保证。[2]首相于11月22日回信称："从你与哈茨费尔德（Hatzfeldt）的讨论汇总出，直接交流想法良有以用，并有助于移除涉及我们各自政策的疑虑。我们两国有这么多共同利益，又有那么多会产生歧见之处，你与德国彼此间信任深笃，我们可以在外交方面一如既往地开诚布

---

[1] 这些伪造信件有不同的字体并出自不同人之手，见 *Die Grosse Politik*, V, pp. 338-350。
[2] 因此，11月22日这封著名的亲笔书信不是由俾斯麦主动提供，更不是对结盟的请求，而是回应对一份保障的渴求。见 *Die Grosse Politik*, IV, pp. 368-388。

公。你若担心威廉王子会中意反英政策,那就大谬不然;皇储想让其政策追随英国榜样的愿望无以复加。要维护这些利益,此路向被如此明确地吩咐,不可能对此有所背离。断定德国政府将以承受一场重大战争来对人民科以伤害,这很荒谬,除非能向全国证明其必要性。如果帝国的独立与完整受到威胁,我们的军队严阵以待,且无数人民将奋勇直前;但这只是出于防御之需并且仅当遭受袭击时方才展开行动。更确切地说,我们不会为了自己东部的利益而战斗。土耳其苏丹是我们的朋友,但我们不会为了他战斗。这不意味着只有一场袭击才是征召军队的合法理由。德国与三个大国为邻并有悬而未决之边界,她不能盲目结下可能导致反对她的联盟。如果奥地利被征服了、被削弱了或者产生敌对情绪了,我们将会在法国和俄国面前陷入孤立无援,并面临着法俄联盟的可能性。我们的利益要求我们阻止此种情形,如果必要就用武力阻止。奥地利作为一个强大而独立的大国存在对德国而言是必需的,为此执政者们对其的个人同情无可更改。奥地利一如德国和英国,属于梅特尼希所言之'饱和'大国,因此是爱好和平的大国。法国与俄国则相反,看上去威胁到我们——法国因其传统和天性,俄国目前则摆出一副路易十四和拿破仑的威胁性态度。革命党希望战争能颠覆君主制,而保皇党相信君主制能终结革命。因此我们总在危险中,且必须努力让联盟牢靠。我们渴望在东部有其利益需捍卫的友善大国们能通过联合而使自己强大到让俄罗斯的利剑不敢出鞘,或当爆发战争时能有所助益。只要德国的利益未受威胁,我们就会保持中立。德国绝不攻打俄国,但当奥地利被俄国人的进攻所威胁或当英国和意大利受到法国军队越境的威胁时,德国将被迫参加战斗。这就是德国政策的方向,无论君王还是首相都不能偏离它。"信的结尾处附有威廉王子已阅并表赞同的声明;且索尔兹伯里想一览奥德同盟之文本的请求被批准。

索尔兹伯里11月30日回信称:"我对你的信心表示感谢,反过来,两国人民的同情和密切的利益联系使我相信你的信心有道理。让我解释一下我向哈茨费尔德表达的忧惧之情的来由。如果法德之间爆发战争,俄国倘若足够明智就不会进攻德国，但她会通过占领巴尔干或小亚细亚而迫使苏丹接受让俄国统治海峡地带的提议。俄国只有在认真应对占优势的反对力量时才会克制。英国和意大利尚不足以成为这种牵制力量，而且英国的舆论可能不会支持一场仅有意大利当伙伴的援助土耳其的战争。因此一切都取决于奥地利；而奥地利若不确信有德国的支持是不会冒险开战的，因为意大利和英国不能在俄国入侵她时帮助她。于是她将保持中立并力图要求在土耳其的补偿。奥地利只有确信德国会帮忙才能扛得住。当我们应邀签署一份向马利特阁下提呈的八项条款协议[1]时，我们吃惊地发现，对我们而言最重要的问题即德国的可能导向未被提及。如果奥地利在这样一场战争中能确定获德国支持，她就能贯彻八项条款中的政策。如若不能，即当德国在对抗法国的同时却对俄国中立，那么英国是在加入一项注定失败的政策。你以你的坦率驱散了我的担忧。你向我出示了奥德条约，并告诉马利特说德皇赞同英、意、奥之间的谅解。最后，你使我确信，德国的方向不会被统治者的个人偏爱所决定。英、意、奥之间这份在议中的协议与你的政策完全同调。上一年进行的大国间的抱团将成为反对俄国人进攻的坚实屏障。"索尔兹伯里的信既客气又着实友好；但它最突出的特征是强烈暗示说，挡住俄国威胁的最佳方法将是德国对奥地利不屈不挠的支持。几年之后索尔兹伯里对艾卡德施坦评论说："沙皇探听，在万一有一场俄法针对德国的战争时，我保持善意中立的代价是什么。当我们被保证可以自行决定时，我拖宕答。我对俾斯麦也用这招，他在沙皇来信后很快也来探听我。"[2]

德国与奥地利同意在巴尔干问题上保留分歧；而当俾斯麦在两边国境都遭威胁之际，通过与俄国重申秘密条约而寻求安全保障时，卡尔诺基为了制止莫斯科的近东野心这一危险任务而四下寻找伙伴。索尔兹伯里自1886年重新掌阁以来就经常表达意欲同奥地利携手合作，因为他比从前更急于建立新

---

1 此处所提协议是第二份《地中海协议》，当时正在讨论中。
2 Eckhardstein, *Erinnerungen*, II, 154.

的壁垒以对抗我们最危险的竞争对手向南推进；[1]但意大利的帮助要付出高昂代价才能获得，她在反对俄国人野心方面的利益不那么直接。三国同盟的基础既未剿灭民族统一主义，也未在盟国之间建立起持久巩固的信任关系。俾斯麦于1883年向鲁道夫皇储（Crown Prince Rudolf）[2]评论说，他们不能依靠意大利的支持；弗兰茨·约瑟夫省略了对洪堡国王之造访维也纳的回访，此举在意大利被深深怨恨，而奥地利皇帝对教皇感情的考虑显得过头了。另一方面，意大利未告知其盟国而于1885年占领马萨瓦之举，在柏林和维也纳看来都缺乏礼貌。这种情况因保加利亚的危机而得到改善；因为奥地利面临着陷入无德国援助之战争的危险，需要意大利的支持，而被布朗热日益增长之影响搅扰的意大利转而需要其盟国的帮助。正是在这些最新因素的照耀下，接近其五年期尾声的三国同盟被讨论续订。[3]意大利外交部长罗必朗要求对维持地中海现状的保证——他这么说意味着要一份反对法国侵袭的黎波里或摩洛哥北岸的保证，并补充说如果无此保证则同盟就无意义。他进一步要求，如果土耳其被俄国和奥地利瓜分，意大利应在合适时间被通知并且不会仅当旁观者——换而言之，她应当在巴尔干获得补偿。卡尔诺基有意统统拒绝这两个要求，但被俾斯麦劝说要妥协；俾斯麦担心若不妥协，这位闷闷不乐的伙伴就可能卖身法国以获取其对的黎波里目标的承认，而法国会愿意答应。

为配合这种新形势，罗必朗提议签一份协议阻止对可能损害所有盟国利益的土耳其欧洲范围内海岸的任何领土变更。如果有第四国采取行动，那么意大利与奥地利就作为最大利益伙伴携手合作。"倘若现状已不可能维系，且若由于第三国的行动，或因为任何其他原因，意大利或奥地利被迫通过永久性占领或暂时占领而改变现状，那她们将只能在基于互惠补偿的协议之后采取行动。"意大利对西部的要求被证明更困难；但俾斯麦急于迁就这个假如布朗热来袭将会成为他唯一盟国的国家，因此通知卡尔诺基，必要的话，

---

[1] *Die Grosse Politik*, IV, pp. 263-294.
[2] 奥地利皇储。——译注
[3] 见 Pribram, *The Secret Treaties of Austria-Hungary*, II, ch. 2; *Die Grosse Politik*, IV, pp. 181-260。

他将单独与意大利缔结协约。这位奥地利政要慢慢让步了，因为担心如果爆发对俄战争，意大利会采取敌对态度，或至少要分散一部分奥地利军队防御边境。但他想要获得一份补偿，并要求意大利在奥地利遭受袭击时提供帮助。罗必朗最终提出更新1882年协定，附带与德国和奥地利的额外协定。如果卡尔诺基拒绝，意大利就会单独与德国缔约。遭受俾斯麦和罗必朗双重反对的卡尔诺基让步了，意大利则撤回要奥地利在针对的黎波里或摩洛哥的战争中帮忙的要求。1887年2月20日，1882年的条约被延期至1892年结束，两大同盟国分别与她们急需的盟友签订单独协定。

奥意协定涉及东方："奥地利与意大利，渴望维持在东方的现状，将试着阻止任何对彼此有害的变化。但如果置身事件进程中，巴尔干或奥斯曼海岸及亚得里亚海或爱琴海诸岛的现状变得无法维持，并且如果由于第三国的行动，或双方有一方觉得有必要进行临时占领或永久占领，占领行为只能在基于双方所获得之领土或其他方面的各项利益进行互惠补偿之原则达成一项协议后方能采取。"

德意协定涉及西方："如果法国在其占领地多迈一步，或哪怕其保护权和主权在的黎波里或摩洛哥延伸一截，那么作为结果，为捍卫自己在地中海的立场，将意味着她意大利必须在上述土地采取行动，甚或要享有对法国的欧洲领土采取极端措施的追索权；基于意大利的要求，意大利和法国之间的战争状态将使条约条件成立。如果置身这样一场战争，意大利应寻求领土抵押品，而德国不得反对，且必要时应帮助她达成此目标。"

1887年条约是意大利的胜利。1882年时她是请愿者，但现在奥地利担心俄国进攻，而德国担心法国进攻，于是罗必朗能够如愿索价。奥地利被迫承认意大利在巴尔干的利益以及她关于若土耳其被瓜分需补偿的声明，与此同时，意大利却拒绝在奥地利受袭时加以援助。德国在她这方则寻求在反抗法国的进攻时有意大利的持续帮助，代价是当意大利在北非的野心要求发动进攻战时德国就必须参与。次年，德国与意大利签署了第一份军事协定，奥地利则允许意大利军队在向西进军时穿越其边境。

当三国同盟就这样被确认和扩展时，与大不列颠相关的议定并未更新；因为几天之前意大利已订立一份进一步保障其地位的协议。[1] 1887年1月底，意大利请求签订一份条约，但索尔兹伯里在认识到地中海利益和近东利益的一致性后，宁愿签一较少约束性并能保密的谅解备忘录。这份协议于2月12日在科尔蒂伯爵的一份照会中被提出：

1. 地中海、亚得里亚海、爱琴海及黑海的现状应尽可能久地维持。因此必须注意阻止任何对两国有所损害的变化。

2. 如果证明现状不可维系，则在达成一份协议之前不得修改现状。

3. 意大利准备全面支持大不列颠在埃及的工作。在被第三国入侵的情况下，大不列颠要决定在北非任何其他地点支持意大利，尤其是在的黎波里和昔兰尼加（Cyrenaica）。

4. 在两国之间或两国与第三国之间每次在地中海事务上有分歧时，应当就情况所能允许的程度提供相互支持。

这份合约被索尔兹伯里在同一天的一份说明中接受。"关于意大利政策的这份陈述被非常满意地接受了，因为它使我国政府能够表达在具有共同利益之事务上的合作意愿。那种合作的特点必须在产生需合作的场合时决定。两国都意欲黑海、爱琴海、亚得里亚海的沿岸以及非洲北海岸应保留在当前的支配下。如果由于某些灾难性事件而不可能维持现状，则双方都要求任何大国皆不得将管辖区扩展至这些海岸的任何部分。"这份协议是在俾斯麦的鼓励下订立的，并且它立刻被递送给奥地利，奥地利于3月23日通过一份来自卡尔诺基的照会声明其附和态度。[2] "奥地利乐见其原则和目标符合那些指导她的政策的东西。她已确信这些目标将会由我们的合作得到最佳保护，故而准备好支持这份记录于2月12日之照会中的关于友情和政治一致性观点的声明。奥地利为她自己与不列颠的政治亲善而道贺。尽管地中海问题并不首先影响她的利益，但我的政府相信英国和奥地利在作为整体的东方问题上有

1　*Die Grosse Politik*, IV, pp. 297−316; Pribram, *The Secret Treaties of Austria-Hungary*, I.
2　*Die Grosse Politik*, IV, pp. 319−331; Pribram, *The Secret Treaties of Austria-Hungary*, I.

同样的利益,因此对于维系东方的现状及阻止一国侵害其他国家之扩张有同样的需要。"

不列颠有条件的承诺加强了卡尔诺基解决保加利亚反对俄国独裁的问题,虽说有俾斯麦关于他不会将奥俄冲突视为开战原因的声明。1887年7月7日,国民议会选了科堡的斐迪南(Ferdinand of Coburg)——路易·菲利普(Louis Philippe)之女克莱芒蒂娜(Clementine)的聪明又有野心的儿子,他接受这个要受制于土耳其苏丹之承认和各国之批准的宝座。而他在上述二者都未来临时于8月10日无条件地接受任命,并于8月14日在特尔诺沃宣誓。沙皇迅即向各国提议放逐这位亲王而为保加利亚两大领地任命一位俄国的将军、摄政或总督;土耳其则发布一则循环通告,提请注意这个冒犯之举的严肃性。俾斯麦不负其座右铭"在保加利亚我是俄国人",立刻与索非亚中断外交关系;但索尔兹伯里同时警告俄国和土耳其不要介入,并补充说除非各国都同意斐迪南的继任者,否则驱逐这位亲王将无济于事。就在此时,保加利亚不期然地得到第二个拥护者。德普雷蒂斯于7月31日去世,这把克里斯皮推上了台,而且这位新首相立刻提议承认斐迪南,而非如德国所愿驱逐他。克里斯皮相信战争近在眼前,便向大不列颠提议签一份军事协定;尽管他的提议被谢绝,地中海舰队却在9月访问了意大利和奥地利的港湾,同时英、奥、意三大国在君士坦丁堡的大使都被指示共同协商,直到这场危机化解。[1]

在这年结束前,这三大国仍过从甚密。[2]12月12日,奥地利给大不列颠一份照会,提议签署第二份地中海协定。"奥地利与意大利已同意向大不列颠提议如下几点,以巩固这些原则并明确三国的态度:(1)维持和平。(2)按照各条约保持东方的现状。(3)维持由各条约确立的各地方自治。(4)土耳其的独立作为对欧洲重要利益的担保,具备所有外交上的优先影响力。(5)相应结果是,土耳其既不能放弃她对保加利亚的宗主权,也不能把这份宗主

---

[1] Crispi, *Memoirs*, II, ch. 5, ch. 6.
[2] *Die Grosse Politik*, IV, pp. 335—395; Pribram, *The Secret Treaties of Austria-Hungary*, I.

权委派给任何其他大国；同样不能干涉在保加利亚建立一个外国行政机构，亦不能容忍以军事占领方式或派遣志愿兵方式对后者采取的政治高压手段。同样，按各海峡安保条约所定，土耳其也不能放弃其在小亚细亚之主权的任何部分，或将其权力委派给任何其他大国。（6）在捍卫这些原则方面，三大国要与土耳其携手。（7）如果土耳其抵制任何如第五条所指出的非法举措，则三大国将立刻同意促成关乎奥斯曼帝国之独立和完整的行动措施。（8）如果土耳其纵容任何此类非法举措，三大国将或联合或个别地临时占领奥斯曼领土的各岗哨。"大不列颠在同一天的答复中接受了以上列举的八条。关于该协定的流言导致英国议会质疑，但这只换来一个答复，称英国政府没有订立会约束本国采取军事行动的协议。

这份地中海保险的保额因并入西班牙而被进一步分配。一份落款1887年5月4日的西班牙致意大利的照会提出一份基于下述条款的四年期协议：（1）当涉及法国、在包括其北非领土在内的其他领土范围内，西班牙不把自己出贷给任何旨在反对意大利、德意志和奥地利或三者之任一方的条约或政治约定。（2）摒弃所有无正当理由的袭击，也杜绝挑衅。（3）为了在地中海维持现状，西班牙和意大利将交换所有涉及她们自身和其他布置的信息。

同一天的一份意大利照会赞成这些提议，而奥地利于5月21日备注同意该协定。

在1887年最后几个月间，维也纳和彼得堡间的紧张程度更甚从前。[1]两国君主向对方保证他们不会进攻；但军队在加利西亚（Galician）边境集结，外加俄国新闻界狂热的谴责，揭示出危险所在。连戈尔都兴奋了，并且当沙皇发话说战争似乎最终不可避免时，他谴责了卡尔诺基。当三个首都的军队首脑都渴望以诉诸武力来解决该争端时，需要俾斯麦使出作为斡旋人和仲裁者的浑身解数来维持和平。1887年11月24日以皇帝名义发布的演说称："德意志帝国没有侵略倾向，也没有那些可能通过战争获胜而得到满足的需要。

---

[1] *Die Grosse Politik*, VI, pp. 1-89.

但我们有强大的防御,并且我们会强大到可以无畏地面对所有危险。"这些声明在首相1888年2月6日的演说中得到详细阐明,他概述了欧洲的形势并明确了他的国家的态度。[1] 他开门见山地说,一年前他担心法国人进攻,但现在一位爱好和平的总统接替了上一个,而内阁变化再度得到保证。"本年的焦虑是俄国人而非法国人;但是,像上年一样,我预期没有袭击。俄国新闻界的攻击在反对沙皇权威的天平上轻如微尘。在我上一次会见沙皇时,再次令自己满意地获悉,沙皇没有针对我们或其他国家的敌对意图。我绝对相信他的话,因此新闻界没让我觉得我们的关系比一年前更坏。在德国和奥地利边境集结军队不是新鲜事,因为从1879年就开始了。没有理由进攻我们,因为俄国不想要更多对立者了。为何有这些军队?没人要求解释。他们无疑是为了在下一次欧洲危机中增加俄国声音的分量。然而联盟中的危险是永久的,而我们必须一劳永逸地安排好迎接它。鉴于我们的立场,我们必须比其他国家做出更大努力。俄国和法国只能在一侧前线被攻击;而上帝让我们与最好战与最不安分的国家们为邻,而且他已允许在俄国发展出最好战的倾向。"

首相进而解释了为何在争议产生的前夕公布了1879年的《奥德条约》。"那不是如有些报纸所说的一则最后通牒、一个警告或一个威胁。那是对双方永久利益的一场表述。如果我们当时不签这条约,我们就必须现在签。想想如果把奥地利从地图上抹去,我们就会与意大利一道被孤立在俄国与法国之间。我们无法想象没有奥地利。像奥地利那样一个国家不会消失。如果有人满心挫败地离开奥地利,此人就会成为疏离者,并将倾向于对其不忠的朋友的敌手提供援助。如果我们要在我们无所遮蔽的位置上避免孤立,我们就必须有一个安全的朋友。我们将准备好冷不丁的战争。如果我们被攻击,不可控之秤的全部砝码就将偏向我们的对手们。威胁与侮辱已激起正当的抱怨,但我们不会因琐事而走向战争。我们不谋取法国的爱或俄国的爱。俄国新闻界和俄国舆论已向我们——这个古老、强大且值得信任的朋友——敞开

---

[1] Bismarck, *Reden*, XII, pp. 440–477.

大门。我们没有强迫自己前进。我们努力赢回这份值得信任的友情，但我们不会跟在任何人屁股后面。正是为了这一个原因，我们将更加小心地尊重俄国的条约权益，其中包括我们在1878年为她赢得的、但未被我们所有朋友认可的权益。我们都相信对保加利亚的支配性影响将花落俄国。我们将不支持也不建议采用暴力，而且我不认为俄国希望采用暴力。保加利亚不是一个重要性强到让欧洲燃起一场无人可预知其结果之战火的目标。我不期望过早破坏和平。但我建议其他国家不要继续他们的恶意。我们畏惧上帝，但在尘世无所畏惧。"这份骄傲的演讲换来一阵雷鸣般的掌声，并在全国得到回响；且与之相伴的是，年迈的皇帝所同意的或这位铁血首相所提议的上一期《陆军法案》顺利及迅速地通过。

在俾斯麦这次历史性讲话之后几天，沙皇做了一次以俄国意识解决保加利亚问题的最后尝试。他宣布，斐迪南必须退出，保加利亚可以自由选择一个统治者，而俄国那时就不再干涉。德国和法国支持该计划，但奥地利及其朋友拒绝支持对斐迪南的驱逐。土耳其现在不等各国吩咐就宣布，这位亲王的头衔非法。保加利亚告知收悉通知，但土耳其和俄国都没采取措施强制执行。三年危机以俄国公开承认失败而告终，而亚历山大三世的保加利亚政策的确该当失败。俾斯麦以无可匹敌的娴熟玩着他的游戏。和平得以存续，法国与俄国被分隔开，奥地利同盟依旧完整，而与彼得堡的一项秘密条约继续在线。首相承认，"这是桩复杂的买卖。皇帝曾告诉我说，'你像个把五个球扔上天又每次都接住它们的骑手'"。卡尔诺基也玩了一场危险游戏且赢了。他那突然变得谨慎和稳扎稳打的政策成功地剔除了俄国在保加利亚的影响，未来几年保加利亚在斯塔姆布洛夫意气风发的领导下倾向于奥地利和土耳其。

保加利亚危机虽已过去，沙皇却也无意重续与维也纳的老交情，但他还没最后疏远柏林。1888年，俾斯麦因阻挠保加利亚前亲王亚历山大与腓特烈皇储的一个女儿结婚，再度透露出他对沙皇情绪的顾虑，这桩婚事自1884年就在讨论了。俾斯麦得到老皇帝的支持，皇帝认为门不当户不对，但太子妃极力为她的女儿争取嫁给意中人的权利。俾斯麦以威胁辞职做后盾的这个决定最终被女孩的父亲在其即位称帝之后肯定了,而就连维多利亚女王在一次短暂访问柏林期间也被争取到站在首相一边。首相相信,这位亲王总是有可能被邀请返回索非亚,而无论如何沙皇对德国政府的信心——这是阻止一场战争的首要屏障——都可能因他痛恨的敌人与德国皇室的密切联系而被粉碎。俾斯麦对腓特烈皇帝写道:"德意志帝国的对外政策自1871年以来就是维持和平并阻止任何反德同盟,而该政策的中枢是俄国。"[1]

---

[1] *Die Grosse Politik*, VI, pp. 277–298.

第五章　奥德同盟

　　奥德同盟没有构想中那么快地缔结，而法俄同盟已经在正式谈判开始前的许多年间被公开和私下讨论。沙皇怀着毫不掩饰的满意之心观看克里米亚战争元凶、拿破仑三世的垮台；而三皇联盟的形成妨碍了年轻的法兰西共和国在挣扎着站起来时寻求俄国的同情或支持。一线希望在于俄国或许想要法国复兴以制衡德国在欧洲大陆之统治这种可能性。问题的这一面在戈尔恰科夫的脑子里有清晰展现，他曾于1873年于瑞士同法国外交部的一位官员乔杜里（Chaudordy）讨论过局势。法国政府意欲知道，如果德国重新占领她现在撤离的疆土，或者德国提出新的领土要求或赔偿要求，俄国会否帮忙。俄国这位首相自然不愿承诺支持，但以友好措辞表达自己的态度，并宣称俄国愿意看到法国如遭遇败仗之前那么强大。[1]

　　两年之后的1875年，战争恐慌给了俄国一个向法国挥舞橄榄枝的机会。尽管俾斯麦和他的君王都不愿再打一次仗，但柏林的军队首领们坦陈要与一个邻国最后清算；该国以快于估计的速度从自己的不幸中恢复着，并预期可

---

[1] 见法国1918年黄皮书 *L'Alliance Franco-Russe*；Daudet, *Histoire Diplomatique de l'Alliance Franco-Russe* 及 *Alexandre III*；Freycinet, *Souvenirs*, II；Elie de Cyon, *Histoire de l'Entente Franco-Russe*；Hansen, *L'Alliance Franco-Russe L'Ambassade Paris du Baron de Mohrenheim* 及 *L'Ambassade Paris du Baron de Mohrenheim*；Albin, *L'Allemagne et la France, 1885–1904*；Tardieu, *La France et les Alliances*；Schwertfeger, *Zur Europäischen Politik*, V；Pribram, *The Secret Treaties of Austria-Hungary*, II, Appendix B；Welschinger, "L'Alliance Franco-Russe", *American Historical Review*, April, 1920。

能会在未来找麻烦。维多利亚女王给德皇的信不乏道义效果,却是沙皇和戈尔恰科夫访问柏林的行程——至少在法国人看来——消除了危险。俄国的干涉和俄国首相发自柏林的庆祝电报——"目前可认为和平"——受到焦虑的法国部长们的欢迎;它既被视为表达实际赞同的指示,也被视为未来更亲密关系的先兆,但该电报激起俾斯麦内心的反感。沙皇对法国大使勒弗洛(Le Flô)说:"要坚强,将军。"戈尔恰科夫则补充道:"我们希望法国强如往昔而巴黎璀璨如昨。"

戴卡兹公爵(Duc Decazes)在恐慌期间执掌法国外交部,并且一如麦克马洪(Macmahon)总统,意欲同俄国结盟且1877年下台。[1]他的继任是沃丁顿,麦克马洪的继任是格雷维,这两人都相信,迁就俾斯麦要比投保反对他的假想计划更安全。驻柏林的库唐-比龙(Coutant-Biron)被替换为圣瓦莱尔(St. Vallier),后者决心恢复友好关系并得到首相的热切欢迎。在近东因《柏林条约》而局势紧张期间,法国本可能与俄国结盟,当时沙皇正怒不可遏地反对同盟国。戈尔恰科夫是亲法派,而且沙皇的兄弟兼1877年战争统帅尼古拉大公于1879—1880年在法国过冬期间同法国军官打得火热。然而沃丁顿明智地拒绝了卷入俄国在欧洲另一端的争吵。当他1879年把外交部移交给继任者时评论道:"我认为俄国倾向于亲善,但俾斯麦一只眼盯着我们。如果那时筹划一份条约,他恐怕会以开战回敬。"相应地,当弗雷西内被彼得堡非正式接近时,这位谨慎的总理只是建议在两国政府之间培养谅解之情,并补充说没有什么必须被知会,"因为一个恶的意志在注视着,可能毁坏我们的努力"[2]。心照不宣地抛弃了报复政策并意欲获得俾斯麦谅解的甘必大,同样反对缔结一个在现有情况下将更易成为危险来源而非力

---

[1] 关于1878—1885年间法德不寻常的亲善,见 *Die Grosse Politik*, III, pp. 381-454; E. Daudet, *La France et l'Allemagne*, 2 vols.; Bourgeois et Pagès, *Les Origines et les Responsabilités de la Grande Guerre*, pp. 181-219, 365-395。

[2] Lyall, *Life of Lord Dufferin*, I, p. 304. 俾斯麦在1879年12月14日告诉达弗林爵士,俄国人通过奥布罗特切夫(Obroutcheff)将军做出主动表示,他被派去参加法国人的军事演习,但是法国政府反对冒险,一如尚齐(Chanzy)所报告的俄国尚未准备好开战。

量源泉的盟约。"法国必须在欧洲扮演二流角色并且非常克制，直到我们有了一支无比强大的军队，"他这样对一个法国化的丹麦人儒勒·汉森（Jules Hansen）评论，"到那时，我像你一样，将会是结盟俄国的强硬支持者。"[1] 德国首相的答复是，支持法国的突尼斯计划，并命令参加1880年在马德里召开之摩洛哥会议的德国代表与法国"手牵手"。巴黎方面对于亲善几乎没做什么表示，1880年初弗雷西内还拒绝引渡被指控策划以炸弹袭击沙皇的哈特曼（Hartmann）。鉴于双方未签订引渡条约，法国政府拒绝遣送疑犯未超出其权利；但沙皇以临时召回他的驻法大使来表示不悦。继弗雷西内而上台并在随后几年主导法国政策的儒勒·费瑞，比他的前任更不打算将法国的福祉与俄国的运气联系起来，因为他投身于重建法国殖民帝国的任务中，向俾斯麦和举足轻重的德国大使霍亨罗厄亲王请求好意并如愿以偿。1884年，国防部长康珀农将军（General Campenon）对德国代办评论说，过去的已经过去，德法联手将统治世界；而巴吕雷（Barrère）对赫伯特·俾斯麦谈到"我们之间有更多信心"。当1885年费瑞下台而弗雷西内重新执政时，他因克鲁泡特金亲王（Prince Kropotkin）刑满之前就被从法国监狱释放而再度迁怒俄国政府，于是他驱逐了这位奥尔良派的王子[2]，并突然召回法国驻俄大使、沙皇非常依赖的阿佩尔将军（General Appert）。按照戈尔的描述，沙皇对法兰西共和国的个人情感是轻蔑且厌恶，这个独裁者气愤地拒绝接纳指派的新任法国大使比洛将军（General Billot）或其他任何人，并从巴黎召回他的大使。他解释说："当前环境下大使非常不必要，临时代办就够了。"与此同时，法国新任驻柏林大使埃尔贝特宣称他的任务是让俾斯麦相信"德鲁莱德党"（Derouledisme）[3] 已死。

因奥俄之间围绕保加利亚而起之争议造成的三皇联盟之瓦解，使斯拉

---

[1] Hansen, *L'Alliance Franco-Russe L'Ambassade Paris du Baron de Mohrenheim*, ch. 1. 甘必大的意见变化见 Mme. Adam, *Souvenirs*, VI, VII; Galli, *Gambetta et l'Alsace-Lorraine*。

[2] 这位将军同情奥尔良派。

[3] 法国作家兼政治家保罗·德鲁莱德（Paul Déroulède）创建了一个反对德国的民族主义党派爱国者联盟（League of Patriots），1889年被法国政府镇压。——译注

夫迷们的目光转向巴黎。1886年7月31日，卡特科夫以《莫斯科公报》上一篇在全欧洲引起回响的刊文打响了他的战役。[1] "据说三位部长在凯辛根（Kessingen）会谈了。俄国部长会觉得有必要前往并在暴躁的德国首相面前屈膝？人们相信他统治着世界。但果真如此？德意志帝国缔造了自身？难道这个帝国的优势不是俄国自愿臣服的产物？如果德国站这么高，那难道不是她踩在俄国的肩膀上？如果俄国要恢复她的行动自由，必须消除德国无所不能的幻觉。我们不是在请求一个法俄联盟。我们希望俄国能与德国保持自由和友好的关系，但也应当与其他国家建立类似的关系，首先是与法国，她在欧洲占据的位置日益当得起她的力量。我们为什么争吵，她的国内关注点对我们算什么？"两周之后，直到甘必大默默抛弃报复政策之前都是其朋友的亚当夫人（Madame Adam），将她创建来作为强硬民族主义者喉舌的《新闻回顾》(Nouvelle Revue) 转寄给卡特科夫的门徒、俄裔医生伊利·德叙翁（Élie de Cyon），他从19世纪70年代起就定居巴黎并成为法国公民。对殖民冒险的成果感到失望的法国舆论开始分享克列孟梭的信念，即法国士兵的位置在法国的东部边界。夏季结束前，《士兵颂》(Chants du Soldat) 的作者兼报复派的坦诚拥护者德鲁莱德访问了俄国，在那里受到卡特科夫和斯拉夫迷们的热烈欢迎。这场战役的效果迅速变得清晰可见。比利时公使于12月3日从彼得堡报告说："俄国新闻界的信号是，对法国极度友好，法国被认为是一个未来的盟友，注定要在一场奥俄冲突事件中令德国瘫痪。"[2] 卡特科夫最初对一个明确盟友的拒绝已变成谨慎的行动。他在1887年5月写道："我憎恨法国，因为她过去是、现在也是革命宣传的学堂。但眼下俄国遭奥地利和德国威胁，我们被一种不可避免的必要性驱使着要结盟。"

　　沙皇本人于9月邀请弗雷西内缔结盟约，他的举动较少受到新闻舆论的促动，而更多受他对奥地利的愤怒驱使。[3] 法国总理、总统和部长中的大多数

---

[1] Cyon, *Histoire de l'Entente Franco-Russe*, pp. 153-154.

[2] Schwertfeger, *Zur Europäischen Politik*, V, p. 155.

[3] *Die Grosse Politik*, VI, pp. 91-124. 这次接触是间接的，没有知会戈尔，戈尔拒绝相信此举得沙皇授权。

都拒绝了该提议,并将此通告德国大使。尽管有这次断然拒绝,俄法外交关系却在10月恢复。莫亨海姆(Mohrenheim)返回巴黎,而曾在彼得堡担任过两年一等秘书的拉布莱(Laboulaye)被沙皇接受为大使。在辞别总统格雷维时,这位新大使询问是否有信要他送。格雷维回答:"什么都没有,我们对他无所期待。没人想要法兰西,法兰西也不想要谁。如果我们安静在家待着,没人会找上门来并攻击我们。"彼得堡的气氛不过略嫌冷淡。沙皇在接待这位大使时评论说:"我意欲同法国建立最佳关系。时势有些困难,但转折点可能就在眼前。俄国应当能够指望法国,而法国也应能指望俄国。不幸的是,你们自己正在渡过危机,这妨碍你们追求稳定的政策并使你们不接受合作。那遗憾之至,因为我们需要一个强大的法兰西,而我们对彼此都有需求。我希望法国能理解此点。"

弗雷西内在这年底下台,这带来弗卢朗入主外交部,而这位新任外交部长把握住向俄国展现良好意愿的第一个机会。1887年1月9日,周游欧洲为他们与俄国的争吵寻求支持的保加利亚代表团得到弗卢朗的非正式接见,弗卢朗直言不讳地劝告他们别再阻碍俄国的目标。在一个除了俾斯麦之外所有其他欧洲政治人物都批评俄国在保加利亚之高压手段的时刻,法国政府对俄国的这种支持带来彼得堡的欢欣与谢意。俄国为法国提供一场更盛大服务的路就这样铺就。1886年底,担任国防部长的布朗热决心在东部边境扩军,他们在那里的军力以往小于德国人的,为此他命令建设新兵营。德国将75 000名预备役军人召回麾下,以此作为答复,而临时外交大臣赫伯特·俾斯麦以很不友好的口气表达了意见。法国为了弄清此举措的原因而询问德国驻巴黎大使,结果得到一个模棱两可的回答。弗卢朗担心遭攻击,对汉森吐露忧惧之情,他知道汉森与俄国大使过从甚密。弗卢朗问,如果德国针对我们的军队和布朗热建兵营的命令要求我们解释,俄国会做什么?这个问题被适时提呈莫亨海姆,他电告戈尔并收到简要答复,"舒瓦洛夫会回答"。舒瓦洛夫是驻柏林的俄国大使,他相应地被指示通告德国政府,沙皇之意以为法国有权利在自己的土地上做任何她想做的事。几天之后的1887年1月31日,伟大的犹太人银行家布莱希罗德尔——俾斯麦在他那里藏了些秘密——向法国大使埃尔贝特评论说："没什么可担心的，只是无足轻重的误会。"《北德意志通报》(*Norddeutsche Allgemeine Zeitung*)宣称，德国没有要求解释的意图；埃尔贝特致电老家称，法国可以放心。

因修建兵营的命令而煽动的紧张气氛被消除了，但冲突的危险仍在。2月6日，德国驻俄大使施万尼兹（Schweinitz）问沙皇是否将在法德战争中保持中立，若保持中立则他可以在近东尽情发挥。俄国君主回答说："俄国在过去三场战争中都保持中立，尽管抛弃中立本是她明明白白的利益所在。今天，俄国必须在更大程度上考虑她自己的利益，不能持续帮助普鲁士，普鲁士站在弗兰茨·约瑟夫皇帝盟友那一队。"他补充说，法国的毁灭会彻底改变欧洲均势，因此他不能承诺中立。沙皇仅仅希望能自由行事，而尚未准备与法国结盟，尽管他写到法国能够指望他的道义支持。莫亨海姆赞同弗卢朗提出防御性联盟的打算。"你一定要派某个眼光不那么狭隘的人到彼得堡，他要问：'如果有一场近东战争，法国对俄国的态度会是漠不关心吗？如果不是，那么是否有可能订立正式协定？'"弗卢朗选了弗居耶侯爵（Marquis de Vogüé），但当他准备启程时，戈尔告之，沙皇认为此时非结盟之机，因为会令其他大国警觉。

只要布朗热留在国防部，危机就接踵而至；因为他既不忠于共和国也不忠于同事们。2月的一个周日，外交部长的夫人在非常激动的状态下拜访了德国大使明斯特伯爵的女儿。[1] 布朗热曾致信沙皇，力主步调一致以使德国闭嘴，并在法国军事参赞回国休假期间命令他返回岗位时带这封信去。部长夫人补充说："如果此信不被拦截，我丈夫会辞职。你不该相信信上所言。"该军事参赞因职责所系而向外交部长通告此事，于是这封信从未离开巴黎。召开一次内阁会议，且弗卢朗以辞职相迫，尽管他的一些同僚乐于剪去这根导火索，他还是被允许留任，条件是承诺回避这类危险的例外举措。

---

1 见拜因斯男爵（Baron Beyens）1887年2月8日报告，录于Schwertfeger, *Zur Europäischen Politik*, V, pp. 171–172。

此后不久发生的斯纳贝列事件使俄国同盟成为一个热点问题。法国大使出于自身动机而问戈尔,如果法国被袭击,俄国会做什么;戈尔回答说沙皇"自有话说"。弗卢朗不赞成大使的行为,担心可能传到俾斯麦耳朵里;但是,将保加利亚人的信件转交沙皇,并为了反对《德拉蒙德·沃尔夫协定》而向两大国抗议,这些清楚地呈现出法国政策的倾向。驻维也纳的比利时公使写道:"法国已经从被孤立的状态中解脱出来,并在宣传法俄之间的政治亲密,迄今为止多少有些空谈;但另一方面,此况巩固了连接其他四大国的纽带。两个阵营的划分预示着和平有重大危险。俄国对德国与日俱增的敌意,以及自从法国人民相信他们在彼得堡找到一个盟友以来报复思想在法国比从前更加高涨,这些在这里和其他地方都引起焦虑。"[1] 驻柏林的比利时公使报告说,法国大使无意掩饰自己的满意。比利时代办于1888年3月4日在巴黎写道:"沙皇的帝国正时兴。剧院里、新闻界、街道上,每样东西都服务于给示威找借口。"

政治同情因经济需要而加强了。当沙皇出台提高关税的政策和颁发谕旨禁止边界的外国人拥有土地时,俾斯麦关闭德国交易所对俄国的贷款业务作为报复,并鼓励新闻界攻击俄国的防御;他通常具备的踏实触觉此时不见了,并把他温顺的邻居赶往法国交易所的怀抱。俄国迄今为止主要是在德国筹措借款,尽管荷兰与法国(通过罗特希尔德[Rothschild][2]家族)也是小投资者。但是,向俄国提供她需要的日渐增长的资金,此举的政治益处一如其经济益处,对法国金融家日益清晰。俄国1887年底向入籍丹麦人豪斯基尔(Hoskier)组建的一家财团提出的援助提案被拒绝。但在1888年秋季,俄国财政部长请一支法国团队派出一位全权大使,于是豪斯基尔于10月抵达俄国首都。财政部长意欲转换国债,并希望试水法国市场,以便获悉是否如该财团所申明的那般处置良好。为此目的,他请求以4%的利率借500 000 000

---

[1] Schwertfeger, *Zur Europäischen Politik*, V, pp. 200, 202.
[2] 据英文发音,该家族的常见译名为"罗斯柴尔德",但该词是德文,且该家族发家及常年活动于德语区,故按德文音译更妥当。——译注

法郎，而豪斯基尔承诺找到这笔钱。12月10日，债券以86.45的价格发售，被110 000位申购者超额认购。沙皇对豪斯基尔将俄国从对德国的依赖中解脱出来表达了感激之情。次年，一笔被预定用来整合早前贷款的利率4%的360 000 000法郎贷款以93的债券价格发售，而罗特希尔德家族于3月提高贷款额度至700 000 000，又于5月提高至1 242 000 000。这样的数额只有当一个同盟在缔结中或指日可待时，才会有一个大国肯借给另一个大国。

当金融家们公开纺织他们的线时，士兵们在幕后忙着。1888年11月发生了一起对公众保密的意外事件，这使俄国委以法国的远超过接受一笔贷款。弗拉基米尔大公（Grand Duke Vladimir）访问巴黎并告知国防部长弗雷西内，他有意视察新式法国来福枪。[1] "我想弄一把，还想要些弹药试试。你可以放心，它不会离开我手。" 部长吃惊不小，向同僚们咨询，众人批准了该项交易。两个月后，军事参赞询问，法国专家是否能检查一种类似型号的来福枪，它可能会由法国为俄国制造。部长们再度同意，嗅到了结盟的气息。俄国炮兵军官们由此行进到巴黎，并很快就与法国专家们打成一片。下一个阶段是俄国大使请求允许工程师来考察研究火药工厂，以期在俄国仿建类似的工厂。最后，1889年初，军事参赞问，法国能否制造500 000支来福枪。弗雷西内回答说："乐意效劳，但我们想得到保证，他们绝不会对法国人开枪。"[2] 答复是"我们将全面担保"，且莫亨海姆按照弗雷西内的愿望向这位外交部长[3]确认了他的保证。制造来福枪之事到1890年才开始，那时弗雷西内任总理；但与此同时俄国军官们在总参谋长密拉贝将军（General Miribel）和前驻彼得堡军事参赞布瓦代弗尔将军（General Boisdeffre）的指导下研究了调动系统、交通系统和供应系统。同时间，一位法国工程师被派往俄国组建军火工厂。

---

[1] Freycinet, *Souvenirs*, II, pp. 414-418.
[2] Ibid., pp. 440-514.
[3] 外交部长是弗雷西内，这些人物职位经常变动迅速或兼职，译者不能替作者一一指出，有兴趣可查阅书中常见人物生平。——译注

1890年3月弗雷西内内阁的形成对于俄法关系这一幕有着决定性意义。前几年，弗雷西内没被看作俄国的朋友；但是近期当国防部长时体验到的对信心的反复表达把他转变成一个结盟的热烈拥护者，而卡诺（Carnot）总统和新任外交部长里博（Ribot）也不遑多让。俾斯麦下台以及他的继任者中止《再保险条约》，移除了合作的巨大障碍。5月，尼古拉大公——他十年前对巴黎的访问早已提及——请求拜见总理并告诉他说，他对法国陆军的兴趣不比对自己军队的少。"如果我能在这件事上说上任何话，战争时两国军队就会成为一支。而如果人们知道那情况，将能阻止战争，因为没人会喜欢挑战法国与俄国。"在调查过陆军也调查过海军后，他用这句话同总理告别："就我而言法国有个朋友。"[1]

同月，法国内阁得到机会为沙皇提供一项有价值的服务。俄国大使请求逮捕虚无主义者们，他们专意制作炸弹并准备在俄国引爆；当精力充沛的内政部长康斯坦斯（Constans）抓了九名拥有强力炸弹的人时，沙皇表达了感激之情。继内政部长的成功之后，法国政府询问，总参谋长布瓦代弗尔将军是否能得到参加军事演习的邀请，德国皇帝也会出席该军演。这个请求被亲切地批准了，这位将军就成为最友善视线的标的。法国大使报告说："他的行程最重要的一面是关系政府的一面，就此而言我曾希望被邀请的是一位将官。法俄之间近三年之前像个幻觉一样开始的亲善关系已逐渐变得足够巩固，以致像德国皇帝的那样一次访问不会引起忧惧。然而，记录下这一理想的结果还不够；我们必须起草条约——虽说不是在政治平面上的。即便不考虑一个珍视其完全自由的主权国家可能的抗拒，也还有两个缺点。其一，公然的协定将会巩固现正在弱化的三国同盟；其二，我们必须隐藏我们宪法那妨碍国家元首缔结条约的缺陷，而这样就丧失了秘密政治的益处。军事平面上的保留。在我们增进对俄国步兵团的武装之后，只需迈出一步——而我希望布瓦代弗尔的使命会达成这一步。我认为这一步已经跨出。总参谋长之间

---

[1] Freycinet, *Souvenirs*, II, pp. 440-514.

现在会有接触了。"[1]

布瓦代弗尔回来后报告,沙皇还没有转换至要缔结同盟;但他的许多国人都相信卢比孔河(Rubicon)已被跨越[2]。比利时驻巴黎公使9月17日写道:"巴黎每个人都陷在这场梦里。这源于一个非常自然的渴望——倚靠一个伟大国家以抵抗来自同盟国的袭击。但它也变成感情用事的事务。对俄国的迷醉已俘获所有阶级。这个大国在今日的流行度有似于波兰在第二帝国时期。许多人都确信存在一种协定——如果不是条约就是秘密约定。任何官方人物之抵达都达到了事件的程度,大公们来法国旅行时向当局表示礼貌的拜访,再也不可能不被附加上政治重要性。一份新杂志《法俄联合》(*L'Union Franco-Russe*)刚刚面世,翻录了新闻界向俄国同盟致敬的酒神颂。两国宪法之间的反差不被巴黎察觉。"[3]

当布瓦代弗尔与俄国总参谋长建立联系之时,弗雷西内与他的海事部长巴尔贝(Barbey)讨论了派遣分遣舰队前往波罗的海的可能性。这个计划得到法国驻彼得堡使馆的支持,并受到在巴黎的莫亨海姆及俄国军官们的鼓励。当该问题提交内阁时,里博焦急地问,其他大国会怎么说;但他迅速就被归化,而拉布莱被指示去探听,该舰队即将到来的9月访问哥本哈根(Copenhagen)、奥斯陆(Christiania,旧称)和斯德哥尔摩(Stockholm)的计划表中是否应增加喀琅施塔特(Cronstadt)。俄国政府原则上接受该建议,但因为沙皇正往南方去,会面日期要延后。这份冬季时分来自彼得堡的报告如此顺畅,以致1891年1月,法国更新了提议,舰队于7月正式受邀访问喀琅施塔特。

就在这时,一个在机要政治事务上缔造传奇的意外抑或一个机遇,致使法国比从前更敏锐地认识到自己需要一个强大的朋友。腓特烈太后(Empress Frederick)于1891年2月访问巴黎并驻跸德国大使馆。当她访问过

---

[1] 拉布莱8月24日致里博信。这是1918年公布之黄皮书 *L'Alliance Franco-Russe* 中的首份文件。
[2] "跨越卢比孔河"是源自恺撒事迹的一个成语,意为没有回头路的冒险之举。——译注
[3] Schwertfeger, *Zur Europäischen Politik*, V, pp. 274-275.

画室又接着踏上去凡尔赛（Versailles）和圣克劳德（St. Cloud）的朝圣之旅时，苦涩的记忆苏醒，且充满敌意的示威开始了。德国皇帝2月26日下达预备调动令，以备其母次日离开若遭到干扰时执行任务。公众不晓得这个威胁，而由于法国政府急切的预防措施，火车比指定的时间早了一小时离开，于是危险得以避免。[1] 几天之后（3月9日），莫亨海姆向里博读了一份来自戈尔的急件，称赞法国在太后访问期间之行动的正确性。戈尔补充说："我们之间如此愉快地设立的系列协定是和平的最佳保障。当三国同盟自行毁在军备手中时，在欧洲维持一种公正的力量均势就需要我们两国密切一致。"莫亨海姆补充说，这些宣言有重大意义，俄国政府从未如此明白地说过话。他还补充到，一致性现在像花岗岩一样牢靠。他又问，法国政府对他这一举动有何想法。里博答复说，他们重视此举的重要性，因此他们认为现在建立之协定对于欧洲的安全是不可或缺的，而且他们非常感激俄国选择最近这些意外发生的时机来披露协定之必要性。

圣安德鲁大十字勋章在同一时间被送呈法国总统，这在巴黎被当作对信心的高调宣示；但不管沙皇还是他的外相对法国都没有任何喜爱之情。"区别的重要度被夸大过头了，"戈尔对罗马尼亚部长评论道，"我们总是在让步。法国建议签个条约，而我们拒绝了。皇帝不希望与一个他不喜欢的共和国缔约，而且除此之外，管事的人更迭太频繁了。如果对浇灌在我们身上的好处和友善不以某种措施回应，就太没礼貌了。"[2]

5月，罗特希尔德家族在最后一刻收回了它筹措一笔贷款的许诺，名义上是因为俄国迫害犹太人并驱使数千犹太人逃离俄国边境，而俄国相信倘若没有法国政府的怂恿就不会走到这一步。当几天之后一个已打足广告的法国展览在莫斯科开幕时，沙皇公开表达不悦之情。宴会取消，沙皇禁止其兄弟、莫斯科总督谢尔盖（Serge）出席；接待会如此冷淡，以致法国委员会在开幕当天就返回巴黎。该展览在政治上和商业上都是场失败的展览。德国

---

[1] Freycinet, *Souvenirs*, II, pp. 457-459.
[2] Schwertfeger, *Zur Europäischen Politik*, V, pp. 281-282.

外交部长马沙尔男爵（Baron Marschall）相信，对犹太人的迫害只是撤回贷款的托词，真实原因是俄国拒绝了法国关于在法德战争中加以支持的请求。

　　法国与俄国之间短暂的紧张因三国同盟的续订而停止。[1]在始于1887年的克里斯皮掌阁期，意大利对其盟友们的友善达到顶峰。1888年法国拒绝续订商业条约，1890年克里斯皮倘若能够促使大不列颠加入斗争，本会抵制在比塞大设防。1889年，他敦促奥地利比照1888年与德国的协定而订一份陆海军协定，但卡尔诺基尽管遭到俾斯麦施压却拒绝了。1890年，当克里斯皮建议三国同盟应当形成一份有共同约束力的单一条约时，这位奥地利部长同样不合作。卡尔诺基辩解道，没有要求有变化。奥地利不能主张对的黎波里和摩洛哥负责任，而意大利从未提议在反对俄国方面支持奥地利。克里斯皮于1891年初被弗朗科菲尔·鲁迪尼（Francophil Rudini）取代，鲁迪尼立刻开启与法国的对话。他宣称，三国同盟纯粹是防御性的；但当法国请求阅读文本时，他拒绝了。他也拒绝回答，假如法国夺取阿尔萨斯－洛林，意大利是否会受盟约制约而支持德国。马沙尔向比利时公使坦陈，这个轻率并确乎近于鲁莽的要求完全消除了鲁迪尼与法国亲善的希望。[2]于是鲁迪尼向柏林提交一份协议草案，而卡普里维（Leo von Caprivi）[3]愿意接受德国责任的增加。三国同盟的第三份条约于1891年5月6日签署，期限6年，到期时若未提出通告可自动延期6年。如意大利所愿，两份协定融合为一，并增加一份《终极议定书》；各方都承诺，所有的经济利益要与现有的约定相协调，而且她们都有义务确保，在土耳其对西部地中海领土事务上，不列颠继续支持现状。

　　有着英国以不加掩饰的赞同做后盾的三国同盟续订了，这使得对俄国的情势很明朗，如果想免于被孤立和被削弱，就只能在法国寻找伙伴；而尽管沙皇对共和制的嫌恶之情以及对法国政策一贯性的不信任之情未曾衰减，他现在也准备考虑合作的提议了。7月23日，一支法国分遣舰队自克里米亚战

1　见Pribram, *The Secret Treaties of Austria-Hungary*, II, ch. 3。
2　1891年4月10日条, Schwertfeger, *Zur Europäischen Politik*, V, p. 279。
3　1890—1894年的德国首相。——译注

争以来首次驶进俄国水域，在喀琅施塔特受到热烈欢迎——热忱度远超过一般的官方问候，并在欧洲历史上翻开新的一章。当法国海军乐队演奏了俄国国歌后，沙皇下令让乐队演奏《马赛曲》——这是迄今为止禁止在公开场合出现的乐曲，并且他站立聆听，还脱帽致敬，气氛于此达到高潮。[1]访问了彼得堡和莫斯科的水兵们对于他们引起的热忱感到惊讶。弗雷西内写道："舰队起锚之际，亲善关系便已构建。只剩下将之转译为官方语言。沙皇把自己交付给我们了。"喀琅施塔特盛宴在整个欧洲造成深刻影响，在某些区域则拉响警报。比利时驻柏林大使报告称："直到现在，德国政府从未相信过法俄联盟的可能性。这会在两国都刺激出奇思妙想并将积累成爆炸性材料，对此，某些人就是急不可耐地要投入一场竞赛。亲善关系唯一性地立足于对德国的厌憎，因此必须有点攻击性。"比利时驻伦敦公使声言："英国舆论没有担心和平会即刻涉险；但法俄联盟不会空负挑衅之名而不令促使其诞生的希望感到失落。两国都会停止表演克制。她们之一将以比从前更大的能量针对阿尔萨斯和埃及提出抗议，而另一个将会要求高门做出新的让步。"[2]

在看待此事件之重要性方面，欧洲是正确的。法国分遣舰队抵达前夕，法国大使汇报了与俄国外交部长的亲密谈话。"他提到三国同盟的续订和英国的间接接受，而我们自问，新局面是否没有导致在协约之路上迈出可喜的更大一步。鉴于戈尔会重提该问题，请给我指示。"里博在7月24日答复："我已将戈尔的主动表示告知总统和弗雷西内。我们认为，在三国同盟续订之后，我们应当巩固我们的协约向我们确认的担保。因此我们将非常乐意接到他们可能提出的任何提议。如果俄国在考虑的是一个追逐特定政治目标的结盟，我们应当小心审视之；不过我以为，提出的协议会简单些。我们认为，足以同意的是，法国政府将就任何威胁和平的问题加以协商，而如果和平遭三国同盟的一个成员危及，法国与俄国将立刻采取措施阻止突袭——换而言之，将同意当另一组的一个成员甫一进行军事调动就也开始调动，而调

---

[1] 舰队离开后，再度禁止演奏《马赛曲》。
[2] 1891年8月1日条，Schwertfeger, *Zur Europäischen Politik*, V, pp. 285–286。

动的条件由参谋部敲定。这样的协议是我们眼下所希望的全部，而局势从未像现在这样适合缔结它。"

8月5日，戈尔通知拉布莱，沙皇接受交换意见这一原则，他认为这是法国分遣舰队访问期间所发生之事的自然续章。拉布莱报告称，俄国政府似乎希望不局限于在欧洲维持和平或针对三国同盟成员国危及和平的协议。换句话讲，俄国意欲法国帮忙反对大不列颠，也反对德国和奥地利。8月10日，法国大使受到沙皇接见，沙皇评论说已决定签一份协定，但其条款不能一蹴而就。"莫亨海姆必须前来咨询，而那时我想我们就会比较清楚地看到我们的路。"当这位俄国大使启程赴彼得堡时，里博向总统卡诺解说局面。"戈尔明确希望避免如一则军事协议这样的严格约定。另一方面，弗雷西内则急着让总参谋部就合作方法达成一致，担心俄国会指挥其所有武力反对奥地利，而留下法国面对德国和意大利。不仅如此，沙皇不希望德国感到受一个有报复力量的盟国威胁。"

四天之后，莫亨海姆向里博递交来自戈尔的一份官方书信，信中在原则上确立了双边联盟。局势走向了讨论对和平的担保，该局势由三国同盟续订制造出，并且多少有可能追随英国的政治目标。

1. 为了把统领他们的系列协议加以明确化和神圣化，两国政府宣布将会互相传达每一个具有威胁和平性质的问题。

2. 如果和平陷入危机且尤其是双方之一被侵略所威胁，他们同意协同安排措施。

里博接受这个准则，于是8月27日双方交换声明；但他关于任命专家制定实际措施的愿望在彼得堡未被回应。戈尔写信给莫亨海姆称："沙皇认为当前这已足够，且保留关于军事问题的考虑，直到他返回俄国，那时他将与外交部长和国防部长讨论此事。"弗雷西内评论说："我们不能确保更多了。然而这些约定条款不够务实。它们要求联合行动却没确定行动的条件。需要一份军事协定。"不过，第一步的重要性不可估量，而且这位总理于9月9日对着参加秋季阅兵的外宾们演说时小心地暗示到它。"法国政府虽说有表面变化,但能够保持设计蓝图,而且它在达成国家任务方面带来的巩固性不逊于任何君主。今日无人质疑我们的强大。我们将证明我们是明智的。我们将知道在新形势下如何保持安宁、尊严,也知道准备在糟糕日子用于恢复之道的手段。"

继喀琅施塔特展示以及传输协议之后,是对法国投资者的最新诉求。罗特希尔德家族在其伦敦分支的建议下,于俄国政府迫害国内犹太人时拒绝支持俄国政府;而豪斯基尔这位在1888年被证明有用的、乐于施惠的丹麦人现在被请到彼得堡。现在需要的不是用于兑换的钱,而是要钱修铁路和公共设施;但由于俄国饥馑、阿根廷危机、巴林银行(Baring)破产[1]以及其他麻烦事件,这个时机并不宜人。豪斯基尔及其朋友相应地请求伦敦哈姆布罗银行(Hambro)、阿姆斯特丹豪珀银行(Hope),尤其是法国地产信贷银行(Crédit Foncier de France)协助。后者受政府督导,必须请求批准参与,而财政部长鲁维埃允准。一笔利率3%的贷款以79.75的债券价格发售,且一百万份500法郎面值的债券被投放销售。反响是在法国申请购买债券量达到压倒性的7 500 000份,在其他地方则有300 000份。这笔贷款八次超量认购,似乎在讨好俄国;但购买量中有巨大数额是为了转售。的确,许多债券立刻就被叫卖,导致价格下跌,并拖累其他俄国借款下跌。俄国政府自己购买债券来救市,使价格上升至77。在法国给俄国的长期系列贷款中,仅凭1891年的贷款就引起临时恐慌。截至双边联盟于1893年底那几天缔结完毕的那个时间,法国投资者在其新朋友的政治能力和经济偿付力上下了40亿赌注。

弗雷西内和里博决定直到能确保一份军事协定前都不停步。他们咨询了俄国大使,对方建议他们在沙皇于丹麦度假期间接触他。汉森相应地于9月旅行至弗雷登斯堡(Fredensborg),并向沙皇随行人员之一递交一份非正式谈判协议。他带回消息称,沙皇会在回家之后认真考虑此事。推进该计划的下一个时机是戈尔11月访问巴黎。这位俄国政要评论说在欧洲时局中已引发

---

[1] 设在伦敦的巴林银行在阿根廷债务上投入过多,结果因为阿根廷政治危机导致缺乏准备金兑现债券,引发破产危机,后来由英格兰银行帮其重组。——译注

一场深刻变化。不再有德国霸权的问题，而卡普里维关于安宁得到恢复之说是对的。然而当他的东道主力主军事协议在和平时期的必要性时，戈尔回答说他会转达一个提议给沙皇，让他自行决定，但现在不讨论。他补充说，困难只在于让他的君主赞同共同商议这一规则。在这位俄国外相离开之后，莫亨海姆在与弗雷西内讨论此次访问时告诉他，戈尔赢了，而喜欢花时间来深思决议的沙皇一定不能用硬逼的。

尽管一份军事协定还很遥远，但两国政府如同双方早就是政治和军事盟国那般已在着手外交合作。它们同意通知土耳其苏丹，法俄协议并不指向反对土耳其；但补充说，如果她帮助它们挫败三国同盟的军事演习，她就一定只会惦记它们的好意。两个政府也进一步同意在埃及维持各项条约并保持地中海的现状。在送交法国驻土耳其大使的一份急件中，里博汇报了谈话内容并表达满意之情，尤其是涉及东方的。"我说了如果我们能让土耳其苏丹信服我们的协约没有威胁到他，我们就能立刻在那里合作。戈尔回答说，沙皇不会采取反对他的行动并且他不贪图君士坦丁堡。我建议，把关于该问题的类似指示交给我们各自的大使，让他们将此信息转告苏丹。俄国在埃及将只给我们提供道义支持；但苏丹会理解，俄国和法国是他在针对英国守卫埃及时仅有的朋友。"

几天之后，戈尔向君士坦丁堡的俄国大使转达他的指示。"亲善关系的即时效果是，在各处都制造出欧洲已缺乏多年的抚慰效果和安全感。我们的近东政策是维持现状并阻止其他人在苏丹头上施加与我们观点相反的影响——比如三国同盟在英国支持下的最近企图，凭借向土耳其水域派遣舰队来胁迫他。要鼓励他相信，安宁现已恢复，法国与俄国能保障他反对敌对集团的侵略。暗示俄国被推测有侵略意图是错的。告诉苏丹，我们不仅不会威胁他，还会准备维护他，只要他保持忠实的中立。法国同样没有侵略想法。她在东方的首要兴趣是埃及，她意欲缩短对埃及的占领。俄国希望，苏丹将不会承认斐迪南。法国与这个自行盘踞在索非亚的非法政府没有官方交易。在我们的东方关系中唯一的微妙之处是圣殿。合作是不可能的，因为俄国必须针对其他教派的攻击而捍卫东正教，而法国是天主教的保护人。我们两方的代理因此都必须作为仲裁人行事。"戈尔急件的一份副本被转送里博，他将之封寄给君士坦丁堡的保罗·康朋（Paul Cambon）。里博补充说："告诉苏丹，法国是友好的；但如果他衰弱了，或顺从三国同盟，那么法国和俄国将照顾她们自己的利益。法国将把地中海舰队的一部分留在黎凡特。"

12月11日，法国大使、接替拉布莱的蒙特贝罗侯爵（Marquis de Montebello）与沙皇进行首次会见，沙皇尽管友好，却没提结盟。戈尔解释说，他的君主重视军事协定的价值，但认为不用匆忙行事，并希望与一位法国高级军官比如密拉贝或布瓦代弗尔商谈此事。如果此举被认为可能太引人注目，可以派一位俄国军官去巴黎。戈尔补充说，只有沙皇本人知道会发生什么。里博很高兴这位谨慎的君主终于表达了讨论的愿望，便转寄一份密拉贝将军和索西耶（Saussier）将军起草并由弗雷西内修订的方案。自卫战争被单独筹谋。各自都应尽全力帮助对方。三国同盟进行军事调动后应随之同步调动。对欧陆五大国的力量评论显示，尽管双边联盟拥有更多士兵，但三国同盟能更快地集中力量。德国是头号敌人，如果德国被击败，则奥地利和意大利就会崩溃。因此法国应当指挥六分之五的军力应对德国，而六分之一应对意大利。俄国能够用半数军力控制奥地利，并应指挥其余半数军力应对德国。沙皇把文件交给万诺夫斯基将军（General Wannovski），让他慢慢研究，自己则适时离开，去丹麦做个长期逗留。这种拖延令巴黎的政要们警觉和恼怒，他们担心内阁的一场变化就会立刻危害一直苦苦保密的谈判。"沙皇不喜欢新面孔，"莫亨海姆对弗雷西内评论说，"如果你下台，他就要花很长时间来决定了。"

法国部长们的不耐烦与气恼逐月递增。里博1892年5月写道："欧洲是安宁的，但能安宁多久？戈尔胆小又冷酷，并且害怕太详尽的协议。你必须在一份草案上同意他与国防部长的意见，然后把草案送给我供内阁讨论。布瓦代弗尔已整装待命，以备需要与俄国参谋讨论技术问题。"他又于7月补充："军事协定的必要性在1891年8月就被承认；但直到今天也没做任何事，部分由于戈尔的恶意和沙皇的缺席,尽管俄国参谋机构像我们一样急着要它。如果战争爆发,我会因没有催迫此事而被责备。"大使令人宽慰地回复说,战争事务上俄国将会合作,有一位将军正在基于密拉贝的备忘录为沙皇起草方案。

沙皇7月底自丹麦返回,布瓦代弗尔将军8月受邀参加军事演习。他带去一份立足于2月照会中之原则的计划,与俄国国防部长和参谋长的讨论开始了。即使这时,也极其需要策略。将军8月10日汇报:"参谋长建议我不要看起来匆忙,因为有些人试图说服沙皇,说他的手正被人强扭着。国防部长不希望签军事协定。俄国人不分担我们关于德国人独力进攻时进行合作的愿望。他们也担心法国发生部长们的人事变化,那将会危害条约,而且他们也担心泄密。沙皇难以看穿,但他很畏缩,并且他不怎么理解法国。戈尔无望地卧病在床,且担心法国可能会被诱使制造战争。德国若获悉签了一个协定,也可能挑起战争。"尽管有全部这些困难,布瓦代弗尔同俄国参谋长奥布罗特切夫(Obroutcheff)于8月17日签署一纸军事协定。沙皇次日对这位将军评论道:"我读了,一读再读,还研究了它,并且就其总体完全赞成。"只有总统、里博和弗雷西内可以知道此协定。如果协定的存在被传达给公众,它的条款就会泄露。"如果它成为公开的,对我而言这条约就作废了。"将军回答说:"所有部长都必须知道。而且,让世界知道存在这样一份条约,但不知道它的条款,一如三国同盟的例子,这又有何害处?"沙皇重申,军事协定必须保密。他相信和平于此时未受威胁,但他至少需要两年来修完铁路并置好军火,以及从饥馑和霍乱中恢复元气。

这份文件由奥布罗特切夫带给在芬兰的戈尔,并大声念给这位病人听。外交部长表示同意,但评论说等脑袋好点时他会再读一遍。奖金看似如囊中之物;但法国的谈判员们唐突地提出三处改动。首先,对于"如果三国同盟之一调动军队,法国和俄国也将调动"这个句子,提出插入"如果三国同盟的任一成员进行全军调动"。因此,两三支军队的警戒式调动,如奥地利的情况,就不构成宣战原因。其次,法国有义务提供1 300 000人被改成"从1 200 000到1 360 000人"。其三,在约束双方保密的条款处,法国人提出可选条款，即这份条约应仅在双方都愿意的情况下被透露；法国人解释说这是因为总统没有权力在不让部长们知晓的情况下缔结条约。布瓦代弗尔相信，这些修正会被证明可接受，并且不会拖延协定的签署。然而尽管它们在作者眼里是无辜的，却提供了进一步拖延的理由或借口。戈尔去艾克斯（Aix）疗养，对于缔结协约感到不耐烦的里博和弗雷西内在那里发现他卧床不起，病得无法讨论。草案留给戈尔，而他向两位拜访者许诺会在他回国时确保它被批准。他的病况依旧，10月底里博问现已在蒙特卡洛（Monte Carlo）的这位病人，沙皇8月赞同的那个计划是否因为巴黎提出的几处微小改动而不能签字。戈尔回答说，他病得太重，没法同沙皇讨论此事；而令法国政要们极度失望的是，此问题被雪藏了整个冬季和春季。巴拿马丑闻的影响使沙皇不肯仓促行事。弗雷西内内阁于1892年2月解散；但接下来一年弗雷西内留任国防部而里博留任外交部。

1893年5月，法国大使建议他的政府说，法国应试着别在参谋长们签署的草案中插入修订，但在往来书信中提起。这会是达成目标的最快途径；尽管当时不可能重启讨论，不过发生的事件可能会引动它。一个月之后，大使催促，批准在第一个适宜的时机下提起他的计划；但7月间他不得不承认，新的德国陆军法使1892年的人数修订为必要之举。密拉贝将军于8月相应起草一份照会，提请注意德国军队额外增加70 000人。大使9月7日报告："艾格莫尔特（Aigues-Mortes）诸事件以及那不勒斯亲王（Prince of Naples）出席德国军演，提供了一个对戈尔说话的机会，我把密拉贝的照会给他转交沙皇了。他本着协调一致的精神行动了，只有形式悬留未决。我们将在冬季办妥它。"经过这么多失望之后，此预告看起来过度乐观；但有件事马上就要发生，它连这位拖拖拉拉独裁者最后的犹豫都扫除殆尽。

1893年10月，一支俄国分遣舰队访问土伦（Toulon），作为对时隔两年的喀琅施塔特访问的回访。巴黎的男男女女们跑到这些军官的马车旁边去亲吻或触摸他们的手，他们不断被迫从他们的车厢里露面，有些时候甚至他们的手套都被割成小片分发给下面的群众。法国政要们和士兵们在幕后已开展了几年的工作，被巴黎、里昂和马赛公开认可。法国对军事协定或妨碍它被签署的困难一无所知，但她感到她已找到一位强大的朋友，而这朋友早就是她实际的（如果尚无名分）盟友。然而即使现在，迟钝麻木的沙皇也拒绝匆忙行事；直到12月17日，他才要求见法国大使，对于他的舰队所受之欢迎表达了惊奇与喜悦。不过，他对于法国国防部长和外交部长的频繁更迭感到困扰，因此没提这份条约。但胜利在望。一封署着12月27日的、来自戈尔的信带来令人高兴的消息。"在最高层审阅过1892年8月计划以及我的意见被提交给皇帝之后，我谨通知你，自此以后，此项安排的下一步可以认为就是确定接受其现行框架。"同一天，法国大使写信称，俄国也在考虑与法国缔结协议。经过冗长的拖延之后，俄国最终自发地迈出最后一步。巴黎方面提出的改变不再被抱持不放；这次，对于以未修订形式确保了这份令人渴望的协定，法国人谢天谢地。这份文件由戈尔和蒙特贝罗侯爵于12月31日签署并由法国政府1918年披露，这时沙皇制度被推翻，联盟也走向终结。

"法国与俄国由维护和平的共同愿望所激励，并且除了做好因三国同盟的武装针对两者之一的袭击而打响自卫战争的准备之外别无其他目标，为此同意下述条款：

1. 如果法国受德国袭击，或受意大利在德国支持下的袭击，俄国将动用所有兵力进攻德国。如果俄国受德国袭击，或受奥地利在德国支持下的袭击，法国将动用所有兵力与德国战斗。

2. 在三国同盟或其中之一发生兵力调动事件时，法国与俄国一获悉消息，便应在无须预先协调的情况下立即并同步调动其所有兵力，并指挥他们尽可能靠近本国边界。

3. 被动用来反对德国的兵力在法国方面将是1 300 000人，在俄国方面将是700 000至800 000人。这些兵力将全力以赴，使德国同时在东西线疲于奔命。

4. 两国军队的参谋部门将全程协作，以准备并促进执行上文所谋划之措施。他们将在和平时期交换所有他们所知的与三国同盟军队相关之信息。战争时期的通信渠道与方法有待研究。

5. 法国与俄国将不会独自终结和平状态。

6. 当前这份协定的延续时间同于三国同盟延续的时间。

7. 所有条款将严格保密。"

尽管无人质疑已缔结一个盟约，但这个重大秘密直到1895年才向世人披露。此时任总理的里博宣布："为了和平以及欧洲安宁的好处计，法国已将自己的利益同另一个国家联系在一起。这份盟约得到这个国家普遍情感的认可，如今成为我们的尊严与力量的一部分。"当他的一些国人对于这份简短但蕴藉的声明感到满意时，另一些人则请求进一步予以晓示。高布雷于6月10日在一场关于派遣船只去参加基尔运河（Kiel Canal）启用式的辩论中喊道："如果你结了个盟，公布它。我们强大到足够知晓真相和讲出真相。"他的好奇心没有得到满足。里博重申："我们把法国的利益同另一个国家的利益联合起来。我们这么做是为保护和平并维持欧洲的安宁。虽然我们政策的欲求点没有任何变化，但自1891年以来欧洲发生了一些变化。你，高布雷阁下，早知道外交部处于艰难时期，且你那时没有我们在这个联盟中获得的这种安全感。"一周之后，莫亨海姆向福雷总统（President Faure）奉上圣安德鲁勋章；同一天，法国与俄国分遣舰队联手进入德国水域并驶过基尔运河。法国不能与多位盟友共享这场庆典可能有些恼人，但有一位强大的盟友站在她这一边并无损于尊严。

德皇虽然在公开言辞中对法国礼貌甚且友善，但他仍然深受法俄联盟困扰。他在1895年9月26日致信沙皇："我完全明白你做梦也不会想袭击我们，但是，你的军官和高级官员以官方形式出现在法国，此举在易怒的法国人中煽动白热化的激情，并加强沙文主义和报复的动机，对于各大国看到这情况而变得警觉，你也无须惊讶。如果你不管好歹与法国结盟，好吧，让那些该死的流氓保持秩序并且让他们安静坐着。"[1] 一个月之后他又来了一份劝诫。"让我不适的并非法国与俄国的友谊，而是因为把这个共和国提升到台面上

---

[1] *The Kaiser's Letters to the Tsar*, pp. 21–25.

使我们的君主制原则面临危险。亲王们、大公们以及衮衮诸公不断与该共和国的首脑人物一起出现在周报上、葬礼上、餐桌上、比赛上，使共和派们相信自己是非常诚实和优秀的人，亲王们与他们一起会觉得宾至如归。共和派们是本性难移的革命党。法兰西共和国派生自大革命，还宣扬着大革命的思想。他们君王们的血还在那个国家流淌着。自那以后可曾再有过幸福或祥和？难道它没有从一场杀戮蹒跚到另一场杀戮，从一场战争颠踬到另一场战争，令欧洲与俄国血流成河？尼基，听我一句话，上帝的诅咒已永远抓着那些人。我们基督徒国王与皇帝只有一个天国施加的神圣义务——紧握来自上帝恩典的那条原则。我们可以同法兰西共和国保持友好关系，但绝不与之亲近。我总是担心，动辄访问法国还长期逗留，会让人民不知不觉吸收进共和思想。"

"威利"的警告对"尼基"无济于事，后者信心十足地接受了他父亲毫无热情地弄出的法国盟友。[1] 1896年，沙皇与皇后访问了法国并受到热烈欢迎，这是一位世袭元首首次访问第三共和国。最后，当福雷总统1897年回访时，轮到沙皇正式宣布，法国与俄国是朋友兼盟国。随后几年间双方对这个体系做了两处增补。军事协定的有效期限于三国同盟的延续期内。那么有人就问，如果三国同盟因为比方说弗兰茨·约瑟夫死了而解体了，会发生什么？德尔卡塞（Delcassé）决心补上这个缺口，因此当他1899年访问俄国时，确保沙皇同意了在德尔卡塞与穆拉维夫（Muravieff）1899年7月28日信件往来中记录的一条协议。"专心维持欧洲各国之间之和平与安宁的两国政府巩固了1891年8月定型的外交协议。它们决定，1893年有关军事协定的计划只要有外交条约就将保持运转。"经过长期间隔后，1912年签署了一份海军协定。[2]

双边联盟的缔结不仅对法国和俄国是一件头等大事，对欧洲也是。一个第一等级的大国意欲同法国结盟，这是对法国已从灾难性失败中恢复过来的

---

[1] 俄国新任外交部长罗巴诺夫（Lobanoff）于1895年2月对霍亨罗厄评论说："我们接纳法国是给欧洲帮了个大大的忙。如果没有我们约束住他们，天知道这些家伙会忙着干什么。"——Hohenlohe, *Denkwürdigkeiten*, II, p. 522。

[2] 这些文件刊于黄皮书 *L'Alliance Franco-Russe*。

有力承认。政治制度和政治理念的醒目差异，因为满足于获得一位强大的朋友而被忘记了，而且其条款的秘密性使得激进爱国者们能够希望，或许可能包含某些关于恢复莱茵河省份的保证。在较少理由担心声望的俄国这方，结盟被当作一桩好买卖而受到欢呼。她的包括西伯利亚铁路在内的远东扩张计划需要无尽的资金，对此，繁荣的法国准备好以公道的利率加以供应并的确积极从事。从欧洲政治的观点来看，这个盟约的缔结是俾斯麦统治时代终结的标志。萦绕他晚年的"结盟的噩梦"开始显形。自此以往，欧洲被分成两大武力阵营，并踏进那条直接通往1914年灾难的道路。三国同盟依旧比它的对手强大，而且只要它能指望大不列颠的赞同，它的地位就不可撼动。但大不列颠一旦不得已地把她的支持从老阵营身上转移到新阵营身上，外交形势就会发生转变，而力量的天平就会倾向于反对同盟国。

第六章　威廉二世

1888年3月，威廉一世皇帝以91岁高龄去世；他的儿子腓特烈皇帝三个月后也死了，未牵涉德国对外或对内政策的直接变化，因为时年30岁的威廉二世（William II）差不多就是他祖父和铁血首相的偶像崇拜者。[1]另一方面，他不赞同父母的自由派见解，这是公开的秘密，而且他父亲对他这位长子眼光挑剔。1886年，当俾斯麦出于这位王子的愿望而获得皇帝的允许，让王子参与外交部的机密时，皇储尖刻地表达了不满之情。"鉴于我长子的不成熟与无经验，再加上他自夸又自负的倾向，我认为让他与外交事务产生联系绝对是危险的。"[2]一俟王子发现自己站在通往宝座的阶梯上，他便致力于让他未来的臣僚们安心；其中一些人因他热衷于士兵和军事事务而产生警觉。[3]他在

---

[1] 这位皇帝的个性可借以下文献研究，William II, *Letters to the Tsar*（W. Goetz的最佳辑本），*The Willy-Nicky Correspondence*（H. Bernstein编），包含1904—1907年的57份电报文；*The German Emperor's Speeches*，Elkind译；William II, *Memoirs*。关于他的统治，见百科全书式作品 *Deutschland unter Kaiser William II*, 3 vols., 1914，重印于Bülow, *Imperial Germany*。通论见Dawson, *The German Empire*, II；Rachfahl, *Kaiser und Reich*；Bornhak, *Deutsche Geschichte unter Kaiser Wilhelm II*. 外交政策见外交部新闻处负责人哈曼（Otto Hammann）的四卷著作 *Der neue Kurs, Zur Vorgeschichte des Weltkrieges, Um den Kaiser, Der missverstandene Bismarck*；Reventlow, *Deutschland's Auswärtige Politik, 1888-1914*及*Politische Vorgeschichte des Grossen Krieges*；Veit Valentin, *Deutschland's Aussenpolitik, 1890-1918*。谢曼在《纵横报》（*Kreuzzeitung*）上对外交事务的每周综述见Schiemann, *Deutschland und die grosse Politik*，从1901到1914年按年成卷。在对威廉二世的诸多性格研究中，最好的大约是Otto Hammann, *Um den Kaiser*, ch. 8. 对这位统治者晚年的刻画见Rathenau, *Der Kaiser*；Lamprecht, *Der Kaiser*及Czernin, *In the World War*, ch. 3.

[2] Bismarck, *Gedanken und Erinnerungen*, III, 2.

[3] 加里菲特（Galliffet）俏皮地评论说："他的照片看起来就像一份战争宣言。"

老皇帝去世前夕宣布："我很明白事实，在大批公众眼里，尤其是在外国眼里，我就代表一个随时敞开怀抱的荡妇和一个渴望战争的野心家。愿上帝让我远离这些有罪的蠢行！我愤怒地否定所有这些归咎。"当他几周之后成为皇储时，他发表了仰慕俾斯麦的声明："帝国就像一支在战场上失去总指挥的军队，而仅次于总指挥的军官则重伤倒地。然而，我们有显赫的亲王、我们伟大的首相当旗手。让他领导我们；我们将追随于他。"

6月15日，他父亲去世的这一天，威廉二世发布对陆军和海军的公告。"在这充满悲伤考验和椎心之痛的日子里，上帝的旨意将我安置在陆军首领之位，而我怀着深厚感情首先对我的军队发言。我们彼此相属。"第二份公告则向海军保证，他自很年轻时期就对海军的工作和福祉有着热忱的兴趣。三天之后他才"给我的人民"颁发一则通告；但下一周他以皇帝身份对国会的演讲，使那些因他在对文职臣僚发话之前先对战争机构发话而感到警觉的人安心了。"关于对外政策，我决心与每个人保持和平，只要在我能力范围内。我对军队的热爱永不会把我带入让国家因被剥夺和平而致利益涉险的诱惑。德国不需要新的军事荣耀，她也不要求新的征服。"他总结说，与奥地利和意大利的结盟会维持，他与沙皇的个人友情将会小心培育。德国人满心喜悦地评论说，第一个威廉与首相间的诚恳关系被第二个威廉继承了。在这年底，皇帝写信给他"亲爱的亲王"，向他保证，想到俾斯麦忠实地站在自己这一边，就令他满心喜悦与安慰，祈求上帝，让他们能够获准为了祖国的福祉与伟大而长期合作。

在腓特烈皇帝短暂的统治期内，德国驻维也纳大使汇报了卡尔诺基的一则评论，大意是最好能遵从柏林和维也纳的参谋部上年秋天提出的建议，在俄国变得危险之前就粉碎她的力量。皇储读了急件，并在纸页旁边批写"是"。首相对这个真情流露的单音节词惊恐不已，立刻写信警告并抱怨："自此之后是战是和的决定将握于你手。"他解释说，俄国的力量绝不可能被真正推翻。即使法国，遭遇危机后也恢复了四年。俄国若经历袭击与战败，将会成为第二个法国。此外，若进攻俄国，将涉及一场两边作战的战争。皇储答复说，首相夸大了批注的重要性。它不过意味着政治见解和军事见解有背离，而后者以其优点而论，并非没有正当性。军事权威在提请注意宜人时机方面是正确的；但他从未梦想着让政治服从于军事控制，他也一贯支持首相的和平政策。此后，他将杜绝在急件上写政治评论。[1]

老皇帝在弥留之际对孙子耳语，他必须总是与俄国保持友情。威廉二世登基仅一个月后就以彼得堡作为他周游列国的首站，这一事实似乎表明他把这郑重告诫铭记于心。首相拟就一份备忘作为给他的指导，指出德国不应在任何并不攸关奥地利的事务上干扰俄国。例如，她不应反对俄国在黑海、海峡甚或君士坦丁堡的规划。如果奥地利想要阻止这些规划，她必须寻找其他同盟来完成该特定任务。德国不可能为了谁应统治君士坦丁堡的问题而面对一场左右开弓的战争。另一方面，皇帝既不应许以俄国任何让步，也不向之请求任何眷顾，"我们对她不想要任何东西，也无惧于她，但我们希望生活在友爱之中"。一句话，这次出访要成为家庭事务，政治应当待在幕后。由弟弟及赫伯特·俾斯麦陪同的皇帝贯彻了这些建议。这次出访获得绝对成功，德国大使报告称，沙皇的满意度与时俱增，甚至皇后也兴高采烈。然而来年春天，沙皇便颂赞黑山亲王是俄国唯一的真正朋友。[2]

如果说这位新统治者就这样准备好了继续首相在东方的政策，那么这两个人在同英国维持密切关系之必要性方面同样合拍。俾斯麦在不同时间曾通过不止一种渠道接触比肯斯菲尔德和索尔兹伯里，但他从未像1889年1月11日指示哈茨费尔德去转达的那般，提出建立同盟的明确请求。[3] "通过在德国与英国之间缔结条约，誓言在对抗法国的进攻时彼此支持，则欧洲的和平可以得到最佳保证。在这样一场战争中，一份秘密条约会确保战争胜利，但公布它则会阻止战争。法国与俄国若明确知晓英国将反对她们，她们就不愿破坏和平。"索尔兹伯里请求给时间以考虑和征询，3月22日他对返回伦敦处理

---

[1] *Die Grosse Politik*, VI, pp. 301–309; Bismarck, *Gedanken und Erinnerungen*, III, ch. 10.
[2] *Die Grosse Politik*, VI, pp. 311–341.
[3] Ibid., pp. 399–419.

萨摩亚问题的赫伯特·俾斯麦给出答案：联盟将既是对两国又是对欧洲和平的庇佑。他已经同哈丁顿爵士及其同僚讨论过这个提议，他们全都与他见解一致，但他们认为眼下时机不当，因为它将通不过议会大多数，并将导致内阁被推翻。"不幸我们不再生活在皮特（Pitt）时代，那时贵族统治国家而我们能追随一项积极政策。现在的统治者是民主制，而党派政府陪着它，这使得每个内阁都绝对依赖公众的气息。"索尔兹伯里补充说，他非常感激这个建议，而且他希望他能活到看见自己接纳它的那一天，"与此同时，我们将它搁置，不置可否。不幸这就是我眼下所能做的全部"。

这次谈话后一两天，赫伯特·俾斯麦与约瑟夫·钱伯兰（Joseph Chamberlain）[1]进行了一次意义不逊于上次的会面。首相被告知说："他对德国的友善从未像昨天那样显著。"钱伯兰如此深入，以致说出"没有德国我们就形只影单"，并主张两国都应竭尽全力消除所有可能产生困难的点。他从萨摩亚讲到西南非洲，这根本就不值得向德国提起，而且德国应当做件好事，放弃那里。当然会有补偿。"只为名声的话，我们把赫尔戈兰岛给你们怎么样？它对英国一无是处，但可能值得你们拥有。这个交换会受欢迎并能保证通过议会大多数。我自己将在议院始终不渝地捍卫这提议。"在钱伯兰的建议下，哈茨费尔德向索尔兹伯里提及该谈话，索尔兹伯里自己没表态，并评论说如果大使有意，可以改天再讨论这个话题。皇帝欢欣鼓舞，并期待在他即将开始的出访英国行程中签下这份协议；但德国首相决定把下一步留给不列颠政府，于是关于这个岛屿命运的决定被推迟了一年。

皇帝于8月开始对英国的首次出访，他与一支分遣舰队一起抵达奥斯本（Osborne）并被任命为荣誉舰队司令。他对该荣誉感到欣喜，便任命他的外祖母为第一近卫团荣誉团长，近卫团的一队代表被从柏林召来。他在把他们献给女王时宣布："军官与士兵的心因想到他们属于一个享有英国女王称号之荣耀的团而倍感骄傲。"他对自己受到的热忱欢迎感到高兴，对由他的

---

[1] 自由统一党的领袖人物，谈话的这个时间未在政府任职，1895—1903年任殖民大臣。他是"二战"期间英国首相张伯伦的父亲，但"Chamberlain"的音译更接近"钱伯兰"。——译注

个性激起的公众兴趣感到飘飘然，并大声嚷嚷他对战争机构的仰慕。威尔士亲王在提议敬酒时宣称："你已看过英国有史以来装配的最伟大战舰。每块土地都必须为各种不可测度之事做好准备，而我相信伟大的德国陆军将效力于维护世界的和平。"皇帝答复："我对自己被任命为一名舰队司令这样的无上荣耀感到由衷感激。我非常高兴置身检阅海军的现场，我认为这是世界上最壮阔的海军。德国拥有一支与自身需求相称的陆军，若说大不列颠拥有的也是一支与其需要相匹配的海军，则欧洲无法不认为这是维系和平的一个最重要因素。"在奥尔德肖特（Aldershot）参加了一场佯攻战斗后，皇帝任命剑桥公爵（Duke of Cambridge）为第28步兵团的荣誉团长，一如他之前的惠灵顿（Wellington）。皇帝声称："英国军队令我心中满怀最高敬意。普鲁士与不列颠基于共同理想而血洒马尔普拉奎特（Malplaquet）与滑铁卢（Waterloo）。"这次出访全面成功，并给两国都带来信心十足的感觉。《晨邮报》写道："英国与德国都没想过战争，但如果一场战争强加于她们，她们必定荣辱与共，这一点对两国都昭如朗日。不需要纸面的盟约。"时任第一海军大臣的乔治·汉密尔顿爵士（Lord George Hamilton）写道："他造成一种非常讨人喜欢的印象。他对任何他在视察的东西都有着巨大的接受力和融为己用的能力。他告诉我，他熟知《布拉西日志》（*Brassey's Annual*），几乎烂熟于胸。他在朴茨茅斯（Portsmouth）花了一天检阅各种设施并与各负责军官谈话。"[1]

俾斯麦于他老主人死后两年的1890年3月下台，这更应归于个人原因而非政治原因。这位老政治家1886年评论："他有朝一日会成为他自己的首相。"第一年里，共治甚少摩擦地进行着；但1889年就有了破裂的征兆；而10月间沙皇访问柏林期间问首相，他是否确定将留任，令首相吓了一跳；年轻的皇帝相信自己不仅拥有统治的权利，还拥有统治的能力，而俾斯麦颐指气使的秉性和无可比拟的成就使他在自己心目中和世人眼里是德国的无冕之

---

[1] *Parliamentary Reminiscences*, II, pp. 136-137.

君。威廉二世写道："我发现，我的部长们认为自己是俾斯麦的官员。"他树敌无数，其中包括接替毛奇担任总参谋长的瓦尔德塞（Waldersee），此人密谋从高层反对他。这场冲突被这位失势的独裁者以感情用事的憎恨笔调写进《反思》第三卷；而在皇帝写给弗兰茨·约瑟夫的一封长信[1]中和他《回忆录》（Memoirs）的开篇章节中则以冷静多的口吻描述此节。与关乎权力斗争的统治议题相比，1878年反社会主义者法的重订、讨论劳工条件的国际大会以及俄国在边界之军事措施等方面的意见分歧就消散为无足轻重之事。站在侄子一边的巴登大公（Grand Duke of Baden）对霍亨罗厄评论说："真正的问题在于，是俾斯麦应当统治还是霍亨佐伦王朝应当统治。"[2]对这个问题，只能有一个答案。这两人满腹怨恨地离心离德了，而俾斯麦大声叫嚷，他不能像只冬眠的熊一样躺下。虽然1894年上演了一幕正式和解，弗里德里希斯鲁和柏林之间互相拜访，但双方谈到对方时都依然带着轻蔑的怨气。[3]皇帝尽管年轻又少经验，却以轻松心情承担起独自统治的重担，因为他被无可动摇的自我信心所鼓舞。"国无二主，而我即此主。睡榻之侧我不容他人酣睡。""我以上帝托付于我的天生才能注视着世代相传的人民与土地，增益它们是我的职责所在。那些会帮我的人，我由衷欢迎；那些反对我的人，我将碾为齑粉。"他以一种令人回想起腓特烈·威廉四世（Frederick William IV）那神秘倾吐的语言宣布，对于他的行为，他只对上帝和他的良心负责。然而尽管他是霍亨佐伦王室自腓特烈大帝（Frederick the Great）以来最能干的一位，他与他所渴求的独裁角色也不相称；而他在为德意志帝国选择第二位首相方面堪称幸运。

卡普里维早年受到毛奇的注意并因1870年战争中的表现而使自己出众，1883年他接替史托施（Albrecht von Stosch）被任命为海军统帅，是对这位

1　自奥地利档案中披露，1919年2月发表于 Oesterreichische Rundschau，重印于 Deutscher Geschichts-kalender，Lieferung（发寄）54。

2　Hohenlohe, Denkwürdigkeiten, II, 466.

3　当俾斯麦披露1887年的《秘密条约》时，皇帝致信沙皇称，人民现在将会看到他把"这个个性悭吝的蛮横之徒"解职是做了件正确的事。

士兵的高度赞扬。[1] 在军舰上效力五年之后，他返回最热爱的岗位并收到担任一支陆军部队指挥官的任命；但他并未被忘记，当威廉二世决心当自己的主人时，想到了这个有组织才能并被其祖父敬重的人；他此生未曾树敌，并执意远离政治纷争。他的能力获得俾斯麦本人的认可，俾斯麦希望看到他出任参谋长并相信他同样适合政治任务。1878年首相在同卡普里维结束一次铁路旅行中的长谈后评论说："我总是好奇谁会接替我，今天我见到他了。"当1890年风暴来临时，俾斯麦提出辞去普鲁士首相职位，并建议卡普里维做他的接班人。这位将军始料未及会被召唤到帝国的最高职位上，但他单纯的宗教信念使他确信他将接受他所需要的指引，而皇帝宽慰他说："我会承担各事务的责任。"他在普鲁士国会的第一场演讲中以毫无戒备的坦率承认自己政治上没有经验，并把自己的任务界定为，在经过伟大人物和伟大事迹的岁月之后，领导德国人民回归平凡的普通生活[2]。他很胜任这个过渡期，而且他四年的首相任期内避免了犯大错，与他那些继任者们的政绩相比更为宜人。皇帝对弗兰茨·约瑟夫写道："他是俾斯麦之后最伟大的德国人，忠实于我并牢靠如磐石。"

在俾斯麦28年的独裁统治下，普鲁士与德意志帝国的外交政策由一个人的头脑及意志主导；因为，尽管那位统治者能够在较大的议题上被咨询，但这位大臣总是能够通过威胁要辞职来实行他的观点，即如1866年和1879年的情形。1890年以降，德国的政策再也不会又被唯一的手把持，而且在紧随1890年的几年里，政策表现出在皇帝、首相、外交部长马沙尔·冯·毕博施坦（Marschall von Bieberstein）[3]以及外交部一位神秘人士之间的不稳定妥协。

---

1 见Caprivi, *Reden*, 1894, Einleitung; William II, *Memoirs*, ch. 2; Otto Hammann, *Der neue Kurs*; Eckardt, *Berlin, Wien, Rom*及*Aus der Zeit von Bismarck's Kampf gegen Caprivi*; Gothein, *Caprivi*; Bismarck, *Gedanken und Erinnerungen*, III, ch. 9.

2 原话是 "Ins Alltagsdasein zurückfuhren"。

3 关于马沙尔，见Bettelheim, *Biographisches Jahrbuch*, XVII. 即前文出现过的马沙尔男爵。——译注

赫尔施泰因男爵在俾斯麦治下于彼得堡开始其外交使节生涯，继而于伦敦和华盛顿效力，法德战争前夕就职于普鲁士外交部。他在围攻巴黎期间被传唤到凡尔赛，并继续留任巴黎大使馆，通过帮助俾斯麦搞垮阿尼姆（Harry von Arnim）而讨好俾斯麦。1876年他被召回柏林，忠实地为俾斯麦工作。他对俾斯麦公开表达了无限敬仰，然而俾斯麦在威廉王子即位之前警告他要小心此人。[1] 俾斯麦下台后把赫尔施泰因列为即使不是叛徒也是敌人，并对德国政策将落于此种人手中进行大声谴责。洛塔尔·布谢尔（Lothar Bucher）于大祸降临后的秋季附和他长官的意见而对布施（Busch）写道："十年里没被任何人当回事的赫尔施泰因现在做所有事。"[2] 称他"做所有事"并不真实。他在自己下台许多年后写信给马克西米连·哈尔登（Maximilian Harden）称"我远非德国政策的主持人"，补充说他没有参与执政方一些最敏感的事件。尽管只是外交部政治处的一个意见发言人，他却不管怎样都在俾斯麦下台后十五年间德国政策的形成方面有着最强大影响力。公众对他一无所知，他几乎也没与皇帝照过面；但他神秘的活动让思虑缜密的观察员们满怀忧惧之情。他的同事、外交部新闻处负责人奥托·哈曼写道："他是无名大人物。虽说他极度爱国，但他的性情中有种不一般也不健康的东西。他掌握许多地下关系，并且做着大量秘密工作。他热爱通过私人电报给那些享有他特别信任的外交官提供建议。他牵着跳舞人偶看不见的线。"与赫尔施泰因保持十年密切官方与私人关系的艾卡德施坦男爵（Baron von Eckardstein）描摹了一幅类似的肖像。[3] "他被称为'幕后高参'和'帝国耶稣会士'。他是在德国政策的幕布后工作的最神秘人物之一。他属于那类看不到眼皮底下之事的人，越自然、越明显的事情在他看来越可疑。当谈判的对方准备接纳他的意愿时，他会直接中止谈判。他只有当别人不想要某种东西时才会渴望此物。"这个神秘人物的影响被欧洲各内阁充分认识，到了贝

1　William II, *Memoirs*, ch. 1.
2　Busch, *Bismarck*, III, p. 343.
3　Eckardstein, *Erinnerungen*, I, p. 13. 最生动的肖像见Harden, *Kopfe*, I, pp. 91–145。

恩哈德·冯·毕娄（Bernhard von Bülow）担任首相后，他就该拒绝留在外交部了。爱德华国王（King Edward）在晚年愤愤不平地称他是"恶魔般的挑拨离间者"，而德皇在《回忆录》中谴责了他。

被威廉二世描述为"新进程"的第一批成果，在做出不续订与俄国的秘密《再保险条约》这一重大决定后几天之内就看到了。临近1889年结束时，亚历山大三世指示戈尔考虑下1887年的秘密条约是否应当续订，并在他这位外交部长的忠告下决定续订。[1] 俾斯麦自然也持相同意见，自他的老主人去世后，德意志帝国的各高级议会中导入了更多个人的和政治的不安全因素。他对舒瓦洛夫评论说："我应当乐于继续1887年协议，且没有必要限制它的延续期。"沙皇针对他的大使的报告回信称："我认为俾斯麦把我们的协定看作一种关于法国与俄国之间不存在协议的保证。"在这次通话之后不久，俾斯麦就下台了；但德皇立刻邀请舒瓦洛夫继续谈判，因为德国的政策没有变化。讨论意见被传达给彼得堡。然而一些时日之后，德国大使接到拒绝续订的新指示。卡普里维解释说，两国的关系没有变化，但德国的政策必须透明化，因此不接受秘密协议。

沙皇感到吃惊但未恼怒。他回复戈尔的报告："我私心里非常愿意德国是率先拒绝续订的那一方，而且我对这份协定走到头也没有特别遗憾。"他迟钝的头脑早已开始转向与法国结盟的方向；但他的外交部长向德国大使表达了对于卡普里维的反对盖过了德皇的保证这一局面的惊讶。他提议交换照会，以表达热诚亲切的关系。但得到舒瓦洛夫支持的沙皇认为最好接受现状，并宣称，去询问为何德国拒绝续订这条约将会是不体面之举。在德皇与卡普里维8月访问俄国参加军事演习时，戈尔解释说，俄国绝不能接受斐迪南当保加利亚统治者，而且封锁海峡依旧还是有约束力的义务。首相答复说，德国同意。于是戈尔要求一份关于他对此次谈话之汇报的书面确认。然而卡普里维在重申德国的和平与友善意图之同时，拒绝形诸笔端。两位统治者的私人关系友善和睦，但德国在她第二位首相的带领下已步入"新进

---

[1] 见 Goriainoff, "The End of the Alliance of the Three Emperors", *American Historical Review*, Jan., 1918。

程",俄国则很快取法于彼。

自俾斯麦1896年10月24日在《汉堡晚报》(*Hamburger Nachrichten*)上披露了这个事件,并且生气地抱怨说连接彼得堡的电报线被切断了之后,此份《条约》不续订就成为一个热点议题。[1]霍亨罗厄和首相严肃地谴责泄露国家机密,并补充说,1890年的决定是明智的,且并未破坏与俄国的关系。马沙尔·冯·毕博施坦解释说,德国可能已同时面对着既要获取奥地利军事支援,又要获取俄国之善意中立的需要,并且将不得不决定谁是侵略者。针对这些和其他批评,俾斯麦答复说,他对他的《条约》绝不感到可耻,这《条约》使三国同盟总体上能够同样好地维系,并且只是因为沙皇的愿望才保密;而且这份能够阻止俄国加入一场法国袭击的协定对奥地利是有益的,因为它帮助奥地利避免一场可能使她涉及宣战的冲突。舒瓦洛夫相信,卡普里维的否决部分归因于年轻皇帝对敌视俄国之英国的亲切关系。被舒瓦洛夫宣称举动"太高尚了"的卡普里维本人,以双重义务"太复杂"且一旦秘密昭告天下将会毁坏与奥地利同盟为由捍卫他的举动。然而该决定的真正制定者并非卡普里维,而是赫尔施泰因,后者确信法国与俄国鉴于双方政治制度和政治理念之差异而绝不会结合。德皇在《回忆录》中辩解说,既然俄国人不再希望结盟,这盟约就失去了绝大部分价值。不论该决定的动机是什么以及有多明智,它造成与德国传统政策的彻底决裂。无论续订这份协定是否会如俾斯麦所坚持认为的那样,阻止早已在进展中而结出同盟之果尚不确定的法俄亲善,它的失效都导致该进程不可逆转。

1887年《俄德条约》终止后不久,重要的第二步迈出了,这也是不合下台首相口味的,虽说程度轻点。皇帝对钱伯兰1889年以付点代价移交赫尔戈兰岛的提议铭刻于心,因为1887年开始动工的基尔运河日渐显出其战略意义。钱伯兰勾勒出的简单交易发展为一套涉及黑非洲广大部分的复杂安置。1890年6月17日,英德签订一份条约,据此德国承认不列颠对乌图和索马里海岸的保护权,把佩特斯强行纳入德国保护的乌干达移交到不列颠

---

[1] 他早就给了明显的暗示,见 Hofmann, *Fürst Bismarck*, I, pp. 99–116, II, pp. 4–6, 370–390.

势力范围内，同意不列颠对桑给巴尔的保护权，但已经出租给德国东非学会（German East African Society）的海岸地带除外，还承认直到埃及边界的上尼罗河盆地都属于不列颠势力范围。作为回报，大不列颠许诺会促成苏丹将海岸地带卖给德国，德国也获准能向内陆扩展至大湖区。在非洲大陆另一侧，德国获得了通往赞比西河的狭长走廊，这一带从此以卡普里维地带（Caprivizipfel）之名行世。最后，也是相当重要的，德国得到了赫尔戈兰岛。[1]

参与者中的每一个都能坚称他以微不足道的牺牲给他的国家带来一项功劳，并确保了巩固的利益。索尔兹伯里辩称，赫尔戈兰岛没有战略意义且甚至连个要塞都没有。如果我们与德国打仗，在我们的舰队能赶到之前它就会被夺走。如果我们与其他大国打仗，我们不得不派支舰队防守它，这样就分化了我们的力量。它对我们的价值纯粹是感情上的。"我们达成了一项协议，消除所有冲突的危险并巩固与那些出于她们的同情、利益和出身而总会是好朋友之国家的良好关系。"作为回报，我们建立了一个东非帝国，其中桑给巴尔是关键。首相对他这场议价的观点被斯坦利简明扼要地总结为，我们用一颗裤子纽扣换来一整套衣服。出现了一些抗议的声音，但1890年时没人会做梦与德国打仗，而且1889年的《海军防御法案》中的"两大国"标准设想的是法国与俄国。如果说这任内阁未能预告出割让行为对德国海上野心的效果，那么公众舆论不能察觉一次历史性事件的意义就无可指摘。[2]

这份条约在不智地做出较大牺牲的那个国家里没引起什么批评，同一时间卡普里维却被迫面对新闻界和国会的强劲攻击。他在国会的第一场演说[3]中曾承认他"不是殖民爱好者"，而且他看待海外领地时的确像俾斯麦一样冷淡又挑剔。然而当殖民派抱怨说他不必要地牺牲了一个伟大中非帝国的前景时，他做了一番劲头十足的辩护。他指出，德国做不到放弃桑给巴尔，因

---

1 见 Hagen, *Geschichte und Bedeutung des Helgolandsvertrages*; Reventlow, *Deutschland's Auswärtige Politik, 1888-1914*, pp. 39-52; William II, *Memoirs*, ch. 2。
2 乔治·汉弥尔顿爵士依旧认为这个决定是英明的，理由是我们不能给它修足够自保的防御工事，因此就会在1914年分散我们的舰队，见 Lord G. Hamilton, *Reminiscences*, II, pp. 140-142。
3 Caprivi, *Reden*, pp. 95-114, 1891年2月5日。

为她从未拥有它。对于它最终会被弄得安全可靠这样的论据，他答复说，英国人在那个岛上的地位比德国人强硬得多。乌图也不是牺牲，因为它没价值。另一方面，让德国人拥有的产业从桑给巴尔苏丹手里解脱出来，这是一个实质性成就，因为只要苏丹的旗帜插在土地上，当地人就不会相信德国人是他们的统治者。俾斯麦本人曾说过，索尔兹伯里比乌图更有价值，英国对德国的重要度远过于桑给巴尔和东非对德国的重要度。殖民狂热者被直截了当地告知，他们必须量力而行。"我们必须自问，我们拥有多大的殖民力量，可支配金钱和人力能够走多远。德国如今食少事烦，让她两手抓满她无法使用的东西毫无用处。发生在我们头上最糟糕的事就是把整个非洲给我们，因为我们已经得到足够多了。"一个友好的英国，用无价值的领土交换一条有完全主权的海岸走廊，取得赫尔戈兰这个英国可能会在一场类似的殖民交易中交给法国的岛屿，这样一份资产负债表，他可以问心无愧地向国人交出。

皇帝比他的首相感到更满意，并对得到赫尔戈兰岛格外高兴。他在视察这份新产业时宣称："不用打仗，不用洒一滴泪，这个美丽的岛屿就转让为我的财产。我们通过与一个同我们血脉相连的国家自由缔结的一份条约而获得它。我为这位让我们在这场转让中受惠于她的尊贵的女士干一杯。"

俾斯麦声明，若是他就不会签这份条约，因为假如德国等到英国需要她帮忙反对法国和俄国时再签，就只需要较少的牺牲。他补充说，在赫尔戈兰岛设防既困难又昂贵；但他原则上并不反对，他更不觉得吃惊。他对善于逢迎的《汉堡晚报》编辑霍夫曼（Hofmann）——此人负责把弗里德里希斯鲁预言的映象传达给一个侧耳倾听的世界——评论："我料到有这一天。皇帝提到赫尔戈兰岛时总是热情十足。他对于延后一直不怎么赞成。"[1]这份焦急难

---

[1] 见 Busch, *Bismarck*, III, p. 353；Bismarck, *Gedanken und Erinnerungen*, III, ch. 2；Hofmann, *Fürst Bismarck*, I, pp. 60-67, 315-319。艾卡德施坦报告说，德国驻伦敦大使哈茨费尔德因参与条约的谈判和签署而被殖民狂热者当作要为此负责的人，但是索尔兹伯里对非洲的要求是在爱德华·马利特阁下汇报了德皇对赫尔戈兰岛的热望时才产生的，Eckardstein, *Erinnerungen*, I, pp. 309-310。艾卡德施坦的回忆录被乔治·杨（George Young）满怀敬意地节译成英文并取名 *Ten Years at the Court of St. James's*。

耐是俾斯麦难以理解的，他相信德国没有战舰会更安全，战舰会危害同不列颠的友谊。他习惯于谈论，如果一支英国军队登陆德国，它能被"逮住"。威廉二世则相反，不仅自孩童时期就拥有对海洋的热爱和对海军机械方面的无尽兴趣，而且认为强大的舰队对帝国的力量和声望都是本质性的。他还认识到，当赫尔戈兰岛属于某个外国时，这样一支舰队难以打造出来。他对自己即位时发现的那支舰队感到不满意，这也无可厚非，这支舰队的吨位不仅小于大不列颠和法兰西的，还逊于意大利与俄罗斯的，并且品质更差劲。这位新统治者的首批举措之一就是把思想超不出海岸防御的卡普里维换成一位舰队司令芒茨伯爵（Count Monts），后者按照君主的命令着手制订一份建造四艘供远洋航行之大型装甲战舰的计划。

威廉二世统治的头七年，波茨坦（Potsdam）与温莎（Windsor）之间的关系不仅友善而且亲密——在俾斯麦的挑剔眼光下委实太过亲密。"我们没有巩固那种万一需要时我们没有英国与奥地利也能做的信念，却遵循一项要付昂贵酒钱的、让我们看起来需要帮助的政策，而其实她们双方需要我们的帮助多过我们需要她们的。"[1] 1890年3月，在威尔士亲王访问柏林时，皇帝身着英国舰队司令的制服，回归到他最中意的滑铁卢之战兄弟情的主题，并表达了德国陆军与英国舰队将会维护世界和平的愿望。老毛奇听到时就对霍亨罗厄嘀咕"一曲政治歌就是一首险恶歌"，但这位皇家演说者不劳神考虑法国的感情，只要他能为自己对母亲的祖国的激赏找到出口。1891年皇帝对他的亲戚们的访问承担着更正式的性质，因为来自伦敦的邀请把这位王室的家庭成员转变成国家的客人。经过三年的察看之后，不列颠人民学会了喜爱这位皇帝，尽管索尔兹伯里对他感到没信心；[2] 而反过来，他也从不倦于宣称他对英国的美好愿望。他在曼逊宫（Mansion House）发表声明："在这个宜人的国度里我总是感觉如在家中，作为一个其名字将永远被作为尊贵的字眼而记忆的女王以及其忠告极富智慧的女士的外孙。不仅如此，英国与德国的

---

[1] Bismarck, *Gedanken und Erinnerungen*, III, p. 133.
[2] Lord G. Hamilton, *Reminiscences*, II, ch. 15.

血管里流着相同的血液。只要我的力量所及,我将会一直维持我们两国的历史友谊。我首要的目标是维系和平。只有在和平中我们才能把最热切的思想贡献给其解决之法在我认为是我们这个时代最突出义务的那些重大问题。"

威廉二世和他的首相牢固地锚在三国同盟和大不列颠的友情上,拒绝把继皇帝访问英国之后法国舰队对喀琅施塔特的访问想得太悲惨。卡普里维问道:"我们怎么能阻止两个人握手呢?我们不能阻止喀琅施塔特,我们也不想这么做。我不相信战争近在咫尺。我无法预言。战争可能会到来,而且是一场腹背受敌的战争。但没有哪个政府能指望眼下挑起一场战争;而我绝对确信沙皇的和平意图。"但尽管没有理由焦虑,法俄同盟的缔结——这是给这场示范行为安置的普遍阐释——仍促成日益谨慎地提防袭击。卡普里维在任的第一个夏季增加了18 000人的治安力量,而1892年11月23日他引入一个提议,再增加70 000人,使军队人数达479 000,这还不算77 000名非现役军官。与此同时,义务兵役从三年减为两年。该项法案在一场长达两小时的演说中被提出,演说视野的宽广及原则与结论都让人追忆起俾斯麦1887年的节庆演说。

"我不能说战争在即,"首相这样开场,"德国政府与所有其他政府都处于正常以及友好的关系中。它们之中没有哪个让我维持德国的荣誉与尊严有困难,而在我们这边,我们不想要任何会让别人感到困难的东西。你们已经听说了,德意志是个饱和国家,而且我们的目标舍维持《法兰克福条约》而无其他。皇帝说一不二地宣布了赫尔戈兰岛是我们渴望的最后一块德国土地。我们已经得到,我们不再贪图更多。我们不想要更多的法国土地或法国臣民。我们自己与俄国之间也没有任何真实敌意;而我相信俄国也不想要我们什么。沙皇是和平最强大的因素之一,而且我知道他欣赏我奉行的和平且忠实的政策。另一方面,在广义的俄国人圈子里有一种反对我们的偏见,它具有不可抗力的性质。我们希望它会消失,但现在仍无征兆。俄国的军备力量在稳步增长,即使沙皇也可能发现自己处于一个除了打仗别无选择的位置上。我被谴责割断了与彼得堡的电报线。我否认这一点。我们采取各种措施维护它；但我们不希望用连接奥地利和意大利的电报线来建这条回路。无疑俄国和法国已经搞到一起了。这在我执政之前就已开始。可能会结个盟。有天一份法国报纸问：'调情还是结盟？'如果法国都不知道，我们更无从得知。但如果这对朋友在玩火，火花会飞向我们，而我们必须让我们的消防车严阵以待。我们也不会进攻；但我们必须对遭遇进攻做好准备。一场腹背受敌的战争是有可能的。我们对三国同盟有信心——这是俾斯麦最伟大的功绩之一；但三国同盟的军队在人数上劣于俄法两国的。在战争前夕，德国将不得不肩挑主要负担。"[1] 这场演说虽然没有警示意味或煽动意味，但语调严肃；不过，经过持续整个冬季的长期辩论之后，天主教徒、激进派和社会主义者对《陆军法案》联合投否决票。1887年的先例被遵守，效果一样。最后迎来的结局是201票对185票的大多数票支持法案；于是帝国成立以来最大规模的扩军在没有进一步反对意见的情况下开展。然而即使现在，陆军也大不过法国的，并且比俄国的小多了。其开销则由财政部长米盖尔（Miquel）的改革来应付。

与此同时，同大不列颠的友情继续维持良好。皇帝每个夏季都渡海到考斯（Cowes）参加赛舟会，而英国王室成员可以指望在柏林受到贴心招待。当爱丁堡公爵（Duke of Edinburgh）1893年拜访他的外甥时，皇帝奏响他对英国舰队通常的赞美诗中的一首。"对德国海军而言，它不仅是技术完美的典范，它的英雄们，内尔森（Nelson）和其他人，过去一直是、以后也永远是德国海军军官与船员们的启明之星。如果有一天两支海军必须为对抗一个共同敌人而肩并肩战斗，那么'英国期望每个人恪尽职守'这一著名讯息将在德国海军的爱国之心中找到回响。"卡普里维全心全意支持其皇家主人的亲英情怀，尽管他的爱慕誓言不那么热情洋溢；而被俾斯麦描述为他的马厩中最好的外交马匹的哈茨费尔德则证明了他是自己完全赞同之一项政策的娴熟代理人。在《陆军法案》通过后不久，首相致信这位大使称："我完全同

---

[1] Caprivi, *Reden*，试比较 Otto Hammann, *Der neue Kurs*, ch. 3。

意我们政策的目标是逐渐赢得英国正式追随三国同盟。在任何情况下都应避免一切可能诱使现正愉快蔓生之友好关系发生断裂的事情。一次真正而又持久的失和会通过作用于意大利的后果而危害三国同盟,而且确实可能迫使我们回过头来指望俄国。"在本年后几个月里,英德友好地缔结了涉及给乞力马扎罗地区及喀麦隆腹地划界的协议;在冬季,多哥兰的边界也以类似方式固定。

1894年,天空开始变暗,英德关系再也没能恢复到威廉二世上台之初的那种信任和密切。1884—1885年制造出尖锐摩擦的对非洲的瓜分波澜不惊地继续进行,但现在开始让大臣们心烦意乱了。1893年对喀麦隆西部边界的处置使东部边界要与法国勘定。1894年3月签的一份法德条约使法国在尼日尔和刚果的疆土连接起来,法国推进到沙里河(Shari river),并使乍得湖(Lake Chad)成为喀麦隆的东界。法国对这次议价感到高兴,但大不列颠恼怒了,因为英德条约中留给德国以不让法国获得的土地被分配给法国了。

很快又轮到德国来抱怨,因为1894年5月12日在大不列颠和刚果自由政府之间签署的一份条约,让利奥波德国王在其有生之年租用上尼罗河畔——我们认为这地区是不列颠的势力范围——的巴勒加扎耳(Bahr-el-Ghazel)地区,其余地区则留给我们自己;这项安排立刻确保了利奥波德承认我们的主权要求并将比利时在特定地区的占领常规化。作为回报,利奥波德国王将坦噶尼喀西部一条25千米宽的狭长地区出租给大不列颠,以架设动议中好望角到开罗的电报线和铁路。如此这般被移交给刚果政府的巴勒加扎耳版图不是属于我们的、可以给人的领土,更严重的冒犯在于,坦噶尼喀那一带土地的租让与1884年的《刚果-德国条约》不一致。法国针对协定的前一部分提抗议,德国则针对后一部分,结果这安排被取消;尽管德国在她这一方有法律权利,但该事件留下了不愉快记忆。然而温莎与波茨坦的友谊坚固到还不会因第一次殖民摩擦而破裂,德皇6月仍被任命为英国近卫团第一团的团长。"这让我成为英国军官的一员。"他以感激的口吻对近卫团在柏林的代表队宣称。

1895年6月基尔运河启用式可能代表了威廉二世统治时期最愉快的时刻。各个大国都被邀请派遣一支分遣舰队共享盛事，而且法国出于对"报复"预言的恐慌，而在其盟国的愿望下与其余国家一样接受了邀请。[1] 皇帝的演说既委婉又雄辩，强调了运河的商业价值并对所有人声明需要世界和平。典礼开始前他在汉堡宣告："海洋不是分离的，它们是一体的。所有人民都在热切地注视着我们的进展。他们有强烈的和平愿望，因为商业只有在和平中才能发展。"三天之后的6月21日，给运河垒上最后一块石头以后，他欢迎为数众多的宾客。"我们不是只为了本国的利益才工作。我们将运河大门开放给各国的和平交往。我欢迎各国的参与，我们满怀极大的满足看到她们的代表在我们之中，我们也钦慕她们气派的船只，因为我想我可以正确地由此推导出，我们的努力得到了全面赏识，而我们努力的对象就是维护和平。"德国的战斗舰队还不存在，没有理由怀疑这位皇家主人投身于和平的忠实度。沙皇评论说："这篇演说在我心中激起愉快的回音。"而阿诺托（Gabriel Hanotaux）[2]时期的法德关系像十年前儒勒·费瑞时期一样友善。主人对他所有的宾客都亲切欢迎，但他最热忱的话语留给大不列颠。他在一艘不列颠战舰上发表演说称："自从我们的舰队建立之时，我们就努力让我们的思想与你们的一致并且在各个方面都学习你们。不列颠海军的历史在我们的军官和船员中的熟悉程度一如在你们之中。我不仅是这支舰队的司令官，还是强大女王的外孙。我希望你们将对女王陛下表达我们由衷的谢意，感谢她慷慨地派你们前来此地。"

基尔盛宴之后，接踵而来的就是英德蜜月期的结束。1894年秋季，卡普里维被他的主子扔进平均地权论者的狼群，他们指控他在1894年与俄国签订的条约中为了城镇而牺牲乡村。这条约缩减食物税，开辟了一个交换更自由的时代，并缓和了与俄国的关系；卡普里维现在允许帝国银行再次持有俄

---

[1] 关于阿诺托在什么条件下接受了邀请，见 Bourgeois et Pagès, *Les Origines et les Responsabilités de la Grande Guerre*, pp. 253–255。Maurra, *Kiel et Tanger* 反映出民族主义者的抵触情绪。

[2] 时任法国外交部长。——译注

国的证券。卡普里维的位置由霍亨罗厄填补，后者在1890年曾希望接替俾斯麦；不过他现在75岁了，而且尽管他担任巴伐利亚首相、驻法大使、阿尔萨斯－洛林总督的辉煌生涯使他拥有比俾斯麦之外所有德国政客更广泛的政治经验，但这位自由派思想的南德天主教徒绝不会适应普鲁士容克的水土。[1]他被证明是个尊贵的招牌；但他甚少关心权力，而且他的影响力比他所有的前任或后任都小。他像卡普里维一样接受俾斯麦的教条，即只要德国感到满意，世界政治相较于其所涉及的风险就不值当；但他的意见没什么实际重要性。皇帝在霍亨罗厄执政期内自行担纲外交部长的状态，无过于卡普里维下台和毕娄就职威廉大街之间所过去的这三年里；也正是在这时期，德国政策呈现出崭新而危险的方向。俾斯麦传统下及采用"前进"政策导致的大批裂痕没有发生在这位伟大首相下台时，而是发生在他的继任者下台时。

基尔盛宴之后一个月，皇帝进行他对考斯的年度访问；但此次的英德旋律在个人层面和政治层面都有不和谐音，以致他下次横渡北海是四年之后了。他的访问起初同样令宾主皆欢，但他令人着恼的不把自己当外人的态度和专横作风刺激了他舅舅的神经。这位亲王对艾卡德施坦——他不仅是德国大使馆的秘书，还是英国王室的座上宾——抱怨说："赛舟会通常对我是个愉快的消遣，但现在，因为皇帝发号施令，它变成令人讨厌的事。他是考斯的老板。可能我明年不会来了。"这位客人对他这个舅舅说话也同样口无遮拦，并在"霍亨佐伦"号的一次晚宴上称他为"一只老孔雀"。当时在场的梅克伦堡大公（Grand Duke of Mecklenburg）向艾卡德施坦坦陈他对这种语言，也包括对皇帝整体行为的惊讶之情。[2]

更重要的是上一年产生或增加的政治上的歧见。国家之间只有当谁也不企图阻碍对方所珍重的欲求时才能保持友好，而德国在东南非洲的活动已激起英国人的恼怒和不信任，一如十年前格兰维尔与德比的笨拙外交在德国人那里所激起的。不列颠新闻界有一部分首次对女王的客人表现出一种近似敌

1　见Hohenlohe, *Memoirs*；William II, *Memoirs*, ch. 3。
2　Eckardstein, *Erinnerungen*, I, pp. 205–214.

意的冷淡。《标准晚报》建议，皇帝必须更加随和，而且他应该从外祖母身上寻找智慧并证明自己值得他的出身；这建议自然被它所批评的对象憎恨，于是两国的新闻界开始了一场决斗。除此之外，一个新的不和谐根源这时也被发现了。索尔兹伯里7月重返办公室时继承了亚美尼亚难题，在这个问题上不列颠与德国的观点南辕北辙。他从来不是土耳其的赞同者，而且在1876年君士坦丁堡大会失败之后，他提议内阁放弃对土耳其的传统政策并参与瓜分。[1] 这个计划被狄斯雷利当作"不道德的"而无视并遭内阁拒绝；但索尔兹伯里在柏林会议后经历过的土耳其人的顽固和拖延，使他确信土耳其绝不会改革。1894年的亚美尼亚大屠杀巩固了他这份坚持，并使他不仅考虑要暂时缓和基督徒的苦难，还考虑以更激进措施对付土耳其。

当索尔兹伯里1895年重新执政时，德国为其意大利盟友同阿比西尼亚间的困难而请求支援。这位首相答复说，授予意大利在红海所想要的便利性会刺激法国的嫉妒心；但他准备承认她对归还阿尔巴尼亚和的黎波里的要求。哈茨费尔德回答说，这提议解不了意大利的燃眉之急，并且涉及对奥斯曼帝国的瓜分，而德国反对这样做。不仅如此，意大利占领阿尔巴尼亚将使奥地利和意大利在亚得里亚海的竞争加剧，而且重启巴尔干问题会使俄德友谊陷入危机。索尔兹伯里再答称，在他看来，各大国在瓦解土耳其事件上按照她们的要求达成协议的时机已到，并请求德国发布意向声明。德国答称，她在土耳其的完整性上押了最高价值，并不准驻英大使提及瓦解问题。[2]

7月底，索尔兹伯里请艾卡德施坦弄明白皇帝几时来考斯，因为他希望与之讨论东部问题；会谈议定8月8日于"霍亨佐伦"号上进行。皇帝在伦敦被告知讨论的最新细节，并接到警告说首相可能要就东部问题做出提议。由于两个政府之间的分歧早已被清楚透露，皇帝没有理由欢迎这场会谈，而且

1　*Life of Salisbury*, II, p. 134.
2　因为关于这些谈判并无英国版本存世，我们只能依靠德国资料。见Otto Hammann, *Der missverstandene Bismarck*, pp. 43-46; Eckardstein, *Erinnerungen*, I, pp. 205-214; 试比较瓦伦丁·齐罗尔爵士（Sir Valentine Chirol）1920年9月11日在《泰晤士报》刊的文章。

他的心情因为一场导致他的拜访者晚一小时抵达会面地点的不幸意外而更加不快。如果皇帝关于谈话的记录可信，则索尔兹伯里一再解释说他不能在红海问题上帮助意大利，但会支持她在阿尔巴尼亚和的黎波里的扩张。皇帝回答说，法国将强烈抵抗意大利在北非的扩张；而如果奥地利依旧是三国同盟的成员，则意大利就无法被许以阿尔巴尼亚；而且他完全反对肢解土耳其。在这一点上，索尔兹伯里重申他认为亚美尼亚大屠杀证明了保护已彻底腐朽之奥斯曼帝国为不可能的论点。皇帝尽量抹除土耳其的暴行，并争辩说土耳其有能力改进。分歧一览无余，而且皇帝的记录表明，鉴于他不希望在不友好的气氛中与首相分别，他还提议次日应当继续商谈。然而索尔兹伯里或者因为没理解这个邀请，或者因为其他原因，没有再见皇帝就返回伦敦了。[1]

这次谈话给双方都留下要多糟有多糟的印象。几年之后，毕娄谈及索尔兹伯里的提议在皇帝身上造成的破坏性后果，它不停地恶化，而且随着皇帝与阿卜杜勒·哈米德的亲密性的发展，关于它的记忆变得日益苦涩。索尔兹伯里这边厢向艾卡德施坦抱怨说，艾卡德施坦的主人似乎忘记了索尔兹伯里不是普鲁士国王的大臣，而是英国的首相。关于沃尔斯（Wörth）战役周年纪念的一篇华丽演说，给这场拜访压上了令人不快的最后一根稻草；该演说发表在以"沃尔斯"命名的巡洋舰上，《标准晚报》坦陈对此的总体感想是，此种言论应留在德国土地上。客人与主人首次怀着不信任与敌意而告别。

失和的直接原因是英国与德国对土耳其的态度不同；但使双方松开纽带的是考斯拜访之前在非洲的摩擦，现在也是非洲把双方押紧到几至一触即发。克鲁格总统（Paul Kruger）[2]曾于1884年访问柏林并受到俾斯麦殷勤接待。他用他的家常语言谈论说："如果一个孩子病了，就要四处寻求帮助。假如布尔人总在生病，这个孩子请求皇帝帮助布尔人。"这个吁请没有唤起

---

1 皇帝关于这次谈话之记录的概要即瓦伦丁·齐罗尔爵士后来在柏林被允许阅读的版本，其于1901年被传达给索尔兹伯里。索尔兹伯里评论说，如果皇帝已经习以为常地把他自己的提议归之于他的谈话人，那么，与皇帝谈话时有个目击者在场显得有便利之处。

2 1883—1900年间德兰士瓦（即南非共和国）的总统。——译注

回应，因为克鲁格刚刚与伦敦签的条约禁止在没有英国同意的情况下与外国政府结盟；但当德国几年后成为非洲的一个大国后，克鲁格想到他可以在德国找到有价值的伙伴以抗击英国的压力。他的信心在1894年得到巩固，当时两艘德国战舰被派到德拉瓜湾，针对英国干涉葡萄牙而示威。比勒陀利亚的《草根报》（*Volksstem*）写道："直到现在，德国人都允许英国人对我们肆意妄为。最终他们似乎认识到该政策的愚蠢。我们以德兰士瓦人民的名义感谢他们。"当不列颠政府抱怨说德国在德兰士瓦阻碍我们时，马沙尔回答说，德国希望德拉瓜湾基于经济理由而保持开放，并支持德兰士瓦的独立。

柏林和比勒陀利亚之间的亲密关系是如何折冲而成的，由比勒陀利亚的德国领事在1895年1月27日皇帝生日之际披露。他的发言与指示保持一致，表达了希望总统知道德国是个真正的朋友。他补充说，德国西南非洲的最大政治利益就是支持德兰士瓦努力在南非维持政治安宁。总统的答复回顾了他对柏林的访问，并赞扬德兰士瓦的德国定居者们，他们准备好服从法律，不像英国人。他总结说："我们的小小共和国只能在大国之间匍匐；但我们感到，如果她们之一想要践踏我们，那么别国会努力阻止此举。"这两场讲话的首要价值是构成政治示威。英国驻柏林大使向马沙尔抱怨说，德国在德兰士瓦培育一种有违其国际法地位的精神。这位外交部长回答，德国政策的目标是防御一切针对她通过修铁路以及发展与德兰士瓦的商业关系而为自己创造出来之物质利益的攻击。为了这个目的，德兰士瓦按照1884年条约应保持为一个独立国家是基本要求，而且德国的利益要求这种现状。如果大不列颠也希望维护它，她就必须反对罗德斯（Cecil Rhodes）[1]与詹姆森（Jameson）的活动，他们正致力于把德兰士瓦并入英属南非。德兰士瓦政府的行动归咎于大不列颠没有对这些倾向表示不悦的事实。英国大使答称，詹姆森所瞄准的是南非的经济一体而非政治一体。外交部长回嘴："那也违背德国的利益。"

---

1 在南非的英国商人、矿业巨头兼政治家，1890—1896年任好望角殖民地首相。——译注

1895年整年间大不列颠和德国都在南非问题上公开敌对，都决心还击对方的干扰。克鲁格关于获得斯威士兰（Swaziland）和大海之间土地的请求被拒绝，理由是我们将无法在那里捍卫英国人的利益。不列颠自己则着手吞并这个地区，并在4月占用了阿玛同格兰（Amatongaland），这是另一小块海边地带，本可以给德兰士瓦一个出海口。与此同时，两艘德国船停在德拉瓜湾，在夏季因一条始于洛伦索贵斯（Lorenzo Marques）[1]的铁路线完工而与比勒陀利亚取得联系。好望角殖民地总督在铁路启用演说中一边宣称大不列颠绝不希望干涉德兰士瓦，一边强调南非利益共同体。这篇演说激使比勒陀利亚发表一份直言不讳的公告，称总统认为这些宣言没有重要性可言；而且，旨在重新赢回缔结条约之权利的一股鲜活兴奋之情在德兰士瓦升腾了。讥诮指责与反唇相讥持续整个秋季，不列颠政府感到被迫要在柏林提出严正抗议。皇帝于10月25日致信俄国沙皇称："两天以前，马利特在对外交部进行告别访问时使用非常狂暴的字眼说德国在非洲针对英国恶意行动，称他们再也不会袖手旁观，在买通法国人从埃及撤军后他们就能空出手来照看我们了。他甚至极不策略地说出战争这个词，称如果我们没在非洲被打倒，则英国不惧于对我开战。"

人们普遍预期南非的"洋人"会因反对克鲁格政权令人恼火的行为而叛乱。早在10月，马沙尔就通知不列颠政府，政变在酝酿中。12月24日，比勒陀利亚的德国领事电告，灾祸即将发生，德兰士瓦政府很焦急。对此柏林答复说，劝说克鲁格避免挑拨。12月30日一天之内，德国在比勒陀利亚的侨民区诉请皇帝保护，领事则请求离开去召集德拉瓜湾的舰队。12月31日，德国政府请求葡萄牙允许从德拉瓜湾登陆50人的军队开进比勒陀利亚以保护它的国民。与此同时，12月30日詹姆森的军队从马弗京（Mafeking）穿越边界。1月1日，德国大使通知英国首相，对独立的共和国的任何进攻都不能被容忍。索尔兹伯里回答，他认识到突袭对各色欧洲人在南非之利益的危险与害

---

[1] 莫桑比克首都马普托（Maputo）独立前的名称。——译注

处，因此他正竭尽所能防止针对德兰士瓦的暴力行动。同一天，新近在柏林接替爱德华·马利特阁下的弗兰克·拉塞尔斯阁下（Sir Frank Lascelles）被指示，要说首相与殖民部大臣极力反对这次突袭，且最高委员会已下令召回詹姆森。马沙尔着手邀请法国大使即刻与他一起审度，法国在合作限制英国"不可餍足之胃口"上能做多少；并补充说，有必要证明英国再也不能指望法德之间的敌意并为所欲为地掠夺。他下一步指示哈茨费尔德调查，大不列颠将采取什么步骤来消除这个新出现的非法局面；但在这位大使能够服从指令之前，突袭就不名誉地收尾了，詹姆森与他的强盗们被关押起来。失败的消息于1月2日传到柏林，1月3日皇帝拍发如下急电给克鲁格："对于你和你的人民针对闯入你家园的武装分子，没有诉诸友邦的帮助就成功地用一己之力恢复和平并保持国家的独立，我由衷祝贺你。"总统答复说："我对陛下的祝贺献上我最深挚的感激之情。在上帝的帮助下，我希望能继续做一切可能维持我们这个共和国的事。"

皇帝、首相和外交部长对于给早已磕磕绊绊的英德关系火上浇油都负有责任，而且说不清谁想出这个主意。[1] 次日上午，马沙尔派人去找《泰晤士报》的通讯记者，并解释说这份电报是政府行为而且有必要给英国一个教训。皇帝同样明白他在做什么，并采取措施为舰队提供防护。在詹姆森投降的消息传来之前，他就给沙皇写了一封信，透露了他的激动和愤慨。"德兰士瓦共和国被用一种最肮脏的方式突然袭击，看上去并非不被英国知道。我已经在伦敦使用了非常严厉的字句，并且已与巴黎就共同捍卫我们被置于危险的利益而进行公开联络，因为法国侨民和德国侨民已即刻携手帮助怒不可遏的布尔人。我希望你也认真考虑这问题，因为它是支撑各条约的原则之一。我希望一切都有好结果，却发生了我绝不会允许的英国人镇压德兰士瓦的事。"按照这份情绪高昂的措辞，则皇帝在自己的《回忆录》中关于他不赞同电报

---

[1] 舰队司令霍尔曼（Hollmann，见Eckardstein, *Erinnerungen*, I, pp. 271-278）、哈曼（Otto Hammann, *Der missverstandene Bismarck*, pp. 47-51）和德皇（William II, *Memoirs*, ch. 3）提供了彼此冲突的版本。

的声明是不可信的。

雷文特洛（Reventlow）写道："全体德国人民都站在这份电报后面，因为他们理解它。终于，那里有解脱的呐喊！"大不列颠或至少不列颠臣民看似都投身于一个策划巧妙的密谋，吞并一个与德国既有着情感联系又有着商业联系的小小共和国。有些冷静的头脑，如哈曼对于这份电文包含德国准备好应邀帮助德兰士瓦的意味感到遗憾，蒂尔皮茨（Tirpitz）以不列颠的实力和德国的力不从心为理由谴责电文。但就连总是倾向于挑剔而非祝福的俾斯麦也评论说，不列颠政府完全可以自己发份电报。德国的欢呼声被不列颠帝国的愤慨抵消了。《晨邮报》写道："这个国家绝不会忘记这份电报，而且她在考虑未来政策方向时将总会把它放在心上。"政府的答复方式是，命令一支六艘巡洋舰组成的分遣舰队飞速驶往德拉瓜湾，召集部分预备舰队服役，并派遣一队鱼雷驱逐舰前往海峡，与此同时，克鲁格被通知说大不列颠将不计代价反对外国干涉。无意于打仗的德国政府知道走得太远了。1月6日，马沙尔向弗兰克·拉塞尔斯阁下解释说，皇帝发电报并无不善意图，并抱怨新闻界的口诛笔伐。他于2月13日的一场安抚演说中通知国会，德国与德兰士瓦的关系建立于1885年的一纸商业条约上，此条约给德国臣民最惠国待遇并确保其商业和工业自由。不列颠试图使南非成为封闭的经济单元，这将损害德国利益。另一方面，德国并无意担任保护国。布尔人不信任不列颠的政策，这不是因为德国的激励，而是因为某些英国臣民的目标。与不列颠政府的关系从未停止友好，不列颠政府也尽其所能地阻止突袭了。

借口和解释都无效，因为克鲁格电报是威廉二世统治早期最具破坏性的错误。在威廉二世即位之前就已开始且他也无力阻止的法俄亲善暗示出，应培养英德之间的亲密关系以作为补偿。有几年里他遵循着智慧之路；但1894年和1895年的摩擦抹除了他在英国的受欢迎度，而1896年1月3日他把仅存的名声都付诸风中。坐视德兰士瓦的防御被暗中削弱和破坏固然恼人，但它毕竟不是一个主权政府。电报促使不列颠决心在南非保持至高权力地位，也加强了不列颠对克鲁格这个不只反对英国臣民还与一个外国密谋之人的疑心，因此只不过加速了德兰士瓦的毁灭。此外，德国政府很清楚它在任何情况下都不能为布尔人带来帮助，因为不列颠海军对这片海域的控制是不可挑战的。雷文特洛评论说，马沙尔尽管用的是法律条款而非武力，但假想性地威胁到了他不能执行的事。他汲取了教训，因为德国再也没有介入南非的尝试。然而危害不能复原。布尔人继续把德国认作一个强有力的朋友，而且他们更加无知的地方在于或许相信，当突袭的电光石火照亮了南非政治的黑暗角落之后，在英国人同布尔人公开叫板的斗争中，德国的援助即将到来。

索尔兹伯里1899年对艾卡德施坦评论说："突袭很蠢，但电报更傻。"英国政府和德国政府不久就恢复他们的友好往来，在几周之内，柏林对苏丹国被征服给予热切鼓励，然而英国人绝不会忘记或原谅他们对我们在南非的地位进行了一次轻浮的挑战，而德国人民则被由他们那个冲动统治者的行动所唤起的怒火荡涤着。自此而往，皇帝在给沙皇的信中提及大不列颠时，几乎千篇一律地充满蔑视。他在2月20日写道："德兰士瓦的冒险投机失败了。他们对我做得非常不合适，但我对之无所谓，然而他们调动驰名的舰队来反对我们——几乎一个字没说的人，这样做就荒谬至极。"三国同盟自身也因这场打击而虚弱。在危机最严重时，德国政府枉费心机地探听另两国的合作意向，意大利表示拒绝的同时发表重要声明称，在不列颠加入一场法德战争的情形下，她拒绝接受条约条款所考虑的情形，因为意大利舰队将无力保卫自己的海岸。[1]接替克里斯皮担任首相的鲁迪尼公开声称，与英国的友谊是三国同盟的必要补充。

尽管非洲是大不列颠和德国最严重分歧的源泉，但还有其他领域体现出两国追寻的道路相分离。日本1894年与中国的冲突以1895年4月签署的《马关条约》告终，陆海皆败的中国在这份条约中割让了辽东半岛和台湾岛，并承担30 000 000赔款。[2]在条约缔结前一个月，德国曾徒劳无功地建议胜方不

1　Pribram, *The Secret Treaties of Austria-Hungary*, II, p. 110.

2　见Reventlow, *Deutschland's Auswärtige Politik, 1888—1914*, pp. 83-87；Bourgeois et Pagès, *Les Origines et les Responsabilités de la Grande Guerre*, pp. 248-253；Rosen, *Forty Years of Diplomacy*, I, ch. 15。

要在中国大陆提出领土要求。不过当法国和俄国——如阿诺托的解释，"为了阻止力量的天平偏离有利于俄国一方"——同德国联合起来时，日本不情愿地交出旅顺港及其所在半岛；作为回报，日本要求增加赔款数额，并让中国承诺她不会割让得回的这块土地。三个大国中的每一个都从感激涕零的中国政府那里获得特许权；但企业的资产负债表并未在见证了干涉的这一年完成。1891年开始修建的西伯利亚铁路已快速推进到横贯亚洲的地步，俄国早就锁定旅顺作为铁路终点。罗巴诺夫力陈日本将"像一滴油滴在吸墨纸上"那样扩张。尽管日本在大陆的一个立足点在一个想要称霸远东的大国看来确实是不可容忍的，而且法国自然支持其盟友的目标，但德国与其两个竞争对头联手还是令亚洲和欧洲的看客们吃惊了，包括俾斯麦，他描述这局面是摸黑扎猛子。然而霍亨罗厄急于恢复与彼得堡的诚挚关系，而且他在三国干涉之后不久访问沙皇时向其保证，德国政策的目标是彰显她对俄国东亚政策的善意。[1]

沙皇对联合的结果很满意，便向首相坦陈，他已告知皇帝，如果德国在中国土地上设个加煤站，他是不会反对的。霍亨罗厄回答称，他的主人早已私下将此消息转达于他，并补充说英国人要求舟山群岛。沙皇接话说："是呀，他们总是什么都想要。当有人得到些东西，他们就想做一笔更大的交易。"背离了俄德远东协定的好处，以及德国在中国定居地的前景不得不招致日本永久的憎恨，这就是德国提供帮助的代价，而公众对此并不知情。一位日本政客以阴森的简短话语谈道："我们会记住。"这个岛国在甩掉封建制包袱后的快速发展，逃脱了除大不列颠之外所有欧洲大国的注意；大不列颠以令人震撼的方式证明了她的信任和好意，并通过1894年7月16日的条约把日本纳入国际礼让圈子，此条约放弃五年的治外法权并允许日本自由制定关税；一年后又通过谢绝参与因日本战胜中国而对之施加高压来做出表示。由是，德国让自己与两个最敌视大不列颠的欧洲强国联合，去反对远东一个正

---

[1] Hohenlohe, *Denkwürdigkeiten*, II, p. 521.

在兴起的、获得我们的同情与支持的大国。由于缺乏有想象力的远见,几乎不逊于克鲁格电报事件中所表现出来的缺乏远见,德国所选择的这条道路径直引向英日同盟及1914年的报复。

1897年11月4日,两位德国传教士在山东省被谋杀;11月14日,四艘德国巡洋舰进入胶州湾,水手上岸宣称这块土地为德国所有。[1] 经过与中国的谈判,德国获得保证,惩罚罪犯,给传教团经济赔偿,租借胶州湾90年,准许修建一条铁路并入已有的中国铁路系统。德国在1895年就已经力图在扬子江入海口获得一个加煤站。马沙尔解释说:"我们需要在东亚有个据点,因为如果没有,我们在经济、海军和政治平面就有如飘在风中。在经济领域,我们需要一个通往中国的门户,就如法国在东京(Tonkin)、英国在香港以及俄国在北方所拥有的。"德国贸易的确快速成长,然而仅需要些许维修的德国船只却不得不泊靠香港或日本。从此以后,德国在中国拥有了最好的港口之一,有一个优良港湾,过得去的气候,且附近出产煤炭。在青岛出现一座整洁的德国城市,并针对突袭而设防。但它与德国的联系是大不列颠成全的,且它的安全取决于日本的好意;而德国政要们因为没看到日本的力量并无视日本的利益,而没有试图去获得日本的好意。

开始成为德国政策特征的挑战气息不仅在掠取胶州方面展示出来,还通过帝国对此事如何发生的评论。一支海军分遣舰队在亨利王子(Prince Henry)指挥下被差去强迫中国屈从德国的要求。皇帝在道别时宣称,舰队的使命是让在中国的欧洲人、德国商人且首先是中国自己明白,德国迈克(German Michael)[2] 已在这块土壤中牢固地竖起他的盾。"任何人胆敢蔑视和侵犯我们的有益权利,就挥出暴力之拳,而且倘若上帝有意,就在你年轻的面庞上编织桂冠,德意志帝国内无人会嫉妒你。"亨利王子的答复以拜占庭帝国的措辞表达,声明他全部的愿望就是"去海外向所有愿意或不愿意听的人宣布陛下您为人傅油的福音"。德国政府向索尔兹伯里保证,德国无意令

---

[1] 见William II, *Memoirs*, ch. 3。
[2] 代表德国人民族性格的人物形象,一如约翰牛代表英国人、山姆大叔代表美国人。——译注

英国不悦，而且位于中国北部的胶州同与英国有直接利益的地区相隔遥远。索尔兹伯里没有抗议；但他宣布，如果有人要求排他性特权，或其他国家寻求占领中国港口，那么英国政府就将保护我们在中国的广大利益。

在德皇与沙皇秘密协议的实行中，德国抢夺中国的信号被俄国迅速接获。[1] 1897年底，中国政府通知驻北京的英国公使，已授权俄国舰队在旅顺过冬。穆拉维夫在回答英国人对彼得堡的询问时无辜地解释说，符拉迪沃斯托克（Vladivostok）[2]冰天雪地，所以中国施以款待。对于日本的询问他也给了类似答复，还补充说旅顺港只是暂时借用作越冬的停泊所。当两艘不列颠炮舰也在旅顺下锚时，穆拉维夫以听着可疑的语调重申俄国船只在那个海港过冬没有政治意味。但四天之后俄国政府的声调变了，而且驻英大使通知索尔兹伯里，英国的船只出现在彼得堡制造出"一个坏印象"。首相温和地回答说，我们享有条约许可的权利进入那个港口，但他们到那里不是出于家里的命令，并且无疑很快就会启程去另一个港口。俄国的下一步是宣布，中国给了她"首席停泊权"；穆拉维夫现在用恶狠狠的语调宣布，英国船只在旅顺港露面被彼得堡认为如此不友善，以致开战的流言满天飞。索尔兹伯里以令他许多同僚愤怒的温顺态度解释说，只有一艘英国船在旅顺港，它未接获内阁命令就被派去那里，而且它几天后就要离开了。这艘船一天或两天后离开，俄国从无助的中国那里确保了租界旅顺港和大连湾，还有修建铁路到辽东半岛的权利。首相如同卑微的凡人那样，对这目空一切的做法以及此举之前那些模棱两可的话语感到意气难平；但因他无意通过武力反对，所以他通过租借威海卫作为海军基地以恢复渤海湾的力量均势来为自己竞争。德皇写信给沙皇说："衷心地祝贺你。我们两个将在渤海湾入口做一对好哨兵。"一年之后，德国从西班牙手中买下卡罗琳群岛（Caroline Islands）。

若无德国的成全，夺取旅顺港就算不是不可能，也很困难，德国支持俄

---

1 夺取旅顺是穆拉维夫所为，他受沙皇支持，但遭到其他大臣反对。见Rosen, *Forth Years of Diplomacy*, I, ch. 16。

2 割让给俄国之前中国称为海参崴。——译注

国反对英国在远东的利益。除了早已描述过的在非洲和亚洲的摩擦，以及后文将要探讨的在近东的意见分歧，还有两个离间英国和德国的新理由出现在19世纪90年代中期。飞跃式发展的德国工业开始以低价商品强行在英国打开入口，商业竞争的牺牲者之中响起"德国制造"的苦涩喊声。罗思贝里爵士阴郁地谈及令德国正稳步赢得地基的竞争之后果；而且恼怒之情在《周六评论》（*Saturday Review*）1897年9月4日发表的一篇歇斯底里式文章中找到出气口，文中抱怨这两个国家在世界上每个角落都是竞争对手，并主张说，如果明天德国毁灭了，每个英国人都会更富有。人们没有意识到的是，这份杂志不再是只能施加微不足道的政治影响，而且大不列颠的敌意源自商业嫉妒这样的传说已经牢不可破。蒂尔皮茨本人就总是坚决主张，是商品的竞争而非船只的竞争改变了欧洲的政治面孔。

不列颠日益加重的冷淡促使德国人民归服于他们君王的观点，即一个富裕而强大的帝国需要舰队来防御领土、保护商业并支持外交。1896年1月18日，即克鲁格电报之后不久，皇帝在帝国建基25周年庆典上发布一篇重要讲话。"德意志帝国已成长为一个世界帝国。地球上每个遥远的部分都定居着几千名我们的国民。德国商品、德国知识、德国能源横贯大洋。漂洋过海的德国商品的价值高达几十亿。你们最重大的责任就是帮助我把这个更大的德国同我们的母国捆绑紧密。"这篇演说引起广泛注意并招致大量批评。《泰晤士报》评论称："这份关于未来另一个德意志帝国的宣言迫使我们要问几个严肃问题。它是在哪些迄今无主的土地上被创建的，或者是如何以及从谁那里征服来的？"在德国这方，关于"世界政治"这个俾斯麦所不知晓之短语的理念，现在被一个1893年成立的泛德意志联盟热切宣扬，此组织的首任主席是卡尔·佩特斯，第二任主席是莱比锡大学教授兼国会议员哈瑟（Hasse）。该组织那些比较不靠谱的成员要求，大德意志应当包含所有日耳曼人民——奥地利的日耳曼人，瑞士的日耳曼人，比利时、荷兰以及卢森堡的弗拉芒人；尽管这些空想式的观念从未被广泛采纳，并被国家政策的主持者们摒弃，但它们仍在欧洲制造出不适感，并强化了人们关于德国正从一个

"饱和"国家转变为一个侵略国家的恐惧。

当一个最克制的造船计划于1897年3月因行政中枢的反对而被拒绝时，皇帝开始发泄他愠怒的失望之情。6月，值维多利亚女王在位60周年庆典之际，亨利王子代表他的国家于斯皮德黑德（Spithead）出席一场海军阅兵；他指挥的小船在其他国家的大船边上羞涩地露个脸。时刻准备好发表政治布道的皇帝拍电报说："我非常遗憾，我不能给你艘好点的船，与其他国家将会派遣的宏伟战舰一争高下。这是那些阻挠提供必要船只的不爱国人士的态度导致的可悲后果之一。但我绝不会罢休，直到我能把我的海军提升到如同我的陆军那样的标准。"在另一个场合，他使用了被时常引用的话，"三叉戟在我们手中"。现在他给海军部任命了一位能力一流的领袖，其对德国在世界上之伟大使命的全心坚信不亚于皇帝本人。蒂尔皮茨司令（Admiral von Tirpitz）从底层一路升迁，很大程度上是由于他在鱼雷装备方面的工作，而且在威廉二世即位之前就吸引了皇帝的注意力。1896年，他被任命为远东巡洋舰分遣舰队指挥官，任务是在中国沿海寻找一处可做军事和经济基地的地方；而且，在为选择青岛提供了建议之后，这位俾斯麦之后德国政坛最强大的人被召回祖国，从事他人生中级别最高的工作。[1]

任命蒂尔皮茨两周之后的1897年6月28日，贝恩哈德·冯·毕娄接替马沙尔·冯·毕博施坦担任外交部长——毕娄的父亲在他之前担任过的职位。[2] 这位新部长于1874年在罗马开始他的外交官生涯，从那里出发历经彼得堡、维也纳和巴黎。他的上司霍亨罗厄于1879年宣称毕娄很可以成为德国首相，而且他吸引了甘必大的友善目光。接下来几年毕娄分别在彼得堡担任一等秘书和在布加勒斯特担任公使；然后于1894年被派任罗马的大使馆，在那里，

1　见Tirpitz, *Memoirs*；William II, *Memoirs*, ch. 9；Hassell, *Alfred von Tirpitz*。

2　毕娄在他的《帝制德国》(*Imperial Germany*) 一书和他的三卷本《讲话》(*Reden*) 中解释过他的政策。试比较Spickernagel, *Fürst Bülow*；Tardieu, *Le Prince de Bülow*；William II, *Memoirs*, ch. 4；Münz, *Von Bismarck bis Bülow*；Otto Hammann, *Zur Vorgeschichte des Weltkrieges* 及 *Um den Kaiser*；Johannes Haller, *Die Aera Bülow*。Hamel, *Aus Büllow's Diplomatischer Werkstatt* 分析了他的"德意志政策"第一期和第二期的差异。

他的个人魅力、他渊博的文化以及他的意大利妻子都使他成为一个广受欢迎且举足轻重的人物。皇帝告诉毕娄，他的任务是引导德国进入"世界政治"的舞台并确保组建一支新舰队。这位君王最终获得了一位经验丰富的外交家、一位杰出的辩手、一位胜任的国会管理人兼一位信心十足的帝制拥护者的服务。新晋外交部长在他的首场国会演说中宣称："德国人把空中留给他的一个邻居，把海洋留给另一个邻居，只为自己保留天堂的日子已成过去。"在接下来的12年里，皇帝、毕娄和蒂尔皮茨和睦地共事，而且这三人注定要为一项改变了世界面貌的政策共同负责。

11月，在蒂尔皮茨上任后几个月内，他便推出第一份《海军法案》（Navy Bill），其中列出一个要用七年时间完成的计划。他在海军部便已弄清楚，国会绝不会接受年限条款，而且国家自由党领导人贝尼希森建议按年度评估信用。然而蒂尔皮茨决心确保建设的连续性，并决心一旦失败就辞职。当他的前任瞄准海岸防御时，蒂尔皮茨的第二个新鲜点是，在领海建一支小型战斗舰队，同时建一队快速巡洋舰分散到世界各地，以捍卫德国的贸易活动并攻击敌国的贸易活动；这个新系统以一支公海舰队为开端，并在德国获得一些外国基地时考虑贸易防御。他在将此议提交国会时宣称，如果该计划得以开展，则德国舰队将在1904年就不再会是轻量级的。霍亨罗厄以此提议是"德国政治发展之结果"而支持它，而且蒂尔皮茨在一次对弗里德里希斯鲁的适时拜访中获得俾斯麦及其舆论体系的赞同。年届八十的归隐首相接受了来自巴林（Albert Ballin）[1]的邀请而重访汉堡。在游览了海港并参观了一条巨型生产线后，他评论道："我既激动又感动。是的，这是一个新时代，一个新世界。"帝国诸位亲王、自由联邦各位公使、汉萨同盟各城市以及诸大学的支持则由不屈不挠的部长来寻求；他也托人翻译马汉（Alfred Thayer Mahan）[2]的《海军强国在历史上的影响》（Influence of Sea-Power on History）。一股新精神进入海军部，一股新精神很快也会统领日耳曼民族。

---

1 汉堡船业巨头。——译注
2 美国海军上将、地缘策略家兼历史学家。——译注

《海军法案》受到德国保守派和国家自由党的热情支持，也遭到里希特（Richter）领导的激进派以及社会主义者的反对，他们抱怨国会同意六年期条款是放弃了对钱袋的控制；但行政中枢大多数人的支持决定了这个议题。1898年4月进行了第三轮释读，而此时德国海军已作为重要政治关系的一个因素而存在了。该计划包括12艘战舰、8艘用于海岸防御的武装船只、10艘大船及23艘小船。成立一个海军联合会来教育人民感知海军力量的必要；1898年9月23日皇帝在但泽的一场演说中讲出了决定性的话语："我们的未来系于水上。"

第七章　亚美尼亚与克里特

导致大不列颠和德意志疏离的原因除了前章所言诸条，还有一个额外原因，就是在对土耳其的感情和政策方面有深刻分歧。自从坎宁（George Canning）[1]支持希腊独立的理由以来，英国政治家中就奔流着理想主义的情绪；而且导向支持希腊和意大利之民族主义的讲求公平之人道主义精神，也被土耳其1875年在巴尔干地区的暴行以及二十年后在小亚细亚的类似暴行所唤起。

第一节

本书第一章提过，在柏林会议上新被唤醒的诸基督徒国家对亚美尼亚人的兴趣，被证明不是祝福而是诅咒。土耳其苏丹对亚美尼亚人的忠诚度起了疑心，而且一位土耳其大臣冷酷地评论，除掉亚美尼亚问题的方法就是除掉亚美尼亚人。与此同时，除了大不列颠并无其他大国身体力行地确保实行土耳其许诺的改革。俄国对于帮忙力有余但心不足，而土耳其的惰性再一次胜利，连格莱斯顿都在1883年放弃了抗争。[2]土耳其政府没有耽溺在惊人的大屠

---

[1] 1822—1827年任英国外交大臣。——译注
[2] 除了蓝皮书，见Bryce, *Transcaucasia and Ararat* (1896); Whates, *The Third Salisbury Administration*; Lepsius, *Armenia and Europe*; Crispi, *Memoirs*, III, ch. 9; Argyll, *Our Responsibilities for Turkey*; Sir E. Pears, *Abdul Hamid*; E. T. Cook, *The Foreign Policy of Lord Rosebery*; Ritter von Sax, *Geschichte des Machtverfalls der Türkei*; Sidney Whitman, *Turkish Memories*; Lynch, *Armenia*, 2 vols.; Djemal Pasha, *Memories of a Turkish Statesman*, ch. 9。

杀中，却追求能让其亚美尼亚臣民的生活变得难以忍受的常规路线。而不可避免的是，比较大胆的心灵将转而思考自卫和复仇。1880年，在格鲁吉亚首都第比利斯（Tiflis）成立一个委员会，那里是亚美尼亚人一个大型侨居地，接下来几年，西欧纷纷出现委员会。1890年，英国人之中成立一个亚美尼亚协助会，把亚美尼亚问题公开化，并给这个遭迫害民族的领导人们提建议。随着《柏林条约》制造的干涉前景变得渺茫且改革的希望石沉大海，民族运动的呼声开始变得更加响亮，暴力行为被许可，虽说英国人以及亚美尼亚人的朋友们警告说，诉诸武力将会带来以大屠杀作答。城市和乡村的绝大多数人都还没有被革命精神触及，但在暗处谋划着的各个委员会的思想以及外国人的同情，可能还有外国政府的同情，令苏丹狂性大发，他对保加利亚被从他的帝国中分离出去的过程念念不忘。可疑分子被抓捕，而当1891年把野蛮的库尔德人（Kurds）组建成哈米德非正规骑兵队并配备现代武器时，亚美尼亚人开始知道他们正活在火山口上。

大屠杀首先于1894年夏季从比特利斯省（Bitlis）的萨桑（Sasun）地区开始。有些村民拒绝远居于高山之上的库尔德人向他们课收的非常规贡赋，于是血洒村庄。土耳其当局派出宪兵收税，当时亚美尼亚人解释说，如果不能保护他们对抗库尔德人，他们就不能交这份税，因为库尔德人夺走了他们拥有的一切；总督却指控他们叛乱并要求派军队。一大队正规军抵达萨桑地区，并在哈米德骑兵队的帮助下在不幸的村民中间纵火和杀戮。一个个村庄被烧毁，男人、女人和孩子被用尽残酷方式屠戮。当悲惨消息由凡城的英国副领事菲利普·柯里阁下（Sir Philip Currie）传到欧洲时，英国驻君士坦丁堡大使提出强烈抗议，罗思贝里爵士被这"无法述说亦无法想象的惨状"所惊骇，要求对犯罪官员进行调查和惩罚。苏丹因为知道各国没办法联合起来而底气十足，因此用一种受伤的无辜语气答复说，在镇压叛乱时没有采取过度的严苛措施。"就像在其他国家虚无主义者、社会主义者和无政府主义者努力获取对一些特权的许可而又不可能授予他们时，必须要采取的反对他们的措施那样，现在是对亚美尼亚人这样。"他一边对调查要求做出让步，一边又让他的批评者们清楚，他根本没心思道歉。英国领事被禁止访问屠杀现场。煽动军队的墨什城（Mush）伊斯兰教法典诠释人及军队指挥官都被授勋，而一位提出抗议的官员被解职。

当听到声称调查委员会的目标是"调查亚美尼亚匪徒的犯罪行径"时，菲利普·柯里阁下被命令邀请法国大使与俄国大使一起提出正式抗议，反对这样一场除了将是闹剧而将一事无成的调查。阿卜杜勒·哈米德也被告知，不列颠政府"保留针对整起事件采取行动的全部自由权"。苏丹做出一定让步，允许英国领事参加调查委员会。罗思贝里政府中的外交大臣金伯利爵士（Lord Kimberley）顺势要求各大国同意，让埃尔祖鲁姆的法国领事和俄国领事也加入——法国与俄国在邻近国家各自都派了领事。法国同意，但条件是苏丹准许。俄国也一样乐意，不过她解释说自己反对引起任何政治问题，并且不是由背后动机驱动的。奥地利与意大利欣然同意组建联合代表团，而德国回复说，尽管对这个问题只有间接利益，但她已劝告苏丹任命一个令各国满意的委员会。在协议就这样达成之后，有人提议三国领事应派遣代表而非亲自去调查；不列颠政府勉强同意了这份缩水的资产。第一轮调查于1895年1月开展，显示出土耳其人决心令调查无效。目击证人们不敢在一个土耳其人的委员会面前谴责土耳其官员的不当行为，而政府的证人们上演着为这种场合编造出的脚本。不过，虽说有这些对阐发真相的障碍，委员会还是发现亚美尼亚人没有反叛政府，土耳其军队没有维持和平却加入了库尔德人的野蛮攻击。

现在留给独自有心开展工作的英国政府的任务是，设计阻止暴行重现的方法。菲利普·柯里阁下起草一份改革蓝图，建议任命一个五年期的总督，该总督仅由各大国批准和解职；设立代表会议；地方官员中穆斯林和基督徒的数量要与当地居民中两类人口的比例匹配；每省设一个法庭，由两名穆斯林和两名基督徒组成；设一支混合宪兵队；最后，设立保护措施以针对库尔德人为强制贡赋而入侵或强索。这是一个务实性的框架，但土耳其诉诸她惯用的抗议与拖延伎俩。苏丹告诉菲利普阁下，他没看出有这种改革的必要；

他抱怨英国人攻击一位老盟友，否认亚美尼亚人正在未经审判地躺在监狱中；又警告说，如果英国继续相信虚假报告，就会让良好关系陷入危机；并补充，他的穆斯林臣民对于自己从亚美尼亚人手中遭受的伤害不能保持漠不关心，而亚美尼亚人的作为显然得到英国的鼓励与保护。驻伦敦的土耳其大使冷静自若地盘问金伯利爵士，大不列颠依据什么权利而宣布干涉土耳其的国内事务，于是他被提醒要记他的《柏林条约》和《塞浦路斯协定》。

苏丹的下一步是任命一个委员会调查亚美尼亚事务，而大不列颠被要求直接与该委员会交换信息，却不是推行她自己的计划蓝图。但是遍布小亚细亚的对亚美尼亚人的持续迫害，打动法国与俄国指示她们的大使加入菲利普·柯里阁下，以在他自己那份备忘录的基础上制订一份详尽计划。大不列颠白费气力地提出，令所有高级别任命都服从各国的许可。不过计划于5月11日提交，包括40个条款，并涵盖全部行政、司法和财政领域，这对苏丹的口味而言太过刺激。他要求给时间考虑，并向德国求助，但德国拒绝介入。但是，当新一轮残暴行为的报告又传来时，大不列颠在月底怂恿各国坚持要一个答复，并在同一时间通知俄国大使，如果进一步耽搁，她就将采取"阻止措施"。

金伯利的意图很棒，但他把弓拉得太满了。接替戈尔担任俄国外交部长的罗巴诺夫亲王对亚美尼亚人毫不关心，并解释说，他不可能同意在亚美尼亚出现一个新保加利亚。他担心或假称担心这个民族的整体起义，他们有两百万人居住在俄国境内；因此他答复说，他在施加高压方面什么也做不了。苏丹得知了俄国的决定后底气又足了，实质上拒绝了整个改革计划。他接受了在行政部门增加亚美尼亚人的提议，但拒绝任命一位高级特派员，拒绝设立督查委员会，拒绝给予各国在各省的否决权，拒绝改革司法、宪兵队与警察的提议，并无视关系税收与财政的条款。在收到这份否定性答复后，罗巴诺夫向英国大使解释说，他从不认为这份改革计划是一份最后通牒，重复说俄国不参与施压，又补充到，他不能允许创造一个行政区，让亚美尼亚人享有豁免特权，并将由此形成一个亚美尼亚国家的起点。哪怕现在不被任何大国支持，英国政府也未退缩，并且金伯利于6月19日提出，苏丹将被要求在48小时之内就改革事宜宣布他的意图。当俄国政府正在考虑该提议时，罗思贝里的内阁倒了，次日，俄国便拒绝同意该要求。

索尔兹伯里一肩挑外交部和首相府两头，他跟金伯利一样急于将亚美尼亚人从他们的迫害者手中拯救出来。他鼓励格莱斯顿于8月发布一份旗帜鲜明的谴责书，并通知土耳其大使，他完全支持前任的政策。[1]当苏丹以重申对改革计划的批评来作答时，索尔兹伯里询问，俄国在施压问题上可以做到哪一步。罗巴诺夫再次回答，只要没盘算着弄出个自治国家来，他希望与大不列颠合作；于是索尔兹伯里解释说他没这个目标，问题在于建立起符合《柏林条约》的有效监督。女王8月15日的演说提及这"令欧洲基督徒国家普遍感到愤慨且尤令我的人民义愤的惨状"。这位刚刚才与德皇在考斯会过面的新首相在他的致辞演说中发表了对土耳其的公开警告。"假如经过一代又一代，悲惨的呼喊来自土耳其帝国的各个角落，我确信苏丹不能无视于欧洲有可能在某个时间厌倦于为此种局面而发出的呼吁。如果他拒绝接受帮助及拒绝听从来自欧洲各大国的建议去根除他领土内的无政府状态和薄弱之处，他会犯下一个致命错误，没有条约和同情心能够长期运行以防止这个弱点变成他所统治之帝国的致命伤。"苏丹对这个威胁不感冒，因为大不列颠孤军作战。

9月11日，沙皇向霍亨罗厄袒露，他对亚美尼亚问题感到厌烦了。[2]俄国现在已跨过了拒绝支持施压的阶段，而开始对其他任何人的行动采取否决。罗巴诺夫解释说，沙皇与他本人都强烈反对任何人或各个大国采取武力。当苏丹暗示说，如果大不列颠坚持在改革事务上有欧洲人监督，那么他就把自己交给俄国，这时警告的意味加强了。苏丹的下一步是颁发一部对抗计划，取消了早已答应的让步，并把所有的行政职务保留给穆斯林。

1　索尔兹伯里同格莱斯顿之间一些有意思的通信见G. W. E. Russell, *Life of Canon MacColl*, ch. 8。
2　Hohenlohe, *Denkwürdigkeiten*, II, p. 521.

罗巴诺夫意识到不列颠政府无意创建一个亚美尼亚国家，也不打算采取高压时，他同意支持有一线机会被接受的温和提议。当苏丹拒绝欧洲人监督时，索尔兹伯里提议建立一个含三位欧洲人的混合督导委员会。俄国则向苏丹提出、法国听话地跟在后面也提出——在委员会和5月提交之计划的主要条款之间做选择。阿卜杜勒·哈米德宁要一个纸面计划也不想要欧洲督察员在场，所以选了5月计划，于是10月7日颁发一纸诏书批准改革。纸面上的让与完成了，但继之而来的却是一场比一年之前令屠杀欧洲协调揭幕的行动更加可怕的暴动。对在此生活了几个世纪的基督徒的最大规模屠杀，于9月30日从袭击一支在君士坦丁堡向政府请愿的游行队伍开始。大清仓式的屠杀发生在特拉布宗（Trebizond）、埃尔祖鲁姆、比特利斯、哈尔普特（Kharput）、迪雅巴克（Diarbekr）、锡瓦斯（Sivas）、艾因塔布（Aintab）和马拉什（Marash），而最最可怖的发生在乌尔法（Urfa），那里的三千名男女老幼都被烧死在大教堂中。领事报告称，这场运动无可置疑是精心策划的；屠杀总是随着军号声开始和结束；士兵参与杀戮；当局唆使行动或充当惨剧的消极旁观者；而且外国人无一受害。苏丹假装接受各大国的指导，暗地里却鼓励甚至可能命令以历史悠久的东方方式解决亚美尼亚人问题。当俄国否决了大不列颠的武力干涉要求时，她签下了土耳其无以计数的基督徒臣民的死亡证明，而她曾在1877年为这些基督徒开战。

当两万五千名亚美尼亚人正在死于剑下、死于火中、死于水中、死于折磨、死于侵犯、死于饥饿、死于寒冷之际，索尔兹伯里向高门激烈抗议。后者答复说，亚美尼亚人的革命运动和基督徒受各国支持的事实刺激了他的穆斯林臣民；不管发生了什么流血事件，亚美尼亚人都是攻击者；政府正在尽力恢复秩序。不仅如此，所谓的叛乱被用作不公布已批准之改革措施的借口，而且苏丹要求大不列颠建议亚美尼亚人保持安静，好"让他实行不能强力推行而直到恢复安宁才能施行的改革"。各国都愿意派遣船只穿过达达尼尔海峡（Dardanelles）去保护自己的国民。罗巴诺夫建议，应给苏丹时间恢复秩序，并倡议说"在当前时刻对土耳其事务尽可能少地干涉"；新近接替卡尔诺基担任奥地利外交部长的戈武霍夫斯基（Goluchowski）也以同样的犬儒态度宣告，局势根本不要求考虑大不列颠认为可取的施压措施。索尔兹伯里在11月9日的市府宴会上宣布，他不相信改革措施会被施行，并重申他夏季发过的警告。但阿卜杜勒·哈米德掌握着局势，并且无拘无束地、闲庭信步般开展他的险恶计划。菲利普·柯里阁下勇敢地致力于感染同僚们的情绪，但徒劳无益。基督徒世界在1895年因为不团结和漠不关心而瘫痪了，就如同它在1453年瘫痪那般，而一个有天分又不惹事的民族受到了惩罚。尽管亚美尼亚人的革命者在一些城市形成了秘密会社，但他们被他们那手无寸铁且深知自己的弱点而不敢冒险叛乱的绝大多数同胞所厌恶。

1895年结束时，灭绝运动被要求暂停；但幕间休息并不阻止暴行重现。罗巴诺夫厚脸皮地声称，他"没发现什么能破坏他对苏丹心怀好意的信心，苏丹正在尽力而为。因此，现在的可行之举是在推行改革的艰巨任务上帮助他，给他必要的时间，并提高他在其臣民眼中的威信和声望"。胆小的戈武霍夫斯基同样决定不再提出东方问题，他承认苏丹能在任何他乐意的时间停止大屠杀。德国从来没有假装关心过苏丹的基督徒臣民变成什么样。法国追随其盟友。意大利尽管不那么麻木冷酷，却不能把她算数。美国分享着大不列颠的同情与义愤，并且在解救任务上慷慨协助，但她不是《柏林条约》的缔约国，并且超脱于欧洲的复杂关系之外。于是索尔兹伯里孤独一枝，有如之前的金伯利，而且因为担心在他眼前燃起一场欧洲大火，他除了警告和抗议便爱莫能助。女王的1896年新年演说仅仅点到苏丹接受了基本的改革措施，遗憾"土耳其人口中一部分人的狂热暴动导致了引起我们这个国家深深愤慨之情的一系列屠杀"，并许诺发布急件和报告。

基督徒世界的瘫痪成为对亚美尼亚革命者有利之事，他们警告君士坦丁堡的各国使馆，除非停止大屠杀且推行改革，否则他们就要引发不安。春去夏来，8月26日，一帮匪徒抢劫了加拉塔（Galata）的奥斯曼银行并且设置障碍把自己挡在里面，希望震醒欧洲的麻木不仁。他们被俄国译员以安全保证为条件劝说撤退，并立刻登上一艘汽轮，但他们的疯狂举动和犯罪行为给了苏丹重启对他所憎恨之民族的袭击所需要的口实。军队靠近的消息传到英国政府那里，他们前来用木棒和匕首武装库尔德人和城市混混。就在袭击银行之后，破坏大军被松了绑，两天里首都血流成河。第二天下午，英国使馆代办通知苏丹，他要让英国水兵登陆，而各国大使继之提交联合通告。有组织的大屠杀立即停止，尽管零星的杀戮仍然继续。在这场土耳其的巴萨罗缪事件中，六千到七千亚美尼亚人在光天化日之下，也在大使们的眼皮底下、在首都大街上被木棒打死或被匕首刺死，激怒欧洲的程度超过小亚细亚那些更大型的屠杀。欧洲人和土耳其人都广泛相信，各国的舰队会飙到首都并废黜苏丹；然而除了大使们拒绝在几天之后的苏丹生日里装饰他们的房屋外，没发生更令人担忧之事。

　　英国舆论气炸了锅，不仅因为土耳其人的恶行，也因为强大帝国的无能。诗人威廉·沃森（William Watson）用一系列鼓舞人心的十四行诗呼唤上天诅咒阿卜杜勒·哈米德，"永远地诅咒，超过各种暂时"；格莱斯顿则以87岁高龄自退休生活中复出，在一篇发表于利物浦的演说中情绪激昂地谴责"这个大杀手"，并恳请将菲利普·柯里阁下从君士坦丁堡召回，同时驱逐土耳其大使。当惨剧发生时，六位大使提交一份联名照会，列引了官方组织并监督大屠杀的证据，并要求开展调查和加以惩处。高门自然否认了暴民是由政府授意行动的，且一个组建来审判所有与这场暴动有关之人员的法庭，却惩罚了亚美尼亚人而让谋杀者们逍遥法外。首都爆发的狂热症随即在整个小亚细亚产生回响，新的袭击事件激起了报复。每一个拒绝把自己的另一侧脸颊也让给打手的亚美尼亚人，都给苏丹提供了一个藐视各国的新鲜口实。血洗博斯普鲁斯一个月后，苏丹答复诸位大使，亚美尼亚人比其他国家的被征服人口享有大得多的特权，他们不想要他已经接纳的改革，却想要自治，对此他绝不会同意，而且各大国也绝不会允许。这份照会的结尾号召各国从自家领土上驱逐亚美尼亚煽动者。但是，外交上的傲慢就跟大规模屠杀一样，无力撼动各国。的确，沙皇于9月6日在布里斯劳（Breslau）[1]会见霍亨罗厄时表达了如下意见——英国对整个运动负有责任，而且尽管他非常属意英国与英国人，他却不信任他们的政策。[2] 索尔兹伯里对土耳其人残暴的痛恨几乎不逊于格莱斯顿，但他不敢让惨剧激起一场更具灾难性的欧洲大战。他的政策由罗思贝里爵士10月9日在爱丁堡的一场演说背书，后者在演说中回应了格莱斯顿的利物浦演说，并辞去自由党的主席职务。"我准备好竭尽全力为反对独自干涉东方事务之政策而战斗。格莱斯顿先生谈到一场欧洲大战的幽灵。我相信那绝不是幽灵。我相信所有或几乎所有重要大国之间有一个坚固和坚决的协议，即用武力抵制英国任何单枪匹马的干涉。孤立的行动意味着一场欧洲战争。大国之间的协奏行动是你能处理东方问题的唯一途径。"[3]

《柏林条约》签订后的这18年使索尔兹伯里和他的同胞们确信，通过支持土耳其来对抗俄国是"赛马下错了注"。土耳其自己没改革，而各国既没强制她执行她的诺言，也不让大不列颠履行她们自己逃避掉的义务。我们的抗议激起苏丹的怒火，我们的威胁换来他的轻蔑。我们没能营救亚美尼亚人，我们还丧失了在君士坦丁堡曾经拥有过的影响力。俄国在1894—1896年间对土耳其的爱绝不比1877—1878年间多，但她现在把目光转向太平洋，而且不打算为另一个忘恩负义的基督徒社群抛洒热血。此外，她也无意看着土耳其因着那些可能会加强她对俄国终极野心之抗拒力的改革而重获新生。最后，她对于有机会掀翻竞争对手的桌子并不难过。当亚历山大二世想要解放苏丹的基督徒臣民时，他曾被比肯斯菲尔德阻碍；当金伯利和索尔兹伯里变成这些基督徒臣民的支持者时，轮到俄国来宣布否决票了。自克里米亚战争以来就开始的英俄斗争仍在升级，亚美尼亚人成为一场世界范围内之敌对的牺牲品，就像之前的马其顿基督徒。苏丹发现他可以在自己家为所欲为，而且他通过抓紧德国皇帝伸出的手，为损失英国人的友谊找到了丰厚补偿。

---

1 波兰西部弗罗茨瓦夫（Wrocław）的德文名字。——译注
2 Hohenlohe, *Denkwürdigkeiten*, II, p. 527.
3 重印于Coates, *Life and Speeches of Lord Roseberv*, II, ch. 30。

第二节

阿卜杜勒·哈米德在同大不列颠的掰手腕比赛中赢了。有组织的大屠杀结束，但亚美尼亚人以及苏丹的其他基督徒臣民所承受且不断因之呻吟的暴政未受限制且几乎不被注意到。另一方面，由于其地理位置以及俄国的合作，索尔兹伯里得以不冒战争风险地从克里特解放一批基督徒人口，而且欧洲协调重新拾回一部分它挥霍在血迹斑斑的小亚细亚高原上的声望。[1]

《哈勒帕协定》签订后的十年，克里特平静地生活在希腊总督治下，但是1889年，一场"自由派"与"保守派"之间的激烈争吵搅浑了水。"自由派"在获得民意选举的全线胜利之后，将"保守派"排除在所有公共服务岗位之外，而有些保守派代表推出与希腊统一的运动，以便令他们的竞选对手尴尬。希腊首相特里库匹斯坐镇雅典努力平息这场骚动；但"统一"一词重新燃起民族仇恨，基督徒与基督徒之间的纷争让位于基督徒与穆斯林之间的残酷斗争。一名土耳其特派员被从君士坦丁堡派来，然而金钱与威胁都无助于平息动乱。村庄一个个被烧，谋杀一桩接一桩，穆斯林农夫蜂拥进城市，基督徒难民则去雅典寻求庇护。几支土耳其军队被派出，特里库匹斯徒然地催促各国干涉而且首先催促大不列颠。土耳其苏丹以一道敕令实质上废止了《哈勒帕协定》，宣布组建一支来自诸大陆省份的宪兵队，并把官员职务优先给予讲土耳其语的候选人。叛乱被镇压，三位穆斯林总督相继统治克里特岛，议会停止召开。

1894年叛乱重新爆发，1895年遭镇压。现在任命了一位基督徒总督，但穆斯林抗议该选择，于是他又被一位穆斯林接替。这一年都处在紧张中，而且1896年5月24日干尼亚街头突发一起冲突。索尔兹伯里按照特里库匹斯七年前呈交给他的建议着手行动，并将克里特基督徒的要求带到欧洲协调

---

[1] 见 W. Miller, *The Ottoman Empire*, ch. 18; Bérard, *Les Affaires de Crete*; Whates, *The Third Salisbury Administration*。

中。主要是由于不列颠的努力,土耳其接受了一份协定,复活《哈勒帕协定》并规定总督应是基督徒,任期五年并要得到各国批准。三分之二的公共职务应保留给基督徒。议会应当每两年选举一次并且六个月内召集一次会议。一个由欧洲军官组成的委员会负责重组宪兵队,由欧洲法官组成的委员会负责改革审判庭。这个计划纸面上令人满意,但缺乏执行它的意愿。苏丹选了一位基督徒总督,但上一任穆斯林总督仍留在岛上担任总司令,享有高级权威,而在组建宪兵队方面的拖延引起了怀疑。穆斯林抗拒改革,并于1897年2月4日在干尼亚失控。基督徒区域的很大部分被烧,国内战争的火焰席卷全岛。基督徒宣布与希腊统一,两天之后希腊国王的次子乔治王子(Prince George)就带着一支小舰队匆匆跨海而来,防止土耳其从陆地增援。一份给各国的照会主张,一旦新的土耳其军队抵达,新的暴政就会继之而来,因此希腊政府决定阻止它。克里特人渴望与希腊统一,统一是问题的唯一解决办法。几天之后,瓦索斯(Vassos)上校带着1 500人登陆干尼亚西岸,以国王的名义占领克里特,并发布一份公告,称他是在为这岛上带来和平与合法。谨慎的特里库匹斯已经去世了,易怒的德律阿尼斯再度掌权。此外,希腊也为支援难民花了大把银子,因此干涉的要求是不可抗拒的。人尽皆知巴尔干国王们的王冠不牢靠,因此精明的乔治国王(George I)不敢因为忤逆他那些群情激愤的人民的愿望而让王冠冒险。

当时有船在克里特水域的五个大国被希腊军队所震惊和惹恼,拍电报让他们的舰队司令去占领干尼亚。戈武霍夫斯基建议,应当围绕这个岛划一条海军警戒线,基督徒与穆斯林应当在既没雅典增援也没君士坦丁堡增援的情况下自己打架争吵;但索尔兹伯里拒绝鼓励一场同归于尽的战争。乔治王子服从了来自舰队司令们的一道命令,撤回他的小舰队,但瓦索斯袭击并夺取一个土耳其人的堡垒。当舰队司令们警告他不要袭击干尼亚和其他他们已经占领的城镇时,这位上校回答说,他是被派来占领克里特的,因此他要按指示行事。对土耳其军队的一场袭击被来自这些舰队的炮击打断了。而当一份许诺只要希腊军队和船只退离克里特就让克里特自治的照会无济于事时,舰队司令们封锁了克里特岛并再次从苏达湾炮轰暴徒们。

因为苏丹无法派遣军队去克里特,他就在希腊边境调动一支部队。各国在阻止战争的意愿上一致,但当德国与奥地利希望迫使希腊从克里特撤回瓦索斯时,大不列颠力陈,克里特岛的未来应当在施加压力之前被决定。俄国不再是改革路上的绊脚石,因为罗巴诺夫死了,而且希腊王后是一位俄国公主。当3月2日各国的照会同时发送到雅典和君士坦丁堡时,这是索尔兹伯里的胜利时刻。乔治国王被通知,克里特不能并入希腊,但将获得绝对自治。作为回报,军队和船只应当在六天之内撤离,否则它们就将被各国驱逐。给高门的照会要求让克里特完全自治,并许诺克里特不会被移交希腊。苏丹别无选择而只能接受;然而陶醉在兴奋与自信中的希腊拒绝从克里特岛撤回士兵。他们应作为宪兵队核心力量而留在那里的提议虽然合乎索尔兹伯里心意,却被拒绝了。拒绝撤出克里特之举虽然得到这群雅典暴徒兴高采烈的欢呼,却惹恼了各国,她们各自派出600人来到岛上。一道严密的封锁线设立了。舰队司令们将各国关于承认完全自治的"不可撤销的"决议通知居民,并命令他们放下武器。公告没生效,因为克里特人要求统一而非自治。

同一时期,土耳其与希腊都在塞萨利边境调集了可观的兵力。苏丹自然渴望严惩希腊人,但他对于一场他知道不被允许夺取领土好处的战争表现得没热情。另一方面,希腊人自独立战争以来都没有跟土耳其人打过仗,现在对他们的陆军和海军的英勇无比自信,而且在某种程度上仍是这块土地上一个外来者的国王不可能抵抗国会的尖锐呐喊。就在此时,一份来自一百位英国自由党人的同情电报到达国王手中,还有一份格莱斯顿评价希腊"十分英勇之举动"的宣传册,这些都鼓励希腊人期待英国人的帮助。钱从国外涌入,一队穿着印有"Garibaldians"[1]字样红衬衫的人加入战线。一如在1886年,希腊的来福枪这回又在边境自行打响;4月5日,各国警告土耳其和希腊,不管是谁挑起敌意都要承担责任并且不会允许从胜利中获益。希腊充耳

---

[1] Garibaldians指与意大利号称四大"国父"之一的将军、政治家及民族主义者居塞普·加里波第(Giuseppe Garibaldi)有关的人,红衫党是他的追随者。——译注

不闻；4月8日，不法之徒越过边境进入马其顿和伊皮鲁斯。这些家伙很快被驱赶回来；但4月17日，苏丹宣布开战。他声称，责任在希腊。战争的确是希腊制造的，但战争的终极原因是土耳其在一个希腊从宗教、语言和政治上都给予同情的岛上的残暴统治。

特里库匹斯曾于1891年向塞尔维亚和保加利亚提议打一场反对土耳其的联合战役，马其顿的一部分也加入。这个计划被斯塔姆布洛夫泄露给高门，于是接下来那几年里，再没有做任何进一步的联合努力。希腊现在再度试图通过许以马其顿的一部分和爱琴海一个港口而收买保加利亚的帮助，但无济于事。苏丹通过恰到好处地允许在马其顿设立主教辖区和学校，而使索非亚和贝尔格莱德保持安静；而且一份提交给巴尔干各朝廷的奥俄照会警告他们不要介入。这样，向希腊施以她所招致之明显羞辱的道路已扫清障碍。希腊海军尽管比土耳其海军优越，但一无所获；地面战役一个月内就结束了。艾德和姆帕沙（Edhem Pasha）把敌人逐出马卢那山口（Malouna Pass）并扎营在塞萨利平原。希腊人陷入恐慌，他们逃离拉里萨；雅典民众则向皇宫进发。德律阿尼斯辞职了，王座被新任首相拉里斯（Rhallis）挽救。溃败的部队在法萨罗（Pharsalos）重新集结，而且斯莫伦斯基（Smolenski）这位战役中唯一出众的将军在韦莱斯蒂诺（Velestino）击退了土耳其军队的前锋。然而这只是天空中片刻的微光，因为5月4日艾德和姆帕沙就迫使整个希腊防线从海边的伏洛退缩到法萨罗。王储康斯坦丁（Constantine）撤回多莫科斯（Domokos）的一个有利地点，然而他于5月17日被轻而易举地逐出那里。通往雅典的道路现在向入侵者敞开，首都第二次被恐慌攫取。5月19日，伊皮鲁斯签署休战协定，然而战争对那里没少造成惨重损失；5月20日则是塞萨利签署休战协定。

因为各国的介入，希腊免于被消灭。拉里斯在就职时通知各位大使，克里特的军队会撤出而且他会乐于接受仲裁；正在等待这个时机的索尔兹伯里立刻开始安排停火协议。各国都同意了，尽管德国坚持签订停火协议之前希腊应首先满足于让克里特自治。虽说其他大国不认为这个条件是本质性的且希腊拒绝接受，德皇还是坚持，于是希腊在5月10日让步了。两天之后，各国通知苏丹，希腊把自己的利益托付给欧洲协调，并将撤离克里特，也接受该岛自治；她们还要求必须下令让土耳其司令官停止前进。菲利普·柯里阁下在同一时间被指示，要拒绝任何把被占领希腊领土留在土耳其人手中作为赔偿金担保的提议，不过战略性边界的变更可以考虑。土耳其被袭击并且战胜，但她那包括归还塞萨利和一份巨额赔偿金在内的要求连德皇都觉得离谱。苏丹被告知，除了战略地点调整和适度赔偿金，别的都不能要；而当欧洲协调出现了一次协调一致时，他屈服了，并下令停止敌对。《和平条约》于12月4日在君士坦丁堡签署，规定一笔400万的赔偿金，这笔钱必须在一个国际委员会的监督下筹集。[1] 土耳其边界被移到靠近拉里萨，但只有一个希腊村庄被移交给土耳其。感谢大不列颠以及俄国比较温和的心情，希腊只带着一点擦伤就能从她鲁莽的冒险中脱身而出。这局面仍然令东方基督徒的朋友们感到极度沮丧。格莱斯顿悲叹着："首先，10万亚美尼亚人被屠戮，没有针对反复发作的安全措施。其次，土耳其比克里米亚战争以来任何时候都强大了。再次，希腊比她变成一个王国以来的任何时候都衰弱了。最后，所有这些都归结于各大国彼此的不信任和互相仇恨。"

　　克里特安置被证明更加困难，而且花了好几个月寻找一位总督。法国建议由瑞士联邦的前总统出任，他却推辞这份荣誉。奥地利拥护一位卢森堡军官，他却不能获得全体同意。接着俄国提议两名土耳其人和一位黑山亲王，但索尔兹伯里拒绝土耳其人，黑山候选人却不容于其表兄尼古拉亲王。在这年将尽时，俄国大胆地提出希腊的乔治王子，而索尔兹伯里立刻表示他"很乐意"支持这位候选人。法国和意大利也赞同，但德国与奥地利对这方案蹙眉。德皇力争，这个曾率领小舰队的人将为吞并而工作，那时其他巴尔干国家就会要求补偿，就像在1885—1886年那样。奥地利补充说，这提议会被土耳其拒绝，所以不该提出。僵持几周之后，德皇通知英国大使，他要从欧

---

[1] 见 Morison and Hutchinson, *Life of Sir Edward Law*, ch. 6。

洲协调中退出，而毕娄用更生动的语言解释为什么德国"将她的长笛弃于桌上"。德国在地中海没有利益，其他国家可以任命任何她们喜欢的人。奥地利起而效仿。交响乐队中不协调的乐器就这样平静地剔除了；但苏丹对乔治王子的反对没有变化。

当这些冗长的讨论在进行时，克里特在忍受老毛病的折磨。希腊军队撤出时，英国领事主张土耳其军队也应撤离；因为如果他们离开，克里特基督徒就准备好接受自治了。但苏丹这方却提议加强他的驻军；各国对此抗议并且遵循英国的动议而命令他们的舰队司令阻止土耳其军队登陆。当德国与奥地利撤除自己的武力时，四国舰队司令要求增加他们总计才2 500人的陆地兵力；沿海城镇被诸国各自瓜分，只有干尼亚被联合占领。内陆基督徒与沿海穆斯林之间的争斗继续肆虐。舰队司令们报告说，如果苏丹坚持拒绝召回土耳其军队，他们恐将与土耳其驻军发生冲突。

僵局最终于9月6日打破，这天一支英国军队在干迪亚（Candia）海港被穆斯林袭击，并造成50多起伤亡，而英国副领事被谋杀。战斗蔓延到穆斯林占大多数人口的这整座城市，几百名基督徒丧生。诺埃尔（Noel）司令斩断了几国内阁无法解开的那个结，炮轰干迪亚以终止冲突，并向土耳其总督下达最后通牒，要求撤除驻军并解除穆斯林武装。欧洲协调的停顿终结了。英国派来驻军并通知俄国，如果各大国拒绝合作，英国要独自行动。俄国赞同坚持让土耳其驻军撤离，各国都接受了索尔兹伯里的建议，必要时各自都从自己所在地区驱逐土耳其军队。10月5日，苏丹被一纸联合通告要求，撤离他的军队并且官员们要将该岛移交给四国，四国会保障他的宗主权益并保证穆斯林和基督徒享有同等福祉。两周后开始撤军行动，一个月内要完成。如果这些要求不被接受，就要采取其他步骤。允许设防城市保留驻军的要求被明确驳回之后，苏丹无条件接受通告，土耳其军队的撤离开始了。11月5日，诺埃尔司令接受了干迪亚的行政管理职务，这位司令官被护送到该海港。苏达湾一座小岛的要塞上飘动着土耳其旗帜——它马上就成为过去的统治和现在的无能的标志。

亲土耳其的德皇满心愤懑见证着这些气势磅礴的行动。他在10月20日致信沙皇说："你知道我为什么放下长笛了。因为我感觉到，也看到有那么一个国家正在利用我们所有人当炮灰，让我们帮助她取得克里特或苏达湾，而且我不会成为恳求我说的这个国家去仁慈地照管那些可怜亲亲克里特人的那帮人中的一个。近期发生的这些事件表明，我的怀疑是对的，这个国家有意造成伤害并使用武力。他们想要驱逐身为土地拥有者的穆斯林，而把这份财产给予是穆斯林之劳工且反叛他们主人的基督徒。那就是一句话便能说明白的克里特问题——赤裸裸的抢劫。这种掠夺行为在伊斯兰世界会造成什么后果你根本无从得知。各国在克里特玩了一个愚蠢又极度危险的游戏。记住你和我在夏宫对什么达成共识，倘若你或我突然面对一场与某个爱管闲事的大国的战争，伊斯兰教徒是我们游戏中一张举足轻重的牌。如果你在克里特问题上继续跟随另一个国家的领导，对你自己的伊斯兰教徒臣民和土耳其的伊斯兰教徒都会有爆炸性后果。因此，我祈求你从危急局势中挽救苏丹，并用一种对他可接受的方式解决克里特问题。"

现在，四国的舰队司令是这个岛的主人，沙皇没对德皇的警告产生任何反应，反而恢复了乔治王子的候选人地位，补充说他是唯一能让克里特人愿意接纳的统治者。各国同意对苏丹新提的抗议置之不理。11月26日，四国驻雅典公使对这位王子委以服从苏丹宗主权的三年期特派专员职位。国会被召集开会，设立一个自治政府并创建一支宪兵队。四国的每一个都许诺预付四万英镑来启动行政机制。王子于12月21日登陆，舰队司令同时离开；尽管四国的军队仍在，但王子随即成为唯一担责的权威。许多富有的穆斯林因为害怕基督徒的管辖而移居土耳其，但和平最终降临在这个发狂的岛上。一个混合委员会起草了一部宪法，而且在1899年见证了自治克里特的首次国民大会召开。王子任命一个五人咨政会，其一是穆斯林。在除了名义之外的每个方面，克里特都是一个独立的基督徒国度。1900年的人口普查显示穆斯林只占总人口九分之一。旗帜、邮戳和硬币上都是克里特人形象。王子的委任统治被延期，在他统治的头五年，这个岛享受着她已失去许多代的宁静繁荣。

1905年，王子和人民相看两厌，而由曾为五人咨政委员之一的维内泽洛斯（Venezelos）领导的在野党准备好登高一呼。1906年，王子辞职，他的父亲受各国邀请要选择一位继任者，便选了德高望重的前首相塞米斯（Zaimis）。当国际联军1908年开始撤退时，各国的任务结束了。每个人都知道克里特与希腊的统一会在基督徒与土耳其人的下一场胜利斗争中到来，不管这斗争几时发生。

第三节

亚美尼亚和克里特发生的危机引出了欧洲的干涉，而欧洲的干涉透露出各国的不团结。对于亚美尼亚，大不列颠和俄国彼此对立；而对于克里特，他们携手合作。但大不列颠和德意志在这两个情况下都发现自己处于不同阵营。欧洲协调的确维护了欧洲的和平；然而它的机体在咯吱作响并呻吟不断，大不列颠在自1894年持续到1898年的与土耳其的斗争中露脸之后，显得比她开始斗争时衰弱些了。因为，当她与双边联盟的关系持续走冷的同时，她与同盟帝国们的友情也变得苍白。奥地利与俄国平息了她们在巴尔干的争吵；德国把自己树立为土耳其公认的保护人。只有意大利还是朋友，但意大利因为她在阿比西尼亚冒险的灾难性失败而灰心丧气。

1894年底亚历山大三世去世，1895年初戈尔去世，于是扫清了重新考虑对保加利亚政策的道路——此前的政策把保加利亚从一个感激涕零的被保护人转变为俄国在近东影响力的愤怒反对者。沙皇的态度在新任外交部长罗巴诺夫亲王眼里总是疯狂的，罗巴诺夫比他的前任更有能力，也更有达成目的的力量。[1] 和解的愿望在另一方甚至更为强烈，因为自负又野心勃勃的斐迪南厌倦了扮演能干的斯塔姆布洛夫的候补角色。他于1894年用亲俄派斯托洛夫（Stoiloff）替换了斯塔姆布洛夫，然而斯托洛夫1895年夏季就在索非亚

---

[1] 对专横独断的罗巴诺夫的刻画见Rosen, *Forty Years of Diplomacy*, I, ch. 12。

被政治敌人谋杀。此外，斐迪南1893年娶来的王妃帕尔玛的露易丝（Louise of Parma）在1894年给他生了个儿子，于是这位亲王现在有个王室要弄牢靠了。1895年7月，一个保加利亚使团去亚历山大三世的墓前献花环，受到友好接待。于是当亲王1896年2月宣布他的儿子将在东正教会受洗时，沙皇接受了担当其教父的邀请，并祝贺当父亲这个"有爱国心的决断"。这是现代史上唯一成为国际事件的受洗。帕尔玛公爵同意女儿嫁给亲王的条件是他们的孩子应被抚养为天主教徒，现在这个保证被违反，于是王妃离开她的丈夫。教皇科以次级绝罚，具体内容包括当他每次领受圣事时都必须征求许可。而恪守拘谨虔敬的维也纳现在目之为背教者。这位亲王用夸张的词句对他的议会宣布，"西方已经绝罚了我"；"东方的曙光照亮我的王室并点亮我们的未来"。代价固然高昂，但回报也很丰厚。俄国现在向这位回头浪子确保对他的承认，而其他大国早就准备附和了，于是苏丹接受他担任东鲁米利亚总督。随之而来的是一轮访问，但弗兰茨·约瑟夫好几年里拒绝接见他。这样，保加利亚就从奥地利不告而别而重新钻入俄国的羊圈，在那里一直待到1913年。当罗马尼亚和保加利亚在1900年看起来要互殴而奥地利与罗马尼亚缔结了一份军事协定时，俄国通过在1902年与保加利亚缔结军事协定而校正了天平。[1] 解放战争25周年时，在希普卡山口（Shipka Pass）隆重庆祝。罗巴诺夫玩牌娴熟，俄国赢得了在巴尔干的根据地，从闷闷不乐中复原。

没人能抱怨与保加利亚的和解；但更成问题的计划也从俄国政客们的脑中掠过。英国与俄国对亚美尼亚政策的分歧仅是她们世界范围内之敌意的一个方面。罗巴诺夫梦想着组建一个反对这个对手帝国的欧洲联盟，这个联盟将把君士坦丁堡给俄国，把埃及给法国，把直布罗陀给西班牙。这只是个梦想，而且这个梦在1896年夏季就醒了；但挫败英国的土耳其政策这一念头汇集成一份庄重决心。大不列颠那讲求公正的人道主义从未在欧洲大陆赢得信任票，而在俄国，自沙皇以下人人都相信诡计多端的英国人设计了一场关乎

---

[1] 刊于Laloy, *Les Documents Secrets des Archives du Ministere des Affaires Etrangeres de Russie*, pp. 14–17。

亚美尼亚的暴动以让俄国难堪。乌赫托姆斯基亲王（Prince Uktomsky）的日志的确解说了英国人对世界那一部分的兴趣，他们想要在印度和地中海之间建立跨大陆的联系。当英国的政策已抹除了英国对解决海峡问题的影响力时，俄国为什么不迎头而上呢？

奈利多夫1896年最后几个月发自君士坦丁堡的急件主张，确保派遣战舰驶出黑海之权利的时机已到，并建议说，苏丹承认海峡出口权的回报是，应被许以对其领土的一份抵押品。[1] 他补充说，为了帮助苏丹确定心意，博斯普鲁斯两岸都应夺取。沙皇同意该计划，且这位大使被传召到彼得堡。坐镇敖德萨（Odessa）的舰队司令被命令访问君士坦丁堡，途中研究博斯普鲁斯要塞，并做出一个军事打击计划。奈利多夫拟了一份详尽备忘，阐明土耳其的混乱以及亚美尼亚人袭击银行之后首都的骚乱。亚美尼亚人可能在策划另一起阴谋，这将引发另一场大屠杀。苏丹可能被废黜，军队可能兵变。亚美尼亚人可能起义。欧洲将干涉并执行会威胁俄国在黑海之安全性及其与地中海之交通的改革。土耳其越稳定，俄国的前景就越糟。因此有必要预估夺取上博斯普鲁斯海峡两岸并确保海峡的自由而引起的各国干涉。这计划需要速定速行。船只与人员都必须一召即至，而他将用密码电报给塞瓦斯托波尔（Sebastopol）[2] 发信号。在船只抵达博斯普鲁斯之前，他将请求苏丹允许占领高地，条件是俄国将照顾苏丹的利益。其他大国如果愿意，在同一时刻将被邀请进入达达尼尔海峡；而如果她们去了，俄国的地中海舰队将陪伴而行。该计策的效果是永久占领上博斯普鲁斯海峡并让达达尼尔海峡中立，向所有国家的战舰开放。俄国将以担心自己国民的安危为由替自己的行为辩护。奈利多夫结尾时宣称，没有哪个大国会武力反对在博斯普鲁斯的北端夺取领土或建设一个俄国的直布罗陀。当大门闩好后，俄国对于参加一个关于土耳其的大会就不会焦虑。被叫来考虑该计划的顾问会中除了财政部长惠特

---

1 这个事件见 Dillon, *The Eclipse of Russia*, pp. 231-244。他的报告得到罗森男爵的确认（Baron Rosen, *Forty Years of Diplomacy*, I, ch. 14）。
2 克里米亚半岛的一个港口。——译注

（Witte）——惠特的工业计划和财政计划需要维持和平——其他每个成员都赞同这个胆大妄为的计划，也被沙皇批准。于是奈利多夫带着在任何他希望的时间打信号的授权返回岗位。然而在最后一刻，该计划在惠特和曾任沙皇导师的波别多诺斯采夫的联合努力下落空了，而欧洲直到20年后才获悉这个有罪的秘密以及与它擦身而过的危险。

亚历山大三世去世，对斐迪南的承认，在亚美尼亚观点上的一致性，加上其他因素，使维也纳和彼得堡之间自菲利波波利斯革命以来就中断的电报线恢复了。尼古拉二世（Nicolas II）在1896年夏季访问了弗兰茨·约瑟夫，而次年春天得到回访的礼遇。在奥皇访俄时，两国外交部长达成一项协议并被各自的君主批准。戈武霍夫斯基从彼得堡返回时总结了5月8日给奥地利大使的一份急件中之谅解备忘的关键要点。[1]

> 在冬宫举行的会议已建起一条共同行动阵线，它虑及安全性和两国的重大利益并解除了巴尔干半岛这块沸腾土地上危及欧洲和平的对抗性危险，同时允许我们更冷静地看待可能出现的复杂性。穆拉维夫伯爵和我对于尽环境所许可之况而尽可能久地维持现状的必要性已达成一致，乐于标明，并不存在阻碍谅解的原则性分歧，这份谅解将预防可能很快就会发生甚且违背我们愿望的不可测之事。
>
> 1. 一旦维持现状成为不可能之事，奥匈利与俄国同意捐弃之前所有征服巴尔干半岛的想法，并决定确保该原则被其他各个大国尊重。
>
> 2. 共同承认，君士坦丁堡及毗连领土问题不具备单独构成谅解之对象的性质，同样还有具有显著欧洲特点的海峡问题。穆拉维夫伯爵宣布，俄国坚持全面维护条约之条款，而远非对事务的当前状态争取任何修正，条约已通过关闭海峡这一外国战舰进入黑海的

---

[1] Pribram, *The Secret Treaties of Austria-Hungary*, I, pp. 184–895.

通道而在禁止性方面令她非常满意。

3. 另一方面，在位于君士坦丁堡和海峡界外的巴尔干半岛建立一个事务的新秩序，带来奥地利和俄国之间订立一项特别约定，两国宣布自己遵循以下线路进行合作：

a. 对波斯尼亚、黑塞哥维那和新帕扎尔的桑扎克的持有不得成为任何讨论的目标，当时机到来时，奥地利保留对当前占领局势的置换权和在发生吞并时的驻军权。

b. 约阿尼那和斯库台湖之间的土地附带向东的充分扩展地带将形成一个独立政权，名曰阿尔巴尼亚公国。

c. 其余待处置领土将在各个巴尔干国家之间平等分配，而奥地利与俄国对之保留听审权。在倾向于尽可能远地考虑参与者之合法利益的同时，她们决计捍卫当前的均衡原则，而且，若有需要就通过修正边界来达成，要排除每一种将有利于任何特定巴尔干公国建立起显著优越地位的组合。

d. 已标明我们两个内阁在巴尔干半岛除了让已于此建立的小国存续并和平发展而别无其他目标，因此我们同意未来在这个领域寻找一种能达致完美和谐的政策，并避免产生任何可能会引起摩擦和不信任的后果。

几天之后，穆拉维夫以一份给俄国驻维也纳大使的照会答复，其中同意了关于奥俄政策原则的声明，但反对一些具体提议。"《柏林条约》为奥地利确保了军事占领波斯尼亚和黑塞哥维那的权利。这两个地方的合并将导致更广泛的问题，需要在合适的时间与地点进行特别复查。至于新帕扎尔的桑扎克，也有必要明确其边界，这从未被充分界定过。阿尔巴尼亚公国的最终形成和在不同巴尔干政权之间等量分割所有待处置领土也触及未来的问题，在眼下还不够成熟且非常难于决定。我确信戈武霍夫斯基伯爵将评论我们看待事务之方式的完美一致性，尽管有些我觉得职责所在而必须提请你注意的小小阐释分歧。"这份协定就这样签订于1897年，形成奥俄直到1908年的巴尔干政策的基础；1908年它毁于埃伦塔尔（Count Alois Lexa von Aehrenthal）的无情双手。

当俄国反对亚美尼亚的改革动因而支持克里特的改革之时，德国两者都反对，并娴熟地抓住时机在君士坦丁堡巩固自己的影响力。在对土耳其的基督徒臣民所遭受之苦难表现出麻木不仁的冷漠方面，德皇与俾斯麦如出一辙；但他放弃了这位伟大首相坚守一生的让俄国在近东自由行事的原则。在这个特别时期，他正在为向近东推进的远洋舰奠定基础，并使德国在君士坦丁堡具有主导性影响。两个目标都完全合法，但各自都包含着对一个大国的敌意，而对两者的同时追求制造出一个结合体，这个结合体有一天要粉碎德意志帝国骄傲的建筑。

当西欧对那个大杀手群起而攻之之际，威廉二世却炫耀地握住他血迹斑斑的手。他把自己的肖像送给苏丹，而且一旦各国表现出她们在意克里特事务时，他就从欧洲协调中抽身而走。马沙尔·冯·毕博施坦1897年走马上任大使，给君士坦丁堡带去一位熟稔和果决的外交家，他在赢得土耳其信任并且把她变成三国同盟一个政治与经济前哨方面的决心不亚于其君王。道路不仅因为冯德尔·高尔茨的工作而早已铺好，也因为德国资本精明的投资。尽管克里米亚战争之后英国人的优势地位持续了一代，但在小亚细亚只建成几条短铁路，而且直到1888年君士坦丁堡与中欧连起来之后，穿过小亚细亚的干线计划才实际成形。目光远大的德国人（其中包括李斯特和毛奇）于半个世纪间都梦想着在土耳其的亚洲部分有德国定居点或德国的影响力。作为对一笔贷款的归还方式，一群主要是德国人的金融家在德意志银行牵头下获得了一条自（首都对面的）海达帕沙（Haidar Pasha）到伊兹密特（Ismid）的英国公司所建57英里长铁路干线的99年运营特许权，以及将之扩建到安哥拉（Angora）[1]的许可权，并附带实质性的千米数抵押品和优先扩建权。

1　土耳其现首都安卡拉的历史名称。——译注

1892年这条线路修到安哥拉。1893年则为了偿还另一笔借款,获得从艾斯基瑟希(Eski-Shehr)到科尼亚(Konia)的铁路特许权,1896年修到科尼亚。

  德国在土耳其的主导性影响力通过德皇1898年秋季去巴勒斯坦和叙利亚的招摇旅程而被巩固和宣示,旅行途中顺访君士坦丁堡。[1]这位皇家朝圣者在耶路撒冷(Jerusalem)和伯利恒(Bethlehem)发表了虔诚的训谕,但他的主要目标是加强德国在伊斯兰教徒中的影响力,他在他的"世界政治"戏剧中给伊斯兰教徒适当地安排了一个重要角色。他在写给沙皇的信中说:"土耳其生龙活虎,不是一个垂死之人。如果你触动了穆斯林的国家荣誉或他们的哈里发,那要提防着他们了。"在大马士革(Damascus)的一场演说成为这次出访的高潮,他使用了值得记忆的字句,"苏丹和散布于地球上的三亿穆斯林们可以放心,德国皇帝将一直是他们的朋友"。返回柏林后,他对在家迎接他的市政当局总结了对此次旅程的印象。"无论我们去哪里,在各大海洋上、在所有国家里和所有城市中,德国的名字都前所未有地被尊敬。我的希望是,这局面继续下去,我们的旅程将帮助开启德国企业与德国能源能够发挥积极作用的新领域,更进一步,我已成功推进确保世界总体和平的高尚工作。"这次出访的确全线成功。德国赢得阿卜杜勒·哈米德的信任,次年,安纳托利亚铁路公司便原则上确保了把铁路线从小亚细亚核心地带扩建到波斯湾那动荡海滨的权利。而土耳其这方则找到一个在欧洲拥有最强力量的朋友,这位朋友的利益与瓜分土耳其对立,而且她的道义支持将使土耳其能够抵抗来自伦敦或彼得堡的不快压力。

---

[1] 这次旅行在德皇1898年11月9日致沙皇的信中有描绘。

第八章　法绍达

伦敦与柏林之间张力的增长并未伴随着伦敦与巴黎之间的敌意有任何减少。英法关系在《德拉蒙德·沃尔夫协定》签署之后十年间的紧张度一如协定签署前五年。[1]其实，与前一个阶段相比，破裂的危险在后一个阶段更形紧迫，因为到了19世纪90年代，埃及只是诸多摩擦因素之一罢了。"世界政治"现在很时兴，而两国都决定在疯狂游戏中充分扮演角色。拥有无可撼动之海洋支配权的大不列颠在这场比赛中有着最强装备，但法国已恢复了自信并确保了一位盟友，还决心为她在莱茵河省份的损失寻求海外补偿。非洲依旧是战斗的主要舞台；但竞争目标数量庞大，且外交冲突在世界的各个部分都在以斗争解决。

造成竞争的一众小原因之中包括南太平洋的新赫布里底群岛（New Hebrides）。作为新喀里多尼亚（New Caledonia）的所有者，法国对它临近的群岛投下饥饿的目光，在大洋洲还同时出现了同等程度的对于传教事业和发展商业的兴趣。1886年，法国附议了一份提议，称她将在承诺不遣送更多国内罪犯去太平洋并将保护传教区的条件下占领。新西兰和新南威尔士（New South Wales）急于让太平洋摆脱囚犯诅咒；但英国把大洋洲视为一个整体的观点——尤其是在维多利亚女王眼里——使其尖锐反对法国的吞并，

---

[1] 总结英法关系见Lémonon, *L'Europe et la Politique Britannique*；Schefer, *D'une guerre à l'autre*。关于法国殖民地见Rambaud, *La France Coloniale*。

而且罗思贝里爵士答复说，他不能对改变感到满意。尽管有这样的沟通，两艘法国木战舰还是载着200名士兵和炮队从新喀里多尼亚出发，两个军事哨所被建立，法国国旗飘扬上空。在对提供解释之要求做出回应时，法国回答说，这次远征没有政治意味，军舰是被派去保护法国国民的，而且此举未得政府授权。罗思贝里对于他可能要面对一桩既成事实的忧惧并不因这份声明而释怀，于是两艘英国木战舰被派去监视动态。次年，任命了一个英法两国海军军官组成的混合委员会，来保护侨民们的生命和财产；而这项权益安排——它既未能在当地白人之中维持和谐，又未能保证土著居民的福利——使得引入一个真正的欧洲控制系统延后20年。[1]

法国在大不列颠的同意下征服突尼斯，但1881年政变的记忆依旧令意大利满腹酸楚，而且到了19世纪80年代末期，关于比塞大要塞的流言开始传播。[2] 1889年，法国政府同时向意大利和大不列颠保证，自己没有在海港设防的意图。这些宽慰人心的保证对克里斯皮没起作用，他在1890年通知索尔兹伯里，比塞大事实上是设防的；他力陈一个新的法国海军基地将威胁到地中海的力量均势，并怂恿不列颠政府提抗议。索尔兹伯里回答说他已经询问过，并被告知进展中的工作不具有军事性质。一个月之后，克里斯皮接获意大利领事通知说，突尼斯国王称他死后王朝就会终结。"我们会在地中海失去自由，意大利将臣服于永久的威胁。如果这不能被阻止，友好的大国们无论如何也必须联合起来，要求让意大利在不遭危险方面得到令人满意的保障。面对一场战争时，一个纯属法国人的突尼斯将至关重要，而比塞大将威胁西西里。如果德国不阻止这一变化，意大利会觉得三国同盟是个绣花枕头。让柏林警告巴黎，说执行7月9日的条约将导向战争。如果什么都不做，法国将进而攫取的黎波里。"卡普里维就联合抗议之事以及当无法阻止法国在突尼斯的主权不受限之时将的黎波里标记给意大利之事，探听伦敦和维也纳的风声。

---

[1] E. T. Cook, *The Foreign Policy of Lord Rosebery*, pp. 12–16.
[2] 见Crispi, *Memoirs*, II, ch. 12；Billot, *La France et l'Italie*。比洛（Billot）是法国驻罗马大使。

违逆性条约的存在被里博否认了，索尔兹伯里也倾向于接受他的说辞；但暴躁的克里斯皮又重提这个问题。他写信给索尔兹伯里说，不可能阻止突尼斯完全陷落在法国主权之下，而且法国若非受到阻止就将夺取的黎波里。另一方面，如果意大利能守住的黎波里，一个设防的比塞大将既不会威胁意大利也不会威胁大不列颠。"这是关于我们的拯救和你的地中海霸权的问题。"意大利代办报告说，这封信给英国首相留下深刻印象，首相吩咐他电告，当地中海现状被改变的那天，意大利对的黎波里的占领就成为绝对必要之事，只要那时地中海没变成法国的一个湖泊。"但时间还未到。他请你等待。他不相信7月9日的条约。一旦意大利占领的黎波里，土耳其将对意大利宣战，俄国则将在维护意大利的过程中征服土耳其。对的黎波里的袭击将成为土耳其解体的信号。那会晚点到来，但英国舆论还没准备好接受它。意大利在等待中不会损失什么。她终将拥有的黎波里；而猎人在猎物进入来福枪射程之前不会扣动扳机。与此同时，首相将力劝法国不要改变突尼斯的现状。"几天之后，索尔兹伯里亲自给意大利首相写了措辞类似的信。"突尼斯注定是法国的，但不会长久。大不列颠与意大利不能允许的黎波里也遭遇突尼斯的命运；然而需要耐心。如果意大利在和平时期占领的黎波里，她将会因重启东方问题而被责备。"克里斯皮徒劳无益地恳恳索尔兹伯里加入对法国的警告，要求不允许突尼斯的这个保护人拥有完全主权。尽管7月9日的条约仅是幻想之物，但比塞大的要塞却不因法国人的否认而不存在；然而当克里斯皮1891年初下台后，再没尝试过进一步的反对。

1885年英国吞并缅甸（Burma）使得暹罗（Siam）成为西部的英国领地和东部的法属印度支那之间的缓冲区，且继之而来的就是英法就其可接受之势力范围的边界进行的拖沓争论，这争论一度还很危险。1889年，沃丁顿给索尔兹伯里一个提议，后者没有回应。1892年，法国大使带着一份把湄公河（Mekong）作为划界线的新提议旧事重提。首相这回答复说，该想法值得认真审视，并向印度国务卿提到它。当沃丁顿三个月之后要求一个答案时，索尔兹伯里声称，他的同僚还没汇报。"由于我们与湄公河还有很长距离，他可能不认为这问题很急迫。"这期间，首相本可以获得比他随后所接受的更好的条款，但他接着就被罗思贝里爵士取代了，罗思贝里执掌内阁期间，这问题将两国带到战争边缘。

1893年产生了危机，不是来自有争议的边界，而是来自法国针对暹罗有着特定不满且她无法以和平措施得到补偿这一事实。罗思贝里爵士承认，她的不满是实质性的，并劝说暹罗放弃要求。但他警戒着，以免法国在追求自身利益时损害了英国人的贸易，或通过入侵暹罗的北部疆土而变成与缅甸接壤。[1] 1893年4月，法国决心贯彻她的要求，而一艘英国船被命令驶往曼谷（Bangkok）观察事态。当法国威胁以封锁来落实最后通牒时，罗思贝里爵士在建议暹罗投降的同时派遣第二艘船去往湄南河（Menam）河口，并命令第三艘船待命。7月1日，他通告法国政府，曼谷的英国公使已被命令建议暹罗以友好方式同法国就她的难题达成协议。"但鉴于一支法国舰队抵达将引发一场起义的可能性，有必要在那个地点安排几艘船来保护英国的商业利益。"到了7月12日，"迅捷"号独自离开暹罗首都，其他船只则仍在河坝处驻扎。一艘法国炮舰也驶离曼谷，而且罗思贝里爵士于7月13日被告知，没有其他法国船只会在河上采取进一步行动。然而次日，两艘法国炮舰在湄南河河口突破防御，于是罗思贝里爵士立刻命令待命的船只跟着去曼谷。两周之后，法国发出一份最后通牒，宣称要封锁，友好的船只有三天时间清场。

7月30日星期天，法国舰队司令通告，封锁安排也适用于战舰，于是英国公使电告，"朱顶雀"号正准备起航。罗思贝里爵士立刻答复，"朱顶雀"号"绝不许离开"，而达弗林爵士被命令向法国外交部解释说，无法设想英国臣民能在一群无法无天的东方民众的怜悯之下离开。这位英国大使7月31日受到法国外交部长接见，并被礼貌知会，封锁在即。与此同时，"朱顶雀"号的船长被告知，法国舰队司令没有要求他撤离，只要他换个位置。8月1日，暹罗接受了法国的要求，8月3日，封锁升级。危机短暂然而急剧，罗思

---

[1] E. T. Cook, *The Foreign Policy of Lord Rosebery*, pp. 38–50.

贝里爵士坦陈，在那个关键的星期天，他曾面对战争之险。在曼谷确实没有敌对利益需要加以辩护或挑起冲突，但如果法国政府没有迅速让步，枪炮可能自己就走火了。罗思贝里爵士的强硬立场同时得到表扬和责备。一方面，他通过抵制一项非自卫性要求而加强了英国的声望，这得到肯定；但另一方面，他冒着为了琐事发生可怕冲突的风险，这有待商榷。两国政府现在进入对缓冲区边界的讨论，大不列颠急于将边界保持在缅甸和印度支那之间。法国想让大不列颠不要跨过湄公河，但这请求被拒绝了，因为湄公河东岸的一个省从前是缅甸的属国。谈判进展缓慢，而大不列颠在1895年初占领了这个争议区。直到1896年1月15日，才有一份"宣言"固定了这个缓冲国家的边界。最终安置被索尔兹伯里的批评者们认为太便宜法国了，但它终结了这两个国家在远东的敌对。

与尼罗河盆地无休止的对抗相比，太平洋和远东的摩擦只不过是小菜一碟。[1] 即使在19世纪90年代，英国也有自由党人，他们衷心渴望从埃及撤离，正如在法国有克列孟梭这样的人反对分散理应集中于收复阿尔萨斯-洛林的力量。但"时代精神"强过他们太多。格莱斯顿在1891年10月2日发表的著名演说《纽卡斯尔纲要》中表达出，希望索尔兹伯里将"采取些措施把我们从累赘又尴尬的对埃及的占领中解脱出来"，但与此同时他也表达了对于该问题将会"被移交给他的继任者处理"的担心。这些话指向撤军，然而当这位自由党领袖几个月后重返政坛时，再也没听过这些话了。其实，当1892年阿拔斯（Abbas）接替父亲登基后任命了一位反英国的首相时，罗思贝里爵士便激烈否定这项提名，并提醒他，英国政府期望在换大臣这种重要事情上能与之咨询。总督闷闷不乐地屈服了，而法国政府抗议这次"专横行动"。这位年轻总督请求独立所带来的唯一结果是英国驻军增加，此举由贝林推动并得到内阁批准。[2]

---

1 关于法国在被领向法绍达那些年里的政策的权威性叙述见Hanotaux, *Fachoda*；Freycinet, *La Question d'Egypte*。

2 见Lord Cromer, *Abbas II*。

在这次短暂的开罗危机之后,罗思贝里爵士很快就面对着尼罗河另一端的一个重大决定。自乌干达1890年被移交给英国人控制后,英国东非公司(the British East African Company)承担对乌干达的管理,现在公司发现该任务超出它的财力许可,因此在1892年夏季决定撤回它的管理人卢加德上校(Colonel Lugard)。罗思贝里爵士不希望在通往尼罗河谷的道路上留下一块无主的土地,意欲不加耽搁地承担起管理任务并从海岸修一条铁路过来,但内阁对此意见分歧。格莱斯顿对罗德斯抱怨说:"这些可怜的传教士正在把我们拖入非洲中心。我们的负担太重了。我们在这世界上拥有的太多。"吉拉德·波特阁下(Sir Gerald Portal)被派去调查局势,与此同时,东非公司同意延后撤出。内阁在接获他的报告后解脱了东非公司,并于1894年4月承担起管理职责。1895年7月,在这任政府垮台前几天,宣告乌干达和海边的土地将成为被保护区,并将尽快修建一条铁路。

德国针对1894年5月12日《英国-刚果条约》的抗议在前文有一章提过,但最强悍的敌对来自法国。[1] 6月7日,法国殖民群体的各位领袖质问政府。外交部的答复显示,巴黎非常重视这份条约。阿诺托辩解道,只有土耳其苏丹能处置苏丹地区。在签署条约时,刚果政府违反了它的中立性。这份协定打乱非洲与世界的力量均势,也违背法国的利益和权利。德国已确保取消了关涉到她的条款,而法国必须宣布,协定中只要关涉到她的内容都是无效和作废的。若有需要,她必须以占领答复占领。既然刚果政府的代理人已洗刷过巴勒加扎耳,其他大国的代理人也可以访问同一区域。"上乌班吉河(the Upper Ubanghi)的司令已经得令返回岗位并将即刻离开法国。他的使团中第一批分遣队已经抵达。如果议院投信任票,他们将得到增援。使团的这位负责人已接到确保捍卫及维护我们权益的指示和必要物资。"在发布这份约略构成马尔尚(Marchand)使命前兆的强硬宣言之后,议院全体一致地通过一项同等明确的决议。"根据《英国-刚果条约》显示出与《柏林法案》

---

[1] E. T. Cook, *The Foreign Policy of Lord Rosebery*, pp. 31-33.

抵触并且威胁到奥斯曼帝国完整性的事实，法国认为它违反法律并且无效。"法国外交部长继之对伦敦和布鲁塞尔口头提出抗议。

英国新闻界被法国的爆发激怒，但政府保持冷静，并且与法国外交部展开了友好讨论。来自法国外交部长的一份辩解性急件重申了他在6月7日演说中的反对意见，并补充说"刚果国对于法国的特殊位置致使在涉及刚果国可能认为它做得正确的承诺时需要极大的谨慎，这承诺冒着对一个身为《柏林法案》及早前各条约之签约国之一——还要考虑到这个大国的接近度——的分内之物提出领土要求的风险，这个大国有利益也有权利保护那些不可被一纸她未参与之条约废止的东西"。英国政府签收了这份急件，但没对法国的批评提供任何合理答复，法国批评意见中绝大多数的有效性也得到达弗林爵士的认可。一周之后，金伯利的答复承谢了这份急件的友好态度。在回答对于那份协定无视土耳其苏丹和上尼罗河总督之权益的批评时，他解释说，这些权益将不会被漠视，不管何时，土耳其和埃及都会站在声张它们的立场上。[1] 1856年条约对土耳其帝国完整性的保障不适用于埃及的赤道省份，因为这些地区是后来获得的；但大不列颠准备考虑任何获得有效证实的土耳其的领土要求。对于刚果国违反其中立的争论，他回答说，《柏林法案》没有阻止中立国扩张领土的内容，而且该国的疆界也从未被国际协约规定。尽管发了这份底气浑厚的答词，大不列颠还是向利奥波德解除了条约并且没有坚持租约。

答复被发送的8月14日，法国与刚果国签署一份条约，刚果同意不占领大不列颠出租给它的那部分领土，并承认法国对上乌班吉河盆地的权利。法国现在决心去探索她最后的财产并对之施加她的临时权威。她本应更公开地进行，但英法关系让人不乐观。自法国于1885—1887年谈判中确保了乌班吉河岸地带的权利后，她将目光投向上尼罗河，因为刚果河的源头和支流都靠近埃及的这条河流。当比利时罔顾条约穿过第四条纬线在上乌班吉河建立

---

[1] *Egypt*, No. 2, 1898, Appendix I.

据点，扩展及整个尼罗河盆地并试图封锁法国向北和向东的扩张时，法国议院于1892年投了一个小信任票，加强法国在上乌班吉河的哨所并通过电报和内河交通将之与海岸连接起来。1893年5月决定将指挥权交予蒙泰伊上校（Colonel Monteil），但使命未能开展。与此同时，比利时向前推进，以一份称"占有就是资格"的言简意赅的答词将法国的抗议弃置不顾。直到1894年7月17日，当《英国-刚果条约》唤起了对刚果和尼罗河之间土地的可能性与危险性的舆论之时，蒙泰伊才着手其事。然而当他抵达西非时，法比条约已经签署，他被命令去象牙海岸（the Ivory Coast）。利奥塔尔上校（Colonel Liotard）被任命为上乌班吉河的特派员，接受的指示是扩展法国在巴勒加扎耳的影响并一直扩及尼罗河。然而由于没有给他授以行动方式，他除了建立一些哨所几无所为。

《英国-刚果条约》就这样被撕成碎片之后，大不列颠提出了1890年《英德协定》中所列的她在上尼罗河势力范围的问题。法国同意谈判，并且按照不列颠政府的希望，同时提出讨论在中非的所有突出问题。谈判于秋季由达弗林和阿诺托在法国外交部启动，各自殖民部的专家负责协助。在这年底就多个非洲问题达成一项协定，但除了关于塞拉利昂（Sierra Leone）边界的协议，这个框架同时被法国政府和英国政府拒绝。阿诺托曾披露，法国保证英国在尼罗河赤道区之领土要求的定义和定界，有争议的省份在某种程度上由两国共同督导，但这项令该外交部长满意的安排在他的同僚们眼中涉及了不必要的牺牲。由于该框架从未公布，不可能评估它的功过，但它的被拒绝注明了对上尼罗河展开竞争的日期，它在山摇地动的法绍达（Fachoda）危机中达到顶峰。

法国殖民群体对非洲产生极大兴趣，在1895年初，法国政府被敦促在尼罗河占一个据点以阻止英国人新近的入侵。法国人在刚果河与尼罗河之间区域活动的流言引出爱德华·格雷阁下（Sir Edward Grey）3月28日的历史性宣言，其中称，英国的政策直到法国人勉强接受我们的领土要求九年之后都不变。"有流言谈到在非洲不同部分的探险运动，但我们没有理由推断说每次法国人探险都带着进入尼罗河河谷的指示或有进入该地区的意图。而我将进一步说,毕竟我已解释过我们认为属于过去之协议部分的领土要求,而且我们关于埃及的领土要求是在尼罗河谷,还加了一项事实,那就是法国政府充分且明确知晓那些领土要求和我国政府对于它们的观点,我不认为这些流言能有可信度,因为一次担负着秘密指示的法国探险活动——正好从非洲另一侧进入我们久已众所周知之领土要求范围内的土地——的推进,不仅仅是不合理及不被期望的行动,还是一次不友好的行动,法国政府必定完全知晓此点,英国也将如此看待。"

这份《格雷宣言》在法国官方圈子里激起怒火和讶异。首先,蒙泰伊使团好几个月之前就已从尼罗河转向象牙海岸,而且对于向上尼罗河派遣一个使团之事并未做出新决议。其次,宣言警告法国远离一大片不属于大不列颠而属于土耳其苏丹的地区,对这种地区,法国的权利跟其他国家一样多或一样少。再次,宣言用战争威胁为法律上无法辩护的领土要求伴奏。法国大使立刻知会金伯利说,他无法掩盖在法国可能产生的痛苦印象。当谈判在进展中时,他抱怨到,一方已经宣布可以承认自己对在议领土的权利没问题。外交大臣答复说,与此相反,如果法国的探险进入谈判涉及的领土,大不列颠有权抱怨,而且他希望法国能向他保证,流言是无根之谈。库塞尔男爵(Baron de Courcel)回称,没有收到关于一次探险的消息,他又埋怨说这份宣言对整个上尼罗河盆地构成占领宣言。金伯利答复,不能这么看,因为这仅仅是对法国早已完全知晓的尼罗河盆地势力范围之宣称的复述。英国政府还向法国政府保证,如果埃及在此之后重新占领苏丹,应承认她对苏丹的所有权。[1]

以上是金伯利对谈话的报告。但法国大使的版本建议这位外交大臣给他下属的葡萄酒里倒点水。[2] 按照库塞尔男爵所说,金伯利解释,一位部长助理发布之宣言的郑重程度小于外交大臣或首相发布的宣言,那是一份法国可以

---

1 *Egypt*, No. 2, 1898, Appendix 4.
2 Hanotaux, *Fachoda*.

自行决定接受或拒绝的要求，而问题依旧开放讨论。他补充说，苏丹一旦回归埃及就将共享埃及的命运。"我期望到我们的占领结束之时，它就不再是争论的原因。两国间的充分谅解更有价值。"法国外交部给这份对一次重要谈话之记录附加如许重要性，因此将之拿给金伯利看，金伯利修改了特定细节后，肯定了它的准确性。阿诺托写道："这样，爱德华·格雷阁下被金伯利爵士纠正了，因为他接受了法国可驳回原则，正如他在谈判期间所为，而且他承认，把任何排他性权利建立在临时占领基础上都是不可行的。"

法国人答复《格雷宣言》一事由法国外交部长4月5日在参议院的演说中阐明。阿诺托宣称，苏丹和赤道非洲都被马哈迪占领，但属于土耳其苏丹及其总督。此时，那片广袤地带可能一个欧洲人也没有。1890年的英德协议承认英国在尼罗河右岸直至与埃及接壤处的势力范围，而尼罗河左岸并无固定边界，但法国提出抗议。英国声称，她的追随者所想要的土地还从未被大体限定过。"只作为一方的论点声明而避免公开宣示不是更好吗？若公开，可能因事前的讨论就此变得无效而干扰一项协定。当我考虑所涉及的范围宽广的土地，以及对于那里发生了什么绝对缺乏信息时，我自问，试图用纸面划界预先解决整个问题，这是否不够成熟。对于捍卫建基于无可争议之资格的明确权利，我本人会把它视为一个非常不友好的、要提前在一个狭窄圈子里终结讨论且使之再也无法启动的行动。在两个互相尊敬且双方关系总是彬彬有礼的大国之间，对于所虑及的复杂难题不存在攻击或禁止的问题，因为有这么多不同解决方法能被有效考虑。没人能视这些模糊地草绘在不完善地图上的最初定界有着永久不变的特征，宛如欧洲各国的边界长期使用的那种定界画法一般。也没任何人可以宣称能阻止那些前去探索这些新国家的英勇无畏之人的事业。但是，当决定这些遥远国家最终命运的时刻到来之时，我以为，假如土耳其苏丹和总督的权利被尊重，各方又被分配了与其工作相称而应得的部分，两个伟大国家将能够达成一项既能协调她们的利益也能满足她们对文明与进步之共同渴望的协议。"对于尼罗河谷的新"门罗主义"，法国外交部长以这份演说礼貌但坚决地拒绝予以承认。法国在赤道非洲继续走她的路，旗帜上镌写着口号"先到先得"。

1895年夏季，统一党人（Unionists）[1]重掌政权，拥有一个强势内阁以及绝大多数席位，开启了拿破仑垮台以来英法关系最危险时期。再也没有关于从埃及撤军的谈话，而且新政府不仅把自己同《格雷宣言》联系起来，还立刻让征服苏丹的计划成形。当克鲁格电报披露出德国瞬间的敌意时，英国做了获取法国赞同的最后努力。索尔兹伯里知会法国大使，大不列颠意欲摧毁马哈迪党，正在考虑远征东古拉。法国会否同意，除非与她协商，否则不能推进到东古拉以远？库塞尔男爵中意这个充满谅解的建议，布尔热瓦（Bourgeois）内阁的外交部长贝尔特洛（Berthelot）也赞同，但他的同僚们拒绝了他的劝告，贝尔特洛则辞职了。

1896年3月1日在非洲心脏地带发生的一件事若不能算令人信服的理由，也给了英国政府开展这次远征的便利。意大利占领了红海的马萨瓦，作为对失去突尼斯的补偿。埃及总督长久以来在马萨瓦维持着一支驻军，现在被马哈迪党的叛乱隔绝了，而大不列颠乐于看到它落入一双友好的手。[2]意大利缓慢向阿比西尼亚的高原推进，但1887年，一个纵队在道噶里（Dogali）被阿比西尼亚人歼灭。1889年签署的《乌查里条约》（the Treaty of Uccialli）使意大利国王成为阿比西尼亚对各国关系的中间人，而意大利自此将该国视为她的被保护国。但孟尼利克（Menelek）[3]否认意大利该要求，辩称条约文本授权他但没有强迫他雇用意大利为中介。1891年的英意协定确定了两国势力范围的边界。卡萨拉（Kassala）被划入英国的地带，但允许意大利出于军事理由占用它。大不列颠承认阿比西尼亚位于意大利的地带，但正专心与意大利打关税战的法国认为，在她对抗大不列颠和意大利的竞赛中，阿比西尼亚是她的爪牙。

1　1886年，英国成立自由统一党。1895年该党与保守党合作，共同创建统一党。1912年自由统一党正式被保守党吸收合并，现今之保守党的正式名称是"保守与统一党"。——译注

2　对意大利在阿比西尼亚之活动的充分叙述见Billot, *La France et l'Italie*, I，试比较Stillman, *Francesco Crispi*。

3　阿比西尼亚皇帝。——译注

意大利1890年宣称是索马里海岸的保护人,这提高了意大利对阿比西尼亚的兴趣。但孟尼利克相信,意大利在与他的叛乱船只密谋,而且他对她自行声称是保护人感到气恼。1896年,巴拉迪里将军(General Baratieri)手下有近3万人的军队,而且孟尼利克尽管最近迫使一个意大利要塞投降,但主动提请和平,条件是意大利从最近占领的他的领土内撤出并修订《乌查里条约》。巴拉迪里知道他就要被替换了,因此拒绝提议,并在阿杜瓦(Adowa)袭击了一支10万人的阿比西尼亚军队。意大利方面损失7 000人,包括被杀、受伤和被俘,而如果阿比西尼亚人穷追不放,他们会被赶尽杀绝。巴拉迪里撤退至马萨瓦,克里斯皮被踢出政权,《乌查里条约》被取消,意大利征服或统治阿比西尼亚的欠谨慎努力骤然终止。

当意大利军队在阿比西尼亚的高原上被追踪时,伊斯兰教托钵僧已经包围了卡萨拉。除了有意大利驻军的危险,埃及政府正预期着来自柏柏尔(Berber)的托钵僧的军事推进运动,而且埃及的军事当局力主即刻推进是必要的。于是3月16日在英国下议院宣布,将从瓦迪哈勒法的边防哨所开始向东古拉推进。据解释,这场运动将通过引发转移而帮助卡萨拉的意大利驻军,并能将埃及从倘若听之任之会变得可怕的威胁中拯救出来。这份声明引起了激烈辩论。拉布谢尔(Labouchere)表达了他对意大利军队在一场对阿比西尼亚不加警示的入侵中溃败的喜悦之情,并针对一场将把我们拴在埃及一个世纪的远征提出抗议。反对党领袖威廉·哈考特阁下(Sir William Harcourt)谴责这个举措是危险之举,并预言喀土穆将有进一步行动。在答复莫利先生(Mr. Morley)发起的反对投票时,钱伯兰辩解到,这场军事推进是由于意大利的危机和由此导致的伊斯兰教托钵僧的动乱。他力争,直到失去的省份被收复之前,无论如何不能从埃及撤军。巴尔福先生(Mr. Balfour)以一条类似论据结束了讨论,称在恢复对苏丹的全线控制之前,埃及的情况不能被认为令人满意。

尽管未被清晰宣明,但很明显向东古拉推进是重新征服整个苏丹的开端,而且它会无限延后从埃及撤军。在法国就是这样阐释的,而且新任外交部长布尔热瓦要求英国大使注意在苏丹打一场战役可能产生的重大后果。这警告4月2日在（法国）议院重申。"我们不能对一项将无限延后诺言之实现的事业的后果保持漠不关心。我们必须维持埃及问题的欧洲特色。"法国与俄国在徒劳无益地要求解释并重启埃及问题后，预期会遭反对，便在公共债务委员会投下否决票，反对为这次远征的费用拨付50万法郎（储备金的五分之一）。德国握有形势的钥匙，而且，由于她在1890年的协议中承认英国对上尼罗河的领土要求，大多数人赞同这笔拨款。然而法国债券持有人向混合法庭诉请裁判并获准否决此项拨款。英国政府以筹措到这笔钱作为答复，而且东古拉于9月历经两场战斗后被占领，本地埃及人在这两场战斗中展现出纪律和勇气。索尔兹伯里现在解释说，尽管眼下会继续推进，但喀土穆不能一直留在伊斯兰教托钵僧手里。

　　布尔热瓦政府不满足于让公共债务委员会反对拨付资金，进而发展到多线并进地攻击英国的政策。与阿比西尼亚的谈判开始了，且这项曾经被指派给蒙泰伊的任务现在被委托给马尔尚。给他的指示由殖民部长1896年2月24日签署。"去年9月你提交了一个远征上乌班吉河以将法国影响力扩展至尼罗河的计划。如果我们想要抢先于英国人，我们必须先抵达那里。"这个重大决定与东古拉远征没有在形式上冲突，因为还没有哪个英国大臣宣称要求进一步的决议。但是它直接触犯了《格雷宣言》；而且尽管法国拒绝承认那份著名声明的有效性，但她也一清二楚她必须考虑忽视宣言中之禁令的后果。

　　在法国的外交资源和企业资源被这样调动之际，布尔热瓦班子于1896年4月29日失势，阿诺托在梅利内（Méline）掌阁下重回外交部。阿诺托虽说是法国殖民野心的坚定支持者，但他认为布尔热瓦的政策进军过速，因此他致力于限制其风险。德国、奥地利和意大利赞同向东古拉推进则是他采取谨慎态度的一个深层动机。指示立刻被派送给彼得堡、君士坦丁堡和阿比西尼亚的法国代表们，让他们按兵不动。而尽管马尔尚使命还未取消，但新的命令已送给上乌班吉总督利奥塔尔，马尔尚是他的下属。"马尔尚使命不是一个军事任务。没有征服的考虑。你已经执行了两年并因此使我们有了值得表彰之尼罗河谷基地的政策必须严格进行下去。"这样，阿诺托通过回归和平渗透政策而努力修复与伦敦的连线。然而局势的这一改进完全是表面的；因为这位新任外交部长既无权力也没意愿放弃危险道路。否认马尔尚使命是军事使命固然消除了当时的外交紧张；但这位无畏的探险家身负法国的旗帜与希望，任何圆滑的辞令都不能掩盖这是一场深思熟虑的、针对不列颠帝国正式政策之挑战的事实。

值此关头，吞并马达加斯加（Madagascar）又引出新的摩擦。[1] 在多年的外交摩擦和数月的断续战斗之后，1885年签了一份条约，将该岛的外交关系移交给法国控制，承认法国在首都的侨民长官，放弃迭戈苏亚雷斯湾（the bay of Diego Suarez）及其周边土地。女王保留她的地位，法国不得干涉内部事务。没有提到被保护国，而且尽管大不列颠乐于承认1890年的新形势以作为法国对桑给巴尔让步的回报，但马达加斯加政府拒绝让法国施加她期望的影响。这样的局面无法长久，1894年法国发了一份最后通牒，要求在全岛范围承认法国的权威。这些要求只被部分接受，而且一场征服战开始了。首都1895年9月被占领，且1896年镇压过一场叛乱之后，该岛被吞并，得胜的加利埃尼（Galliéni）留下来当了首任总督。大不列颠不情愿地奉上投降书，而通过高关税对英国人贸易的实质性压迫进一步恶化伦敦和巴黎的关系。

1897年见证着1896年计划就绪和1898年大爆发之间的间歇清平，但逼近的风暴不吉利地隆隆作响。法国与俄国对于自己成功阻止公共债务委员会用盈余资金支持东古拉远征感到不满足，竟然还抱怨埃及政府不经他们同意接受了大不列颠的钱。英国对这个厚颜无耻的命令企图的答复由财政大臣在议会开会期间给出，他宣布进一步的军事推进很重要。"只要一个有敌意的政权占据着直到喀土穆的尼罗河谷地带，埃及就不能长治久安。"他补充说，英国不会因阻挠和困难而忧心。法国与俄国的新闻界气势汹汹，官方却未采取行动。在这一年，沙漠铁路自东古拉向南延伸，而且在为宏伟的推进运动

---

[1] Hanotaux, *L'Affaire de Madagascar*.

积攒物资。

与此同时,法国致力于改进她的外交处境。阿诺托总是与德国维持友好关系,如同之前的儒勒·费瑞。1897年4月,每年都去巴黎看牙医的霍亨罗厄首相经历了一次热忱的会见,而7月托格兰的边界就被友好地确定了。不久之后,英国与法国关于突尼斯的协议达成,其中包含对英国人贸易的一些细微让步。法国与意大利的关系又变得友好多了。阿杜瓦灾难和克里斯皮下台之后,弗朗科菲尔·鲁迪尼以放弃有条件投降而承认了法国在突尼斯的地位,并以1898年的一份商业条约终止了十年的关税战。法国与意大利复苏的和谐关系因卡米尔·巴吕雷于1897年作为法国大使到来而巩固,他是最成功的法国外交家之一。

当基奇纳(Kitchener)和马尔尚在逐渐摸索从北和从西到上尼罗河的道路时,索尔兹伯里成功地解除了英国计划的一个潜在危险的来源。当启动向东古拉的推进时,雷内尔·罗德(Rennell Rodd)先生被从开罗派来,劝服孟尼利克相信,不涉及对他的领土或他的独立性的恶毒计划。亚的斯亚贝巴(Addis Abeda/Addis Abada)已在围绕尼罗河谷的长期外交斗争中见识过大量法国与俄国的阴谋诡计,而且皇帝的伤害能力因他在阿杜瓦的胜利而新近有所提升。罗德使命完全成功。1897年5月14日签署了条约,确保这位皇帝发誓在针对哈里发的行动期间保持中立,并许诺"尽他一切力量阻止穿过他的领地给马哈迪党运输武器和弹药的通道,他宣布马哈迪党是他帝国的敌人"。作为对这项善意中立保证的回报,索马里的边界按照他的喜好加以调整。没尝试确定阿比西尼亚在北部和西部同英属埃及的边界,因为这种问题在预计下的摧毁托钵僧政权之后可以更有利地讨论。大约同时,麦克唐纳上校(Colonel Macdonald)被命令从乌干达向北推进,以便当英埃联军从喀土穆向南推进的时刻到来之际与之联手,从维多利亚湖(Victoria Nyanza)开始沿着白尼罗河设立连锁哨所的另一项探险也准备就绪。然而,由于同本地军队之间存在困难以及天然障碍,两项事业都没能按目标达成。

下尼罗河对法国人野心的吸引力不下于上尼罗河,而且法国代理们在英国人海岸殖民地的内部忙着。1897年初，一些有争议的领土要求被提交巴黎的一个联合委员会，但法国人的远征继续进行。首相在市府宴会上悲叹，非洲就是被创造来令外交大臣们苦恼的。他补充说，采取安抚也是有个限度的，我们不能允许我们最基本的权利被践踏。钱伯兰以刺耳的嗓音附和到，被认为是我们的财产的国家遭到了侵略，我们不能接受此种局面，"无论能否达成令人满意的解决方案"，组织一支边境军队都是必须之举。在经过许多个月的间隔期之后，巴黎的尼日尔委员会（the Niger Commission）在秋季恢复商讨，其时阿诺托热衷于同英国大使进行私人会谈。法国谈判专家们提议，通过将尼罗河左岸也包括进来，扩充所寻求之一致性的基础，并要求得到乍得湖的北岸与东岸，以此作为对于放弃对尼日尔之主控权和其他特权的回报。埃德蒙·芒森阁下（Sir Edmund Monson）回答，这个大会只能处理右岸，因为左岸问题在1890年就安顿好了，而对乍得湖东岸的领土要求必须避免朝着尼罗河的不当扩张。这位大使（12月10日）对阿诺托写道："如果其他问题得到调整，英国政府对这个条件将不会感到为难。但这么做时，他们不能忘记，对这块土地的占有在未来将开放给一条通往尼罗河的公路；而且如果他们承认大不列颠之外的任何其他欧洲国家有占领尼罗河谷地任何部分的任何要求，将不被谅解。英国政府对此问题的观点由爱德华·格雷阁下明白宣示，并且已被正式通知法国政府。女王陛下当前的政府完全拥护他们的前任们在此种场合所使用的语言。"大使让索尔兹伯里确信，这次通信令他非常满意，而且他的急件已经显示出就英国对尼罗河谷的观点提醒法国政府是多么必要。大使相信，这不会侵害到在西非达成满意安排的机会。[1]

这次通信没有提到马尔尚的名字，但索尔兹伯里对《格雷宣言》的明确肯定构成一个最新且严肃的警告。阿诺托回应，将尼日尔同尼罗河混在一起只会侵害尼日尔委员会的工作，"法国政府不能不重申保留意见，这意见每次都说，即关系到尼罗河谷的问题早已提出了。爱德华·格雷阁下的宣言引

---

1 见 *Egypt*, No. 2, 1898。

起我们代表的即刻抗议,而我亲自以政府的名义做过声明;比照这些声明从未自英国政府那里引起反响这一事实,我本人完全认为这些声明是有正当理由的"。于是,两国政府再度以最不妥协的方式重申了各自在一个他们恰当地认为至关重要之主题上的分歧观点。

尼日尔谈判整个冬季都在进行,基础是占领即有权利。英国人的态度在阿诺托眼里一度固执又凶恶。殖民地政务次官塞尔伯恩爵士(Lord Selborne)在一场发表于布拉德福德(Bradford)的演说中表现得格外有威胁性。"我们希望和平,但不是付出任何代价获取。我们没有为马达加斯加而战,因为我们在那里的利益这么小;但我们能说西非也是这样吗?"1898年2月18日殖民部大臣在议会的语言具有同等威胁性。但同一天,英国在尼日尔委员会的代表承认了法国那些被谴责为过分并且保证了塞内加尔、尼日尔和象牙海岸的定居点联合起来的领土要求。需要四个月来完善这项协议,它在6月14日于巴黎签署,并且划清了从塞内加尔到尼罗河盆地之势力范围的边界。这协定厘清了西非整个复杂的边界问题,并且在阿诺托看来,给予法国她想要的同时没做出重大牺牲。然而法国殖民狂热分子攻击它,因此对它的批准被拖延了。

尼罗河谷的问题依旧,阿诺托意欲在预期的冲突发生之前解决它。基奇纳的推进开始于3月,4月8日在阿特巴拉(Atbara)的激烈战斗解放了柏柏尔省并且宣告了哈里发末日的到来。据信马尔尚已接近法绍达,假如他还没有到达的话。但在签署《尼日尔协定》的次日,梅利内的内阁倒台了,德尔卡塞开始了在外交部的七年任期,他早前担任法国殖民部长的经验在某种程度上对这职位有所裨益。马尔尚7月10日抵达法绍达,但两个月后人们才知道他到达。与马哈迪党武装的决战原安排在9月初,但8月2日索尔兹伯里起草关于夺取喀土穆之后的指示。没有考虑用大规模军事行动占领南部省份,但小型舰队分别被派往蓝色尼罗河与白色尼罗河。如果往前者的舰队遭遇阿比西尼亚人,需要汇报并等待指示。往后者的直到法绍达时都听色达

（Sirdar）[1]指挥，他将带着一小支英国军队。"在应付任何他们可能遭遇的法国当局或阿比西尼亚当局时，对于可能暗示承认代表法国或阿比西尼亚占领尼罗河谷任何部分之资格的任何话都不要说、任何事都不要做。"

9月1日，英埃联军已能看到乌姆杜尔曼（Omdurman），而9月2日破晓时，一支三万人的伊斯兰教托钵僧部队发起蛮勇的进攻。到上午9点，冲锋被遏制，英埃军队向首都开进。从军队后方的山丘中出现了预料外的突袭，使军队右翼一度告急，而当基奇纳在下午进入首都时，哈里发带着他的东道主的悲痛残余人马从城市另一头逃跑了。在一场机枪对长矛的战斗中，胜者的损失总计几百人，而托钵僧的伤亡据估计近两千人。本地军队按照苏丹的战争习俗，在战斗结束后向前穿越平原之时快速解决了几百伤兵。到了夜晚，英国旗帜与埃及旗帜飘扬在戈登1885年丧生的这座宫殿上空，且基奇纳以毁坏马哈迪的坟墓来强调哈里发的失败。

"尽管两国政府间在埃及问题上有分歧"，德尔卡塞仍就这次胜利向埃德蒙·芒森阁下致以他诚挚的祝贺。他猜想有支小舰队将向南行驶，而它可能撞到马尔尚上尉。后者已被指示，要把自己当成一个文明的使者，对于必须在两国政府间讨论的法律问题没有决定权，而且德尔卡塞希望英国指挥官可能接到避免冲突的指示。法国外交部长表达了他关于所有分歧的原因应当和平解决的愿望，也表达了他关于这可能经由开诚布公的讨论而达成的信心。[2] 索尔兹伯里一接到关于这场谈话的电报汇报，就命令大使声明，依照征服权，属于哈里发的所有领土都移交给英国政府与埃及政府，"女王陛下的政府不认为这项权益是开放讨论的内容，但他们将准备好处理任何不受此主张影响之地区的领土争议"。德尔卡塞对此仅评论"属于哈里发的领土"一语相当模糊，而且他对此领土的范围没有准确知识。

与此同时，法国国旗飘扬在喀土穆南边500英里处之法绍达的消息传到

1　埃及军队中的英国将官称号。——译注
2　这是法国1898年黄皮书《上尼罗河与巴勒加扎耳事务》（*Affaires du Haut-Nil et du Bahr-el-Ghazal*）中也加以描述的第一场谈话。

基奇纳耳中，于是9月10日，他带领5艘炮舰、200名英国人与苏丹人组成的军队以及炮兵从乌姆杜尔曼向南行驶。[1] 9月18日，距离村庄还有几英里时，他送了一封信向"欧洲探险的首领"通告他在乌姆杜尔曼的胜利以及他即将抵达。马尔尚在回信中热烈祝贺这位色达的胜利，并告知，他已占领巴勒加扎耳的部分地区以及尼罗河左岸自希鲁克人（Shilluk）的国度直到法绍达的区域。8月25日，他击退一场托钵僧从河上发动的袭击，9月3日，他与一位地方首领签了条约，将尼罗河左岸的希鲁克国置于法国的保护之下，条约已提交法国政府待批准。马尔尚在结尾时说："我对你到达上尼罗河给以最美好的愿望，而且将会快乐地以法国的名义在法绍达欢迎你。"

在9月19日抵达法绍达这天，基奇纳于收到这封礼貌但坚决的回信后几小时内就接待了马尔尚的拜访，他向马尔尚祝贺他漫长又艰苦的旅程。他进一步说，法国人在法绍达与尼罗河谷的露面被认为是对埃及和大不列颠权益的直接冒犯，而他必须针对法国旗帜飘扬在埃及总督领地之内提出抗议。他恳请马尔尚不要对抗埃及人重建权威之举，因为英埃军力与马尔尚的8名军官、120名士兵相比，远非势均力敌，因此他提议用一艘炮舰将马尔尚及其随员运送到北方。马尔尚回答，没有命令他便不能撤下旗帜或投降，并请求应向巴黎报告此事，他确信巴黎会立刻命令他撤退。因此法国旗帜继续飘扬，埃及旗帜则在几百码开外升起。基奇纳继口头抗议之后又写了一份书面辩词反对占领尼罗河谷的任何部分，补充说，埃及已恢复这个地区的政府，而且也已给法绍达任命一位英国指挥官。

在基奇纳与马尔尚会面的头一天，德尔卡塞与英国大使之间有一场重要会谈。法国外交部长询问，大不列颠坚持认为马尔尚没权留在法绍达吗？埃德蒙·芒森阁下回答，法国对于入侵尼罗河盆地会被视为不友好举动这点一清二楚。那么，为什么要派遣这个使团？德尔卡塞再回答，法国从未承认英国在上尼罗河的势力范围，而且确乎对此提过抗议。巴勒加扎耳长期以来都

---

[1] 见 *Egypt*, No. 3, 1898中他的报告以及他与马尔尚的通信。

在埃及的影响之外,法国对法绍达的权利就跟英国对喀土穆的权利一样多。只有土耳其苏丹的委任指令才能证明英国人领土要求的合法性。埃德蒙·芒森阁下以评论局势非常严重来结束谈话。英国政府不会同意妥协,它无意挑起争端,但对于它早已警告法国不要迈出的一步,它自然会嫌恶。德尔卡塞向他的来访者保证,内阁每位成员都急于同英国保持良好关系。如果英国也同样渴望如此,就不会有危险。

法国内阁会议在9月27日召开,英国大使应邀在同一个傍晚来到外交部。马尔尚已告诉基奇纳,他在抵达法绍达之际就已将自己报告的两份副本送出,一份通过法属刚果,另一份通过阿比西尼亚。绝对需要尽快获得这份文件,而且如有指示可转达马尔尚,让他直接送一份副本到开罗,他们将感激不尽。埃德蒙阁下问,他是否能得出结论,马尔尚在他的报告被接收之前不会被召回?德尔卡塞回称,他准备以最和缓的口气讨论该问题,但大使一定不能向他要求不可能之事。索尔兹伯里同意转达信息,但补充说,现存事态若拖延下去,会制造更多困难。公众急于知道有何进展,但如果能够宣布马尔尚即将离开,那就足够了。9月30日,埃德蒙阁下再次拜访德尔卡塞,后者告知,他不能不经讨论或无条件从法绍达撤出,还补充说希望能讨论刚果和上乌班吉河的法国殖民地。

这些谈话至此为止都发生在巴黎,但10月6日库塞尔男爵去唐宁街找到首相,在一场无结果的漫长会谈中坚持宣称弥漫在法国的强烈情绪。索尔兹伯里向他保证,英国的强烈情绪并不逊色,并向这位来访者提到1890、1894、1895和1897年各年里法国对英国人领土要求的肯定。法国大使建议,双方都应宣布关于势力范围划界的谈判在进展中,并宣称法国应在尼罗河左岸有相当一部分。谈话于10月12日重启。男爵声言,法国渴望在尼罗河有个河口以供乌班吉省的商业活动,并要求在巴勒加扎耳的可通航港口享有一席之地。法国在该省建立据点已有些时日,并且伴随对这些据点的无争议长期占领权而拥有对它们的权利。关于索尔兹伯里那马尔尚应当退到乌班吉和尼罗河支流分水岭以外的建议,男爵答复说,这分水岭太难确定,因此他重新建议就乍得湖和尼罗河之间的领土达成总体协议。首相觉得他的言辞不明确又花哨，拒绝在他们能够用准确的术语规范化之前讨论此种问题，而且这第二次会谈像前次一样，没有得出明确结果。在伦敦和巴黎的谈话清楚表明，法国政府意识到法绍达必须放弃，但它希望通过谈判挽回脸面。可是当法国准备有条件撤军时，大不列颠坚持无条件投降。

首相的耐心并未得到英国新闻界和舆论认可。就在他倾听法国大使"辞藻华丽"的论据与诉求之际，罗思贝里爵士正在埃普瑟姆（Epsom）的一场集会中致辞。他宣称，这个问题至为重要。"面对郑重其事地警告说一个特定行为会被认为是不友好举动，还故意做出该举动。在政府政策背后是举国一体的力量。没有哪个试图撤回或敷衍那项政策的政府能维持一周。这个国家为了维持它们会做出任何牺牲或任何必要之事。在海峡另一岸也有一个极其重要的因素，是关于旗帜的问题。我尊敬旗帜，但旗帜是便携事物。任何不负责任的人都可以带着旗帜，我有几分希望在这件事上的旗帜不必然是法国的旗帜而是个别探险家的旗帜，因此就没有承载着旗帜背后那个共和国的全部分量。德尔卡塞先生表现出了和好精神。我希望，这个事件能和平解决，但必须理解，在埃及的权益方面没有妥协。近些年里，大不列颠太不被当回事了。让别的国家记住，真诚仅存在于彼此尊重对方的权益、对方的领土和对方的旗帜之时。"

这些大声疾呼的音调得到财政大臣希克斯-比奇（Hicks-Beach）附和。"在经过了80多年和平之后，那些友好关系若受到干扰将是个巨大灾难，在这些和平年代里我本希望不友好的感觉实际上已经消失。但是，比战争还糟糕的邪恶来了，而我们不能从任何可能到来的事物面前退缩。"钱伯兰呼吁要想到克制与其他谨慎措施，这些不能被解释为威胁，但他又对所有"我们以巨大代价从无政府状态和暴政中解救出来的"领土提出要求。也能听到一些比较缓和的评论，《每日新闻》（Daily News）恳求考虑"法国的合法野心"，然而多数人更喜欢《每日邮报》（Daily Mail）的粗鲁沙文主义。舆论陶醉在乌姆杜尔曼的胜利之中，又被长期拖延所激怒。《笨拙》（Punch）杂志的一幅漫画表达了街头民众火冒三丈的不耐心。街头小手风琴师问："如果我走开，你会给我什么？"肌肉发达的约翰牛恶狠狠皱着眉说："如果你不走，我会给你点东西。"法国很清楚战争随时会到来，而且她兴奋地做好了最坏打算。

马尔尚的报告及时经由开罗发往巴黎，但法国内阁的决议不由它的内容决定。法国屈服于强权，11月4日，库塞尔男爵通知索尔兹伯里，法绍达将会撤空。首相高兴地宣布，危机过去了。他补充说："还会有大量讨论，但庆幸的是，一场危险争执的原因已经消失。"马尔尚拒绝经埃及回家，更宁愿经由阿比西尼亚的长途路线。这对一个大国是个惊人的羞辱，因为大不列颠以战争相威胁而确保了法国无条件撤出。阿诺托宣称，马尔尚使命的目标是占据一个有价值的工具，以便在为同类问题折冲樽俎时作为筹码，就像关于尼罗河，也如已被提入日程的尼日尔。这是危险的游戏，即便谈判如阿诺托所想的那样在乌姆杜尔曼大捷之前就进行了。索尔兹伯里证明自己在关于远东国家的爱好方面太易屈服，但在尼罗河谷，他坚定不移，对于无视一再地断然警告所造成的后果，法国只能算咎由自取。法国早已有个敌人，她无法承担第二个。与大不列颠争吵是在做有利于德国的事，会毁坏任何最终收复莱茵河省份的机会。德尔卡塞在议院宣布简单的事实真相："一场冲突会卷入与目标不成比例的牺牲。"法国舰队很弱，而她的敌人只要愿意就能占领她整个殖民帝国。这位外交部长已经选定他的道路，决心从英国人的友谊中收获他不能通过阻碍她的意志而得到的东西。当法国仍在被屈辱刺痛之时，他告诉朋友们，他希望留任外交部直到他恢复与英国的善意。他的愿望要得到满足，但在对头们于1904年勾肩搭背之前，有一条艰难的道路必须越过。

在某些地区响起的建立苏丹保护国的呼声被英国首相拒绝了，他在市府宴会上宣布，只有当绝对必要时才会声明。他补充说，大不列颠在埃及的地位已经改变，因为"一个受挫的战场只是历史道路上的一个阶梯"。苏丹的地位在1899年1月19日的《英埃协定》中被明确。除了在萨瓦金之外，英与埃及的旗帜并置，最高军事控制权和行政控制权要归属一位由埃及总督任命并经英国政府同意的总督，这国家接受军法管制，直到有进一步通知，混合法庭的审判权只在萨瓦金被承认，进出口奴隶要被禁止，《布鲁塞尔法案》中涉及军火和烈酒的条款要加强。苏丹被从国际复杂因素中解脱出来——这些复杂性导致对埃及的占领成为永久的倾轧，并由一位来自喀土穆的仁厚君主统治。一年之后，哈里发军队的残余在科尔多凡（Kordofan）被弗朗西斯·盖温特阁下（Sir Francis Wingate）的机枪部队剿灭，哈里发本人宁死不降。首相在议会会议上单刀直入地描述了新政体的特色，"我们通过两种资格掌握苏丹——首先是它形成埃及领地的一部分，其次是由于一个更古老也更少复杂性的资格，被称为征服权。在写给法国政府的第一封信中，我慎重地把我们的资格建立在征服权上，因为我认为它最有用、最简单，也是两个资格中最合理的"。

有逻辑的法国批评家指出，如果大不列颠诉之征服权，马尔尚也可以这么做，而且如果这领土要求基于法律是对的，就没必要拔剑相向。他们争辩说，这个共同主权除了在名义上不是英国人的保护国，在其他各方面都是；而这份条约在司法上是无效的，因为1892年的土耳其皇帝敕令禁止埃及总督放弃或转让领土或特权。然而没有哪个大国发出抗议的声音，法国官方也只得装聋作哑。尽管危机过去了，但苦涩的感情依旧，并且在两国都有表达。英国殖民大臣在1899年1月18日的一场演说中尽情发泄他的愤怒之情。他抱怨，英国人1896年被排除在马达加斯加贸易之外，这是对信任的破坏。他又说，法国在纽芬兰（Newfoundland）捕鱼权上的行为明显是以杀敌一千、自损八百为目标的恶毒政策的一个典型例子。就在这时，法国从马斯喀特（Muscat）苏丹那里获得一个波斯湾的海港，而大不列颠强迫苏丹以一个装卸煤炭的港口来补偿。

在那场重大的投降之后，库塞尔男爵被保罗·康朋接替，他注定要为安抚战争在即的国家关系扮演领军角色。1899年1月2日，这位新任法国大使表达了希望恢复其前任所开启之非洲谈话的愿望。索尔兹伯里现在准备谈判了，且3月21日的《宣言》令双方都满意。法国在刚果和尼日尔的地位提升了。在1890年的协定之下，法国仅能接近乍得湖北岸，而她现在可以接近湖东岸以及南岸的一个地点。索尔兹伯里提出一个规则，双方都必须承认位于给定界线之另一侧的所有领土是对方的势力范围，但是德尔卡塞拒绝一项将使英国在埃及和苏丹之优势地位变得神圣不可侵犯并将认可处置非签约国之权利的提议。他就此提议，而索尔兹伯里接受了该原则："法国不寻求合议线以东的领土或影响力，大不列颠不寻求合议线以西的领土或影响力。"这条分割线沿着尼罗河与刚果河的分水岭而设，瓦代（Wadai）[1]落入法国势力范围，达尔富尔、巴勒加扎耳及科尔多凡属于大不列颠。后三省形成一个自由商业带，法国因此获得了进入尼罗河的商业入口。虽说尼罗河谷自然留给了大不列颠，但法国没被要求承认英国在埃及的领土主张。大不列颠没做出牺牲，但她认可了法国从西非向撒哈拉和内陆扩张的权利。尽管法国的希望在苏丹受挫，但她对黑大陆地表拥有的份额比她的竞争对手更大。康朋多年以后宣称："工作开展得又快又顺利，因为索尔兹伯里爵士知道他自己的心意。于是我建议，还有些其他事务可以用同样友好的精神解决。他摇着头微笑，说：'我对德尔卡塞先生信心十足，对你们当前的政府也一样。但是几个月后他们可能就被推翻，然后他们的继任者们将反其道而行。不，我们必须再等等。'"[2]等待期长达四年，充满重大决议，也塞满出乎意料之事。

---

[1] 位于乍得湖东的一个历史王国。——译注
[2] 《泰晤士报》1920年12月22日的一则访谈。

第九章　南非战争

大不列颠与法俄双边联盟之间的危险紧张关系随着在亚洲和非洲的利益竞争和野心角逐而产生，并在旅顺港和法绍达事件中达到顶点，这使不列颠政治家的想法再度转向那个他们直到最近都还与之保持友好关系的大国。克鲁格电报既没被忘记也没被原谅，但不再唠叨对南非的欠考虑干涉企图。此外，收复苏丹期间三国同盟对不列颠政策的稳固支持以及阿特巴拉大捷时德皇的祝贺电报，在一个法国与俄国给我们的道路堆叠障碍的时刻受到了双倍欢迎。关系缓和开启了亲善之路，而大不列颠将亲善转换为同盟的失败努力构成本章的主题。

尽管索尔兹伯里是首相兼外交大臣，但钱伯兰是1895年组阁的统一党内阁中最强势的人物，而且他马不停蹄的活动远远超出殖民部的院墙。这位殖民大臣对他上司在远东问题上的屈从态度并不完全满意。他的观点获得其自由统一党同事德文公爵（Duke of Devonshire）的响应，公爵抱怨他被棉纺工业关于兰开夏郡（Lancashire）的中国市场有危险了的怨言轰炸。1898年2月底在阿尔弗雷德·罗特希尔德（Alfred Rothschild）家的一次小型晚宴上，钱伯兰与公爵恳请广受欢迎的德国使馆一等秘书艾卡德施坦男爵安排一次大使同钱伯兰之间的会面。[1] 哈茨费尔德与钱伯兰次日就会面了，而且3月期间每周都有两三次非正式会谈，内容涵盖整个英德关系。

1　Eckardstein, *Erinnerungen*, I, pp. 292–296.

钱伯兰关于结盟的意见得到大使的同情回应，但威廉大街反对说，英国的党派政府体制会导致难以保证这种关系的稳固性。钱伯兰答复说，英国议会会同意；毕娄又答，英德条约的公开将破坏柏林与彼得堡之间的友好关系。4月初，谈判陷入僵局，钱伯兰相信俄国得到了讨论的风声。但是，在阿尔弗雷德·罗特希尔德的建议下并在哈茨费尔德的同意下，艾卡德施坦拜访了在汉堡的德皇。这位敏感的君主在听取了报告之后，表示同意大使馆的观点。然而一周之后，哈茨费尔德通知艾卡德施坦，继续谈判没有用处，因为皇帝与毕娄已经转变为反对定协议。钱伯兰面对柏林的漠然保持冷静并转头控诉，因为他心中热辣辣的，而且他的怒火在5月13日对选民的一场演说中决堤而出。"关于俄国以做出承诺两周就打破承诺的方式获得旅顺港，我只想引如下格言，'跟魔鬼喝汤就得用长柄汤匙'。未来我们必须在中国和阿富汗认真对付俄国。但对于我们的孤立无援我们能做些什么？有些批评者说我们应当与俄国缔结协议。但缔结协议是双方的事，俄国要求的我们不能给，我们无法给任何东西来克制她。如果进展到缔结一项协议，谁又能保障它的实施？"这篇演说的寓意也适用于德国。

5月30日，德皇在一封给俄国沙皇的"私人并机密的"信件中讨论了新形势。"随着一个完全出乎我意料的突发事件，我被摆在一个对我的国家至关重要的重大决定面前，而且这个决定如此深远，以致我无法预见其最终后果。我那亲爱的、让人充满美好记忆的祖父用来培养我的那些关于我们两家和两国的传统一直被我作为他的神圣遗产而恪守，正如你所拥有的那样，且我自问我对你和你家族的忠诚毋庸置疑。4月初对我的国家和我个人的攻击突如其来，不列颠新闻界和人民在那之前已经对我们一阵阵泼水，而就如你能想到的，会有片刻安静。这令在家的我们深感讶异，而且我们困惑地要求解释。在一场私人质询中，我发现，尊敬的女王陛下通过她的一位朋友给英国报纸带话，说她希望停止这场不高尚又错误的游戏。这样一个不寻常的步骤自然让我们得出结论说，发生了某些事。复活节前后，一位著名政治家出于他自己的冲动突然派人找我的大使，还直截了当地向他提出与英国缔结盟约！哈茨费尔德伯爵惊讶万分，说他完全搞不懂自从1895年以来我们两国之间发生了那么些事，怎么可能变成这样。对方回答，这提案是出于真实的渴望和诚心实意。我的大使说他会上报，但他很怀疑英国议会是否可能批准这样一份条约，英国迄今为止总是让所有希望听到的人都听清楚，绝不在任何条件下与任何大陆大国缔结同盟，不管哪个国家！复活节之后，这请求又被急迫地重申，但在我的命令下，大使冷淡并迟缓地以不着感情的方式做了答复。我认为，这个事件已经结束了。然而现在，这请求以一种如此明白无误的方式第三次被重提，给了特定的时限要我给出明确答复，同时还极力向我展示为我的国家打开的一个广阔又宏远的未来，因此我认为我有对国家的责任在回答之前恰当地反省一下。在我这么做之前，我开诚布公地来找你，我可敬的朋友与表弟[1]，来通知你，因为我觉得这是一个，这么说吧，关乎生死的问题。我们两个意见一样，我们想要和平，而且我们直到现在都在维持和坚守和平！这个联盟的倾向是什么，你会很懂的，因为我被告知，这联盟是要与三国同盟结盟，还要加上日本和美国——与那些早已开启非正式会谈的国家结盟！我们拒绝它或接受它会带来什么机会，你可以自己计算！现在，作为我信任的老朋友，我恳请你告诉我，你能向我提供什么，且如果我拒绝了，你会怎么做。在我就这个困难的形势做出最终决定并寄出我的答案之前，我必须要清楚地看到你的提议是什么；要清楚并公开到没有任何隐藏之意，这样我才能在面对上帝时于心中判断与衡量，如我应当做的，什么才是对我的祖国和这个世界的和平有好处的。你给出任何提议时都不必担心你的盟友，她将会按照你的愿望被置于一个联盟中。"

　　沙皇答复说，三个月以前大不列颠就向他提出一个着眼于"以隐蔽的方式"摧毁法俄联盟的提议。那之后他很快就取得旅顺港，与日本达成一项关于朝鲜的协议，并且与美国处于关系最佳时期。德国可以指望俄国的友情，

---

[1] 原文是"cousin"，然而此时在位的是尼古拉二世，他是威廉一世妹妹的重孙，而威廉二世是威廉一世的孙儿，所以两人是表舅甥关系。——译注

但德皇必须自行决定要给英国人的提议附加什么价值。[1]这封信坚定了毕娄与赫尔施泰因避免结盟的决心以及根据彼此分离之议题各自的价值处理它们的决心。然而门还是开着的，且索尔兹伯里6月就与哈茨费尔德讨论以不会挑战俄国的形式达成亲善关系。不过，没有取得进展，也不能够取得进展，因为皇帝与他的顾问们那时认为俄国朝廷的好意价值高到不应被危及。德皇于8月18日致信沙皇，"自我5月与你通信以来，英国时不时与我们重启谈判，但从未完全展开双手。目前我能弄清的是，他们正努力地试图找到一支能为他们的利益而战的大陆军队。不过我相信他们不会轻易找到一支，至少不会是我的！他们最新的动向是希望从你那儿赢得法国"。

对英国人的试探缺乏回应之举没在英国造成愤慨，因为内阁并未提出，也甚至没考虑过正式提案。不结盟的合作是可能的，而且此时一个领域打开了，各国将在这个领域追逐她们的利益而无须担心冲突，并且德国在这里将为声明放弃对南非的所有要求——她将此描述为自己的"牺牲"——而找到补偿，而罗德斯能在这里进一步扩大不列颠帝国。葡萄牙的财政一如既往地混乱，对英国贷款和德国贷款的利息逾期未缴，于是德国政府提出一项交易。预期葡萄牙会接近英国和德国之一，且不想要她投向法国，于是英德两国应一致答复葡萄牙说，她们只能联合供给她经费，而且葡萄牙应当抵押或割让她的殖民地以作为一笔巨额贷款的抵押品。1898年10月英德签了一份秘密条约，将葡萄牙殖民地划分成英德势力范围，莫桑比克南部、安哥拉北部、马德拉群岛（Madeira）、亚速尔群岛（Azores）和佛得角群岛（Cape Verde Islands）落入大不列颠手中，而德国的份额由安哥拉南部和莫桑比克北部构成。只有当葡萄牙意欲出售时才进行瓜分。[2]这一年末，英德政府小心地公开提及上述理由。钱伯兰宣称，德国是个危险的竞争者，但两国有许多

---

[1] 这封信没发表，但哈曼为柏林的外交部提供了一份摘要。对于沙皇提及的英国提议，我们一无所知。

[2] Eckardstein, *Erinnerungen*, II, p. 205. 1872年的《英葡条约》给了大不列颠对德拉瓜湾的优先购买权。

无须结盟就可达成一致的重要问题。毕娄附和道:"在许多点上我们都可以在不损害其他关系并保持其他关系完整的情况下合作。"然而葡萄牙协定成为一纸空文,因为这个国家逃过了财政崩溃。索尔兹伯里不喜欢1898年的条约,而次年索维拉尔侯爵(Marquis de Soveral)这个英国宫廷中备受欢迎的人物就劝说他更新旧的针对攻击的互惠保障——这在一份往来照会中被描述为《温莎条约》(Treaty of Windsor)。该协定消除了英国人1890年最后通牒造成的愤慨,那份最后通牒否决了葡萄牙人对在南非杂乱扩展之地的领土要求;尽管它与《英德条约》并无言语出入,但直到多年以后,德国才被非正式地告知于此。不列颠舰队1900年在里斯本时的系列演说中提及该条约,致使德国询问所言是何条约;兰斯当爵士(Lord Lansdowne)[1]回答说,是对长期以来的同盟关系的续订,且并不侵害1898年协定。

当罗德斯于1899年春季访问德国首都时,在合作之路上迈出了又一步。[2] 德国殖民部主管在与罗德斯一位朋友的谈话中谈到这位南非政治家对德国的敌意。这位英国人顺水推舟提出访问建议,并得到保证说罗德斯这位帝国的缔造者将受到皇帝接见。罗德斯欢迎这个机会,因为好望角至开罗的铁路正是他魂萦梦牵之事。收复苏丹以及罗得西亚(Rhodesia)[3]的北扩使得线路只剩下中段需要视其经过坦噶尼喀湖的东岸还是西岸而同刚果国或德国商谈。跨非洲电报线在财政上是个容易问题,但同样需要外国的同意。提供了一条穿越刚果之狭长地带的1894年《英国-刚果条约》被废除了,因此罗德斯把他的主要希望寄托在德属东非上。1899年初,他在埃及与基奇纳及克罗默讨论线路问题,又在回家途中访问布鲁塞尔和柏林。在离开利奥波德国王的书房之际,他抓住了碰巧经过的英国军事参赞并对之耳语:"我跟你说,那个人是撒旦。"

---

1 亨利·查尔斯·凯斯·佩蒂-菲茨莫里斯(Henry Charles Keith Petty-Fitzmaurice),兰斯当侯爵五世,1900—1905年任外交大臣。——译注
2 Eckardstein, *Erinnerungen*, I, pp. 314–315; Basil Willimas, *Cecil Rhodes*, pp. 309–311.
3 以罗德斯的名字命名的英国人在南非的殖民地,1895年开始使用,1901年变成南罗得西亚(Southern Rhodesia),1923年正式设立南罗得西亚政府,领土相当于今日的津巴布韦。——译注

与德皇的会面极度热忱，开场是关于克鲁格电报的友好玩笑，罗德斯解释说这电报将他的国民的怒火从他自己头上移走了，结束时则承诺为电报线通过德属东非提供所有便利。谈话在一场使馆宴会上继续，宴会结束后皇帝下令"当罗德斯先生进入我们的领土时，他不需要给他的工人安排军事扈从，因为那会给他带来不必要的开支"。细节需要花时间展开，而且直到这个秋季才签协议。特许公司为回报通过德国领土架电报线而承诺，但凡修建通往大西洋的铁路，一定通过德属西南非洲。双方也达成协议，如果德国无法为通过德属东非的铁路提供财政支持，罗德斯会承担该任务。令这位英国人高兴的不仅是他的议价，还有他的东道主，他描述德皇是"一个伟人，一个心胸宽广之人"。他给一位德国友人写信时说："你家皇帝对我非常好。""我不会改变与德国的非洲殖民地合作的决心。"他的慷慨与信心洋洋洒洒表达在他遗嘱的一份附录中，其中提出，德皇应每年给牛津大学输送一定量的罗德斯学者。这次访问是德皇在布尔战争中对大不列颠友好的因素之一，而在金伯利如释重负之后德皇发的一份祝贺电报表明，这头著名"南非牛"的魔力依然闪烁着。

关于葡属非洲的英德谈判进展得非常和谐，但关于萨摩亚难题的讨论却制造出大量热能。艾卡德施坦宣称，赫尔施泰因憎恨索尔兹伯里，他急切地相信索尔兹伯里伤害了德国并用他可诅咒的机巧而使德国陷入麻烦。较熟悉索尔兹伯里的哈茨费尔德否认了这种讹传，但这位大使的神经因柏林的军事远足与警报而不安。确实，他与首相的关系在1899年夏季变得如此紧张，两个人数周未碰面。萨摩亚1889年以来所赖以生存的三重共管权被证明运转不良，美国与英国看中一种解决方法而德国看中另一种。索尔兹伯里被来自非官方渠道的威胁所激怒，而举止失策的赫尔施泰因暗示，如果不能立刻达成一个令人满意的协议，皇帝将中断外交关系。索尔兹伯里非常恰当地拒绝了在手枪指着他的头时进一步谈判，还语带讽刺地对德文公爵评论说，自己成天指望着一份最后通牒。"不幸它还没到。如果它没来，德国就将丧失一个以体面方式既除掉萨摩亚也除掉她所有殖民地的最佳机会，这些殖民地对她而言似乎太昂贵了。而我们那时就能在殖民地补偿阵线上与法国联手。"哈茨费尔德现在邀请暂时从外交职务中隐退的艾卡德施坦去与钱伯兰接触。这位男爵高兴地接受了该任务，并确保他关于以放弃德国在萨摩亚的领土要求来换取其他某地作为补偿这一提议得到柏林的批准。经过两个月谈判，达成意向协议，德国让出她在萨摩亚的权利，换来英属所罗门群岛（Solomon Islands）和黄金海岸的一部分。赫尔施泰因赞同这份协定，但蒂尔皮茨反对，他还争取到毕娄和皇帝站在他这一边。布尔战争的爆发彻底改变了局势，它加强了德国的议价能力，于是她最终保住了萨瓦伊岛（Savaii）和乌波卢岛（Upolu），但让出德属所罗门群岛以作为回报。美国接收了图图伊拉岛（island of Tutuila），而英国国旗从萨摩亚群岛消失。

当大不列颠和德国正在为太平洋一组群岛讨价还价时，世界上的主要政府已响应沙皇的一个邀请而聚集在海牙，讨论缩减军备。尼古拉的行为被以斯特德为首的英国的领袖人物们当作服务于人道主义的公正提议而欢迎。又有流言说，一位富有的波兰银行家兼和平主义者布洛奇（Bloch）一部关于未来战争的百科全书式作品引起了该统治者的注意。然而正如惠特多年后所披露的，海牙会议的起源其实平淡无奇。[1] 1898年初，国防部长库罗帕特金（Kuropatkin）为沙皇起草一份备忘录，声明鉴于法国与德国已加强她们的炮兵，俄国与奥地利本不应落后。然而花费令人望而却步，因此可以通过一份不要购买新枪炮的协议而使两个国家都受益。财政部长惠特在被征询意见时答复说，奥地利或者会认为俄国无力偿债，或者认为俄国希望把钱花在某种秘密事项上。此外，这提议将损害俄国的信誉。惠特主张，一个更好的计划是让各大国都节省军备。这番论证打动了沙皇，于是修正过的提议被外交部以外交辞令润色。8月24日，穆拉维夫向每位被委派到俄国宫廷的外交代表发送一份沙皇诏书的副本。

收到副本的政府都接受了这个邀请，于是由所有欧洲国家以及美国和

1　Dillon, *The Eclipse of Russia*, pp. 269–278.

日本参加的第一次海牙会议于1899年5月18日召开。[1] 但很快就表现出召集会议的主要目标无法达成。当俄国提议五年内不应增加军队或军事预算时，德国代表便起而解释他的国家并未蒙受不可承担的重负，他还因此拒绝讨论压缩或抑制军备。这番声明不仅向会议本身，也向欧洲和平的维系挥出一记重拳，因为海陆军备不加抑制地增长扩大了德国每个邻国的潜在风险，也增加了各国统治者与部长们、外交官与财长们、国会与新闻界生活与工作的张力。德国的辩护者们随即解释说，面对愤怒的法国在一边而斯拉夫巨人在另一边的形势，他们不能答应移除防御盔甲的任何一部分。确实很难把沙皇诏书中的原则还原为具体数字，而且这恐怕会被证明是不可能的；但这个任务连试都没试，这就是缘于德国的否决了。此外，该决定不仅是由于德国对其边防安全性的合法忧虑，也是由于她本着几乎是出神入迷的狂热而已奉行多年的国家自给自足的宝训。如今，乃至此后，在德皇眼里，对他给陆军和海军的无限控制权加上任何限制的建议都是对他君权的近乎亵渎的挑战。于是会议就满足于许了一个苍白无力的愿，称限制军备扩张是人类的物质福祉与道义福祉所渴望的。另一方面，会议通过试图使战争规则合乎人情而做出一些有益工作，尽管对于美国和德国很重要的私人海上财产的豁免权被大不列颠拒绝承认。有更重大意义的是创立一个永久性的仲裁法庭，这主要归功于英国驻华盛顿大使兼首任全权大使朱利安·庞斯富特阁下的外交技巧和勇气。

海牙会议的《总章》于7月29日被28个参与国中的26个签署。但军备继续增长，且10月9日不列颠帝国就开战了。南非斗争的各事件与欧洲现代史的关系就跟它的起因一样微小，但南非斗争在欧洲政治中造成的反响很深刻。冲突开幕之时大不列颠的地位本是"了不起"的，要不是处于冒进的孤立状态的话。法国与俄国不可救药地心怀敌意；德国不太友好，但勉强可称一个朋友；美国离欧洲的争议远远的，尽管我们在西班牙战争中坦率的同情

---

[1] J. B. Scott, *The Hague Peace Conferences*; Zorn（德国代表之一）, *Die beiden Haager Friedenskonferenzen*。

已经缓和了关于委内瑞拉的愤怒记忆;日本还没有在伦敦和彼得堡之间做出选择;奥地利与意大利在世界政治中不活跃。这份孤独既被战争场景也被战争中诸事件所强化。世界对于特兰西瓦的"洋人"的牢骚所知甚少也更不会关心——他们冒着他们所抱怨的烦恼与羞辱而设法积累起巨额财富。(1895年底的)突袭未被遗忘,我们没能将责任追查到底,也没有惩罚罗德斯,这坚定了本地人的怀疑,认为高层政治圈子和金融圈子对布尔人共和国的独立耍花招。再者,不止一个国家领受过钱伯兰尖牙利嘴的抽打,而谈判掌握在主要帝国主义者手中这一事实无助于耐心倾听英国人的案情。因此,比勒陀利亚的最后通牒在欧洲的旁观者看来是对从英国和印度派遣军队的自然答复。当人们发现,未经训练的布尔人能够偶尔击败英国正规军,同情转为热情;而且两个小小国家为捍卫自己的独立而对抗一个庞然帝国的努力被人们屏息凝神地热切注视着,并报以倾情鼓掌。在敌视者看来,英国就是最大的恶霸,早就鲸吞了一半世界,还打算吞下两个被赋予无限矿产储备的下里巴人共和国。欧洲新闻界几乎毫无例外地同情布尔人,于是弗兰茨·约瑟夫皇帝在一次外交招待会上对英国大使所言之"这场战争我站在英国一边"深受英国官方圈子赏识,因为它是狂野之中的一声呐喊。[1]

自治领土因着母国的原因而重整旗鼓,虽说是帝国团结的好证据,但并不能给欧洲那些皱眉的人和揶揄的人足够补偿。而战争爆发后在机要政治领域的第一个结果就是伦敦与柏林之间恢复连线。德皇在缺席四年之后指示哈茨费尔德在夏初小心地询问一下邀请他访英之事。不可或缺的艾卡德施坦向威尔士亲王探听,后者答复说他不反对,但他的外甥必须在访问期间别再发表夸夸其谈的演说。这位冲动的君王收到女王的秋访邀请函后很快就威胁说,除非萨摩亚问题迅速妥善解决,否则他不去。但当钱伯兰与艾卡德施坦在一场友好的谈话中商谈该难题时,他的怒火又烟消云散。访问是柏林建议的,然而当战争爆发后,东道主比客人更渴望访问进行。从英国人的角度

---

[1] Rumbold, *Final Recollections of a Diplomatist*, pp. 359-360.

讲,极其需要让在田间和农场的布尔人知道,德国的支持不会即将到来,而且关于欧洲将为了他们而联合干涉的流言只是一个荒唐美梦。

首相在梅耶爵士的宴会上宣布,我们与德国的关系如应有的那么好,而11月19日皇帝与皇后抵达英国。此次访问空前成功,并且这一次皇帝与他的舅舅彼此互动甚欢。而这远不只是克鲁格事件爆发后王室间的私人和好。毕娄陪同他的君主,机要政治也被讨论。1898年春季与1899年初秋的谈话已经铺好了路,那时在萨摩亚谈判中钱伯兰警告艾卡德施坦,如果他不能与德国达成一致,他就要与法国和俄国谈交易。禁锢在威廉大街光线熹微世界中的赫尔施泰因相信这威胁是虚张声势,但哈茨费尔德眼光锐利,并鼓励他的这位下属讨论结盟。当皇帝抵达英国时,钱伯兰亮出他中意的计划,并获得鼓舞人心的回应。他在12月1日写信给艾卡德施坦称:"我与皇帝进行了两次长谈,坚定了我早前的关于他对欧洲难题之非凡洞察力的观点。毕娄也给我留下非常深刻的印象。他表达了希望我就美国、德国和英国之共同利益说点什么。因此我昨天在莱斯特(Leicester)发表演说。"

莱斯特演说会在世界引起回响,这不奇怪。钱伯兰是英国政治中最强势的人物,而且自从布尔战争爆发,欧洲的眼睛就盯着他。他在演说伊始抱怨外国新闻界的毁谤,甚至连女王这么近乎神圣的人都不放过。"对陛下的这些攻击激起自然的愤慨之情,而如果我们的邻居们不改正态度,这股怒火将引起严重后果。"在大声谴责过法国之后,是对美国友善态度的热情颂扬,然后他转入他心目中最重要的话题。"还有一些我认为任何有远见的英国政治家都早已渴望的东西,那就是我们不应与欧洲大陆保持永久隔绝,而且我认为当这个欲求形成的那一刻,就必定会清楚呈现给每个人——我们与伟大的德意志帝国之间是自然的同盟。我们之间有分歧、有争吵、有误解,但归根结底总有一股力量必然将我们带到一起。我们有哪些与德国利益相对立的利益呢?我能预见到许多东西必定会成为欧洲政治家焦虑的原因,但在这些事情上我们的利益显然是一样的;而且在这些事情上,我在美国事务上曾说过的谅解倘能扩及德国,对于维护世界和平恐怕会比任何武力吞并做得更多。实际上，条顿民族的特点同盎格鲁-撒克逊民族的特点之间区别微小。如果英国与美国之间的联合是导致和平的强有力因素，那么在条顿民族和盎格鲁-撒克逊民族的两个伟大分支之间的新三国同盟就将成为世界未来的一个更有潜质的影响因素。我用了"结盟"这个词，但你是签条约结盟还是在各自国家的政治人物心中存有对盟约的认识，这不重要。"

尽管这演说得到德国统治者的鼓励，却没在德国本土引出应和。德国的舆论支持布尔人，而且当忙着吞吃小羊时有人提出与狼结盟，这建议自然被既轻蔑又恼怒地拒绝了。强烈的抗议对温顺的毕娄而言气势过盛，他正指望着接任首相呢，而且他心中从未想，也不会想与英国人结盟。这位外交部长的国会演说使他重新得宠于国民，但激起钱伯兰的蔑视，钱伯兰对畏首畏尾或首鼠两端深恶痛绝。他给艾卡德施坦写信说："我对毕娄对待我的方式不想多言，但继续结盟谈判已是枉然。已经搅得人仰马翻的谈判会否在战争结束时恢复，这有待观察。你最热忱的努力全都白费，这让我真心遗憾。每件事都曾进展顺利，索尔兹伯里也又变得很友好并且站在我们一边。"毕娄托艾卡德施坦给这位殖民大臣送了一封密信，指出他的位置很难做，但他的态度没改变，可这解释于事无补。而且，很多事件已经发生，并将发生会进一步抹除亲善前景的事件。

1899年10月18日，布尔人发布最后通牒的一周之后，德皇利用汉堡一艘船下水之机，对他闭目塞听的人民发布又一则激动人心的呼吁。"我们急切地想要一支强大的海军。我们在外国的利益需要强大的保护力量，而且它对于提升我们的海上战斗力也是不可或缺的，汉堡对此点的绝对必要性心领神会。但这一需要的实现在我们的祖国只能缓慢进行，这个国家不幸还在徒劳的党派倾轧中浪费力量。我不得不怀着深刻的焦虑观察着，在关注和理解具有世界重要性的重大问题上进展是多么缓慢。在我执政的头八年里，我不停地恳求和提出警告，其间我没少遭白眼和嘲笑，但是加强海军之议仍持续遭到拒绝，倘非如此，我们在促进我们繁荣的贸易和海外利益方面的能力会是多么不同啊！然而我仍未死心地希望德国人能让自己鼓起勇气。因为鞭策着他们心灵的对祖国的爱是强大的。而且，我的父亲与祖父以及他们的支持者们的确帮忙创建了一个极好的结构。我们的父辈渴望看到而我们的诗人为之歌颂的这个帝国，带着它全部辉煌的荣耀屹立着。"这是帝国布道者最后一次不得不抱怨他的人民对于他心目中亲爱的计划缺乏兴趣，因为每个人现在都看到什么东西来临了。比利时公使11月21日报告说："预期德皇要提出一个新规划，因为近期事件——西班牙战争、法绍达、南非——给他留下极深印象。寓意是，德国正冒着她辛勤建造起来的殖民帝国被掠夺的风险，甚且更糟糕的是丧失她的海外贸易和商船的风险。1898年规划的舰队足够防御德国海岸，但不足以远距离行动。这个规划可能会通过，因为打动皇帝的考量似乎也在大多数德国人心中制造出同样印象。"[1]

蒂尔皮茨在《回忆录》中宣称，国会需要被"护理"；而1898年已成功地开出第一剂药的他在1899年夏季决定，至晚要在1901年重复实验。财政拨款被证明不够用；每年建造同样数量的船只看起来令人向往；最重要的是，古巴、马尼拉和法绍达的教训推动了气氛。他的观点被外交部长深信不疑地采纳了，后者在12月11日请求国会思考当时的危险。"我们必须准备好应对来自陆地和海上的突袭。我们必须有一支强大到足以阻止任何国家进攻的舰队。风暴随时会起。1898年以来的事件表明《第一海军法案》的明智。所有大国都在增加她们的舰队。如果不大幅度扩充我们自己的舰队，我们就不能在世界上维持比肩法、英、俄、美的地位。我们在政治上和经济上都是被妒忌的对象。政治上苍白无力且经济和政治都低眉顺眼的时代绝不能重来。在即将到来的世纪里，德国人民或为刀俎，或为鱼肉。"[2] 如此掷地有声的话语自铁血首相下台后再没在国会听到过。

几天之后，扣留和搜查于非洲东海岸从事非法交易的三名德国商人一事，给德国政府的教育运动带来不期然的帮助。其中两人被允许走人，但

---

1 Schwertfeger, *Zur Europäischen Politik*, I, pp. 50–51.
2 Bülow, *Reden*, I, 1899年12月11日。

"联邦参议院"号被送上德班（Durban）的战利品法庭（Prize court）[1]。德国的抗议照会如任何爱国者能想到的那样激烈，索尔兹伯里则对它的语调表达惊讶之情。哈茨费尔德因病不在岗，局势看起来很凶险，因为德国政府似乎昏了头，让人相信它准备中断外交关系。在皇帝访英期间官复使馆一等秘书之职的艾卡德施坦报告说，内阁希望阻止再发生冒犯事件；可是他下一次拜访英国外交部时却气馁地获知，一位德国舰队司令预计怀揣一份48小时最后通牒来到伦敦。不过，索尔兹伯里说话的语调非常随和。他评论说，关于"联邦参议院"号的货物没有收到正式报告，但看起来很清楚它没有携带走私品。"我不等战利品法庭的报告了，不过我将立刻释放这艘船，支付赔偿，并保证不再麻烦德国船只。"这是一次大方的让步，1月19日毕娄发表声明，称英国已道歉并支付赔偿，还下令不许再犯。他补充说："经常展露自己没有侵略倾向的德国享有被体贴对待的特权。"朝堂之间与使馆之间的关系未遭大碍，且当此后不久威尔士亲王在赴哥本哈根的路上于布鲁塞尔遇刺之时，德皇旋即从柏林发电恭喜他逃过一劫。另一方面，"联邦参议院"号事件在德国人头脑中的反响深刻且持久。给家中的德国人民带来他们在海上软弱无力信息的不是皇帝、蒂尔皮茨、海军联合会的摇舌鼓唇，而正是1900年1月的这些日子。"世上没有对人人都不利的事"，当这消息到达时毕娄评论说；蒂尔皮茨则建议应当给英国司令官授个勋章。皇帝在《回忆录》中提及，"首相点了香槟，我们三个敬英国海军，他们被证明是个帮助"。

现在到了引入《第二海军法案》的时机。蒂尔皮茨记录称："我们犹豫了很久，是否要把关于英国人之恶意的思想写入前言。我宁愿完全不考虑英国，但这样一个不寻常的需求便能把我们小小的海军力量翻倍，使得几乎不可能避免至少要谈到真实原因何在。"《法案》前言解释到，德国必须有足够强大的战舰，当遭遇此种主权陷入危机的险境时能够加入战争，哪怕是与她最强大的海上对手开战。这份计划将1898年的计划翻了一倍，并且盘算着在

---

[1] 战利品法庭是被授权裁断一艘船属于被合法俘获，在战时被强夺，还是在掠夺方带着私掠许可证的情形下被掠夺的法庭。——译注

16年内建造34艘战舰，使在列战舰总数达到38艘。第一份规划中的海岸船只要停工，但要造14艘大型巡洋舰而非10艘，还要造38艘小型巡洋舰而非23艘，鱼雷舰则要增加到80艘。关于6艘巡洋舰的要求已经搁浅，这不重要，因为那时出于技术原因还不可能建造它们。新的法案不像头一份那样靠年度预算来提供信用，它不仅满足了掌控议会的拘泥之人，还能使更大或更昂贵的类型在需要时被采纳。

第二份法案遭遇的反对比第一份少，而且对中枢的稳固支持确保它能应对风险。[1]社会主义者仍然反对，但在布尔乔亚领导人中只有里希特独力抗争。毕娄谈及，"在经过预算审议会一轮漫长而激烈的讨论之后，他过来私下对我讲：'你会胜的。你将赢得大多数。我原来怎么也不相信。'我解释，鉴于德国的民主政治几十年来都要求在海上有效率，他的反对意见为何令我费解。海尔维格（Georg Herwegh）站在德国舰队的摇篮前，第一艘德国战舰1848年建造。我指出，为何我们必须在海上保护自己的商业和工业。他专心听着，终于说道：'你可能是对的，但我太老了，我没法跟上新一轮事物了。'"皇帝对于他的努力取得胜利感到很高兴。他在1900年7月一艘船下水时宣称："海洋对德国的伟大至关重要，但海洋证明了，在海洋之上或海洋之外倘无德国皇帝就不会有重大决议。"毕娄像往常一样，用刻意保证让外国舆论放心的措辞表达了满意之情。他于6月12日的第三轮解说中大声叫板："给我一个例子说明我们的政策绝不温和。冒险和侵略不是我们的想法。但我们不会被漠视或碾压。我们想要能使我们和平发展的安全，既要政治的安全也要经济的安全。"他在多年以后表示，利益、荣誉和尊严迫使德国争取其国际政策的独立性，一如她在欧洲为自己的政策所争取到的。

大不列颠的孤立以及整个欧洲对布尔人共和国的同情自然引出要调停或干涉的流言。[2]穆拉维夫1899年10月结束其在比亚里茨（Biarritz）的秋季假

---

[1] 国家自由党领袖巴瑟曼（Bassermann）现在稳定且强有力地支持一支更大规模的海军。见他的《演说集》（Reden）第1卷中第一篇演说。

[2] Otto Hammann, *Zur Vorgeschichte des Weltkrieges*, ch. 3 and *Der missverstandene Bismarck*, pp. 73–75.

期，回国途中访问了巴黎，并与法国政府讨论局势。在这位外交部长离开法国首都之前，一些反英的报纸就宣称俄国的干涉迫在眉睫，而俄国报纸谈及一份针对大不列颠的法俄谅解。巴黎讨论的细节不曾公布，但曾为法国外交部做古怪工作的法国化丹麦人儒勒·汉森在战争爆发之际旅行到德国，探听德国是否会加入干涉。[1] 毕娄拒绝接见他，但他虽说没见到什么重要人物，却力图劝说英国政府相信德国已向法国提出干涉建议。汉森这一努力失败了，因为艾卡德施坦已就他的诡计警告过唐宁街。法国公众舆论欢迎几乎所有对布尔人展示同情的方式，但没有理由相信法国政府对英国心怀敌意。吕贝（Lubet）总统和瓦尔德克-卢梭（Waldeck-Rousseau）总理作为法国最沉着的两个人物，焦急地考虑让这个国家从德莱弗斯危机[2] 产生的高烧中恢复。而德尔卡塞尽管并不热爱英国，却意识到没有英国的同意想实现殖民扩张，即便不是不可能也困难重重。另一方面，他刚刚才访问过彼得堡，因此几乎不可能用空洞的否定来应对俄国人的建议。

穆拉维夫访问过巴黎之后遇到了他那正与外戚们待在黑森的君王，并于11月8日陪他去了波茨坦。在几个小时的谈话中，似乎没有出现对调停的提及，而几天之后德皇与毕娄启程前往英国。在前文所说的祸患令大不列颠困窘且截留"联邦参议院"号激怒德国舆论之前，德国没采取任何行动。但在1900年2月底，在与法国结束新一轮讨论之后，俄国驻柏林大使问，德国是否会加入法国与俄国在伦敦的旨在恢复和平的联合行动方针。[3] 答复通过驻彼得堡的德国大使送去，称德国只要还得考虑法国的敌意，就不能让自己暴露在复杂情势中。她因此询问，法国与俄国是否准备好在保障各自的欧洲财产的情况下加入她。这看似天真的询问制造出如果不是当真渴望也是预期中的效果，因为法国不会跳入承认《法兰克福条约》的陷阱。艾卡德施坦向他的

1　Eckardstein, *Erinnerungen*.
2　指1896—1906年间阿尔弗雷德·德莱弗斯（Alfred Dreyfus）上尉因其犹太人出身而遭遇政治与司法不公的事件，此事件导致第三共和国分裂为敌对两派。——译注
3　布尔热瓦与帕热斯（Bourgeois et Pagès, *Les Origines et les Responsabilités de la Grande Guerre*, p. 288）不怀疑俄国的提议是德国政府暗示的，但两位作者对自己这一信念没有提供证据。

朋友阿尔弗雷德·罗特希尔德提及此事件,后者通报了英国政府。俄国代办向英国外交部保证,柏林在不断努力诱使法国与俄国加入她,而俄国迄今为止都拒绝了。但这次沟通没产生什么效果,同样没什么效果的是一封匿名且不具日期的法文备忘录被送到身在哥本哈根的威尔士亲王面前,其中提出德国不止一次对法国与俄国嘀咕,说她们应当从背后刺英国一刀。彼得堡始终没有进一步建议,直到1901年10月,俄国驻柏林代办呈交一份备忘录,请求德方提供对斡旋的观点。德国政府答称自己一贯准备好帮忙结束战争,但集体行动将会带有威胁英国的样子,补充说,如果由一个国家比如俄国提出调停建议会好一些。这答复由二等秘书口头传达给俄国代办,后者回称自己没指望听到别的。

几年之后,德皇在接受《每日电讯报》(*Daily Telegraph*)的采访时,声称自己有功于挫败法俄的干涉企图,而且无疑是他对互惠保证的坚持有效地阻止了合作。如果法国接受了他的条件,他是否会采取行动,我们不得而知;而干涉是会以一种恶意形式还是一份充满友好招待的提案,我们也说不准。当做了这番披露后,法国的《时报》(*Temps*)半官方地答复称,那计划不是要把英国糟蹋得一文不值,而仅仅是要提出斡旋。德国人民像法国人一样,本会赞同他们政府强劲有力的行动,但皇帝与毕娄在其他场合不断拒绝将自己与国民们同情布尔人的意见联合起来,暗示出他们从未盘算过有意阻碍大不列颠实现其军事任务的行动。皇帝在《回忆录》中宣称,维多利亚女王诚挚感谢他拒绝了加入建议中的施压。毕娄在国会宣布:"高压干涉的念头从未划过我们的头脑,也没有哪个大国盘算过友好斡旋之外的任何事。在理论上讨论调停的两个大国一贯清楚地否认所有强迫英国违背其意愿达成和平的想法。"在此之上,我们还可以补充英国大使弗兰克·拉塞尔斯阁下的强调声明,称德国政府在布尔战争期间从未采取任何敌对步骤。[1]毕娄在他下台以后回顾这段时间时冷静地评论说,德国的中立是维护国家利益所必需

---

[1] *Pall Mall Gasette*,1917年11月6日。

的。"即使我们通过在欧洲采取行动而成功阻挠了英国的南非政策,我们的关系也会长期受害。她对新德国的国际政策的消极抵制将会变成积极敌对。哪怕在南非战争这件事上失败了,英国也足可以把我们的海上力量扼死在摇篮里。"

沙皇写于柏林拒绝俄国第二次试探之后的致爱德华国王的一封信,肯定了如下观点,干涉计划绝不具有令人担忧的性质。[1]他在1901年5月写道:"恳请你原谅我给你写信谈论一个非常微妙的话题,我对此反复思索了几个月,但我的良心最终要求我开诚布公。是关于南非战争的,而我所说的只不过是你亲爱的外甥已经说过的。你当然记得,当战争爆发时全世界升起多强烈的敌视英国的情绪。在俄国,人民的愤慨一如其他国家的人民。我收到请愿、信件、电报,等等,一大堆,请求我介入,哪怕是采用强力措施。但我的原则是不要管其他人民的闲事,因为它跟我的国家无关。然而所有这些让我背负道义的重担。把它当作是基督徒彼此间的斗争实在让人难过。不知有几千英勇的年轻英国人早已在那里伏尸流血!你仁慈的心难道不渴望让这场杀戮终结吗?这样一场行动会普遍让人欣喜地欢呼。"没人能对这样一份呼吁感到生气。爱德华国王在同首相和外交大臣咨商过后,温和地回信说,离结束为期不远了,当和平与秩序恢复时,各版图之内都会全面畅享英国对于曾被她统治的人民从未辜负地予以保证的安宁与好政府。当德皇向他舅舅重申他曾对其外祖母提过的警告,称一个正在形成中的法俄联盟要攻击不列颠帝国,又补充说单凭他自己的个人影响就能制止大爆发时,英国政府拒绝严肃对待这次通信。

在这场拖泥带水斗争的不同阶段,德皇无论有什么隐秘心思,他的行动都保持友好。他在《每日电讯报》采访时声称,在斗争最黑暗的日子他曾在其将军们的帮助下制订了一份计划并将之寄送维多利亚女王。该声明立刻被德国首相在国会否定,他解释说,此次通信只不过是一系列的军事格言。不

---

[1] 此信由希德尼阁下(Sir Sidney)1922年5月发表于《泰晤士报》。

管其确切性质为何，它的确都旨在展示好意。一项更实质的效劳是1900年秋季拒绝接待克鲁格，那时克鲁格逃离比勒陀利亚并在巴黎受到热烈的掌声欢迎，被安排与德尔卡塞进行一次会谈。12月2日抵达科隆（Cologne）时，他被告知德皇不能接见他，但在抵达的这第一座德国城市里，对他的欢迎如此鼓舞人心，以致他决心向柏林进发，冀望于这位君王会改变心意。卢森堡（Luxemburg）的德国公使相应地快马加鞭给科隆发急件以否决该计划。当政府的这项行动在国会遭到尖锐攻击时，最近刚接替霍亨罗厄担任首相的毕娄答复说，一次拜访对德国和对克鲁格都不会有好处。访问巴黎未使克鲁格受益，因为德尔卡塞拒绝采取行动。"我们像其他国家一样，对布尔人心怀同情，但我们绝不能跟着感情走。没有必要问或说哪一方是正确的。我们准备好在基于互惠考虑和完全平等的基础上与英国和平且友善地相处。我们没有受到召唤去扮演堂吉诃德（Don Quixote）或去攻打英国的风车。"首相又补充说，他已竭尽全力阻止战争，于1899年5、6和8月（由荷兰政府居中）敦促克鲁格妥协。他已经告诉克鲁格，向德国申请是没用的，并建议他寻求美国人的调停。

德皇拒绝接待失势总统一事给大不列颠造成的中意印象，又因他在其可敬的外祖母去世时的行为而巩固。他一听到女王命在旦夕就匆忙渡海前去奥斯本，在女王辞世前两天抵达。[1] 他付诸实际的同情心在英国王室和英国制造出深刻印象，而且得到高度感激，因为众所周知，如果他要顾虑在自己国民中的受欢迎度，他就应当留在家里。在他两周的居留期间，他向罗伯茨爵士颁发黑鹰勋章，罗伯茨爵士最近才将南非的指挥权交予基奇纳爵士。观察家们带着愉悦之情评论他们舅甥关系的真挚，而这位新国王通过向陪伴父亲前来的德国皇储赠送嘉德勋章来展示好意。比利时公使报告说："这次访问在大众感想中制造出彻底的剧变。变化始于他1899年的访问。但对德皇的赞同并未扩展到对德国人民，在德国，给罗伯茨爵士授予黑鹰勋章之举遭到严厉

---

[1] 当他的马车驶出车站时，一个人喊道："谢谢你，皇帝。"威尔士亲王评论说："那是他们所有人想说的，他们绝不会忘记你这次到来。"见William II, *Memoirs*, ch. 4。

批评。英国人在德国人眼中是危险的经济对手。此次访问对两国朝廷的关系有着出色效果，但并未修缮人民间的感情。"[1]

德国政府的友谊弥足珍贵，因为在威廉二世统治时期德国影响力相对高于其他大国的只有这个阶段。他的统帅地位因接受瓦尔德塞伯爵担任1900年镇压中国义和团运动并安抚北京公使馆成员的国际远征军指挥官而被强调。俄国为这支军队贡献最多人马，她自然渴望领袖位置，但大不列颠与日本反对加强她在远东既有的优势地位。反过来，俄国也反对日本人或英国人的领导。德皇看到了他的机会并抓住了它。他邀请索尔兹伯里提议任命德国指挥官，当英国首相犹豫之际，他又探听沙皇风声，沙皇以类似方式婉拒让自己承担该义务。哈曼记录，德皇热切地想看到他老早中意的瓦尔德塞坐上远征军的头把交椅，于是他着手公布说沙皇已将任命权交到他手上。兰布斯多夫（Lamsdorff）希望纠正这个声明，然而沙皇决定不采取行动。任命更应说是一意孤行的外交手段的结果，而非各国的全体同意，但人们不知道这项战利品得以确保的手段，就将之阐释成对德国为自己所赢得之地位的自动馈赠。然而这项外交成就的荣耀却因军队临行前受到的"不饶命、不活捉"这一皇家诫命而变得黯淡；此条诫命虽说有因德国大使在北京遇刺而受刺激的成分，但它若出自亚述征服者口中，就比出自一位20世纪揭幕之际的基督徒君王更为相称。

继英德安抚公使馆成员的合作之后，是英德在中国反击来自北方的领土或商业侵蚀的合作。记录在1900年10月16日一份往来照会中的《扬子江协定》提出，扬子江盆地和签约国双方能够施加影响的中国所有其他部分都应继续对每个国家保持开放，而且要维持中国的完整性。如果有第三国寻求领土特权，签约国要讨论采取共同行动。德国许诺反对俄国的恐吓而维护现状，这被认为太有价值，以致大不列颠没有提出在扬子江盆地的特殊权力要求。其他国家附议了这份协定，因为俄国自己就宣布中国的完整性并承诺从

---

1 Schwertfeger, *Zur Europäischen Politik*, I, pp. 76–77.

东北撤军。此外，毕娄成功或自以为成功地将东北排除在协定之外——这是索尔兹伯里的一个让步，而德文公爵因为该让步评论说它不值得被写在纸面上。

这就是女王去世前和德皇访问前的局势。由于法国与俄国如一向以来地那么不友好，英国殖民部长的念头转向了自1899年底便沉寂的英德联盟计划。[1] 1901年1月中，钱伯兰与艾卡德施坦是德文公爵在查茨沃斯（Chatsworth）的座上宾，他们在那里重启讨论。钱伯兰辩解道，了不起的孤立时代过去了。英国决心与两个欧洲集团中的一方或另一方解决突出问题，尤其是摩洛哥和远东问题。内阁会中意德国，但如果签这样一份协定被证明是不可能的，我们就将与法国和俄国洽谈，哪怕是以巨大牺牲为代价。德皇不应讨论结盟或其他迫近问题，这是出于毕娄的愿望，为的是他不必承担责任。但艾卡德施坦已向皇帝上报查茨沃斯谈话，而且这位君主忙着与兰斯当爵士进行亲密谈话。按哈曼所说，他避免讨论结盟，但他的访问创造出一种适宜谈判的气氛。

就在这时，出现了一个影响亲密关系的新障碍。当德皇仍是我们的客人时，英国政府获悉，俄国打算在她的天津租界设要塞。兰斯当爵士建议依据1900年的条约联合抗议，而尽管威廉大街否认了此举的可行性，皇帝还是希望采纳该提议，并向他的新任大使沃尔夫－梅特尼希（Paul Wolff-Metternich）评论说，他不能总是冒着两头落空的风险在彼得堡与伦敦之间游移不定。当日本向英国政府通告称，俄国在向北京施压修订一份由其远东首席代表阿列克谢夫（Alexeieff）和一位中国将军签署的秘密条约，而这将危害欧洲人在中国北方的利益时，一个差异性严重得多的阐释出现了。日本相应地提议，通过给北京发布一份同等宣言来加固中国的抵抗力。当兰斯当爵士询问德国政府意下如何时，他收到的答复是，《扬子江协定》不适用于东北，但德国准备警告中国要反对将领土或财政委托给第三国。兰斯当爵士对

---

[1] 见 Eckardstein, *Erinnerungen*; Hamman, *Zur Vorgeschichte des Weltkrieges*, ch. 5; *Memoirs of Hayashi*。

联合提出警告的承诺表示欢迎，且没有提及对条约的阐释。然而意见差异泄露了，3月15日，德国首相在国会宣布分歧，"文本上很清楚不包括东北，我们在谈判中就将这点厘清了。再没什么比东北发生的事更与我们无关了。那里没有真实的德国人利益。我们只照顾德国人在中国的利益，而且我们把英国的利益留给她自己照管"。他补充说，德国拒绝担当避雷装置的一部分。这份声明立刻遭到副部长克兰伯恩爵士（Lord Cranborne）反驳，他声言，既然条约中没有提到限制，它就包括中国北方。依哈曼之言，索尔兹伯里曾建议以北纬38°线作为条约所覆盖之范围的界线，但这是被修改过的，以便遮掩德国对东北的漠不关心，而且"她们所能施加影响之处"这句话被替换了。采用此格式是为防止当东北被明确省略时会引起的失望。兰斯当爵士承认该措辞强加了一种限制，但将之与开放门户的条款联系起来，而不是与涉及中国完整性的条款。日本现在公然宣称她已经无条件地加入协定了。而英国人与德国人阐释间的差异照旧，各自都被对方惹恼。

尽管德国拒绝合作反对俄国对东北的侵蚀，兰斯当爵士还是在3月18日向艾卡德施坦评论说，他正在考虑一份防御性协议的可能性，他相信他最重要的几个同僚将赞同此事。如果内阁开始此事，且如果德国中意于此，他将提出一份正式提案。选择"防御性协议"这一准则是因为赫尔施泰因，他虽然喜爱亲善状态，却憎恨"结盟"一词。艾卡德施坦的答复是，建议在英、德、日三国间签一份维护中国完整性及门户开放的协定，他知道他的朋友、日本大使早矢仕会喜欢这个。3月20日，赫尔施泰因提出一个更大的方案。如果德国要担保大英帝国，大不列颠就应加入三国同盟并带着日本一起。他补充说，谈判应在维也纳进行。3月25日即首轮谈话一周之后，主要方向得以确定。双方之一若遭袭击，结盟的条件就要起作用。双方都要就远东事务单独与日本结盟。当兰斯当爵士被告知说赫尔施泰因请求谈判应当在维也纳进行时，他谈到，他必须先理清与德国有关的局势。

在伦敦谈判的工作再一次变得复杂并受到柏林阻挠，一如在1898年和1899年。德皇相信英国想利用德国作为抵挡俄国的剑。瓦尔德塞带着不列颠希望利用德国作为反对俄国之缓冲的信念自远东返回，还怂恿德皇撤回他的军队并通过立刻提高海上关税来保障损失赔偿。于是，一位代理带着一份解决南非德国侨民之补偿的声明和提高中国海上关税的要求来了。由于英国政府早已许诺，一俟南非的军事局势许可，就对德国人的要求开展调查并全面赔偿，而且英国政府也已婉拒同意提高中国关税，所以兰斯当爵士自然很恼火。几天之后，国王收到一封来自德皇的信，谴责他自己的大臣们是"十足的蠢蛋"。国王向艾卡德施坦抱怨他君王的行为，"你知道我的观点是，英国与德国是天然盟友。但我们不能参与你家皇帝像鹿那样的跳跃。此外，我们的一些大臣尤其是索尔兹伯里对他和毕娄持高度怀疑。我试着驱散他的疑心，但凡事都有尽头。不仅如此，海军联合会的叱责与威胁不能帮我们感到有信心"。虽说有这些障碍，谈判仍然继续。休病假的哈茨费尔德从布莱顿（Brighton）返回，索尔兹伯里则从里维埃拉（Riviera）返回。首相准备好只与德国结盟。兰斯当爵士建议，把对不同问题分别讨论作为结盟的初步措施；但恼人的赫尔施泰因回答说，英国必须先承诺，不仅当德国被两个大国袭击时帮忙，还要在德国被迫支持她的盟友之一时帮忙。当兰斯当要求一份书面声明时，赫尔施泰因又推辞不给。

6月中旬，钱伯兰已经不抱希望了。他对艾卡德施坦埋怨道："如果柏林的人这么短视，那也帮不了忙。"关于结盟的谈判再度化为泡影，但7月间，一个达成亲善关系的最后机会由摩洛哥使团呈送给伦敦。法国图谋摩洛哥之意正变得明显，于是丹吉尔（Tangier）的英国代表阿瑟·尼克森阁下（Sir Arthur Nicolson）去德国使馆拜访了艾卡德施坦。他声言法国旨在建立一个被保护国，而兰斯当爵士乐于为维持现状而合作。道路可以通过英德两国在达成一项特许权分配的协议之后与摩洛哥签订商业条约来铺筑。商业、金融和政治的所有措施都应当联合开展。男爵将这个提案报呈柏林。他曾于1899年与钱伯兰和罗德斯讨论过该问题，又于1901年1月与钱伯兰和德文公爵在查茨沃斯谈过，并且已做出一份计划。大不列颠将拥有丹吉尔以及地中海岸不属于西班牙地带的区域，德国将拥有大西洋岸的加煤站，而最终他们将携手瓜分这个国家。

　　随着这一年一天天消磨,签立稳定协议的机会逐渐流逝。11月,接替毕娄担任外交部长的里希霍芬(Oswald Freiherr von Richthofen)向艾卡德施坦悲叹,赫尔施泰因不知道自己想要什么,而毕娄从一开始就反对他要的东西。赫尔施泰因长久以来都确信索尔兹伯里是个敌人,并且只要后者还掌舵就什么事都做不成。但导致德国的统治者们拒绝结盟提案的理由中还是有一些不那么个人色彩的。首先,他们相信与大不列颠的密切结合就算不致破坏德国与俄国的友好关系也会给这关系带来危险,因为要卷入德国的伙伴的争吵中。其次,大不列颠在布尔战争期间的不得人心使他们要小心与这个国家结盟,这个国家的过错在德国的几乎每份报纸上都被敲打得噼啪响。赫尔施泰因是为了消弭这场震惊才意欲将谈判移交给维也纳,并建议让大不列颠(带着日本)依附三国同盟而非单独缔结英德协定。这些危险都并非想象之物,但拒绝英国人的接近包含着更为深重的祸害。赫尔施泰因这个瞎子中的瞎眼领导认为大不列颠对法国与俄国的敌意是欧洲局势中的不可变因素,还将钱伯兰关于我们不能在一个阵营找到支持就必须在另一个阵营寻找的大力暗示当作虚张声势而置之不理。在拒绝英国最新提案两年之后,爱德华国王对巴黎的访问令威廉大街的鼹鼠们都张开了眼。

　　英德两个民族对谈判或谈判的失败一无所知,但两国政府和人民的脾气被德国首相与英国殖民大臣之间的演说决斗进一步搅乱。对军队在南非之行为的持续恶意攻击促使钱伯兰1901年10月25日发表评论说,我们绝不应接近那些现在指控我们在波兰、高加索、波斯尼亚、东京[1]和1870年战争中之所为是野蛮行径的民族。这则谴责激起风暴般的愤慨,于是一位在德国国会发言的演说家说出"谁侮辱德国军队就是侮辱德国人民"而被欢呼所淹没。态度冷静的德国首相很清楚绝大多数关于英国"雇佣兵"的故事都是传说,这些故事曾激起钱伯兰的愤怒抗议,但他觉得非得捡起丢过来的手套[2],并且

---

[1] 指越南的东京。——译注
[2] 指接受决斗邀请。——译注

努力去获得来自英国内阁的道歉,虽说白费心思。他为了捍卫自己的政策而于1月8日宣布,一位大臣应当让其他国家自己待着。"德国军队站得太高,而且它的盾徽太明亮,以致不会被不公正判决所影响。我们可以像腓特烈大帝说某个攻击他以及普鲁士军队的人那样说:'让他自己待着,也别兴奋;他在啃花岗岩。'"钱伯兰在他接下来的公开讲话中骄傲地应答说,他没指望给外国政客们教训,也没打算从他们那儿接受教训。

经过近四年断断续续的谈判,英国与德国结盟是不可能的,这一点已经昭然若揭,于是殖民大臣活跃的大脑立即转向替代选项。1902年2月8日,爱德华国王招待他的部长们和外交团队成员。艾卡德施坦在此次宴会之后评论说,钱伯兰与法国大使热烈交谈了半个小时。他听到了不吉利的"摩洛哥"和"埃及"字眼,而且他不奇怪殖民大臣在这晚稍后时间对他谈论说,毕娄现在第二次在国会谴责他了。"我受够了这种待遇,再也不能与德国谈合作。"当其他宾客都散去时,国王留住男爵,并补充几句意味深长的话。他宣称,新闻界的攻击和首相的演说已经引起如此愤怒,至少要持续很久,不能再谈合作了。"我们从没像眼下这样被法国敦促在所有殖民争端上与她联合。"男爵将国王的话语告知毕娄和皇帝,但他们似乎难以欣赏其重要性。在1902年9月拜访海伯里(Highbury)[1]时,男爵发现他的东道主满腹愤恨。钱伯兰解释说,与柏林的每场谈判都证明是个坏工作。艾卡德施坦询问,英国是否当真打算与法国及俄国联合,收到的答复是"还没,但可能会"。他对身在爱尔兰的兰斯当爵士的访问巩固了如下声明:康朋与两位部长的讨论没产生结果,因为摩洛哥难题由于直布罗陀问题而很复杂。

1901年的英德谈判已考虑在新联盟中接纳日本,而当英国对柏林的接近被拒绝时,伦敦与东京决心缔结它们自己的协定。日本像大不列颠一样,开始感到孤立的风险,但在对待祸害的方式方面,政界元老们意见不一。伊东亲王[2]渴望与俄国进行一场坦率讨论,并带着这个目标进行了一次劳而无

---

[1] 钱伯兰住在伦敦的海伯里区。——译注
[2] 指伊东祐亨。——译注

功的彼得堡之访。另一方面，较大的一派确信与俄国达成满意协议是不可能的，因此宁愿与俄国的对手结盟。因此，兰斯当爵士同日本大使早矢仕男爵的谈判在伦敦展开，并于1902年1月签署了一份五年期条约。两国政府承认中国与朝鲜的独立，但他们彼此授权对方，当因另一个大国的侵略或国内动荡而遭到威胁时，可以为了保护他们的特殊利益而实行干涉。如果两国之一在捍卫此种利益时卷入战争，另一国应严守中立。然而，如果两国之一要与两个（欧洲）大国开战，她的伙伴就提供帮助。这份条约被两国都满意地接纳了，虽说有警告的声音指出其中包含的风险。准许日本以平等的条件与一个伟大的欧洲大国结盟，给了日本一个东方国家从未曾得到过的地位。其次，它实际上向日本保证，在与俄国打仗时她只需应对一个敌人。对大不列颠的好处不那么明显，尤其因为日本拒绝将自己的义务扩展及印度。但是把日本成长中的军备并入我们在远东的潜在力量中则是一个有形的收获。结盟双方可能都明白觉得她们与任何敌对联合体都势均力敌，也将能够捍卫看来要被俄国的侵略政策威胁到的她们的商业和政治利益。尽管这位新朋友相隔遥远并且她的全部力量尚未揭晓，但大不列颠在全世界的声望因为昭告天下自己不再遗世独立而得以加强。

南非的敌意随着布尔人1902年6月投降而终止，大不列颠与德国之间的某种像是老交情的东西看上去可以恢复了。罗伯茨爵士和国防部长布罗德里克先生（Mr. Brodrick）接受了参加军事演习的邀请，德皇则拒绝接见来欧洲为自己受打击的同胞们募集资金的布尔人的将军们，除非他们由英国大使陪同露面；但他们拒绝接受该条件。11月，德皇为庆祝英王的生日而前往桑德灵厄姆（Sandringham）进行家庭拜访，而巴尔福先生（他于南非战争结束之际接替他的舅舅当了首相）、兰斯当爵士及殖民大臣受邀与之见面。在市府宴会上，巴尔福先生轻蔑地提及新闻界对这次访问的"疯狂想象"，但谴责之后立即发生了针对一个不驯顺的南美国家的武力合作。

在这个世纪揭幕之时，委内瑞拉的权柄落在卡斯特罗（Castro）总统手中，他对待各国的国民就同对待挑战他独裁统治的叛乱者一样肆无忌惮。

1903年[1]夏季，兰斯当爵士的耐心耗尽了，而确信卡斯特罗只会屈服于武力的英国政府决定实行封锁。由于德国有类似的不满和类似的要求，便正式邀请她合作，而且两国政府许诺彼此支持对方的需求。当卡斯特罗继续对告诫和威胁充耳不闻时，一份最后通牒于12月7日送到他面前，"拉瓜伊拉"号（La Guayra）战舰被劫持，海岸遭封锁。经过短暂抵抗，这位总统提出将部分要求提呈仲裁，于是该争端被提交海牙法庭。尽管英德两国政府无间合作，它们的联合却被大部分英国舆论带着深刻的嫌恶看待，而部长们发现要小心谨慎地将他们承担的义务减到最少。德国方面怀着惊讶与怨憎注意到这份不友好。毕娄1903年1月19日在国会宣称："我们基于完全的一致性和完美的忠诚度而行动。英国新闻界之一部分的敌意简直奇怪，只有看作布尔战争期间大陆新闻界猛烈攻击之某种苦涩后果才说得通。我高兴地说，君王们和内阁间的关系没发生变化，他们以往昔的友好方式会面。"

当英国内阁遭遇一个对英德关系而言重要性大得多的难题时，委内瑞拉冒险才刚刚过去。[2] 1902年，巴格达（Bagdad）铁路公司获得一项附带千米数担保抵押的修建科尼亚至波斯湾线路的特权，但由于这抵押没有明确化，也未选定铁路终点，这份文件只能算是份草案。最终协定于1903年3月5日签署，将铁路从科尼亚延伸至巴士拉（Basra），中经亚达那（Adana）、摩苏尔（Mosul）和巴格达；沿着铁路干线还有通往阿勒颇（Aleppo）、乌尔法、喀尼金（Khanikin）和其他南北城市的支线。特许权还包括有条件地许可在铁路两侧20千米范围内从事各类采矿工作，在巴格达和巴士拉建造港口，在与修建铁路有关的河流上航行。这是一份奢华的礼物，而且全面实现它要求有英国人的好意。钱伯兰在1899年访问德国期间向德皇评论说，他将乐见大不列颠与德国企业在近亚（Hither Asia）的合作。但是，当法国金融家参与份额后，德国人确保获得英国人帮助的努力就成了竹篮打水，而且德意志银

---

1 原文如此，实际上是1902年。——译注
2 关于巴格达铁路谈判从开始直至1914年的一份半官方报告，见《季度评论》（Quarterly Review）1917年10月号。

行的创始人兼总裁乔治·冯·西门子（Georg von Siemens）1901年前往伦敦时没从外交部得到鼓励。

在3月5日协定签署后不久，就有谣言四起，说英国人的合作就算还没切实保证也已在打算中。4月8日，英国首相宣布，此事在考虑中。他说，德国曾建议英国人的资本和控制权应与任何另一个大国同样多，大不列颠应批准提高土耳其的进口税，印度邮件应通过铁路寄送，大不列颠应利用她的调解能力确保铁路终点在科威特（Koweit）或其附近。他力陈，不管我们是否合作，铁路都会修建。德国与法国的金融家已达成协议，我们必须考虑，通往印度的最短线路完全在外国人手中，这是否令人满意；终点是否应在科威特，在我们自己的势力范围内；最后，如果英国资本被提供，英国人的贸易会否受益。他总结说："我认为，这条重要的国际动脉应当掌握在三个大国手中而不是两个或一个。我们不能吃进的国家也不应让别国吃进，这是我们的利益所在。"这则清楚指明首相倾向性的声明刺激起反对合作的运动，于是4月23日，他通知议院，邀请被拒绝了。英国内阁想让整条铁路线包括早已建好的部分都是国际化的，在德国、大不列颠和法国之间分享同等费率以及同等的控制权、建造权和运营权。德国人的提议没有为这些原则提供足够保证，因此我们不能满足他们的愿望。这个决议受到统一党人舆论如释重负的欢迎，他们视此为逃脱一个其野心开始引人忧虑之大国的拥抱；但英德谅解的拥护者们对此感到遗憾，他们视此为对两国人民之间开始断裂之沟壑的不必要拓宽。

巴格达讨论之后马上就是一场无法解决之争议的复起。1897年，加拿大承认母国享有进口物品33.33%份额的优先权，这引起比利时和德国的正式抗议，反对由1862年条约和1865年条约分别向她们确保的最惠国待遇遭侵犯。索尔兹伯里的答复是，发出要求终止条约的年度公告，并建议签一份新协议，允许自治殖民地在大英帝国领地间的贸易上制定自己的协议。按照德国法律，当一项商业条约终止时，一般关税税率或较高关税税率自动生效。但在1898年，德国政府为了给谈判争取时间，继续给加拿大之外的大英帝国实行了一年的最惠国待遇。[1]这项临时安排在1899、1900和1901年更新，1901年的法律将临时措施的有效性延长至1903年底。1903年3月18日，兰斯当爵士询问，12月31日之后德国打算采取什么行动。德国外交部长里希霍芬男爵回答，他希望给大不列颠延长最惠国待遇，但如果德国在帝国的重要部分被区别对待，而且尤其是假如南非追随加拿大的例子，他怀疑公众舆论是否会准许这么做。弗兰克·拉塞尔斯阁下答称一场关税战争将对两国施加无以计数的伤害，还加上善意的警告说，如果因取消最惠国待遇而给英国人的贸易造成任何严重损失，英国政府都会被迫征收报复性关税。值此之际，因在加拿大关税中插入一则新条款——对任何歧视来自加拿大之进口品的国家的货物强征10%附加税——而出现一个新因素。兰斯当爵士在向德国政府解释这个决议时指出，只有当各项确保加拿大产品公平待遇的努力都失败时才会施行该条款，而若德国恢复最惠国待遇条件，该条款就会废除。由于英国市场太有价值，以致不能冒险考虑逻辑或骄傲，而且由于德国与加拿大的贸易就算有着对母国的优先权也在持续增长，报复的消息再没听到提起。然而这场争议充实了两国间稳步积累之敌意的仓储，而且这敌意正将英国政策的主管者们驱向法国那方。

---

[1] *Correspondence with the Governments of Belgium and Germany*, 1903, Cd. 1630.

第十章　英法协约

第一节

当大不列颠与德国的关系从恶化转向更糟时，大不列颠与法国之间开始吹起暖风。[1]亲善的思想诞生于德尔卡塞于1898年6月被任命为外交部长之时。尽管他像所有除了克列孟梭之外的杰出政治家一样原本是个排英派，但他对造访他办公室的首位访客通告了恢复诚恳关系的意图。撤出法绍达的决定为一个新定位腾出地基，这使得在不放弃修订《法兰克福条约》之希望的条件下能继续殖民扩张。但在法绍达事件和德莱弗斯案件所造成的痛楚之外，又增加了布尔战争这个新鲜且强有力的刺激。不过，从事调解和好的先驱们既不放弃希望也不减少努力。具有持久重要性的工作是由汤玛斯·巴克莱阁下（Sir Thomas Barclay）完成的，在他看来，如果英国各商会在他于巴黎担任会长的1900年被邀请去法国首都开会，这会被认为是次招待。索尔兹伯里不反对，德尔卡塞也同意。会议非常成功，英国来访者们蜂拥去博览会。尽管随后不久就有了克鲁格来访，但种子已经播下，而且对维多利亚女王的恶劣讽刺形象消失了。布尔战争期间不可能取得实质性进展，不过爱德华国王登基和索尔兹伯里去职开辟了一个新时代。

---

[1] 见G. H. Stuart, *French Foreign Policy, 1898–1914*; Reynald, *La Diplomatic Française, l'Œuvre de Delcassé*; Millet, *Notre Politique Extérieure, 1898–1905*; Tardieu, *La France et les Alliances*; Mévil, *De la Paix de Francfort à la Conférence d'Algéciras*; R. Pinon, *France et Allemagne*。

1903年春季，国王进行了三年多以来的首次巴黎访问。"这次访问是他本人的意思。"保罗·康朋作证说。[1] "我报知我的政府，而芒森阁下收到法国外交部关于希望如何接待国王的询问时，没少吃惊。他给国王拍电报，国王回答说，他想受到尽可能正式的接待，对他表示的敬意多些会比较好。"在现场目睹的塔迪厄（Tardieu）写道："当骑兵队下临香榭丽舍大街时，窘迫和不确定压在公众心头。民族主义者已经宣布了他们叫嚣驱赶的意图，但没考虑过有敌对示威之风险的国王赢了这一天。群众对他的接待虽然谈不上真正的热烈，但起初是尊敬的，很快转为同情的。道路敞开了。"

赢得法国民心的演讲用少有皇家演说派头的个人化评论打动人心。"几乎不值得对你们讲，再度来到巴黎让我感到多么真切的愉悦，你们知道的，我曾经怀着有增无减的愉悦之心非常频繁地造访巴黎，而且我对巴黎有种爱慕依恋之情，这么多快乐且不可磨灭的记忆强化此种感情。我确定，两国之间敌对的日子令人高兴地到头了。我不知道还有哪两个国家靠彼此依赖而繁荣起来的程度胜过我们两国。过去可能存在着误解和纠纷的理由，但那些都令人高兴地成为过去和被遗忘。两国的友谊是我一贯全心关注之事，并且我指望你们所有这些在法国人的辉煌城市里享受着他们殷勤招待的人帮我实现这个目标。"这位王室访问者被招待以爱丽舍宫的国宴，并陪同总统参加温森（Vincennes）的一次阅兵式和隆尚（Longchamp）的赛马大会。此次访问结束了法绍达危机以来两国之间的严重疏远状态。

三个月之后，吕贝总统回访英国，下榻在圣詹姆士宫。王室东道主以在这种场合显得不同寻常的热忱语调宣布："我希望，你今日受到的欢迎会让你对真正的友谊有信心，我确乎要说的是，我的国家对法国所怀有的是喜爱之情。"梅耶爵士在市府宴上祝酒词的热忱度也不遑多让。此次访问空前成功，国王在回复总统的道别信时电告："让两国的亲善关系长长久久，是我最热切的愿望。"下一步是缔结一份协定，据此，"司法秩序上的各种差异，

---

[1] 《泰晤士报》采访，1920年12月22日。国王的旅途记录见 J. A. Farrer, *England under Edward VII*。

尤其那些关系到对现存协定之解释难题的——设若它们既不影响到缔约国的重大利益也不影响到双方的荣誉且无法通过外交渠道解决——将依照《海牙协定》第16条被提交常设仲裁法庭"。保罗·康朋对主要负责其事的汤玛斯·巴克莱阁下写道："这份协定将缩减大量日常困难和那些谁也别想预知结果的突发事件。"[1]

德尔卡塞陪同吕贝总统到伦敦，并与兰斯当爵士讨论了新形势。就这样揭幕的谈话持续了八个月，并且在非常重大的有争议领域取得了可以指望的成功。年底，兰布斯多夫带了一封沙皇的亲笔信到巴黎，表达了对他的盟友同大不列颠的亲善关系的满意之情。克罗默爵士记录："该协定的直接起源主要基于埃及当地的局势。埃及财政那时处在蓬勃状态，但由于针对已不复存在之环境而强加的国际束缚，这个国家无法从盈余资金中获得任何实际好处。事实上，这个局面已经变得无法忍受。"法国对于清除通往摩洛哥的道路的热切度也不相上下。自从伊斯梅尔亲王（Muley Ismail）这个摩洛哥的"路易十四"1727年去世后，该国就以秩序荡然、安全感无存而闻名，而且征服阿尔及利亚让法国有了从邻邦的角度考虑它的安宁稳定的兴趣。疆界通过1845年的条约大致划定，1877年哈桑亲王（Muley Hassan）请求派一个永久军事使团来帮忙重建这个国家。1880年，各国在马德里开会，俾斯麦告知法国政府，德国对摩洛哥没兴趣，而且德国代表对待法国代表会采取与他同样的态度。将领事保护延伸至本国人的做法因构成干涉的借口而受到限制，所有签约国都获得最惠国待遇。

占领了突尼斯东部和冈比亚（Gambia）南部使得很多法国人急于通过吞并全部或部分摩洛哥来使他们的西非领土修成正果，而放弃法绍达又制造出寻找替代品的需求。1894年，时年13岁的阿卜杜勒·阿齐兹（Abdul Aziz）接替其父哈桑亲王即位，他于1900年接管了政府控制权。尽管这位年轻统治者智慧又迷人，但他对自行车、摩托车、焰火、照相和数不清的其

---

[1] 巴克莱的《英法回忆录》（Barclay, Anglo-French Reminiscences）对于双方从敌对转变为友好做了出色的报告。

他欧洲文明诱惑物的热情罄尽了国库,并引起他那些保守臣民的反感。阿尔及利亚边界的不确定和各部族的野蛮凶猛带来持续摩擦,法国的军事与行政当局大声抱怨。[1] 爱德华国王登基之时造访伦敦的一个摩洛哥使团受到兰斯当爵士警告,如果苏丹不能维持秩序,当心法国将不得不维护她的利益。该使团又访问柏林,没得到鼓励。1901年7月20日,摩洛哥与法国签了一份关于修订1845年条约并采取措施协助两国政府管理边界的协定。一个法国-摩洛哥委员会被任命来执行协定的条款。德尔卡塞还通知苏丹,若想让法国把他的主权放在心上,取决于他。第二份协定签署于阿尔及尔(Algiers),据此,法国为摩洛哥军队提供一些如何在边界维持秩序的指导,同时法国银行增加一小笔贷款。虽说有这次援助,一场反对苏丹的叛乱还是爆发了,并持续1903年整年。然而和平渗透需要有潜在竞争者的好意做后盾。1900年,德尔卡塞通过承认意大利对的黎波里的主权要求而确保了意大利的善意中立。他接着转向西班牙,提供了一个一旦现状被证明行不通时的瓜分计划,而且在1902年11月10日同意应当归还摩洛哥北部给西班牙,包括丹吉尔和菲斯(Fez),同时西班牙在南部的势力范围应当拓展。但这份条约准备就绪时,萨加斯塔(Sagasta)内阁倒了,西尔维拉(Silvela)则因担心不列颠不悦而拒绝签署。于是德尔卡塞改变路线,接近大不列颠。[2]

如果埃及与摩洛哥就这样提供了一次议价的要素,那么物物交换的原则可以证明在世界其他部分同样卓有成效。大不列颠急于清除纽芬兰"法国海岸"的牢骚不满,而法国对西非怀抱一些小小的野心,这是我们有力量满足的。其他分歧表现得困难较小,日本战争的爆发强化了解决问题的需要。最重要的协议签署于4月8日,是关于埃及与摩洛哥的宣言,它被全文收录于1904年的《条约》。大不列颠宣布她无意于改变埃及的政治现状,法国承诺

---

1 见黄皮书 *Affaires du Maroc, 1901-5*。
2 西尔维拉评论说:"很好,太好了。我们能不用英国许可就接受它吗?"见R. Millet, *Notre Politique Extérieure, 1898-1905*, ch. 14。《法西条约》刊布于R. Pinon, *France et Allemagne*, pp. 286-291, 又见 Maura, *La Question du Maroc au Point de vue Espagnol*。

不以对英国军队占领设固定时限的要求或其他任何方式来阻碍我们的行动。作为回报，法国宣布她无意于改变摩洛哥的政治现状，大不列颠则承诺不在那个国家阻碍法国的行动。商业自由在这两个国家都至少实行30年。在正对直布罗陀海峡的摩洛哥海岸不许建立要塞。法国要就摩洛哥问题与西班牙达成一项谅解，而签约双方同意在施行这份宣言时为对方提供外交支持。附录于这份宣言的一道《总督令》制定了与埃及债务有关的规定，并在能保证按时支付债务利息的前提下给埃及政府自由处置本国资源的权利。公共债务委员会保留，但它所拥有的550万盈余资金要移交给埃及政府。与埃及的财政自由相平衡的是，苏伊士运河在战时的司法地位要按法国的愿望来处置。

纽芬兰捕鱼权争端的解决是1904年的第二个杰出成就。争议要上溯至《乌得勒支条约》（Treaty of Utrecht），该条约一边承认纽芬兰岛自那以后属于大不列颠，一边又给了法国人在部分海岸（此后以"法国海岸"知名）"捕鱼和晒鱼的权利"。对这条约的解释和它的后续条约引起无数争端和危险的摩擦。法国现在声明放弃《乌得勒支条约》及其后续条约给予她的特权，保留鱼汛时节在"法国海岸"的领海捕捞各种鱼类的权利。法国渔民可以进入"法国海岸"的任何港湾并以与当地居民相同的条件获得补给和庇护，但服从改进捕鱼权的法规。被迫放弃在"法国海岸"之侨居点的法国渔民会获得赔偿。这样，摩擦的主要原因即在"法国海岸"登陆的权利，最终被移除了。放弃特权的抵偿是在西非的三项让步。1898年在英属冈比亚殖民地和塞内冈比亚（Senegambia）之间划定的疆界被轻微修改，以便让法国进入河流的可通航河段。控扼法属几内亚首都科纳克里（Konakry）的洛斯群岛（Los Islands）被放弃。1898年在英属尼日利亚和法属尼日利亚之间划定的疆界被修订，原疆界迫使从尼日尔河到乍得湖的法国护卫队要走一条迂回且无水的路线，或者要穿过英国领土。法国由此获得了14 000平方英里的土地和从她的尼日尔河畔领土到乍得湖畔领土的无障碍通道。第三份文件包含一份关于暹罗、马达加斯加和新赫布里底的宣言。关于暹罗，两国肯定了

1896年协议，在这份协议中她们承诺杜绝在湄南河盆地进行武力干涉或获取任何特权。法国现在承认这条中立地带以西及暹罗湾以西的所有暹罗领土，亦包括马来半岛和毗邻岛屿，都应在英国势力范围之内，而大不列颠承认这条地带以东和东南的所有暹罗领土自此以后在法国的势力范围内。关于马达加斯加，不列颠政府放弃1896年以来持续进行的针对吞并这个岛屿后所引入之关税的抗议。新赫布里底的难题因诸如岛屿名称和缺乏对本地人的司法权这类争端而起，这些难题要被提交一个委员会，所涉及的范围和程序将由一份特别协议议定。[1]

兰斯当爵士在他急件附函的结尾处力陈，这些协议因其天生的好处而令人满意，它们应被认为不只是一系列分离的交易，而还应是一个关于增进两国关系的谅解性框架之一部分。过去的憎恶和猜疑已让位于友谊，"而且英国政府或许能够希望，基于共同让步而达成长期存在之分歧的和解。基于坦率承认对方的合法需要及志向，在这样的基础上，它们已提供了一个会有助于维护国际善意及维系总体和平的先例"。其他大国随即附议这道总督令，于是"埃及问题"不再是一个国际难题。这些条约在英国得到一片赞扬的唱和，只有罗思贝里爵士的尖声抗议划破这片和谐。

法国于5月26日发布的黄皮书解说了我们这位伙伴的议价角度。德尔卡塞宣称，两国政府都认识到，巨大的道义利益和物质利益都要求一种和平解决措施。在纽芬兰，法国只放弃了难以维持且在各方面都非必要的特权，与此同时，在领海内捕鱼的基本权利得以保全，而且在整个"法国海岸"范围沿线搜寻鱼群和购买补给的权利得到明确承认。在西非，英国的让步有相当重要性。尼日尔-乍得边界得到改善，科纳克里的钥匙现在握于法国人手中。"在我们的影响下，摩洛哥会成为我们北非帝国的一个力量源泉。如果它臣服于一个外国强权，我们的北非领土就会永久受到胁迫并瘫软无力。决定谁要在摩洛哥施加主要影响力的时刻已经到来。当前局势只有在它是可维

---

[1] 确立了英法共同所有权的《新赫布里底协定》签于1906年。

系、可改善的条件下才可继续存在。有了来自英国的重要保障和不妨碍我们的承诺,再坚持现状便没有必要。我们应当完成我们的文明化工作,由此向摩洛哥展示我们是最好的朋友,因为我们是对她的繁荣最有兴趣的国家。这会极大地加强法国的力量而免除因要求权利所造成的侵害,并将最大程度增益每个人。"法国在埃及的牺牲很小。政治地位方面没有变化,对法国金融利益的所有必要保障都已获得。德尔卡塞以特别的喜悦之情提到我们附议执行1888年《苏伊士运河协定》。

大不列颠与法国的和解是以法国与意大利的和解为先声的。在1899年3月关于重新划分北非势力范围的《英法协定》之后,意大利政府向巴黎要求解释并接受了巴黎给的解释,意大利外交部长兼加富尔派(school of Cavour)的最后幸存者维斯孔蒂·韦诺斯塔(Visconti Venosta)提出,这些保证应当以更详尽的方式重申。[1] 1900年12月14日,巴吕雷相应地通知这位外交部长说,"鉴于法国与意大利之间已经建立的友好关系,也鉴于我们相信该解释将对增进友好关系有着进一步贡献",1899年3月的协定将的黎波里总督区置于协定所准许的势力范围划分之外,而且法国无意于干扰商队的交通往来。维斯孔蒂·韦诺斯塔答复说,法国在摩洛哥的行动瞄准了施行及保护因摩洛哥与法国的帝国临近而产生的权益,这种行动不应侵害意大利作为一个地中海大国的利益。而且,当面对修订摩洛哥之政治地位或领土状况的事件时,意大利应保留发展她在的黎波里之影响力的权利。

20年的争吵就这样以承认在他人领土上之势力范围的寻常方式平息了。文本自然保密,因为的黎波里是土耳其的一个省,但亲善关系借着1901年一支意大利分遣舰队访问土伦而被昭告天下。三国同盟的续订约定在1902年,而罗马与维也纳和柏林的谈判中伴随着意大利与法国的讨论。1902年3月,意大利外交部长普里内蒂(Prinetti)向巴吕雷解释说,条约的文本很难改动,但可以做出保证以消除法国的忧虑。这次谈话后不久,普里内蒂在

---

[1] 这些急件和协议发布于1919年的一本黄皮书,且重印于Pribram, *The Secret Treaties of Austria-Hungary*, II, pp. 226–257. 亦见R. Pinon, *L'Empire de la Méditerranée*。

一次与毕娄的威尼斯会见中试图确保对文本的修改，但向法国披露修订的文本是不可能的，为此法国宁愿来一场直接安排。普里内蒂没有等到他与巴吕雷的谈判得出定论，便向巴黎拍了一封落款1902年6月4日的电报。"三国同盟的续订条款中没有什么针对法国的直接或间接挑衅，没有誓言约束我们在任何不测情况下参与针对法国的入侵，没有条款威胁到她的安全与安宁。不久之前被大肆谈论的三国同盟不存在任何改变其防御性特色甚且具有针对法国之侵略特色的议定或附加协定。"收到这份重要通信后，其实质性内容被在法国议院和各党派简要传达，且德尔卡塞向意大利大使致以"法国政府最深的谢意，为了他们关于和平政策的高度忠诚的证明"。德尔卡塞的声明在同盟国看来是在暗示内有阴谋，但这无论如何也不违背三国同盟的字面含义，这个同盟从未要意大利许诺在袭击法国时采取行动。德国首相依其惯习火上浇油，俏皮地评论说，在一场幸福婚姻中，丈夫不介意他的妻子沉溺于一场清白的额外舞蹈中。6月28日，三国同盟续订了。但自此以往，意大利两脚各踩一个阵营，而新的动向就是在阿尔赫西拉斯会议（Conference of Algeciras）中以及在更重要的场合下决定她的态度。德国驻罗马大使芒茨伯爵预言式地汇报说，意大利是不可靠的盟友，当法国与德国发生冲突时她就无法维持幽会了。

在普里内蒂发布关于原则的声明后，就开始了对具体准则的讨论，其结果记录在这位外交部长与法国大使署着11月1日的往来信件中。双方都承诺不仅在遭遇直接或间接袭击时保持中立，还要在对方"因为受到直接挑衅，发现自己被迫要捍卫自身的荣誉或安全而主动宣布战争"时保持中立。面对那种不可测之事，双方应事前向对方交换自己的意图，由此可以确定是否存在直接挑衅。双方都进一步向对方保证，不存在也不打算订立与此宣言不一致的军事义务。这份协议作为秘密保守，但吕贝总统1904年对维克托·伊曼纽尔三世（Victor Emmanuel III）的访问——自教皇的俗世统治垮台后一个天主教国家的首次来访——便向世界宣告，这对拉丁姐妹之间的世仇化解了。

第二节

　　法国在收到大不列颠对其在摩洛哥之工作的祝福后，便转向怀着新的热忱进行改革的任务。[1] 德尔卡塞指示法国公使宣布，法国人在菲斯是作为朋友出现的。他们远非是削弱苏丹的声望，反而希望增进它。公使在寄送这则消息时补充说："我确定你认识到了各项改革的迫切必要性，它们将提升政府的权威，且法国会在改革中帮助你。"为襄助这些改革措施，法国于6月增加了220万法郎的关税担保，并且这则消息第一时间被电告各国。同一时间，美国公民珀第卡里斯（Ion Perdicaris）被赖苏里（Raisuli）绑架，此事件揭示出需要一只强大的手才能使"和平渗透"便于推行。这年将终时，法国政府决心向苏丹展示一个完备的改革计划，12月15日，德尔卡塞给选来执行菲斯使命的圣勒内·泰朗蒂耶（Saint-René Taillandier）起草指示。外交部长主张，一个强大的摩洛哥只能通过两国政府的密切结合和信任来确保；法国已通过贷款和提供重组驻军的军官而展现了她的帮助意图；第一需要是恢复秩序，法国军官因此将帮助训练警察。公路和电报也是需要之物，国家银行将会有用。这位特使在1905年2月抵达菲斯之际便向苏丹报告说，建议中的改革措施大多都是实际可行的，但有些很难被接受，因此必须与政府成员讨论。讨论开始了，但在结束之前，第三方生生插了进来。

　　德国官方对《英法条约》的态度起初是友善的。在德尔卡塞1904年3月23日的招待会上，拉道林亲王（Prince Radolin）问，他是否能提"一个冒失的问题"。法国与英国之间已经真的签了一份协议，还是在要签署的当口？外交部长回答说："两者都不是，但为了妥善处理我们两国都感兴趣的问题，我们已经与伦敦内阁交谈了一段时间。谅解被认为是可行的，也将可能达成。""据说纽芬兰是个问题？""我们已经谈论过它。""摩洛哥

1　见黄皮书 *Affaires du Maroc, 1901-5*；德国1906年关于摩洛哥的白皮书；Morel, *Morocco in Diplomacy*；Otto Hammann, *Zur Vorgeschichte des Weltkrieges*, chs. 7-8；Schwertfeger, *Zur Europäischen Politik*, II。

呢?""也谈了。但你知道我们对那个主题的意见。我们希望在政治和领土格局上维持现状;但如果要维持现状就必须有改进。去年一再发生的入侵给了我们进行干涉的合法理由。我抵制干涉,但每次都很困难。我们必须付出可观的花费加强军队力量和增加军队数量。苏丹已经体会过我们的帮助的价值。帮助必须继续,但会以这样一种每个人都能获益的方式进行,因为安全对商业而言是本质的。毋庸赘言,商业自由将被严守。""西班牙呢?""我们会尊重她的利益和合法追求。"外交部长在报告这场谈话时又补充说,拉道林亲王"发现我的声明非常自然又完全合理"。在签署条约之后的4月18日,德尔卡塞指示法国大使通知威廉大街说,兰斯当爵士和他本人已经排他性地考虑过他们各自国家的利益,而没有危及任何其他大国的利益。他不认为有必要奉上一份条约副本,因为全世界都知道了。

官方评论很中听。"德国商业利益未遭危险,"《北德意志通报》写道,"更大的稳定性将使我们全体受益。"法国大使汇报称,主要机构均承认,德国的商业利益没什么需担心的。谢曼（Schiemann）教授写到,如果法国的政策不偏离和平渗透,如果门户开放依旧,那就没什么可抱怨的。德国首相附和道:"我们没理由想象这份条约有针对任何其他大国的条款。它看来就是以和平方法消除一堆歧见的努力。从德国利益的角度看,我们在那方面没什么要反对的。至于摩洛哥亦即条约的核心,我们感兴趣的是经济层面。我们有着必须要保护,也将会保护的商业利益。然而我们没有理由担心它们会被忽视或被侵犯。"两天之后,首相在结束辩论时谴责了泛日耳曼派。"雷文特洛说这份条约尤其是所有涉及摩洛哥的条款在德国是以耻辱和惊骇之情被接受的,因为我们不应允许其他大国在那里比我们自己更有影响。那只能意味着我们应当要求在摩洛哥分一杯羹。如果这被拒绝了,我们是要打仗吗?他对此默而不语。"泛日耳曼派自然对首相的谦逊态度牢骚满腹。《莱茵-威斯特伐利亚报》(*Rheinisch-Westfälische Zeitung*)在4月11日写道:"由于我们日渐增长的人口和我们对海军基地的需要,摩洛哥是德国的一个关注点。如果德国不努力亮出要求,她会从对世界的瓜分中空手而退。德国迈克就什么也得不到吗？已经到了德国必须从地图到海上都确保摩洛哥的时候了。"6月3日召开的泛日耳曼派年度大会宣布德国被羞辱了，并对大西洋海岸提出要求。但皇帝在爱德华国王访问基尔时告知，摩洛哥从没让他有兴趣。[1]

行李箱里塞了一份详尽改革计划的法国特使被派到菲斯，这成为柏林态度转变的信号。1905年1月4日，有流言称一个摩尔人使团将访问柏林，于是马德里的柏林公使向法国代办谈到，一个抗议法西协议的使团将受到善待。而2月11日，法国在丹吉尔的代办向德尔卡塞汇报了他的德国同僚的一次可疑通信。库尔曼（Kühlmann）评论说："在1904年英法安置之后，我们推测法国政府在让我们知道新形势之前正在等待这份法西协议。但现在所有事都安置好了，我看我们是有计划地保持超然姿态。首相告诉我，德国政府对所有关涉摩洛哥的协议都不知情，也不承认他以任何方式与摩洛哥人有牵连。"德尔卡塞指示他在柏林的大使就这种言辞表达不满，并提醒德国政府他已在1904年3月23日答复过拉道林亲王的询问，亦即除了俄国之外，德国单独在《条约》签署之前获得通知；而且德国也未要求做出解释，驻柏林法国大使还在《法西条约》公布之前就已知会德国政府。收到这通牢骚话的副部长回答说，他对库尔曼的宣言一无所知，不过他补充说，德国不受《英法条约》或《法西条约》束缚。

在法国使团被遣往菲斯后，赫尔施泰因建议皇帝应访问丹吉尔，首相也赞同该计划。[2] 法国大使3月22日汇报新局势时称，德国要求商业平等及苏丹独立。鉴于法英或法西就德国的商业利益有一致意见，就此发布一份书面声明可能会有用，因为法国现在受到令人不快之突然攻击的胁迫。《北德意志通报》的一则警告加剧了他的忧虑；报纸称，法国在菲斯的谈判未遵循公开宣称的维持现状之政策。德国首相3月29日在国会解说了即将到来之示威行动的目标。"一年以前，皇帝告诉西班牙国王，德国不争取摩洛哥的领土。因此给丹吉尔访问归结任何直指其完整性和独立性的自私目的是无济于

1　Eckardstein, *Erinnerungen*, II, p. 88.
2　Otto Hammann, *Zur Vorgeschichte des Weltkrieges*, ch. 8.

事的。一个人不追求侵略目标就没理由担心害怕。我们有经济利益,而且在摩洛哥也如在中国,保持门户开放是我们的利益所在。"皇帝的感情在一封3月6日致美国罗斯福(Theodore Roosevelt)总统的信中得以表达,信中邀请他参与鼓励苏丹改革政府并承诺,在这件事上皇帝与总统将支持苏丹反对任何寻求排他性控制的国家。他力陈,法国和西班牙在政治上沆瀣一气,希望瓜分摩洛哥并关闭摩洛哥对世界的市场;如果西班牙占领丹吉尔且法国占领内陆,她们就将统治通往近东和远东的大路。总统拒绝介入此事,因为美国在这里的利益微如芥子。但他对德国表达了友好情谊及对其政策之和平性的信念。

3月31日,勉强屈从毕娄那进行政治示威愿望[1]的德皇下了游艇,在丹吉尔登陆并向德国侨民发表演说。"我高兴地向这些献身于德国工业和商业的先驱致意,他们在我于一个自由的国家维护祖国利益的任务上帮助我。帝国在摩洛哥有巨大且增长中的利益。只有当所有大国被认为享有苏丹主权下的平等权利并尊重这个国家的独立时,商业才能进步。我的访问是对这一独立性的承认。"该主题在对苏丹的叔父兼全权代表讲话时得到扩展。"我的来访是为展示我决心竭尽所能保护德国在摩洛哥的利益。考虑到苏丹是拥有绝对自由的,我希望与他探讨保障这些利益的方式。至于苏丹思考着的改革,在我看来他应当带着极大的谨慎从事并顾虑到民众的宗教情绪,这样公共秩序才不会有麻烦。"这个讲话版本在库尔曼居中转寄给法国代办的文本中补充了两句导语。"正是因为苏丹保持独立主权的能力,我才有今天的拜访。我希望在他的统治下,一个自由的摩洛哥将保持对和平竞争的所有国家的开放,基于绝对平等的政策,没有垄断也没有吞并。"这一戏剧性变动在此种时刻同时丢给法国和大不列颠,原因在于俄国在远东强迫其盟友而不得,于是德国从中获益。动机被泛日耳曼派的新闻界坦率宣布,但这不是政府行动的主要理由。法国新闻界公开声言要弄出第二个突尼斯,德国相信,除非她

---

[1] 见 William II, *Memoirs*, ch. 4; Schön, *Memoirs of an Ambassador*, pp. 19-24。施比克纳格尔(Spickernagel, *Fürst Bülow*, p. 65)称皇帝是即席演说。

喊停，否则摩洛哥就会在她面前被吞吃。此外，由法国菲斯使团引起的忧虑因秘密条约的存在而变得深沉。

1904年4月8日，兰斯当爵士和保罗·康朋签了一份条约，正是上述文件被公之于众的同一时期。如果两国政府之一发现自己被环境之力所迫而要修订其关于埃及或摩洛哥的政策，涉及商业自由的约定、苏伊士运河的自由通航以及在直布罗陀海峡设防的禁令都予以保留。双方政府都承诺，当对方想要废除条约时，不加以反对。第三条款包含协议的核心。从梅利利亚（Melilla）到色布河（Sebou River）的地中海海岸，无论苏丹何时停止对之施加权威，都应属于西班牙的势力范围并由她管理，而西班牙在她这方要保证商业自由并放弃在海峡设防，也杜绝转让这块领土的任何部分。当西班牙于次年9月附议了这份英法宣言并宣布自己"坚决维护摩尔人帝国在该苏丹主权下的完整性"时，一份坦率地盘算瓜分的类似《协定》也签署了。两份条约直到1911年才公布，但因为伦敦、巴黎和马德里有一群人都知道它们并将之传递给彼得堡，所以其中的条款很快就被柏林获悉。[1] 德国的情况是，如果她不采取行动，她就会眼睁睁看着摩洛哥向她的商业活动关门。

根本性错误是德尔卡塞没有事先寻求德国的同意。意大利的好意是通过承认她对的黎波里的领土要求而买通，大不列颠的好意是通过赞同她在埃及的地位而获得，西班牙的好意是通过对北部沿海地区的假想归复而预支。勒内·米雷（René Millet）写道："政府难以置信地盲目，对每个人都采取了预防措施，却偏偏没有对它邻国中唯一让它有认真理由担心的那一个防患于未然。"[2] 丹吉尔访问尽管不失为对之前挑衅的一个答复，但它本身也不啻是一个巨大的错误，因为此举不可避免的后果是把有限责任转变为总体防御式的协议。迅即有风声说一支英国分遣舰队将于7月访问布雷斯特，而一支法国分遣舰队将回访朴茨茅斯，并且爱德华国王将于5月在马赛与王后会合后访问巴黎。

---

1 Veit Valentin, *Deutschlands Aussenpolitik, 1890–1918*, p. 54.
2 *Notre Politique extérieure*, p. 224.

丹吉尔示威之后，德皇针对他的西邻发布了一系列不吉利的演说。他于4月27日在卡尔斯鲁厄（Karlsruhe）宣称："我希望和平仍未破裂。我希望现在进展中的事件将让我们的民族保持警醒并增强它的勇气。我希望当有必要介入世界政治时，我们将发现自己团结起来了。"类似的不祥言语也用在美因茨（Mainz）和萨尔布吕肯（Saarbrücken）的演说中。丹吉尔警告是一出剧的第一幕，而邀请召开国际会议是第二幕。4月11日，首相通过一份循环急件捍卫他的政策，并建议《马德里条约》签约国召开一个新会议。他抱怨说，《摩洛哥条约》从未口头或笔头通告德国政府。然而德国并不动容，因为这《条约》承认现状，因此他推测法国若瞄准改变对签约诸国权利的限制就当咨询诸国。"当摩洛哥政府问我们法国是否真是诸国的受托者时，当我们获悉部分计划时，并当大量文件指着突尼斯当模型时，就有必要行动了。"他总结说，一个会议是最佳解决方案，因为德国不通过单独的协议寻求特权，她的利益与其他国家的利益等同。

法国特使自2月起就忙着在菲斯参与讨论，4月11日他报告说，苏丹愿意他的军队依据法国在丹吉尔、拉巴特（Rabat）、卡萨布兰卡（Casablanca）和乌伊达（Ujda）的范本重组。但当一位德国特使塔腾巴赫伯爵（Count Tattenbach）5月13日抵达菲斯时，气氛迅速变化，而且5月28日阿卜杜勒·阿齐兹就拒绝了法国的提议。尽管德尔卡塞力陈将此提交一个会议是要求苏丹把自己置于监管之下，并背离了苏丹已追随多年的道路——他无法想象这是可行的议程，但阿卜杜勒·阿齐兹答称，如果法国的提议被各国批准，他唯有接受。5月30日，苏丹邀请1880年《条约》的签约国在丹吉尔开会。

德尔卡塞因大不列颠和俄国支持，又因得到奥地利会站在大多数一边的保证而底气十足，固执地坚持反对开大会。但他的游戏在他的同僚们眼中是在玩火。汉克尔·冯·道纳斯马克亲王（Prince Henckel von Donnersmarck）造访巴黎，拜会总理和他的一些同僚，并在接受《高卢报》（*Gaulois*）的一次采访中解释了他的使命。[1]"你们看来不怀疑筹备中的那些事情的重要性，而我跨过边境来开导你们。皇帝与人民对于他们维持客气关系的努力被拒绝并看到一项孤立德国的政策而感到气恼。这是法国的政策，还是德尔卡塞个人的观念？如果你们觉得你们的外交部长让你们的国家专注于一条太过冒险的道路，那就跟他划清界限来表示这意思，而且尤其要通过重新定位你们的外交政策来表示。"空气中弥漫着德国下达最后通牒的流言和关于军队没有准备好的议论。就在这时收到通知说，苏丹拒绝了法国的提议。这是布朗热之后法德关系最危险的时刻。决定性的内阁会议6月6日召开。吕贝总统仍信任外交部长，但他所有的同僚都对外交部长心怀敌意。德尔卡塞争辩说法国不可能去参加大会而不遭羞辱，并声称两天之前他收到大不列颠一个提案，对方将调动舰队并在石勒苏益格－荷尔斯泰因登陆10万人。总理答复说，接受英国提案意味着战争，大会必须要开。他的同僚支持总理，外交部长在警告众人说他们的胆怯将会助长德国的傲慢之后退席并辞职。[2]

德尔卡塞准备冒着一场战争的风险所倚重的"英国提案"只存在于他的想象中，尽管他仍在重复这个传说并且到今天在国外都有人相信。他要求关于武力支持的承诺，但没能获取。兰斯当爵士既向法国大使也向德国大使解释过，不能指望舆论仍保持漠不关心，而且如果法国遭袭，舆论可能会要求干涉，因为它把"戏剧化的"丹吉尔之行看作同时针对大不列颠和法国的不友好举动。[3]这样一则针对入侵的警告与郑重承诺要致力于敌对是截然不同的。德尔卡塞错误地阐释了英国的官方态度，这归咎于某些身居要津之人的评论意见，他们表达了个人的坚定立场。

德尔卡塞下台后，总理兼摄外交部，并于6月11日向德国大使解释了他的政策。他评论说："我不喜欢一场大会，但如果我接受开会，就一定要有

1　在德尔卡塞辞职后发表。
2　这故事是斯特凡·洛桑（Stephane Lauzanne）在10月刊的《晨报》（Le Matin）所讲，又被梅维尔（MéVil, De la Paix de Francfort à la Conférence d'Algéciras）添枝加叶。梅维尔这本书实际上是德尔卡塞的辩解书。
3　Otto Hammann, Zur Vorgeschichte des Weltkrieges, pp. 135-136.

初步的谅解。不过若能保证谅解，会议就是多余的。我们没有兴趣侵犯摩洛哥的主权或完整性，但我们与摩洛哥有1 200千米的边境线，这使我们成为最关心法律与秩序的一方。你们看起来决心阻断我们所有的提议，而我们无法接受一个会发生这种事的大会。因此我们必须先要知道，德国是怎么看待改革的。"毕娄支持摩洛哥苏丹的态度部分归结于驻君士坦丁堡的马沙尔的紧急告诫，后者正在竭力赢取伊斯兰世界的同情。首相因此回答说，德国只有在法国接受开会后才能讨论程序，大会将使摩洛哥能满足法国的正当愿望，法国由此会获得欧洲的支持。重组军队和警力会被委托执行——阿尔及利亚边境地带的委任法国统治，而其他部分的尤其是位于大西洋侧的要委托给其他国家。财政改革应当是国际性的，摩洛哥银行将由各国提供资金和加以控制。鲁维埃没有接受或拒绝大会，而是于6月21日再度向德国大使解释他的态度。"我们对苏丹的提议并非德国所以为的那样。我们没有试着保证对其国内事务或外交事务的控制，我们也没试图引入突尼斯的政体。我们从没有侵害摩洛哥基于条约而对德国商业负有的义务。如果我们的提议被接受，所有国家都会受益。我们认为一个没有事前协议的大会是危险的，也是无用的。但我们并不绝对拒绝。"这么做的确有些危险，正如法国大使在与德国首相谈过一次话后所暗示的。"他非常客气，但强调没必要让这个错误的、非常错误的问题拖延，也不要逗留在一条悬崖边甚至深渊边的路上。他对一个即刻解决方案的坚持令我印象深刻，并将影响你的决定。不过他补充说，如果法国接受开会，德国的外交政策将会采取一种令我们满意的态度。"

接着这场恐吓意味十足的谈话的是次日的一份照会。德国很高兴地注意到法国否认了控制摩洛哥的愿望，更因为摩洛哥政府自己对法国的提议有意义不同的阐释。若法国能独自解决问题，她可能会被情势之力所迫而达致一个她自称不想追求的位置。法国涉及军队和财政的提议——摩洛哥把它交给德国看了，将极大地削弱摩洛哥的主权，并将符合法国的利益而不是其他国家的利益。让一个国家享有这样一种特出地位与《马德里条约》第17条不符，该条款给予每个签约国最惠国待遇，在德国看来，此原则的适用范围超出经济领域。需要开个会，这不是为了满足德国的自豪感，也不是为了捍卫法国的尊严，而是为了避免一种坏局势。

当德国政府用论据和威胁对法国施压时，皇帝正在恳请罗斯福加入这个吁请。[1] 他于6月11日写信说："鲁维埃把自己对德国的友好表露无遗，他间接知会德国代办说，英国曾向法国提出一个正式提案，与英国缔结一个直接针对德国的攻守同盟。眼下，法国政坛的领袖人物们反对这样的盟约，因为他们仍希望与德国达成令人满意的协议。德国被委婉地加以启迪，说法国政府愿意在利益范围的名义下分摩洛哥的一块给德国，法国自己则享用大得多的一块。但德国不能接受。我的人民确信英国现在会通过在一场战争中提供武力来支持法国反对德国，不是因为摩洛哥，而是因为德国在远东的政策。不列颠政府要求假以时间考虑开会问题。我敢肯定，你现在能对伦敦和巴黎给个暗示，说你会认为一个会议是给摩洛哥问题带来和平解决方案的最令人满意途径。如果不想这样，你的影响力也能够阻止英国加入一场因法国的侵略性政策引起的法德战争。"罗斯福讲述此事时说："它看起来像打仗，所以我通过施拜克（Speck）和朱瑟朗（Jusserand）积极掌握事态并且暂时让事情好转起来了。我告诉法国，打仗危险巨大，且英国起不了什么作用，而一个会议不会支持任何对法国利益的不公正攻击。除非法国愿意开会，否则我不会接受会议邀请。但如若我接受邀请，我会在必要时强烈反对德国任何在我看来不公不义的态度。最后，法国于6月23日告诉我，她同意开会。"现在，这位美国总统确保了法国愿意召开一个会，他便转向争吵的另一方。他对施拜克评论说，没人会理解或原谅一场出于琐碎理由的战争。"我恳请德皇对这一真正的胜利表现出满意。眼下若提出关于细节的问题会是最不幸的。"总统如此娴熟地进行斡旋，以致他赢得双方的感激，鲁特（Root）先生曾表达如下意见，总统在摩洛哥危机中无声的调停比他声势浩大地介入俄国与日本之间更为重要。

1　Bishop, *Theodore Roosevelt*, I.

7月8日，法国总理与德国大使交换了规定法国接受开会之条件的声明，德国大使正式宣布，德国对1904年的《英法协议》不做争辩。"法国基于确信德国不会追求任何可能危及法国合法利益或其由其众条约中衍生之权益的目标，且不违背苏丹的主权和独立性、该帝国的完整性、经济平等性，基于国际协约批准之警力改革与财政改革的有用性，也基于对阿尔及利亚边境所制造之形势和法国在维持秩序中之特别利益的承认，接受邀请。"7月12日，英国政府也同意开会。8月1日，法国总理向德国大使递交一份涉及警局、财政和公共工程之裁决的改革纲要，8月26日拉道林接受该纲要。进一步讨论见与德国驻丹吉尔公使罗森博士（Dr. Rosen）展开，他已被派往巴黎。总理表示，他希望如拉道林所说的"没有赢家也没有输家"，而鲁维埃与拉道林在9月28日签署的协议似乎承认了这一渴求。[1] 警力除了阿尔及利亚边境的，要具有国际性。由一家国家银行向警局、军队和公共工程提供贷款。摩洛哥不能为了获取特殊利益而转让任何公共职务，无国籍差异的司法原则要适用于公共工程。大会将在阿尔赫西拉斯召开，双方的使团都要离开菲斯。

12月16日，法国总理通知德国首相，苏丹接受了大纲和开会地点，并对他所达成的工作表达了满意之情。法国边界的权利被德国承认并排除在大会议程之外，且他满怀信心地期待在阿尔赫西拉斯会面。[2] 几乎在同一时间，德国首相在国会的一场演说中描述了局势，毫不掩饰他的焦灼。"三国同盟将在欧洲维持和平与现状。那是该同盟形成的缘由，也是它的目标。然而德国必须强大，以备在没有盟友时自我维系之需。中世纪，最富有的君主拥有最厚的城墙。"他进而为他在摩洛哥的政策进行详尽辩护，他把它定义为在一个独立国家维持经济平等性。"德国的权益不能被一纸《英法条约》取

---

[1] 这一妥协因一封来自洛明腾（Rominten）的电报而变得容易，德皇在电报中向惠特告知《比约雪岛协定》（Pact of Björko）；惠特力主他的东道主要在摩洛哥问题上怀柔法国。
[2] 卡约在他的书中（Caillaux, *Agadir*）宣称，鲁维埃两度徒劳无益地试图通过买通德国而解决问题：一次是在11月提出给德国摩加多岛（Mogador）和内陆；第二次是在12月，一位海军军官波莱特（Pollet）与丹吉尔的德国首席代表库尔曼谈判。两次套近乎都被拒绝了，因为德国想要令人满意的原则，也想羞辱法国。

消,因为《马德里条约》给了所有缔约国最惠国待遇,而且摩洛哥发生任何变化时德国都有合法权利被咨询。如果有人说我们的商业利益还不足以构成严肃表现的正当理由,我的答复是,当涉及条约权利和声望时,没有小事。我非常希望我们的权利和《英法条约》间的校正能够和谐进行,而且我用调和的术语说话,说我们没有理由相信那是旨在反对我们的。我期望其他各方能在开展他们的摩洛哥计划之前接触我们,但这期望没有实现。当法国派一位特使带着一份要把摩洛哥变为第二个突尼斯的改革纲要去菲斯时,我们的机会来了。这明显损害1880年条约所规定的我们的权利并威胁到我们的商业利益。如果我们默默地放弃我们在摩洛哥的经济权利,将鼓励这个世界在其他或许更大的问题上做类似举动。关于我们想进攻法国或强迫她站在我们一边反对英国的指控是无稽之谈。我对丹吉尔之行负全部责任,白玻尔(August Bebel)把这趟行程叫作挑拨,但这对于让该问题的国际特征昭示天下是有用的。这动物很顽皮:进攻时还防守自己。"

当巴尔福先生12月4日辞职后,坎贝尔-班纳曼(Henry Campbell-Bannerman)组成了一个自由党内阁,并在12月22日阿尔伯特音乐厅的一场会议中解释了新内阁的政策。[1]他谈到对外事务时简洁但明了。"我重点希望重申我对英法友好协议中之政策的附议。比任何实际友好手段更重要的是两国人民之间的真诚友谊,我们政策的目标之一将是维持那种友好精神不要衰减。对于俄国我们没有什么,只有对那群伟大人民的好意。在德国问题上,我也看不到任何理由造成双方人民的任何利益有所疏离,我们欢迎最近才在两个国家之间传达着的非正式的友情表示。我们与其他欧洲大国的关系是最友好的。我们与日本的关系因最近的条约而让世界充分知晓,我们与美国有最密切的民族、传统和伙伴的纽带羁绊。这是一个最令人愉快的前景,我有信心这不会被任何可能发生的事件所污损。我们的总体对外政策站在侵略或冒进的对立面,并将被与所有国家保持最佳关系的愿望所推动。"

---

1 *Speeches*, p. 179.

在这位新首相的安抚性概论发表几天之后,《泰晤士报》的军事通信员写了一篇论德国对法国之敌意的文章,结尾是警告柏林,一场战争将在不可预期的领域释放仇恨。[1] 次日即12月28日,法国军事参赞于埃少校(Major Huguet)在讨论这篇文章时评道,法国使馆感到焦急,因为爱德华·格雷阁下没有重申兰斯当爵士所给的保证。[2] 雷平顿上校(Colonel Repington)向外交大臣汇报这场谈话,后者正忙着应付选民,答复说他没有撤回任何兰斯当爵士曾说过的话。

法国大使休假返回后于1月10日通知爱德华·格雷阁下,法国政府认为危险是真实的,并请问大不列颠是否认为法国已经到了危机关头的程度,且是否愿意加入抵制一场无正当理由的进攻。如果存在可能态度,两国总参谋部之间可望进行谈话,讨论在法国北部进行合作的形式。外交大臣回答,他无法对任何一个国家承诺任何事,除非当情况发生时受到舆论的全力支持。[3] "我说,按照我的意见,如果法国被迫因摩洛哥问题面临战争,这个国家的舆论将会对给法国提供切实支持极尽挖苦。我没给承诺,但我在危机期间对法国大使和德国大使表达了意见。我没做承诺,也没使用威胁言辞。那种立场被法国政府接受了,但他们在那时对我说,'如果你认为大不列颠的舆论在面临一个突发危机时,有可能对你给法国提供你无法预先承诺的武力支持加以辩护,那么你将无法在时间到来时给以那种支持,即使你希望这么做,除非在海军专家和陆军专家之间早已进行过一些谈话',我认为这话非常在理。事有迫不得已。我同意了,并授权进行这些谈话,但要明确理解,陆军或海军专家之间所交换的任何东西都不得捆绑双方政府,或以任何方式限制双方政府就时机到来时它们是否提供支持一事做出决议的自由。我必须承担未经内阁授权这么做的责任。这不能召集内阁。必须要给个答案。我咨询了首相亨利·坎贝尔-班纳曼阁下,我也咨询了当时任国防大臣的霍尔丹

---

1 Repington, *The First World War*, I, ch. 1.
2 Haldane, *Before the War*, pp. 29-30.
3 1914年8月3日的讲话。

爵士（Lord Haldane），以及现任首相阿斯奎斯先生（Mr. Asquith），他当时任财政大臣。这是我力所能及之举，而他们都授权了，前提是明确理解，不管危机何时升起，都让政府自由行事。"军事商谈1月17日开始，断续持续到1914年。几乎就在同一时间，布鲁塞尔的英国军事商赞与比利时参谋部总长开始了类似商谈，尽管非正式。

阿尔赫西拉斯会议于1月16日开幕，除了摩洛哥，有12个国家参加。会议主席达尔莫多瓦公爵（Duc d'Almodovar）开场就提出将苏丹的主权、摩洛哥的完整性和商业自由作为普遍接受的原则而排除讨论。爱德华国王向康朋言及："告诉我们在每个点上你们的愿望是什么，我们将无条件、无保留支持你们。"[1] 关于警力和一家国家银行的两个主要问题于2月初提出。法国关于警局委任管理的要求和她与西班牙分担委托权的修订提案被德国拒绝，德国起先提议苏丹当从小国中选择警官，后又提议他应从"外国"选。德国这些建议转而被法国和西班牙拒绝，与此同时，关于国家银行的讨论也陷入僵局。大家都觉得要破裂了，但和平的影响力在幕后工作。罗斯福总统在怂恿法国接受开会时曾承诺她要公平游戏，2月中旬，他代表法国一方介入，与德皇秘密谈判。[2] 他支持由法国和西班牙联合接受警局的委任管理，而当德皇反对说这会让武装完全落入法、西之手时，罗斯福指出，受托者要对各国负责。这时，毕娄开始认识到，赫尔施泰因的政策正直接导向战争，于是解除他的控制权。第二个斡旋影响来自奥地利，她提议，法国应负责在八个商业开放港口的四个中组建警力，西班牙负责三个，瑞士或荷兰负责一个。罗斯福不赞同这个有瓜分意味的计划，于是奥地利再次提议，由法国和西班牙联合受托但警察局长为瑞士人，这提议最终在3月底被接受。主要困难既已克服，代表们便急着走人，于是4月7日《阿尔赫西拉斯法案》被签署。

2 000到2 500名警察被分派到八个港口，西班牙与法国的警官与30到40

---

1 见黄皮书 Affaires du Maroc, Protocoles et Comptes Rendues de la Conférence d'Algéciras 及 Tardieu, La Conférence d'Algéciras。
2 Bishop, Theodore Roosevelt, I, pp. 489–505.

名非现役警官一起担任指导员。瑞士警察局长驻扎在丹吉尔。独揽纸币发行权的摩洛哥国家银行要履行帝国司库兼出纳职责，要垫付政府100万法郎并向警局和公共工程开放贷款。有几个签约国，资金就分成几等份，每个国家都有对该份额的认购权。除了董事会和由摩洛哥政府任命的一个高级委员会，还设四位由英、德、法、西提名的稽查员，负责监督《法案》意图的贯彻并提交年度报告。公共职务不能为谋取私利而让渡，外国人可以在这个国家任何地方获取土地并建造房屋。在阿尔及利亚边境，法国与摩洛哥联合执行《法案》中关于关税和武器运输的条规，而西班牙与摩洛哥负责在礁石海岸区域执行它们。最后的条款宣布，签约各国与摩洛哥之间的所有既存条约、协定和协议依旧生效，但万一它们的条款被发现与《法案》的条款相龃龉，以后者的约定为准。美国加了一则声明，称她签署《法案》和《议定书》并不代表她对其实施负有责任。英国代表提出了限制进口并售卖酒精饮料的问题，大会在他的授意下将此问题诉诸丹吉尔的外交使团，并补充了使团对该提议的认同。阿瑟·尼克森阁下向大会宣读了一份宣言，表示希望苏丹能逐渐废除奴隶制并禁止公开买卖奴隶，也能改革监狱管理。此宣言被除了摩洛哥代表之外的所有代表接受，摩洛哥代表埋怨这两个问题都不在会议纲要之内。[1]

阿尔赫西拉斯会议是法国与德国之间的一场拖沓的对决。法国有俄国、大不列颠和西班牙公开撑腰，而美国在幕后支持她的动机。在另一方，尽管德国拥护由她的利益所要求的国际责任制原则，但她从朋友们那里获得的支持寥寥，因为奥地利决定不与法国争吵，意大利被自己关于摩洛哥和的黎波里的秘密安排羁绊了。然而这是一场势均力敌的战斗。法国为自己和其伙伴获得了非常重要的警局委任管理权，但德国立住了她的论点——这个问题是关涉各国的问题。两国政府都声称自己感到满意。外交部长布尔热瓦对议院宣布，通过既未放弃以往努力之成果，又未困顿未来之前景的让步，法国保

---

[1] 见白皮书：*Morocco*, No. I, 1906。

留了特殊权利和利益。在关于警局的关键议题上，他接受了一位只会注视履职效果的中立的警察局长。结尾时，布尔热瓦对俄国不可动摇的坚定表达了感谢之辞，"还有英国，我们同样忠实的朋友，支持我们的动机"。

　　雷文特洛写到，阿尔赫西拉斯是德国的一场失败，而且他尖刻地谴责首相不打算开战却用战争相胁。[1] 然而另一方面，德国政府却声称自己满意。德皇致电奥匈帝国外交部长戈武霍夫斯基表达谢意，为了他在大会期间的支持，他证明自己是"决斗场上一位聪明的助手"；德皇并补充说自己可以指望戈武霍夫斯基在类似事情上再提供类似服务。首相欢迎这样的处置，因为德国与法国感到同样的满意，而所有文明国家都觉得有用。德国没有就摩洛哥问题打仗的意愿，因为她在那里没有直接的政治利益，也没政治追求；但不经她的同意就允许她的条约权利被废黜，这关乎声望问题。尽管双方都假装对角力的结果感到满意，但会议所证明的只不过是比赛的中场休息时段，它的持久后果是密切了大不列颠与法国之间的纽带，而德国的全权代表在阿尔赫西拉斯曾白费气力地向阿瑟·尼克森阁下施压要求松开这条纽带。毕娄有一手好牌但玩得很糟。被德国人描述为包围而被英国人描述为保险的进程开始了。[2]

1　Reventlow, *Politische vorgechichte des Grossen Weltkrieges*, pp. 117-129, 比较哈勒尔的辛辣批评（Johannes Haller, *Die Aera Bülow*, pp. 15-30）。

2　"Einkreisungspolitik"（包围圈政治）这个术语是赫尔施泰因所发明。

第十一章　英俄协约

当大不列颠与法兰西的政治家们在欢欣鼓舞地和解之时，大不列颠与法国的盟友间的敌意仍在。1900年的《英德条约》和1902年的英日同盟闹得满世界都知道我们对俄国的远东目标心存疑虑，而且我们防守印度的职责导致我们满怀嫉妒地注视着她在中东的举动。索尔兹伯里起草的一份调整全亚洲关系的计划被彼得堡拒绝。俄国与波斯接境加上波斯积弱，给了俄国施加政治和经济影响的机会，而且英俄两国19世纪最后几年在德黑兰（Teheran）的竞争众所周知。时局分析见柯曾爵士（Lord Curzon）1899年9月21日的一封长篇急件，这是为了答复内阁关于提供印度政府之意见的要求。[1] "自从已故沙（Shah）[2]首度访问欧洲以来，波斯已经逐渐被拖入欧洲政治的旋涡。她是那些不可避免要吸引欧洲注意力的国家之一，部分由于这些国家日渐衰弱，但更因为她们潜藏却被忽略之力量源泉所暗示出的机遇。有个大国不断增加的念头是紧紧挤压波斯和阿富汗，而这个大国在亚洲的利益不总是与我们的协调，波斯湾则是引起对方兴趣的开端，有时还牵动一些对手国家。当前，我们的抱负要限于防止我们已建构的利益遭到破坏。只要政治现状还能维持，我们便无意干扰，但我们迫切要求早做决定并且早行动，否则我们会焦头烂额，因为有足够理由担心早已在摇摆中的均势可能被搅乱到对我们不利。俄国对构成波斯西部和东部之自然屏障的沙漠进行横贯式推进，这不可

---

[1] 1908年以白皮书的形式发表。
[2] 波斯皇帝的称号。——译注

能被印度政府视作无关痛痒，因为俄国对尊重波斯利益和独立的保证完全不足以从腐败代理手中拯救波斯或英国之利益。"

相较印度的安全和帝国的声望而言更紧要的是维持我们在波斯湾的地位，东印度公司1763年在那里设了家工厂，政府代表则自1812年起驻扎那里。[1] 我们清剿了海盗巢穴，销毁他们的舰队，镇压了奴隶制，勘测波斯湾并设立航标，还平抑饥荒。各族首领们把他们的争端提交布什尔（Bushire）的侨民长官，并且还约束自己不与其他任何国家有交易。我们对巴林（Bahrein）享有摄政权并与科威特有特惠关系。尽管我们的利益众所周知，俄国的密探们——军官们、"探险家们"、"研究饥馑的"博士们——还是蜂拥到海湾。布尔战争的结束让大不列颠恢复了行动自由，1903年5月，兰斯当爵士发表了自1895年爱德华·格雷阁下的声明以来关于英国政策的最重要宣言。"首先，我们应保护和促进海湾的英国贸易。其次，我们不应排斥其他人的合法贸易。再次，任何其他国家在海湾建设海军基地或设防港口都应被我们视为是对英国利益的极大威胁，因此我们定将动用一切可支配力量加以抵制。"他补充说，本声明不具有威胁意味，因为他知道不存在上述提议。柯曾爵士1903年11月在海湾的海军示威强化了这一着重警告。[2] 这趟行程提高了英国的声望，它不只是对那些看到舰队并听到总督声音的人发言，也是对那些远在德黑兰、彼得堡和柏林的听众发言，宣布英国捍卫其海湾地位不遭挑战或袭击的决心。

反对俄国侵蚀的斗争不仅在中国东北和波斯，也在西藏高原展开，此地由荫庇于中国宗主权之下的僧侣等级制统治，早已竭尽全力关闭任何从南方接近它的道路。1899年3月，柯曾爵士向国务卿描述时局。[3] "我们似乎是在进入一个恶性循环。如果我们向西藏申请，我们或者收不到答复，或者被

---

1 见 Lovat Fraser, *India under Lord Curzon*；Chirol, *The Middle Eastern Question*。
2 他的讲话发表于 *Lord Curzon in India*, pp. 500–507。
3 关于西藏的蓝皮书不同寻常地详尽。杨赫斯班上校（Colonel Younghusband）在《印度与西藏》（*India and Tibet*）中讲述了自己的故事。杨赫斯班有中文名为荣赫鹏，文中用中文名翻译。——译注

提呈中国侨民长官[1]。如果我们向后者申请，他就会为他无法向西藏施加任何压力而请求原谅。"这种有意的怠慢所激起的恼怒之情，又因沙皇1900年9月在彼得堡接见了一位名叫道尔吉耶夫（Dorjiev）[2]的西伯利亚佛教僧侣而加强，此人行程的目的是教导西藏把俄国看作保护人，并教导俄国把西藏当作其对抗大不列颠之世界游戏的爪牙。当与达赖喇嘛进行接触的第三次尝试也失败时，总督提出，为锡金（Sikkim）设立的政工师应当在藏人入侵过的地方建设支持者队伍，如果这些支持者被打败了，我们就该占领卓木山谷（Chumbi valley）[3]。已经确保内阁会同意，政工师1902年夏季向锡金北部进发并命令锡金国境以内的藏族人撤出。1903年1月18日，印度政府在一份加急件中提议远征拉萨。这远不只是一场边境争端或改善贸易条件之举，它关涉我们与西藏之政治关系的整个未来，以及我们能在多大程度上允许另一个大国在那里施加影响。俄国的边境线在哪个方向都挨不到西藏，而且除了尼泊尔和印度，没有哪个国家与西藏有任何接壤之处。对于俄国大使的抗议，兰斯当爵士答复说，当一个未开化地区毗连一个开化地区时，难免有一定的地方优势，但这不包括对于其独立性的谋划。

荣赫鹏使团在1904年底跨过边境，并于8月3日开进拉萨，彼时达赖喇嘛逃走了。一个月之后，西藏签了一份条约，承诺遵守1890年的协定，建立边界支持队，在三个地方开放市场并于每处都设一位代理官传递消息，保持对通往这三地的道路的开放，撤除沿线至首都的所有堡垒。第九条和最后一条的设计意图是终结俄国的胁迫。西藏同意，在未得英国政府事先同意时，西藏领土的任何部分都不得割让、出售、出租、抵押给其他任何外国或以其他方式被外国占领；没有国家被允许介入西藏事务；不许任何外国设立代表或代理；给任何外国的铁路、公路、电报、矿产的特许权或其他权利都不被

---

[1] 指驻藏大臣，此处是引用英国人的原话，英国人把驻藏大臣理解为相当于侨民长官的职位，所以不便按照中国习惯翻译。——译注
[2] 本名阿旺多杰，十三世达赖喇嘛的外交官。——译注
[3] 在中国这一侧现设亚东县。——译注

承认，除非给大不列颠授予类似或同等的特许权；西藏的岁入不得抵押或让渡给任何外国或外国的属国。荣赫鹏在如此确保了他提出的所有政治和经济要求之后，接受了一个请求：定为50万英镑的赔偿金以每年10万卢比[1]的速度支付75年，这个更改还包括同一时期占领卓木山谷。做出这一重要修改的条约于9月7日昂邦（Amban）[2]在场时签署，他答应只要得到来自北京的许可就签字。代理摄政[3]、评议会[4]、三大寺长和国会[5]都签了章。同一天还签了一份单独的协议，赋权驻扎江孜的英国贸易代理造访拉萨讨论贸易事务。

英国内阁驳回了关于赔偿的条款，这违背他们要求三年内一次偿付的指示。同时西藏接到通知，允许一位贸易代理前往拉萨的协议被视为无效，因为英国内阁曾反复向俄国保证，不寻求长期占领土地，也不寻求干涉内政。使团的双重目标看来都达成了。喇嘛们已经知道，英国的手长得能够到紫禁城，而在关于边界、贸易和交通的突出问题上，我们的要求都被接受了。其次，用布罗德里克先生的话讲，西藏与其他国家有政治瓜葛的风险消除了。确实，柯曾爵士的拥护者们宣称，不是其他而正是他永不放松的警惕之心阻止了在西藏建立一个俄国保护国。

当俄国对这块缓冲地带之北部的威胁被挡开之时，西北部分仍有危险，而且巴尔福先生在1905年5月11日的一场演说中提出了直率的警告。他宣称，俄国在朝着阿富汗稳步前进，正在修建的铁路只能是战略用途的。战争固然是不可能的，但这些因素改变了格局。印度无法通过突袭和奇袭就夺取。在西北边界打一仗的首要难题是运输和给养。因此我们必须不让使交通变得便利的事情发生。在阿富汗修一条与俄国战略铁路网相连接之铁路的任何企图，都要被视为是针对我们的直接侵略行为。"然而，我丝毫没有理由

---

1 10万的原文是1 lakh，lakh有10万之意，也有10万卢比之意，50万英镑合750万卢比银，所以此处的10万是指10万卢比。——译注
2 驻藏大臣的称呼。——译注
3 达赖喇嘛逃亡时指定。——译注
4 噶伦。——译注
5 可能是指噶厦。——译注

相信，俄国打算修建这样一条铁路。如果曾经尝试这样做，那将是对我们的印度帝国所能想得出的最沉重一击。只要我们坚决地说，阿富汗的铁路只能在战争时才修建，我们就能让印度绝对安全。但如果我们因为盲目或胆怯而允许这个国家被蚕食，如果战略铁路网被允许蔓延到靠近我们的边界，我们就不得不供养一支大得多的军队了。"

在中国、波斯和阿富汗的摩擦加剧了大不列颠同俄国之间固有的紧张，而远东爆发的一场战争昭示出一个危险时期的紧绷态势。由于双边联盟没有扩及远东，所以法国没有被要求加入她的盟友，但在战争时期，善意的中立会在任何时刻被拖入交战状态。英国的舆论公然属意日本，但内阁遵守严格的中立，且兰斯当爵士在2月12日否认了关于日本被允许使用威海卫基地的谣传。当《英法条约》签署时，爱德华国王正在访问丹麦王室，且他对俄国公使伊兹沃利斯基（Izvolsky）评论说，新签署的条约鼓励产生与俄国也达成类似谅解的希望。[1] 他补充说，查尔斯·哈丁格阁下（Sir Charles Hardinge）刚刚抵达圣彼得堡就任英国大使，他所负的指示是改善关系。虽然很难对在议的各种问题都达成一致，但应该努力尝试。伊兹沃利斯基在他的立场上叹惋英日同盟，他辩解道，同盟鼓舞了日本的战争派。这次谈话并非一事无成，因为伊兹沃利斯基很快就当了外交部长，但冲突期间无法取得任何进展。此外，沙皇仍旧敌意深重，对于我们与日本结盟、我们庇护了俄国流亡者以及犹太人在英国影响日增都心怀憎恨。[2]

倘若一场斗争所要求的船只数量不少于士兵，就必定会引起关于海峡的问题。[3] 1902年秋季俄国的四艘驱逐舰获准通过博斯普鲁斯－达达尼尔海峡时，英国驻君士坦丁堡大使向高门提交正式抗议并声言，一旦打仗，我们将毫不犹豫地让英国船只利用先例。在日本冲突的头几个月，黑海舰队依旧无为，

1　Sidney Lee, in *The Times*, July 22, 1921.
2　Dillon, *The Eclipse of Russia*, pp. 329-330.
3　见Coleman Phillipson & Noel Buxton, *The Question of the Bosphorus and Dardanelles*，这是一部令人钦佩的作品。

不过7月就有了麻烦，当时志愿者舰队的两艘巡洋舰承担起战舰角色并在红海拦截英国与德国的船只，该舰队是潘杰危机时创建，并被允许挂商业旗帜通过海峡。半岛与东方汽轮公司（P. & O.）[1]的"马六甲"号（Malacca）被搜查，尽管有保证说她运载的是驻香港英国舰队的弹药以及去横滨的普通货物。俄国船长要求查验后者，但由于这么做就一定要危及这艘船的稳定性，所以接管船员登上甲板，船被命令驶回苏伊士，从那里驶向里堡（Libau）[2]的俄国战利品法庭。几乎同一时间，"阿尔多瓦"号（Ardova）和"福尔摩莎"号（Formosa）被劫掠，前者是一艘从美国政府那里运载炸药到马尼拉（Manila）的英国船只。

俄国的战舰有正当理由搜查中立国船只是否携带违禁物品，但改装的巡洋舰没有这种权利。德皇电告沙皇，对国际法的如此冒犯将在德国引起惊讶和反感；沙皇答复说，不会再发生了。英国大使提出强烈抗议，要求释放"马六甲"号，理由是巡洋舰的地位不正规，且弹药是为英国海军运载的，还带着英国政府的标记。答复是安抚性的。"马六甲"号没被押往战利品法庭，这种事故不会再发生了，但"作为一个形式问题"，所运载的货物应当在一个中立港口检查。由于这看起来是在维持志愿者巡洋舰是战舰的声明，所以地中海舰队被派往亚历山大里亚，一艘巡洋舰被命令驶往苏伊士并靠近"阿尔多瓦"号抛锚。就在这时，"骑士命令"号载着美国货物按照合同从纽约驶往横滨途中，被符拉迪沃斯托克舰队击沉，理由是怀疑携带违禁物品，并且连一个带她去港口的接管船员都不能接纳。当首相和外交大臣气愤地宣布此事时，补充说，俄国已经下令，志愿船只的掠夺不应被认可，并已把她们撤出红海。"斯摩棱斯克"号（Smolensk）和"彼得堡"号依旧在海峡附近继续她们的活动，但随着首相宣布，已在俄国的请求下派遣英国巡洋舰去吩咐这些没有接到命令的船只停止活动，震惊便烟消云散了。她们后来出现在桑给巴尔，而且在战争后续期间，英国船只再也没有被打扰。

1　全称Peninsular & Oriental Steam Navigation Company。——译注
2　波罗的海的港口。——译注

尽管与大不列颠关系紧张,但沙皇渴望在黑海利用他的船只,而且他于10月10日获得德皇的鼓励这么做。"舍别科(Shebeko)告诉我,你打算派遣黑海舰队与波罗的海舰队会合,并询问我的意见。我向他承认,我很久以来就期盼着他的计划能够执行。这是个合理的军事计划并确保能胜利。土耳其苏丹不会罩上任何抗拒的阴影——这一点你我都能肯定。一旦你出来了,我们将全都静静地接受既成事实。我丝毫不怀疑英国也会接受,尽管新闻界会既怒且愤,他们的舰队也会稍稍宣泄。"[1]虽说有这份鼓励,该计划还是明智地搁浅了,波罗的海舰队单独受命驶往远东。

当时在哥本哈根的俄国外交部长伊兹沃利斯基记录,"当舰队穿过大贝尔特海峡(the Great Belt)时,我拜访了它,还发现罗日杰斯特文斯基(Rojdestvensky)司令和他的军官们因为日本已派驱逐舰前往欧洲的报告而处于神经过敏状态。该报告从俄国秘密警察的一员哈丁(Harting)那里泄露出来,他来过哥本哈根几次并告诉我说,日本驱逐舰正在邻近地区。我发现这报告没根据,而他唯一的目的就是诈钱。我已通知我的政府,但无济于事。我嗅到了危险,不是来自日本,而是来自使大贝尔特通道陷入危险的缺陷,因此,我劝导丹麦派出她最好的领航员并在危险站点驻扎炮舰。"俄国司令一出大贝尔特海峡就误把几艘挪威船当作日本驱逐舰,并空放了几枪。10月21日下午,"堪察加"号(Kamchatka)因为引擎故障而掉队。临近傍晚,她遭遇一艘瑞典船和其他不知哪里的船并向她们开火,还通过无线电报告司令说她在各个方向都受到鱼雷船的攻击。午夜刚过,升起一道绿色烟火,旗舰上焦急的哨兵们相信他们看到一艘可疑船只,便下令开火。包括大约30艘蒸汽拖网渔船的斗鸡船队从哈尔(Hull)驶来,这晚停在多格洲(Dogger Bank),同时还有包括14艘拖网渔船的另一支船队停在这里,绿色烟火正是她们发出来当作捕鱼信号之用。

罗思贝里爵士代表全国发言谴责这桩"无以言表的暴行"。要求互相

---

[1] 特鲁别茨科依(Troubetzkoi, *Russland als Grossmacht*, p. 151)说,针对舰队要出黑海的流言,大不列颠明确说她的舰队要反对。

支援的初步命令被下达给驻扎克罗马蒂（Cromarty）的家乡舰队、直布罗陀的海峡舰队以及波拉（Pola）的地中海舰队，四艘战舰受命驶往波特兰（Portland），潜艇被派往多佛（Dover）。不过两国政府还保持冷静，而且沙皇送了个信说，在缺少消息的情况下他只能把这次事故解释为令人遗憾的误会；并补充说，他对死去的生命感到真心抱歉，一俟这场惨剧得到解决，他会给罹难者支付全部赔偿。内阁10月28日开会，首相在当天晚上前去南安普敦（Southampton）的一个会议现场演说。俄国人出格了，而且他们知道多格洲是渔民常去之地。令人高兴的是，俄国政府表达了遗憾之情，沙皇承诺开放式赔偿，军官和物证会留在比戈（Vigo），调查将由一个国际委员会展开，罪人将被审判和惩罚，俄国将发布指示制止此类冒犯之举再度发生。随着11月25日在彼得堡签署了一份协定，这场危机结束。安置工作因德尔卡塞的斡旋而变得容易。委员会12月22日开会，1905年2月25日工作完成。报告若不能说明确地，也是含蓄地开释了这桩俄国案件。拖网渔船没有做出敌对举动，"堪察加"号被欺骗了，因为没有日本鱼雷船在附近水域，因此开火是不正当的。不过，有着情有可原的环境因素。

英国内阁不知道沙皇在这几个关键星期里心头怒气冲天并且在盘算着建立俄德同盟，这可能是种幸运。德皇曾鼓励沙皇相信"俄国必胜、将胜"以及"朝鲜必将是俄国的"，而且柏林的公开同情使得俄国军队撤离波兰边界。[1] 俄国于7月28日签署了一份单边商业条约，这确乎是被迫为这些赞许支付代价；但与日本的斗争很激烈，没有德国的帮助就几乎没有胜算。8月15日，兰斯当爵士警告德国大使，如果日本在战争中因中立性遭破坏而开始与德国有瓜葛，大不列颠就接受盟约条件。德皇10月27日电告："英国新闻界已经有段时间一直威胁德国说，当波罗的海舰队出海时，德国必须在任何情况下都不许运煤给舰队。日本政府和英国政府可能掷出联名抗议反对我们给你的船运煤，还坏事成双地发停航传票，这并非不可能。此种战争威胁的后

---

[1] 奥地利也向俄国保证，她无须防守南部边防，俄国转而承诺当发生意大利袭击事件时保持中立，见 Szilassy, *Der Untergang der Donaumonarchie*, p. 180。

果就将是,你的舰队将因缺乏燃料而不能前进。俄国与德国将共同面临这一新危险,因此我们双方都要提醒你的法国盟友记得她的义务。法国不可能试图躲避她的责任。虽说德尔卡塞是亲英派并且会被激怒,但他能足够明智地理解英国舰队完全不能拯救巴黎。这样,三个大陆国就能形成一个强大联合体,盎格鲁-撒克逊派将会在进攻它之前三思。在行动前,你不应忘记订购新船只。在媾和期间它们会是出色的劝说者。我们的私人商号会万分高兴地接洽订单。我对北海的倒霉事深感难过。"沙皇10月29日答复:"当然,你从我们司令的电报里知道了北海事故的第一手细节。它自然完全改变了局势。我对英国做法的愤慨难以尽言。在由德国汽轮给我们的船运煤一事上,我完全同意你对英国行为的抱怨,她以她自己的风格理解如何保持中立。确实非得让这停止了。唯一的方法便是如你所说,德国、俄国与法国应立刻依据协议联合起来制止英国和日本的无知与傲慢。你愿否拟订这样一份条约的纲要并让我知道?只要我们接受了,法国有加入其盟友的约束力。这个联合体经常出现在我脑中,它意味着世界的和平与安静。"德皇又打电报说:"万分感谢来电。今晚寄出信件和你希望的条约草案。从私人来源听说,哈尔渔民们已承认他们在自己的船只中见到一艘不属于他们船队的外国汽轮。可见有犯规游戏。"[1]

发出电报后,德皇坐下来写了封信。"我当时立刻就与首相沟通,我们秘密草拟了你所希望之约的三个条款。就像你说的,让我们携手并肩。当然,这个盟约将纯粹是防御性的,针对欧洲的入侵者或以互惠交火保险形式入侵的国家。美国不应觉得被我们的协议威胁,这一点至关重要。至于法国,我们都知道当前比较有势力的激进派和反基督教党派倾向于英国,但他们反对战争,因为一位得胜的将军对这个由可怜的文官治理的共和国将意味

---

[1] 关于《比约雪岛条约》的奇异故事,见 *The Kaiser's Letters to the Tsar*;各份电报,收于 Bernstein, *The Willy-Nicky Conrespondence*; Izvolsky, *Memoirs*; Witte, *Memoirs*; Bompard, in *Revue de Paris*, May 15, 1918; Nekludoff, *Revue de deux Mondes*, March 1, 1918; Fay, "The Kaiser's Secret Negotiations with the Tsar, 1901-1905", *American Historical Review*, Oct., 1918; Dillon, *The Eclipse of Russia*。

着一定的破坏。法国明确意欲保持中立甚且给予英国外交支持,这给了英国政策眼下这种不寻常的残酷信心。此种前所未闻的事态会随着法国被迫宣明她追随彼得堡还是伦敦而改变。如果你我肩并肩,法国必定公开加入我们。这将终结对所谓违反中立的喋喋怨言。此成就一旦达成,我期望能够维持和平,你将能空出手来对付日本。当然,在我们能接近法国之前,讨厌的北海事故必须先解决。我附上条约草案。愿它合你的意。没人知道任何有关它的事,连我的外交部也不知道。这工作是我和毕娄亲自做的。"

"两位陛下为了使战争局部化而起草了关于一个防御性同盟的下列条款:

"1. 如果一方被一个欧洲国家袭击,它的盟友将提供援手。两位盟友在需要之时也将同时采取行动提醒法国关于她在《法俄条约》下的义务。

"2. 不得缔结单方和平协议。

"3. 援助许诺适用的情况包括,战争开始后,当出现第三国的抱怨如自称中立权益遭违反时,应当采取诸如给交战一方运煤的行动。"

沙皇寄回草案时附一篇文章,文中要求德皇捍卫沙皇期望从战争中获得的征服地。德皇回复说:"这若是披露出去,将导致世界推断出,我们并未缔结一个防御性同盟,而是出于吞并目的组建了一种特许状公司,可能还为了德国的利益规定了秘密条款。仅仅承诺不支持任何掠夺俄国胜利果实的提议会更好。"德皇继而提出把不列颠雄狮关在他的笼子里的进一步忠告。"给英国人的傲慢浇冷水的最佳权宜之计是在波斯-阿富汗边界弄点军事示威,因为他们认为你在战争期间没有力量分出军队出现在那里。即使你的军力不足以对印度搞一次真正袭击,也可以袭击没有军队的波斯,而且从波斯压境印度会对伦敦头脑发热的好战分子有显著的冷却作用。我被告知,这是他们唯一真正担心的事,而且担心你从突厥斯坦进入印度和从波斯进入阿富汗,是直布罗陀的枪炮和不列颠舰队三周前保持安静的唯一原因。如果修订过的草案合你心意,它可以立刻签署。上帝认可我们可以找到正确的方式在战争的恐慌中哼唱一下,并会赐福我们的计划。"

沙皇11月23日打电报表示收到修订草案,并说在签署之前让法国先看一下是明智的。德皇回复说:"我坚持认为,在我们双方都签了这条约之前通知法国绝对是危险的。法国只有在绝对知晓了我们双方受条约束缚要彼此帮助时,才会因为担心法国的地位受困而对英国施压以让其保持和平。假如法国知道一份《俄德条约》只在进展中,她会立刻给她的朋友——若说不上秘密盟友的话——提个醒。结果无疑就是英国在欧洲以及日本在亚洲同时袭击德国。她们巨大的海上优势将迅速解决掉我的小舰队。事前通知法国将导致灾难。根本戒绝缔结任何条约还安全得多呢。"

12月3日,德方接到通知说一艘德国船依据《外国征募法案》(Foreign Enlistment Act) 在卡迪夫 (Cardiff) 装煤时被拦下,因为据信它的货物是要运给俄国舰队的。德皇立刻对彼得堡重申他的压力。他在12月7日写道:"英国政府似乎认为这是个采取行动反对给你的舰队供煤的恰当时机。在严守中立是其责任的托词下,它禁止属于汉堡-美洲航运公司 (Hamburg-America Line) 或拥有该公司特许状的德国船只离开英国港口。我担心这事,结果它就发生了,而我必须定下德国该采取的态度。关于我们的条约,催促你要答案远非我所想,但我相信你将充分注意到这一事实,万一英国和日本因我给俄国舰队运煤而针对我宣战时,你是否会弃我于不顾,对此我现在必须有绝对正面的保证。设若你不能向我保证在这样的战争中你会忠实地与我肩并肩战斗,那么我很遗憾,必须立即禁止德国汽轮继续给你的舰队送煤。"由此,12月11日签了一份协议,俄国在协议中许诺与德国"站一边",德国则许诺给俄国舰队供应煤。然而旅顺港1905年1月1日的失守增加了从马达加斯加出航的俄国舰队的危险,因此德皇提议,俄国应购买他的运煤船。俄国没有船员配给运煤船,因此汉堡-美洲航运公司的巴林被告知,他必须自负责任、自担风险地行动。与此同时,签政治条约的计划沉寂了几个月。

旅顺港失守后,罗斯福总统非正式但徒劳地劝告俄国媾和,不过在对马海峡大捷之后,日本于5月31日秘密请求美国总统邀请交战双方谈判。沙皇原则上同意了,6月8日,罗斯福以电报发去形式相同的邀请,提出安排时间和地点。由于法国和德国早就敦促俄国媾和,总统建议,兰斯当爵士应对日本施加压力。外交大臣谢绝，且当交战双方在朴茨茅斯会面时，他无法协助总统那避免谈判破裂的英雄主义努力。总统8月23日写道："英国政府愚蠢地不愿劝告日本放理智些。"而当9月11日条约签署时，他告诉怀特劳·莱德（Whitelaw Reid），德皇像个号手似的配合他。[1]

虽说不列颠政府拒绝对它得胜的盟友施压，但它所做的一步有助于让日本接受少于她所要求的条件。尽管1902年的《条约》约定了五年期，但1905年8月12日在伦敦新签了一份为期十年的涵盖范围更广的合约。除了把朝鲜移交给日本，该《条约》还引入两条对大不列颠而言是关键因素的新原则。首先，协议的范围扩展到包括印度，因此纠正了通常所认为的1902年《条约》下的利益不平等。其次，如果被单一国家袭击，双方都要帮助对方——这个约定不仅增加了我们的责任，还涉及在我们的盟友同美国的斗争中进行干涉的义务。兰斯当指示查尔斯·哈丁格阁下就新合约的文本与俄方进行沟通，"它具有纯粹的和平目的并倾向于保护具有毋庸置疑之合法性的权利和利益"。在下一轮会见中，兰布斯多夫评论，自沙皇以下每个人都认为该《条约》直接反对俄国。英国大使答辩，只有对印度的指涉担待起此种认识，《条约》纯为防御性。这些保证之辞对沙皇没产生效果，其实他最近才与德国签署了上个秋季讨论过的《条约》。

7月19日，德皇自瑞典一个港口致电沙皇，他正在那里访问瑞典国王，而他既然进入芬兰湾，就不能不送去他的爱意与最好祝愿。"如果你不吝于见我，我当然随时供你差遣。"沙皇"很高兴"，并建议在维堡（Viborg）附近的比约雪岛碰面，7月23日，皇家游艇双双抵达此地。德皇提出他这次访问"就作为一个简单的游客，不要任何仪式"，沙皇相应地也没让政治顾问跟着他。但两位君主同意，当英国人袭击波罗的海时，他们将通过战时占领丹麦来保卫他们的利益。然后德皇拟出一份条约草案，并于7月24日劝说沙皇在"霍亨佐伦"号签了它。德皇坚持要有见证人签名，所以奇尔施基

---

[1] Bishop, *Theodore Roosevelt*, I, chs. 31–32.

（Tschirschky）和比利莱福（Birileff）司令做了背书，他们并未阅读该文件。

1. 如果任何欧洲国家袭击两国之一，另一方将动用全部武力支援。

2. 双方都不得缔结单方和平协议。

3. 此条约当与日本缔结和平时生效，若要取消则必须提前一年通知。

4. 俄国将让法国知晓条约内容并邀请她作为盟友之一签署该条约。

德皇兴高采烈地带着他的亲手作品回家了。"结这个盟会对俄国非常有用，因为它将恢复人们头脑中的宁静，也将恢复在欧洲维持和平的信心，并且鼓励外国金融圈子给企业投资来开发俄国。等时候到了，连日本都觉得想加入它。这将给英国人的刚愎自用和傲慢无礼降降温。7月24日是欧洲政治的一块柱石并翻开世界历史的新一页，这将是关于欧陆大国之间的和平与好意的一章。当这个新组队的消息被人知晓时，荷兰、比利时、丹麦、瑞典和挪威都会被吸引到这个新的引力中心来。她们将环绕这个伟大的大国集团（俄国、德国、法国、奥地利与意大利）的轨道运转。"德皇关于在德国领导下结成一个大陆联合体来让英国保持安静的旧梦，似乎功德圆满了。

一个月后，惠特在从美国返回的途中受邀拜访在洛明腾的德皇，他的东道主在确认了沙皇的许可之后，告诉他说已经在比约雪岛签下一个防御性同盟，法国会被邀请加入。这位俄国政治家谈道："在告知了这条非同寻常的消息后，他问我是否满意，我懵懂地回答说我满心喜悦之情。"他补充说，如果法国也来，她在摩洛哥问题上就不会被过度逼迫了。德皇在9月26日写道："他是俄-德-法同盟的坚定鼓吹者，因此当我告知我们在比约雪岛的工作时，他露出高兴的惊讶之情。与美国侧面相接的'大陆联合体'是阻挡整个世界变成约翰牛私人财产的唯一有效方法，他利用没完没了的谎言和诡计，让剩余的开化国家为了他的一己私利而争吵倾轧，之后便随心所欲剥削这个世界。现在，和平已被签下，如果我们在不让我们的驻外大使知道条约存在的情况下，同样地指示他们在所有涉及总体政策的问题上都通力合作，你不觉得这很实用吗？对共同理由的共同拥护不会不让这个世界产生我们的关系已变得密切的印象，而且这样就能让你的盟友法国人慢慢做好新定位的准备；在这新定位中，他们的政策必须要考虑把我们的条约作为切入点。"

当德皇梦想着双边联盟与三国同盟统一在他的命令下时，沙皇因令他心虚的秘密而感到心情沉重。自比约雪岛返回后，他面对兰布斯多夫时感到窘迫，而当日本战争结束迫使他透露这个秘密时，外交部长"简直不能相信他的眼睛和耳朵"。尼古拉大公、国防部长和总参谋长都被告知，但直到惠特返回之前，什么行动也没有。如我们所见，德皇告诉沙皇说自己的客人赞同该条约，而惠特也在与沙皇甫一见面时就向他道贺。尼古拉向兰布斯多夫复述了惠特的肯定，兰布斯多夫激动地问那是否属实。惠特回答说，没见到文本。而当外交部长被示以文本时，他用一贯的直率态度大叫道："陛下难道不知道我们与法国有个条约？"即使软弱驯顺如兰布斯多夫也清楚，新协定必定要被通告废除，否则法国不是被迫要围着德国的轨道转，就是要被迫牺牲俄国这个盟友。游移不定的沙皇早就暗示了他的难处，9月29日，德皇开了一剂电报补品。"该条约的运作不与法俄同盟抵触，当然，这是当该同盟非直接针对我的国家时。另一方面，俄国对法国的义务只有当法国通过其行为表现出对这些义务之珍视时方才履行。你的盟友在整个战争期间恶名昭彰地把你抛在困境当中，而德国用各种方式帮助你，以至于不能不违反中立法则。那也使俄国道义上有对我们的义务。我完全赞同你说的，劝导法国加入我们费时、耗力并需要耐心。我们的摩洛哥事务已得规范，所以目前气氛有助于较好地谅解。我们的条约是个非常好的建设平台。我们携手并在上帝面前签它，他听到了我们的誓言。因此我认为，该条约能很好地成立。签了就是签了，上帝是我们的证人。"

兰布斯多夫和惠特的立场因俄国驻巴黎大使的答复而强化。按指示探听法国政府风声的大使回称没有用，因为法国绝不会加入一个德国同盟，也不会承认1871年的安置。于是惠特写信给柏林说，协定没有约束力，因为它没有外交部长的签名。毕娄对此答复说："签了就是签了。"最后一步是按惠特的建议而走，他于10月20日被任命为首相，当天沙皇通过普通外交渠道给德皇寄了一封信，俄国大使则被指示补充说，因为法国的附议在当前是不可能获得的，而且该《条约》与双边联盟不相容，因此条约在俄国、德国与法国都能同意之前必须要保持不运作。德皇看来无法接受游戏已经玩不下去了。他于11月28日写道:"首相——我给他读了你来信的部分内容——告诉我,我们这个纯属防御性的协议不可能与《法国条约》冲撞。因为,如果会冲撞,就意味着即使在一场针对德国的侵略战中,俄国也被约束要支持法国。如果你的法国协议像我们的一样纯属防御性的,两者之间就不会有不兼容性。"直到兰布斯多夫给参加阿尔赫西拉斯会议的俄国代表的指示公布时,德皇才意识到同盟已死;该指示表明,俄国将自己从德国的领导权中释放出来了。于是,通过阴谋诡计被强迫签署而又旋即废止的《比约雪岛条约》成为俄国政策新定向的前奏。

在驳回该协定之后,沙皇很快就开始与英国大使查尔斯·哈丁格阁下讨论大不列颠与俄国之间存在的问题。爱德华·格雷阁下在1905年10月20日的城市自由俱乐部演讲中宣布,彼此疏远的根源只存在于过去,并敦促两国政府鼓励彼此间的信任。几周之后,这位演说者发现他变成了外交大臣,而且坎贝尔-班纳曼在发表于阿尔伯特音乐厅的施政纲要演说中宣布,新部长们别无他意,只有对伟大俄国人民的友好感情。阿尔赫西拉斯会议提供了一个合作与共商的宜人时机。英国代表阿瑟·尼克森阁下早就改弦更张了,而且他与俄国代表卡西尼伯爵(Count Cassini)的谈话得到英国的俄国问题首席权威,亦是俄国宫廷所悦纳之人物唐纳德·麦肯齐·华莱士阁下(Sir Donald Mackenzie Wallace)的响应。就在这时,土耳其占领塔拜(Tabah),给英国对埃及的占领掷出一项挑战,而俄国驻君士坦丁堡大使通知高门,俄国政府支持英国的要求。

英国舆论对俄国1905年的改革运动抱有好感,1906年5月杜马(Duma)开张,被英国人怀着公正的满意之情赏识。然而俄国的统治阶级只要还能从国外捞钱就能让杜马插不上手,而且正需要一大笔借款支持这个国家渡过对日战争带来的金融危机。当惠特于1905年10月20日担任首相后,他立刻开始了筹措国际贷款的谈判。[1] 法国政府自然期望提供最大份额,但在摩洛哥

---

[1] Witte, *Memoirs*, ch. 11.

危机结束前动弹不得，而且财政部长庞加莱（Poincaré）怀疑俄国政府未经杜马批准而签下贷款的权利是否合法。最后，当《阿尔赫西拉斯法案》签署且马腾（Martens）法官解决了合法性问题后，贷款合同于4月3日在巴黎签署。惠特怀着骄傲之情写道："这是现代国家史上最大数额的外债。借此，俄国得以维持金币原封不动，并能够从不幸的战争和被称为革命的无情骚乱中复原。这笔借款使政府能够经受这时期的所有风吹雨打。"德国政府为了报复比约雪岛政策的失败而禁止德国参与。另一方面，英国金融自克里米亚战争以来首度参与对俄国贷款，而伦敦、巴黎乃至彼得堡所发出的警告之声使这次参与更加值得注意。克列孟梭在《奥若拉》（L'Aurore）发文警告他的同胞，反对新的贷款被用于确保沙皇战胜其臣民。《泰晤士报》的彼得堡通讯员于4月9日写道："反对组织继续开展运动反对在杜马开会之前就借外债。他们担心政府在获得大笔借款的保证后就将恐吓杜马。"他们的忧虑理由毋庸置辩。杜马5月9日启动，7月22日就被解散。当时仍是反俄机构的《泰晤士报》写道："政府的专制步骤使得那些恳请西方的立宪自由派友人不要借更多钱给独裁政府的改革派们完完全全有正当理由。俄国政府通过现在看来彻头彻尾像虚假借口的东西获得借款，但他们不能永远靠这个。他们怎么能指望永远按得住一个恼羞成怒的人？"杜马被解散的消息在各国议会联盟（Inter-Parliamentary Union）开会前夕传到伦敦，坎贝尔-班纳曼在他的开幕演讲中加了一条对俄国政府的响亮警告，以及给俄国人民打气的消息。"杜马死了，但杜马常在。"

两国政府间的讨论在继续，伊兹沃利斯基取代兰布斯多夫给外交部带去一个早已确信三国协约之必要性的人。埃伦塔尔在听到这项任命时评论说："俄国现在将发生一个新转变，向英国靠拢。"1907年5月，《泰晤士报》暗示有一项协议在签署的关头。外交大臣回复说："没这回事，但我一定要补充说两国都日渐倾向于以友好的态度处理引起共同利益的问题。这一倾向最近引导两国政府在不止一个场合合作。这是一种我们乐于鼓励的倾向，而如果它能持续，自然将涉及逐步解决它们之间的问题以及加强友好关系。"

1907年2月1日，举行了一轮俄国部长会议，讨论难题的波斯方面。[1] 伊兹沃利斯基解释说，英国提议在波斯划分势力范围。直到最近，这主意在俄国舆论一直不被支持，官方圈子则确信，波斯必须全部在俄国影响之下，且俄国必须修一条跨波斯铁路一直推进到波斯湾的一个设防基地。然而近期事件表明，此议不可行，也证明所有事情都必须避免导致与英国发生冲突的可能。最佳方法是划分势力范围。他接着提到一个波斯侨居地与巴格达铁路之间的密切联系。如果不会激起来自德国的反对——她早已被亲善关系的可能性搞到心烦意乱，那么与英国达成协议定会带来想要的结果。因此他已向柏林保证，在没有获得事先谅解之前，俄国不约定任何责任，如果这些责任会以某种方式影响德国的利益。来自德国的谅解是必需的。直到现在，俄国一直在努力阻挠巴格达铁路，但部长们现在必须决定，修改这条政策是否明智。财政部长柯柯夫佐夫（Kokovtseff[2]）同意与德国达成协议，但力主保留反对铁路的旧理由。它将会因造福小亚细亚和美索不达米亚而对俄国的谷类出口造成竞争，而通往波斯边境的各支线将因允许德国和英国商品抵达俄国的经济利益范围而危及俄国在波斯北部的地位。然而，由于该铁路无法被阻止，就只能接受，但要确保获得赔偿。贸易部长、国防部长和总参谋长同意，反对的时期已经过去了，应当获取赔偿。

柏林与彼得堡之间关于巴格达铁路的谈判直到1910年才完成，但英俄安置进展快速。1907年8月31日，阿瑟·尼克森阁下与伊兹沃利斯基在彼得堡签署了一份协定。索尔兹伯里爵士关于我们在近东赛马下错了注的著名宣言终结了欧洲的紧张局势，而英日同盟和俄国被日本击败消除了所有涉及远东的忧虑。因此，1907年的协定虽然在范围上比1904年的协定限制更多，但因消除两位历史宿敌的敌对理由而达成类似效果。

这是与波斯有关的三份协议中的第一份，也是最重要的一份。"大不列颠政府与俄国政府，双双答应尊重波斯的完整性与独立性，并忠诚地渴望维

1　Siebert, *Diplomatische Aktenstücke zur Geschichte der Ententepolitik*, pp. 315–319.
2　名字应该是Kokovtsov，英译可能有误。——译注

持那块土地全境的秩序以及她的和平发展，同样关切的还有永久性确立其他所有国家在贸易和工业方面的平等利益，考虑到两国各自都因地理原因和经济原因而在维持波斯与俄国边界接壤或相邻以及与阿富汗和俾路支边界接壤或相邻之特定省份的和平与秩序方面有特殊利益，并且渴望避免她们各自在上述省份之利益间的所有冲突理由，两国政府同意以下条款：

"1. 大不列颠答应不再从席林堡（Kasr-i-Shirin）经过巴格达并包括伊斯法罕（Ispahan）和亚兹德（Yezd）且止于波斯与俄国及阿富汗接壤之边境的沿线以远地区寻求任何政治性质或商业性质的特许，也不反对俄国政府所支持的对上述地区的特许要求。

"2. 俄罗斯答应不在经过阿富汗边界并包括加济克（Gazik）、比尔詹德（Birjand）、克尔曼（Kerman）且止于本德尔（Bunder）、阿巴斯（Abbas）的沿线以远地区寻求特许，也不反对英国政府所支持的对上述地区的特许要求。

"3. 俄罗斯与大不列颠答应，在没有事前协议的情况下不反对在条款1和条款2所提到的两条界线之间的地区给英国臣民或俄国臣民任何特许。"

换而言之，波斯被分成一个较大的俄国势力范围和一个较小的英国势力范围，外加一个两国享有平等机会的中立地带。

一封爱德华·格雷阁下写给阿瑟·尼克森阁下的署着8月29日的信，解释了为何波斯湾没有被纳入协定。"关于波斯的安排限于那个国家触及大不列颠和俄罗斯在亚洲领土之边界的地区，波斯湾不属于这类地区，而且波斯湾只部分地是波斯领海。因此，在这份协定中引入对大不列颠在波斯湾所拥有之特别利益——这是英国人在这些水域活动了100多年的结果——的正面宣示，这被认为不合适。国王陛下的政府有理由相信，该问题不会在两国政府间引起难题，如果发展有起色，影响到英国在海湾的利益时，就有必要进一步讨论。在谈判期间主导做出这项安排的俄国政府曾明确声称，他们不否认大不列颠在波斯湾的特别利益——国王陛下的政府对此声明做了正式记录。为了非常清楚地表明当前的安排不意图影响海湾的局势并且不暗示大不列颠方面对海湾的任何政策改变，国王陛下的政府认为，可行之举是提请注意对英国政策的早前宣言，并且一般性重申关于英国在波斯湾之利益和维持它们之重要性的早前声明。国王陛下的政府将继续动用所有的力量维持海湾现状并维护英国贸易。这么做时,他们并不想排除任何其他国家的合法贸易。"

关于阿富汗,大不列颠宣称,她不打算改变这个国家的政治现状或干涉其内部事务,并且不会采取任何措施威胁俄国,也不鼓励阿富汗这么做。俄国在她这方则承认阿富汗不在她的势力范围,并许诺她与该国的所有政治关系都应通过英国政府而从事。在第三份协议中,两国都答应尊重西藏的领土完整性并杜绝对其内部管理的任何干涉。

这份《条约》在俄国被以复杂的感情接受。[1]在惠特看来,这是英国外交手段的一次胜利,导致俄国不可能吞并波斯。英国议会在签署条约之前闹得不可开交,专家分析意见一直展延到1908年的会期。这次攻击始于2月6日的柯曾爵士,他认为这份被他描述为过去半个世纪里英国政府所签最重要的一份条约乏善可陈。条约的观念是对的,但推行它的方法错了。对阿富汗的安排是可疑的,对西藏的安排是糟糕的,对波斯则更糟。兰斯当爵士则站在另一方,虽然他批评细节,但表达了对俄国忠诚度的信心。柯曾爵士说俄国是一个需要警惕的敌人时,反对党的领袖们和他们的拥护者都准备把俄国当作朋友。

在1907年就如在1904年,政府及其专家顾问们确保要以最少代价达成局势所许可的最多成果。爱德华·格雷阁下辩解道,我们没有放弃任何我们之前所不曾损失的东西。但是,若纯粹视为商业交易,那么后来的收支平衡单显示收益极小。当印度总司令基奇纳爵士被问及他可以抵挡多少波斯人时,他回答说只能对东南部负责,此时议价的性质就被决定了。出于这个原因,我们把我们的地带限定到锡斯坦(Seistan[2])、克尔曼省的大部和莫克兰海岸(Persian Mekran[3]),并坚持一个中立地带以对抗伊兹沃利斯基的愿望。至为重要的是,自今以后俄国不再能威胁到进入印度的道路,但理论上我们不仅放弃了在南方的优势地位,也放弃了在波斯湾的优势地位,而我们在波

---

[1] 见Troubetzkoi, *Russland als Grossmacht*, ch. 5。
[2] 应当是Sistan。——译注
[3] 应当是Makran。——译注

斯湾的影响已有一个世纪未受挑战。俄国对我们在波斯湾地位的承认没有用她自己的发言且尤其是通过她的签字来明确宣称,而且阿富汗条款因缺少阿米尔的同意而就是空头支票,对于这两点批评,政府发言人没有作答。

如果《英俄协定》作为一笔商业交易而批评声不断,那么它的政治成功可谓无可挑剔。俄国只能通过在与法国结盟之外又附加英国的友情才能重获她作为大国的地位,而大不列颠已经明确地与法国站在一边,要求俄国在面对日益增长的来自德国的危险时予以支持。因此,就像处理法国问题那样,继消除地方摩擦之后又是各个领域的外交合作。《英法协约》和双边联盟扩大为三国协约,在欧洲的棋盘上与三国同盟分庭抗礼。毕娄亲王致力于缓和他的国人们因为觉得一宗世仇已经终结而产生的焦虑,但成效甚微。他在1907年4月30日写道:"我们依靠信心而不带焦虑地观看谈判的结束。可能有人会说我对于英俄亲善太过冷静。我实事求是地看待它,它就是消除我从国外居所带回家之难题的努力,鲸和象之间的敌意不是无可更改的。没人比我更清楚,我们被困难和危险所环伺。它们是我们易受攻击之地位所带来的结果。鉴于那些事务并非直接关涉我们,我们无须因各种协约而惊慌。我们无法生活在其他国家的敌意之中。让我们承认其他人有运动的自由吧,就像我们声称自己有那样的自由。"另一方面,对于雷文特洛来说,它对德国是比1904年英法协定更大的打击,于是他抱怨包围圈是如今莫此为甚的规则。[1]

俄罗斯与大不列颠的和解因她们各自盟友之间的亲善而得到巩固。1907年6月9日,法国与日本同意尊重中国的独立与完整,且在经济上对所有国家平等。次月,俄国与日本签署了一个类似条约,并同意维持现状,也保证以她们所能动用的一切和平手段确保对现状的尊重。几个月之后,她们签了三份协议——协议原则是在朴茨茅斯确立的,涉及捕鱼权、商业、航海以及"满洲"铁路。于是,从日俄战争中残存下来的危险张力被消除了。以大不列颠和日本为一方而以俄国与法国为另一方的双方现在成为朋友。俄国不再考虑远东的险境,可以将她的全部注意力转向更加危险的欧洲政治游戏。

---

[1] *Politische Vorgeschichte*, pp. 130–135.

第十二章 近 东

第一节

土耳其人在马其顿的习惯性暴政激起了邻近基督教国家以武装宣传和有组织的大屠杀来奋力为未来提出要求。[1] 1902年6月，土耳其要求各国对保加利亚施压以解散马其顿委员会，但1897年订立盟约在巴尔干问题上合作的俄国与奥地利通知阿卜杜勒·哈米德说，迈出第一步是他的义务。苏丹许诺改革并任命了监察长希尔米帕沙（Hilmi Pasha）开展改革。改革方案明显不充分，于是兰斯当爵士于1903年1月勾勒出他自己的计划。"我们的意见是，马其顿居民的条件已几乎不可容忍。给君士坦丁堡的调查委员会以及马其顿的巡查委员会任命一名或几名基督徒会有价值，但仅有调查还不够。我们需要在司法部门和财政部门任命欧洲检查员，还要任命欧洲军官来重组宪兵队和警察。若不安排支付薪水，什么改革都行不通。"此后不久，奥地利大使与俄国大使向这位英国外交大臣递交了兰布斯多夫和戈武霍夫斯基起草的方案纲要，并请他支持。除非是由各大国安排，否则监察长任期十年不撤换。要让外国专家重组警察和宪兵队，后者需包括基督徒和穆斯林。高门要停止阿尔巴尼亚人针对基督徒的犯罪。与近期骚乱有关联的三个省份中所有被指控

---

[1] 关于马其顿的蓝皮书数量众多。关于该主题最好的作品有 Sir C. Eliot, *Turkey in Europe*; Brailsford, *Macedonia*; *The Balkan Question*, edited by L. Villari.

或被判刑的政治罪都要被大赦。每个省都要做预算，地方岁入经奥斯曼银行核查后，要分配给有地方管理之需的第一线地区。最后，收缴什一税的工作再不能外包了。外交大臣原则上接受了该方案并承诺将它推荐给苏丹，但他保留在经过更仔细的审核后提出修改建议的权利。苏丹全盘接受了这份"2月计划"，并许诺不止在马其顿开展，也在土耳其位于欧洲的其他三个省开展。为确保土耳其没有不作为的托词，兰布斯多夫访问了索非亚和贝尔格莱德并敦促双方内阁压制革命煽动。保加利亚政府因之解散了保加利亚的马其顿委员会，并下令其在土耳其的商业代理们警告保加尔人领袖们，如果发生叛乱，保加利亚将不提供援助。

尽管苏丹理论上接受了改革方案，保加利亚也准备好收紧自己的手，但巴尔干的天空依旧阴云密布。1903年7月，马其顿发生了意料之中的爆发事件，暴徒们在正规军面前毫无胜算。8月31日，保加利亚诉请各国。奥地利与俄国提议，为应付这个局面，由各国给土耳其和保加利亚发布一条警告，如果她们抵制奥俄计划，那谁都别指望获得支持。但兰斯当爵士答复说，是时候采取他一开始就坚持自行提出的那些更强硬措施了。叛乱9月底结束，英国外交大臣现在向维也纳转呈建议，兰布斯多夫和戈武霍夫斯基正在那里忙着制定一份新的改革方案。需任命一位与巴尔干诸国或大国没关系的基督徒总督，或者任命一位穆斯林，由奥地利和俄国选人，由欧洲顾问们辅佐。派出数量足够的欧洲军官重组宪兵队。土耳其应从保加利亚边境撤军，奥地利与俄国将保证保加利亚不派出军队，也不允许帮派团伙跨越边境。每个大国都要派6名军官辅佐军队。奥地利与俄国政府感谢这位英国大臣的建议，并补充说它们与早就在米尔茨施泰格（Mürzsteg）达成的决议一致，奥皇与沙皇在各自外交部长的陪同下已于那里会商局势。

10月24日，奥地利大使与俄国大使给唐宁街带去米尔茨施泰格计划。

1. 奥地利与俄国的民政代理要作为监察长的补充，提请他注意基督徒的需求以及地方当局做的坏事，监督改革措施的引进以及地区的安宁，并向他们各自的政府汇报。

2. 应给宪兵队任命一位外国将军及数名外国军官,在一个地区分管监督、训导和组织。

3. 在这个地区安宁之后,土耳其应当修订行政单元的边界,划分时当着眼于比较常规的民族群体。

4. 行政机构和司法机构应当重组,应允许基督徒承担公职。

5. 由等量基督徒和穆斯林组成的混合委员会应当调查近期动乱期间所犯的罪行。

6. 土耳其应当支付遣返基督徒难民回国的费用,并应重建被土耳其人毁坏的住宅、教堂与学校。这笔钱当由基督徒坐镇的委员会加以分配,而奥地利与俄国的顾问负责监督。

7. 村庄被焚地区的基督徒应当免除一年税收。

8. 土耳其应当承诺无拖延地引入2月改革方案与米尔茨施泰格计划。

9. 非正规军应当遣散。

在奥俄联手断然警告之后,米尔茨施泰格计划被原则上接受。一位奥地利顾问和一位俄国顾问被任命。迪乔治斯将军(General di Georgis)被选来训练宪兵队,并有25名军官辅助。马其顿被分为数个地带,奥地利负责于斯屈布(Uskub),意大利负责莫纳斯提尔(Monastir),俄国负责萨洛尼卡,法国负责塞里斯(Seres),大不列颠负责德拉玛(Drama)。德国没接受任何地带,但为萨洛尼卡的宪兵学校提供一位校长。土耳其与保加利亚于4月签的一份协议消除了对再度起义的担心。奥地利与俄国满怀希望,民政代理们报告说有几百份请愿书被呈交。奥地利民政代理写道:"各方面都能感觉到,一个新时代开启了。"经验丰富的英国顾问格雷夫斯(Graves)自萨洛尼卡报告说有暂时的进步,但补充说,除非财政与司法得以改革,否则不会持久,而且土耳其政府的方法没有任何变化。

兰斯当爵士从不相信奥俄计划的完备性,因此他于1905年1月11日在一份急件中勾勒出更大胆的措施。改革方案中除了重组宪兵队,其他部分都未开展，而重组宪兵队问题上欧洲军官仍然太少。需要钱，而且只有削减军队才能保证资金来源。由于欧洲协调缓慢且有些无效，所以当俄国与奥地利抓着难题时，大不列颠就站在一旁。然而土耳其对持久和成功的阻碍呼唤大国们联合施压。第一个要求是将马其顿境内和附近的军队数量削减到足够维持内部秩序，而保加利亚应当进行相应的裁军并防止帮派组织。如果她拒绝，可能由各大国集体担保不允许保加利亚占领土耳其领土。第二个要求应当是任命一个代表委员会，由各国提名并在监察长的总管之下，拥有行政权和执行权。财政改革应包括减少什一税并由各省向高门提供一份固定支付款，资产结余留作地方用途。由委员会辅助的监察长可以指挥军队。

与此同时，俄国与奥地利出具一份财政改革方案，其中，所有马其顿的岁入都应流经奥斯曼银行的地方分支，奥斯曼银行应在监察长和民政代理的监督下控制钱的花销。如果这笔钱被标记为供马其顿改革和赔偿1903年的基督徒牺牲者之用，奥俄两国愿意一致将关税从8%提至10%。土耳其的答复是提出一个没有外国人控制的对抗性改革方案。兰斯当爵士则拒绝接受两个方案中的任何一个。在他同意提高关税之前，他必须问，为什么这笔赤字不能通过削减军队来消除，他也必须获得保证，让收入不落入奥斯曼银行，奥斯曼银行不能胜任该任务，而某些胜任的权威则能将这钱投入马其顿改革。俄国与奥地利同意，其他国家应各派一位代表来协助他们的民政代理监督财政。财政代表的任命现在成了各国的官方政策，8月，六位大使敦促土耳其允许他们行使协助民政代理的职责。当土耳其拒绝时，兰斯当爵士建议来一场海军示威。一份联合通告在11月递送，一致要求监察长、民政代理和宪兵队的委任管理延长两年，并且接受财政委员会的规章，委员会由监察长、奥地利与俄国的民政代理、其他四国各自的一位代表组成。在除了德国之外所有其他国家都在米提利尼（Mitylene）示威并且占领了海关署和电报局之后，苏丹不得不屈服了。

就在这时，接替兰斯当爵士就任外交部的爱德华·格雷阁下发现欧洲协调"被它已付出的努力消耗殆尽",因此勉为其难地被迫在一段时间里玩一出观望游戏。宪兵队赢得了当地居民的信任,英国代表充满希望地汇报了财政委员会的工作。1907年4月,爱德华·格雷阁下同意关税提高3个百分点,7月生效。同一时间,他通知班肯道夫(Benckendorff),尽管行政管理有改进,但他认为各国要更加认真地努力制止帮派团伙。"希腊帮派是整个问题的根源。"不列颠施压的结果就是,奥地利与俄罗斯政府在9月30日给希腊、保加利亚和塞尔维亚发布一份联合通告。通告提出,团伙彼此斗殴,部分地归因于对米尔茨施泰格计划条款3的误解。任何定界都不会考虑到由帮派活动带来的民族重组,而将由战争前的现状决定。奥俄通告得到其他国家公使的支持,但没一个巴尔干国家承认条款3,这是造成麻烦的一个原因。因为没有任何成效,苏丹便很快表现出像从前一样倔强。当各国要求将外国委任管理展延七年时——这个期限是允许较高关税的时期,他答复说,民政代理和财政委员会必须进入土耳其公职,如同宪兵队军官。经过数周的施压和威胁之后,他才让步,并将所有委任管理续订至1914年。

尽管有各国的努力,马其顿的状况却持续恶化,1907年底,爱德华·格雷阁下大胆地开始初步行动。他主张,各国应向高门表示,为了维持土耳其军队而对马其顿课收的庞大预算超出了军队为维持公共安全所需提供之服务的比例,镇压帮派团伙的唯一有效方式在于大规模增加宪兵队、组建宪兵的流动纵队、授予指挥军官以执行权。削减军队省下的开支应作为宪兵队增加人数和完善装备的基金。这个活力充沛的召唤传到了聋子的耳朵里。奥地利与俄国拒绝合作,理由是这些要求会被苏丹明确拒绝。沃尔夫-梅特尼希坦白告知外交大臣,德国政府认为他的提议不切实际。蒂托尼(Tittoni)写到,在要求扩充宪兵队之前,各国应要求履行最初约定。

当这些不作为的托词抵达唐宁街之际,欧洲协调式微中的尊严又遭一记重击。能干的外交家埃伦塔尔——他在担任驻彼得堡大使时曾意图复兴三皇联盟——于1906年接替柔顺的戈武霍夫斯基继任外交部,他于1908年1月27日宣布,已从苏丹处获准测量经过新帕扎尔的桑扎克的铁路路线,该铁路线将波斯尼亚系统同土耳其在密丑维察（Mitrovitza）的终点连接起来。[1]《柏林条约》第25条赋权奥地利修建通过新帕扎尔的桑扎克的道路，尽管铁路没有被明确提及，但没人会争辩说这位奥地利部长在滥用他的条约权利。

他在特许声明中宣称，奥地利巴尔干政策的真实性质不是追逐领土目标，而仅是想要一条到萨洛尼卡的替代路线，因为塞尔维亚可以在关税战情况下封锁奥地利通往爱琴海的出口。3月24日，毕娄发言表示赞同奥地利这份计划，"尽管我们既未提供建议也未被咨询建议"。蒂托尼在意大利国会附和道："我被告知此意图，但我不能对此权利提出质疑。如果所有国家都认为铁路是马其顿改革的一个项目，则此事对欧洲协调或和平并无危险。"这新闻在俄国却被以非常不同的方式接收，伊兹沃利斯基苦涩地埋怨对1897年的协定和米尔茨施泰格协议的精神的违背。1897年肇始的在巴尔干的合作戛然而止，埃伦塔尔随后接受了从塞尔维亚和罗马尼亚在多瑙河之毗连地带到阿尔巴尼亚海岸之梅笃圣若望（San Giovanni di Medua[2]）的铁路计划，令这道伤口深得无法愈合。

俄国的怒火与她对马其顿农夫的同情没什么关系，主要是因为她嫉妒奥地利在巴尔干的影响，而大不列颠却遗憾于正当欧洲协调在明确制定司法改革的要求之际，因一个领头大国哀求眷顾而造成的障碍，使得确保改革的机会就算没被破坏也变小了。爱德华·格雷阁下提及奥地利行为的措辞礼貌但不含糊。他在2月28日宣布："我们对这些铁路计划的态度属于善意的中立。但这一最新计划无疑成为引发非常醒目之评论的理由。被选来提出这一需要苏丹同意之大型铁路方案的特殊时机准定会激起忧虑，只怕各个国家将把她们的注意力转向特别切适于自身利益的目标。任何此类印象都能找到根据，这令我深切遗憾，因为我希望看到欧洲协调能为马其顿改革而维持。"但一个更为重大的问题牵涉进来。"讨论马其顿问题时，你绝无法远离土耳其问题，而土耳其问题不止一次导致欧洲战争。只要欧洲协调还在，你就能在一

---

1 见 Molden, *Graf Aehrenthal: Sechs Jahre äussere Politik Oesterreich-Ungarns*, pp. 32–38。
2 其阿尔巴尼亚名字是 Shëngjin。——译注

定程度上保证此问题不会导向战争。"他进而重申冬季时分曾奋力提出的建议,加了一个意义重大的附则。"如果按照固定的任期被指派一名土耳其总督——一个其品格和能力都被各国接受和认可的人,且如果他能自由行事而他的位置得到确保,那么我相信整个马其顿问题都可能解决。在米尔茨施泰格计划上修修补补不会改善局势。"

这篇讲话是奥地利咎由自取,因为当她背叛了自己推动马其顿改革的理由时,诚心改革的爱德华·格雷阁下自然就会接管它。以《外国报》(Fremdenblatt)为首的奥地利新闻界露骨地宣称,没有土耳其高压统治的独立总督是行不通的。其他首都的评论也并不更鼓舞人心。爱德华阁下没有因为他的讲话被敌视而灰心丧气,反而在一份热情洋溢的、给各大国的急件中表达了它的主旨。自桑扎克打击以来开始自由追逐自己路线的俄国政府快速答复,指出英国观点有可喜的好处。但在原则上同意为马其顿任命一位总督的同时,必须要认识到,不可能让这位总督被各国一致同意或被苏丹接纳。如果让监察长在一定年限内不可撤换,就能在无须各国同意的情况下达成同样目标。对此答复感到高兴的爱德华阁下实质上接受了该提议,即希尔米帕沙应被升到元老行列并要确保一个数年任期且只有在各国同意下才能被替换。最终看起来有进展的前景,但它只能来自大不列颠与俄罗斯日益加深的紧密关系,而且为了培养信任与合作的精神,爱德华国王接受了6月去日瓦尔(Reval)[1]访问沙皇的邀请。

一位英国君主有史以来首次访问俄国,此事在英国内外都激起不同凡响的兴趣,而且因为此次访问被爱德华·格雷阁下热情捍卫而遭遇工党的激烈挑战。格雷宣称,这次访问迟到得太久。国王七年没见沙皇了,而沙皇曾去巴尔莫勒尔城堡(Balmoral)访问过维多利亚女王。"时间到了,如果两国关系友好,就不能长久拖着而不显得失礼。你也大可以撕了这《协定》,但再继续讨论马其顿改革就不会有成果。"6月10日,国王与王后在约

---

[1] 爱沙尼亚首都塔林的旧名。——译注

翰·费舍阁下（Sir John Fisher）、约翰·弗兰治阁下（Sir John French）和查尔斯·哈丁格阁下陪同下抵达日瓦尔。沙皇宣布："我有信心，这次会见将巩固把我们两家绑在一起的数量众多且力量强大的纽带，并将在把我们两国带入更为密切的状态和维系世界和平方面有一个令人高兴的结果。在过去一年，有一些对俄罗斯和大不列颠都非常重要的问题已得到妥善处理。我肯定国王陛下像我本人一样欣赏这些协议的价值，因为尽管它们涉及之范围有限，却定会帮助在我们两国之间传递善意与互信的情绪。"国王答复说："关于近期签订的《协定》，我真心赞同陛下您的话。我相信它将服务于加强把我们的人民团结起来的纽带，而且我肯定它将在未来引导一些重要事务达致令人满意的安排。我确信，它也将极大地帮助维系世界和平。"伊兹沃利斯基和查尔斯·哈丁格阁下也发表了一份声明，表示他们完全赞同所有观点。

这些宽慰人心的保证之辞只不过激起人们的遐想，意义深远的规划则确然属于戏剧中的演员们。毕娄亲王的率直询问表达出他的焦虑之情，伊兹沃利斯基则向他保证，"不存在会直接针对德国利益的公开或秘密的《英俄协定》"。安慰式的保证也被传达给埃伦塔尔。德皇在多贝里茨（Döberitz）的一场检阅中对军官们的一场演说，揭示出在更高层次也感觉到忧虑之情。"看来他们希望包围并激怒我们。我们受得了。德国必须要在各个方向防御自己时才会打得更好。"几天之后，他在汉堡赛舟会上得到非同一般的热情欢迎，也被《莱茵河卫士》（Die Wacht am Rhein）同样对待。他宣称："当我自问这个突破点意味着什么时，我们古老的德国歌谣突然冒出。于是我知道了。先生们，我感谢你们，我也理解你们。这是与一个毅然走在自己道路上并且知道身后有些理解他并愿意帮助他的人的男人的握手。"德国给日瓦尔方案的主事者们扣上了反对德国的安全或福祉的帽子，这一点错了，但她关于此次访问密切了两个大国间纽带的信念是正确的。

最急切地细究日瓦尔访问的无过于苏丹治下里里外外的一些秘密会社。青年土耳其党流亡者长期以来就计划和策划建立共和国与宪政，不过1905年奥斯曼境内的改革运动是不依赖巴黎的，而且在土耳其的欧亚部分形成了一个委员会网络，总部在萨洛尼卡。[1] 马其顿的混乱状态构成了各国介入的持续邀请函，而青年土耳其党人承认改革的必要性，但决心让改革在土耳其人的手中开展。他们的计划中盘算着在某些关键时刻打击军队，而且驻扎在马其顿的第三军团被选来担任试验对象。来自耶尔德兹（Yildiz）的密探一次又一次碰巧发现阴谋线索，1908年3月，君士坦丁堡派出一位委员收集证据。统一与进步委员会（Committee of Union and Progress）担心败露，便策划了一场9月起义，但日瓦尔会面决定了他们要立即行动以预先阻止似乎已有先兆的干涉。7月3日，内亚兹贝（Niazi Bey）[2]在其出生的村庄里斯纳（Resna）举起反叛旗帜并走向山间，还在那里迅速与恩弗尔贝（Enver Bey）联手。7月6日，莫纳斯提尔要塞的军官逃离，于是马其顿和阿尔巴尼亚的志愿者涌入。7月22日，内亚兹胜利进入莫纳斯提尔，7月23日，1876年宪法被公布。次日，阿卜杜勒·哈米德面对青年土耳其党的最后通牒"投降，要么我们向伊斯坦布尔进军"，承认了宪法，而希尔米帕沙本人在这天中午亲自在萨洛尼卡官署的台阶上公布了宪法。这场革命得到奥斯曼全境的热烈欢呼。杀人越货的帮派像被魔法扫荡一空，希腊人、保加利亚人、穆斯林和基督徒在街上都亲如兄弟，新闻界自由了，女人褪下了面纱，土耳其帝国受尽折磨的公民们进入一个短暂的、无忧无虑的幸福时期。[3] 夏季，整个控制机制——宪兵队、财政委员会和民政代理——都被废弃。

第二节

当欧洲正回响着对青年土耳其革命的赞誉之时，大臣们的和谐被弗兰茨·约瑟夫正式吞并波斯尼亚-黑塞哥维那（理由是，吞并对于承认宪政是

---

1 见Moore, *The Orient Express*, ch. 21, "The Young Turks"。
2 Bey是土耳其地方长官的称号，传统上是小部族的首领。——译注
3 见*Turkey*, No. I, 1909（关于土耳其宪政运动的通信）。关于这个充满希望之短暂时期的出色图景见C. R. Buxton, *The Revolution in Turkey*; Sir E. Pears, *Forty Years in Constantinople*。对青年土耳其革命第二阶段的叙述见G. F. Abbott, *Turkey in Transition*。

必要的预备步骤）并撤离新帕扎尔的桑扎克的一纸声明生生打断。[1]在1881年缔结的三皇联盟中，奥地利获得当她认为时机恰当时合并这些省份的权利。然而外交部长卡尔诺基没有使用这种特权，而且就在1884年续订《条约》后不久，俄国因东鲁米利亚和保加利亚联合而盛怒，这成为不要进一步刺激她的警示。在1887—1897年关系紧张时期，这事情自然休眠了。即使在1897年，当弗兰茨·约瑟夫为沙皇1896年的维也纳之访回访时，重申合并权利的提议也招来冷淡的答复，称它将"在合适时间接受特别的审查"。卡雷在波斯尼亚的继任者布里安（Burian）公然属意吞并，而1903年亲奥地利派的贝尔格莱德朝堂被替换为亲俄派，这导致奥匈帝国南部省份出现新的危机。

埃伦塔尔没有问询俄国就确保了桑扎克铁路的特许权，但他从未梦想过在未取得事前谅解的情况下吞并波斯尼亚。桑扎克争议给伊兹沃利斯基带来愤怒与怀疑，米留科夫（Miliukoff）和其他杜马发言人的批评之辞鞭策他要恢复声望。有几周，这位外交部长对奥地利大使贝尔奇托尔德（Berchtold）的态度是冷冰冰的；但情绪过去了，4月间他们的讨论有了成果，在一份备忘录中记载了他关于两国协约应当续订的愿望。奥地利应当赞同多瑙河－亚得里亚海铁路，这将让塞尔维亚有了经过阿尔巴尼亚的出海口。埃伦塔尔答复说，这条线路应当经过波斯尼亚。伊兹沃利斯基既没征询法国也没征询英国，便在7月2日的一份备忘中亮出了他的王牌，接受桑扎克铁路并声明当现状被证明不可能维系时准备好改变，这些变化包括奥地利吞并波斯尼亚、黑塞哥维那和桑扎克，作为回报则要对俄国战舰开放海峡。对奥地利可以吞并波斯尼亚的暗示令埃伦塔尔喜出望外，而一旦确保了俄国有条件的赞同，他

---

1 见奥地利红皮书 *Diplomatische Aktenstücke betreffend Bosnien und die Herzegovina, 1909*；Siebert, *Diplomatische Aktenstücke zur Geschichte der Ententepolitik*, ch. 1；Friedjung, *Das Zeitalter des Imperialismus*, II, chs. 23–25；Molden, *Graf Aehrenthal: Sechs Jahre äussere Politik Oesterreich-Ungarns*；Conrad, *Aus meiner Dienstzeit*, I；Sosnosky, *Die Balkanpolitik Oesterreich-Ungarns seit 1866*, II；Steed, *The Realm of the Hapsburgs*；Larmeroux, *La Politique Extérieure de l'Autriche-Hongrie*, II；Troubetzkoi, *Russland als Grossmacht*；Schwertfeger, *Zur Europäischen Politik*, III；Bogitshevich, *Causes of the War*。

412 就决心尽可能不耽搁地开展这项计划。如果说伊兹沃利斯基指出了路径，那么青年土耳其革命就暗示了时机。他一听到这个消息就告诉妻子："现在我必须为自安德拉希以来我所有的前任都不敢做的事独自背负骂名了。"他回复道，如果俄国肯鼓吹开放海峡给罗马尼亚和保加利亚战舰，同时也给她自己，并且肯保证君士坦丁堡将不会被俄国舰队袭击，那么他就肯撤出桑扎克并且将奥地利的权利移交给黑山。在8月19日的王室顾问会之后，他确保了德国与意大利对这笔交易的原则性赞同，而伊兹沃利斯基给塞尔维亚外长米罗瓦诺维奇（Milovanovich）一个暗示。

当待在卡尔斯巴德（Karlsbad）的伊兹沃利斯基接受了来自贝尔奇托尔德的关于同埃伦塔尔9月15日在其波希米亚的城堡会面的邀请时，最终协议便即达成。由于这场谈话没有见证人在场，也没任何东西付诸纸面，而且这两位政要随后就给公众提供了互有冲突的版本，[1] 所以我们无法确认发生了什么。不过协议的主要线索早已形成，埃伦塔尔接受伊兹沃利斯基召开欧洲会议以修订在议之变化的计划；但伊兹沃利斯基后来坚称，他谈到埃伦塔尔诸计划的不合法性并且只是答应不反对它们，然而埃伦塔尔在会谈次晚写给弗兰茨·约瑟夫的一封信报告说，这位俄国政要已许下善意的态度。后一个版本得到收信人的确认，两位部长都对他描述了他们的谈话。第二个关于证言的冲突更为严重。按照埃伦塔尔对皇帝的报告，他通知伊兹沃利斯基说，合并可能会发生在10月初，在国民代表大会之前。这位俄国政要则力主稍晚一

413 点，他提出应在10月中旬他返回彼得堡之后。埃伦塔尔答复说，这么拖延会很难实行，但答应及时让伊兹沃利斯基预先知道。在吞并发生后，伊兹沃利斯基大声抱怨说他被骗了，但当驻彼得堡的奥地利公使贝尔奇托尔德提醒他布赫劳（Buchlau）谈话后，他又不否认曾提及10月初。他确实该为自己这份窘态负责，因为他已答应给维也纳寄一份关于在布赫劳都同意了什么的确切记录，但他一直没做。

---

1 *Fortnightly Review*, September and November, 1909.

俄国外交部长完成了卡尔斯巴德治疗之后就穿过阿尔卑斯山开始一轮轻松的外交访问，旨在与意大利、法兰西和大不列颠讨论开放海峡事宜。奥地利外交部长则相反，带着行动的决心返回维也纳。他对舍恩（Schön）评论道，俄罗斯棕熊会咆哮但不会咬人。显然土耳其要抗议，因此埃伦塔尔决定让保加利亚站在他这边。9月23日，斐迪南在布达佩斯拜访了奥皇并受到皇家规格的接待。埃伦塔尔的传记作者写道："埃伦塔尔既没有告诉这位亲王他与伊兹沃利斯基之间的安排，也没告知逼近的合并行动，而且他们没有讨论共同行动。不过他可能丢了个暗示。"斐迪南获得奥地利的保证，如果他要宣告独立，奥地利在任何情况下都不会提出反对意见，不过就如在布赫劳，没有敲定确切日期。接着就是斐迪南对维也纳的一次微服私访，并且与外交部长进行了又一次会谈。对东方铁路的一场打击，接着是保加利亚占领这条线路，同时土耳其苏丹拒绝邀请保加利亚特使参与一场宫廷活动——都指向该决定，然后保加利亚的独立于10月5日在特尔诺沃被宣告。

10月1日，奥地利驻法、意、英、德的大使都被派发他们君主的亲笔信，其中命令他们10月5日递交信件。伊兹沃利斯基于10月3日抵达巴黎之际发现一封来自埃伦塔尔的9月30日的信件，宣布合并将于10月7日进行。因为法利埃（Fallières）总统要在10月5日离开，因此对凯文许勒伯爵（Count Khevenhüller）的接见定在10月3日，这一天下午三点，弗兰茨·约瑟夫的这封信被呈交。法国总统发表意见说："这封信宣布合并波斯尼亚。保加利亚的独立怎么样了？"大使快速但欠考虑地答复说："都安排好了。保加利亚有一天会感激我们。"这一重大消息就这样贸然地在巴黎宣告给世界，而不是同步在各个首都宣布，凯文许勒还告知皮雄（Pichon），俄国、德国与意大利都同意他的政府的行动。合并由弗兰茨·约瑟夫在10月6日而非原定的10月7日宣告。

比起埃伦塔尔违反《柏林条约》，法国总理克列孟梭对伊兹沃利斯基没有征询俄国的盟友更感到生气，而法国的舆论只是略微慌乱。阿诺托写道：

"它对欧洲体系没有重大修改，它很严重但不致命。"[1] 另一方面，在俄国与塞尔维亚，由于对前期谈判一无所知，惊慌失措之情四处弥漫。伊兹沃利斯基在巴黎与塞尔维亚外长维斯尼奇（Vesnitch）谈话时宣称，他无法理解塞尔维亚的激动，因为她什么也没损失，还得到俄国的支持。俄国驻维也纳大使以类似方式向塞尔维亚公使解释说，移交桑扎克是足够的补偿，因为该地阻止了奥地利向萨洛尼卡的扩张，并向塞尔维亚开启了弄到它的前景。不过，伊兹沃利斯基的公开言论表现出不同的口吻。他宣称，埃伦塔尔是在他不知情的情况下行事，而为了恢复他碎了一地的声望，他决心传讯奥地利上欧洲最高法庭，希望在批准其行动的同时，可以接受俄国关于赔偿的要求。冀望于确保英国赞同他的计划，他于10月9日离开巴黎前往伦敦，但在这里，也是失望之情等着他，而且他再度被迫因为向朋友隐藏自己的计划而恭听不折不扣的指摘。

当门斯道夫伯爵（Count Mensdorff）递上奥皇的亲笔信时，爱德华国王丝毫不掩饰他的不快，而且他的亲笔回信对奥地利的行动表达遗憾之情，并提醒他这位令人敬畏的通信人记得1871年的神圣约定。爱德华·格雷阁下在10月7日对选民的一场演说中宣布，对《柏林条约》的任何修订都必须得到另一次欧洲会议的同意，就像俄国对1856年黑海条款的否决必须要在1871年的伦敦大会上被批准——这次会议裁决"没有国家能自行跳脱条约所承诺的约定，也不能在没有缔约方同意的情况下修订条约规定"。英、法、俄三国驻君士坦丁堡大使被指示告诉高门，关于《柏林条约》的所有变动都需要得到全体签约国的同意，而且一支英国小舰队正被派往爱琴海作为同情与支持的标志。10月13日，一份正式公报宣布，英国与俄国的外交部长同意应召开大会。伊兹沃利斯基就这样确保了他计划中的第一事项，但他的要求中的第二条，也是更重要的——对俄国的赔偿——却被拒绝了。爱德华·格雷阁下对违反《柏林条约》的密谋一无所知，在谴责过奥地利的违反行为之后，

---

[1] *La Politique de l'Equilibre*，试比较 Gauvain, *L'Europe au Jour le Jour*, I, "La Crise Bosniaque"。

他也就不能支持其同僚关于进一步干涉土耳其主权的提议了。他对来访者坦陈,海峡问题一定不能在会议上提出,但他接着就用一份纸面保证暗示,他赞同该目标,禁止只是暂时的。[1] 10月13日,毕娄亲王通知英国政府,奥地利反对开大会,而德国必须支持她。但是10月22日,埃伦塔尔对代表们解释说,他对开会没反对意见,如果这个程序安排得符合他的观点并且不讨论对合并的核准。

三国同盟的第三方对事件进程一点也不满意,维克托·伊曼纽尔把吞并描述为对《柏林条约》的一记猛刺。罗马韦内齐亚宫(Palazzo Venezia)前发生了反奥地利示威活动,喷薄的不满之情在前首相佛尔迪斯(Fortis)12月3日与4日辩论期间的热情洋溢演说中找到了出气口,奥地利大使是这演说的充满兴趣的聆听者。"只有一个国家让意大利看起来有可能与之发生冲突,我遗憾地说,那一个就是我们的盟友。为了调整我们的军事力量以应对局势之需,政府必要求这个民族做出新的牺牲了。"他主张,波斯尼亚是个具体的获得对象,而意大利是白手起家从危机中走出的。[2] 蒂托尼置身于令人尴尬的困境,因为他曾提前全心赞同吞并。现在他宣布,他知道这事正在到来,但埃伦塔尔的突然行动是个惊吓。他解释说,三国同盟只保证当阿尔巴尼亚或马其顿现状改变时给意大利以补偿,而且志愿移交桑扎克非常重要,因为它移除了对于奥地利挺进萨洛尼卡的所有担忧。为批准对《柏林条约》的这些改动而开大会是必要的,但凌辱奥地利会一无所获。

如果说吞并对大不列颠是个震惊,对俄国与意大利的人民(尽管不是对其政府)也是个震惊,那么它对黑山和塞尔维亚则是个惊人的打击,她们立刻开始了军事部署。塞尔维亚外交部长米罗瓦诺维奇对一位维也纳记者悲叹:"我的国家感觉到这几乎就是身体的疼痛,以致人民内心的灵魂都大

---

1 Siebert, *Diplomatische Aktenstücke zur Geschichte der Ententepolitik*, p. 517.
2 对这场景的描述见William Miller, "The Foreign Policy of Italy", *Quarterly Review*, April, 1916。他还补充说乔里蒂(Giolitti)"仔细研究过议院情况之后",起身祝贺这位演说者。蒂托尼的演说刊印于他的《对外政策及殖民政策演说集》(Tittoni, *Speeches on Foreign and Colonial Policy*,英译本)。

声哭喊。"塞尔维亚绝不听命于奥地利控制波斯尼亚,米兰国王有一次评论说,他是唯一一个原谅这次占领的塞尔维亚人。随着彼得国王(King Peter)登基,在俄国的帮助下让南斯拉夫诸省最终脱离奥地利的希望在这个国家深深扎根。关系在1905年变得紧张,那时奥地利发动一场关税战作为对塞尔维亚-保加利亚关税同盟之动议的答复,而且"猪之战"令整个民族恼羞成怒,接着又是对克勒佐(Creusot)的大规模订单。米罗瓦诺维奇很清楚吞并之事不可逆转,便开始了对各国大臣的一轮访问,请求让波斯尼亚和黑塞哥维那在各国的保证之下自治,还请求在亚得里亚海获得一个港口作为安慰奖。他报告说,爱德华·格雷阁下答应支持领土补偿的要求,只要俄国也支持。[1]在圣彼得堡等待乔治亲王和帕斯齐(Pasitch)的甚至是更热烈的欢迎。后者报告说:"沙皇对塞尔维亚表达了极大的同情,但劝告说行为应走平静路线,因为我们的理由正当,但我们的准备乏力。奥地利既不会同意自治也不会同意领土补偿。俄国不会承认这场吞并。他相信奥地利不会袭击塞尔维亚,但我们一定不能刺激她。"尽管有这些温和的建议,塞尔维亚的舆论仍充满好战情绪,不过她对土耳其的诉请一样没有成效。撤出桑扎克之举起到文过饰非之效,于是贾米勒(Kiamil)[2]宣布,尽管他不会承认吞并,且联合抵制奥地利的货物表达了这些人民的正当愤慨,但他必须拒绝积极合作。

秋去冬来,欧洲迎来了骚乱,虽说没有一个政府关心或敢于以接受战斗的考验来挑战奥地利。贝尔格莱德的歇斯底里激起了维也纳鄙夷的怒气,而暴烈的总参谋长康拉德·冯·赫岑道夫(Conrad von Hötzendorff)深信,奥地利如果不一个一个地处理她们,总有一天会面对敌人联合起来的局面,因此他一再敦促进行一揽子惩罚。德意志忠心耿耿,意大利不足为道,俄罗斯虚亏软弱,法兰西漠不关心,大不列颠爱好和平。埃伦塔尔对英国来访者们评论说:"你们的爱德华·格雷阁下想要和平。"当他被警告不要低估英国的影响时,他答复说:"英国能对我们做什么?"他的信心又因毕娄和伊兹沃利

---

[1] Bogitshevich, *Causes of the War*, pp. 110-112.
[2] 土耳其政治家。——译注

斯基在年底时的讲话而加强。12月7日，德国首相把对青年土耳其党的明智尊敬同对其盟友的无畏支持结合起来。"整个文明世界都带着同情与尊敬注视着他们。我们曾被说成是他们的敌对者，因为我们与旧政权友好相处。我们唯一的愿望就是看到土耳其经济和政治的强大。我们从未夺取或要求土耳其的土地。我们没必要在波斯尼亚游戏中扮演领袖角色。我们大约与意大利和俄罗斯同时间被告知合并意图，但并未被告知时间。奥地利必须自行处置好属于其重大利益之事并且要知道如何处置。我们没有犹豫地尽我们最大力量支持这些利益，而且我告诉伊兹沃利斯基，关于开大会，我们不应让自己同盟友分离。"伊兹沃利斯基12月24日在杜马的拖沓的演说调门很低，并且实质上承认游戏输了。确实，他向贝尔奇托尔德哀叹自己是个破碎的人。他解释说，俄国在波斯尼亚问题上的行动自由被30年来的协定所限制。在无意打仗的情况下提出抗议将会很疯狂。唯一的路线就是施压在经过各国内阁的初步讨论之后开大会，而那意味着对奥地利的不友好。用语如此温和，与这位外长早前的措辞截然不同，这在维也纳被归结为，埃伦塔尔威胁道，除非伊兹沃利斯基停止攻击他的良好信念，否则要发表文件。[1]当新年的曙光来临时，开会的想法早已褪色。奥地利拒绝在没有初步协议的情况下参加，而且除非排除讨论吞并，否则也不参加。还有，如果她的行动要被事先宽恕，那么把各国带到庄重的会议厅看起来就是多此一举。不过，有三个重大问题要清算——奥地利对土耳其的关系，保加利亚对土耳其的关系，塞尔维亚对奥地利的关系，所有这三个问题都在复活节前兵不血刃地解决了。

埃伦塔尔曾辩解到，主动从桑扎克撤出驻军就是对土耳其丧失其对波斯尼亚和黑塞哥维那暧昧不明之权利的足够补偿。但是，土耳其人对奥地利货物的抵制和他想要减少对手数目的愿望最终说服他加了一笔赔偿金。奥地利将为丧失被吞并省份之王室财产而赔偿250万的消息被爱德华·格雷阁下当作"第一线蓝天"而欢呼。当保加利亚对土耳其主权的冒犯被一项关于保加

---

[1] 私下里，伊兹沃利斯基随意发泄他的怒火。他对奥地利代办哭诉："埃伦塔尔不是个绅士。"见 Szilassy, *Der Untergang der Donaumonarchie*, p. 194。

利亚支付500万作为其东方铁路之份额的承诺所涤清时，安慰又增加了；而且这交易又在俄国人经办下缩减了类似数额的土耳其应支付的1878年的损害赔偿。

在埃伦塔尔看来，宗主国对合并的接受应当就包含了直接利益较少之国的同意，而尽管塞尔维亚不认可他的观点，协约国（Triple Entente）却致力于为塞尔维亚的撤退搭桥。塞尔维亚对各国之行动方针的官方答复，既不令巴尔广场（Ballplatz）[1]满意也不令唐宁街满意，于是埃伦塔尔和卡特赖特阁下（Sir E. Cartwright）起草了一个更柔顺的规则。危机的解决看上去指日可待，但直到一场最终警报之后才结束。3月17日，普塔莱（Pourtalès）通知伊兹沃利斯基，德国首相准备建议埃伦塔尔应得到土耳其对合并的核准再知会各国，而如果俄国同意，那么德国可能会与俄国联手向各国提出通过交换备忘来承认此事，这样就能达成彼得堡关于取得欧洲之核准的愿望。伊兹沃利斯基感谢普塔莱的友好沟通——"自从危机开始以来德国政府意欲减小张力的第一个迹象"——但他评论说，这看起来是否定开大会，是把塞尔维亚交到奥地利手中，还解除了奥地利解决其他难题的必要性。他迅即将消息电告伦敦与巴黎，补充说，他可以原则上接受这提案，但要保证召开大会。

3月23日，六天过去了，俄国对德国的提议仍无回复，于是毕娄亲王采取了他断定为温和施压的方式，但全世界都认为他所做的十分接近于下最后通牒。[2]"德国政府高兴地提及，俄国政府认识到德国这一步的友好精神，并且俄国看来倾向于接受该提议。（我们）已经准备好建议维也纳内阁邀请各

---

[1] 奥地利政府办公区，相当于英国的唐宁街。——译注
[2] 雅高（Jagow）写道："那不是最后通牒，而是一个斡旋提议，伊兹沃利斯基把它当作逃离死胡同的路而欢迎。他的助手塔奇利科夫（Tachrikoff）评论说，德国给俄国提供了一项大服务。"见Jagow, *Ursachen und Ausbruch des Weltkrieges*。不过德国当时的执行外交部长基德兰-瓦希特（Kiderlen-Wächter）对忒克·琼斯库（Take Jonescu）吹嘘说，是他独自订了这份最后通牒的框架。"我知道俄国不打算开战。舍恩绝不敢这么做。"见 Take Jonescu, *Personal Impression*, p. 58。德国政府曾邀请法国加入该行动方针，但无果。

国,同时通知她们以《奥土协议》,正式赞同取消《柏林条约》第25条。不过,在这么做之前,希望能确定俄国内阁已准备接受奥地利的提议。看,我们期待一个明确答复,是或否。任何模棱两可的答复都必定被我们视为拒绝。在这种情况下,我们将让事情按部就班地进行。所有可能发生之事的责任都舍此无二地取决于伊兹沃利斯基。"[1]

伊兹沃利斯基咨询过沙皇后答称,如果奥地利邀请各国是为同意取消第25条,那么俄国政府将宣布她正式且无条件地接受。在给出意欲解决危机的这一新证据的同时,他希望柏林将利用自己的影响劝说维也纳接受英国人的动议并与贝尔格莱德达成谅解。伊兹沃利斯基在将事件报告给伦敦与巴黎时,解释说,反对是不可能的,因为它呈现出二选一的态势,要么立刻承认合并,要么入侵塞尔维亚。考虑到对俄国的巨大危险以及让世界和平免受奥塞冲突之险,也为了保护塞尔维亚,除了接受,别无选择。俄国公使们向英国政府和法国政府解释俄国为了和平计而做出的重大牺牲,并补充说,俄国无意于在大会中居先。埃伦塔尔表达了对德国首相"满怀感激的满意之情",但这一让步来得如此突然,以致《新自由报》(*Neue Freie Presse*)在3月25日还刊发了一篇准备战斗的文章,文章作者、历史学家弗雷德永(Friedjung)基于奥地利政府提供给他的文件(其中有些是伪造的)以及贝尔格莱德的奥地利代表团散布的消息,指控塞尔维亚-克罗地亚领导人与贝尔格莱德有着不忠的往来。

毕娄立刻指示他的公使们邀请罗马、巴黎和伦敦追随彼得堡的例子。意大利接受了,尽管蒂托尼对于这一要求突如其来感到气恼。[2] 法国答复说,她会接受,但希望奥地利能延后其请求,直到奥塞冲突结束。爱德华·格雷阁下与阿瑟·尼克森阁下一样愤慨,倔强地答复说,承认合并必须在奥地利和塞尔维亚得到安置之后,而不是在此之前。然而3月26日,埃伦塔尔宣布,

---

1 毕娄致普塔莱的电报发表于 Otto Hammann, *Bilder aus der letzten Kaiserzeit*。
2 蒂托尼在他的小书《谁要为战争负责》(Tittoni, *Who was Responsible for the War*)中描述了他与芒茨伯爵的会谈。

他会等到3月28日，但那时就会对贝尔格莱德发布一道最后通牒。卡特赖特报告，埃伦塔尔非常急切，于是3月28日爱德华阁下同意了埃伦塔尔－卡特赖特规则的最后形式，并宣布，当塞尔维亚发布了它且奥地利接受了它，那时，如果要他承认废除第25条，他就接受。3月31日，塞尔维亚公使把本国的正式投降信带到巴尔广场。塞尔维亚承认她的权利未因合并波斯尼亚和黑塞哥维那而受到侵害。与大国们的忠告相配合，她还答应停止抗议和反对的姿态，改变她对奥地利的政策倾向，并依照邻国关系与奥地利相处。她出于信任奥地利的和平意图而保证自行削减军队至1908年春季的标准。协约国现在遵守请求，接受了废除第25条，奥地利这方则放弃了管辖黑山水域的权利。

423　　大臣们之间没有硝烟的冲突给欧洲政治体留下深深的疤痕。埃伦塔尔下了高额赌注还赢了。他以技巧和决心通过了对《柏林条约》的违反，这如果不能说被普遍赞同，也得到了普遍承认。他的政策的显著成功给了哈布斯堡帝国新的自信感，而当他1912年去世时，皮雄把他当作梅特尼希以来最伟大的奥地利大臣而颂扬。维也纳与柏林之间纽带的密切因德皇"拔刀相助"而被广而告之。柏林从未建议也未想过吞并，但一俟敌对意见发展，德国的职责与利益就明显了，而且已经退休的赫尔施泰因怂恿首相别犹豫地站在盟友一边。当危机过去之后，毕娄在国会发布了判决。"奥地利有她那方的权利。合并不是自私冷酷的偷窃之举，而是30年前就已开始之政治努力和文化努力之路上的最后一步。她通过艰苦的工作赢得对这些省份的权利，而且她形式上的冒犯也通过她对土耳其的安置工作而涤清。塞尔维亚的渴求不值得打世界大战。俄国最近的行为赢得了所有和平之友的感激之情。"但他退休之后描述这场危机时就较少保留之辞。"奥德同盟首次在一场严重冲突中证明了其力量。国与国之组队的影响在阿尔赫西拉斯被过高估计，以至于在面对涉及大陆政策的坚硬难题时粉身碎骨。"他的声明并不夸大，但并非全部真相。同盟国赢了一场得不偿失的胜利。尽管当下效果是协约国的挫败，但最终后果是加强了其纽带。[1] 伊兹沃利斯基的怒火在某种程度上源于一个专业摔跤选手遭到对手卓越技巧的羞辱，但更重要的是俄国及其统治者所酝酿着的愤恨。她坐视她的长期对手在巴尔干的力量增强，她错失了因为同意吞并而应获得的补偿，她没能确保召开一个大会，最后的最后，她被迫对塞尔维亚和巴尔干的全体斯拉夫人承认，她太衰弱以致不能捍卫他们的利益。因此，彼得堡与贝尔格莱德因着关于报复的记忆与希望而过从甚密。沙皇原谅威廉二世，但不能原谅弗兰茨·约瑟夫。在1909年10月访问意大利国王时，他高调地绕开奥地利国境，而且尽管正常外交关系在1910年2月恢复了，但巨大的羞辱感依旧在化脓。此外，1909年12月，一份秘密条约取代并扩充了1902年俄国－保加利亚的协定，并且宣称，巴尔干斯拉夫人理想的实现只能在俄国对同盟国取得胜利后方可能。[2]

德皇一直警惕着俄国政策的趋势，危机期间，他对沙皇吐露心迹。他于1909年1月8日写信称："你说上一年是多事之秋，这是对的，吞并波斯尼亚对每个人都是个着着实实的惊吓，尤其是对我们，因为我们比你们还晚被告知奥地利的打算。但是奥地利没有咨询过我们就走出这一步，作为忠实盟友，犹豫是无意义的。你会是第一个赞许我们这份忠诚的人。但这不意味着我们打算丢弃我们的老朋友关系。如我这般重视这些关系之人认为，更加重要的是，对它们的不管什么伤害都将消除。最近，我们被表现得怨恨你与英国关于中亚的协议。关于贝尔蒂舅舅（Uncle Bertie）[3]在日瓦尔对你的访问

1　毕娄宣称，俄国的听天由命是"爱德华国王包围圈政治的终结"；哈勒尔对此回答说，相反，是它的开始。见Johannes Haller, *Die Aera Bülow*, II。

2　《俄保条约》刊于Laloy, *Les Documents Secrets des Archives du Ministere des Affaires Etrangeres de Russie*, pp. 52-58。关于哈布斯堡帝国与南斯拉夫之间的激烈争吵见Seton-Watson, *The Southern Slavs*；Südland（克罗地亚人比拉尔［Pilar］的假名），*Die südslavische Frage und der Weltkrieg*；Mandl, *Oesterreich-Ungarn und Serbien*及*Die Habsburger und die südslavische Lage*；Bogitshevich, *Causes of the War*；Ubersberger, "Die Rolle Serbiens", in *Deutschland und der Weltkrieg*；Friedjung, *Das Zeitalter des Imperialismus*, II, ch. 23；Miss Durham, *Twenty Years of Balkan Tangle*；及*Das deutsche Weissbuch über die Schuld am Kriege*。

3　爱德华七世昵称贝尔蒂。——译注

也流传同样的谣言。我们完全理解,俄国在当前必须避免与大不列颠陷入冲突。你也一再向我保证,你不会启动任何与英国的更具总体性质的协议。不,我亲爱的尼基,不管是你与英国的协议还是你在日瓦尔的会见,都不会在德国产生任何不安或失望。理由是很不同的。一个明显的事实是,过去两年俄国的政策已逐渐甩开我们越来越多,发展得总与对我们不友善之国家的联合体更近。法、俄、英之间构成协约国,这已经被全世界当作一个既成事实谈论着。英国与法国的报纸不失时机地表现这个所谓的协约国是直接针对德国的,而俄国新闻界太惯常于与这场合唱唱和。俄国政策乐意于倾斜英国与法国的趋势在当前这场危机中格外明显。"

在俄国屈服之后,德皇曾感谢沙皇,说他"以忠诚和高尚的方式引导着维持和平之路。感谢你高尚而无私的动议,欧洲才免于一场普遍战争的恐慌。我被一些报纸栽上了是吞并始作俑者的赃,还被指控以我的和平提议羞辱俄国以及其他一些无稽之谈!当然,你知道得更清楚。从个人角度,我完全不关心报纸的闲话,但是我忍不住有点焦灼感,如果不立刻反驳,肆意传播的对于我的政策以及我的国家的污蔑诽谤之辞将会在我们的人民之间制造怨恨。如果你和我为了维持和平公开且忠实地携手合作——这是我最热忱的愿望——我将全心信服于和平将不仅能维持,还能不被骚扰"。这两位君主保持着友好的关系,而且1901年在波茨坦达成的关于波斯与巴格达铁路的协议被基德兰-瓦希特比拟于俾斯麦1887年达成再保险的《条约》。但紧张关系的缓和未能持久,各国新闻界都变得对别国的政策和目标更具批评性和怀疑性。世界大战的舞台已经搭好,大彩排开始进行。

第十三章　英德竞争

1900年的《海军法》(The Navy Law)把德国带入政论家们所说的危险地带，而毕娄在其政治辩解书中要求对他的小心操舵给以信任。当白玻尔在国会引用来自海军军官主张舰队必须强大到足以击败英国的论文时，他把这些文章当作凡理性的德国人都不会注意的垃圾而无视。他指出，即使当计划1900年完成，海军也只能名列第四或第五，而且它不带侵略规划地驻扎在港口。[1] 首相1904年11月接受一位英国记者所请求的采访时，[2] 继续努力驱散对于他的政策和性格的疑虑。他在12月5日对国会解释到，他乐于见到巴施福德先生（Mr. Bashford），因为最近几个月里有一些英国政论家已经在英德关系的花园里播下莠草。"我不能想象，关于一场战争的思想会当真让明智的人感到愉快。我希望两国的命运将总是能被懂得英国与德国保持当前之和平关系才是最佳款待的冷静头脑所指引，不只是现在，还要是永远。"[3]

官方保证没能驱散英国政府的焦虑，这焦虑不仅被1900年《海军法》的各个维度所培植，也不仅因英国国王访问基尔时视察该法律下的第一批成果而滋生，还被德皇以及一些臣民的挑拨言辞助长。正是由于从一个新的领域

---

[1] Bülow, *Reden*，1903年1月22日条。

[2] 发表于*Kölmische Zeitung*和*Nineteenthe Century*两份报纸，又重印于Bülow, *Reden*, II, pp. 393–400。

[3] 哈曼提及，毕娄像伽勒斯特尔（Galster）司令那样出于政治原因而意欲德国海军主要由防御性部队构成，但蒂尔皮茨坚持以旗舰为主力，Otto Hammann, *Zur Vorgeschichte des Weltkrieges*, pp. 144–145。

评估危险，英国才于1903年决定在罗塞斯（Rosyth）建设一个一流的海军基地，并批准了每年建四艘战舰的考德（Cawdor）计划，而且约翰·费舍阁下在1904年被任命为第一海军大臣时着手倾力于国内水域的舰队。老式船只被拆除，且世界上最大且最能载重的装甲舰"无畏舰"于1905年10月下水。

在英国人开始怀疑德国海军的方案之前很久，德国人就感觉着英国舰队力量的警示。1897年《周六评论》上的一篇愚蠢文章坚决主张，如果能把德国扫除，那么明天每个英国人都会更富有，此文被利用来鞭策对舰队的热情。1904年，《陆海军公报》（Army and Navy Gazette）的一篇文章建议，大不列颠应禁止德国战舰的任何进一步增长，此文被当作是海军部的真实言论。1905年初，一则更具威胁性的评论被该部一位成员甩出。海军本部的文职委员阿瑟·李先生（Mr. Arthur Lee）在对选民解释专注于我们舰队在国内水域之主力这一政策的目标与效果时，鼓动他的听众把脸从法国和地中海转向北海。如此，倘若宣战，就有可能在其他方从报纸上读到消息之前挥出第一记拳头。这位论者徒劳地抱怨说，他被误报和误解了。德皇向英国大使埋怨，德国舆论的大部分开始相信他们的国家被一场突然袭击威胁。无畏舰的建造加剧了关于危险和无能的感觉。蒂尔皮茨写道："我被大规模增长以应对英国威胁的需求所包围。我1906年3月的法案增加了1900年曾被拒绝的六艘大型巡洋舰并获得扩宽基尔运河的资金，基尔运河现在的宽度是无畏战舰无法通行的。"[1] 海军竞争进入一个崭新也更加危险的阶段。两国的海军部都把侵略性规划归结为由对方导致，两国新闻界的各部门对于在玉米地里种稗子这一臭味相投的任务也都不辞劳苦。德国大使沃尔夫-梅特尼希完全了解局势，他在1906年对柏林汇报："政治紧张的原因不是商业竞争，而是我们的海军逐日增长的重要性。"

另一方面，英国首相1905年5月4日的一场演说解释了对新近成立之帝国防御委员会的观点，对于平息舆论有所帮助。他辩解到，陆军与海军都应

---

[1] Tirpitz, *Memoirs*, ch. 15.

尽可能地集中，但专家们决定，即使常规陆军在海外而我们有组织的舰队在一定距离之外，也不能让少于七万人的入侵得逞。

紧随阿尔赫西拉斯会议之后的缓和时期被新成立的自由党内阁利用来争取遏制军备。据称考德计划的四艘战舰之一将被裁减，并相应地缩减驱逐舰和潜艇。如果曾有过令这个举措激起来自柏林之回响的任何期待，这期待也立刻落空。德皇向弗兰克·拉塞尔斯阁下评论说，如果下一次海牙会议要引入裁军议程，他将拒绝出席。[1] 每个国家都必须自行决定自己需要多大的军力。8月，爱德华国王访问克龙贝格（Cronberg），德皇在那里对查尔斯·哈丁格阁下谈及，即将到来的会议毫无意义。他的态度不由大不列颠的敌意所左右，这在他对英国国防部长的热忱中已经展现，后者应他邀请出席9月军事演习并获准视察德国国防部组织。[2]

摩洛哥危机对于德国首相来说证明了太多东西，而且直到11月4日，他才出现在国会并纵论欧洲局势。"我们没有打搅英法友情的念头。法俄联盟对和平也不是威胁，相反却帮忙让世界时钟走准了。我们希望对于《英法协约》也能这么讲。德国与俄国之间的良好关系无损于法俄联盟，德国与英国之间的良好关系也并非与这协约势不两立，只要它追逐和平的目标。这个协约的成员与德国没有良好关系，这才会是对和平的威胁。一项瞄准包围德国、形成一个旨在孤立德国的大国之环的政策，的的确确会是危险。这样的包围态势不可能没有压力。压力带来反压，在压力和反压的作用下可能引起爆炸。英国与德国之间没有深仇大恨的记忆或深刻的政治分歧。经济竞争不必然带来政治分歧，更别提战争。我对受到德国市长们的招待感到满足，而且我对于德国记者们即将到来的访问怀有美好愿望。在德国，不会有哪个明智的人不想要正直和平静的关系。对布尔人的同情不是因为憎恨英国所致，而是德国人的理想主义造成的。让我感到非常遗憾的是，我总在社会主义者的报纸上读到，是我们的防御性海军措施导致英国人的仇视。打造舰队是为

1　E. Cook, "How British Strove for Peace"（来自官方渠道）。
2　Haldane, *Before the War*, pp. 23-28.

对抗英国人，这观念愚不可及。英国人担忧一个尚不存在的伟大舰队，这只能说是不智。我们没想过打造一个如英国舰队那么强大的舰队，而且我们绝不会破坏和平。晴雨表从阴雨转为可改变。公平起见，双方都必须避免刺激。两国统治者之间被假定有摩擦，这被附加了太多重要性。克龙贝格的会面加强了良好的私人关系。"

德皇对限制军备的敌对并未阻挠坎贝尔-班纳曼，他在《国家》（Nation）上恳请在海牙讨论此事。这位作者的诚恳被1907年的海军计划肯定，此计划减去三艘旗舰，并许诺如果其他国家也这么做，就再减去一艘副舰。这个提案被正式传达给七国，但毕娄亲王——那提案实质上就是写给他的——于4月30日谨慎地在国会宣布，德国政府不能参与讨论他们认为如果不能算真有危险也属不切实际的议题。俄国与奥地利也表达了希望延迟该讨论。

尽管各国不悦，但英国全权大使爱德华·弗莱阁下（Sir Edward Fry）8月17日于大会的第四次全体会议中启动了该讨论。[1] 他以引用穆拉维夫1898年的公告开篇，并声称，其中真实而又雄辩的话语比从前更适用。"我知道你们会赞同，1899年所表达的那个愿望的实现将对全人类都是极大的祝福。这个希望能实现吗？我只能说，我的政府牢牢信守这些崇高追求，并且它命令我邀请你们为实现这一高尚目标而合作。认识到有一些政府意欲压缩军事开支，且这一点可以通过各国的独立行动而实现，那么就要准备好通知那些将制定新的战舰及开支计划的国家，这是必须要承受的。作为结束，我提出如下决议：这次大会肯定1899年所采纳的决议，[2] 而且因看到自那年以后军费在几乎所有国家都可观地增加，就此宣布，所有政府恢复对此问题的严肃研究是非常受欢迎的。"

当这位英国全权大使结束其雄辩的吁请之后，大会主席读了一封来自美国第一全权大使的信，乔特先生（Mr. Choate）写道："因为遗憾于不能在这

---

1 *Protocols of the Eleventh Plenary Meetings*, Cd. 4081, 1908, pp. 27-31.
2 "对压在这个世界上之军事费用的限制，对于增加人类的物质和道义福祉是非常合宜的。"

个时机取得更大进展,我们乐于想见各国都没有放弃努力的打算,并且我们对于英国代表的观点表达我们的赞同之情,也支持英国代表的提议。"布尔热瓦先生附和道:"我以法国代表团的名义表达对该提议的支持。作为第一次大会中这一愿望的促成者,我有信心说,从现在直到下次大会期间,此研究都绝对会继续。"来自西班牙的类似支持信件也被宣读;而来自阿根廷与智利的联合通信骄傲地宣称,她们是第一批也是唯一缔结了限制海军军力之协定(1902年签署)的国家。这场讨论在主席的简短致辞中结束了。奈利多夫宣称,1899年的讨论如此活跃,以致他们威胁要破坏大会并决定不再参与辩论。最好重新肯定1899年的愿望。该决议被提上会议,主席宣布,全体一致的赞成使得投票成为多余。于是,1898年的理想再度带着遗憾之情或解脱之情被埋葬。此次海牙会议最重要的成就是改革了海上战争的法律并同意创设国际战利品法庭。

1907年8月《英俄协定》的签署并未立即带来外交伙伴关系,也没人把这阐释为排除与德国的友好关系。1907年秋季邀请德皇访问温莎,以及德皇决定在索伦特(Solent)的温和空气中度个短假,都在两国之间令人满意地填充了和睦的友情。11月11日,"霍亨佐伦"号驶入朴茨茅斯港,而且皇帝在答复温莎市长的致辞演说时评论:"就像又回家了,我总是乐意在这里。"访问的高潮是市府典礼。皇帝以提及他1891年的最后一次访问开场,那时他获授城市自由勋章。"16年前当我在这里对约瑟夫·萨弗瑞阁下(Sir Joseph Savory)讲话时,我说我的目标首先是维持和平。我斗胆希望,历史会还我一个公正,知道我一直坚定不移地追逐这一目标。世界和平的主要支柱和基石是维持我们两国的良好关系,而且我将尽我所能掌握的力量进一步加强它。德意志民族的愿望就是我的愿望。"11月15日,柯曾爵士将民法博士学位授予这位皇帝。11月18日,皇帝离开温莎前往海克利夫城堡(Highcliffe Castle),皇后从那里返回德国。

两国的政治家和记者们所表达的希望之情看来被充分认识到了。谢曼教授在《纵横报》上宣称"英国新闻界坦率地展露出希望两国人民关系友善,这显示他们真的理解了皇帝的个性与我们政策的必要性,而且我们心怀感激地接受他受到的款待。不存在真正的利益敌对"。与首相过从甚密的《佛斯报》(*Vossische Zeitung*)宣称,这次访问使两国人民的和解生效,而且再也没理由给大不列颠冠以一项包围圈政策。在英国,除了一贯发出刺耳音调的《国家评论》(*National Review*),大多数反对派的领袖作者都只是比他们的自由党同道们少一点兴奋而已。《泰晤士报》虽然批评,但没有无视该机遇的可能意义。"对于获取我们的友情而言的本质条件就是对我们的朋友奉行安抚政策。我们觉得,德国倾向于为了一项好处而不计较走多远,除了打仗。如果柏林看到,其他国家无意于同她争吵,而且她试图介入现存联盟会一无所获,那就不会有产生麻烦的进一步理由了。这次访问虽然对实际安排的性质没有任何改变,但能通过在当前所有政治难题上洒下一道新的也更和蔼的光线而改变任何事。"

社论主笔的非官方判断被大臣们的声音所肯定。毕娄亲王在国会宣布:"对于我们的皇室夫妇被国王和人民所欢迎,我希望表达我的满意之情。我相信,当过去十年的历史被利用原始材料加以书写时,看起来已经令世界长久烦恼的德国与英国之间的紧张关系因为最后一招而变得误解至深。各自都给对方归结了她不曾怀有的目的。如果不能充满善意,则消除这些误解并清除由此导致的怀疑超出了两国政府的力量。公众舆论必须帮忙。英国的和平之友不会白费力气,这通过对我们皇室夫妇的接待就看出来了。当我说,这种和平与友善的感情被我们共享并被诚实地报答,我肯定我这是为皇室和德国人民代言。"爱德华·格雷阁下在伯威克(Berwick)对选民讲话时回应道:"全国都感受到喜悦。注定要产生个好结果。当两国相信,她们都不打算对对方有恶意时,一大半外交困难都消失了。"外交大臣不失时机地借重申协约之稳固而让法国消除疑虑,但也再次说明该协约不是直接针对任何国家的。"对于德国在着手一项规模巨大的海军计划,我没有怨言,但我们当然也必须扩充我们的。不过,形势非常安全,至少在一年内或再多两年。"德皇12月28日写信给沙皇时,几页的书信中有一页对大不列颠并非不友善:

"通过访问英国，我想我已消除许多误解和不信任的理由，因此氛围已清，安全阀上的压力也已解除。"

德国外交部长舍恩男爵甫抵温莎便向一位采访者宣布，不打算讨论具体的政治问题。然而皇帝却不能在他的谈话中不提重要政治。帝国政策中最贴他心意的莫过于巴格达铁路，而英国人拒绝在这方面合作早就不只是令人痛楚的失望，而是该计划成功路上的实际障碍。尽管法国政府在1903年像英国人一样拒绝了官方参与，但奥斯曼银行的法国团队仍希望分一杯羹。然而当股票交易所向巴格达股份关闭时，这份关系就价值微茫。被迫依靠自己资源的德国公司努力在这条线上推进。虽说1903年的特许权覆盖从科尼亚到波斯湾的全程，但土耳其人的抵押品只有到布尔古尔卢（Bulgurlu）的200千米是可以得到的，这一段在1904年竣工。1906年，赫尔弗里希（Helfferich）被德意志银行和安纳托利亚铁路公司派到君士坦丁堡，与土耳其安排让线路经过托罗斯山脉（Taurus Mountains），且如若可能就通往阿勒颇的事宜。尽管确信与英国达成谅解势在必行，但他想要表现出，如果必要，德国能够独自完成这项事业，以此获取一些可以议价的东西。虽然1907年增加3%的关税收入被爱德华·格雷阁下指定作马其顿改革之用，但其他土耳其基金被证明可以获得，而且1908年重启建造工作被报告为是可行的。

这就是当皇帝发现霍尔丹先生在温莎的宾客当中时，突然提出英国合作主题时的事态。[1] "我说我不能代表外交部回答，但站在国防部角度说，我知道我们想要的一样东西是保护印度免受沿着新铁路而下之军队袭击的一道'门'，而且我说那意味着控制临近波斯湾的区域。皇帝回答说：'我会给你这道门。'我眼见外交部长斟酌过此事一段时间后，给我一份他起草的备忘录。备忘录的实质内容是，英国政府将非常乐于讨论皇帝的建议，但在做出安排之前，有必要让法国与俄国也参与讨论，她们的利益同样涉及其中。几周之后，柏林出现了困难。德国说她准备好与英国政府讨论铁路的终点区域

---

1 Haldane, *Before the War*, ch. 2; Schön, *Memoirs of an Ambassador*, pp. 59-63.

问题，但她不想让其他两国参与这种讨论，因为大会可能开不成，且会突出她与其他国家的差异。这件事就这么结束了。"毕娄亲王对在柏林开四国会议的否决终结了和解之风流动的短暂时期。[1]在和煦欢迎之风的柔和影响下，皇帝对英国思想和制度的本能不喜，暂时让位于家庭联系的复活，以及恢复他统治早期之政治亲密度的愿望。如果英国人1903年拒绝合作是个错误，那么德国在1907年拒绝英国人的提议就是个灾难。

国王在1908年会期开幕时的演说开篇就以热情措辞提及德皇访问，但天空迅即风起云涌。雷平顿上校写道："就在2月最后几周，我听说德皇给特维德茅斯爵士（Lord Tweedmouth）发了封信谈论海军政策。这封信在我看来是为了德国人的利益而影响一位英国一流爵士的阴险尝试，还是在一个最关键的节骨眼，也就是正巧在国会要开始评估之际。"[2]《泰晤士报》思考了一周之后，于3月6日发表了一封来自其军事通讯员的简短来信，标题为《从属哪个国王？》，指出德皇给特维德茅斯爵士发寄一封关于英德海军政策的信，一封回信也被寄出。来信与回信都应刻不容缓地呈交议会。一位声音刺耳的领袖人物辩称，皇帝希望削减英国船只建造以便抢占我们的海军优越性的先机。首相对批评者们答复说："这纯属私下的和个人通信，全然写以友好语气。回信也同样私人和非正式。来信与回信都没交给内阁。在收到信之前，内阁已就海军预算做出一个正式决议。"

毕娄亲王以类似方式应对他本人的批评者。"我不能公布这封信，因为它是私人通信。我希望我能。它可以是我们中的任何人、任何有着忠实友情之人所写。[3]每个君主都有权给其他政治家寄信。暗示此信试图出于德国利益而影响这位大臣，或者暗示它是对大不列颠国内事务的秘密干涉，这是重大诽谤。我们的皇帝最不可能设想一位英国大臣的爱国主义能使之在诸如海

---

[1] 与爱德华·格雷阁下讨论该问题的舍恩解释说，否决的理由是德国可能发现自己在会议桌边孤独地反对共同行动的其他三国，并且不会被以愉快方式处置。

[2] Repington, *Vestigia, Reminiscenes of Peace and War*, ch. 21.

[3] 德皇将此信出示给舍恩，后者认为没理由阻止它。

军预算这种事上接受外国建议。我们希望与英国和平相处,而一部分英国政论家总是谈论德国的危险,尽管英国舰队优越得多,并且其他国家也有着规模庞大的舰队,以毫不逊色的热忱从事着舰队的发展,这令人感到凄苦。可海峡另一方的公共舆论为不谨慎的争论所激动时,针对的总是德国,也只有德国。如果这种争论能停止,既符合两国安定的利益,也符合世界安定的利益。正如我们对于英国设立其标准的权利不加争辩,我们也不把它看成针对我们的威胁,因此,我们不希望我们的造船被视为对英国的威胁,其他人也对此不该抱怨。在皇帝的信中,是一位绅士对另一位说话,是一位水手对另一位水手说话。皇帝高度评价了担任英国舰队司令的荣誉。那就是这封信的倾向与口吻。如果他高尚的臣民想歪了,这非常令人遗憾,而我满意地注意到,这种企图几乎普遍受谴责。"

1908—1909年的海军预算提出只建两艘无畏舰,这证明了内阁的安抚精神,内阁决定利用爱德华国王前往马林巴德(Marienbad)途中对克龙贝格的访问开启谈判。[1] 查尔斯·哈丁格阁下解释了内阁的不容易,指出海军赛的危险,并力主两国政府间应进行友好讨论。德皇重申他的友情是可靠的,但一时冲动地宣称,一个外国政府对他的海军军备指手画脚是不可容忍的,他宁肯打仗也不屈从于它。代表德国外交部的冯·耶尼施先生(Herr von Jenisch)在拒绝英国人的提议上也同样不含糊。这次访问的个人方面足够令人愉快。德皇8月18日对沙皇报称:"贝尔蒂舅舅在克龙贝格始终阳光灿烂并且幽默感十足。"[2] 爱德华国王自克龙贝格启程前往伊施尔(Ischl),去祝贺弗兰茨·约瑟夫登基60周年。埃伦塔尔的传记作者写道:"他提出德国舰队的话题,解释了它在英国引起的憎恶,并请求他的东道主劝说德国限制自己的造船。弗兰茨·约瑟夫拒绝了。分手是友好的,但这谈话是个界标。埃

---

[1] 6月,巴林与厄内斯特·卡塞尔阁下(Sir Ernest Cassel)开始了关于海军竞赛之一系列半官方谈话的第一场,谈话被汇报给德皇与英王,见 Huldermann, *Albert Ballin*, ch. 8。
[2] 德皇拍了一份长电报向人在诺德奈(Norderney)的首相汇报他与查尔斯·哈丁格阁下的谈话。皇帝宣称,对方谈论海军竞赛问题的语调尖刻且近于独断。这封电报刊印于 Otto Hammann, *Bilder aus der letzten Kaiserzeit*, pp. 141–144。

伦塔尔本也中意一个较小的德国舰队，但他不能介入。"国王除了消除开始威胁到和平的张力别无他意，但奥皇评论说，他的客人很不满意地离开了，而且在中欧那些充满怀疑的眼睛看来，国王的行为看上去就是在他针对三国同盟之巩固性的阴谋之链上又加了一环。弗兰茨·约瑟夫对康拉德抱怨："他试图把我与三国同盟分开，但我把他推开了。"[1] 这两位君主从此再未谋面。

1908年10月28日，《每日电讯报》刊发一篇未署日期、亦匿名的与德皇的访谈，给一场新生的飓风松了绑。这篇访谈是在他同意下发表，作为对友好关系的贡献；然而令他有点失望的是，它产生了反面效果。[2] 它的主导论题是皇帝对英国的友情——一如在布尔战争期间公开和秘密表示的那样——并且稳固维持，哪怕他的人民没有分担这份友情，且他施惠的对象也不承认这份友情。当《每日电讯报》告知它的读者们说这篇访谈是一位退休外交官的作品时，《北德意志通报》发表了一则声明，称皇帝从一位英国绅士那里收到一篇文章的手稿——此文是对不同时间与不同人物的一系列谈话的整理——附一条出于良好关系的利益而批准它发表的请求。皇帝将之转寄诺德奈的首相，后者将它发送外交部修订。当外交部没提出反对意见时，它就被发表了。毕娄在看到它的印本时通知皇帝说自己并未事先读过，如果他知道其中内容，他会反对发表。[3] 与此同时，德国外交部通知路透社称，皇帝没有表达发表的愿望，只是宣称如果外交部同意则他不反对。皇帝在《回忆录》中解释，他建议做一定省略处理，但因失察，此议未被遵行。

德国遍地都是惊讶与愤慨，首相在11月10日的国会演说中也没刻意掩饰情绪。他承认，这篇访谈造成了巨大损害，其中一些重要部分并不正确。例

---

[1] Conrad, *Aus meiner Dienstzeit*, I, p. 55.
[2] 德皇在这篇访谈刊发前便读了它，并纠正了一两处用词以便他的意思能更清楚些。该访谈重印于希尔《德皇印象录》(D. J. Hill, *Impressions of the Kaiser*) 的附录。
[3] 外交部的一位代表对首相读了文章部分内容，首相下令由外交部对之仔细审核。关于此事件的最完备叙述见Spickernagel, *Fürst Bülow*, ch. 5, 试比较Schön, *Memoirs of an Ambassador*, pp. 102–109, 以及William II, *Memoirs*, ch. 4。

如，从未制订过南非战役计划——除了一些关于总体战争的纯属学院派"格言"的东西别无其他——而总参谋部对此一无所知。德国没有因扮演双重游戏而心虚。"我们在1897年10月警告过布尔人，他们必须要独自打仗，而且1899年5月，我们敦促他们直接安排事务或通过荷兰政府安排，因为战争意味着必败。"关于提议俄国与法国干涉的图景也是错的。说德国人大多数都敌视英国，而且日本可以放心于德国在远东没有富于进取心的目标，这也错得离谱。"如果这些所披露之事是单个出现并且正确地呈现，轰动效应本可轻微。20年来，皇帝都努力引导友好关系，还经常是在极度艰难的环境下。我们的人民对布尔人的热血沸腾的同情导致偏颇和酷烈的攻击，而且还有来自英国的对我们的不公正攻击。我们的目标被误解，从未出现在我们脑海中的敌对计划被归到我们头上。皇帝确信这种局面对两国都是不幸，对文明世界则是危险，因此已经握紧他的枪。对他意图之纯洁性以及他的爱国主义的任何怀疑都有失公允。我非常理解那点，就因为他知道他自己在热切而又忠诚地奋斗，他才因对他海军计划的持续攻击和怀疑而痛心。知道这篇发表没在英国制造出想要的效果，又在德国唤起激动之情和痛心的遗憾，会导致他从此之后即使在私人谈话中也恪守对我们政策之统一性和王座之权威性而言有本质意义的谨慎保守态度。若非如此，我或我的继任者们都无法当此重担。对于这场错误，我同意负全责。外交部的官员们以为我读过文件，因为我阅读大多数东西。我立刻提交了辞呈，但我一生中最艰难的决定是服从皇帝的愿望留任。不过，我们一定不能把不幸弄成灾难。伤害还没有巨大到无法令其好转。但谁都不能忘记我们所有人收到的警告。"[1]

《每日电讯报》的采访就如特维德茅斯爵士的信，不管出发点有多好，都加剧了它意图驱散的不适。当皇帝承认他的臣民们整体上对英国不友好时，他被普遍相信，但当他肯定他自己坚定不移的好意时，他便无法取信于

---

[1] 试比较巴瑟曼的演说与哈曼的叙述，分别见 Bassermann, *Reden*, I 和 Otto Hammann, *Um den Kaiser*, ch. 6。王储在《回忆录》(*Memoirs*, pp. 87–88) 中描述他父亲在这场危机中身心崩溃的状态及其对毕娄的怒火，皇帝凄楚地抱怨说首相"背叛了"他。

人。此外，他莽撞的语言加深了早已遍布欧洲的印象，即他的个性是世界政治的爆炸性因素。由于对美国记者哈雷博士（Dr. Hale）在皇帝游艇上对其采访报道的压制，类似性质的第二个打击才被险险避开，采访已经通过外交部并准备刊印于12月号的《世纪杂志》（Century Magazine）上。[1] 当内阁大臣们表达对德国之好意的信心时，越来越多观察家们开始认为冲突哪怕并非避无可避，也是有可能发生的。自世纪之初，利奥·麦克瑟先生（Mr. Leo Maxse）就在《国家评论》上宣称，德国是敌人，而且英国的国家安全取决于同法国与俄国的密切联系。克罗默爵士在上议院警告政府称"他们的主要义务是及时为欧洲冲突做好预备，这冲突并非不可能提前许多年就强加在我们身上"。1908年，爱德华国王在马林巴德疗养期间接待了法国总理克列孟梭的来访，后者主张本土自卫军只是小孩过家家，应当创建国家军队。11月23日，罗伯特爵士在上议院发表一场演说，成功地让义务兵役制被纳入现实议题。"我们面前摆着见所未见的最奇怪障碍。从我们的海岸出发行船数个小时就有一个国家，其人口数量超过600万，是我们最积极的商业竞争对手，也是世界上最伟大的军事强国，她补充了一股坚定不移地快速增长中的压倒性海军力量，而我们却没有采取任何军事预防措施作为回应。言语不足以表达立法院成员面前所横着的职责。我们被托付以帝国的未来。我绝对相信，没有应对未来特定灾祸足够完善的军事组织，则我们的帝国将崩塌在我们面前且我们的力量将一去不返。"

当罗伯特爵士在宣告他的担忧和疗救之方时，约翰·费舍阁下秘密提议以非常不同的方式避开威胁。早在1905年，他就任第一海军大臣之际写的一份书面备忘录就预言了1914年8月的英德战争。[2] 1908年3月14日，他又给爱德华国王写信称"我们最终要与德国打仗，这就像任何可能发生的事一样肯定"。他写道："1908年初，我与国王进行一次长时间密谈，我力主我们应当

---

1 按照希尔的说法（D. J. Hill, *Impressions of the Kaiser*, p. 96），刊印副本被收集起来由一艘德国战舰带到海外充作燃料。

2 John Fisher, *Memories*, p. 64.

按照内尔森方式让德国舰队在基尔'入港',而我哀叹于我们既没有一个皮特,也没有一个俾斯麦能下令。"这个连坎宁1807年所拥有的借口都不要就在和平时期掠夺外国舰队的犯罪图谋,从未告知各位部长。约翰阁下1908年1月17日对埃舍尔爵士(Lord Esher)写道:"我不想把我的作战计划泄露给任何人,即使是坎贝尔-班纳曼本人也不行。唯一知晓它的人是阿瑟·威尔森阁下(Sir Arthur Wilson),而他守口如瓶。全部成功都将取决于突然和出人意料。"[1]那些被吐露该计划的人对计划的接受,并没鼓励计划设计者把公众接纳到他的密友圈子里。

再没人比驻伦敦的德国大使更能认识到紧张态势并对此更感遗憾,他抱怨,激增舰队的挑拨性方法撞上了英国人的神经。蒂尔皮茨写道:"沃尔夫-梅特尼希伯爵焦虑日深地关注着对德国之忧虑的增长。直到那时他都采取正确立场,认为英国人必定也将会习惯于我们的《海军法案》。1908年,在围绕他的英国人圈子的强大压力下,他开始丧失对于英德间嫉妒心之深层原因的有把握判断,如果不能说这很可原谅,那也是可理解的。[2]他的报告导致毕娄在冬季开始与我进行细节性讨论。自1909年1月,我就宣布已准备好一个比例,使得能在任何时候确保英国人的绝对优势。"只有一条道路能找回信心与真挚,但德皇与他的第三位首相倔强地拒绝走这条路。毕娄于1908年12月10日在国会宣称:"我被问到为什么我们反对限制。技术困难很突出,不仅仅因为主力战舰的数量和尺寸。一个人如何能计较每个国家在海上的利益?还有,发明的难题是什么?此外,我们位于欧洲中部,是世界地图中最具有战略性的不宜人位置。欧洲当前局势并不很让人舒服。我们的位置的确会糟糕,如果我们削减军备到低于我们在欧洲之位置所要求的水平,那么和平将处于危险中。最后,我们的舰队是由一条法律决定的,这条法律庄严地保证要防御我们的海岸与商业。"与此同时,对强大舰队的打造被稳步推向

---

1 John Fisher, *Memories*, pp. 18–19, 183.
2 舍恩描述了蒂尔皮茨同这位大使间的冲突,又补充说,舰队司令经常通过威胁辞职来强迫推行他的观点。

泛日耳曼管弦乐队的尖利伴奏,谈论战争在英法两国都成为家常便饭。[1]

在波斯尼亚危机的较早阶段,大不列颠同德国间的关系不像同奥地利之间那么紧张,因为每个人都明白德国必须与盟友站在一边。不可避免的摩擦因国王与王后1909年2月对柏林的正式访问而消弭,这次出访的新鲜之处在于国王参观了市政厅,他满心感激地谈到自己在那里受到市政府"很棒的接待"。有争议的话题被仔细避开。国王在国会的开幕演说中宣称,他对自己受到各级人民的热情接待印象非常深刻且感到满意。首相宣布:"它是令人愉快的事件,有着万分和谐的过程。他们在此受到的热情欢迎以及它在英国引起的回响,且尤其是国王关于和平与友情的忠诚之爱的话语再次向两国人民展示,他们有着多么深厚的理由要在和平工作上彼此尊重且合作共事。德国是英国最好的顾客,英国则是我们最好的顾客。"

在德国给俄国发布终结了波斯尼亚危机之最后通牒的前几天,英国人的神经受到一次意料之外的打击。1908年的德国《海军法》将旗舰的寿命从25年削减为20年,这符合通行做法,因此没在白厅引起警觉。但德国海军部秋季听说1909—1910年的计划正被评估,且1909年1月,爱德华·格雷阁下通知德国政府,英国的预算将相应地有可观增长。海军部关于配合德国新《海军法案》提议的结果是,1909—1910年六艘无畏舰下水,且其后两年新造类似数量的无畏舰。内阁里里外外都在狂野地争斗,但第一海军大臣作为胜者决出,因为他的失败将引起外交大臣辞职。预算其实是造四艘,但补充说政府"可能认为有必要为快速建造四艘或更多大型装甲船而做好准备"。在这一个会期的起初几周,休息室里满是神秘窃语在叽喳着麻烦正在到来,但当麦克肯纳先生(Mr. McKenna)于3月16日站出来时,还没几个人准备好。他开口就说:"帝国的安全高于所有考量。"预算首度因选了德国作标准来衡

---

[1] 对泛日耳曼主义的研究,见 *Zwanzig Jahre Alldeutscher Arbeit und Kämpfe*, 1910;W. T. Arnold, *German Ambitions*;Charles Andler, *Le Pangermanisme*;Chéradame, *l'Europe et la Question d'Autriche* 及 *The Pan-German Plot Unmasked*;Seton-Watson, *German, Slav and Magyar*;Nippold, *Deutscher Chauvinismus*。

量我们的需求而具有了正当理由,且展望即将到来的这一年,英国与德国的无畏舰彼此持平了。巴尔福先生提出我们的竞争对手到1912年4月可能拥有20艘船,令听众毛骨悚然。而拒绝这种空幻的夸张之辞的首相承认,德国到1912年4月可能会有17艘,但一定会有13艘。一波恐慌席卷全国。人们开始公然谈论战争是可能的,甚至是有板有眼的,而关于鬼鬼祟祟加速造船的传说看来就是从大不列颠手中夺取三叉戟之邪恶图谋的正面证据。

爱德华阁下接受了解释和保证,"有些是3月16日之前允准的,但确切来讲更多的是在那之后",并没有在规定日期里加速完成船只建造。但公众仍然相信,德国试图比她的竞争对手抢占先机。这场危机的政治效果是爆炸性的;但英国海军因恐慌而受益,因为1909—1910年的计划里,8艘船中的6艘都是超级无畏舰,带着13.5英寸而非12英寸口径的大炮。这一打击延缓了早已着手的德国船只的建造,而当1912年春季的危险关头到来时,德国拥有的并非阿斯奎斯先生信誓旦旦所言的13头怪物,而是9头。另一方面,麦克肯纳先生把他的8艘无畏舰穷追到底,结果是随后两年每年5艘,这样,在他的三年任期里就完成了他最初向同僚们提议的18艘的计划。

在毕娄亲王否认加速的同一天,阿瑟·李先生鼓动对政府投谴责票,为了它没有立即启动8艘无畏舰。外交大臣在一场有分量的演说中答复说,他不确定会要求4艘额外的船,在任何情况下它们都无须在7月之前下单,因为它们无法一蹴而就。但他没打算掩饰问题的严重性。"形势严峻。这个国家因德国的计划而产生新局势,不管这计划开展得快还是慢。当该计划完成时,德国将有一支含37艘无畏舰的舰队——这是世界上有史以来最强大的舰队。这给我们施加了必要性,为此我们现在开始了——除了截至目前我们早已有了无畏舰——重建我们的整个舰队。"演说结束时他明智地建议,对未来的恐慌应当能通过两国海军部之间交换信息以及提供海军参赞的视察可能性而消除。但这提议被德国政府拒绝。7月英国发布声明,4艘机动无畏舰将启动,这决议几乎未遭反对就被接受。罗思贝里爵士在7月9日招待殖民地记者的一场宴会上发表令人难忘的演说,宣称"军备在增长中,这会在风暴变得骇人之前平息它"。海军专家们冬季起草的旨在辅助计划中之海牙战利品上诉法庭的《伦敦宣言》被上议院拒绝,这是由于保守党圈子里日益增长的忧虑认为,不列颠可能不久就会发现自己在战争中,而通过出让任何交战方权益绑住她的手将是不明智的。

毕娄亲王在他发表于1913年的《帝制德国》("Imperial Germany")中解释了指导他创建大型海军的思想。他宣称,唤醒公众舆论到必要程度,却不要引发爱国主义情感泛滥到无可挽回地损害德国与英国之关系的程度,这是项精致的任务,相比英国,德国的海上力量再发展多年也仍不够,而且她在1897年束手待毙地躺着就是为了蒙英国开恩。"我们要强大到没有海上力量可以不冒巨大风险地袭击我们,这既必要又值得,这样我们才能自由保护我们的海上利益,独立于其他海上大国的影响和选择。我们蓬勃的国家发展,主要是工业领域的发展迫使我们穿越海洋。为了我们的利益,也为了我们的荣誉和尊严,我们有义务看到,我们要像确保我们欧洲政策的独立性那样赢得我们国际政策的独立性。我一贯确信一场冲突将永远无法绕过——

1. 如果我们建造一支不冒非常重大风险就无法袭击的舰队。

2. 如果我们不耽溺于过度和无限制的船舶制造。

3. 如果我们不允许哪个国家伤害我们的名誉或尊严。

4. 如果我们不允许发生任何在我们与英国之间造成不可弥合之裂痕的事。

5. 如果我们保持冷静与沉着并且既不伤害英国也不追赶她。"

这位亲王的和平格言本质上是消极的,而且他与他的君主反对限制海军军备,仅此事实便对构成和平之唯一确定基石的信心造成致命打击。俾斯麦接班人中最聪慧的这一位,缺乏其君主那种衡量自己政策之最终后果的能力。"世界政治"是超级大国之间的时尚,他自然想要德国在其中扮演她那一份,但对这位首相而言,"世界政治"意味着除了有世界最强陆军之外,再快速打造一支强大舰队。尽管没理由给他归结以好斗图谋,但他的政策对我们反对入侵以维持自身安全,并通过拥有坚不可摧之舰队而给人民提供防备的长期实践，是个挑战。"铁血首相"没有舰队，也没有开一枪，就赢得一个殖民帝国。新野心的增长要求偏离他晚年的政策，他的继任者们应当遵循他同一时间只确保一个目标并招致一个风险的实践。威廉二世周围是一群赞成追求向前运动的人，有些人盯着土耳其帝国，其他人则盯着大西洋。两者各有奖赏，也各有风险。在东方政策和西方政策之间加以选择是关乎治国之才的任务。[1] 除了在近东阻碍俄国之外，德皇与毕娄最受非难的就是，他们同时期还通过威胁英国的海军霸权而引致英国走向敌对。

贝特曼-豪尔维格（Bethmann-Hollweg）在1909年7月接替毕娄担任首相时继承的不是非常恰当的工作。他在他感伤的《反思》（*Reflections*）中写道："德国在这个世纪揭幕时是否可能通过接受英国的靠近并达成海军谅解而可能确保一个不同的世界集团，这无须讨论。1909年，主要的线路都定好了。英国采取了站在法国与俄国一边的立场，而德国解决了她的海军计划，并发展好一项近东政策。交换的是尖刻言辞，气氛霜冷并充满怀疑。毕娄亲王告知我，英国的态度是巨大焦虑的对象，尽管他希望那或许可堪救治。舰队是德国的爱宠。在舰队身上，这个国家向前抗争的力量似乎得到最生动的活化。对于因我们的海军政策而产生之严重国际复杂性的忧虑，被强劲的煽动力量窒息了。方向掌握在一个要求政治权威的人手中。在海军和政治方向产生分歧的地方，公众舆论几乎毫无二致地站在前者一方。权衡国际因素之举看起来就是对外国人卑躬屈膝。泛日耳曼运动早就开始在保守党和国家自由党之中确保一个立足点——不是希望战争，却是一种令我的任务复杂化的傲慢。"[2] 这位首相对蒂尔皮茨的不喜换来全然对等的待遇。舰队司令写道："毕娄亲王以一种关于安全性的感情鼓舞了我，同他那多疑而又没经验

---

1 德皇（William II, *Memoirs*, ch. 14）辩解说，他的政策完全不涉及风险。但在蒂尔皮茨的回忆录中明确承认了做出一个选择的必要性，蒂尔皮茨代表一个流派，贝恩施道夫（Bernstorff）代表另一个。约哈纳斯·哈勒尔有才气的小书（Johannes Haller, *Die Aera Bülow*）包含对毕娄政策的有杀伤力的批评。毕娄在1919年6月21日一封有意味的书信中捍卫自己，此信重印于Spickernagel, *Fürst Bülow*, pp. 92–102。

2 Bethmann-Hollweg, *Reflections on the World War*, I, ch. 1.

的继任者不同。前者给予海军全部赞同,但在他辞职后,我必须为了最必要的信任而战斗,直到我筋疲力尽——同国会的战斗少于同财政部和首相的战斗,国会表现出日渐多的洞察力,首相则压制德国军备所想要的大量资金。"泛日耳曼者对自己的敌意不加隐藏。雷文特洛写道:"在贝特曼眼里,德国外交的第一目标是确保当发生大陆战争时英国人保持中立。他不支持认为强大的德国舰队为必需之物的信念,却相信舰队的影响更多会导致战争而非维持和平。"

尽管新任首相无力改变船只路线,但一种更通融的精神进入威廉大街,基德兰-瓦希特分享着德国应当满意于有一支不会引起英国人敌意之舰队的观点,他在皇帝不赞成的情况下入主外交部,并且行使的权力超过外交部长通常所被许可的程度。他对雷文特洛评论说:"陆军维持和平,舰队危及和平。"首相确信于英国政府的好意并且决心坦率交换观点。他宣称他在最高层次没发现障碍。"鉴于我们不能消除法俄间的伙伴关系,我们只能通过与英国达成谅解来避免它的危险。皇帝不仅赞同该观点,他还一再向我指明这是唯一可行政策。8月头几天,我开始与戈申阁下讨论舰队问题。谈判没有结果,因为伦敦内阁对于谈判的成功几乎没表现出兴趣,而且也没找到能令海军部满意的规则。"皇帝在《回忆录》中宣称他支持这些努力,尽管不抱多少成功希望。

爱德华・库克阁下(Sir Edward Cook)提到,[1]"(德国)首相找来英国大使,对他说他认识到海军问题被英国认为是两国真正建立诚恳关系的首要障碍,因此德国政府现在准备做出关于海军调停的提议,但关于该主题的讨论只有作为以相信两国都无针对对方之敌意或侵略图谋的总体谅解之一部分,才能卓有成效地开展。英国政府自然很满意于德国首相这消息并真诚看待他的提案。海军问题对英国政府而言是主导性问题,但他们准备怀着最大的同情来考虑关于总体谅解的任何提议,只要它们不会与不列颠既有的对其他外

---

[1] E. Cook, "How Britain strove for Peace".

国的义务不协调。贝特曼-豪尔维格先生所给的海军提议有些模糊。按照解释，其中不存在对作为整体之德国《海军法》的偏离问题，因为那样将在国会遭遇无法克服的反对。但是，德国政府愿意讨论关于'放慢速度'建造新船的问题。关于此规则的严谨解释不能立刻获得。所能理解的它的意味是，1918年要完成的船只总数不会削减，但旗舰数量可以在前几年减少，并在后几年再补回来。这看上去就不会有费用的最终缩减，也不会有德国计划的明确压缩。

"首相所建议之海军谈判的基础因此就这样不明确、很单薄，又虚无缥缈。他对此提议所要求的回报则是确定而又有实质内容的。大不列颠要成为一项协议的一方，此协议宣称：(1)两国都没有任何侵略思想，而且谁也不会事实上进攻对方；(2)遇到两国之一遭逢第三国或国家集团袭击的事情时，未遭袭的另一国应拱手而立。

"对于第一个条件可以不反对，也没有反对意见，但对第二个，站在英国人立场上的反对意见很严肃。如果大不列颠接受德国的条件，那么由于欧洲各国的总体态势，实际上肯定就是她受到制约，对任何大陆斗争都袖手旁观。在任何此类斗争中，德国都能不费力地安排让敌意的正式开端取决于奥地利。如果奥地利与俄国打仗，德国被保证要支援奥地利；而一旦俄国被德、奥进攻，法国就有义务施以援手。因此，倘若给了德国政府所提议的保证，就会阻止大不列颠支援法国，不管冲突的原因是什么或冲突可能导致什么后果。于是就会丧失法国的信任与好意，因为大不列颠对法国一无所用，德国则将能决定把她可以选择提出的任何要求强加在关于战争的最终议题上。(德国)首相提议中所涉及的英国被迫的中立，可以被德国竭力利用来巩固她在欧洲大陆的霸权，大臣们作为他们国家之未来的受托人，不会忽视这一点。大不列颠会成为瘫软无力的旁观者，直到德国能够心无旁骛地集中力量来削弱她这个欧洲仅存的独立因素。此外，德国提议中的第二点涉及否决英国对于比利时之条约义务中的特定事件。设若德国在一场与法国的战争中要侵略比利时，英国就会被这个提议中的与德国之协议阻止，而不能维护比利时的中立。因此,无怪乎英国政府1909年秋季拒绝了德国政府的提议。该提议从政治上讲,存在引起最重大反对意见的可能性,而在海军层面,它没有提供海军费用的实质性削减。"

如果蒂尔皮茨的话可信,那么德国首相在海军部找到一个跟他一起努力的伙伴。"从他入职之初,我就支持他在英国人带来的各种事务上应对英国人的努力。我尤其在这个方向上影响了皇帝,而且在涉及一项海军协议的谈判方面,我不遗余力。从1909年1月以来,我早就准备好接受任何协商过的比例。一开始我提到3:4,但后来我自己准备宣布2:3,而最终敲定的是10:16。即使温斯顿·丘吉尔(Winston Churchill)留了一些确保更大优势的后台操作性,我也忽略不理,确信我们《海军法案》的完成将实现我们一直致力于的防御性目标。"但尽管他支持贝特曼的努力,他却不相信它们会成功。"在这些谈话过程中,我获得的印象是,英国政府对于一个真正的海军谅解并不当回事,只关心向我们的外交部证实舰队是万恶之源的传说。正是舰队阻止了德国在世界政治上与英国手挽手,这一思想的主要支持者之一是伦敦大使馆的秘书库尔曼。贝特曼的基本错误是,相信在海军事务上做出一定让步——所谓一点点礼貌——会改善我们的关系。多几艘船、少几艘船对英国人都是一样的。显然他们乐得让我们连一支比他们弱50%甚至100%的舰队都不要有。我们只有全盘抛弃打造舰队,才能获得认可。"

1910年5月,德皇前往伦敦参加爱德华国王的葬礼,他显而易见的同情之态被热切赏识。谈判于这年夏季恢复,其过程随后被爱德华·库克阁下所描述。"阿斯奎斯先生1910年7月在国会发言中说:'我们已接近过德国政府。他们发现自己无法做任何事。他们不能在没有一项国会法案的情况下废除《海军法》。他们告诉我们,他们提出一个修正计划是不会得到德国舆论支持的,这无疑很切合真相。'德国首相针对这篇演说答复,德国政府对英国人的接近没有反对到说'我办不到';他们不能同意缩减海军建设,但他们准备讨论暂时减速。这一提议的确切含义再度不明朗,但英国政府立刻回应了该提议,8月间便放弃了他们先前关于任何海军协议都必须建立在缩减既定德国海军计划之基础上的主张，他们告知已准备好：(1) 讨论暂时减速建议；(2) 在既定德国海军计划不应再扩大的基础上谈判一个海军协议，而且应当交换关于各自国家造船实际进展的信息；(3) 关于政治谅解，要保证在他们之间的任何协议和他们与任何其他国家的协议中都没有直接针对德国的，他们自己没有任何关系到她的敌对意图。

"10月收到德国政府的答复，谈判则持续到1911年春季。

"(1) 关于暂时减速——首相以此来为他否认'我办不到'的态度辩护——这个提议在1911年5月撤回，是一次奇怪的撤回，因为所给的理由（即以确定数量的政府订单养活造船企业的重要性）针对最初给出的提案来说也同样中肯。

"(2) 关于以不扩大德国计划并交换信息为基础的海军协议之谈判，德国政府同意讨论后一个主题，谈判持续了许多个月：英国最终的备忘录接受了德国关于所有本质要点的条件，在1912年1月底交寄，然后没有下文。关于不扩大德国计划这一基础，德国政府在1910年10月间，大不列颠将做出什么对等努力。当英国政府在斟酌答复时，德国皇帝通知英国大使，没有理由能让他同意任何约束德国不得扩充其海军计划的协议。皇帝和首相之间这么明显的态度差异都没有分别消除，德国政府却在1911年5月告知，他们准备好审查任何关于彼此都缩减军备开支但不涉及背离《海军法》之要求的提议。同一时间撤回了暂时减速的提案，这并不鼓励信心，而且德国政府声称已准备好在最新基础上谈判海军协议，却被国会一则全然不妥协的正式宣言占了上风。

"1911年3月13日，爱德华·格雷阁下在议会发表一篇演说，言外之意是指明与德国谈判的路线，界定了在什么限制条件下这些谈判本身有望进行，并宣称一方面友谊之情是真诚的，另一方面军备要扩张，这是自相矛盾的。这篇演说得到德国新闻界的顺利接纳，但是当该主题被提上德国国会时，首相抓住时机泼了冷水。他说：'我认为，任何绝对不现实的控制和所有在那个方向的尝试都将一无所获，而只能导致彼此持续不信任和永久摩擦。谁会在不能绝对肯定他的邻居没在秘密超越裁军协议所许给他之份额的情况下,愿意弱化他自己的防御方式?没谁,先生们。任何严肃考虑过普遍裁军问题的人都必定得出一个结论,即,只要人还是人、国家还是国家,这就无法解决。'

"(3)当德国在同英国进行海军谈判方面于前进与后退之间举棋不定时,德国政府继续给政治谅解赋以巨大重要性。他们在1910年10月的答复中强调这一点,而且当谈判于英国的大选结束后重启时,英国政府同意德国人的观点,认为一些较宽泛的政治性质的协议应当作为海军协议的先决条件,因此提交建议作为讨论此种政治协议的基础。如(德国)首相所暗示的,一个能表达总体政治规则的约定,应当比除了英国与其他国家间之实际结盟以外的任何其他约定都更加详尽、广泛和密切地被考虑。而这样一种约定可能在法国与俄国引起误解。英国与法国和俄国各自的协议并不基于一个总体政治规则,它们是对特定问题的安顿,而这些安顿把有摩擦和小烦恼的关系转变为友情。在这些友情中,任何东西都非排他性的;英国政府也带着满意之情看待法国与德国之间以及俄国与德国之间对某些问题的此类安顿。英国与德国之间为什么不能尝试类似性质的东西?德国政府对这些建议的答复(1911年5月)看起来并非不讨喜,虽说撤回先前的海军提案是令人丧气的。德国政府宣布,英国的建议可以构成协议的合适基础,尽管他们反复提及他们对总体政治规则的偏爱。"

紧张感看起来逐渐不剧烈了。5月,德皇接受了乔治国王(King George)的邀请出席维多利亚女王纪念物揭幕式,并受到一如既往的热忱接待。比利时公使拉兰伯爵(Count Lalaing)报告称:"我亲眼所见,公众的欢迎一天比一天热情。爱德华国王去世似乎给英德关系带来那么点缓和。"[1]但就在这时,柏林一个鲁莽的决心再次割断两国,并将欧洲抛入一场比1908年危机更加令人担忧的危机中。

---

[1] Schwertfeger, *Zur Europäischen Politik*, III, pp. 245—246.

第十四章　阿加迪尔

继阿尔赫西拉斯会议而来的既非法德关系的改善，也非摩洛哥国内状况的进步。[1] 条约的核心是授予法国和西班牙权力，为八个港口提供由一位瑞士人任局长的警察部队，但招募和训导进展得非常缓慢，也从未能全面开展工作。一位法国官员在丹吉尔被射杀，一位法国医生在马拉喀什（Marakesh）被谋害。1907年4月，利奥泰（Hubert Lyautey）将军占领了位于阿尔及利亚边境处的乌伊达城，"直到获得赔款"。6月，摩洛哥军队的教官麦克林阁下（Sir H. Maclean）被赖苏里绑架。7月，一些受雇在卡萨布兰卡工作的海军人员因危及公墓而被谋害，继这场袭击而来的是对该城的轰炸和占领周边地区。法国现在于应许之地的东面和西面都围壕掘堑。穆赖·哈菲德（Mulai Hafid）从对外国入侵的敌意中汲取到力量，在南方竖帜叛乱，反对他的兄弟阿卜杜勒·阿齐兹，并于1908年在菲斯自称苏丹。阿卜杜勒·阿齐兹被镇压，而且这年底穆赖·哈菲德在许诺尊重《阿尔赫西拉斯法案》后获得各国承认。然而他未能恢复秩序。里夫（Riff）部落在北方公然反抗他，另一位自立为王的人艾尔·罗格西（El Roghi）则在南方抗命。

---

[1] 见黄皮书 *Affaires du Maroc*, 4 vols., 1906–12; Tardieu, *La Conference d'Algéciras* (1909) 及 *Le Mystere d'Agadir*; Louis Maurice Bompard, *La Politique Marocaine de l'Allemagne*; Caillaux, *Agadir*; Mermeix, *Chronique de I'an 1911*; Albin, *Le Coup d'Agadir*; Morel, *Morocco in Diplomacy*; Bethmann-Hollweg, *Reflections on the World War*, I, ch. 2; W. B. Harris, *Morocco That Was*; Otto Hammann, *Bilder aus der letzten Kaiserzeit*; Siebert, *Diplomatische Aktenstücke zur Geschichte der Ententepolitik*, ch. 10。

1907年，克列孟梭的外交部长皮雄鼓励《摩洛哥电讯报》(*La Dépêche Marocaine*)的编辑雷诺德(Raynaud)同德国驻丹吉尔代表团进行谈话，谈话显示有望在德国不干预政治的基础上签一份协约，回报是参与重要商业企业。1908年1月，儒勒·康朋(Jules Cambon)报告说，德国外交部长想讨论一份经济协约。3月，舍恩男爵通告国会，法德关系已正常化，甚且友善，而德国也充分认识到法国对1906年《法案》的忠诚度。但这些接触在9月被一个事件粗暴干扰，有几周该事件都威胁到了世界和平。卡萨布兰卡一些德国侨民在其领事的帮助下于1906年设立一个代理机构，策划让外国军队开小差，而1908年9月已说服两位德国人、一位德裔法国人、一位俄国人、一位瑞士人和一位奥地利人开小差。领事给他们提供平民服装，让他们在此城中藏匿数日，并打算让他们搭上一艘于该港口小憩的德国汽轮。9月25日清晨，他们在领事馆一名成员的陪伴下前往海港，但他们搭乘的船翻了，被迫返回海岸。港口司令官注意到他们并下令逮捕。随之是一场简短的抗争，然后德国领事大力要求归还三位德国人。

当各国政府被告知此事后，奥地利谢绝采取行动，但兰肯男爵(Baron Lancken)出现在法国外交部要求"限期解决以及彻底满意"。法国外交部长的答复是要求拒绝承认并谴责这位德国领事。两周以后，德国政府提议仲裁，可当皮雄接受提议后，柏林又要求惩罚卡萨布兰卡的港口当局并释放三位开小差者，此后德国领事也会受到惩罚。皮雄回答，这事现在已提交仲裁。德国大使再次要求限期释放三位德国人并赔偿两位蒙受冤屈的德国领事馆雇员。次日，毕娄通知法国大使，除非答应第二个条件，否则皇帝会召回他的大使。皮雄寸步不让，并答称，他必须等待仲裁结果。11月6日，毕娄做出最终的且同样无济于事的尝试，要求为在仲裁开始之前就逮捕开小差者而道歉。塔迪厄依据来自法国外交部的内部消息写道："爱德华国王让法国政府知道，他在大陆问题上准备好供它差遣，如果和平被破坏，步兵团五个分队和装甲兵团一个分队会在第二道防线守住左翼。"11月7日，英国大使与俄国大使都通知法国外交部，他们的政府完全赞同法国外交部的行动并分担法国的政策。两天之后，奥地利大使告诉皮雄，他的君主已敦促时在维也纳做客的德皇和平解决问题，德皇也同意了。危机过去，基德兰-瓦希特和儒勒·康朋进而签署一份宣言，对9月25日的一众事件表示遗憾，并将问题的事实层面和法律层面都提交仲裁。海牙法庭的裁决谴责德国领事馆的主事者在帮助非德国军团成员逃脱方面的"重大及明显错误"。认为法国当局行为正确，除了在逮捕开小差者时行使了不必要的暴力。[1]

德国政府不把卡萨布兰卡争端推向极致的决定，部分归功于《每日电讯报》的访谈所唤起的骚乱，以及同盟国对波斯尼亚危机的全神贯注。儒勒·康朋在1月26日报告称："基德兰今天代表舍恩男爵拜访我。他重申保证，称德国在摩洛哥只有经济目标。我说法国会强调她在摩洛哥完整性方面的利益，且她希望德国不要阻碍法国的政治利益。双方都表达了他们乐见两国国民在经济企业方面合作共事的愿望，同时要关注法国特殊且被承认的地位。"2月3日，规则确定，而其造作者儒勒·康朋前往巴黎，以确保政府的同意。2月8日，宣言签署。"两国政府由让《阿尔赫西拉斯法案》之执行成为可能的同样愿望所推动，同意界定他们系于其条款的意义，以避免所有条款在未来被误解。为此，完全附议维持摩洛哥之完整性和独立性的法国，决心捍卫经济平等，并因之不阻碍德国的商业及工业利益；而只追求经济利益并承认法国特殊政治利益同秩序稳定及国内和平密切捆绑，决心不阻碍那些利益的德国宣布，她将不追求也不鼓励任何惠及德国人或任何大国之经济特权的措施，她将寻求把她的国民联系到她能够确保的事务上。"同一天，康朋和舍恩之间交换书信，宣布"德国不干预政治"不会影响其国民早已据有的地位，但暗示说，德国人将不会竞争有政治性质的公职岗位，而当他们的利益被联系起来时，应承认法国人的利益是最重要的。

这份协议看来包含着法德关系的深刻修正。皮雄宣称，它消除了摩洛哥所有的冲突原因，而德国大使拉道林亲王高兴地补充说获得了一个长久协

---

1 Schön, *Memoirs of an Ambassador*, pp. 90–93.

约。德皇祝贺舍恩，毕娄则通知国会，该协议向法国确保了她在摩洛哥的合法政治影响，同时不允许她兼并该国。埃伦塔尔对法国大使宣称："我感到高兴，我的所有国民们也是，他们对你们诚心实意的同情与日俱增。"罗马的蒂托尼也送上类似的贺词。保罗·康朋在就此宣言通知爱德华·格雷阁下时宣称，它绝未侵害其他国家的权利与利益；外交大臣答复称，英国政府乐见争论终结。另一方面，俄国既未感到满意，也未假装满意，因为她从摩洛哥协约中看到了法国不情愿在波斯尼亚危机中支持她这个盟友的新迹象。[1]

皮雄宣称："我们没梦想新的启程。我们的权利和利益在当前，他们的属于过去。我们无意于越过在阿尔赫西拉斯所划定的界限。"但这声明有意对事情轻描淡写。该协定在口头效忠1906年条约的同时，提高了法国的行动自由度。《辩论日报》（*Journal des Débats*）宣称："我们现在可以兑现《阿尔赫西拉斯法案》了。"然而即使在法国，该协议也未逃脱被批评。卡约评论道："人们会被规则和诺言的模糊性打击到。德国没承认我们完全的行动自由权，法国则让出一个重头经济抵押。"

德国立刻请求进行技术讨论，于是一位法国专家被派去柏林，然而在柏林，德国看来想要取消阿尔赫西拉斯关于公开评审的原则。[2] 法国当然能在她的企业里与英国和西班牙自由联合，但她们的份额必须从法国的配额中出。尽管德国高尚地拥护在摩洛哥的平等机会，但摩洛哥这个地方自此以后就成为她自己和法国的禁脔。总结了讨论结果的柏林谈判纪要于6月9日抵达巴黎，但顶着为了新伙伴牺牲老朋友之压力的皮雄拖到10月才答复，除了些许保留，他接受了德国的邀请。战利品被划分为开矿业、公共工程和铁路三大块，而三个领域的难题都很快产生。采矿联盟（The Union des Mines）于1907年由施耐德（Schneider）、克勒佐（Creusot）和克虏伯（Krupp）成立，但由于曼讷斯兄弟（Mannesmann Brothers）的反对而一事无成，后者

1　1911年7月，伊兹沃利斯基向卡约通告废除1909年协定，而特鲁别茨科依在这场对决进行时谴责它是瞬间的亲善。

2　关于在摩洛哥和法属刚果的合作努力，见Tardieu, *Le Mystère d'Agadir*。

给当时自立为王的穆赖·哈菲德预支钱款，并获采矿特许权作为回报。1909年，两个集团之间的谈判在巴黎展开，但曼讷斯的要求太过分，以致在阿加迪尔（Agadir）危机之前没解决任何事。[1] 公共工程领域进展的失望度也不遑多让。法国与德国资本家创建一个摩洛哥公共工程协会，详细制订了关于水供应、电车轨道、灯塔和港口工程的计划。针对第一个计划即灯塔计划，英国政府抗议，反对将合约分配给该协会，要求根据《阿尔赫西拉斯法案》公开投标，于是这计划就流产了。

建造铁路因法国人宣称一些特定线路具有战略意义而耽搁。军事权威们早就要求建设从卡萨布兰卡到沙维亚（Shawia）、从阿尔及利亚边境到乌伊达的铁路线，由工程兵建造这些线路也获得了信任投票。1911年1月，舍恩通知皮雄，如果在军事占领区修建的铁路能概莫能外、平等地开放供贸易使用，那么他不反对建这些线路。不过他又声言，如果铁路线越出乌伊达而通往菲斯，就需要有一份特别协议，他还建议雇用摩洛哥公共工程协会，并优先建设从丹吉尔到菲斯的线路。皮雄愿意由摩洛哥公共工程协会建设铁路，但要在法国工程兵的带领下，他也不反对优先建丹吉尔－菲斯线。一项协议呼之欲出，3月2日，儒勒·康朋建议他的政府签署德国的草案。就在此时，内阁垮了，法国的政策变了。新任外交部长克吕皮（Cruppi）3月4日电告康朋："我看到了签下它的益处，但西班牙和英国不会反对为了让协会获得丹吉尔－菲斯特许权而将法国和德国绑在一起的条款吗？"大使回答说："如果我们不签，会非常不方便。这计划并未阻止西班牙和英国在评审中竞标。如果我们在开发这个国家的手段已经纳入讨论的这个节骨眼改变策略，我们会毁掉早已获得的成果以及我们在经济渗透方面的工作。如果我们让德国觉得我们想闪躲1909年的《协定》，那将会制造更多困难。"克吕皮提议在协定中小做改动，基德兰接受了。但克吕皮随即又电告，必须权衡其各条款，并召康朋回巴黎。

---

[1] 对舍恩来说他们就是肉中刺，见 Schön, *Memoirs of an Ambassador*, pp. 115–118。

1909年的《协定》鼓励法国政府和德国政府将他们的合作扩展至刚果。法国恩戈科-桑加公司（The French Ngoko-Sangha Company）轻忽它的特许权，于是德国商人向本地人供应所需物资，并换回橡胶和象牙。这些产品理论上是该公司的垄断产品，但赔偿要求被法国政府拒绝了。公司向议院上诉，于是对外事务委员会提出并获得一笔50万法郎的赔偿金。公司现在乐意同德国南喀麦隆公司（German Company of South Cameroon）合作了。这种接近受到柏林待见，于是1901年底谈妥一个协定。当此事公开时，法国政府不同意批准该合作，直到议院已经通过；而当莫尼（Monis）内阁复命时，又宣布不能开展该项合作。

与此同时，法国与摩洛哥的合作并不比法国与德国的合作更成功。1910年的一笔贷款清偿了苏丹的债务，但他马上又债务缠身。1911年的第二笔贷款同样如泥牛入海。对军事问题的处理也不令人更满意。苏丹邀请曼金（Mangin）将军重组他的军队时，将军关于配备法国军官的请求未被认可，因此当菲斯周围的部落1910年起义时，没有军队可防卫首都。总而言之，在曾被敲锣打鼓欢呼的1909年协定中，法国没获得政治利益，德国没捞到经济好处。

法国新内阁在铁路协定上的拖延在柏林引起了更多烦恼，因为关于要在摩洛哥实行进步政策的流言开始四散。1911年3月13日，基德兰向儒勒·康朋提到在摩洛哥采取军事行动的流言。"德国舆论可能会激动，如果德国能在恰当时间被告知，更明智些。法国会因军事行动的小小胜利而被鼓励采取更大范围的行动，这可能导致对《阿尔赫西拉斯法案》的废除。"大使回答说，法国的各计划都未敲定，但她会像迄今所为一样尊重《阿尔赫西拉斯法案》。他为了铁路协定在巴黎稍事停留之后返回柏林，于4月4日拜访基德兰。"我在巴黎谈过了来自摩洛哥的坏消息和欧洲人假如投资而面临的安全性问题。我们可能被迫要占领拉巴特，但任何情况下我们都尊重阿尔赫西拉斯的精神和苏丹的主权。"基德兰干巴巴答复说，他没有来自摩洛哥的新闻，并且担心该行动给德国舆论造成的影响。4月19日，克吕皮宣布，考虑到对欧洲人的危险，法国听取了苏丹关于帮忙组建一支摩洛哥武装力量以解放菲斯的诉请。如果被请求支援首都，一支法国纵队也可就位。[1]

接获此消息时，德国首相对法国大使评论道，来自丹吉尔的消息不容乐观，但事情将会平稳下来。而如果法国干涉，事情就会恶化。"你知道德国舆论对摩洛哥的意见，而我必须虑及于此。如果你们去菲斯，你们会待在那儿，然后摩洛哥问题就会彻头彻尾加剧，可我希望竭尽全力避免这问题。"康朋问："谁告诉你说我们不会离开首都？"首相回答："叛乱是针对苏丹的，不是针对欧洲人。我只能坚持遵守《阿尔赫西拉斯法案》的重要性，因为难题会直接随着法国军队开进菲斯而产生。我不能鼓励你们，我只能劝告要慎重。我没说不可以，因为我不能为你的同胞们承担责任；但我再说一遍，我不鼓励你们。"康朋报告称："首相没在摩洛哥寻求冒险活动，只希望维系德国的经济利益，泛日耳曼者可不这样。我们必须试着解决问题而不把我们自己推得太远。我对我国报纸上关于让摩洛哥突尼斯化的文章深感遗憾，这些文章会被利用来反对我们的正式宣言。"德国首相4月25日回敬指控，对法国大使提到："苏丹在危险中，不是欧洲人。当你们在菲斯时，你们会抛弃他？如果不抛弃，你觉得摩洛哥的独立会依旧原封不动？会开始有困难，那将毁掉三年来的工作。"

就在德国首相惊慌气沮地关注法国的行动时，德国外交部长在秘密欢迎搞出一条新政策路线的机会。他评论说："如果苏丹需要法国刺刀的支援，我们就应认为《阿尔赫西拉斯法案》受到侵害并应恢复我们的自由。"法国大使回答说："我们会在那里耽搁几周，当秩序恢复时我们就撤。"基德兰又作答："我不怀疑你们的意图，但现场的法国代理们几时才会觉得他们的任务完成了呢？"与此同时，德国新闻界开始搭台唱对台戏。《邮报》(*Post*)要求"一个德国的阿尔及利亚"，就连《柏林日报》(*Berliner Tageblatt*)也嚷嚷着在阿加迪尔要一个港口。5月1日，《北德意志通报》正式发表评论称，

---

[1] 伊兹沃利斯基描述称，克吕皮对外交事务深刻无知并盲信远征菲斯的重要性，他相信1906年的《法案》可以掩护这次远征，见 *Un Livre Noir*（《伊兹沃利斯基书信集》），I, pp. 56, 103-104。

对《阿尔赫西拉斯法案》的违反，不管是情愿还是被迫的，都将恢复所有签约国的行动自由权。

　　法国新闻界在进步政策的智慧面前发生分化。《时报》坚决主张，《阿尔赫西拉斯法案》不会因临时占领菲斯而受侵害。阿诺托辩解说别无选择，因为一旦菲斯被拿下而苏丹被杀，全国就会陷入无政府状态。《辩论日报》则站在另一边，警告政府说"一项掩饰伪装的政府政策"将引来西班牙与德国的敌意，且饶勒斯（Jaurès）干脆宣称远征就是个骗局，因为苏丹和欧洲人都没面临危险。西班牙也认为已经产生了新局势，她宣布，法国的军事干涉给了她1904年的秘密《条约》所界定的行动自由权。而且尽管法国抗议，她还是让军队在拉腊什（Larache）登陆并占领埃尔－卡斯尔（El-Kasr）。西班牙首相卡纳莱哈斯（Canalejas）抱怨道："法国在确保对这整个国家的军事和财政进行督政，而西班牙会一无所有。"

　　就在西班牙和德国的政府认为向菲斯远征就是阿尔赫西拉斯安置的死亡丧钟敲响之时，爱德华·格雷阁下接受了巴黎的保证。3月2日，迪隆（Dillon）先生问外交大臣，他是否因关乎摩洛哥的军事措施而被咨询，以及他是否赞同对摩洛哥独立性的攻击。爱德华阁下答道，法国像对其他国家一样已通知不列颠政府关于解救欧洲人的措施。他补充说，她的行动没有瞄准改变摩洛哥的政治地位，而且他看不出有反对的理由。当德皇5月访问伦敦期间，德国大使向他询问此事时，他也给了同样的回答。法国解救欧洲人不仅是权利，也是义务，法国的干涉会有益于世界。[1] 他对如此公然赞同法国的行动尚觉不够，又指示马德里的英国大使提请西班牙政府注意西班牙在摩洛哥之行动的危险性，并要求西班牙政府宣布，如果埃尔－卡斯尔秩序依旧，则其军队将撤往拉腊什，因为法国已宣布她的军队会尽可能快地撤出菲斯。

　　就在军队正向菲斯挺进时，克吕皮试图重启铁路谈判，不过德国驻巴黎

---

[1] Siebert, *Diplomatische Aktenstücke zur Geschichte der Ententepolitik*, p. 417.

大使未接指示，基德兰则在度假。因此儒勒·康朋于6月11日拜访了德国首相。首相张口就说："我还是非常发愁摩洛哥。德国舆论在防备着。法国的影响正在增长，不管她想不想要。如果你们离开菲斯，你们会被迫在一年内返回。在德国，人民会说德国的利益正被忽视，而我看到产生极其严重之困难的可能性。"大使回答说："有可能，但没人能阻止摩洛哥某一天落入我们的影响之中。何不讨论除了阿尔萨斯-洛林之外的所有未决事务？我们可以努力令德国舆论满意，让它能高枕无忧地看着我们在摩洛哥影响力的发展。"首相答复说："我会仔细考虑，但你去基辛根（Kissingen）看看基德兰吧。"

这建议被采纳了，6月22日，法国大使汇报了成果。德国外交部长开门见山地说，局势已彻底转变，全国的武装力量都在法国军官掌握下，而一个苏丹是听命于法国的。康朋答道："你对苏丹力量和个性的认识是错的。如果我们不想放任这个国家堕入无政府状态，也不想毁了贸易，我们就必须让他手握一支武装力量并规范它。你忘了承认法国政治影响力的1909年合约吗？为何要因为我们行使它而争辩？"基德兰又答："影响力不是摄政，而你们正在一条建立一个名副其实保护国的路上。这可不是1906年或1909年协定的内容，还有，你们占领沙维亚和东部。"康朋评论说，跟一个野蛮人的当局打交道以确定影响力可以到什么程度，并提议像英国和法国1903年做的那样进行总体讨论，这可不轻松。基德兰答道："我同意。如果我们固守在摩洛哥就不会成功。给一个摇摇欲坠的结构敷药无济于事。"到了这里，法国大使开始提出警告。"如果你们想要摩洛哥的一部分，法国舆论可不会坐视不顾。你们可以找别处。"基德兰答道："是呀，但你必须告诉我们，你们想要什么。"康朋承诺会把这些想法提交给他的政府。告别时，外交部长大喊："从巴黎给我们带些什么回来。"康朋直接去了巴黎并向克吕皮汇报，但就在这个傍晚，莫尼内阁垮了，由卡约接手。然而就在新任外交部长有时间考虑康朋传达的消息之前，德国政府就迈出了动摇欧洲基石的一步。[1]

---

[1] 德皇在《回忆录》中宣称，他对阿加迪尔决议激烈抗议，但徒劳无益。

按雷文特洛所说，基德兰的愿望长久以来就是把摩洛哥从国家名录中抹除。他认为毕娄的政策是失败的，因此必须通过交出政治要求而换回殖民补偿来清偿变现。对菲斯的远征提供了他等待已久的机会，因此他双手攥紧。[1] 7月1日，德国驻巴黎大使通知新任法国外交部长德瑟尔福先生（M. de Selves），"黑豹"号已被派往阿加迪尔。在呈交这份照会时，他补充说，《阿尔赫西拉斯法案》已死，德国意欲通过友好讨论消除摩洛哥问题。而一份急件被派给《阿尔赫西拉斯法案》的所有签约国。"设在摩洛哥南部尤其是阿加迪尔及毗邻地区的一些德国商行，已经被当地部族中的一些骚乱警醒，因为骚乱似乎最近在这个国家其他地方出现过。这些商行已向帝国政府请求保护他们的生命与财产。出于他们的请求，政府决定派遣一艘战舰前往阿加迪尔以备不时之需，给他们的臣民及被保护人施以援手，这也同样出于对德国在那块土地之利益的考量。一俟事态恢复正常的平稳状态，船只就离开。"在呈交这份照会时，德国大使补充了一些口头评论。他不会讨论派遣"黑豹"号是否符合1906年的《法案》，因为该《法案》已经被侵害到不再有可以依凭的权威。德国舆论非常紧张，指望这次行动能平息之。针对德国臣民生命和财产的预防措施不会影响两国的关系。德瑟尔福先生回答说，他对此事件感到非常遗憾。希望进行谈话，但此事会改变谈话的性质。很难就所声称之动机的实情说服法国。同一日，法国驻柏林代办上报了外交次长齐默曼所给的解释。"黑豹"号被派出是因为可观的德国利益被动乱威胁，也

---

[1] 基德兰的态度依旧不确定，但他显然是个危险人物。虽说在公开发言中他否认对摩洛哥领土的所有渴求，但另一方面，泛日耳曼者出于自身意图而欢迎他，并且泛日耳曼联盟的主席克拉斯（Class）宣称，基德兰和外交部次长齐默曼都表达过想要插手摩洛哥的意图。外交部长1912年2月17日对国会坦陈，他曾与克拉斯讨论过鼓舞爱国主义情感的方法，但否认他走得更远。谴责阿加迪尔突击是疯狂举动的他的朋友雷文特洛证明，基德兰从未梦想过在摩洛哥获取一个据点，也知道英国会禁止这么做，但他故意让他的目标保持在模棱两可状态，想要制造一种充沛的情感，作为在同法国谈判时的筹码。"他告诉我，他曾对一个有影响力的泛日耳曼者说话，以便引导其误入歧途，以为我们永远不会走出摩洛哥。这个傻瓜相信了，但我们从未到过摩洛哥，因此也没法走出。这想法是对的，但它的执行有缺点。"王储是瓜分的拥护者，他对儒勒·康朋提过："摩洛哥是块美丽的土地，你会把我们的份额给我们，然后一切都会好的。"见 Bourgeois et Pagès, *Les Origines et les Responsabilités de la Grande Guerre*, p. 337。

因为公众舆论再也不能忍受，在一个法国与西班牙似乎不再打算遵守阿尔赫西拉斯限定的时刻，德国政府显得无所作为。

德国外交部长向比利时驻柏林公使拜因斯男爵坦率地解说了他的态度。"如果法国继续故意慢吞吞地推进，我们就不得不忍受她的霸占行为。某天，她将激起一个村庄的敌意，因为这个村庄会构成军事占领的一个战略要点；而下一次她会为地图上穿过此地之边界的不确定找个借口。这将是蚕食般的侵略。"他又略略不怀好意地笑着补充说："当我听说对菲斯的远征时，我感谢上帝，因为这恢复了我们的行动自由权。然而我们不希望没就达成谅解做出最后努力就行动。在基辛根，我谈到给德国一笔补偿。我们愿意放弃摩洛哥，以非洲的领土作为回报。这个友好的讨论依旧没有成果，于是我们派出'黑豹'号。"德国首相于11月9日响应道："法国人是被敦促行事，苏丹本人召唤法国人帮他。可是，一个只能依赖外国刺刀支援的统治者就不再是独立统治者了，而《阿尔赫西拉斯法案》存在的根基是有一个独立统治者。我们指出这一点并向法国建议达成谅解，当然，主动权是留给她的。起初，我们没从巴黎获得积极提议，而那时法国军队继续在摩洛哥扩张，而且法国人是按照欧洲人的委派而行事的不实之词开始出现。因此当德国利益看上去受威胁时，我们派了一艘战舰去阿加迪尔。我们任何时候都没试图在摩洛哥获取领土。摩洛哥对于我们同法国以及同英国的关系都像一道化脓的伤口。远征菲斯引出尖锐的一幕，并导致有必要动作。为了治疗这伤口，我们做出了动作。"

接获"黑豹"号突然出现的消息，唐宁街甚至比法国外交部更加愤慨和惊诧，因为不列颠政府曾决心不惜一切代价阻止德国在摩洛哥获得一个海军基地，并且看起来对柏林于军队启程往菲斯时的反复警告几无所知。于外交大臣不在场时接待德国大使的阿瑟·尼克森阁下评论："你们在违反《阿尔赫西拉斯法案》。""它早就失效了"，这就是他马上收到的答复。

在给不列颠政府递送纪要时，梅特尼希伯爵还揣着一份解说备忘录。"尽管我们获知的欧洲人在菲斯之地位与法国人的地位不符，但我们没提出反对推进的意见。与此同时，逐渐形成一种态势导致《阿尔赫西拉斯法案》不能实现。比如，当建设接受国际管理之警力的有限合作被授权给法国和西班牙在开放港口进行后，类似的制度现在却滋长为在国内最重要的据点受法国军官的直接掌管。是否有可能回归1906年的现状看来似乎是成问题的。因此我们准备好寻求一些方式——假如必要就与法国联合——以达成对摩洛哥问题的明确谅解，这些方式将与其他签约国的利益相容。考虑到我们与法国之间的良好关系，直接谈判因不可克服的困难而极难进行。"

把菲斯远征看成完全合法的爱德华阁下认为，"黑豹"号的远航是对现状的无正当理由攻击。他于11月27日宣布："正式通信与一份解说同时给了我们，这份解说在我看来比关于派船的实际沟通更加重要。它清楚地表明，德国政府认为摩洛哥回归现状是有疑问的，如果即使并非不可能的，因此他们盘算的是在德国、法国和西班牙之间就摩洛哥做出明确了结。这份通信周六送到外交部。周一我请德国大使过来见我。我对他讲，我已见过首相，我们觉得派遣'黑豹'号去阿加迪尔一事所造成的情势如此重要，必须在内阁会议中讨论。次日，我请德国大使再次来见我，并说我必须告诉他，我们对于摩洛哥的态度不能是漠不关心的。我们必须虑及我们对法国的条约义务以及我们自己在摩洛哥的利益。我们的意见是，一种新局势因一艘德国船被派往阿加迪尔而产生。未来的发展对不列颠利益的影响，可能比不列颠利益迄今为止受到的影响更为直接，因此，我们不能认可任何没有我们就可能做出的新安排。我很清楚地告诉大使，这次沟通以及我使用的确切言辞就是国王陛下的政府进行内阁会议的用语。"

7月9日，基德兰-瓦希特与儒勒·康朋开始了要持续四个月的谈话。德国外交部长宣称他自己已准备好放弃对摩洛哥的领土要求，并要求在刚果的补偿。他补充说，不可能在没有邀请《阿尔赫西拉斯法案》所有签约国的情况下接纳第三方参与谈话。法国大使没有反对，但谈到法国必须通知她的朋友与盟友。基德兰进而提出，他想要恢复基辛根谈话。大使回称，阿加迪尔已经改变了局势。德国外交部长反驳说，阿加迪尔是必要之举。"铁路的急刹车让我开了眼。我们丢开过去吧。我准备放弃摩洛哥，但是，为了能被德国舆论接受，我们必须有赔偿，比如在刚果。"当这些谈话在柏林进展之时，不列颠政府在等待消息。爱德华阁下把他7月4日的通信视作获取信息的请求，但它并未裹在质问的形式中。德国首相12月5日宣称："关于阿加迪尔制造一个新局面的声言，对我们而言并非一个必须给答案的询问。"双方都该受责备——爱德华阁下没有明确要求解释，而德国政府没能主动提供令人安心的声明。由于缺乏直接沟通，疑心不可避免。瓜分摩洛哥萦绕在爱德华心中，而又有关于对刚果的难以容忍之要求的流言。

7月16日，基德兰建议法属刚果割让从桑加（Sangha）到海上的范围。康朋回说："那将使谈判破裂，我们不能放弃整个殖民地。"德国外交部长再答："我将给你们北喀麦隆和多哥兰。""但我们不能让自己的殖民地与海面断开。"基德兰又答："你们从西班牙、英国甚至意大利那里带回在摩洛哥的自由，并把我们排除在外。你们去菲斯之前应当与我们谈判。"这些对话让大使满腹焦虑，7月19日，他建议法国政府考虑可以采取什么措施，以及倘若谈判破裂会导致何种外交形势。爱德华·格雷阁下也在考虑危险的可能性。德瑟尔福7月20日向康朋报告："我已被不列颠大使询问，我们对于就谈判谈不拢一事开个大会有何意见，以及法国的计划是什么。"同一天，答复发往伦敦。"法国与德国关于法属赤道非洲的谈判可能持续一段时间。如果谈判失败，法国不反对英国召集1906年的签约国开会，而英国作为发起国应勾勒出计划。不过割让摩洛哥领土将与1904年和1909年的协定相悖。"同一天，德瑟尔福电告儒勒·康朋，割让直到桑加的领土是不可能的，但法国准备修正边界。这封电报与儒勒·康朋汇报一次热点会谈的电报交错了，基德兰在这场会谈中大肆抱怨法国新闻界的轻率，并责备德瑟尔福对舍恩说他不能把这些过分要求当真。外交部长还补充说："在这样一个重大事件中，我只能讲严肃的话。我们都必须遵守谨慎态度。如果谈话的结果是不可能，我们将恢复行动自由权并要求《阿尔赫西拉斯法案》的整体应用；如果必要，我们终究将去那里。"法国大使体面地作答："我懂你的威胁，以及你们想要成功的愿望，我们也一样想。"

7月21日，爱德华·格雷阁下请德国大使来见他："我说过，在缺乏来自德国政府的任何沟通之下，我希望你们能够认识到，一定不能把我们因缺乏来自德国政府的任何通信而保持的沉默，解释为意味着我们不对摩洛哥问题感兴趣，我们的兴趣在本月4日的声明中已经明示。我已经因前一天出现的消息，也就是德国政府提出要求的消息而焦急，这些要求的后果不是修改边界，而是割让法属刚果，而法国政府显然不可能割让它。我听说谈判仍在进展中，我也依旧希望它们可能带来令人满意的结果。但必须认识到，如果它们不成功，就会产生一个非常窘迫的局面。我指出过，德国人待在非开放港口阿加迪尔，根据本地流言，他们在上岸并与各部族谈判，因此，根据我们所知的全部，他们可能会获得那里的特许权，甚至可能让德国旗帜插在阿加迪尔这个最适合建立海军基地的海港。德国人在阿加迪尔待得越久，他们发展出一种令他们更难以撒手之事态的风险就越大，我们也就越有必要采取步骤保护不列颠的利益。在让我获得任何来自德国政府的通信方面，德国大使仍未就位。"

德国大使的电报汇报次日抵达柏林，于是一则安心消息立刻派发。如果唐宁街能等着这答复就好了，如果德国政府在这场谈话之前而非之后就解释自己的观点也好。在这场会谈之后几个小时，一则关于英国政策的公开声明给一个微妙局势添加了新的危险因素。劳埃德·乔治（Lloyd George）先生在曼逊宫宣称："我相信，不列颠应当突破万难维持她在世界上各大国之中的地位和声望，这本质上不仅对这个国家，也对这个世界有着更大的利益。如果保持和平只能通过放弃不列颠几个世纪以来凭她的英雄主义和成就所赢得的伟大地位与仁慈地位，只能允许不列颠在其利益攸关之处遭到欺骗，就好像她被各国内阁视若无物，如果这样一种形势逼到我们头上，那么我要着重强调，那种代价下的和平对于一个像我们这样的伟大国家而言是不可容忍的羞辱。"这则宣言的重要性又被一位声音刺耳的领袖在《泰晤士报》上加强。

演说的日期早就定好了，但这演说让他的不止一位同僚反感的原因不过是，这么重要的一步不应在没有向内阁上报的情况下就迈出。必须要为此决议承担主要责任的外交大臣，似乎还不知道他正被投向一堆高耸的爆炸物。这则声明恰恰也应考虑到德皇在丹吉尔是受拥护的，而且它在德国激起的爆炸强度不亚于丹吉尔宣言曾经在英国激起的。德国民众看到，法国和德国紧锣密鼓地讨论摩洛哥问题，且没有法国政治家提出警告，突然却有一则宣战般的意外宣言从北海那一边丢过来。这被认为是大不列颠急于阻挠德国的殖民野心及商业野心的有力证据，因为她鼓励法国的殖民及商业野心。泛日耳曼者们恼了，马克西米连·哈尔登以要求发布一份宣战书的尖利音调作为对这一无法忍受之侮辱的答复。

德国政府对爱德华阁下7月21日会谈时之询问的答复是在这位财政大臣的演说文本抵达柏林之前发出的，但命令立刻下达给沃尔夫－梅特尼希，让他在呈交答复时抱怨曼逊宫宣言。爱德华·格雷阁下提到："7月24日，财政大臣演说三天之后，德国大使来见我。他通知我，德国派一艘战舰去阿加迪尔的意图不变。不会有一个人在那里上岸。德国从未指望在摩洛哥沿海创建一个海军基地，也从未想过此事。我说我可能会在议会被问起阿加迪尔发生了什么，因此我想要知道我是否能说德国政府已通知我，不会有一个人上岸。大使请我在他有时间与德国政府沟通之前不要对此次交换意见发表公开声明。次日，即7月25日，他又来见我并告诉我说他前一天给我的信息是机密的，考虑到财政大臣的演说，德国政府不可能同意它被用到议会上。然后他给了我一份针对那次演说的语气极其生硬的通信。我觉得有必要立刻说明财政大臣的演说在我看来没有任何可被埋怨的理由，它在德国造成惊诧的事实本身就说明演说是有正当理由的，因为若没有某种认为我们可以被无视的倾向性，它就不可能造成惊诧。德国政府曾说过，在财政大臣的演说之后，就阿加迪尔发生了什么提供解说，会与他们的尊严不符。我对大使说，他们的通信口气使得我们就财政大臣的演说提供解说会有损我们的尊严。大使评论说，如果不列颠政府有意使政治局势复杂化并卷入其中，且引发一场猛烈爆炸，那么他们当然除了财政大臣的演说之外没有更好选择。"在这场暴风雨般的会谈之后，乌云迅速消散，7月26日，爱德华阁下被授权向下议院传达7月24日提到的安心消息。7月27日，德国大使进行一场非常具有安抚性的沟通，一两个小时之后，英国首相在议会表达了对法德谈判会成功的热切愿望。

曼逊宫演说在令德国舆论愤怒的同时，修改了德国的要求。基德兰的朋友雷文特洛写道："基德兰要求刚果从海岸直到桑加的区域，而且他告诉康朋，没有还价余地；拿走它或留下它！然后就是演说，接着他退缩了。"法国大使7月24日报告称"昨天的谈话同上一次的非常不同"，而且德国外交部长现在表现出有同意的愿望，"只要保留铁矿的自由出口，德国就会让你们创建这个一直是你们伟大目标的北非帝国"。他再度要求直到海岸的刚果，但许以多哥兰和北喀麦隆以及对摩洛哥的绝对放弃。法国大使再次答复，不可能出让法属刚果。更大的进步出现在7月25日，当天非洲专家丰德热（Fondère）告知法国总理，兰肯男爵邀请他拜访德国大使馆。总理回答："去，找出他想要什么。"次日，丰德热汇报，德国会满意于桑加和海岸之间的部分殖民地，愿意留下加蓬（Gabon）和中刚果的一小部分，并移交北喀麦隆和多哥兰大部。总理答复称，这要求依旧太高，但他通知了驻柏林大使，后者欢迎德国在软化的这一迹象。8月1日又迈出走向解决问题的深远一步，基德兰在觐见皇帝之后宣称，本质要求是一个进入刚果的入口，同时他不会抱怨摩洛哥的法国保护权。德瑟尔福接受了该原则，8月4日基德兰放弃对刚果海岸的要求。但尽管已经找到一条特定路径，双方仍远远不能达成共识，而且8月14日基德兰撤回给予多哥兰，因为德国舆论不会答应。危险还未过去，法国大使报告，有流言称德国当局正研究在阿加迪尔登陆部队。截至8月中，德国关于割让刚果领土的7份提议都被法国拒绝，而法国的6次出价也都被德国拒绝。8月18日，基德兰离开柏林去咨询皇帝，把法国大使丢在一种极度焦虑的状态中。他在8月20日报告："舆论沸腾。如果谈判失败，德国将可能拒绝开协商会并占领海面。国内局势影响国外。选举逼近，各党派都在爱国主义上做文章。我希望我们的忧虑是无水之源，但如果看不到冲突的可能性就未免轻率了。"

当卡约仍在度假时，听说基德兰对某些大使说"法国的态度使得战争几乎势在必行，局势无法一直像这个样子"。关于德国特工们在阿加迪尔和摩加多岛腹地告诉当地酋长们说德国很快要控制该地区的流言传到他耳中，德国则不断出现小册子，其中《德国的西摩洛哥》（West Marokko Deutsch）几天之内就卖出80 000册，力主除了摩洛哥，任何补偿都不可接受。他相信德国仍垂涎部分的摩洛哥，而他准备为阻止它而斗争。8月17日休假返回后，他从他经验不足的外交部长手中接过了舵盘，召唤在柏林和伦敦的康朋兄弟以及在罗马的巴吕雷，用他们的忠告来帮助内阁。

8月30日，儒勒·康朋带着两套指示返回柏林，一套关于摩洛哥，另一套关于刚果。在刚果的让步只有当法国明确获得对摩洛哥的保护权之时才加以讨论。当基德兰与儒勒·康朋之间的对话于9月4日重启时，德国外交部长大体上接受摩洛哥提议，但要求比法国所提供的更大些的补偿。9月8日，基德兰提出一个关于摩洛哥的对抗计划，它的拟定者辩护说它的设计意图仅仅是阻止德国产业被驱逐，但法国大使视之为德国在经济保证的外衣之下保留其在摩洛哥之地位的尝试，并加以拒绝。谈判进入关键阶段，这已见分晓，而一场财政恐慌随之到来。德国的股市下跌，各银行撤资，银行家们宣称德国没有做好打仗的财政准备。明智的头脑是反对冲突的，皇帝与首相都自始至终反对打仗。与德国政府关系密切的谢曼写道："获取摩洛哥的任何部分只有通过与英国和法国打仗才可能。代价会超出可能的收获，而且肯定会有道义审判。"基德兰在这次德国经济的弱点泄露之后，表现得更加配合了。摩洛哥协定于10月11日签署，其附函于10月14日签署。

次日恢复刚果讨论，且基德兰评论："如果你们希望它们成功，你们必须给我们通往刚果的通道。"德国舆论的神经过敏状态使困难增加。法国大使汇报："一场反对交换条件的运动正在国会成员中闹得欢腾，他们希望重启摩洛哥问题。德国舆论看来日益后悔这份协定并回归到瓜分思想上。感觉上摩洛哥对法国的价值大过赤道区的任何部分，因此不会为一次决裂感到抱恨。如果发生决裂，我不会吃惊。尽管我不担心立刻发生冲突，但在阿加迪尔登陆并非不可能。"10月27日，基德兰突然提出法国对刚果的优先认购权，使这个棘手问题接近于被解决。"如果这件事提出来了，法国必须与德国协商，德国的利益一定不能被无视。"他的语气暗示着决裂，但法国大使在报告中附言"我们绝不屈服"。这消息被立刻转发伦敦与彼得堡，请求他们发表意见。俄国不希望被拖入一场为了摩洛哥而打的仗，便建议："在这个传统上的地区发生任何主权变化都必须由《柏林法案》所有签约国讨论。"[1]大不列颠赞同这个规则，法国与德国也接受了。11月3日签署《刚果条约》，11月4日联署条约。四个月令人筋疲力尽的辩论——其间基德兰和康朋会谈超过一百次——结束了。

这个安置令法国总理和法国大使都感到满意。卡约宣称，法国获得她在摩洛哥政治、行政和司法领域一切所要求的东西，在经济领域，她只让与了对关税平等的维持，尽管这次是无限期的。儒勒·康朋也确信，这颗摩洛哥珠宝值得出高价。除非法国准备好付这个价钱，否则摩洛哥就会国际化并永远不再属于她。克列孟梭和皮雄批评这是对他们所拟定的1909年协定的背离，阿诺托抱怨出让100 000平方英里打断了法属刚果的脊梁。不过，这次安置是法国的一场胜利，她完成了对其非洲帝国的打造。1912年3月，随着《菲斯协定》的签署，苏丹接受了法国保护权。而当菲斯发生一场对法国军官和文官的大屠杀，又废黜了穆赖·哈菲德而代之以他的兄弟穆赖·玉素弗（Mulai Yusuf）后，这个国家在利奥泰将军严格而又老练的治理下安顿了下来。[2]

在德国，对这些条约的接纳方式远不只是敌视，殖民部长林德奎斯特（Lindequist）辞职以示抗议。然而谢曼正确地把它们描述为不经战争的最大

---

[1] 萨佐诺夫（Sazonoff）与伊兹沃利斯基不同，在危机发生的这些月里不热心。
[2] 德国特工继续制造麻烦。利奥泰于1913年7月28日抱怨："敌视依旧是德国之摩洛哥政策的原则。"

成果，首相则以他惯常的温和态度讨论了这场安置。他对法国大使评论道："冲突的尘埃既已落定，我们双方都应看到所达成之效果的重要性，欧洲将由此找到和平。局势已然廓清。摩洛哥无疑注定要日渐进入你们的势力范围，但我们分得清政治影响（正如我们在1909年所承认的）和直接当权。也许以前在巴黎他们混淆了这些事情并因此产生摩擦，不过现在摩擦要消失了。你们是摩洛哥的主人。"当儒勒·康朋抱怨派遣"黑豹"号一事时，首相请他记得他的严肃警告。"如果你们能去菲斯，我们就能去阿加迪尔。"如释重负感最强烈的莫过于伦敦。阿斯奎斯先生说："告诉卡约先生，他自柏林返回时带来了和平与荣耀，一如比肯斯菲尔德爵士。"

官方对条约的辩护，对于缓和德国民众的苦涩感收效甚微。首相痛心疾首地埋怨说，他们生活在一种他们似乎从未体验过的盛怒气氛中。当他宣布"黑豹"号不是派去获取领土的，南部摩洛哥不是德国想要的财产时，到处是讥讽和嘲笑。但如果说针对政府挥舞一下宝剑而又还剑入鞘之举是轻蔑，那么针对大不列颠则是怒火冲天。保守党领袖兼"普鲁士无冕之王"黑德布兰德（Heydebrand）宣称："我们现在知道了，当我们希望扩张时，当我们希望在阳光下取得一席之地时，放话要求全世界的统治权的那个是谁了。就像夜晚的火焰般醒目。我们不应通过退让，而应用德国人的剑来保持和平。"[1] 他对首相的攻击得到王储不加掩饰地欢迎，王储尽管同一天也于他父亲在场时听了首相的演讲，却继续扮演他给自己选的霍茨波（Hotspur）[2]戏份。《新自由报》（正确或不正确报道的）对费尔法克斯·卡特赖特（Fairfax Cartwright）的访谈，以及海军上校法贝尔（Faber）暗示英国舰队已经临界公开表示敌意的演说，刺激了反英情绪。

11月27日，爱德华·格雷阁下评论了危机并回应了他的英国与德国批评者。条约已经签下，但海上依旧艰难。"怀疑和闲言碎语已经堆积如山，令人精神亢奋并让他们的脾气败坏到远甚从前的地步。有些人通过暗示我们离

---

[1] 试比较巴瑟曼的愤怒演说，见 Bassermann, *Reden*, I。
[2] 莎士比亚《亨利四世》中的叛军首领诺森伯兰公爵亨利·珀西（Henry Percy）的诨名。——译注

战争有多近而取乐。看起来就像世界正耽溺放纵于一阵子的政治酗酒。"德国外交部长现在宣布，从无一点获取摩洛哥任何部分的意图。德国首相于12月5日在国会作答："如果说在我7月4日的通信之后，我们绝对相信该意图，那么本应避免大量的误解才是。"他将追溯爱德华阁下的好榜样并避免反唇相讥，但假如对德国的宣言有更大的信心，且如果英国财政大臣没有介入，本可以防止产生紧张关系。一切麻烦的根源都是1904年法国和英国在没有考虑德国利益的情况下处置了摩洛哥。"由此，我们产生了去阿尔赫西拉斯，然后又去阿加迪尔的必要性——去捍卫我们的经济利益，并向世界展示我们不允许自己被挤到一旁的坚定决心。"这种必要性现在完结了。"英国大臣们已经全体一致地表达了想与我们有更好的关系，我也完全将自己系于这一想望。但是，只有当英国政府准备好在她的政策中正面地表达她需要此种关系，该想望才能实现。"

在阿加迪尔危机产生反响的同时，意大利攫取了的黎波里，她早就对非洲海岸投下贪婪的目光。[1] 蒂托尼在1905年宣称："所有利益相关国都承认我们在的黎波里的优先权。最近我常被问及，意大利在准备占领它吗？我果断地回答，没。不到情势使之绝对必要时，意大利不会占领它。我们绝不允许地中海的力量均势被扰乱到不利于我们。当我们还与土耳其有诚挚关系时，不会考虑它，而且这么做将鼓励那些希望加速土耳其崩溃的人。奥斯曼帝国的完整性是我们对外政策的基石之一。但如果说我们不希望眼下占领的黎波里，那么不意味着我们在那里将全无行动。我们为了未来而拥有的权利必须给予我们经济领域的优先权。"[2] 蒂托尼演说的真挚情怀没持续多久。1908年初，意大利与土耳其苏丹就获取土地及土耳其当局对意大利领事的不友好而争吵，并在一场海军示威之后获得满意结果。1909年10月，她在拉冈尼基（Racconigi）通过在海峡问题上附和俄国观点，获得俄国对最终吞并的首

---

[1] 见 Barclay, *The Turco-Italian War*; Giolitti, *Memoirs*。意大利处于战争前夜的气氛反映在意大利民族主义领袖科拉蒂尼的作品中，见 Corradini, *L'Ora di Tripoli*。

[2] Tittoni, *Italian Foreign Policy*, "Speeches", pp. 19-27.

肯。1910年2月，法国对边境的侵蚀引起意大利议会的注意，仿佛该地早就是意大利的。罗马银行在的黎波里开了家分行以协助意大利企业，贴补汽轮造访港口，还给新成立的学校提供津贴。基础已经打好，意大利只在等待出击的时刻。

1911年6月，圣朱利亚诺（San Giuliano）通知埃伦塔尔，他可能必须吞并的黎波里。而当雅高宣告"黑豹"号的航程时，圣朱利亚诺告诉这位副部长，"的黎波里的时间已近"。8月26日，这位意大利外交部长在彼得堡宣告了他的政府意图"结束持续的不愉快，并迫使土耳其尊重意大利的利益"。他补充说，其他国家知道这计划，也没异议。但意大利驻维也纳大使仅于9月26日告知埃伦塔尔说他的政府将立刻行动。[1] 9月26日意大利发布一道最后通牒，9月29日就宣布开战。她的国民受到苛待以及反对她的贸易的怨言成为借口。谢曼9月27日写道："这是无正当理由的征服战，也是对欧洲和平的一次危害。东方问题将全线重启。对土耳其的伤害就是对我们利益的伤害。德国不期望此事，也不能赞同。它让我们想起布尔战争。两者都打着历史必然性的旗号，但两者都是暴力行为。"战争爆发之际，雅高被赋权提出一个解决方案，给予意大利在的黎波里有如大不列颠占埃及那样的地位。但尽管圣朱利亚诺属意该方案，乔里蒂却拒绝了。英国舆论对此也同样敌视，但没从大臣们那里听到一句抗议或指责，而他们曾对于吞并波斯尼亚这桩严重程度大为逊色的罪过厉声谴责。

的黎波里战争对欧洲局势的影响不直接，但绝非不显著。在协约国的至少可称消极善意之下所采取意大利没有顾虑其盟友的利益就采取的行动，标志着她从一个阵营走向另一个阵营之旅的一个深入阶段。如果说她在阿尔赫西拉斯的独立态度和对波斯尼亚危机爆发怒火是风暴的信号，那么对的黎波里的进攻就是她的独立宣言。德皇对于自己赢取穆斯林世界的计划被扰乱感到恼怒。贝特曼－豪尔维格写道："意大利没被约束要获得我们赞同，她也

1　Molden, *Graf Aehrenthal: Sechs Jahre äussere Politik Oesterreich-Ungarns*.

没来征求我们赞同,但当她想要进攻土耳其的欧洲部分时,巴尔干的现状成为一个关键问题。我们曾一再被迫斡旋,以防止我们盟友们的歧见演变成危险。"头脑发热的康拉德渴望打仗,但被垂死的埃伦塔尔压制。奥地利对意大利进攻土耳其欧洲部分之举的否决,在意大利被视为是要延长战争,但因为在开往突尼斯的法国船只上搜查走私品而引起的与法国的尖锐摩擦,对冲了对奥地利的敌意。贝特曼-豪尔维格写道:"意大利现在意识到三国同盟的价值了。当基德兰1912年访问罗马时,他受到国王和大臣们的热情欢迎。在德皇与意大利国王3月间的一场会面中,维克托·伊曼纽尔没有隐藏他对法国的深刻恨意,而当圣朱利亚诺11月来柏林时,同盟的续订就被安排了。新一轮花季看来就在眼前,但三国同盟旧时的力量一去不返,因为意大利已承担了太多对法国、英国与俄国的义务。"尽管1913年签订了一份关于地中海的海军协定,的黎波里战争的结局却是,土耳其开始拥有意大利所丢失的德国与奥地利的信任。[1]

现在,拉冈尼基计划的一个议题开展了,萨佐诺夫认为其他人也该有自己的机会,尤其因为关闭海峡损害了俄国贸易。他因此在君士坦丁堡开了张空头支票,并进而刺探法国与大不列颠。班肯道夫10月23日报告:"我告诉爱德华阁下说,俄国觉得到了与土耳其建立更密切关系的时候,俄国大使已正式递交一个方案,借此俄国将施加影响让巴尔干诸国与土耳其保持友好关系,甚至可能担保资金,作为回报,苏丹要向俄国战舰开放海峡。俄国希望法国与英国会在君士坦丁堡帮忙。爱德华阁下回答说,他支持1908年备忘录,因此他会审查一下这规则,而吉拉德·劳瑟(Gerad Lowther)会被指示与察耶科夫(Tcharykoff)保持联系并支持他。"察耶科夫明白告诉英国大使及法国大使,他与维茨埃(Vizier)的谈话是私人性质的,而且俄国政

---

[1] 关于奥地利对意大利的不信任,见Chlumecky, *Oesterreich-Ungarn und Italien*, 1907及其 *Die Agonie des Dreibundes*(1906—1915年间撰写诸文章的重印)。关于俄意关系,见Siebert, *Diplomatische Aktenstücke zur Geschichte der Ententepolitik*, chs. 11–12。

府在最终正式谈判上保持自由行动。[1]

土耳其没有屈服的意思。当12月4日一份俄国照会公然为她的战舰要求自由通道时，高门答称，在没有《柏林条约》其他签约国同意的情况下不能做出这么重大的改变，而《热尼公报》(*Jeni Gazette*)正式宣告，没有任何土耳其人会因为奥斯曼帝国可能降到一艘俄国船的水平的想法而有片刻感到愉快。大不列颠和法兰西在答复土耳其的问询时称，如果她允许开放海峡，她们会同意，如果她拒绝，她们不会参与对她的施压。另一方面，德意志与奥地利拒绝对此同意，并鼓励土耳其坚守立场。土耳其内阁因此给俄国派发一份强硬答复。"政府不能给俄国舰队授予和平时或战时通过海峡的独享通道，并宣布海峡上的所有权利唯一性地属于奥斯曼人民及其君主。"同一天，《时报》发表一篇对萨佐诺夫的访谈。他宣称，对土耳其的初步交涉并非官方的，而是俄国大使的"学术性"谈话，大使这么做时并未接获特别指示。尽管察耶科夫立刻被召回了，但暗示俄国并未被严词拒绝的这一努力骗不了任何人，而且该事件使土耳其进一步与协约三国疏离。

---

[1] Siebert, *Diplomatische Aktenstücke zur Geschichte der Ententepolitik*, ch. 18. 布加勒斯特的比利时公使报告了关于统治克里特的土耳其当局将被巩固下来而条约将被废除的流言。见 Schwertfeger, *Zur Europäischen Politik*, IV, pp. 41–42, 54–55；*Un Livre Noir*, pp. 143–179。

第十五章　巴尔干战争

第一节

大不列颠铠甲锃亮地站在法国一边的公开景象，助长了莱茵河两岸的沙文主义者。蒂尔皮茨写道："我秋季到柏林并向首相陈述，我们遭受了一次外交压制，并且必须通过一项《增补海军法案》来拼命工作。首相否认有压制，并担心一项法案会导致与英国的战争。我的计划没有瞄准舰队的实际扩充，而是瞄准增进我们的备战能力。海军军备的一个弱点在于征兵的秋季变动，这导致我们的短期服役暂时性削弱了舰队的战备状态。我们计划让一支预备分遣舰队纳入服役，这样未来我们就有三支分遣舰队而非两支。这项改革只需要增加三艘大船。没人相信英国会因为增加三艘船就被煽动得去打仗，除非她早就决心战斗，不过梅特尼希伯爵不预期有危险。11月14日，皇帝指示首相把《增补法案》算到1912年的预算中。"

当蒂尔皮茨在为舰队的扩充而奋斗时，更明智的头脑决心做一次新的尝试来消除已威胁到世界和平的张力。摩洛哥问题的解决带来与德国一定程度的关系缓和，英俄在波斯的合作此时进展得不像往常那么顺利。爱德华·格雷阁下同情波斯民族主义者们改革本国政府并挫败波斯沙在其被废除之前和之后的那些诡计的努力，而且他由衷愿意避免介入那个国家的内部事务，就如他1907年所许诺的那样。[1]另一方面，俄国对于宪政运动没有信念，也不渴望它成功，而且尽管英国外交大臣偶尔在俄国蒸汽压路机上拉拉闸，他却从不敢过分抗议。他对他的自由党批评者们解释说，如果波斯问题被错误处置，波斯问题可能消失，但更大的问题将会产生。彼得堡完全理解这局面，也熟稔地利用它。1910年10月8日，萨佐诺夫在一封给俄国驻德黑兰公使的披露信中写道："追逐欧洲的重大目标的英国人必要时将会牺牲在亚洲的部分利益以维持与我们的协定。我们自然可以把这些条件变成我们的益处，比如在我们的波斯政策上。"于是，当1911年波斯政府获得一位美国专家舒斯特先生（Mr. Shuster）重组国家财政的服务，且他着手任命不列颠臣民在俄国势力范围内帮助他时，爱德华阁下加入了迫使他辞职的行动。而俄国在胜利之后进而对德黑兰提出让爱德华阁下一度不能同意的要求。当班肯道夫12月2日访问英国外交部时，他发现外交大臣心情很沉重。后者争辩说，如果在波斯的合作停止，就意味着协约的终止，而他将辞职，因为他想不出一定要给出的新的政策轮廓。俄国大使报告称，他从未见过外交大臣如此烦恼；康朋也肯定了该结论。前者还补充说："为维持协约，我们必须向他保证我们将遵守协定，否则他肯定就将辞职。"难题被克服了，但意见的分歧留下一道疤。

沃尔夫-梅特尼希对班肯道夫评论道："公众舆论又开始转到我们这边。"[2]班肯道夫同意。伦敦与柏林之间进行一次直接观点交换看来是可望之事，爱德华·格雷阁下又提议来一次先期访问。在以厄内斯特·卡塞尔阁下与巴林为媒介开展了初步讨论之后，同意应当派遣霍尔丹爵士进行一项私人使命。2月4日，德国政府宣告，如果德国从不列颠政策的友好方向中收获令人满意的保证，那么《增补法案》会修订。2月8日，霍尔丹爵士抵达柏林。

这位特使谈道："我的第一场会见是与帝国首相，而且这场非常不正式

---

1 关于波斯的蓝皮书数量众多。试比较Browne, *The Persian Revolution*；Shuster, *The Strangling of Persia*；Fraser, *Turkey and Persia in Revolt*；Sykes, *History of Persia*, II (1921)；Siebert, *Diplomatische Aktenstücke zur Geschichte der Ententepolitik*, chs. 4–5。

2 Siebert, *Diplomatische Aktenstücke zur Geschichte der Ententepolitik*, p. 253.

的谈话是完满且令人舒适的。[1] 我说，德国在积累辉煌军备方面的扩充性举动当然在德国人民无拘无束的权利范围之内。但这政策有一个不可避免的后果，就是让其他国家出于对自身安全的关心而团结起来。我坦白告诉他，我们已做好海军与陆军的准备，但只是防御所需的程度，而且将视德国的常规事务而确定。我进而评论说，面对任何国家的侵略我们都面不改色；我还告诉他，我们没有秘密军事条约，这似乎让他释怀。我又补充说，但如果法国被进攻并且有占领她领土的企图，德国一定别想指望我们的中立。次日，我被传参加王宫午宴，事后同皇帝及蒂尔皮茨司令在皇帝的阁内进行了一次长时间会谈。他交给我一份关于提议中的新《舰队法》（Fleet Law）之草案的机密副本，还暗示说他不反对我私下里将此文件传给我的同僚们。当时我小心克制着看都不看它，因为从它的复杂性和体量来看，我认为它需要仔细研究。所以我只是把它装进口袋，并且重申我对首相讲过的话。然后我们讨论了德国海军部关于这个新计划的提议。蒂尔皮茨司令努力让之通过。我坚持说，如果要追求更好的关系，做出基本的修正是至关重要的。口气是友好的，但我感觉到我面临着这次任务最关键的部分。舰队司令想要就我们自己的船只建造达成一些谅解。他认为双重标准对德国是个艰难的标准，而且确实，德国不可能对它做出任何许可。我这时产生的念头是，我们就从来不该同意它，我们应避免试图在任何我们可能要达成的总体协议中界定一个标准比例，而且其实应该在里面一个字都不提船只建造，但皇帝应当通告德国公众，关于总体问题的协议——如果我们已经签订过一份的话——已彻底修改了他关于起初构想之新《舰队法》的愿望，而且该法案应当延缓，且未来的船只建造应至少在一个较长的时期里展开。皇帝觉得这样的协议一定会造成巨大分歧，而且他通知我，他的首相将向我提出一个规则。

"在我与首相的最后会谈中，他建议我们可以赞同如下规则：

"1. 缔约国彼此互相保证她们对和平与友谊的渴望。

---

[1] Haldane, *Before the War.* 试比较 Bethmann-Hollweg, *Reflections on the World War*, I, ch. 3; William II, *Memoirs*, ch. 5; Tirpitz, *Memoirs*, I。

"2. 她们都不能建立或加入任何直接针对对方的结盟。她们明确宣称她们不受制于此类结盟。

"3. 如果缔约方之一陷入一场与另外一国或多国的战争,那么缔约的另一方至少要对卷入的这个国家遵行善意中立,并尽其所能让冲突局部化。

"4. 由前一条款引出的中立职责只要不能与缔约方早已订立的现存协议相调和,就不适用。倘若订立的新协议使得缔约方之一在超出前面提出的限制条件之外便不可能对另一方遵守中立,则订立的新协议被排除在服从条款2所包含之条件以外。

"我一方面急着赞成首相,另一方面不能给出任何我们可能接受他所出示的这份草案的前景。例如,条款3若被接受,我们将会发现,假如德国进攻法国并瞄准了夺取诸如敦刻尔克(Dunkirk)、加来(Calais)和布伦(Boulogne)这些港口时,我们被杜绝去帮助法国。还可能产生的困难是,牵制我们要解除我们对比利时、葡萄牙和日本的既有条约义务。最有希望的出路是对草案做根本性修订,把它的条件限制在,双方都许诺不对对方进行任何无正当理由的进攻,或不加入任何已有的或计划中的以侵略对方为目标的联盟,或不成为指向此种结果的、单独订立或与任何其他国家联合订立的任何计划或海军联盟、陆军联盟的一方。于是他与我坐下来重新起草他所准备好的草案,但未获他关于那已足够的肯定答复。我们也就巴格达铁路和与波斯湾关联的土耳其的其他事务进行了令人满意的谈话,我们还讨论了在非洲重新安排两国特定利益的可能性。我不抱怀疑地认为,他是诚心渴望他在这些场合对我所说之事,而且他意欲改进与我们的关系并保持和平。所以我觉得是皇帝的问题,但他被他的海军和陆军顾问们拖拉着,也被德国势力强大的——如果说当时还弱小的——沙文主义派拖拉着。不过那时仍有爆发的可能性,而且当我返回伦敦时,尽管我满怀希望两国的关系会走向改善,并且也这样告诉我的同僚们,但我也报告说,有三桩令我不能感到轻松的事。其一是我强烈感到新的《舰队法》会被坚持。其二是蒂尔皮茨取代贝特曼-豪尔维格担任首相的可能性。其三是让德国政策的最高方向保持连续性的需要。"德皇对这次访问同样感到愉快。他于2月9日写信给巴林称："他很好，也很讲理。我为了配合他已经走得很远，但总有个限度。我已尽我所能。"[1] 首相充满希望，而蒂尔皮茨感到沮丧，这是个好征兆。

爱德华·格雷阁下在霍尔丹爵士返回之后，在与德国大使的首场谈话中便宣称自己对这位同僚关于同德国首相之谈话的报告"难以忘怀"，并表达了负责让这项工作就这样开展的最强大决心。他希望能逐渐驱散战争的阴云。所有事都取决于对这份德国建议的详细审核。然而和解之路上困难环伺，因为当《增补法案》（Novelle）被研究时，就发现它涉及舰队规模及打击力的令人震慑的扩充。德国首相3月2日致信巴林称："我听说是《增补法案》导致了停顿。不会接受一项政治协议，是因为害怕影响公众舆论。但是谅解的思想仍被全面接受，哪怕它要用六个月或一年才能达成；而且英国认为即使没有协议，信任也在。尽管有舰队，成功仍是可能的。"而德国对于感觉上全都由英国随性决定的政治提案也同样失望。首相抱怨道："格雷只许以我们在无正当理由之袭击中的中立，却拒绝我们的附加条件'如果战争被强加到德国头上'。限制如此严格的中立规则，怎么就伤害了英国的朋友们的感情呢？只要向她们出示，她们不能指望她在一项反德政策中提供帮助就行了。从1909年起格雷就在每个场合告诉我，他对于双边联盟的基本义务，然而作为对他的中立规则的回应，我不能放弃这个《增补法案》。英国的和解努力是真诚的，但可能我们错误地低估了她同法国与俄国的亲密度。"[2] 失望的首相提交了辞呈，皇帝拒绝接受辞呈，纵然他确信霍尔丹使命仅仅是个政治策略。

试图限制海军竞赛而失败的当口，不列颠政府进而考虑自己对《增补法案》的应对。5月，英国首相与丘吉尔在马耳他（Malta）会见现在是埃及统治者的基奇纳爵士，以讨论地中海难题，[3] 而内阁的决议由第一海军大臣于7月

---

1 Huldermann, *Albert Ballin*, ch. 7, 试比较 Siebert, *Diplomatische Aktenstücke zur Geschichte der Ententepolitik*, ch. 20。

2 Bethmann-Hollweg, *Reflections on the World War*, I, pp. 54-55, 试比较他的 *Kriegsreden*, pp. 46-50。

3 见 Arthur, *Life of Kitchener*, II, pp. 336-337。

22日在下议院引入一项补充预算时宣布。他声称《增补法案》的主要特征在于，扩充一贯可获得之所有级别的打击力。整个德国海军的五分之四都将处于完全永久性服役中——这样一个比例在别处闻所未闻。人员将增长15 000人，于是到1920年全员为100 000人。两艘战舰和两艘小型巡洋舰被加入计划。当1920年计划完成时将有41艘战舰，20艘巡洋战舰，40艘小型巡洋舰。为了应对新形势，战舰进一步集中力量于本土水域是必要之举。

此形势被柏林和伦敦的比利时公使在急件中加以客观描述。[1] 驻柏林公使7月25日写道："几周之前，就在马沙尔抵达的时候，人们可能希望有改进。德国新闻界对霍尔丹在伦敦德国协会的演说感到满意，他在演说中称德皇是个伟大的人。现在，丘吉尔的演说改变了形势。德国人不会坦率承认他们海军力量的持续增扩首先是因为英国的防御措施。如果法国有着令其感到不安的、可能威胁了且依旧威胁着和平的摩洛哥野心，那么德国因着同英国在海上竞争，同样在努力引发一场无法避免的冲突。那就是对丘吉尔演说的解释，而这恰就是在柏林不会被承认的东西。"比利时驻伦敦公使8月3日写道："自由党执政是德国的幸运。如果保守党回归，他们才不会同意60%的领先状态。对英国来说，这是一个任何党派都不会对之屈服的重大问题，因为丧失海军霸权之日就是不列颠的力量与声望终结之时。那是英国政策的支点，而柏林似乎不理解这一点。"

基于以下事实，集中我们的海军力量是可行的：法国必须要面对处理奥地利与意大利联合舰队的前景，并因此渴望将她的全部战斗舰队集中在地中海。[2] 这导致大西洋海岸和英吉利海峡沿岸暴露在被攻击状态；但预期不列颠舰队会填补这一空白。与此相应，9月宣告基地设在布雷斯特（Brest）的法国第三战斗分遣舰队加入地中海的第一和第二分遣舰队，且1913年春季，整个大西洋的防御性小舰队被遣散，对港口的防御移交给陆军。只在北方基地保留了六艘旧的装甲巡洋舰以及将在海峡防御战中协作的防御性小舰队。这

1　Schwertfeger, *Zur Europäischen Politik*, IV, pp. 72–74.

2　见 J. Corbett, *Naval Operation*, I, pp. 7–9。

些重大变化看来使得更切近的政治谅解成为必要,于是10月22日,在庞加莱的提议下,协约的性质通过爱德华·格雷阁下与法国大使间的书信交换而得以界定。[1]"近些年里,法国与英国的陆海军专家们一再共同磋商。总是能够理解,此类磋商并不限制任何一方政府在未来任何时间决定是否出动武力帮助对方的自由权。我们都同意,专家间的磋商不被视为,也不应被视为是一项一方政府要在一次尚未发生并可能永不发生之紧急事故中采取行动的约定。例如,法国舰队与英国舰队在当前时刻,各自的处置并不基于战时合作的约定。然而,你已指出,如果一方政府有重大理由预期会遭受第三国的无正当理由袭击,那么有必要知晓在那种事件中是否能指望另一方的武装协助。我同意,如果一方政府有重大理由预期会遭受第三国的无正当理由袭击,或出现某种威胁到普遍和平的事,应立即与另一方讨论,是否双方政府应共同行动以阻止侵略及维系和平;以及,如果要这么做,他们准备共同采取什么措施。"理论上,格雷-康朋的通信给大不列颠留下自由处置权,而且她的自由不时被首相和外交大臣持续庄严重申;但自1911年以来,大多数法国人认为,如果法国遭遇德国袭击,大不列颠因以荣誉起誓而会来帮忙。法国与俄国结盟这一事实使得问题更加复杂。我们与这个伟大斯拉夫国家的关系不被视为有必要用一份纸本规则来具体表达,然而俄国的行动可能非常密切地关涉到大不列颠的福祉,因为对俄国的袭击将包括对法国的袭击。我们就这样有条件地卷入一个我们对其政策无法控制的遥远国家的争吵和野心中。

随着一场欧洲战争显得越来越可能,比利时与斯凯尔特(Scheldt)可能被迫要扮演的戏份,变成对她的邻居们而言日渐利益相关的对象。刚迎来1911年的几天,《泰晤士报》发表一系列文章谈论在法拉盛(Flushing)[2]设防的计划,文章称察知德国有利用荷兰来反对大不列颠和法兰西的图谋。法国政府也同样确信这计划是由德国赞助的。尽管荷兰在斯凯尔特河口设防的权利是没有异议的,但荷兰政府屈从于压力。因此,由于抗议和忧虑,海岸防御计划先是延迟,后又被削弱到无足轻重。1912年4月,英国海军参赞布里

---

1 Poincaré, *Les Origines de la Guerre*, pp. 79–81.
2 尼德兰维辛根的英文名字。——译注

吉斯上校（Colonel Bridges）在与比利时总参谋长荣布鲁特将军（General Jungbluth）的谈话中，继续了1906年关于军事合作之技术事项的讨论。但在收到将军的报告之后，比利时政府没有进一步深入对话。任何协定都没有缔结，甚至没有讨论。事实上，当荣布鲁特将军受邀参加1912年的不列颠军事演习时，为了不留下关于一个协约之流言的口实，邀请被婉拒。但尽管没有采取共同行动，两国都着手为预期中的风暴做准备。比利时于1913年引入义务兵役制，并且在英国国防部的指导下展开对比利时公路和铁路的仔细监察。因为西方的军事专家们普遍相信，在下一场战争中，德国将穿过比利时强行开路。

第二节

　　1912年伴随着东方地平线上的浓重阴云而开场。埃伦塔尔这个欧洲政治麻烦角色的去世被人们普遍叹息，因为他反对好战的康拉德·冯·赫岑道夫而支持和平目标，而他的继任者贝尔奇托尔德伯爵头脑顽固，又能力不足。来自奥地利及巴尔干诸国首都的警示报告传到伦敦与巴黎。4月25日，弗兰茨·约瑟夫对法国大使谈及，在过去八个月里，和平变得更加不牢靠。他对局势的解读是正确的，因为一个巴尔干联盟在不为世界所知的情况下正在形成，其明确目标是袭击和瓜分土耳其。[1]

---

[1] 见奥地利红皮书 *Diplomatische Aktenstücke betreffend die Ereignisse am Balkan, 1912-13*；法国白皮书 *Les Affaires Balkaniques*, 3 vols.；Conrad, *Aus meiner Dienstzeit*, II；Siebert, *Diplomatische Aktenstücke zur Geschichte der Ententepolitik*, chs. 13-15；*Un Livre Noir*, I；Seton-Watson, *The Rise of Nationality in the Balkans*；G. Young, *Nationalism and War in the Near East*；Crawford Price, *The Balkan Cockpit*；卡内基委员会（Carnegie Commission），关于巴尔干战争起因与进展的报告；Gueshoff, *The Balkan League*（关于保加利亚一线）；Balkanicus (Stojan Protich), *The Aspirations of Bulgaria*（关于塞尔维亚一线）；Poincaré, *Les Origines de la Guerre*；Bethmann-Hollweg, *Reflections on the World War*, I, ch. 4；Gauvain, *L'Europe au Jour le Jour*, IV-V；Hanotaux, *La Guerre des Balkans et l'Europe*；Nekludoff, *Diplomatic Reminiscences*；Dumaine, *La dernière Ambassade de France en Autriche*；Hoyos, *Der Deutsch-Englische Gegensaiz und sein Einfluss auf die Balkan-Politik Oesterreich-Ungarns*。

501　　在波斯尼亚危机之后,对奥地利本身及奥地利对其南斯拉夫子民之待遇满怀狂怒的塞尔维亚,曾徒劳无益地寻求保加利亚的友谊。然而不过两年之后,诡诈的斐迪南让自己相信,没有塞尔维亚的帮助他就无法实现野心。亲俄的保加利亚首相古埃绍夫(Gueshoff)披露说自己是巴尔干联盟的始作俑者,此联盟首先瞄准反对土耳其,其次瞄准反对奥地利。他宣称,自己与土耳其保持良好关系的意愿已被青年土耳其党在马其顿的赶尽杀绝政策粉碎,因此他被迫寻求与塞尔维亚的合作。在获得国王的同意之后,他于1911年10月访问了贝尔格莱德,在那里受到热情欢迎。经过数月艰苦谈判——很有影响的俄国驻贝尔格莱德公使哈特维奇(Hartwig)在其中发挥积极作用,而俄国驻索非亚公使奈克鲁道夫(Nekludoff)发挥了一点作用——1912年签署了一纸条约,保证两国的独立性与完整性,并许诺当一个大国试图吞并或占领任何土耳其统治下之巴尔干领土时要彼此支持。与防御协定相伴随的是一项受制于俄国之同意的基于共同行动的秘密吞并安排——在奥斯曼帝国发生骚乱或受到战争威胁时针对土耳其进行瓜分。所获领土的分配是明确的,中央马其顿的一块争议地带的命运要留待沙皇裁决,他要决断所有由此联盟中产生的争执。一个月后签署一份军事协定,决定在遭受土耳其、罗马尼亚

502和奥地利袭击或进攻土耳其之时要彼此帮助。该《条约》的一份副本被保加利亚议长达内夫(Daneff)送给在里瓦几亚的沙皇和在彼得堡的萨佐诺夫,达内夫暗示,保加利亚只差等着发动攻击的时刻。萨佐诺夫建议执行谨慎政策,并宣称在马其顿的积极干涉不会被俄国赞同。早在1911年4月,希腊就向保加利亚提议防御性联盟,而一份条约于1912年3月29日签署,在缔结条约的过程中,《泰晤士报》在近东的委托通信员鲍彻(Bourchier)扮演了积极角色。特里库匹斯1891年的梦想至少部分地被维内泽洛斯实现了,他在1910年被从克里特召回来改革母国。一项军事协定继而在1912年9月签订,但没有就马其顿未来的边界达成共识。8月达成一项与黑山的口头谅解。然而这些战争准备并不能不让斐迪南在维也纳和君士坦丁堡发布和平宣言。

　　法国总理庞加莱在4月1日被告知有一个反对入侵和旨在维持现状的塞尔

维亚-保加利亚协定,这两国约束自己在未获俄国建议之时什么也不做。庞加莱抱怨说,这协定没咨询法国就缔结了,因此在他知晓俄国的真正打算之前拒绝提供保加利亚一笔贷款。也为此,他决定应该访问彼得堡以发现关于巴尔干诸国的真相。法国与俄国在巴黎签了一份海军协定,几天之后即8月初,庞加莱抵达俄国首都。他对于塞保协定在讨论期间没有通知他再次表达惊异之情,而且当萨佐诺夫向他出示文本时,他感到震惊。他在关于这次会见的报告中写道:"它包含着战争的种子,不仅针对土耳其,也针对奥地利。它也建立起俄国对斯拉夫王国的霸权,因为她要仲裁所有事务。我告诉萨佐诺夫,这份协定在哪个方面都不符合曾向我描述的样子,它事实上是一份战争协定,不仅泄露了塞尔维亚人和保加利亚人的野心,也鼓励他们的野心。"总理怀着焦灼的预感回家了。另一方面,萨佐诺夫对这次访问感到高兴。"我极其乐意会见庞加莱,他对俄国来说是一位有着出众政治能力和不屈意志的可靠朋友。如果国际关系中的关键时刻到来,希望我们法国盟友的领袖就算不是庞加莱,也能是一位积极性格不输于他并同样不惧责任的人。"在察耶科夫谈判失败之后,俄国回归到针对土耳其的巴尔干联盟计划,也准备好迎接这样一项政策将涉及的危险。

就在法国总理在彼得堡期间,奥地利代办通知法国外交部,他的政府对于巴尔干诸国感到焦虑,并渴望知道大国们会否联合"劝告土耳其采纳一项将使基督徒国家获得合法性保证的权力下放进步政策,并敦促巴尔干各国安静等待政策的结果"[1]。庞加莱对贝尔奇托尔德的建议感到高兴,该建议看上去指示着奥地利回归欧洲协调了,因此他劝说萨佐诺夫接受该建议。所有国家都照此办理了;但是贝尔奇托尔德似乎不急着跟进他的计划,并被种族事件拖住了。土耳其关于阿尔巴尼亚改革的许诺引起塞尔维亚人和保加利亚人觉得被忽略的抱怨,黑山则开始调动军力。萨佐诺夫面对由他的政策大力鼓动出来的冲突时退缩了,邀请他的盟友联手借警告索非亚来维持和平,因为重

---

[1] Siebert, *Diplomatische Aktenstücke zur Geschichte der Ententepolitik*, ch. 13.

504　大危险似乎已着落于索非亚。庞加莱更进一步，通知保加利亚说法国贷款问题必须等着，与此同时他敦促君士坦丁堡和采蒂涅(Cettinje)从边界撤回军队。贝尔奇托尔德发了一则感谢信，并提议敦促苏丹将他许诺给阿尔巴尼亚人的好处扩大至其他巴尔干国家。

　　9月中旬，萨佐诺夫开始一轮访问，以柏林为首站，在那里他敦促各国采取行动，倘不能阻止冲突时就使冲突局部化。当比较大的巴尔干国家仿效黑山开始调动军力时，基德兰－瓦希特与（德国）首相建议，各国应否决所有领土改变，并许诺如果俄国提出一则乐意维持领土现状的宣言，就会得到奥地利的同意。萨佐诺夫一抵达巴黎便表示，他准备好或与奥地利联手，或以各国名义通知巴尔干各国，她们不允许发生破裂并决心维持现状。然而他补充说，除非各国支持对巴尔干人民的改革，否则这些话没用。经过几周讨论之后，各国于10月7日同意，俄国与奥地利应通知巴尔干诸国，各大国谴责任何导向不和的步骤，她们应自己尝试改革，任何由战争造成的现状改变都不被允许。但是已经太迟，10月8日，黑山便以进攻她的宿敌而发出敌对的信号。

　　尽管土耳其立刻与意大利缔结和平，尽管她的人口也几乎是她四个小敌人的两倍，但她的军队被狂暴的进击所击溃。保加利亚人10月22日在色雷斯(Thrace)的柯克基里瑟(Kirk Kilisse)大捷，塞尔维亚人10月22日在马其顿的库玛诺沃(Kumanovo)大捷，希腊人11月8日挺进萨洛尼卡。俄国的同情在一开始就表现出来，而尽管萨佐诺夫在第一场决定性战役之后起初建议各国干涉，却在11月2日电告他的海外代表们，被征服领土基于占领权而属于盟军，并应通过友好协议划分。英国舆论几乎全体一致站在基督徒国家一边，而且首相于11月9日在市府发表宣言时告诉全国，各国将承认已完成的事实，并且不会反对因盟军胜利而带来的领土变化结果。另一方面，同盟国不悦地被这些使得塞尔维亚能够到达亚得里亚海，而保加利亚能够威胁君士坦丁堡的捷报所震惊。比利时公使在与基德兰－瓦希特进餐时发现他被柯克基里瑟的新闻惊呆，而奥地利在塞尔维亚边境集结十万大军。

幸运的是，德国政府决心要和平。贝特曼·豪尔维格记载："皇帝对整个巴尔干战争非常谨慎，而且他在11月向我提及，他不能为了阿尔巴尼亚而向巴黎或华沙开进。[1] 对维也纳的积极压力是为了阻止战争，但我们不让任何人怀疑，倘若我们的盟友遭袭我们将帮助她。"法国纵然同样息事宁人，却依然忠心，而且庞加莱向伊兹沃利斯基保证，如果奥地利宣布对俄国开战并得到德国支持，那么法国将履行她的义务。与此同时，法国总理同各国讨论召集一场会议来处理局势。

巴尔干诸国快速取胜，这给她们的支持者们带来难题，因为这导致土耳其在11月3日请求各国干涉。萨佐诺夫警告保加利亚，如果她的军队试图进入君士坦丁堡，他将命令黑海舰队去博斯普鲁斯。爱德华·格雷阁下表达了应当守住查塔尔德加（Tchataldja）一线的希望，并补充说如果土耳其人被从他们的首都轰出，该地应当国际化。然而这些忧虑很快就被解除了，因为保加利亚大军不得不把力量花在对抗查塔尔德加防线上。一个更严重的问题是由塞尔维亚的胜利及其穿过阿尔巴尼亚的山脉向海边进军所引起的。11月8日，萨佐诺夫请意大利对奥地利施加影响，许以塞尔维亚的一个海港，理由是没这个港口则持久和平是不可能的。但罗马受制于同维也纳的一个要尊重阿尔巴尼亚完整性的协定，而且她同奥地利一样不希望与一个新的竞争者分享亚得里亚海。因此，两个外交集团之间的分割线在一个月内就示现为敌意的肇始。萨佐诺夫11月9日电告哈特维奇："我们、法国及英国准备支持塞尔维亚的要求，三国同盟则反对。但塞尔维亚在派军队去杜拉佐（Durazzo）一事上太冒进，因此令其支持者们的任务搞复杂了。她渴望唯有通过亚得里亚海才能获得的经济独立；然而铁路网对经济独立的保障不亚于领土通道。如果她在海港上让步，那么她能更容易地向南或在阿尔巴尼亚扩展。我们不会为了杜拉佐而进行战争。"爱德华·格雷阁下确信，一条塞尔维亚人控制的通往海港的铁路对塞尔维亚和阿尔巴尼亚都是最好的，因此他也主张贝尔

---

[1] 当弗兰茨·费迪南（Francis Ferdinand）11月访问柏林时，他宣称奥地利不能做更多退让。德皇在车站与他的客人告别时对此警告道："别胡闹了！"

格莱德要适度。俄国很谨慎,因为维也纳高层有人正在请求打仗。11月23日,弗兰茨·费迪南试图劝说他的伯父行动是必要的,并且热血沸腾的康拉德主张重新占领桑扎克以及将塞尔维亚军队逐出阿尔巴尼亚。[1] 皇帝否决了所有这类计划,而且当贝特曼-豪尔维格在公告三国同盟之续订时宣称,德国只会在她的伙伴成为入侵之牺牲者时才加入冲突,这使得温和派力量加强。

没人比庞加莱更努力地阻止战争爆发,而当他的努力被证明没有成效时,他决定让冲突局部化。伊兹沃利斯基11月26日报告:"他说他提议尽早于10月15日召开大使会议,并数次向伦敦、柏林及维也纳建议。德国与奥地利说她们只有在就会议程序达成共识之后才肯参加,但他发现采取主动有困难,因为这些初步讨论可能要在巴黎进行。因此他问,你是否觉得格雷会承担会议。"两天之后,班肯道夫报告称,爱德华阁下准备就绪,但希望知道奥地利是否情愿。外交大臣曾对里奇诺瓦斯基(Lichnowsky)[2]评论称,与巴尔干瓜葛最少的英国与德国最关心和平,因为如果打仗,双方都可能被拖入。的确,爱德华阁下如此焦急地要扫清道路,哪怕白费气力,为此他建议,俄国应劝说塞尔维亚及黑山对桑扎克感到满意,并不对亚得里亚海提要求。俄国的政策在萨佐诺夫12月9日发出的一份急件中阐明。"我们的目标是塞尔维亚政治和经济的解放,她应当经由阿尔巴尼亚与海岸发生直接交通,其担保则是包括军火在内的货物免税。阿尔巴尼亚边界必须根据奥地利同意其正当要求的意愿度来确定。"爱德华阁下宣称这很棒,但奥地利驻彼得堡大使对萨佐诺夫解释说,亚得里亚海对奥地利就如黑海对俄国。不过,奥地利遵从其盟友的忠告而同意参加大会,条件是会议不讨论塞尔维亚在亚得里亚海的永久性地位。塞尔维亚现在答应服从各国的决议。

这些爆炸性的可能性给大不列颠丢下一份特殊责任,对此她在自12月起于伦敦召开的整个大使会议期间表现得充分自觉。会议主席的任务是阻止

---

[1] 巴尔广场被混乱和浮躁所支配的骇人景象,见Szilassy, *Der Untergang der Donaumonarchie*, ch. 8, 试比较 Kanner, *Die kaiserliche Katastrophenpolitik*。

[2] 德国驻英大使。——译注

都已展开部分军事调动的俄国与奥地利怒不可遏地扑向对方。从12月到3月，战争的危险很严峻。[1] 第一场危机出现在1月，当时俄国在高加索边境集结军队并通知土耳其，如果巴尔干斗争再度爆发，她不能承诺中立。德国立刻通知俄国，袭击土耳其将危及欧洲和平。俄国退回，弗兰茨·约瑟夫则派霍亨罗厄亲王带着一封亲笔信去见沙皇，以调和的口吻说话并请求维持和平。[2] 第二场危机起于尼古拉国王无视各国将斯库台指派给阿尔巴尼亚的决议而继续进兵攻克此城，并在该城请降之后因一场海上示威而被迫撤退。[3] 一场冲突看来就要临头，以致德国准备进行军事调动。在黑山的耻辱，加上奥地利和意大利对塞尔维亚在亚得里亚海享有港口的否决，令彼得堡深深怨憎。但因为把一些阿尔巴尼亚村庄分配给塞尔维亚，使天平在某种程度上重新校正。伦敦与柏林全程协作无间，爱德华·格雷阁下对维系和平的参与，得到雅高和贝特曼－豪尔维格热诚及公开的答谢。

对于世界和平来说幸运的是，大会已经召开，因为冲突拖延得超出所有人预期。交战国的代表们12月在伦敦碰面，并签署了一份立刻被君士坦丁堡拒绝的条约，而君士坦丁堡的政府于1月24日被恩弗尔贝暴力推翻。在始于2月3日的战争第二阶段里，阿德里安堡（Adrianople）[4] 在保加利亚人和塞尔维亚人的合力进攻下陷落，雅尼纳则落入希腊人手中。为了给预期的斗争做准备，保加利亚在4月16日与土耳其签了一份停火协议且外交官们返回伦敦。条约于5月起草，但谈判进程如此缓慢，以致爱德华阁下5月28日出面干涉。"想要签署预备条约而不要任何变动的人应当立刻签。不决定签的人最好离开伦敦。"两天之后，所有代表签了条约。希腊获得萨洛尼卡、马其顿南部以及克里特，塞尔维亚获得马其顿中部和北部。保加利亚获得色雷斯和爱琴海海岸，但将西里斯特里亚让与罗马尼亚。土耳其的欧洲领土除了色雷斯东

---

1 见 Veit Valentin, *Deutschlands Aussenpolitik, 1890-1918*, pp. 117-119。
2 此信见 Laloy, *Les Documents Secrets des Archives du Ministere des Affaires Etrangeres de Russie*, pp. 65-67。
3 见 Miss Durham, *The Struggle for Scutari*。
4 今名埃迪尔内（Edirne）。——译注

部的一个据点之外什么都没了，但战胜她的人罔顾沙皇保持和平的努力，进而为战利品争吵。利益一致的塞尔维亚与希腊缔结了一个同盟，而在6月29日，按照斐迪南国王给萨瓦夫（Savoff）将军的一份书面命令，且没让首相达内夫知晓，保加利亚人背信弃义地进攻塞尔维亚在马其顿的军队，同时保加利亚南部的军队向萨洛尼卡冲锋。[1] 保加利亚内阁立即叫停军队，但为时已晚。罗马尼亚军队跨过多瑙河的挺进加强了塞尔维亚和希腊，因为卡罗尔国王决心阻止保加利亚在巴尔干的霸权，而且勇猛的恩弗尔贝不费一枪一弹就重新占领了阿德里安堡。斗争这么快就结束了，不容各国有时间采取集体行动，而且8月10日在布加勒斯特，和平从胜者——罗马尼亚、希腊、塞尔维亚和黑山——口中说出。奥地利7月初徒劳无益地怂恿她的盟友们加入对塞尔维亚的镇压，现在又于事无补地建议将条约提交给各国。卡罗尔国王拒绝了，得到德皇的支持，他为此给德皇拍电报说："多亏了你，和平永驻。"8月11日，伦敦的大使会议在最后一轮中决定了阿尔巴尼亚的南部边界，但直到10月，塞尔维亚才屈从于奥地利的威胁而撤出她所占领的阿尔巴尼亚领土。确保土耳其人从阿德里安堡撤离的努力失败了，不过保加利亚与土耳其之间于9月取得了和平，继而便为结盟进行轻松谈判。

10个月的战争不仅给巴尔干半岛——阿尔巴尼亚和爱琴海诸岛的未来仍悬而未决——也给欧洲政治的广阔舞台留下严重不适。[2] 土耳其被沙皇赞助的同盟所瓦解、塞尔维亚的扩大、俄国在巴尔干的前哨，在给同盟国填充预兆。三国同盟于12月如期续订。早在1912年因摩洛哥危机而稍微扩充的德国陆军，于1913年迎来有史以来最大规模的增长。1912年12月总参谋部的鲁登道夫（Ludendorff）起草了一份备忘录，为征收五千万的资产税辩解。[3] 他断言，大不列颠将同法国及俄国一道就座，而意大利能做的就是使法国在阿

---

1 古埃绍夫坚持说，那只是预先考虑到塞尔维亚人-希腊人的进攻。
2 见黄皮书 Les Affaires Balkaniques, III, 以及比利时1912—1914年间的急件，录于Schwertfeger, Zur Europäischen Politik, IV。
3 刊于Ludendorff, The General Staff, I。

尔卑斯山的军队动弹不得。俄国的军队重组还拖延未完，因此一段时间内三国同盟无须担心与她发生武力冲突，但考虑到她巨大的经费投入，她会逐年强大。"我们必须防守住一个前线以便能在另一个前线发起攻势，而那个前线只能是法国的。侵犯比利时的中立是必要之举。只有越过比利时进军，我们才有希望在开阔战场击败法国军队。在这条路线上，我们将遭遇英国远征军，而且除非我们达成某种安排，否则也会遭遇比利时军队。不过比起在法国设防的东部边界发起正面攻击，这个操作更有指望。"这就是施利芬计划（Schlieffen plan），并且为了它的成功需要一支压倒性的打击力量。

首相首次阅读1913年4月7日的《陆军法案》时发表的讲话，解释了因巴尔干战争所导致之力量转移引起的增长，宣布俄国泛斯拉夫主义和法国沙文主义的暴行是日渐增长的威胁，并严肃地谈及条顿人和斯拉夫人之间的冲突。尽管义务兵役制是陆军的法律，但又征募了略超过半数的人，于是陆军的治安力量现在增加到170 000人。资产税将投入于加固边界要塞、增加炮兵，并扩充位于施潘道（Spandau）的尤里乌斯图尔姆（Juliusturm）[1]的黄金储备。该《法案》无异议地通过，资产税则被人们毫无怨言地交付了，因为德国确信，她的安全只能通过加强自己最得心应手的力量而得到保障。奥地利因民族分裂而被削弱，意大利是一个不可靠的盟友，土耳其缩小了，也丢脸了，罗马尼亚滑向彼得堡，同时法国的仇视一如既往，俄国的敌意与日俱增，大不列颠对其朋友们的忠诚让人无言以对。

如果说德国对她的祸患有所自觉，那么她对自身力量则是自负。虽说政府态度正确，但公众舆论不断变得更加不安宁和暴躁。1813年的百年之期令人回想起牺牲与胜利，并且涌动一股爱国主义演说的大潮。比利时公使拜因斯男爵3月8日写于柏林："皇帝非常平和，但是占统治地位的各阶级的精神大为不同。他们在上学时就被教导要憎恨法国，同时还被授以关于德国的伟大情操。这份敌意兼骄傲使他们觉得同法国打一仗是必要之恶，这对于确

---

[1] 储藏国库盈余的城堡。——译注

保他们的霸权和打烂法国为阻碍德国发展而力图设置之障碍来说是不可避免的。当这个帝国将立基于迄今所闻的最大规模军队之上时，人们会好奇皇帝的和平思想能否不致弱小到无法遏止上层阶级的战争狂热。"与此同时，一些"意外"煽动了怀疑和憎恨的火焰。当一艘齐柏林飞艇载着三名军官降落在吕纳维尔（Lunéville）时，法国人相信它是来侦察的；当几个德国商务旅行者在南锡（Nancy）被骚扰时，德国国会盛怒发作，而将地方长官解职只起到部分抚慰作用。比利时驻柏林公使评论德国舆论的"过度神经质"是对和平最大的威胁，这恐怕恰如其分。危险发酵，打击了所有观察家。奥特弗里德·尼鲍尔德（Otfried Nippold）在居住远东数年之后返回时，对这变化感到震惊，且他的《德国沙文主义》（*German Chauvinism*）为他的同胞们举起了镜子。[1] 伯恩哈迪（Bernhardi）的《德国与下一次战争》（*Germany and the Next War*）是诸书中唯一一本不仅宣告战争近在眼前，还宣告战争是正当的。泛德意志联盟被1912年凯姆将军（General Keim）成立的德意志防御联盟（Deutscher Wehrverein）所加强，凯姆将军宣称一场战争在所难免。李贝尔特将军（General Liebert）附和道："空气中有血腥味。"从政的将军们成为一种国家危险，但许多文官也一样糟糕。马克西米连·哈尔登对政府胆小怕事的辛辣攻击、巴瑟曼对国家自由党的觉醒呼吁，以及好战教授们的教导，都加重了局势的危险。

老朋友及关系密切的观察家开始探查皇帝本人的变化。波德·卡朋特主教（Bishop Boyd Carpenter）在1913年6月访问柏林之后写道："他非常热忱，但他谈到一条对我来说是新闻的评论。他看来在忧虑。他说起德国夹在两个可能被证明是敌国的大国之间的危险位置。当我离开他时，他正觉得他置身于强烈的担心中。"[2] 贝特曼－豪尔维格补充说："从1913年初他就对我说，像柯尼茨同盟那样的联盟是在联合起来反对我们并将攻击我们。"阿尔伯特

---

[1] *Deutscher Chauvinismus*, 1913, 试比较 Vergnet, *La France en Danger* 及 Rohrbach, *Chauvinismus und Weltkrieg*, II。在此时德国进行的一次有意义的政治巡游见 Bourdon, *L'Enigme Allemande*。

[2] Boyd Carpenter, *Further Pages of My Life*, pp. 263—294.

国王（King Albert）11月5、6日访问波茨坦时，皇帝的焦虑流露出来了。东道主宣称，与法国打仗在所难免，也近在眼前，因为法国想要打仗，并且为了打仗而迅速武装起来；但他对胜利感到有保证。总参谋长毛奇（Helmuth Johann Ludwig von Moltke）[1]伯爵补充说，面对战争，全民在击退宿敌上的热情给胜利带来了确定性。[2] 法国大使被告以这些谈话，他加上自己的严肃评论后将之汇报给巴黎。"反对我们的敌意与日俱增，皇帝不再是和平之友。他已经为了和平计而在许多关键场合施加个人影响，但他开始认为同法国打仗是免不了的。随着他年事渐高，家庭传统、朝堂的反动倾向，尤其是士兵们的不耐烦，都更牢地把持住他的头脑。可能他对他那鼓吹泛德意志情怀的儿子赢得的大众名声有几许嫉妒。皇帝与他的总参谋长可能曾希望劝诱比利时国王对于我们之间的冲突事件不要有任何反对意见。不管谈话的目标是什么，所披露出的是一件极其严肃的事。最好要考虑这个新因素，即，他开始习惯于一种从前令他讨厌的思想规则，而我们必须厉兵秣马。"接下来几个月，拜因斯男爵注意到皇帝对法国来访者们不那么友好了。他在1914年2月的一场宫廷舞会上评论说："我总是对法国伸出手，而她以用脚踢来回报。他们最好在巴黎留心，因为我不会总在这里。"比利时公使证明道："由于讨论《三年法》，憎恨与挑衅的气氛日渐浓厚。和平取决于机遇的怜悯。"为了一个《英-德-美协约》而于5月访问柏林的豪斯上校（Colonel House），对柏林的尚武好战感到骇异。他报告称："整个德国都充了电。每个人都神经紧绷。只需要一团火花就会全盘爆炸。"[3]

德国的军事努力必定会激起法国的反应，一项恢复三年义务兵役制的

---

[1] 这是前文出现过的老毛奇的侄儿，1906—1914年任总参谋长，经常被称为小毛奇。从这里开始出现的"毛奇"都是指他。——译注

[2] Beyens, *L'Allemagne avant la Guerre*, pp. 24-25. 毛奇否认他说过战争是被渴望的或逼近的。他表达的观点是，如果发生冲突，德国军队将展示出自身的优越性，而且一旦被战，人民将万众一心。见他1914年12月18日书信，收于 *Deutsches Weissbuch über die Schuld am Kriege*, pp. 75-76。

[3] Hendrick, *Life and Letters of Walter H. Page*, I, ch. 9.

法令被白里安（Briand）内阁提出，又由接替它的巴尔杜（Barthou）内阁实行。[1] 庞加莱写道："我们军队的领袖们认为这是势在必行的。德国效应的增长，巴尔干危机所引起之忧虑，实行摩洛哥条约所产生的困难，对丹吉尔、卡萨布兰卡和阿加迪尔的记忆——所有这些自然都给爱国主义情操增添了新活力。"新法令受到社会主义者和激进高卢主义者的反对，但法国如同德国，已准备好做牺牲，而且庞加莱于1月被选为总统宣示着新的自信精神。气氛的改变被比利时驻巴黎公使的一系列急件所记录和分析。他在1912年10月9日写道："英国人1911年的态度引起舆论的强烈反感。说法兰西民族变得好战，这就扯远了。农夫、小资产阶级、商人、企业家知道大冲突会让他们付出什么，然而这个国家充满成功的信心。我们必须把不安分的年轻人和暴躁的军队纳入考量。执掌事务的人们都是忠实于和平的，但他们的行为过分了。恢复一个国家的体面是好事，但扶植它的沙文主义就危险了。他们开始军事游行并在巴黎行军。尼古拉大公的访问激励了民族主义。米勒兰（Millerand）陪他去了边境，大公夫人从那里向丢失的省份致敬，而且这次访问结束时在南锡发表了一通评论，该评论就是反对《法兰克福条约》的实证。1870年的舆论推动了拿破仑的手，政府可能再度面临一种舍战争别无出口的情势。"同一位外交官于1913年2月24日又写道："德尔卡塞被派任彼得堡的消息在昨天像炸弹爆炸。庞加莱这个洛林人一定很高兴上任第一天就信誓旦旦，他决心让国旗永不垂落。在这些麻烦时期里，由他入主爱丽舍宫就是危险。希望他那冷静与务实的头脑会让他从一切夸张中得救。德国军备在这同一个时期的巨大增长，加剧了法国政策过度民族主义导向的危险。"他在5月5日又提笔报告各剧院和表演餐厅的新调调，说最沙文主义的长篇演说激起狂烈的掌声。[2]

1　文学期刊《吉尔·布拉斯》（Gil Blas）1913年5月25日声称，回归三年义务兵役制是庞加莱1912年访问俄国期间俄国所要求的；而这个说法在德国被普遍相信。兵役在1905年缩减为两年。

2　Millerand, *Pour la defense nationale, une année au Ministère de la Guerre*; Marcel Sembat, *Faites un roi, sinon faites la paix*; Dimnet, *France Herself Again*; Rohrbach, *Chauvinismus und Weltkrieg*, I.

奥地利的舆论在整个巴尔干战争期间已经在发酵，而当保加利亚6月29日袭击塞尔维亚时，奥地利难以自控。意大利外交部长圣朱利亚诺电告不在罗马的首相乔里蒂说："奥地利已就她采取行动反对塞尔维亚的意图通知我们和德国，并将之描述为防御性的，希望结盟条件由此确立，我认为这不适用。我正试着与德国协力阻止这次行动，但可能有必要说清楚，我们不认为这是防御性的，因此不产生结盟条件。"乔里蒂答称："如果奥地利动手反对塞尔维亚，显然不产生结盟条件。没有防御的问题，因为没人寻求攻击她。那必须以最正式的方式向奥地利声明，也希望德国能劝阻她别行这场有灭顶之灾的冒险。"奥地利没从盟友那里得到鼓励，便延后同她的邻居算账。但是，随着泛塞尔维亚人宣传的发展，以及对双元君主国之南部省份的野蛮高压，张力愈演愈烈，尤其是在克罗地亚，那里滋养着这股张力。[1] 法国驻维也纳大使12月13日报告称："奥地利发现自己在死胡同里，不知道怎么才能逃脱。因此，觉得这些民族正走向一场被不可抗力推动之冲突运动的情绪逐日增长。这里的人开始习惯于认为，打一场普遍战争才是银根紧缩的唯一可行疗救之方，银根紧的问题自这个国家去年被迫做出的军事努力之后，就被痛彻地体认着。"[2] 1913年，弗兰茨·费迪南被任命为陆海军监察长，并协助康拉德·冯·赫岑道夫；后者于埃伦塔尔去世后被召回任上，训练双元君主国的兵力以备战。确实，康拉德辛酸地抱怨说他曾两度筹备作战的军队，那不会永远都是失望。[3]

俄国舆论的激愤度并不逊于德国、奥地利与法国的。雷文特洛宣称，基德兰不相信协约国想打仗，并确信俄国没有能力进行战争；但他的继任者雅高与首相一样，采取一种更警觉的态度。德皇与沙皇1913年5月最后一次碰面，当时因公主的婚礼而将英国与俄国的统治者带到柏林。尽管统治者们

---

[1] 克罗地亚由布达佩斯统治，蒂萨及匈牙利的马扎尔贵族追求铁腕集中化及种族优越性政策，这在半个世纪里都不为莱塔河那一侧的奥地利所知；但自1908年起，反斯拉夫情绪在维也纳同在布达佩斯一样猛烈。

[2] Poincaré, *Les Origines de la Guerre*, p. 177.

[3] 阿施迈德－巴特雷特（Ashmead-Bartlett）给《泰晤士报》的信，1917年7月30日。

依旧关系友善，他们周围却全都是满怀疑心与敌意的人。当土耳其请求德国政府派一位高级军官，一如1883年冯德尔·高尔茨所为那般来重组军队时，张力的急剧度显现出来了。德皇与沙皇在柏林讨论此事时，没有反对意见被提出，于是11月签了一份合约，任命利芒·冯·桑德尔斯（Liman von Sanders）统率第一军团。俄国沮丧地把这项安排看成是她开辟海峡之欲望的新障碍，于是善于安抚的科柯夫佐夫被派到柏林进谏。[1] 德皇与首相解释说他们不能拒绝土耳其的请求，部分因为德国自冯德尔·高尔茨时代起就已长期供应她以必需品，部分又因为如果他们拒绝了，她将找别人。针对他们只需发出指示即可的建议，他们答复说，经验证明这么做没用，而且他们必须有指挥权。不管怎样，他们补充说，他们不希望给俄国制造困难，也会重新考虑此事。

萨佐诺夫绝不示弱，因此请爱德华·格雷阁下赞同下面这份态度严峻的照会。"德国的统率将把整个外交团队纳入德国的力量，而且这位将军可以采取违背苏丹主权的军事措施。倘若德国获得如此特权地位，其他国家将不得不考虑自身的利益。"当爱德华·格雷阁下反对这份威胁时，俄国代办评论道，俄国把这份照会视为至关重要并指望英国的坚定支持。爱德华阁下答复说，库尔曼刚刚告诉他，德国的统率之所以必要，是因为冯德尔·高尔茨从未能让其指示被执行，因此就像不列颠的海军使团。他已答复说君士坦丁堡关系各国的利益，因此该计划侵犯了苏丹主权。此外，不列颠海军部不会是参战者。库尔曼答复说："将军也不会。"在这两次会谈之后，外交大臣电告君士坦丁堡，建议三位大使应单独且当面与高门沟通。"我们听说一位德国将军获得非常深广的指挥权。我们假定土耳其不会做任何危及海峡及首都之独立性或安全性的事。其他国家也感兴趣，因此我们将很高兴收到有关此份合约的信息。"萨佐诺夫厌恶爱德华阁下在他的酒里掺水的企图，并抱怨后者"在一件对我们这么重要的事情上"冷漠，但他被迫采纳这一较温和的

---

[1] Siebert, *Diplomatische Aktenstücke zur Geschichte der Ententepolitik*, chs. 17–19; *Les Affaires Balkaniques*, III, pp. 81–107; Liman von Sanders, *Fünf Jahre Türkei*, ch. 1.

路线。三位大使便相应地向土耳其宰相请求信息，且12月15日收到官方答复。"这位将军是使团的首脑，国防部的成员，军事学校的总长，兼第一军团的指挥官。他的统率纯属技术性的。海峡、堡垒、维持君士坦丁堡的秩序都不在他的管辖权内。"

萨佐诺夫评论说，土耳其的答复没告诉我们任何新内容，他就此通知爱德华阁下说他现在将等着不列颠的动议。但外交大臣拒绝被戳印在暴力进程中，因为一股安抚的微风正从柏林吹来，他对里奇诺瓦斯基评论说，自己上任以来从未有哪件事在俄国制造这么深刻的效果。这位德国将军于12月14日抵达君士坦丁堡并接管了第一军团的指挥权，但在离家之前，雅高曾将俄国的反对意见告知于他，并支持俄国人关于他应执掌第二军团并驻扎在阿德里安堡的建议。将军回答说，使团的首脑只能留驻首都。最终所接受的折中之道是，利芒辞去第一军团的统帅之职而被任命为土耳其军队的监察长。沙皇在新年接见中为遵从了他的愿望而热忱感谢德国大使，但萨佐诺夫的怨愤依旧，哪怕其直接原因已经消除。谢曼教授在1913年12月31日结束了他的周评，坦承在上一个世纪简直没有哪个时间乌云会在地平线上扩散得这么远。

利芒危机在白热化阶段时，一份俄国军事报纸上的一篇新年文章表达了部分军官之中所流行的观点。"我们都知道我们在准备打一场西方的战争。不仅军队，整个国家都必定习惯性地认为，我们为了一场针对德国的歼灭战而武装起来，并且德意志帝国必须被歼灭。"利芒的折中并未带来缓和。俄国从德国撤回政府订单，而且1月底一笔新的总额25亿的法国贷款被洽谈，其中部分指定用于修建战略铁路。与此同时，彼得堡与贝尔格莱德之间的线被牵得更紧了。2月3日，帕斯齐在一次觐见沙皇时突然提出俄国皇储与一位塞尔维亚公主联姻的可能性，还指出她成为南斯拉夫人民之沙皇皇后的前景。沙皇对这个提议感到高兴，并恳请他的访问者对彼得国王说，"我们愿为塞尔维亚做任何事"[1]。

1　见Bogitshevich, *Causes of the War*, pp. 126-134。

利芒事件启发萨佐诺夫向沙皇提交一份"关于不远的将来面临被迫捍卫我们在博斯普鲁斯和达达尼尔之利益时,为了确保我们得到海峡问题的满意解决之道,有必要制订详尽行动计划的"备忘录。沙皇下令由1914年2月21日开会的王室智囊团排查此问题,[1] 智囊团会议主席为外交部长,并有军事、海军和外交专家参与,包括驻君士坦丁堡大使。萨佐诺夫开篇就评论道,尽管他在当前时刻不预期有严重的复杂性,但在东方维持现状已没有保障。如果土耳其丧失对海峡的控制,俄国就不能允许另一个国家在海峡的海滨安顿,因此可能被迫要自己占领海峡。由于此操作的成功将取决于行动的迅速,因此必须有登陆操作作为海上行动的补充。至此,外交部长请智囊团汇报,为准备针对海峡的行动已经做了什么、还能做什么以及应当做什么。总参谋长指出,需要一支可观的军力,而它的规模将取决于政治局势。萨佐诺夫突然插嘴说,希腊或保加利亚都不会反对,因为如果她们之一介入,另一方就可能加入俄国一边。关于塞尔维亚的支持能否计算在内的问题,他答复说,她很难参加针对海峡的行动,除非是在一场欧洲战争中,届时她会被迫倾全力反击奥地利。罗马尼亚因条约同奥地利绑在一起,但考虑到舆论的亲俄倾向,还不能肯定她会否站在奥地利一边助阵。总参谋长然后评论说,不打欧洲战争是不可能夺取君士坦丁堡的。只有当西方前线的斗争令人满意地结束了,才能省出夺取君士坦丁堡的军队。会议结束时,智囊团就陆海交通、在高加索建造新线路和加强黑海舰队给出详细建议。

公众不晓得智囊团的商讨,但《科隆报》(*Kölnische Zeitung*)3月2日的一篇来自该报彼得堡通信员的激动人心的文章透露出紧张感。"俄国人的危险并非迫在眉睫,但到1917年,军队改革将完成,而且军队早就已经在其西部边境集结。德国可能会无力阻止入侵。俄国的军备庞大,而且她将转过双臂来反对德国。这样一场战争将被全国人民欢呼。三年之内,就在我们商谈一项新的商业条约时,她可能将试图挑动外交上的复杂性。"这篇

---

[1] Laloy, *Les Documents Secrets des Archives du Ministere des Affaires Etrangeres de Russie*, pp. 74-100. 刊印官方报告见 *Das deutsche Weissbuch über die Schuld am Kriege*, pp. 169-181。

文章据信是由柏林授意而写,[1]在全欧洲引起警觉，而且3月13日《波瑟公报》（*Bourse Gazette*）上的一篇文章增强了刺激因素，此文通常被归为国防部长苏克豪姆里诺夫（Sukhomlinoff）所写。"俄国希望和平，但为战争做好准备。军队不仅庞大，而且装备精良。俄国一贯在外国土地上战斗并且总是胜利的。俄国不再是防御的，俄国准备好了。"5月14日，雅高在德国国会对俄国新闻界发了一则警告，同时表达他对政府依旧友好的信心。5月23日，萨佐诺夫规劝两国新闻界都保持冷静。这些呼吁于事无补。俄国新闻界继续宣扬占有君士坦丁堡的历史使命。有暗示说，当商业条约1916年续订时，俄国将展示她的力量，而惠特阴郁地预言道，讨论将导致战争。在德国，新闻界同样神经过敏。俄国驻柏林大使报告称："相对的冷静只是表象。公众舆论非常起劲地反对俄国，军队与容克不掩饰他们的好战情绪。这种兴奋和尚武气氛归因于担心我们军事和经济力量的成长，而且人们相信当前时期是对德国最好的时期，因为我们的准备还远未完成。此地没人怀疑这样一场碰撞迟早会到来。不过德国政府不分享这些好战情绪。"

俄国与德国、法国一样，自巴尔干战争以来就急切地努力扩充和改进其军备，惠特和罗森徒劳无益地恳请沙皇以及他们在帝国智囊团的同僚们，放下在巴尔干的直接导向战争的进步政策。[2]1913年6月，杜马要求扩充征兵，8月得到沙皇赞同，11月开始，该方案1917年完成。1914年春，杜马在一轮秘密会期中对军事准备投了多数票。征兵一年内就增至135 000人，1913年春"备战阶段"已经确立，使得在宣布军事调动之前就能够进行前期调动。1914年初投入军队的资金达5000万，科柯夫佐夫描述这笔钱被指定为战争开支。1914年4月，一个访问俄国的军事使团对于俄国军官的明显敌意感到震惊，那些军官公然谈论要到来的战争。[3]除了军事准备，还有改进外交形势的

---

[1] 根据谢尔晋男爵的《外交游戏》（Baron Schelking, *The Game of Diplomacy*）。此文是被德国使馆的领事启发的。雅高否认有官方授意。
[2] 见 Rosen, *Forty Years of Diplomacy*, II, ch. 30–33。
[3] 见拜因斯1914年4月4日报告，录于 Schwertfeger, *Zur Europäischen Politik*, IV, p. 189。

努力。6月，沙皇访问罗马尼亚，在那里谈起罗马尼亚王储同沙皇女儿的婚事，且随即就开始与布拉迪阿诺进行军事协定的谈判。[1]

米托法诺夫（Mitrofanoff）教授应从前的老师戴尔布吕克（Delbrück）教授的邀请，给《普鲁士年鉴》（*Preussische Jahrbücher*）贡献了一篇加重普遍忧虑之情的文章。"每个人不管聪明几何，都感觉到张力。征兆不仅出现在新闻界。反对德国的感情在每个人心中，也在每个人唇上。最近才开始发出声音，但早就在逐渐成熟。原因是阻挠俄国在近东久已有之的野心。现在俄国人感到清楚的是，如果每件事都保持眼下这个样子，通往君士坦丁堡的道路就穿过柏林而架设。我们无意于进攻德国。我们太崇拜德国的文明，以致无法希望我们获得阿提拉式的胜利。我们也完全确信，德国远没有直接侵略倾向，但我们觉得各个方面都受到德国压力的妨碍与包围，在我们侧面，在土耳其，在瑞典，在奥地利。没人承认我们眼下的境况，也没人把我们眼下的力量放在眼里，因此我们决心为自己赢取我们应得的地位。与德国打仗会很不幸，但人们无法逃脱苦涩的必然性，假如它当真必要的话。只有占领海峡才能结束这种俄国的出口贸易会在任何时候被叫停的无法忍受局面。向南推进的动力具有历史必然性、政治必然性和经济必然性，任何抗拒这一点的国家都是事实上的敌人。"[2] 这是斯科贝列夫关于通往君士坦丁堡的大路穿过勃兰登堡门的旧日呼喊。

彼得堡的《波瑟公报》在6月13日发表的一篇题名《俄国准备好了，法国必须也准备好》的文章加剧了张力，此文被归结为国防部长所写。"俄国履行了结盟之下的所有义务，她期待她的盟友也这么做。机动征兵今年已经从45万人上升到58万人，服役期则延长了6个月。这样，每个冬季俄国都有一支230万人的军队。德国有80万人，奥地利有50万人，意大利有40万人。因此俄国自然期望法国能有77万人，而只有通过三年兵役制才可能。增长是为了快速调动得以可行，与此相联系，俄国步向新的改革措施——建设整个

---

[1] 俄国部长1914年7月30日自布加勒斯特发出的电报，由布尔什维克党人发表。
[2] 这篇值得纪念的文章重印于 Delbrück, *Krieg und Politik*, I。

战略铁路网并且在战事来临时最快地集中军队。俄国希望法国也能这么做。俄国与法国不渴望战争，但俄国准备好了，因此法国必须也准备好。"这篇文章在柏林引起愤怒。德皇写道："这样，俄国人已经亮出牌了。若还有德国人不相信俄国与法国在为一场反对我们的远程战争而开足马力地工作着，且我们必须采取相称的措施，他就该进疯人院。"6月16日，爱好和平的德国首相给里奇诺瓦斯基写信称，还没有哪篇煽动性文章这么赤裸裸地透露出俄国军方的好战倾向。"截至目前，还只有泛日耳曼者和军国主义者之中的最极端圈子才认定俄国有针对我们进行远程入侵的明确计划，但现在较冷静的头脑也开始分享此观点了。首要后果就是呼吁陆军再次并立即扩充，而当陆军得到些东西后，海军也将发出声音。鉴于皇帝早就被争取过去了，我担心夏季和秋季会爆发新一轮军备热的冲击。我不相信俄国在计划一次迅速袭击，但她希望在面临另一场巴尔干危机时采取强硬路线。是否会演变成一场欧洲大火，这仅仅取决于德国与英国的态度。如果我们联手——我们各自的义务并不禁止这么做，战争将会避免。如果不联手，俄国与奥地利之间的次要分歧会点亮火炬。"

第三节

当双边联盟与同盟国之间的关系不断地趋于恶化时，大不列颠与德意志之间出现了喜人的缓和。自摩洛哥危机解决之后，爱德华·格雷阁下宣布，我们无意于反对德国在中非的扩张，而且霍尔丹爵士同贝特曼-豪尔维格在柏林简单讨论了殖民地合作的可能性。在霍尔丹爵士返回之后，谈判于伦敦开启，[1]首要任务是仔细翻查把葡属非洲殖民地划分成经济势力范围的1898年的协议。里奇诺瓦斯基写道："感谢调适精神，新的协议完全符合我

---

1 Lichnowsky, *My London Mission*；雅高给里奇诺瓦斯基的答复，见 *International Conciliation*, No. 127；Helfferich, *Die Vorgeschichtedes Weltkrieges*, pp. 116–120。

们的希望与利益。"安哥拉连带西海岸的圣托梅（San Thomé）和普林西皮（Principe）、从德属东非到赞比西河的莫桑比克，都被指定给德国。这协议比1898年的那个对德国有利得多。当乔治国王1913年5月访问柏林时，谈判已实际完成，协议于8月提出签署。然而爱德华阁下只有在1898年协议及《温莎条约》与新协议一道公布的情况下才肯签署该协议，而威廉大街拒绝该条件。雅高解释说："我们打算公布，但只能在一个合适的时间；当敌对批评的风险不那么锐利，而且如果有可能同步公布巴格达协议，那么就接近完成了。"最终在1914年7月获得批准，那时战争已经在即，而这份《条约》从未被签署。

涉及土耳其亚洲部分的讨论更加困难，也更加深远。[1] 俄国在1910年的波茨坦会议中放弃反对意见，导致英国人对巴格达铁路的接受只不过是时间问题，而最终谈判发生在土耳其宰相哈吉帕沙（Hakki Pasha）在第一次巴尔干战争之后为和平谈判而访问伦敦时。土耳其接受我们对波斯湾现状的定义，我们承认苏丹对科威特的名义宗主权。一个有着土耳其外观但由英国人控制的国际河流委员会为阿拉伯河（Shatt-el-Arab）的通航制定规程，林希公司（Lynch Company）则被批准享有底格里斯河的特权。

德国政府被告知以英国-土耳其的安排，而即刻开始的英德讨论带来一份1914年6月15日动议签署的协定。大不列颠承诺不反对巴格达铁路系统，德国则不反对英国对河流通航的控制。终点要设在巴士拉，两位英国主管要坐镇，建造及开发巴格达与巴士拉的港口要由一家单独的公司承担，英国要在该公司占40%的资本，阿拉伯河的通航要委托给一家大不列颠控制半数资本的公司，而土耳其可以移交20%资本给德国。也签署了关于灌溉和采油的协议。双方都致力于阻止在土耳其亚洲部分之铁路及河流上的歧视。德国许诺，在没有我们同意的情况下，不支持在波斯湾建设港口或铁路终点。里奇

---

[1] 英国人的叙述见 Quarterly Review，1917年10月刊；德国人的叙述见 Helfferich, Die Vorgeschichte des Weltkrieges 及 Schäfer, Die Entwickelung der Bagdabahn Politik。俄德谈判见 Siebert, Diplomatische Aktenstücke zur Geschichte der Ententepolitik, chs. 8-9。

诺瓦斯基评论称，爱德华阁下最重大的让步是让铁路贯通到巴士拉，这样就承认了巴士拉以北的整个美索不达米亚（Mesopotamia）在德国势力范围之内。双方的和平之友都对除了舰队之外的英德摩擦的最重大原因最终消除感恩戴德。与此同时，法国与德国也达成协议，1914年2月15日动议签署一份协议。法国团队撤出巴格达公司，法国许诺不在巴格达铁路地带要求铁路特许权。德国反过来承诺在北叙利亚和黑海腹地不要求特许权。涉及铁路网、关税和未来给土耳其之贷款的问题，也友好地安排了。法土条约于1914年4月22日签署。[1] 现在只差德国与土耳其之间达成协议，整套安置就告生效，而这个协议也接近要签了。

英国与德国的谈判被我们的朋友们带着没有根据的疑心注视着。1912年底，法国大使就被指示提及新闻界关于同德国亲善正在毁灭《协约》的流言，以及庞加莱要答复一项质询。爱德华阁下回答说，这些流言是无中生有，他只是用友好的方式讨论殖民地问题及其他附属问题。然而，不安全的感觉不可能完全扑灭。俄国驻柏林公使1914年2月报告称："戈申向康朋询问他对海军休假的看法。康朋回答，他不能赞同，因为海军省下的东西都会转入陆军，并被用于在未来的碰撞中反对法国。他看上去对持续出现的英德关系有改善的流言感到悲伤，因为这暗示着亲善的可能性。我自此可以看出德国政府在怎么努力迎合英国人。"[2]

利芒危机强化了萨佐诺夫想要收紧三国协约之纽带的愿望，他认定爱德华阁下在这场危机中弃他于不顾。他在4月2日写信给伊兹沃利斯基称，三国同盟的转变在他看来是可取的。[3] "法国与英国之间已经向着合作及更严密地定义他们彼此的义务迈出一些步伐。我们必须在同样的方向工作。我赞成你的观点，即如果庞加莱与杜梅格（Doumergue）借助与英国国王及其部长在

1　Bompard, "L'Entrée en Guerre de la Turquie", *Revue de Paris*, July 1, 1921.
2　Siebert, *Diplomatische Aktenstücke zur Geschichte der Ententepolitik*, p. 775.
3　见Siebert前引书第21章收录的急件。一个选编本由德国外交部1919年发表，冠名 *Diplomatische Kriegsrüstungen: Dokumente zu den English-Russischen Verhandlungen über ein Mrine-Abkommen*，试比较Jagow, *Ursachen und Ausbruch des Weltkrieges*, ch. 8。

巴黎的会面，能够自信地指出，俄国与英国之间的更密切关系将得到法国盛情欢迎，并且被《协约》的所有成员同样渴望，那就很好。可能法国政府将向格雷提议就英法政治约定通知我们，这将会成为一个类似安排的基石。"

英国国王与王后4月1日抵达巴黎，这个场合的重要性因外交大臣在场而被强调，因为他在漫长的任期内从未离开过英国海滨。根据安排，杜梅格恳请在大不列颠和俄罗斯之间建立更密切的关系，伊兹沃利斯基则将这一结果报告给彼得堡。结盟是不可能的，但爱德华阁下准备与俄国进行一场安排，类似于同法国的既有安排。签一个海军协定是可能的，而且英法协议可以传递给俄国。"杜梅格与康朋告诉我，他们对格雷关于紧密亲善的清晰而明确的意愿感到惊讶。"5月12日，班肯道夫汇报了同外交大臣的难忘会谈。"爱德华阁下派人找我，表达了他对这次旅程的印象有多深——国王以及所有陪同访问的人都有这样的印象。这些印象远远超过他的预期，而且他对庞加莱及杜梅格对他的接待有着无尽的庆幸，与他们的会谈达成了关于当前议题和总体局势的全部协议。不列颠政府已做出结论，《协约》在法国深深扎下的根同在英国的一样。格雷以一种对他来说不寻常的热情口吻讲话。"四天之后，俄国大使汇报了内阁讨论的宜人结果。俄国将被告知格雷－康朋通信，然后俄国与英国的海军部之间就会展开讨论。

5月23日，外交大臣将格雷－康朋书信交予俄国大使，并补充说对于同俄国达成一个类似协议没有反对意见，这样的协议自然会涉及双方海军。经过充分讨论后，俄国海军部劝告说，大不列颠应当在北海牵制住德国舰队尽可能大的部分，由此就使俄国有可能在波美拉尼亚（Pomerania）登陆，为此，英国应在敌意兴起之前就派遣商船去俄国与波罗的海的港口；俄国船只应当允许使用英国在地中海东部的海港，因为它们早就被允许使用地中海西半部的法国海港；诸如信号、密码之类的信息应当交流。在同巴腾堡的路易斯亲王（Prince Louis of Battenberg）[1]谈过之后，俄国海军参赞报告说，不列

---

[1] 在英国海军效力的德意志亲王，此时任第一海军大臣。——译注

颠政府不着急，而且这位亲王将于8月访问俄国与海军部讨论。

这时，秘密泄露了。自1909年起，俄国驻伦敦使馆的一位官员就向柏林传递经过班肯道夫之手的书信；而且《柏林日报》出于德国政府的愿望，现在披露了英俄讨论。[1] 爱德华阁下对班肯道夫悲叹后者所表现出的粗疏，因为他被迫要在下议院回答问题。与此同时，他力图解除贝特曼－豪尔维格的忧惧之情，后者指示里奇诺瓦斯基去请求解释。贝特曼在6月16日致信里奇诺瓦斯基："如果爱德华阁下否认了有份《英俄海军协定》的流言，就最令人满意了。如果是真的，那不仅助长了俄国与法国的沙文主义，还将制造一场海军恐慌并重新毒害我们正与英国缓慢改善的关系。它位于近些年来欧洲所置身的神经紧张状态的前列，其深远后果将不可预测。"另一方面，德国外交次长齐默曼写信给首相说，大使一再被爱德华·格雷阁下蒙蔽，并建议应当向大使出示英国与俄国之间谈判进展的证据。7月11日，英国外交大臣在议会回答关于同俄国的海军协定是否已订或正在订立的问题。他宣称，一年之前，首相曾说，如果欧洲各国之间爆发战争，并不存在会限制政府或议会自由度的未公开协议。英国与任何国家间都不曾存在，或正在进行，或可能要展开会使上述讲话真实度降低的谈判。如果有任何可能修改首相宣言的这种协定被深思过，它应该已经呈现在议会面前。这种模棱两可的措辞可以用不同方式阐释，但无法以直接否定来面对一个清楚的问题，这巩固了德国人对他们所害怕之事的疑心。谢曼写道："何时会缔结同盟，现在只是一个形式问题。我总是坚持，一旦法国与俄国对于英国的支持感到肯定，一场欧洲战争就很可能变成事实。"

讨论进展的缓慢令萨佐诺夫恼怒，他提醒班肯道夫尽快缔结这份《协定》的必要性。俄国大使7月2日答复："我将竭尽所能加快沃尔考夫上校（Captain Wolkoff）同海军部之间的谈判，但我没觉得有理由相信英国政府对于开展巴黎计划有一点点反对。如果它还未完成，是因为路易斯亲王要在

---

[1] 见 Veit Valentin, *Deutschlands Aussenpolitik, 1890—1918*, pp. 145–147。

彼得堡完成谈判。耽搁的另一个理由是不能轻率。可能爱德华阁下希望在他走得更远之前，德国的焦虑将消失。一个事实是，他将发现在同一个时间既发出正式否认而又进行谈判是困难的。"然而，在爱德华阁下有时间用诡辩法解决他的难题，或路易斯亲王有时间去彼得堡签署《海军协定》之前，不列颠政府的全部能量都被孤注一掷地投入于维持世界和平。

第十六章　风暴间隙

当弗兰茨·费迪南及夫人6月28日在萨拉热窝遭奥地利的塞尔维亚人刺杀身亡，欧洲的紧张气氛便一触即发。[1] 刚愎自用的贝尔奇托尔德立刻决心抓住他一直在等待的与塞尔维亚算总账的机会。但是7月1日，蒂萨以一份令人起敬的备忘录警告皇帝说，没有足够证据可指控贝尔格莱德参与犯罪，奥地利将被一致认为是和平的扰乱者，而且在保加利亚取代罗马尼亚成为三国同盟的卫星国之前就开始一场重大战争是愚蠢的。弗兰茨·约瑟夫的情绪由他

1　见 *Diplomatic Documents Relating to the Outbreak of the European War*, ed. by J. B. Scott。补充材料见Kautzky, *Die Deutschen Dokumente zum Kriegsausbruch*；Dirr, *Bayerische Dokumentezum Kriegsausbruch*；在德国国会的调查委员会面前提出的证据；同盟国失败之后发表的奥地利最后的红皮书。对不列颠政策的最佳辩护见Headlam, *The History of Twelve Days*及*The German Chancellor and the Outbreak of War*；Oman, *The Outbreak of the War*；Gilbert Murray, *The Foreign Policy of Sir Edward Grey*。较有批评性的是Earl Loreburn, *How the War Came*。对法国政策的最佳辩护见Poincaré, *Les Origines de la Guerre*；Bourgeois et Pagès, *Les Origines et les Responsabilités de la Grande Guerre*。高度批评性的是Pevet, *Les Responsables de la Guerre*。对德国政策的最佳辩护见白皮书 *Das deutsche Weissbuch über die Schuld am Kriege*；Bethmann-Hollweg, *Reflections on the World War*, I，又有其 *Kriegsreden*作为补充，由Thimme进行出色编辑；Jagow, *Ursachen und Ausbruch des Weltkrieges*；Helfferich, *Die Vorgeschichte des Weltkrieges*；及 *Deutschland und der Weltkrieg*中Oncken写的章节。Kautzky, *Wieder Weltkrieg entstand*持敌对态度。出自德国人的最冷静的作品见Veit Valentin, *Deutschlands Aussenpolitik, 1890—1918*, ch. 10。对奥地利政策最全面的报告见Gooss, *Das Wiener Kabinet und die Entstehung des Weltkrieges*。尖锐抨击贝尔奇托尔德的见Kanner, *Die kaiserliche Katastrophenpolitik*；Szilassy, *Der Untergang der Donaumonarchie*。解说匈牙利观点的见Count Julius Andrassy, *Diplomacy and the War*。最不带偏见的讨论见Fay, "New Light on the Origins of the War", *American Historical Review*, July and Oct., 1920, Jan., 1921。

致德皇的一封亲笔信表达，信由贝尔奇托尔德起草。"针对我侄儿的罪行是俄国与塞尔维亚的泛斯拉夫者们展开之煽动行动的直接后果，他们唯一的目标就是弱化三国同盟并分裂我的帝国。尽管不能证明塞尔维亚政府是共犯，但无疑它那旨在将所有南斯拉夫人统一在塞尔维亚旗帜下的政策必定鼓励这类罪行，并且如若不被停止，将使我的家园与国土陷入危险。我的努力一定要指向孤立塞尔维亚并缩减她的面积。经过最近这桩可怕的事件，我肯定你也相信塞尔维亚与我们之间的协议已经是不可能的，而且只要贝尔格莱德这个有罪的煽动中心不受惩罚，所有欧洲君主的和平政策都会被威胁。"与这封皇家书信一起寄去的还有罪行发生前几天所起草的关于罗马尼亚与保加利亚的备忘录，外加一条不祥的后记，称现在有必要让双元君主国抓住它的敌人正用来编织套住它的头的那个网的线，并将它们粉碎。

德皇7月5日收到这封信时，他向特使豪耀斯伯爵（Count Hoyos）保证，奥地利在这个情况下就像在其他所有事件中一样，可以信赖德国的全面支持。反对塞尔维亚的行动不应耽搁。俄国的态度无疑会是敌对的，不过他对此早已有所准备；如果奥地利与俄国之间不免一战，德国将站在盟友身边。俄国无论如何都没准备打仗，而且在诉诸武力之前还要三思。如果奥地利真的认识到针对塞尔维亚的战争是必要的，他会对她没有利用眼下这个时机感到遗憾，这个时机完全有利于她。次日，德国首相通知奥地利大使，在涉及奥地利与塞尔维亚之议题的问题上发表意见不是皇帝的工作，但弗兰茨·约瑟夫可以信赖符合皇帝之义务及老交情的支持。与此同时，他将努力把罗马尼亚带回羊栏。

德皇的亲笔答复重复了他的口头支持许诺。他没有召集王室智囊团，但就在他开始北方水域年度巡游之前的7月6日，他接见了国防部和海军部的代表，并就欧洲的复杂性警告他们。[1] 德国白皮书解释道："我们很明白奥地利那方针对塞尔维亚的好战态度可能把俄国带入战场，而为了与我们作为盟友的职责相称，那可能把我们卷入一场战争。但是，当看到奥地利的重大利益

---

[1] 见 Beilage, *Zur Vorgeschichte des Weltkrieges, Schrift Auskünfte Deutscher Staatsmänner*。

处于危急关头时，我们不能劝告我们的盟友采取一种与其尊严不符的屈服态度，也不能不给予其帮助，甚至这也因为我们自身的利益被塞尔维亚人的煽动所威胁。如果塞尔维亚人继续在俄国与法国的协助下威胁奥地利的存在，那将导致她的逐渐崩溃以及所有斯拉夫人臣服在俄国的王权之下，这将致使条顿民族在中欧的位置难以为继。一个在俄国泛斯拉夫主义的压力之下于道义上衰弱的奥地利，将不再是我们考虑东邻和西邻的更具威胁性的态度时可以指望的盟友。"1914年的维也纳并不比1908年时更像柏林的工具，但通过鼓舞奥地利采取几乎是肯定要把欧洲抛入战争的行动，德国政府所招致的灾难罪责份额几乎不小于奥地利。德皇认为塞尔维亚人是弑君者和野蛮人，并相信沙皇对他们的看法一样，因此对罪犯的轻率不给以任何宽恕，而是力促要快速且惩戒性地责罚他们。

当贝尔奇托尔德在准备他的霹雳并确保自己获得德国支持时，里奇诺瓦斯基被指示去警告爱德华·格雷阁下，说维也纳同贝尔格莱德之间的关系倾向于变得紧张，并建议他应劝说俄国忠告塞尔维亚服从奥地利的要求。外交大臣准备好了一旦奥地利被迫采取较严厉的措施，他就敦促俄国去调停，但这很大程度上取决于奥地利人是否把斯拉夫人的感情激怒到使得俄国不可能保持消极的程度。然而奥地利没心情妥协。在收到德国政府的答复之后，双元君主国的大臣们于7月7日开会讨论局势，贝尔奇托尔德伯爵表达他的观点说，一劳永逸地终止塞尔维亚阴谋诡计的时候到了。德国已许诺支持，而且进攻塞尔维亚不必然牵涉与俄国打仗。除了蒂萨，所有人都称是；蒂萨力陈进攻塞尔维亚会引起世界大战，并重申他在致皇帝的第二份备忘录中的抗议，他同意单纯的外交胜利是无价值的，呈递这么严厉的要求必定会被拒绝。[1]贝尔奇托尔德的决心丝毫未被他派往萨拉热窝从事调查的官员魏斯纳（Wiesner）的报告所减轻；报告称那里"没有任何东西能够证明或甚至令人

---

[1] 关于蒂萨的温和影响力，除了红皮书，见Fraknoi, *Die Ungarische Regierung und die Entstehung des Weltkrieges*。

怀疑塞尔维亚政府察知导致此项罪行的步骤"。[1] 7月19日的第二次王室智囊团会议敲定了给塞尔维亚的照会文本,并同意在7月23日呈送对方。康拉德宣称军队的前景不再像从前那么好,他们还会变得更糟。通过奥地利应放弃吞并这一方法,获得了蒂萨的同意。然而贝尔奇托尔德坚持,有战略意义的边境必须修改,且这个地区的一部分应分配给其他国家。7月23日,时限为48小时的最后通牒送到贝尔格莱德。奥地利列为十项条款的要求不仅包括镇压泛塞尔维亚协会和宣传,还要求由奥地利官员在执行为了上述目标的措施方面合作。弗兰茨·约瑟夫也很清楚这一步骤的分量。他对一位大臣评论说:"俄国不会接受。会是一场大战。"[2]

当奥地利大使7月24日将最后通牒的一个副本呈交唐宁街时,外交大臣抱怨这个阶段就采用了时间限制。他还从没见过一个国家致送另一个国家的文件有这么令人生畏的特点。奥地利与塞尔维亚之间争执的对错不关不列颠政府的事。至于能做些什么,他将与其他国家交换意见,并且必须要等待这些意见。他的第一个举动就是派人找法国大使,告诉对方,他确信唯一的斡旋机会是德国、法国、意大利同在塞尔维亚没有直接利益的大不列颠,应在维也纳和彼得堡联合行动并同步行动。康朋阴郁地答复说,在俄国表达些许意见或采取一些行动之前,什么都没法说;两天之内奥地利将进军塞尔维亚,因为塞尔维亚不可能接受这份通牒;俄国将因公众舆论而被迫当奥地利一进攻塞尔维亚就采取行动,因此,当奥地利的进攻开始后再调停就太迟了。同一天下午,外交大臣见过德国大使,后者带着一份谴责塞尔维亚人反对双元君主国之完整性的阴谋的循环通告,赞同奥地利的程序,并表达意见称,这事件只与奥地利和塞尔维亚有关。爱德华阁下宣布,如果最后通牒不带来同俄国的麻烦,他就不关心它。但他很忧虑于俄国会采纳的观点,而且考虑到奥地利照会的非同一般性质和所允许的短短时间,他觉得只要关系到

---

[1] 贝尔奇托尔德向蒂萨、弗兰茨·约瑟夫及柏林隐瞒这份报告。
[2] Kanner, *Die kaiserliche Katastrophenpolitik*, p. 251. 这句话比Margutti, *The Emperor Francis Joseph*中的证词更重要。

俄国就无能为力。唯一的机会是四个其他大国应出面斡旋并争取时间，这也只有当德国肯在维也纳提出并分担这种忠告时才可能成事。爱德华阁下在这样对巴黎和柏林提议斡旋的同时，也在当天敦促塞尔维亚许诺，假如她有任何官员被证明是谋杀者的共犯，她将给以最充分的赔偿。

7月26日，爱德华阁下向巴黎、柏林和罗马的政府发电报，告以他同大使们讨论过的斡旋提议。"外交部大臣不是任命来指导这里的大使们与法、意、德及我本人的代表们立即私下碰头，以便发现一个可能阻止复杂化因素之议题的吗？如果是这样，那么贝尔格莱德、维也纳和彼得堡的代表们应请求所有活跃中的军事操作，都应在等待会议结果期间暂停。"法国和意大利迅速接受该提议，但德皇宣布，他只会根据奥地利的愿望表达而加入斡旋，"因为在重大问题上人们不咨询别人"。外交大臣作答，塞尔维亚的答复他刚刚才看到，它比预期的更加迎合奥地利的要求，这显然归功于俄国的催促，因此在维也纳也需要有温和势力。塞尔维亚的答复至少要被作为讨论和暂停的基础对待，德国应敦促维也纳开展此进程。里奇诺瓦斯基报告称，他首次发现这位大臣心绪糟糕。"他非常严肃地说话，并且看来非常明确地期望我们运用我们的影响力解决该问题。这里的每个人都确信，钥匙在柏林，而且如果柏林希望和平，就能拦住奥地利。"德国首相诚挚地渴望和平，但对局势完全失控，他将里奇诺瓦斯基的急件电传至维也纳，补充说，既然已经谢绝了开大会的提议，就不可能再拒绝这个新建议了。"如果拒绝每一种斡旋，我们就要在整个世界面前为冲突负责。我们的位置是最困难的，因为塞尔维亚显然已经让了很大一步。因此我们不能拒绝斡旋者的角色，并且必须在维也纳召开内阁会议讨论英国提议之前就位。弄清贝尔奇托尔德对英国计划及萨佐诺夫直接与维也纳谈判之愿望的看法。"

对世界和平而言很不幸的是，维也纳已决心与她的麻烦邻居做最后清算。[1]莫里斯·德·本森阁下（Sir Maurice de Bunsen）报告："对最后通牒的

---

[1] 杜梅因（Dumaine）在他饶有意味的书《法国驻奥地利的最后大使馆》（*La dernière Ambassade de France en Autriche*）中把贝尔奇托尔德表现为一个和蔼可亲的庸常之人，但被奇尔施基所刺激。这幅画像不能被王室智囊团的议定书所支持。

全盘接纳既没被期待,也没被渴望。当有流言称它被无条件接受时,有那么一刻感到极度失望。这个错误被迅速纠正了,而且一旦得知它被拒绝,且吉斯尔男爵(Baron Giesl)已与贝尔格莱德撕破脸,维也纳便爆发出一阵狂喜,广大群众上街游行并高唱爱国歌曲直到半夜三更。现在,洪水闸门大开,全体人民和新闻界都不耐烦地吵嚷着,要对这个讨厌的塞尔维亚民族进行直接且应得的惩罚。这块土地上相信,它面前的选项要么是压制塞尔维亚,要么就是迟早屈折自己毁于其手。奥地利拥有如此正当的理由,看上去无法设想哪个国家应该拦住她的路。"门斯道夫伯爵被指示通知爱德华阁下说,塞尔维亚没有接受要求,奥地利必须发动武力,而且她指望在这场强加给她的斗争中能得到不列颠的同情。大使解释说,纸面上的答复可能看起来令人满意,但奥地利的军官与警察的合作——仅凭这一项就能保证停止针对奥地利的颠覆运动——被拒绝了。爱德华阁下回嘴说,贝尔格莱德的回答中含有他平生所见的一个国家所忍受的最大屈辱,而奥地利把它视为单纯的消极答复对待,这令人失望之至。

如果说奥地利决心不惜一切代价与塞尔维亚秋后算账——她在1913年被阻止这么做,而且她认为这清算本质上是防御性的,那么俄国履行她反复承诺的扶持其巴尔干被保护国这一诺言的决心也不逊色。[1]此外,俄国军方满怀信心地盼望着一场可能以君士坦丁堡为战利品的冲突。在同盟国中,人们希望,且在某些区域人们真诚地相信,当塞尔维亚接受惩罚时,俄国会袖手旁观,但是这样一个推测是站不住脚的。奥地利的最后通牒是在法国总统正好结束对俄国宫廷的访问并置身公海时颁发的,体现出精心掩饰的表里不一,萨佐诺夫在读过这份通牒后向乔治·布坎南阁下(Sir George Buchanan)形容它是挑衅性的且不道德的,并表示希望不列颠政府将宣布与俄国和法国团结一致。英国大使回答说,他不期望有任何无条件投入的武装支持,因为不列颠的利益为零,而且一场为塞尔维亚打的战争绝不会被英国舆论赞许。萨

---

[1] 俄国演员在这出剧目中的生动画面见德国大使与法国大使的日记Pourtalès, *Am Scheidewege zwischen Krieg und Frieden*;Paléologue, *La Russie pendant la Grande Guerre*, I, chs. 1-2。

佐诺夫反驳说，欧洲的总体问题都牵扯进来了，如果战争爆发，大不列颠迟早要被拖入，如果她不在一开始就与法、俄共同谋划，她将会使战争更有可能爆发。法国大使也加入这一诉请。乔治阁下在他的急件结尾处表达了自己的意见，称如果我们拒绝加入她们，法国与俄国将决心采取强硬立场。

这就是外交大臣7月27日以几个意味深长的句子将局势之严重性和他与法、德、意合作之提议通知给下议院时的局势，下议院的注意力一直集中在爱尔兰。自这场危机发生将他和他的同僚们牵绊住以来，他还一言未发，但当海军部基于自身职责而下令聚集在波特兰进行军事演习的舰队不要解散的前一天，一个重要决议已经做出。当班肯道夫抱怨说，在德国与奥地利圈子里普遍有一个印象认为我们应当袖手旁观时，爱德华阁下回答，给舰队的命令应该就能驱散这种印象。然而这一事实一定不能被认为意味着许诺了比外交行动更多的任何东西。

维也纳对规劝与警告充耳不闻。当莫里斯·德·本森阁下7月28日解释了不列颠政府希望四国应为和平而努力时，贝尔奇托尔德"迅速但坚决地"回答，不接受任何基于塞尔维亚照会的讨论，当天就应宣布开战，与塞尔维亚的任何暂时协议都不值得获取，因为她从前就已欺骗奥地利，她不再是一个文明国度。他补充说，如果各大国给塞尔维亚撑腰，欧洲的和平就没救了，因为如果奥地利现在接受调停，塞尔维亚会觉得追逐她的老路是受到鼓励的，并且战争问题将迅速再度意外出现。[1]彼得堡一俟知晓宣战书就下令在南部调动军队，萨佐诺夫则电告班肯道夫，彼得堡与维也纳之间直接沟通的想法告终了。伦敦内阁着眼于暂停军事操作的行动现在是最要紧的，因为除非能制止军事操作，否则斡旋只会给奥地利以粉碎塞尔维亚的时间。

奥地利的宣战书尽管在白厅激起的反感程度不亚于最后通牒，但对不列颠的政策没起到改变作用。外交大臣仍旧不给予可能激起彼得堡军事热情的支持承诺，也不给予可能鼓舞维也纳与柏林之发热头脑的中立承诺。7月29

---

[1] 贝尔奇托尔德关于妥协只会延迟斗争的信念在奥地利被普遍分享。周详讨论见Hoyos, *Der Deutsche-Englische Gegensatz und sein Einfluss auf die Balkanpolitik Oesterreichs-Ungarns*。

日,他通过里奇诺瓦斯基恳请德国政府提出个能让四国阻止战争的方法。如果奥地利在声言她必须坚守占领区直到她收获赔偿的同时宣布,当在她与俄国之间进行调停的努力尚在进行中时她不会进一步前进,那么斡旋是有可能的。如果德国能把这一建议推荐给维也纳,他将确保俄国的同意。他追加了被大使事后形容为"著名警告"的话。爱德华阁下电告戈申阁下:"这个下午,我说我希望能对他以一种很私人,也很友好的方式说说我的一些想法。如果德国开始卷入,然后又是法国,那么这个议题就重大到会涉及所有欧洲利益,而且我不希望他被我们谈话的友好口气所误导而认为我们会袖手旁观。德国大使对我所说的没有异议。他的确告诉我说,这符合他早就告诉柏林的他对局势的看法。"

里奇诺瓦斯基对于此次谈话的报告没能及时抵达柏林,从而没有对同一天傍晚在波茨坦召开的王室智囊团会议产生影响;皇帝已结束北方巡游返回这里。他在《回忆录》中写道:"我发现首相和外交部同总参谋长有冲突,因为毛奇力主战争不可避免,而其他人相信如果我不调动就可以避免。"[1]在这场会议之后,贝特曼-豪尔维格针对不列颠的中立,提出了爱德华·戈申阁下所描述的强烈请求。他评论道,显然大不列颠不可能置身事外任由法国被碾压,但那并非德国的目标。如果不列颠的中立可以肯定,不列颠政府会获得各种保证,德国的目标不是以法国为代价以获取领土。至于法国殖民地的问题,他说他不能给出类似承诺。德国被迫采取什么方式取道比利时,那取决于法国的行动;但战争结束时,比利时的完整性将被尊重,只要她没有站在反对德国一方。他的目标一贯是带来与英国的谅解。他脑中有一份总体中立协议,而且在当前的危机可能制造的冲突中,有不列颠的中立保证将使他能指望协议的实现。爱德华·格雷阁下在接到谈话报告时愤怒地答复说,德国政府一刻也不能对德国首相在如此条件下的中立提议感到愉快。

德国政府鲁莽地鼓励贝尔奇托尔德采取行动,而且还有着罪不可推的轻

---

[1] William II, *Memoirs*, ch. 10.

慢——都没要求看看最后通牒，首相和雅高都震惊地以为这种尖锐度实属不必；[1] 但在塞尔维亚答复之后，他们试图给奥地利战车拉刹车。德皇对雅高写道："君主国的愿望大体都实现了。少数保留之处可以通过谈判清除。最屈辱的投降书于此铭记，战争的所有理由都消失。但这张纸只有当它付诸实现时才有价值。塞尔维亚人和东方人，虚伪又拖拉。为了让这些公平的许诺实现，必须运用新鲜劲爆之力。奥地利军队荣誉的满意必须是能看得见的。这就是我进行斡旋的条件。"这个提议在7月28日傍晚被送到维也纳，早于爱德华·格雷阁下的类似提议到达。一天之后从驻彼得堡的德国大使那里收到的信息，致使柏林对维也纳发出厉声警告，这在早些天里本会非常有用。当普塔莱的急件于7月29日很晚时到达雅高处时，他给维也纳拟了一份电报拿给早已上床的首相看，同时以更鲜明的形式发出电报。"我们不能期望奥地利与塞尔维亚谈判，因为她在战争中。然而拒绝同彼得堡交换意见会是重大错误。我们确实准备好履行我们的义务。但作为盟友，我们必须拒绝因奥地利不尊重我们的忠告而被拖入一场世界大火中。以着重强调和最严肃的方式告诉贝尔奇托尔德。"让首相发出断然警告的是来自彼得堡的信息，而非来自唐宁街的威胁之词，那还没传到他那里呢。

贝尔奇托尔德立刻允许重启在彼得堡的谈话，并补充说，既没图谋侵害塞尔维亚的权利，也没图谋获得领土；但他的表面谈话纯粹是策略。一个王室智囊团会议被召集来讨论不列颠的提议，而且这位外交部长报告说，他已向呈递该提议的德国大使解释过，停止敌对是不可能的。奥皇同意了避免出于提案的价值来接受它，而只表现出愿意迎合英国与德国首相的建议。答复将宣布，针对塞尔维亚的行动必须继续，在俄国停止军事调动前奥地利不能讨论英国的提案，且奥地利的要求一定要被完整接受。仅仅占领贝尔格莱德

---

[1] 关于德国对此文本之认识的争议是不恰当的，因为她给奥地利开出的空白支票使得不管奥地利选择做什么她都负有道义责任。贝尔奇托尔德宣称："奇尔施基在最后通牒起草之前就被告以其实质要点，而且在文本发出两天之前就给他看了。"见 Goricar, *The Inside Story of Anglo-German Intrigue*, pp. 300–301。

是没用的。俄国将假充塞尔维亚的救世主,于是塞尔维亚依旧原封不动,而且在两到三年内奥地利将在更加不利的条件下暴露于一场进攻之下。在允许其他大臣们表达自身意见的辩论环节,不妥协性不遑多让。蒂萨建议,君主国应宣布她准备好在对塞尔维亚的行动继续而俄国停止调动的原则和条件下,接受不列颠的提议。奥地利首相施图尔克伯爵(Count Stürgkh)评论说,开大会的想法这么令他讨厌,他甚至不想假装接受它。财政部长认为蒂萨的提议极其精明而欢迎它,因为通过提出这两个条件就能赢取时间。伦敦会议是如此可怕的回忆,公众舆论会因为重复这样的会议而造反。在会议结束之际,外交部长向奥皇报告了给不列颠的斡旋提案发送一个谦恭答复的决议,答复将称奥地利愿意在对塞尔维亚的行动不被就此打断且俄国立即停止调动并解散其后备军的条件下考虑它。

关于这次王室智囊团会议的记录证实,奥地利此时受到称颂的准备好做有诚意之妥协纯属想象;因为英德提议的本质是针对塞尔维亚的战役应当暂停,而且没人会指望当奥地利继续把她的敌人踩在脚下之时,俄国能停止军事调动并遣散其后备军。爱德华阁下被里奇诺瓦斯基告知,得益于德国的表示,俄国与奥地利之间的谈话已经重启,他对此表示极为满意。然而他看不出俄国怎么才能暂停军事准备,除非对奥地利推进军队能做出一些限制。"在我看来,四个利益无涉的国家是否可能向奥地利提出,她们许诺会盯着奥地利在对塞尔维亚的要求上获得完全满意,只要这些要求不损害奥地利早已宣布愿意尊重的塞尔维亚的主权及其领土完整性。德国应就此探听维也纳的风声,而我将探听彼得堡的。当然,所有国家应进一步暂停军事操作或准备。"里奇诺瓦斯基被命令重复外交大臣讲给他的许诺与警告。"我说,如果德国能够提出任何合理的提议,清楚说明德国与奥地利正在努力维护欧洲和平,那么俄国与法国如果拒绝它就是不讲理,我会在彼得堡与巴黎力挺这样的提议,并将竭尽所能说,如果俄国与法国不接受它,英国政府就不再关心后果;但我告诉大使,若反过来,如果法国被卷入,我们就将被拖入。"

爱德华阁下与里奇诺瓦斯基的谈话发生在7月31日,并且他在不知道俄国——7月29日调动了55个师作为对奥地利22个师的答复——现在已调动全部军力的事实下给柏林派发了指示。根据俄国国防部长苏霍姆利诺夫（Sukhomlinoff）的叙述，沙皇7月29日签发了全军调动令，但收到德皇一封友好电报后，他下令军事调动只能针对奥地利。然而国防部长与总参谋长允许全面调动继续进行，同时将此向沙皇隐瞒并对德国军事参赞否认此事。这一违命之举当时没被发现，因为7月30日下午，萨佐诺夫、国防部长和海军部长在获悉对贝尔格莱德的轰炸后，同意全军调动是必要的。当天夜里获得沙皇同意，次日一早首都便贴出告示。[1] 几个小时之后，奥地利下令全军调动，而德国宣布战争危险逼近。

在德国大使看来，沙皇几乎没意识到他所作所为的重要意义，而且在一封给乔治国王的电报中，他把接踵而来的德国最后通牒描述为完全出乎意料；不过他的外交大臣与国防部长不可能置身于这种错觉中。7月25日，乔治·布坎南阁下警告俄国外交部长，如果俄国调动军力，德国不会愿意仅仅调动军力或给俄国时间开展调动，而将可能立刻宣战。巴黎也提出过类似的忠告，但在采取这个无可挽回的举动之前并未被考虑。此外，法国与俄国的专家圈里都把调动理解为等同于战争宣言。对塞尔维亚的进攻中所包含的挑拨性是严重的，萨佐诺夫将之描述为关乎俄国生死存亡的问题；而且奥地利最后通牒的罪责是俄国调动军力所不能望其项背的，因为它先出现，并且招致了它应得的反应。话虽如此，值维也纳与彼得堡之间的谈话正在重启、贝特曼-豪尔维格正竭尽全力约束他的盟友、沙皇与德皇正在进行电报交流之际，俄国的行动使世界大战突然降临。7月31日下午送到彼得堡的、要求在12小时之内停止全军调动的最后通牒，在德国上下被作为对入侵这一可怕威胁的必然答复而喝彩。另一方面，假如德国政府渴求和平的程度有如英国内

---

[1] Honiger, *Russlands Vorbereitung zum Weltkrieg*; "Untersuchungen zum Sukhomlinoff-prozess", in *Deutsche Rundschau*, April, 1918; Eggeling, *Die Russische Mobilmachung*；德国国会委员会的报告——*Zur Vorgeschichte des Weltkrieges*, Heft 2。

阁，他们就不会[1]像奥地利一样以对应调动作为对俄国之调动的答复。德国国防部长法尔肯海恩（Falkenhayn）的意见是，最后通牒尽管正当，却操之过急且不必要。但确信俄国动了真格的德国首相支持总参谋长毛奇关于宣布开战的要求，以便德国不用更长的时间着手于将应对突袭的庞大军力集中起来。毛奇补充说，在俄国调动军力的压力下进行谈判将是国家耻辱。

当爱德华阁下勇敢地在维也纳和彼得堡之间努力搭建桥梁时，法国政府在整个危机期间扮演着奇怪的消极角色，害怕给其兴奋的盟友施加压力，并确信无须其他，只要不列颠发布一则支持双边联盟的公开保证，就能止住雪崩。弗兰西斯·贝尔蒂阁下（Sir Francis Bertie）7月30日报告：“总统确信和平在大不列颠手中。如果政府公布英国将出面帮助法国，就不会有战争，因为德国将立刻修改态度。”同一天，法国大使提醒外交大臣记得1912年的信。"他没要求我直接说我们将干涉，但他想要我说，如果产生特定环境，例如，如果德国要求法国停止她的准备或要求她中立，我们将这么做。"爱德华阁下许诺在次日召开过内阁会议后给以答复；与此同时，英国首相在下议院意味深长地宣布延后有争议的《爱尔兰修正案》。7月31日，外交大臣如约召见法国大使。"我说我们在今天的内阁会议得出的结论是，我们不能在眼下给任何保证。直到目前，我们不觉得涉及任何条约或义务。"法国总统对乔治国王提出的直接诉请，重复了法国人类似的论据。如果德国确信英国不会干涉，战争看来就不可避免；但如果她确信英国将开始作战，就有最大的和平机会。国王8月1日谨慎地答复说，他仍未不抱希望，他正在与俄国与德国的皇帝一道动用最大的努力；政府则将继续自由且坦率地讨论任何可能引起两国兴趣的要点。

当俄国调动军力的消息和德国关于战争危险逼近的公告于7月31日抵达伦敦时，爱德华阁下电告法国及德国政府，[2]询问它们是否会努力尊重比利时

---

[1] 原文是"就会像奥地利一样……"，但根据上下文，应该是"不会"。——译注

[2] 正如帕尔梅斯通（Palmerston）所指出的，1839年的保证给了捍卫比利时中立的权利，但并未强加捍卫其中立的义务。格莱斯顿1870年的条约是必要的，因为1839年的条约并不自动包含行动。见Sanger & Norton, *England's Guarantee to Belgium and Luxemburg*。

的中立；同时通知比利时，他认为她应尽一切力量坚守中立。法国立刻给了想要的保证，德国外交部长却答复说，回答此问题会泄露作战计划。爱德华阁下因此对德国大使宣读了一则获内阁一致赞同的警告。"德国政府的答复是遗憾之至的事，因为比利时的中立确乎影响到这个国家的感受。"德国大使自然即此发问，如果德国给予所要求的承诺，我们是否保持中立？"我回答说我不能这么说。我们的手依旧自由。我们的态度将在很大程度上由公众舆论决定，而比利时的中立极其强烈地吸引公众舆论。"大使于是又问爱德华阁下是否不能明确表述我们保持中立的条件，进而又暗示法国及其殖民地的完整性可以被保证。"我说我觉得必须拒绝任何保持类似条件之中立的许诺，我们必须保持行动自由权。"

当大不列颠仍在婉拒承诺什么时，巨大的冲突开始了。奥地利与塞尔维亚自7月28日起成为敌人，8月1日下午，俄国与德国开战。俄国没有就德国的最后通牒给出答复，其军队则在时限截止之前越过边界进入东普鲁士。7月31日俄国驻巴黎大使关于在俄德开战的情况下法国将追随什么路线的询问，在8月1日收到出乎意料的答复——她将考虑自己的利益。[1] 同一天，法国在时时刻刻都期待着一份最后通牒的情况下开始调动军力。德国与法国之间的敌意提前爆发，迫使大不列颠要明确她的态度。8月2日早晨，外交大臣被内阁授权向法国承诺有条件的海军支持。"我被授权给予保证，如果德国舰队进入海峡，或经由北海采取针对法国海岸或航运的敌对行动，不列颠舰队将给予其力量范围内的全面保护。当然，此保证服从于政府获议会支持的政策，并且作为对政府采取行动的约束，直到出现德国舰队采取行动之上述意外事件之前，绝不采取行动。"外交大臣在将此备忘录递交法国大使之时指出，英国政府不能让自己被制约到如果法德明天爆发战争就对德宣战，但最

---

[1] 关于巴黎最近这段日子，除了各急件之外，还有如下叙述：Poincaré, *Les Origines de la Guerre*; Schön, *Memoirs of an Ambassador*, ch. 4. 德国首相7月31日指示的目的是，当法国许诺中立后移交图勒（Toul）和凡尔登（Verdun），这是为了阻止当德国深陷东部时，法国借宣战书而宣布短暂中立。

重要的是要让舰队长久以来都集中在地中海的法国政府知道，在北部海岸完全不设防的情况下该如何调度舰队。内阁在做出这个针对德国对法国海岸之海上袭击的重大决议之时，先期收到一封来自博纳·劳（Bonar Law）先生的信，此信在会议召开时被带到唐宁街，表达了反对派领袖们的意见，认为在当前节骨眼上如果对支持法国与俄国犹豫不决，对于联合王国的荣誉与安全都将是致命的。

莫利先生和约翰·伯恩斯（John Burns）先生辞职，而且是在内阁8月3日下达调动远征军的命令之后。中午，有流言说比利时收到一份最后通牒，要求她敞开道路让德国通过她的领土行军。事实上，8月2日傍晚有一份最后通牒被送交布鲁塞尔。这是毛奇7月28日起草并于7月29日装在封印的信封里发寄给德国公使的，以备不时之需。

爱德华阁下于8月3日发表了他那被焦急等待的演说，承认欧洲和平恐怕无法维系。他像首相一样，总是承诺倘若发生这种危机，议会将自由做决定。因此我们只需考虑局势要求我们做什么。我们与法国保持友谊已经很多年。"但是那友情要承担多重的义务，让每个人都扪心自问，也视乎自己的感受。法国舰队现在在地中海，法国海岸的北部与西部完全未设防，因为信任和顾念两国之间的友情。我自己的感受是，如果投入一场法国并未寻求之战争的一支外国舰队来到海峡并轰炸法国的未设防海岸，我们不能袖手旁观。法国有权利立刻知道当她的北部和西部不设防海岸遭到袭击时，她是否能指望英国的支持，因此我昨天给法国大使以承诺。那不是宣战书。"更严肃的考虑是比利时的中立。关于德国最后通牒的消息已经来临。"如果是真的，如果她接受了，她的独立性就一去不返，不管许以何种回报。如果法国被打，如果比利时沦入同一股支配力量的影响之下，而且接着是荷兰，其后又是丹麦，那么站在不列颠利益的角度想想什么东西会危如累卵。如果在像这样的一场危机中我们拒绝这些写在《比利时条约》中的关乎荣誉和利益的义务，我怀疑，不管我们最终能拥有什么实质力量，与我们可能丧失的尊严相比，它是否还有很大价值。尽管舰队已被调动而陆军在调动中，我们仍未约定派遣远征军出国；但是，如果我们被迫在这些议题上采取立场——这看起来并非不可能，那么我相信，当国家意识到什么东西被危及，我们就不仅会获得下议院的支持，还会得到整个国家的决心、勇气和毅力的支持。"下议院休会至傍晚，那时爱德华阁下宣布，头天一份最后通牒已被送交比利时。早晨6:45，舍恩将一份宣战书带给维维亚尼（Viviani），并于当夜离开巴黎。次日及8月4日早晨，比利时边界被德国军队通过的消息抵达伦敦。当内阁碰头时，所有的怀疑与犹豫都被一扫而空，一份最后通牒被起草、批准和派送。

　　这则决定命运的消息在去柏林的路上时，德国国会正在柏林王宫的白厅举行会议。王座上响起演说声："我怀着沉重的心情被迫调动我的陆军反对一位邻居，她那一侧曾多次作为战场打斗。我以真诚的哀悼之心见证德国诚心珍视的一场友谊终结了。屈从于无法餍足之民族主义的俄国政府，去支持一个因赞助犯罪企图而激起这场战争的国家。法国加入我们的对头们并不令我们惊讶。我们建立友好关系的努力太多次因陈念旧恨而毁灭。当前局势不是流变中之利益冲突的后果，而是多年来对德意志帝国之力量和财富的主动敌意的后果。白皮书显示我的政府尤其是我的首相为防止灾难而努力到最后一刻。我们不是被征服欲推动，而是被维护上帝赐予我们之地位的铁的决心所推动。我们怀着明白的良心、带着干净的双手而拔剑出鞘。"

　　王座演说得到首相的深化，他给他的敌人们冠以一些要被破坏性利用的短语。俄国放火烧屋。德国力主奥塞冲突必须局部化，俄国却介入了，先是针对奥地利调动军力，后又针对德国，而德国那时连一名预备兵都还没召唤呢！"我们要等到那些把我们夹成三明治的国家选择他们的打击时间吗？把德国暴露在这样一种危险下应就是一桩罪行。因此我们要求俄国解除调动，以此作为维持和平的最后机会。法国拒绝承诺中立，并在宣战之前就跨过边界。先生们，我们处在一种必要性状态中，而且必要性不懂法律。我们的军队已占领卢森堡，并可能早已踏上比利时土壤。那是违背国际法的。我们知道法国准备好做同样的事，不过她可以等，我们却不能等。一支法国军队插入我们在下莱茵河的侧翼将是灾难性的。因此我们被迫无视卢森堡和比利时政府的正当抗议。我们将一俟军事目标达成便努力修复我们如此犯下的过错。不管谁像我们这样受到威胁,并且在为自己而战斗,都只能考虑如何杀出自己的路。我重复皇帝的话'德国怀着明白的良心进行斗争'。我们为了我们和平努力的果实而战,为了伟大过去的遗产和我们的未来而战。我们的军队在战场,我们的舰队随时待命,在他们身后站着所有德国人民,团结如一。"[1]皇帝宣布他不再知道有党派,只知有德国人;所有党派都团结到他的支持之下。国会真诚地相信,德国被袭击了。哈瑟以社会主义者的名义宣布,俄国专制的胜利将是德国人民的末日,而且白玻尔说他们不会东倒西歪地离开祖国的预言实现了。

当天下午晚些时候,爱德华·戈申阁下将不列颠的最后通牒递交给雅高,后者对于自己以及首相着眼于同大不列颠交朋友进而通过大不列颠与法国变得较密切的全部政策的破碎,表达了深刻的遗憾之情。大使接着对德国首相进行告别拜访——里奇诺瓦斯基对这位首相的一再警告收效甚微,而且首相缺乏能力预见自己关于其他国家之政策的举动会产生什么后果。"我发现他非常激动。就为了一个词'中立',就为了一些碎纸屑,大不列颠就要与一个有血缘关系的、除了与她交朋友而别无所求的国家打仗。他所献身的政策像纸牌屋一样崩塌了。我们的作为是过分的。就像当一个人正在面对两个攻击者、为了生命而搏斗时,对他进行背后一击。这个打击盖过了他与我们一道为了维系奥地利同俄国间的和平而曾有过的共事。我说,眼看着两个国家在变得比以往更加友好与热忱的当口分道扬镳,这是悲剧的一部分。"答复既未被期待,亦未收到,当唐宁街上侧耳倾听的大臣们听到大本钟敲响午夜时分之际,他们知道不列颠帝国被掷入自身历史上最重大的斗争中。两天之后,奥地利对俄国宣战,大不列颠与法国以对奥地利宣战来答复。意大

---

[1] Bethmann-Hollweg, *Kriegsreden*, pp. 3-11.首相在他1914年12月2日的第二场国会演说中力陈,依据在布鲁塞尔发现的文件,比利时在战争之前就放弃了她的中立。关于比利时信守中立的一篇令人钦佩的德国人作品,见 Veit Valentin, *Deutschlands Aussenpolitik, 1890-1918*, ch. 11.

利与罗马尼亚不负期待,以两个阵营都欢迎的态度宣布中立。

尽管交战各方的行为在敌人眼里看来都是穷凶极恶,但在每个个案中,行为恰都是可以想得到的。塞尔维亚自然渴望将邻国的南斯拉夫臣民统一到她的权杖之下,自然会利用他们确凿无疑的牢骚来培植泛塞尔维亚思想,也自然会仰赖俄国帮忙,正如加富尔在类似情形下会仰仗法国一样。奥地利针对公开叫嚣的、抢夺她已拥有几个世纪之省份的野心,要捍卫自己,这也同样自然。塞尔维亚在波斯尼亚危机之后承诺要当个好邻居,但她没有信守诺言,而且她与俄国的密谋人所尽知。一直袖手旁观,直到敌人觉得自己强大到可以展开分裂计划,这是养虎为患;而弗兰茨·费迪南被南斯拉夫杀手谋杀一事,显然要求塞尔维亚政府当局做出一些醒目的辩护之举。给塞尔维亚的最后通牒是赌徒的一掷;但对维也纳和布达佩斯的政客们而言,这显然提供了最佳机会来摆脱一个确实在不断增长并挑战了奥地利作为一个大国之存在的可怕危险。

德国的行为确乎短视,但也确乎可以理解。奥地利打定主意要弱化塞尔维亚人这群讨厌鬼,而且奥地利或多或少是唯一可以被德国指望的国家,因为意大利与罗马尼亚只是名义上的盟友。如果奥地利因为丧失了南方省份而不再是个大国,那么德国只能在欧洲茕茕孑立,插在敌对的俄国与决心报复的法国之间。在保加利亚危机中,俾斯麦曾对其盟友坦言,他不会为她的巴尔干野心而战;但当时与彼得堡的连线仍在运转,而且俾斯麦拥有他的继任者们丧失了的英国的友谊。德皇1908—1909年甲仗鲜明地在弗兰茨·约瑟夫身旁亮相,迫使俄国与塞尔维亚保持和平,于是希望这次对奥德关系稳固的新展示会带来类似效果。如果不能,那么同盟国觉得自己也强大到可以击败双边联盟;因为她们知道俄国是个泥足巨人,且最近来自巴黎的启示暗示法国对于一场生死斗争的准备不够友善。如果大不列颠把剑扔上天平,这确实是个风险;但英德关系自摩洛哥难题解决以来已经大为改善,似乎有可能获得她的中立。因此,当弗兰茨·约瑟夫问,他是否能仰仗盟友的支持时,德皇及其首相答曰可以。他们都不想有一场世界大战;但他们准备好如若俄国拒绝答应让奥塞冲突局部化就打世界大战。条顿人与斯拉夫人之间的斗争被视为几乎是注定的；而且德军总参谋长提出1914年是较晚爆发冲突的时间，那时俄国在波兰边界的战略铁路将完工，且法国的三年义务兵役制将开始运作。此外，尽管德国海军还未实现其完全规格，但基尔运河的拓宽工程已经完工。

俄国被日本击败使她退而依靠欧洲，且显然一旦她恢复生息，就将立刻再次追逐她统治近东的历史野心。1909年她无法禁受挑战，这是苦涩的记忆，而且没人有权利期望她再度屈从于这种耻辱。截至1914年，她已重获自信，并准备迎接来自任何角落的挑战。正如贝尔奇托尔德在萨拉热窝悲剧中看到俄国的手，萨佐诺夫在7月23日的最后通牒中感受到的不仅是对彼得·卡拉乔杰维奇（Peter Karageorgevitch）[1]，也是对尼古拉二世的重重一击。如果俄国把她的被保护人交由奥地利任意摆布，她就会丧失作为斯拉夫各民族支持者的所有权利，并将不做任何抗争就把巴尔干半岛和土耳其移交到同盟国不可变更的统治权下。面对奥地利对塞尔维亚的进攻时，不可能指望俄国会比英国面对德国进攻比利时更有望保持中立。身为一个大国的本能骄傲迫使维也纳挑战，同样的骄傲也迫使彼得堡应战。此外，在一场世界大战中，不列颠的支持被视为理所当然。

冲突的主要起因在于近东，其始作俑者一边是德国与奥地利，另一边是俄国与塞尔维亚。俾斯麦1891年对巴林评论道："我不会看到世界大战了，但你会，而且它将始于东方。"他的预言成真了。但在四分之一世纪里，法国的命运都与俄国的命运连在一起，而且当久已被期望的危机来临时，她毫不犹豫地站在伙伴的身旁，就像德国毫不犹豫地站在奥地利身旁。法国无意于打仗，也没采取任何促成战争的行动。但她永不放弃光复莱茵河诸省的希望，为了这个原因，她不能被包括到那些是和平最切实拥护者的"饱和国家"中。战争前夕被一个民族主义者刺杀的饶勒斯长久以来担心的灾难已经

---

[1] 塞尔维亚国王。——译注

发生了，法国被其盟友的野心拖入一场不顾一切的冲突中。倘若拒绝召唤，将会构成对其条约义务的不忠，加重作为一个"衰败国家"而受到的轻蔑，这名声已经在莱茵河以外被作为笑谈，还会使她面对得胜的条顿人时无力防守。

意大利自然要置身冲突之外，因为欧洲其他五个大国都有份。早在1896年，她就通知盟友们，如果大不列颠以及法国都是她们的敌人，她就不能与她们比肩战斗。1902年，她以条约保证自己不分担对法国的进攻。1909年，她许诺支持俄国的野心，以换得俄国支持她自己的野心作为回报。因此她在1914年就通过条约或谅解而与协约国的每一个都产生联系。另一方面，尽管她与德国的关系很好，但对意大利沦陷区（Italia Irredenta）[1]不灭的渴望一定要被满足，而且对亚得里亚海的控制权必须要通过牺牲奥地利来确保。意奥两国之间从无任何真正的利益认同，加上意大利与法国的亲善关系，她只能算三国同盟中的沉睡伙伴。奥地利很清楚她这个南方盟友的情绪，而且她对意大利的支持没什么指望，以致她直到越过卢比孔河时都既未将自己的谋划传达给意大利也未请求帮助。没有意大利政客能说服自己的国人代表奥地利对巴尔干的野心而武装起来。

大不列颠采取的路线同样清楚地为自己划了出来。国王大喊："天呐，佩吉先生（Mr. Page），我们还能做别的什么？"对比利时中立的侵犯唤起这个国家的正义之怒；但这与其说是我们参战的理由，不如说是我们参战的时机。不管怎样，我们都偏离了传统的孤立政策，变成卷入我们朋友们的争吵与野心中。如果我们站在末日决战的战场之外，同盟国就将轻易取胜，而随着争议结束，我们将发现自己在欧洲孤家寡人。法国与俄国将唾弃我们是虚伪的朋友，在经过多年的外交合作、专家讨论以及对稳固关系的响亮宣示之后，把她们抛弃在命运的危机中。同时，因协约国垮台而加强的德国的威胁，将迫使我们在海洋和陆地都武装到牙齿。爱德华阁下8月3日关于我们双

---

[1] 指意大利北部和东北边境毗邻土地，有时被意大利人有时被其他人占领，但一直未被外国统治者归还。——译注

手自由的保证在形式上是对的,但在实质上不准确,而且他全篇演说充满的信念是,如果我们把法国丢在困境中,我们会名誉扫地。劳埃德·乔治先生后来把这关系形容为荣誉的义务,而且这种关系可能要留待历史判决。

上文解释1914年7月与8月欧洲各国政要们的行为,并不必然以之为基于道义理由或权宜理由而具有正当性,也不是赞同他们及其前任们所实行的使危机由之产生的政策。恶之根源在于欧洲从1871年算起就分为两大武装阵营,而且冲突是野心的产物,也同样是惧怕的产物。旧世界已堕落为一座火药库,在上面丢一根点燃的火柴——不管有意还是无意——几乎就准定产生大难。严格来说,没有战争是不可避免的;但要避免灾祸,就要求每个国家的统治者都格外深谋远虑和自我控制。猜想1914年的冲突是欧洲在不知不觉下发生的,这是错误的,因为政要和士兵们多年来都在期盼它并为之准备。给那些劳埃德·乔治所说的失策且跌跌撞撞进入战争的政府扣上格外恶毒的帽子,这也是错误的。[1] 三个专制帝国全部而非其一的文官领袖们,都在关键时刻对危险不加思考,对忠告充耳不闻,全都渴望把世界点着。尽管在有意策划了雪崩这项顶级罪名上他们可以被宣告无罪,但他们却必须为选择了直接导向深渊之道路而承受责备。大战的爆发不仅是对那些在舞台上招摇地走个过场的笨拙演出者的罪责宣告,也是对他们继承下来并且未做任何改进的国际无序状态的罪责宣告。

---

[1] "对那些各个国家的人写的关于1914年8月初之前所发生之事的回忆录和书读得越多,就越能意识到事情的管理者们谁也没有彻底打算在那舞台上开战。他们或者不由自主滑入其中,或者说是跌跌撞撞而又失策地落入其中,可能因为愚蠢,而且我不怀疑一场讨论本就能避免战争。"——1920年12月23日。

第十七章　世界大战：第一阶段

截至1906年担任德国总参谋长的施利芬所拟定之作战计划的一部分就是侵犯比利时的中立权，这也被他的继任者接受。他相信，双线作战若想赢，只能抢在俄国无以计数的兵力能展开行动之前就击倒法国；而由于法德边界上布满坚不可摧的堡垒，西线的最佳胜利机会看来就在于通过一个大包围运动把法国的左翼围起来。[1] 尽管1911年法俄军事会议的纪要（由布尔什维克党人发表）表明预估到经过比利时而袭击，但法国仍让自己的东北边界处于实质上的不设防状态，甚且当给布鲁塞尔的最后通牒披露了逼近的重击来自何方，她也未能将自己的军力集中在这一受到威胁的弧形区域。另一方面，信托于她那从未被滥用之中立性的比利时自然没有准备好抗拒这股世界上最强大的陆军力量，而且她那小小的军队除了能坚持在几天里扛住雪崩之外，也无能为力。但尽管她的军事贡献对最终胜利而言很小，但她拒绝因恐惧于入侵而放弃她的条约权利和自我尊严以求豁免，这使她的拥护者们铁定了决心并召集起符合联盟之目标的世界上的道义支持。

当欧洲的军队在不祥的沉默中调动之际，德国最靠近比利时边境的军队不等攻城炮兵就于8月5日袭击了列日（Liége），并在两天之后进入该城。[2]

1　关于战争时期的通史见 *Encyclopaedia Britannica*, XXX-XXXII；*The Annual Register*；Pollard, *A Short History of the Great War*；Schulthess, *Europäischer Geschichtskalender*；Lavisse, *Histoire de France Contemporaine*, IX；*Chronology of the War*, 3 vols.；Buchan, *History of the Great War*。
2　见埃德蒙将军的官方报告 J. E. Edmonds, *History of the Great War*, I。关于施利芬计划见 Kuhl, *Der deutsche Generalstab*。

最后的外围堡垒于8月15日陷落，压倒性数量的德国军队自比利时东南涌入，比利时军队退入他们在安特卫普（Antwerp）的最重要堡垒，把不设防的布鲁塞尔拱手让与德国人。那慕尔（Namur）在经过三天轰炸之后于8月23日陷落，透露出布里阿尔蒙式要塞（Brialmont's fortresses）无力对抗同盟国此次首度使用的巨型炸弹。与此同时，霍尔丹爵士创建并由约翰·弗兰治阁下指挥的英国远征军三大军团中的前两个，毫发无伤地跨过英吉利海峡，并于8月22日按照预先定好的在法国兵力的左翼扎营。不列颠正规军尽管是战场上最为训练有素的战士，但人数太少，不足以对抗大规模突击。法国人在沙勒罗瓦（Charleroi）溃败，迫使英国人在蒙斯（Mons）经历炮火洗礼之后撤退，而勒卡托（Le Cateau）之战只不过是从比利时边境向巴黎门户撤退之长途中的一场附带战斗。对于阻止入侵者夺取海峡诸港口根本无计可施，而英国基地事实上临时转移到卢瓦尔河（Loire）河口。克鲁克（Kluck）以闪电般的速度向巴黎推进，巴黎的政府匆忙逃往波尔多（Bordeaux），将首都交给经验丰富的马达加斯加征服者加利埃尼的铁手。

9月5日，大撤退停止了，马恩河（Marne）六日大战拯救了巴黎，也摧毁了德国快速在西线取胜的计划。冷酷的斗争表明，法国士兵在正确领导下便没有丧失其传统品质，并愿意服从若佛尔（Joffre）一定不撤退的命令。但是，除非卡斯泰尔诺（Castelnau）能挡住从洛林发起的同步进攻，除非意大利的中立使法国能够撤回她东南边境的驻军，除非英国军队与法国并肩作战，除非比利时在安特卫普缠住了一股德国兵力，除非俄国人的强大攻势迫使德国军队从西线转移到东线，否则战役不会取胜。德国人在指挥上相形见绌，而且毛奇的健康状况和军事能力都与这样一场痛彻的试炼不相称，于是他的总参谋长之职迅速被国防部长法尔肯海恩取代。致命的一击避开了，有一刻入侵者看上去就像立刻要被驱逐了。然而德国主力部队退守恩河（Aisne）的一个强有力位置，在那里，一场不分胜负的战役在河上激烈进行了三周。安特卫普在经过一场令要塞的短程枪炮一筹莫展的轰炸后于10月10日陷落，比利时部队的残余力量沿着海岸向法国边境行军，以加入从恩河转移过来的英国军队，于是结成一条从纽波特（Nieuport）的海面直至瑞士边境的防线。德国人的一场可怕突袭在10月15日发动时，向海峡港口的接近被堪堪阻止——尽管几乎没有坚持住。这条防线差不多已拉伸到临界点，英国正规军的精华在第一场伊普尔（Ypres）战斗的绝望遭遇战中捐躯殒命。打开水闸带来喜人的帮助，伊瑟河（Yser）决堤而入，并在重装监管员们的合作下漫过低洼海岸。

另一场关键斗争由福赫（Foch）在阿拉斯（Arras）周围担当，而到11月中旬，德国用于袭击的兵力耗尽了。东部急需军队，并且德国人也像其他人一样，已经军火短缺。西部的运动战和策略战终止，直到1918年方才重启，而且人们现在意识到基奇纳关于三年战争的可怕预言可能被证明是对的。冬季是一段痛苦万分的时期，因为既没有为阵地战做准备，也没有为弗兰德斯的泥沼做准备。德国没能在施利芬计划所规定的时限之内击倒她的对手，然而她不只赢得人口密集的、可供役使的大面积土地，还赢得比利时与法国北部的煤田以及法属洛林的铁矿，靠了这些，德国才能长期坚持这场令人神疲力竭的斗争。

当德国的西部计划失败之时，东部前线游戏的开局动作被证明比柏林的战略家们曾预期的要更为成功。[1] 冲突伊始，大批俄国兵力以始料未及的敏捷度涌入东普鲁士，并将战火一路烧至几乎抬头可见柯尼斯堡（Königsberg）的地方，对平民犯下类似于德国入侵者同时期在比利时犯下的野蛮罪行。在西部深陷困境的盟军通过计算"俄国蒸汽压路机"要多少天抵达柏林且得胜的哥萨克骑兵将穿过勃兰登堡门行军来安慰自己。俄军统帅、沙皇的叔父尼古拉大公是一个有着钢铁般意志的男人和一名颇有才干的战士，但在东普鲁士的军队被领导得很差劲，8月27日，他们在坦能堡（Tannenberg）遭到经验老到的兴登堡（Hindenburg）所施予的决定性溃败，退休的兴登堡因其

---

1 见Falkenhayn, *General Headquarters*；Ludendorff, *My War Memories*, I；Hindenburg, *Out of My Life*；Gourko, *Russia,1914-1917*；Sir A. Knox, *With the Russian Army*。背景补充见Paléologue, *La Russie pendant la Grande Guerre*；Sir J. Hanbury Williams, *The Emperor Nicholas as I Knew Him*。

对马祖里湖区（Masurian Lakes）这一诡谲地带的独到知识而应召复出。兴登堡将军在因夺取列日而扬名的鲁登道夫协助下，策使俄军陷入全军几乎非死即俘的境地，俄军指挥官萨姆索诺夫（Samsonoff）被杀。这场俄国人的"色当之战"的完整意义因审查制度而对联盟国[1]屏蔽，但它是战争中的一场决定性战斗。东普鲁士的部分地区被再度入侵，然而坦能堡战场决定了条顿人不会被斯拉夫人征服。在整个德语世界，兴登堡与鲁登道夫成为"胜利"的代名词。不过当胜者继续压境俄国时，他们就付出沉重的损失而被驱逐出境。

入侵奥地利被证明对俄国是个容易得多的任务。[2]地缘上的加利西亚构成自喀尔巴阡山脉（Carpathians）北部与东部开始延伸之广阔平原的一部分，而且奥地利最北部省份的兵力不可避免地要被数量上优胜的敌军驱使后退。奥匈军队得到康拉德·冯·赫岑道夫的强化和训练，他自1906年任总参谋长，而甚至在他担任此职之前就已经闹着要打仗；但就算是他的技能与决心，也无法抵消波希米亚（Bohemia）或奥匈帝国南斯拉夫省份遍地的斗争。伦贝格（Lemberg）于9月3日被卢斯基（Russky）和布鲁西洛夫（Brusiloff）夺取，波兰南部的奥地利入侵者被驱逐，亚罗斯拉夫（Jaroslav）要塞于9月23日被拿下，重要的普热梅西尔（Przemysl）要塞被围困，同时俄国侦察队跨过喀尔巴阡山脉前进到几乎可看到克拉科夫（Cracow）的塔楼之处。奥地利人在加利西亚的困境导致兴登堡力图通过打击敌人在波兰的中心来缓解压力；而在维斯瓦河（Vistula）中游持续整个10月的不顾一切的战斗致使入侵者败退。奥地利人在加利西亚出现暂时改善，亚罗斯拉夫被夺回，普热梅西尔被解围；然而德国人袭击华沙失败，迫使奥地利人在南部第二次撤退。普热梅西尔再度被围，俄国军队奋力前进至克拉

---

[1] 文中用Allies指称协约国及其盟友，也指称其军队，分别译为"联盟国"和"盟军"，三国同盟在关于"一战"的叙述中被称为Central Powers，译为"同盟国"。——译注

[2] 关于奥地利参战份额的速写见Nowak, *Der Weg zur Katastrophe*（康拉德·冯·赫岑道夫修订）及Cramon, *Unser Oesterreichish-Ungarischer Bundersgenosse*。克拉芒（Cramon）代表德国参谋部。试比较Auffenberg, *Aus Oesterreichs Höhe und Niedergang*。

科夫的前哨。到了年底,俄国似乎已从坦能堡令人晕头转向的打击中复原了。加利西亚几乎整个在她手中,西里西亚这个富饶省份被她威胁,华沙顽强地抵抗了整个冬季里发动的一系列突击。

与此同时,奥地利在小小的塞尔维亚手中遭遇了一场出乎意料的失败,程度不亚于在其强大的保护人那里的遭遇。[1]欧洲战争爆发之前占领贝尔格莱德的军队被召去防守加利西亚,于是8月底入侵者就被驱逐,塞尔维亚人反过来入侵波斯尼亚。奥地利于11月以较大的军力重新进攻,但在圣诞节之前被赶出这个国家,把数量巨大的战俘留在敌人手中。因此,战争的头几个月所带来的只有对那个疯狂挑起战争之国的灾难。在敌对一开始,弗兰茨·约瑟夫就评论说,如果他能保有一只眼且没有缺胳膊短腿地从斗争中露头,他就满意了;而劳埃德·乔治先生欢欣鼓舞地召唤他的同胞们,为俄国把哈布斯堡家"这个摇摇欲坠的帝国"撕成碎片而鼓掌喝彩。

冲突之始,大不列颠、法国、俄国、比利时、塞尔维亚及黑山是一方,德国与奥地利是另一方。协约国迅速得到日本的增援,她于8月15日要求德国战舰撤离远东并且在一周之内交出胶州。她的最后通牒没收到答复,于是她在一小队英国军队的帮助下着手拆除青岛的要塞。通过清除太平洋上的德国旗帜、护送不列颠帝国各个部分的军队前往战场中心,也通过为俄国供应她极度渴求的军火,盟军也获得日本的及时援助。然而日本离得很远,她从未主动要求,也从未被要求把她全部的力量投入冲突中。

协约国中没有政要或士兵会梦想获得青年土耳其党人的支持,但看来有机会阻止或尽可能延迟他们加入同盟国一方参战。8月3日,不列颠内阁接管了两艘在英国船坞为土耳其建造的战舰;尽管对赔偿的承诺没能缓和免不了的憎恨——自从他们被科以爱国税以来这憎恨与日俱增,但该决议的明智因"戈本"号(Goeben)与"布雷斯劳"号(Breslau)自马耳他调至博斯普鲁斯而更无疑议。有几周,高门因承诺声渐强而受到诱惑。我们宣称,如果土

---

1 见Crawfurd Price, *Serbia's Part in the War*; Laffan, *The Guardians of the Gate*。

耳其保持中立，且埃及平稳无事，我们就不会改变后者的地位。下一个提案略加慷慨。如果她遵守规规矩矩的中立，协约国就会扛住所有攻击而坚持土耳其的独立性与完整性。当海军大臣要求立即废除条约时，爱德华阁下许诺在法国与俄国同意的条件下"一俟一个令当下状况差强人意的方案设立"便让出我们的权利。最终，乔治国王给苏丹发了一条私人消息，表达了他对船只充公之必要性的深深遗憾，并许诺战争结束便归还它们。苏丹与宰相措辞一致地回以令人宽心的保证，但一场令协约国受损的精心设计的喜剧就要揭幕了。土耳其的强势人物、国防部长恩弗尔帕沙[1]早就决心发生世界大战时站在同盟国一边，而且他的大多数国人都共享这份抱负。英国人对不满现状之基督徒民族的同情心，就与俄国人多年以来占领君士坦丁堡的渴望一样不加掩饰，而承诺保证帝国的完整性被认为没有价值。土耳其人相信，协约国代表着瓜分，同盟国至多代表经济剥削，而人们自然属意于两害相权取其轻。8月1日，德国与土耳其签了一份条约，约定当俄国加入战争时，条约条件便成立。[2]当天下午这条件就实现了，而奥地利也附议该协定。土耳其被许以军事支援，并且她针对俄国的领土完整性得到保证。该决议对大多数土耳其大臣都还是秘密，中立一直维持到土耳其准备好发动打击。柏林和维也纳传来口头保证，当获得全面胜利时，她们将实现废除《柏林条约》并与保加利亚做最后清算。所有战争期间占领的领土将被撤空，土耳其将获得对边界的修订并分享所有赔款。

　　协约国的人仍旧不知晓这些安排，[3]尽管当他们发现时不会觉得太吃惊，因为调动军力之事大大方方地进展着，而且8月26日德国水兵就登陆了。英国大使警告高门，对协约国的进攻将意味着土耳其帝国的终结；然而马恩河战役之后他充满希望地报告说，只有国防部长在煽风点火，和平派逐日

1　即前文出现过的恩弗尔贝，现在头衔上升为"帕沙"。——译注
2　见Djemal Pasha, *Memories of a Turkish Statesman*, ch. 3。
3　法国外交部于8月8日获悉该条约，见法国大使Bompard, "l' Entrée en Guerre de la Turquie", *Revue de Paris*, July 1 and 15, 1921。

增加。他又于10月5日补充说："局势有可能挽回，时机在我们这方。"但他的奥地利同行、盛气凌人的王恩海姆（Wangenheim）以及舰队司令苏雄（Souchon）都在施压要求行动，而且德国的军官与货币也在涌入。10月28日，恩弗尔的准备完成了。"戈本"号的司令进入满是德国船与土耳其船的黑海，在塞瓦斯托波尔对开海面布水雷，击沉一艘运输船，轰炸敖德萨、特奥多西亚（Theodosia）及新罗西斯克（Novorossisk）。俄国迅速于10月31日向土耳其宣战，她的盟友们紧随其后。11月3日，达达尼尔海峡入口处的堡垒被轰炸，匆忙前去防守埃及——土耳其军队早就向那里进军了——的军队在西奈半岛遭贝都因人（Bedouin）以劫掠相迎。

土耳其加入战争是大战双方都计分的首个外交胜利，而且它影响深远。斗争的范围空前扩大，危险与奖赏也都在增长。不列颠帝国与法兰西作为几千万视土耳其苏丹为其哈里发的穆斯林的统治者，面临着泛伊斯兰者团结一致并心怀不满的难题。大不列颠现在不得不防御地中海东部、苏伊士运河、埃及以及波斯湾，并且对印度之帮助的仰赖程度被迫大了许多，印度早已派遣军队进入西方前线。"柏林-巴格达"规则看来已经成形。大不列颠迅速遭到一系列报复：塞浦路斯被吞并，宣布对埃及实行摄政，废黜阿拔斯总督——他对其宗主的同情人所周知，选了伊斯梅尔的一个儿子当埃及的苏丹，入侵美索不达米亚。1915年2月对苏伊士运河的一场袭击被轻易击退。[1]

与大不列颠不同，俄国兴高采烈地欢呼土耳其进入交战状态，因为这给了她实现其长期野心的机会。打赢同盟国收获甚微，除了心怀不满的波兰人令人不快地增加，而若赢了土耳其，就能把黑海变成俄国的内海，将圣索菲亚大教堂的新月替换为十字架，还能获得对海峡的垂涎已久的控制权。11月14日，乔治·布坎南阁下通知萨佐诺夫，俄国可以拥有君士坦丁堡与海峡，于是俄国外交部长脸上春光洋溢。[2] 1915年3月4日，萨佐诺夫向法国大使及英国大使递交一份备忘录，宣布以下领土为胜利战争的成果——君士坦丁堡、

---

[1] 关于战争时期埃及的简短报告，见Chirol, *The Egyptian Problem*, ch. 7.
[2] Paléologue, *La Russie pendant la Grande Guerre*, I, p. 194.

博斯普鲁斯西岸、马尔莫拉（Marmora）和达达尼尔；色雷斯至伊诺斯－米迪亚（Enos-Midia）一线；博斯普鲁斯至撒迦利亚（Sakaria）河之间的小亚细亚海岸；马尔莫拉海中诸岛，并带上印布洛斯岛（Imbros）与特内多斯岛（Tenedos）。[1] 这一安排把除阿德里安堡和柯克基里瑟周围一小块之外的土耳其欧洲部分全都分给俄国，而那一小块则是给保加利亚准备的诱饵；同时，也把博斯普鲁斯的亚洲海滨以及黑海的小亚细亚海岸近80英里划给俄国。

法国与英国政府表示他们准备好接受俄国的愿望，条件是他们自己在奥斯曼帝国和其他地方的要求应得到满足。君士坦丁堡要被承认为一个为俄国中转货物的自由港，同时给商船通过海峡的自由通道；稍后要界定的英国与法国在土耳其亚洲部分的权利要被承认；圣地应得到保护，而阿拉伯半岛设立一位独立的穆斯林统治者；波斯的中立地带要划入英国势力范围。俄国在原则上接受这些要求的同时，做了一点保留。她提出，应当清楚说明圣地是要保留在土耳其治权之下，还是要在那里创建独立国家。哈里发辖地应与奥斯曼王朝分离；应保障朝圣自由权；把波斯中立地带的更大部分纳入英国势力范围这一点则被承认。3月12日，大不列颠与法兰西相应地宣布她们赞同对君士坦丁堡和海峡的吞并。萨佐诺夫高兴地电告班肯道夫："对彼此利益的诚挚认可将永远确保俄罗斯与大不列颠之间的稳固友谊。"当克里米亚战争的老对头联合起来，要将土耳其连人带行李地赶出博斯普鲁斯时，车轮的确全速运转了。

开展这一巨大计划被证明比预期的困难得多。1915年1月2日，一封来自彼得格勒的紧急电报恳请大不列颠缓解高加索前线的压力，恩弗尔在那里集中了他的主力。响应该请求的直白方式就是袭击达达尼尔，不列颠内阁与陆海军权威也讨论了该计划。[2] 同意它的论据被第一海军大臣丘吉尔先生汇

---

[1] 见Cocks, *The Secret Treaties*, ch. 1。
[2] 见达达尼尔委员会的报告；Sir Ian Hamilton, *Gallipoli Diary*；Nevinson, *The Dardanelles Campaign*；Liman von Sanders, *Fünf Jahre Türkei*；Djemal Pasha, *Memories of a Turkish Statesman*；Morgenthau, *Secrets of the Bosphorus*。

集起来，他曾在土耳其刚参战时就力主进攻。迫使土耳其人防御其都城将自动缓解高加索前线；如果成功，就能恢复经地中海与俄国的交通，封锁德国通往东方的道路，转向同盟国的侧翼，并可能把希腊、罗马尼亚和保加利亚带入协约国一方参战。西线已进入僵持状态，来自澳大利亚和新西兰的增补使得军队会有大量有生力量。此外，袭击达达尼尔能消除对埃及的危险，并使征服美索不达米亚、巴勒斯坦和叙利亚变得可行。奖金很高，而在战争中不冒险就一无所获。作为对上述论据的回击，有人指出，大不列颠的最高职责是守住西线并阻止英吉利海峡的港口落入敌人之手；基奇纳的军队在几个月内都还不能准备好效力；枪支弹药即使只供应法国和比利时军队都捉襟见肘；德国舰队还没败过，因此分散海军部队进入东地中海是危险的；达达尼尔易守难攻；如果几艘战舰强夺海峡并轰炸君士坦丁堡，它们不能让土耳其拜倒臣服，倒可能无法返回基地。总而言之，没有足够的军队、船只或军火从事一项远距离的可疑事业。这是整个战争期间盛行的东方人和西方人间之斗争的第一轮。

在当时因超出我们的资源所及而拒绝整个计划可以算是明智的；但达成了折中，批准了一项不假定必须成功的修订方案。1月13日，在基奇纳宣称眼下他没有多余军队之后，原则上同意了一场海上袭击，尽管费舍爵士对该计划没信心。2月16日，决定派遣第29师，并以埃及来的船只加强它；但该舰队因西线带来的忧虑而推迟离开，而且在没有等待陆军抵达的情况下，海峡入口处的各要塞就在2月19日领受一场无效轰炸。当3月发动一场大规模袭击时，损失了3艘主力舰和2 000名人员，显然海峡只能靠陆军赢取而不能靠船只。然而在下一场行动之前的间歇期，因运输船不得不返回埃及重新装船而延长了，结果被土耳其人有效利用来加固堡塞，并准备好在多山的加利波利（Gallipoli）半岛防御。伊安·哈密尔顿阁下（Sir Ian Hamilton）4月25日的进攻以惨重损失换来一个不稳定的据点，5月的第二次进攻和6月的第三次进攻没有更大进展。本希望俄国能协力，在色雷斯北海岸登陆10万人并夺取博斯普鲁斯的北出口，但是这个因了她的利益才开展此项事业的国家没有提供帮助。

土耳其对同盟国的追随因六个月后意大利以协约国为追随目标而得到平衡。[1] 战争初起之时，意大利政府向它的伙伴索要三国同盟第七条下的赔偿，并通过柏林暗示，希望得到特伦蒂诺（Trentino）。该提议被维也纳无视，但圣朱利亚诺于10月16日去世导致一只更强大的手接掌舵盘。松尼诺有30年都是三国同盟最坚定的拥护者之一，然而在进入萨兰德拉（Salandra）内阁时，他完全接受了他的长官讽刺性发布的原则。"我们需要的是摆脱一切成见和偏见，摆脱除了神圣利己主义之外的一切感伤。"没有匆忙做决定，因为陆军与海军都还没从的黎波里令人疲惫不堪的斗争中复原。松尼诺立刻重提他的前任关于特伦蒂诺的暗示，这一次柏林支持该提议；但再度遭贝尔奇托尔德拒绝。这位意大利外交部长很清楚作为欧洲唯一中立的大国，代价就是处在一个要被人赢取的位置。12月，他就他的国人迫使他急切要求赔偿的激动舆论通知奥地利。柏林再次敦促维也纳让步，但倔强的贝尔奇托尔德又拒绝了。就在此时，奥地利外交部长中最不胜任和最短见的这一位于1915年1月13日被解职，并由布里安接替。

局势现在急速发展。退休的毕娄亲王在未得皇帝允准的情况下被传召，并被派往在比较愉快的年代里他曾赢得大把朋友的这座都城；艾尔茨贝尔格（Erzberger）这位中枢智囊则殷勤地支持他让意大利置身战场之外的努力。[2] 3月9日，布里安被俄国在加利西亚的推进吓到，并担心意大利的介入将把罗马尼亚也带进来，便宣布他愿意讨论割让领土。然而到了这时，松尼诺的条件提高了，并包括要即刻移交想望已久的各处领土。布里安回答，除了特伦蒂诺，他不能许以其他，并拒绝即刻出让特伦蒂诺。这样的提案没有用，而与此同时协约国正在另一只耳朵里灌甜言蜜语；4月10日，松尼诺放肆地要求整个南蒂罗尔（South Tyrol）、戈里齐亚（Gorizia）、格拉迪斯卡

---

1 意大利的交涉全面记载于第二部奥地利红皮书及意大利绿皮书中，都印于J. B. Scott ed., *Diplomatic Documents Relating to the Outbreak of the European War*。

2 见Erzberger, *Erlebnisse im Weltkriege*；Spickernagel, *Fürst Bülow*, ch. 7；Giolitti, *Memoirs*；A. L. Kennedy, *Old Diplomacy and New*, pp. 218–239。

（Gradisca）及的里亚斯特（Trieste），达尔马提亚（Dalmatian）海岸对开的几个岛，意大利对瓦洛纳（Valona）的主权，还有奥地利人在阿尔巴尼亚要没有私心。即使誓言与意大利为敌的暴躁的康拉德·冯·赫岑道夫现在也敦促让步，然而布里安为争取时间而拖延，增加他的出价但拒绝了意大利的所有要求。

意大利介入战争的代价自然要比中立高得多，协约国对于其他人的财产也自然要比奥地利对自家财产慷慨得多。尽管萨佐诺夫身为塞尔维亚利益的警惕支持者，担心追求意大利的支持可能使联盟各国关系复杂化，但法国与大不列颠愿意出高价，且谈判于2月底在伦敦开始。[1] 意大利的条件被法国与俄国认定太高，萨佐诺夫坚持反对她在亚得里亚海东岸的图谋，认为塞尔维亚对该区域有更好的理由提出要求。然而军事形势做出了对贪婪的中立有利的举动。英国人在战争中的第一次攻势于3月10日在新沙佩勒（Neuve Chapelle）被击退，4月22日入侵者在第二场伊普尔战斗中用可憎但有用的毒气大浪暂时突破了盟军防线，造成连绵不断的、痛苦无度的死亡。法国在苏谢（Souchez）的攻势没有成功，而且英国在费斯蒂贝尔（Festubert）的协助因缺乏高能炸药遭遇困难，由此受到启发而成立一个联合内阁并创建一个由劳埃德·乔治先生负责的军需部。

4月28日由爱德华·格雷阁下、俄国大使、法国大使及意大利大使签署的《伦敦条约》足以满足饥渴的胃口。意大利将接收特伦蒂诺、南蒂罗尔直到布伦纳山口（Brenner Pass）、的里亚斯特城及的里亚斯特地区、戈里齐亚及格拉迪斯卡地区、伊斯特里亚（Istria）、北达尔马提亚及它对面的诸岛。南达尔马提亚海岸及对面岛屿要成为中立地带。从伊斯特里亚到达尔马提亚的沿海地段包括阜姆（Fiume），特定留给克罗地亚、塞尔维亚和黑山，而瓦洛纳附带萨赞岛（Saseno）及确保它们军事安全性所需的地带都落入意大利。万一在阿尔巴尼亚形成一个小小的自治且中立的国家，那么意大

---

[1] 见Cocks, *The Secret Treaties*, ch. 2。

利不会反对法、英及俄可能瓜分黑山、塞尔维亚及希腊之间地带的南北区域的愿望,尽管她将自己控制这个国家的外交关系。意大利获得12个供她完全占有的岛屿(多德卡尼斯[Dodekanese]),法、英、俄原则上承认她在维持地中海均势上的利益,以及当瓜分土耳其时她对安塔利亚(Adalia)省的权利。倘若各国只确立势力范围,那么她的利益也要被考虑。她将对利比亚(Libya)享有一切《洛桑条约》(Treaty of Lausanne)分配给苏丹的权利与特权。假如大不列颠和法国在德国受损的情况下增加了非洲的殖民地财产,那么她也应扩展她在厄立特里亚(Eritrea)、索马里和利比亚的财产。大不列颠将促成一笔5000万数额的、条件优惠的贷款,而且意大利要分享战争赔款。法、英、俄将支持她阻止宗座(Holy See)[1]采取任何外交步骤来缔结和平,或安顿与战争相关的问题。这份条约要保密,而且这位新盟友一个月之内就开始敌对。

条约的造作者们想让一份将北达尔马提亚移交给意大利的文件向世人尤其是向塞尔维亚隐匿,这不奇怪;而且对此的文饰之词也正如人们熟知的1807年坎宁关于夺取丹麦舰队之必要性的辩解,以及德国对侵犯比利时中立权的辩解。阿斯奎斯先生很久之后在派斯雷(Paisley)证实:"法国人与我们都在西线作生死存亡之战,这份条约提出了使意大利准备加入军队的条件。"[2]它虽然提升了协约国的实质力量,却降低了它的道义声望,因为一周之内塞尔维亚人就知晓了条约,他们对于背着他们转交南斯拉夫领土,以及亚得里亚海预期将转变成意大利一个湖泊感到愤怒。

当协约国接受了松尼诺的条件后,他继续同维也纳谈判,以便为攻击他的盟友找个借口。4月21日,他宣布分歧大得无法沟通,5月3日,他通告废除三国同盟。奥地利政府最终认识到必须做孤注一掷的努力。5月10日,艾尔茨贝尔格向中立派的领袖乔里蒂通告了最后的让步,给予所要求之土地的大部分。意大利会得到特伦蒂诺、伊松佐(Isonzo)西岸以及戈里齐亚城。

---

[1] 指罗马教皇。——译注
[2] 1920年2月5日。

的里亚斯特将成为自由城邦，设一个确保具有意大利人性质的行政机构和一所意大利语大学。意大利对瓦洛纳的主权会被承认，奥地利会表示她在阿尔巴尼亚没有私心。这些领土会在签订一份协议之后一个月内移交，德国将担保这提议的履行。乔里蒂要求提供，也获得了奥地利大使及毕娄亲王本人、奥地利首相和外交部长签字的副本，而且5月12日一份确认电报自巴尔广场传来。然而当天傍晚，惹是生非的邓南遮（d'Annunzio）——一位最雄辩的作家兼演说家抵达首都，于是尚武示范开始了。议员的大多数把牌押给乔里蒂，且5月13日萨兰德拉辞职。议长建议国王传召乔里蒂；但花时间考虑过之后，维克托·伊曼纽尔召回了萨兰德拉。乔里蒂因担心生命有危险而逃离罗马，5月17日，内阁决定参战，5月23日宣布反对奥地利。出于奇怪的反常，直到1916年8月27日才宣布针对德国开战。从一开始，意大利就集中注意力在的里亚斯特，但对伊松佐前线的反复进攻被打退了，因为该处以山脉为边界，又被军事科学已知的各种设施加强，导致坚不可摧。[1] 奥地利尽管南侧出现了一支新的劲敌，仍能提供大量兵力进行联合进攻，把俄国人扫出加利西亚。

俄国的1915年是在光明前景中展开的，但是她缺少开战旷日持久且耗神费力之斗争的资源。如同所有其他参战方，她的军火供应对现代战争的需求而言极度短缺，而且她也渴求她的盟友与敌人都拥有的、能够增加军火供应的设备。惠特的十年任期奠定了俄国工业的基础，但他的继任者们因为担心造就革命的无产阶级而没有延续他的工作，并且斯托雷平的目标是造就农业资本家。盟友们也不能有效补足亏空，因为阿尔汉格尔斯克（Archangel[2]）自11月至来年5月都被封锁，西伯利亚铁路只能从遥远的日本工厂引来涓涓细流，而对达达尼尔的进攻并未带来许诺中的及时安慰。

法尔肯海恩1915年的战略是，西部坚持防御而给予东部致命一击。选

---

[1] 意大利的战役见以下研究Cadorna, *La Guerra alla fronte Italiana*；G. M. Trevelyan, *Scenes from Italy's War*。

[2] 即Arkhangelsk，译名依据这个俄文名字译出。——译注

来发起进攻的地点是加利西亚,因为在那里才能得到奥地利最有效的帮助,那里也是俄国人离开他们的国界渗入最远之点。此外,如果入侵者能被扫出加利西亚,波兰的俄国军队就会发现自己处于一个危险的犄角。马肯森(Mackensen)于5月2日开始在戈尔利采(Gorlice)发起攻势,重型火炮的压倒性供应——这是装备不良的俄国人无法望其项背的——驱使敌军仓皇窜过萨恩河(San)。普热梅西尔于6月1日撤空,6月22日伦贝格重回奥地利控制。收复加利西亚不到两个月就完成,得胜的马肯森现在转向北方入侵波兰。库尔兰(Courland)最北方的大部地区在5月都遭蹂躏,南部和西部则被证明不堪一击。7月15日,尼古拉大公决定从华沙撤军,8月4日俄国人开出此城,并在撤退途中炸毁维斯瓦河上各座桥梁。次日,即开战一年之后,同盟国的军队进军了。俄国军队不受干扰地撤退,撤离过程中严重破坏这个国家;但条顿蒸汽压路机仍稳步向前推进。在北翼,科夫诺(Kovno)要塞于8月17日陷落,格罗德诺(Grodno)于9月2日陷落,维尔纳(Vilna)这个立陶宛(Lithuania)历史上的都城于9月12日陷落,同时华沙的征服者们向布列斯特立陶夫斯克(Brest-Litovsk)进军,并将普里皮亚特河(Pripet)后面的俄军赶入沼泽。对里加(Riga)的企图失败了,而且9月间几场漂亮的反攻暂时遏制了向北推进;但在被逐出加利西亚之后,又损失了波兰、库尔兰和立陶宛,这破坏了俄国的军事威望并且给王朝施以一记令它从此未能恢复的重拳。尼古拉大公被免职并派去指挥高加索军队,而沙皇担起名义上的控制权,并由阿列克谢夫担任总参谋长。

波兰就像阿尔萨斯-洛林,从战争爆发之始就被视为胜者的奖品,然而征服波兰被证明要比决定她未来的地位容易得多。[1] 既然肢解了她的三个国家争吵起来,那么看起来有最后的机会重新黏合破裂的碎片,并且恢复这个国家在主权国家中应有的地位。但是她的愿望在环伺她的各专制帝国眼中无足轻重,她们每一个都认为她不过是她们游戏中的卒子。普鲁士占领的波

---

[1] 见 Alison Phillips, *Poland*; Ralph Butler, *The New Eastern Europe*; Bethmann-Hollweg, *Betrachtungen*, II, ch. 2; Czernin, *In the World War*, ch. 9。

兰已经达到相当高水平的物质繁荣,但不享有文化自治。另一方面,加利西亚尽管是哈布斯堡领地内最落后的省份,但被给予全面的政治自由和文化自由。俄国占领的波兰没什么经济繁荣可供吹嘘,也被拒绝给予政治自由和精神自由。在敌对爆发之时,三个帝国在竞逐这个被她们不公正对待之民族的好感。1914年8月15日,尼古拉大公颁发一则辞藻华丽的公告。"波兰人!你们的父辈和祖辈们的梦想终于到了要实现的时刻。一个半世纪以前,波兰鲜活的身体被撕成几片,但她的灵魂未曾陨灭。她生活在波兰民族以及该民族同所有俄国人那兄弟般的盟约会迎来复活之日的希望之中。俄国军队给你们带来这一盟约的喜人音讯。将波兰人民割裂开来的边境将在俄国皇帝的权杖下统一。在这根权杖之下,波兰将集合起来,信仰自由、语言自由、政府自治。俄国所期望你们的一件事是:平等地考虑那些在历史上与你们相联系之民族的权利。带着开放的心胸,伸出兄弟般的手,伟大的俄国向你们走来。她相信,推翻坦能堡那些敌人的剑没有生锈。从太平洋之滨到北冰洋之畔,以战争待客的俄国人都在行动。新生活的晨星正为波兰冉升。在象征国家之激情与复活的十字架标志的曙光中,阳光再度灿烂。"这则宣言的唯一成效就是在经过长时间拖延之后允许在地方行政中使用波兰语,所有其他利益都被推迟到战争之后。德国这方许诺波兰人重新统一,奥地利则仅仅提醒他们在她的仁政之下他们所享受到的恩惠。她们都没许以独立,而波兰的灵魂对独立的渴望不亚于对重新统一的渴望。

  波兰人属于交战方中最不幸行列的一员,因为他们在俄国军队、德国军队和奥地利军队中的士兵被迫互殴。而且尽管他们在自己的理想中是一体,却因为刻下的战略而被分裂。德莫夫斯基(Dmowski)领导的国家民主党认为完全的独立无法达成,便致力于在俄国旗帜下的重新统一与自治,而毕苏斯基(Pilsudski)则在战争爆发之际越过加利西亚边境,组建了一支波兰军团反击沙皇令人憎恨的统治。从俄国1915年溃败直至战争结束,波兰这个国家都受制于共同统治,德国政府驻扎华沙,奥地利政府驻扎卢布林(Lublin)。把这个国家日耳曼化的一次笨拙尝试失败了,她的新主人发现通过在华沙和维尔纳建立波兰语大学并创建俄属波兰闻所未闻的城市议会来博取同情更加有利可图。新一轮瓜分被拒绝了，因为被证明不可能就边界达成一致，而且也意识到这将点燃人们的仇恨。德国提议设立缓冲政府，在经济、政治和军事上与同盟国结盟，但维也纳拒绝了，因为维也纳想要俄属波兰在领土上或人身上与奥地利统为一体。德国首相同意此议的条件是，假如德国能在别处获得相匹配的领土增长。1916年8月，同意建立一个名义上独立的君主国，军事和经济上受限制；但君主问题被证明不可能达成一致。不过11月5日，因为寄望于在决战中获得波兰士兵的帮助，颁发了一则公告，许诺恢复依附于同盟国的世袭君主立宪制独立波兰。虽说华沙的德国政府与卢布林的奥地利政府继续运转，虽说边界划分和统治者的选择被拖延，但摄政委员会的任命和政府议会的成立为这个国家的自治政府做了准备，基于出乎意料的好运，这个政府在不久之后就有可能打败三个压迫者了。

继俄国在1915年夏季崩溃而来的是保加利亚迅速站在同盟国一方加入战争。交战双方从一开始就急切地在近东寻找盟友，希腊、保加利亚和罗马尼亚被不断给以规劝、许诺及威胁。1914年9月，维内泽洛斯通知协约国，如果土耳其加入同盟国，希腊就在战争中帮助她们反对土耳其人，条件是她能得到反对保加利亚人进攻的保障。大不列颠的回应是，承诺不让土耳其舰队离开达达尼尔；而且协约国允许希腊在不伤害北伊皮鲁斯未来的情况下占领它。然而康斯坦丁电告德皇，他不会袭击德国的盟友们，除非他们袭击他。12月初，协约国提出，如果希腊能立刻加入她们的行列，就给她除了瓦洛纳之外的南阿尔巴尼亚。[1] 维内泽洛斯要求就保加利亚不会袭击一节得到罗马尼亚的担保，但罗马尼亚拒绝给予，于是维内泽洛斯被迫保持中立。1915年1月，英国人提出用士麦那换取希腊的介入，鼓励维内泽洛斯做出一个大胆

---

[1] 见希腊白皮书 *The Vindication of Greek National Policy, 1912-1917*（维内泽洛斯及其他人讲话集）; Laloy, *Les Documents Secrets des Archives du Ministere des Affaires Etrangeres de Russie*, pp. 134-142; Deville（法国驻雅典公使）, *L'Entente, la Grèce et la Bulgarie*; G. F. Abbott, *Greece and the Allies*。

的决定。维内泽洛斯对国王康斯坦丁写道:"若能换来保加利亚的合作或善意中立,我会毫不犹豫地牺牲卡瓦拉(Kavalla)。在小亚细亚的特许权将使我们的领土翻倍。"可是就在这时,德国给保加利亚支付了战前就安排的一笔贷款的第一期款项,对保加利亚政策趋势的这一指示导致维内泽洛斯撤回提议。2月19日对海峡的无效轰炸反映出需要一支陆地力量,于是维内泽洛斯力主派遣一个军团或至少一个师去加利波利。康斯坦丁被争取过来了,但总参谋部不同意,而且国王又改变心意了。这次远征被否决,维内泽洛斯辞职。古纳里斯(Gounaris)继续交涉,联盟国提出,如果希腊能介入,就给她艾丁省(Vilayet of Aydin)。古纳里斯答复说,联盟国必须保证,战争期间和战争之后,当自小亚细亚获得之领土的问题可能会引起后续讨论时,她的领土保持完整。不过没有达成协议,而且申克男爵(Baron Schenk)继续在雅典进行宣传以让希腊不介入战争。与此同时,古纳里斯的统治没有获得大多数支持,于是在6月举行的选举中,维内泽洛斯重掌政权。但这时国王病重,古纳里斯便以此为借口在任上多待了两个月。

联盟国在试图获取保加利亚的支持方面同样不成功。[1]1914年8月初,巴尔干委员会的主席诺尔·布克斯顿(Noel Buxton)先生向爱德华·格雷阁下提交一份备忘录。他主张,保加利亚人的武装中立可以通过假如胜利便修订他们所憎恨之《布加勒斯特条约》加上提供一笔贷款而获得。外交大臣不抱胜算,但相信保加利亚可被争取的劳埃德·乔治先生与丘吉尔先生都建议布克斯顿先生应访问索非亚,而且第一海军大臣用一艘英国战舰护送他到萨洛尼卡。早在8月15日,萨佐诺夫就恳恳帕斯齐通过马其顿的领土让步来争取保加利亚的合作或任何程度的善意中立;但帕斯齐自己尽管准备好牺牲,却回答说他的同僚们不会答应。[2]然而土耳其参战激使协约国公使们采取行

---

[1] 见Noel Buxton & L. Leese, *Balkan Problems*, part II; A. L. Kennedy, *Old Diplomacy and New*, pp. 240–264。

[2] 见Laloy, *Les Documents Secrets des Archives du Ministere des Affaires Etrangeres de Russie*, pp. 101–105。

动，他们电告各自政府，主张许以马其顿直到1912年界线的地带，附带可立即占领瓦达河以东地区。答复是，立即占领是不可能的，而且也不能给出精确承诺。布克斯顿先生1915年1月回国后向爱德华·格雷阁下报告，保加利亚仍旧不受约束，不过马其顿构成可持续诱惑，并主张假如塞尔维亚获得波斯尼亚、黑塞哥维那与达尔马提亚，保加利亚应当获得马其顿。卡瓦拉也是必要的，希腊可以放弃它以回报对士麦那的许诺。2月，德尔卡塞派了奥尔良亲王中的一位去索非亚，但斐迪南直截了当地拒绝绑住自己的手。[1] 不过，直到俄国被赶出加利西亚以及对达达尼尔的第一轮袭击失败之前，联盟国都还没有为争取保加利亚做出认真努力。她在5月被告知，若她想进攻土耳其，她可以占领和保有色雷斯至伊诺斯－米迪亚一线。联盟国将担保她得到南部马其顿，条件是恢复和平之前她不能占领，而且塞尔维亚要在波斯尼亚、黑塞哥维那和亚得里亚海海岸获得补偿。她们也信誓旦旦会劝说希腊让出卡瓦拉，以利于多布罗加侨居地的重新开张，并提供保加利亚可能需要的财政援助。6月14日，保加利亚政府以询问作答，问塞尔维亚和希腊的补偿是否先于她对马其顿和卡瓦拉的欲求得以实现而获得，以及协约国在多布罗加有什么打算。显然，如果保加利亚只收到对马其顿的有条件许诺，就会失去她。英国使团与法国使团于7月被派往索非亚，8月初，大不列颠领导下的联盟国施压让塞尔维亚退出1912年的无异议地带。斯卡普契那（Skuptschina）参加了8月6日的秘密会议，并同意让步，但为时已晚。

在争取保加利亚方面，同盟国自始至终都手握胜算，而且她们长袖善舞。奥地利经过估量巴尔干战争造成的近东局势而决定，为了补偿同布加勒斯特日渐疏远的状况，寻求同索非亚加强联系。斐迪南回应了来自维也纳的这一进展，因为塞尔维亚是她们的共同敌人，而俄国是塞尔维亚的保护人。谈判其实目前已在进行，到战争爆发之际，签订同盟条约看来已是呼之欲出，而当战斗开始后，柏林与维也纳施压要求做决定。斐迪南回答说，进

---

[1] Paléologue, *La Russie pendant la Grande Guerre*, I, pp. 306–307.

攻塞尔维亚太危险，因为希腊、罗马尼亚与土耳其可能联手报复。他补充说自己从俄国得到更大的出价，并且可以承诺中立，但眼下就这样了。如果保加利亚加入同盟国行列，那土耳其之盟只能被同盟国善加利用，但若斐迪南站在协约国一侧，与俄国的交通就可从地中海上开启，土耳其将被孤立，塞尔维亚的侧翼安全了，罗马尼亚与希腊就会被吸引介入。国王与拉多斯拉夫（Radoslavoff）同情同盟国，但他们想看看斗争如何发展，且哪方能为他们的支持出最高价。1914年底，奥地利在入侵塞尔维亚失败之后宣布，她准备将自己倘若征服之后所要求的塞尔维亚领土分配给保加利亚，作为保加利亚介入的回报。但是，使维也纳渴求保加利亚出手的蜂拥而至的灾祸，对斐迪南而言是拒绝的充分理由，因此他拖延谈判，在军事形势更明朗之前婉拒做出约束性承诺。他重申他除了中立不能承诺更多，而即使中立，他也要求得到马其顿的领土许诺。他在1915年春提高要求，那时俄国前进到加利西亚、对达达尼尔展开进攻、意大利介入，这都提升了他的市场价值。然而布里安固执地坚持，除非回报以积极帮助，否则拒绝考虑割让领土。

　　索非亚的长时间犹豫因俄国的灭顶之灾和达达尼尔的僵局而结束了，6月，关于结盟的谈判以热心的态度开始。同盟国坚持结盟的同时签一份军事协定，还要签一份与土耳其人的条约。与此相应，土耳其于7月22日让出色雷斯边境一条可贯通至德迪阿加齐（Dedeagatch）的地带，而且一位保加利亚军官于8月底被派往驻扎于普勒斯（Pless）的德国指挥部。击退英国人在苏夫拉湾（Suvla Bay）的进攻消除了斐迪南心中所有残留的踌躇，而且保加利亚9月6日就开始进攻塞尔维亚以回报许给她的塞属马其顿。如果保加利亚或其盟友（包括土耳其）被罗马尼亚袭击，德国与奥地利将同意她光复依照《布加勒斯特条约》而割让给罗马尼亚和希腊的领土，并将修正1878年确定的保加利亚-罗马尼亚边界。同一天也签了一份军事协定，安排对塞尔维亚的协作入侵。德国与奥地利将于30天之内分别在塞尔维亚边境部署六个师，而保加利亚要在35天之内提供四个师并于10月11日进入塞属马其顿。到塞尔维亚行动结束前，保加利亚要对希腊和罗马尼亚保持中立，条件是确信她们也能奉守中立。[1]

9月19日,头顶加利西亚桂冠的马肯森以轰炸贝尔格莱德开始了对塞尔维亚的奥德进攻,保加利亚则调动兵力,宣告自己武装中立。保加利亚的目的明确,而塞尔维亚出于一个好战民族的本能提议主动挥出第一击;但她被大不列颠劝退了,后者指出,这样一场进攻将解除希腊的一项其大多数人口在任何情况下都不急着去履行的条约义务。8月,联盟国通知雅典,她们对保加利亚出价卡瓦拉和部分塞属马其顿,许诺希腊的是无须她亲自介入争斗就可获得小亚细亚的大额补偿。一直在等待国王康复的维内泽洛斯现在接过控制权并立刻宣布,希腊不会容忍保加利亚侵略塞尔维亚,但他不知道康斯坦丁曾告诉保加利亚他不会介入。当保加利亚调兵遣将时,希腊也在调动,维内泽洛斯还请大不列颠与法国派遣15万人与希腊联手支援塞尔维亚。康斯坦丁批准了军事调动与该诉请,尽管他补充说他不想打仗,因为德国准定会赢。大不列颠与法国响应该诉请,并且不等保加利亚发布针对塞尔维亚的宣战书就派遣军队去萨洛尼卡,此行动引起维内泽洛斯在国王命令下颁发一则抗议,抗议他们的登陆是对希腊中立的一次破坏。就在这时,康斯坦丁因为铁定心肠不采取会把他带入同德国军队之冲突的行动,并确信在重大决议上他只对上帝负责,所以把他的首相解职并传召塞米斯上任。同一天,法国与英国军队不受新政府阻碍地开始在萨洛尼卡登陆,但新政府宣布希腊在塞保战争中中立。10月7日奥德联军跨越多瑙河,并于10月9日进入贝尔格莱德,同时保加利亚人于10月11日跨过边境。沙皇愤怒地把斐迪南形容为"一个保加利亚暴徒"。英国政府提出,如果希腊介入,就割给她塞浦路斯;但尽管国王宣布希腊仍视自己为塞尔维亚的盟友,却拒绝该提议,于是提议撤回。塞米斯很快被斯科罗迪斯(Skoloudis)接替,他更充分地分享其君王的同情感。

保加利亚的介入和希腊的中立在大不列颠既引起失望又激起愤怒,爱德

---

[1] Falkenhayn, *General Headquarters*, pp. 159-162.

华·格雷阁下于10月14日评论了时局。我们已试过让土耳其保持中立,也已为巴尔干协议付出,但只有军事胜利才能让我们实现目标。希腊已在保加利亚的调动开始后下令调动,尽管当第一支盟军抵达萨洛尼卡时她提出正式抗议,但登陆时的环境、对军队的接待和供持续登陆的设施证明了希腊人欢迎我们。的确,从《希塞条约》的角度看,对于由她提出的帮助塞尔维亚的行动还能有什么态度?但这些论据在爱德华·卡尔森阁下(Sir Edward Carson)身上不起作用,他辞去内阁职务,理由是我们帮助塞尔维亚是失败的。但不管针对联盟国的巴尔干外交可能引出什么批评,值敌对展开之际去营救我们的塞尔维亚盟友都已措手不及。从萨洛尼卡匆忙向北而去的几千人没能同塞尔维亚军队建立联系,于是迅速退守基地,而剩余的塞尔维亚兵力奋力越过阿尔巴尼亚山脉进入亚得里亚海,并在科孚岛(Corfu)休养生息。随着塞尔维亚败北,黑山被孤立,采蒂涅被奥地利军队占领,尼古拉国王(King Nicholas)逃往亚得里亚海那一侧。

塞尔维亚的覆灭使得从同盟国到君士坦丁堡和土耳其亚洲部分的运输重型火炮的直通铁路贯通,也致使继续进行达达尼尔冒险是失策之举。[1] 1915年8月对苏夫拉湾的进攻失败,暗示该放弃此项代价高昂的事业,而且接替伊安·哈密尔顿阁下指挥的查尔斯·门罗阁下(Sir Charles Monro)建议撤退。需要顾及不列颠威望的内阁觉得若无进一步考虑就不能接受该建议,于是基奇纳被派往实地研究战局。他的建议是撤军,于是12月18日在苏夫拉湾、1月7日在赫勒斯角(Cape Helles)没有伤亡地进行撤军。有些军队被转移至萨洛尼卡,那里已逐渐组建起一支受既不能胜任又令出不信的萨拉伊将军(General Sarrail)领导的较大规模盟军。尽管这支军队一开始还弱到不能采取攻势,但它在牵制部分保加利亚军队和守望希腊方面执行了有效任务,希腊现在同盟国之友的掌管下。[2]

---

1 见 Evans Lewin, *The German Road to the East*。
2 见 Villari, *The Macedonian Campaign*; Sarrail, *Mon Commandement en Orient*; Mermeix, *Sarrail et les Armées d'Occident*。

1915年结束时,同盟国可以相当满意地纵览这场巨大的斗争。西线用少数兵力就守住了,英国人在卢斯(Loos)及法国人在尚帕涅(Champagne)的强大秋季攻势被证明彻底失败。法国在恳请彼得格勒派军队来西方。意大利徒劳无益地攻打奥地利的防线。加利西亚已被扫清,俄国被逐出波兰、库尔兰和立陶宛。在近东,保加利亚加入战斗,塞尔维亚和黑山已被碾压,与土耳其的铁路联系建立起来,对达达尼尔的进攻则被放弃。德国与奥地利的人口依旧喂养精良,对胜利和领土扩大的自信期待支撑着他们支持恐怖的斗争。[1] 另一方面,在战争的巨大赌博中有一个因素几乎不被士兵和平民大众纳入考虑,但它的重要性就算不是真正决定性的,也仍然是在增长的:大不列颠控制着海洋。

德国海军在战争刚开始没试图妨碍运输远征军,这令西方国家吃惊并如释重负;而且看上去德国海军确乎不打算向对手发起决斗挑战,而偏爱以风险较小的悬浮水雷与潜水艇来消耗我们力量的策略。[2] 除了1914年8月28日和1915年1月24日在赫尔戈兰岛海域的小冲突,最初几个月里本国水域没发生重大战斗。另一方面,敌军的巡洋舰被俘获或被扣押之前,在世界的遥远部分造成了大把麻烦,而且冯施培(von Spee)率领的德国太平洋分遣舰队1914年11月1日在智利海岸的克罗内尔(Coronel)战斗中歼灭了克拉多克(Cradock)的分遣舰队,该支德国舰队于日本参战之时离开青岛,并因损失所有德国在太平洋的殖民点而被赶出其他海军基地。这位胜利者通过麦哲伦海峡(Straits of Magellan),但他的分遣舰队转而又在12月8日于福克兰群岛(Falkland Isles)[3] 海域被斯特迪(Sturdee)优越得多的舰队歼灭,斯特迪是奉接替巴腾堡的路易斯亲王任第一海军大臣的约翰·费舍阁下之命来捉他的。到了1914年底,德国旗帜在海洋上消失,德国在非洲的殖民地因切断补给而被轻易征服。

---

1 见Grumbach, *Das Annexionistische Deutschland*。
2 见Jellicoe, *The Grand Fleet*;Sir J. Corbett, *Naval Operations*;Scheer, *Germany's High Sea Fleet*。关于蒂尔皮茨对这种不作为的怒气,见其《回忆录》(Tirpitz, *Memoirs*)。
3 该群岛的主权仍在阿根廷和英国之间有争议,按阿根廷的名称是马尔维纳斯群岛。——译注大舰队（the Grand Fleet）驻扎在奥克尼群岛（Orkneys）的斯卡帕湾（Scapa Flow），但这个位置并未针对潜艇袭击而筑防御工事。杰利科司令（Admiral Jellicoe）被担惊受怕折磨着，而他一直等到仗打赢之后才对他惊讶的同胞们吐露此情。不过敌人不晓得我们的缺陷，并且偶尔轰炸一下东海岸的城市就心满意足了，栖息在罗塞斯的巡洋舰以及哈威奇（Harwich）与多佛的巡逻舰无法阻止这种轰炸或对之还击。不过，该舰队的主要功能是守卫不列颠诸岛免遭入侵或挨饿、封锁德国海岸以及掩护军队运输，这些任务都圆满完成。当1915年过去、1916年到来且北海没发生等待已久的战斗时，看起来德国已决心让她的舰队原封不动藏着，以作为和平谈判时的议价筹码。但是，1916年5月30日，希尔司令（Admiral Scheer）指挥的德国远洋舰队与比蒂司令（Admiral Beatty）指挥的英国战斗分遣舰队在日德兰（Jutland）海岸附近遭遇了。英国船只的数量比德国的多，但在设施和人员上都比对手损失更重，在杰利科指挥的大舰队能够在冲突中发挥有效作用之前，德国船只就因大雾而免遭破坏并逃逸。双方都宣称自己是史上这场最重大海军战斗的胜者，德国人争辩说他们对英国人科以更重的损失，英国回应说敌人不敢直面英国主力舰队。[1]德国船只第一流的战斗品质、其指挥官们的技术以及炮手的精准度都堪称示范，但德国舰队小心翼翼不再挑战一颗有大丈夫气的决心，大不列颠的领先地位则通过新建各类船只而稳步提升。

1914年的战争中就如与拿破仑的斗争一样，有大不列颠牵涉其中的海上力量作业总是不断与中立国产生摩擦。尽管美国人民有因比利时被袭击而升起的义愤和对协约国动机的压倒性同情，但在起初阶段仍渴望继续"超脱于战斗"，因为欧洲太远，德国有许多朋友，而俄国专制政府关于为文明和自由而战的宣言被恰如其分地嘲笑。[2]美国总统请交战各方遵守《伦敦宣言》，

1　英国的蓝皮书与施尔的《德国远洋舰队》（Scheer, *Germany's High Sea Fleet*）肯定都研究了这场战斗。

2　见 *Diplomatic Correspondence between the U.S. and Germany, 1914–1917*, ed. by J. B. Scott; Hendrick, *Life and Letters of Walter H. Page*, I, ch. 12, II, ch. 15。

而当大不列颠有所保留时,他宣布他决心看着美国的权利和义务着落在"与被接受的国际法原则及条约义务相符"之处。大不列颠11月3日封锁北海的公告激起来自华盛顿的针对搜查走私船的抗议。爱德华·格雷阁下1915年1月7日临时答复,从事那种中立贸易应当不妨碍对交战方安全而言为必要的东西,并且对有干涉真正贸易之欲的指控加以驳斥,同时坚持检查走私贸易的权利。他对因不列颠政策而致贸易大幅缩减之怨言提出异议,并强调对斯堪的纳维亚和瑞士的铜出口有可疑的增长。在一艘船能被搜查之前,有必要领它入港,因为铜可以藏在棉花包里。关于食物,他因为德国的交战方式而拒绝无条件许诺。这是对美方陈述的礼貌但坚决的拒绝,不过由于爱德华·格雷阁下同佩吉先生之间充满信任和喜爱的关系,这局面缓和了。

1915年2月4日新增了一个复杂因素,因为德国政府不顾潜艇极度匮乏——蒂尔皮茨总是低估这一项——而宣布,在大不列颠周边水域的敌方商船应当被击沉,而中立国商船应一视同仁。第一个后果就是"露西塔尼亚"号(Lusitania)挂美国国旗并于2月6日进入利物浦。2月12日,一份递交给唐宁街的美国照会指出美国公民卷入这种战争谋略中的风险,另一份照会同步递交柏林,宣布如果美国人丧了命,德国政府将"承担最密切的责任"。大不列颠回答说,没有把使用中立国国旗作为普遍行为的意图。德国解释说,她的潜艇已被指示不要有意攻击美国船只,但拒绝承担发生事故时的责任,并抱怨美国向她的敌人售卖战争物资。假如协约国能遵守《伦敦宣言》并允许进口食物和原材料,那么德国就会停止报复性劫掠。

2月22日,美国向德国与大不列颠递交了一样的照会,提议除了可以滞留和搜查,应禁止使用悬浮水雷及攻击商船,并建议大不列颠应允许将食物的自由通道分配给美国所提名之代理人,由这些代理人把食物分发给平民。这提议原则上被柏林接受,但不被伦敦接受。3月1日,不列颠政府针对德国的公告做出答复,谴责德国人意图拦截所有同德国的海上贸易,扣押所有货物并因为在海上搜查有危险而把中立国领入英国港口。阿斯奎斯先生力陈,德国公告以无差别破坏取代常规性俘获。"因此,她的对手们被驱使制定报复性措施以阻止任何种类的货物抵达或离开德国，不过不列颠与法国会在不使中立国船只、中立国人员或非参战国人员遭受风险的情况下执行这些措施。对于携带被推断以敌方为目的地、为敌方所有或来自敌方之货物的船只，英国政府有自由带它们入港。这不是为了查抄这些船只或货物，除非它们不容有他地应当被查抄。"不列颠拒绝减轻封锁，这令美国恼怒，于是芝加哥的批发商、农场主和棉花种植者都敦促总统支持他们的要求，而且英国人将走私品扩大到食物，这在美国被认为太严苛，也不合法；但一场淹没一切的悲剧很快令局势转变。

当威尔逊（Wilson）总统缓和冲突之恐怖度的尝试失败时，德国大使贝恩施道夫对美国公民发布一则不要乘英国船只在交战地带旅行的警告。这则碰巧在"露西塔尼亚"号自纽约离港前夕面世的警告被忽视了，而这艘大型班轮于5月7日在爱尔兰海岸附近被鱼雷袭击，1 200人丧命，其中124人是美国人。在战争初起时就被派往美国陈述德国情况的前任殖民部长但恩伯格（Dernburg），以该船只携带军火为由为此破坏辩解。这声明是实情，但不发警告就用鱼雷袭击一艘满是乘客的船只，令全世界因恐慌而激动，并且与比利时被侵犯相比，更大程度地激发了美国人的情感。公众舆论要求断绝外交关系。尽管总统冷静地评论说，对于这样一件事，人之为人的自豪之情使人不能打架，而且国务卿布莱恩先生（Mr. Bryan）急切地警告美国公民不要乘协约国船只旅行，但贝恩施道夫还是电告柏林说，再发生这种冒犯就意味着战争。但恩伯格被迫离开美国，且5月13日总统通知德国政府要对该事件承担责任，要提供赔偿并阻止再度发生。

德国没有悔过之意，因为"露西塔尼亚"号被普遍相信是一艘辅助巡洋舰，配备枪炮并为协约国军队运载军火。用潜艇毁了一艘巨大的班轮让德国人产生希望，觉得可以成功挑战英国对海洋的控制权，而且"饥饿封锁"——这在德国人看来就跟潜艇战在英国人眼里那么残忍——可以通过封锁她的头号敌人来反制。因此，德国政府的答复是，辩解这是一场对"武装辅助巡洋舰"的攻击。甲板上并没有火炮，且贝恩施道夫借与总统会谈而力求抵消掉一份不妥协答词的效果。他报告说："我们都希望争取时间以保持和平。我听说威尔逊想要和平,但国家想要战争。"总统恳请大使停止无限制的潜艇战,并许诺会就解除"饥饿封锁"施加压力,他相信大不列颠会接受这个议价。7月21日,美国发布关于"露西塔尼亚"号的最终照会,宣布若重复这种冒犯将被视为不友好行为;接替布莱恩的兰森先生(Mr. Lansing)则私下警告贝恩施道夫,假如再有美国人丢命,战争就会随之而来。尽管德国政府公开表现目中无人的态度,但他们不想新增敌人,于是潜艇指挥官收到命令别再袭击班轮。但德国人的骄傲不许他们将此决议通知华盛顿。

总统希望从德国获得一个让步,好让他借由在伦敦和柏林的眼光之间找到一条中间路线以开展他那可亲的海上自由计划。他对一位朋友评论说,确实,如果他从德国得到喜人的答案,他将"继续与英国交涉到底"。然而在德国答复他的最后照会之前,一艘英国客轮"阿拉伯"号于8月19日被击沉,两位美国人丧命。德国政府立刻表示遗憾,并补充说这结果违反了船长的指示;而德国大使为避免宣战书,便在未经授权的情况下宣布,德国潜艇早已被命令不要袭击客轮。然而"阿拉伯"号不是最后的牺牲者,因为"安科纳"号(Ancona)又于11月7日被毁,"波斯"号12月30日被毁,海峡渡轮"苏塞克斯"号(Sussex)则于1916年3月24日被鱼雷炸沉并有几位美国人丧命。德国政府为应答美国实质上的最后通牒,现在公开承诺,商船不会在未加以警告和不救援船员的情况下被击沉,还将其让步附加了条件,要求美国总统应确保从大不列颠那里获得"承认人道主义法则"的相应担保。虽说总统拒绝该条件,但德国的潜艇战役在1916年余下时光都在特定限制条件下进行了,而随着蒂尔皮茨的解职,情势有所缓和。

美国保持中立是因了威尔逊总统的耐心,而不是由于柏林的政治家风范;而归功于德国开展海战的无情方法,大不列颠才能够嘲笑大大小小的中立国的多愁善感。美国没时间顾及重启1812年的美英战争,而且自"露西塔尼亚"号事件之后,针对协约国领头国的战争宣言是想都不会想的。爱德华·格雷阁下对美国大使佩吉先生谈及："美国必须记住，我们为她而战的成分不亚于为我们自己而战，你们不敢对我们过度施压。"总统在听说这场谈话后评论："他是对的。与英国打仗就意味着德国的胜利。我不会令英国困窘。"[1]因此来自华盛顿的法定抗议没对白厅产生影响，因为缺少最高级别的核准。1915年8月21日，棉花被英法两国宣布为禁运品。爱德华阁下在8月25日致《泰晤士报》的一封信中解释说："海洋的自由在战争之后会是各国之间要讨论、定义和协商的一个非常合理的主题，但不能仅因为是海洋就自由，也不应在陆地上没有自由、没有防止战争的安全措施、没有反击德国人战争方法的情况下讨论。"最终步骤于1916年7月7日采取，那时《伦敦宣言》被通告废止。官方备忘录解释说："随着斗争发展，显然和平时期不仅确定法律原则，甚且确定法律原则之适用形式的努力未产生令人完全满意的结果。这些规则在未能于各个方面增强提供给中立国之防御措施的同时，也未向交战方提供最有效地行使其获承认之权利的方法。它们经受不起无法预见的迅速变化之环境与趋向的拉扯。连续的修订或许会把联盟国的目的暴露在误解之中。她们因此得出结论，她们必须限制自己只适用国际法的历史规则和获承认规则。"欧洲中立国的需要在某种程度上遭遇了一个以她们战前需求为基础的精细定量配给体系。

熬过1915年整年在西部的坚持防守，德国人1916年从东部撤军，并自1914年秋季以来首次为一个决议而努力奋斗。凡尔登这个突出位置被选来发起2月21日开始的大总攻，而第四天，防御要塞的锁匙之一杜奥蒙堡（Fort Douaumont）就遭到暴风骤雨般的攻击。这是大规模炮队的胜利，而这座城市的命运似乎令天平震颤。贝当（Pétain）迅速被若佛尔派到危难之地，增援火速前往现场，卢斯败仗之后接替约翰·弗兰治阁下担任英军总指挥的道格拉斯·海格阁下（Sir Douglas Haig）被要求尽可能快地备战对索姆（Somme）北方的进攻。凡尔登之战是四年斗争中关系法国生死存亡之三大

---

[1] Tumulty, *Woodrow Wilson as I Knew Him*, ch. 27.

危机的第二场。法尔肯海恩早就调度好供他进攻数月之需的军队与枪支，而且他相信法国会在极度疲劳中崩溃。但法国人以足以铭记于史册的崇高决心战斗——"我们不可越过"。激烈的斗争持续整个3月、4月与5月，在5月底，默兹河（Meuse）左岸的莫尔翁山（Mort Homme）遭到狂轰滥炸。贝当迫切要求英军在索姆开始反攻，且当沃克斯堡（Fort Vaux）于6月7日陷落时，这位指挥官再提他的请求。海格7月1日开始打击，但中间的这几周是一段非常焦虑的时光。若佛尔的确怀疑过凡尔登是否守得住，因为6月23日德国人夺取了蒂欧蒙堡（Fort Thiaumont），6月24日又狂轰福勒里（Fleury）村。不过，7月第一天海格开始先期炮轰，作为索姆战斗的领路员。

1915年的惨痛失败教会英军司令部，不要在还没积累够充足的供长期攻势的军队及军火后备时袭击。[1] 在法国的英国兵力最终很好地装备了飞机、重型火炮、炮弹、机枪、迫击炮、手榴弹和烟雾发射器，而且为数几十万的"基奇纳的军队"终于准备好强势出击。1915年秋季，德比爵士[2]的官方募兵运动使得志愿原则最终让步，而且在春季征兵中42岁以下的单身男性都被纳入。这还只是中途屋，因为到1916年5月，已婚男性的豁免权被撤销。7月1日军队发动攻击，自信它的力量不只是缓解凡尔登之困，还能在德军右翼打出令人震惊的一击。然而这光明的希望很快变为失望。对左翼的进攻失败了，因为先期炮轰没能驱逐阻碍进军的机枪掩体。对右翼的进攻以及法国人在索姆南边发起的支援攻势就成功得多。战斗的即期目标实现了，因为令凡尔登窒息的压力立刻缓解。德国军队匆忙向索姆行军，而且过去四个月斗争中被夺取的这座受围攻要塞前的阵地，通过夏季和秋季一系列短平快的出击而收复。8月底，法尔肯海恩被解职并任命兴登堡担任德军总指挥，鲁登道夫担任他的首席副官，这等于承认对法国要塞的猛攻失败了。凡尔登安全了，侵略者又像1915年那样处于防守状态。但盟军对索姆代价高昂的进攻鲜

---

[1] 见 Dewar & Boraston, *Sir Douglas Haig's Command, 1915-1918*。
[2] 是前文出现过的任外交部长的德比爵士的侄儿。——译注

有成效，尽管9月里坦克都上阵了，而且这场7月1日满怀希望展开的战斗于11月中旬无果而终，因为军队已经耗尽而冬季来临。在凡尔登与索姆这两场巨大斗争中，双方都承受了惊人的损失而所获寥寥。这是损耗的一年，而非决定性的一年。

当世界的注意力都集中在法国的斗争时，1916年间在广阔战争舞台的其他地点发生了一系列非决定性战斗。奥地利一再击退意大利对伊松佐的进攻后，觉得自己强大到足以在5月从特伦蒂诺发动一场强大攻势，旨在切断意大利主力军的交通。这一危险的猛推在入侵者抵达平原之前被避开了，而且戈里齐亚8月9日的陷落是意大利挥出的反击。她的成功因俄国人一场勇猛得出乎意料的攻势而变得容易。6月3日，就在奥地利军队深陷特伦蒂诺战斗的当口，布鲁西洛夫在从皮亚特湿地向西南直至罗马尼亚边界的宽广阵线发起了他的壮阔进攻。在这条战线的南端，奥地利的阵线被突破，卢兹克（Lutzk）与杜布诺（Dubno）被拿下，布科维纳被碾压而过，俄军重新进入东加利西亚。记录显示两周内推进50英里。这是一场俄国人对奥地利人的胜利，因大量奥地利的斯拉夫人——他们的同情心在他们主人的敌人一方——投降而变得容易。砸开德国的核心被证明难得多。俄国人对皮亚特河北面的攻势被击退，同盟国绷紧每根神经应对南面的猛戳。其军队被从法国、意大利及巴尔干前线召回，两个土耳其军团被迫切要求效力。科韦利（Kovel）保住了，而当战火于10月渐熄时，同盟国已重建阵线。布鲁西洛夫攻势就如凡尔登、特伦蒂诺和索姆的那些攻势，血流成河，但没能突破敌人的阵线。

就在军事名声因寸土之地的得失而赢得或丧失的同时，一场运动战在土耳其亚洲部分的广袤空间里进行着。1916年2月，俄国军队杀进小亚细亚东部的军事与行政中心埃尔祖鲁姆，且这场入侵大潮向西卷过特拉布宗、比特利斯和凡城。这场胜利是有益于协约国目标的，但假如俄国军队没有越过边界，对土耳其的亚美尼亚人会更好一些。1909年亚达那大屠杀的作恶者们很清楚那个苦难民族必定对新月和十字架之间的斗争感到愉快的这种情绪，于是塔拉特（Talaat）与恩弗尔开始冷冰冰地商议，要灭绝几十万支持过或可能支持这个世代仇敌的亚美尼亚人。[1]

与俄国成功入侵小亚细亚形成尖锐对比的是英国人在美索不达米亚的攻势被遏止。入侵者从巴士拉开始沿着底格里斯河一路向北推进，1915年11月有一小股兵力推进到距离巴格达24英里的泰锡封（Ctesiphon）。汤森德将军（General Townshend）白费唇舌地警告他的上级们不要这样冒进，且当他被迫在12月退回库特埃尔阿玛拉（Kut-el-Amara）并被围困时，他的忧虑被坐实。所有营救努力都无果，经过五个月的围困之后，2 000名英国士兵和6 000名印度士兵为饥饿所迫而于1916年5月投降。[2]

麦加王子于1916年6月7日与土耳其苏丹政权断绝关系，算是这场振聋发聩的灾难的轻微补偿。麦加王子能被争取到协约国一方，主要是靠劳伦斯上校（Colonel Lawrence）这位对东方的心理活动有同情式理解的年轻牛津东方学家娴熟的鼓吹之力。大不列颠已经承认了北纬37°以南的阿拉伯半岛地区的独立，但巴格达与巴士拉要服从英国控制。对土耳其的瓜分现在通过大不列颠、法兰西与俄罗斯之间的一项协议而被进一步明确。[3] 俄国要求埃尔祖鲁姆、特拉布宗、凡城、比特利斯和南库尔德斯坦诸省；法国要求叙利亚的沿海地带、亚达那省及小亚细亚东南；大不列颠要求南美索不达米亚、巴格达以及海法港（Haifa）和阿克里港（Acre）。法国领土与英国领土之间的地带要成立一个阿拉伯政府或联邦。亚历山大勒塔（Alexandretta）要成为一个自由港。巴勒斯坦要有一个由英、法、俄做主的政体。11月9日，巴尔福先生致罗特希尔德爵士的信中宣布，大不列颠将允许在那块土地为犹太人建立一个国家。在这样确保了在对土耳其亚洲土地的预期分割中享有份额之后，麦加王子宣告独立并进驻吉达（Jeddah），对麦地那（Medina）形成包

---

1 见Toynbee, *The Treatment of Armenians in the Ottoman Empire*, 由布莱斯爵士（Lord Bryce）撰写序言；Lepsius, *Deutschland und Armenien*；Morgenthau, *Secrets of the Bosphorus*；M. P. Price, *War and Revolution in Asiatic Turkey*；Djemal Pasha, *Memories of a Turkish Statesman*, ch. 9。
2 见General Townshend, *My Campaign in Mesopotamia*, 以及美索不达米亚委员会的报告。
3 见Cocks, *The Secret Treaties*, ch. 3。关于土耳其人对阿拉伯叛乱的看法，见Djemal Pasha, *Memories of a Turkish Statesman*, ch. 8。

围之势并切断汉志（Hedjaz）铁路。他效劳的酬赏是1916年12月获承认为汉志之王，而且他的儿子菲苏尔（Feisul）在艾伦比（Allenby）征服巴勒斯坦和叙利亚的艰难任务中给予襄助。当阿拉伯就这样丢掉土耳其人的轭时，斯玛茨将军（General Smuts）正在征服德属东非的大部，并将英勇的莱托-福尔贝克（Lettow-Vorbeck）率领的守卫者们赶往南边，而3月份加入战争的葡萄牙人被期望加入这场追击。[1]

当罗马尼亚经过交战双方各自历时两年的殷勤追求之后，于1916年8月28日加入联盟时，战争的命运就这样在天平上摇摆了。[2] 沙皇曾就卡罗尔国王在第三次巴尔干战争中的胜利给以热情祝贺，而在1914年6月对康斯坦萨（Constanza）的一次访问中，祝酒双方的诚挚之情透露出，比萨拉比亚伤口终于痊愈了。确实，奥地利驻布加勒斯特公使切尔宁伯爵（Count Czernin）在这次访问之后汇报，假如开战，国王将不会履行他的条约誓言。此局面在维也纳比在柏林更快被认清，德皇还在指望他这位亲戚的忠诚，而保加利亚的斐迪南则被柏林认为是不可信任和不讨人喜欢的。1914年8月2日，当德国已对俄国宣战后，德皇与弗兰茨·约瑟夫许诺，如果卡罗尔肯加入他们的行列，他们将在胜利后帮忙获取比萨拉比亚。王室智囊团在8月4日被召集，国王在会上力主以符合他义务的方式介入，但他发现只有卡普（Carp）支持他。1883年的《条约》是罗马尼亚人民和国会所不知道的，而且舆论最近发生了一场深刻的变化。刚刚访问过巴黎和伦敦而返回的忒克·琼斯库，描绘了这位老练统治者对于自己不能履行誓言的苦涩失望之情。[3] 反对介入的人指出意大利的弃权行为，而且智囊团决定维持中立。自此，罗马尼亚的统治者不再是卡罗尔，而是首相伊安·I. C. 布拉迪阿诺（Ion I. C. Bratiano）——罗马尼亚最伟大的政治家老布拉迪阿诺的儿子。切尔宁还描述了国王如何泪

---

1 见General Crowe, *General Smuts' Campaign*; Lettow-Vorbeck, *My Reminiscences in East Africa*。
2 关于罗马尼亚参战之前政策和舆论的全面叙述，见奥地利在这场破裂之后发布的红皮书。试比较Czernin, *In the World War*, ch. 4; Seton-Watson, *Roumania and the Great War*。
3 Take Jonescu, *Souvenirs*.

眼婆娑、只手颤抖地试着把蓝十字勋章从脖子上取下，这是他对霍亨佐伦王朝个人拥戴及政治效忠的标志。不过他通知德皇和弗兰茨·约瑟夫说，他将告诉保加利亚，如果保加利亚加入同盟国，无须担心他。德国政府现在才全面警觉，并敦促奥地利以割让大块领土来防止她的邻居加入敌人。但在这件事上，决定权在布达佩斯而不在维也纳；因为假如做出这份牺牲，是由匈牙利埋单。不屈的蒂萨对任何领土割让连想都不想。当德国进而建议奥地利不要抵抗罗马尼亚入侵特兰西瓦尼亚，并要宣布为防止俄国得到它故而此举可被允许时，贝尔奇托尔德拒绝了，并气愤地回答说，他宁愿看到俄国人在匈牙利土地上，也不要看到罗马尼亚人。

与此同时，协约国并非无所事事。斗争刚开始时，萨佐诺夫就出价，介入的回报是特兰西瓦尼亚，并以在多布罗加近期所获之地作为抵押品。但布拉迪阿诺答复说，王室智囊团决定中立。9月1日，俄国驻布加勒斯特公使汇报，要人们正在请求以比萨拉比亚作为中立而非介入的代价。重要一步于9月23日迈出，当时罗马尼亚与意大利签了一份共同行动的条约。几天之后又在彼得格勒签了一份条约，其中俄国同意在外交上反对一切有违罗马尼亚完整性的企图，并承认其对有罗马尼亚人民所居住之土地的领土要求。瓜分布科维纳的问题要向一个联合委员会提出。罗马尼亚有自由在任何便利的时候占领所协商过的土地，而俄国承诺去确保大不列颠与法国的支持。罗马尼亚许诺回报以善意中立，直到她着手占领她渴望的土地。[1]

1914年10月10日，罗马尼亚的缔造者卡罗尔国王心碎而死。切尔宁记录："他生命的最后几周对他是一种折磨。我送给他的每条消息都让他觉得是一记鞭打。"新任统治者费迪南既未继承其伯父的能力，也未继承他的威望，而费迪南的妻子是爱丁堡公爵的一个女儿，她的母亲还是俄国人，因此追随血缘的召唤。五百万的英国贷款于1915年1月安排妥当，但政府的政策

---

[1] Laloy, *Les Documents Secrets des Archives du Ministere des Affaires Etrangeres de Russie*, pp. 106–107.

没发生变化。罗马尼亚担心对特兰西瓦尼亚的袭击将把土耳其和保加利亚引到她的侧翼；不过切尔宁关于中立承诺的请求被这位新统治者拒绝了。与意大利的协议在1915年2月6日续订，为期四个月，且3月份国王向切尔宁吐露，如果意大利参战，罗马尼亚必须跟着做。当奥地利最终同意给意大利割让领土时，罗马尼亚提高要求并声称保持中立的代价不只是布科维纳，还要有特兰西瓦尼亚。可布里安和蒂萨纵然遭到强硬催逼也寸土不让。

协约国一直盼望着意大利与罗马尼亚能同时介入，而当意大利于1915年5月3日与同盟国毁约之时，布拉迪阿诺开出他的价钱，包括特兰西瓦尼亚，巴纳特（Banat）向西直到泰斯（Theiss），从那里向北到喀尔巴阡山脉，再从那里到普鲁斯（Pruth），含布科维纳。因此，意大利独自参战，而且俄国人的决定性溃败与继之而来的塞尔维亚被瓦解，使得罗马尼亚的介入过于危险，哪怕她的狮子大开口要求已获得俄国同意。罗马尼亚现在着手与同盟国签订利润丰厚的商业条约，截至下一年来临前再没听说过介入之事。

布鲁西洛夫1916年的进展把布加勒斯特政治家吹回协约国一方。6月底，切尔宁报告称，与协约国的谈判已经热切地恢复，有预言称一俟收割完毕罗马尼亚就要进击。尽管有来自柏林的习惯性劝告和来自康拉德的严肃警告，布里安仍拒绝以割让领土来回报中立。正如德国给奥地利施压，法国也给俄国施压，但7月19日，接替萨佐诺夫担任外交部长的施图尔默（Stürmer）——一位寂寂无闻的反动官员电告各位俄国大使，罗马尼亚的条件是不可接受的，尤其是联盟国要战斗到她的要求都达成为止这样的条件。因此他提议，告诉布拉迪阿诺，巴纳特的塞尔维亚人必须保证不被罗马尼亚化。然而8月2日，伊兹沃利斯基自巴黎报告，法国对索姆攻势的结果感到失望，考虑到她的惨重损失，迫切需要罗马尼亚的介入。8月8日，俄国放弃了在巴纳特要担保的要求，同一天，罗马尼亚同联盟国之间签了一份协议，将巴纳特、特兰西瓦尼亚、远及泰斯的平原以及布科维纳直至普鲁斯的区域都给罗马尼亚。即使在一份刚刚给沙皇的备忘录中，施图尔默也悻悻地试图辩解，罗马尼亚一定不能被承认享有平等权利，而且协约国不能受约束要把战争继续到她的要求都实现。布拉迪阿诺威胁辞职，而8月12日沙皇屈服了。条约于8月18日在英、法、俄、意之间签署，同一天俄国与罗马尼亚也签了一份军事协定。罗马尼亚8月28日针对奥地利的宣战书引起德国、土耳其和保加利亚的对抗宣战书。

按照安排，盟军应在8月20日从萨洛尼卡前进，但萨拉伊的计划被泄露，所以他直到9月7日都动弹不得。预期中俄国在北方的帮助也没来。罗马尼亚迅速把她的军队抛过喀尔巴阡山脉，投入应许之地，但他们在特兰西瓦尼亚的逗留是短暂的。[1] 尽管凡尔登、索姆和加利西亚都有需求，但是在德国最高指挥部遭排挤的法尔肯海恩仍调集一支强大的奥德联军，后又得土耳其人增援，狠狠回击入侵者并奋力向布加勒斯特前进。与此同时，在萨拉伊的进攻中，他的多国部队中的塞尔维亚支队获得了莫纳斯提尔，但没能进一步向北前进。保加利亚的北方军为报复罗马尼亚1913年的背后捅刀子，占领了多布罗加并以跨过多瑙河使罗马尼亚的大挫败完满。面临左右夹击的罗马尼亚就像1915年的塞尔维亚，迅速瓦解。其政府所在地迁移到摩尔多瓦（Moldavia）的首府雅西（Jassy），而在12月5日，布加勒斯特被得胜的敌军占领。

巴尔干半岛现在被同盟国攥紧了，因为希腊的官方同情不是秘密。5月，斯特鲁玛河谷（Struma）的咽喉之地卢佩尔堡（Fort Rupel）不战即转交保加利亚军队，他们进而占领塞里斯与卡瓦拉这两个扣留在德国手中的希腊要塞。协约国以太平洋封锁相报复，而维内泽洛斯再也不能控制不耐之情了。8月30日，即罗马尼亚介入两天之后，希腊国王的权威在萨洛尼卡被拒绝承认，克里特、米提利尼、希俄斯（Chios）和其他岛屿都相继效仿。维内泽洛斯从雅典来到萨洛尼卡并建立一个听命于盟军枪炮的临时政府，经过一些耽搁之后被联盟国承认，他又进而宣布对保加利亚开战。尽管成千志愿者加入叛军旗下，但希腊本岛支持康斯坦丁及中立，而且国王拒绝屈服于联盟国的压力。1916年底从比雷埃夫斯出发向首都进军的军队在血光洗礼中被赶

---

[1] 见 Djuvara, *La Guerre Roumanine*。

回。沙皇出于对王朝制的考虑而反对废黜国王，意大利则担心一个因维内泽洛斯而变得伟大的国家成为未来竞争对手，所以也反对给雅典施加高压。直到1917年夏季，大不列颠与法国才迎着希腊这个困难而上，废黜了国王，并给希腊首都带回近东最勇敢、最坚定地支持盟军目标的人。[1]

1　见Recouly, *M. Jonnart en Grèce*。

第十八章　世界大战：第二阶段

罗马尼亚的轰动性瓦解尽管令她的盟友深感失望，但没给她们的政治宣言带来公开变化。劳埃德·乔治先生在一场引起全世界注意的访谈中说自己投入于"决胜的一击"，而当在下议院被质问时，他回答说这短语不仅表达了他本人的意见，也表达了内阁、内阁的军事顾问以及联盟国每个成员国的意见。阿斯奎斯先生1916年10月11日在议会宣布，战争不允许在打着补丁的、不安稳的妥协方案中结束。"联盟国的目标不是自私的或报复性的，而是要为过去获得足够的赔偿，为未来赢取足够的安全。"爱德华·格雷阁下10月23日对外国新闻协会的演说重申了这份决心。"在这场战争之前的那些年里，我们生活在普鲁士军国主义的深重阴影之下，这阴影蔓延至德国全境，然后又波及整个大陆。除非所获得的和平能确保欧洲各国未来的生活免遭巨大无政府主义者的阴影笼罩，否则战争不会结束。一个中立国问我，中立国能做什么。最好的事情就是，逐步引起有利于各国间订立可避免再发生此类战争之协议的舆论。如果她们曾因这样一份协议而团结起来，并且在1914年7月能迅速且坚定地坚持这种协议，那么争论一定会被提上会议或诉诸海牙，而《比利时条约》一定会被遵守，就不会有战争了。"

外交大臣提及一个国家联合会，这令德国首相铭记于心，他从未因军事胜利而昏了头，而且他不赞成泛日耳曼者及工业巨头们无边无际的野心。自

1915年初,他就开始探问和平讨论的可能性,[1]而且自1916年夏季起就明确地构思行动。他的第一步是,就给交战各方发邀请之事获取皇帝同意。这位君王在10月31日的一封公开信中宣布,协约国不拥有具备足够道德勇气提议和平的政治家,因此他作为一个有良心的统治者,将这么做。奥地利的同意已提前获得,因为弗兰茨·约瑟夫在他多少能体现权威的各领域内都一贯赞同和平建议,尽管他总是补充说它们必须要在与德国讨论后达成充分协议。布里安其实不只渴望讨论,还渴望公布和平条件,并且他早就在向贝特曼-豪尔维格强推他的建议。他提出的要代表奥地利发布的条件是,维持帝国的完整性,但可微调与俄国和意大利的边界。塞尔维亚要让给奥地利一小片领土,而将更大的部分让给保加利亚和阿尔巴尼亚,还要加入与奥地利的经济联盟,奥地利也会对自治的阿尔巴尼亚建立摄政体制。德国政府拒绝了公布条件的提议,最终同意四个盟国应尽快在奥德军队进入布加勒斯特之际,邀请协约国参与讨论和平的可能性。

12月12日,也就是罗马尼亚首都沦陷六天之后,贝特曼-豪尔维格将一份简短的照会转交法国政府、大不列颠政府、俄国政府、日本政府、罗马尼亚政府及塞尔维亚政府。[2]他宣称,最新事件证明同盟国的抵抗是牢不可破的,但她们不寻求粉碎或歼灭她们的敌手,而且她们提议谈判。"她们确定地感觉到,她们提出的建议将成为恢复持久和平的基础。如果罔顾此次和平与调解的提案而斗争继续,那么同盟国四位成员将决心把斗争进行到底,同时郑重宣布不对人类和历史承担任何责任。"鲁登道夫起草的一份向军队通知行动方针的帝国军队令,在措辞上几乎没考虑与可能的谈判相协调。"士兵们!在可以意识到你们赢得了胜利的时刻,盟国的诸位统治者们给了一个和平提案。我们要看着这目标是否会达成。与此同时,你们有上帝的帮助,绝不退

---

[1] Helfferich, *Der Weltkrieg*, II, p. 355; Bethmann-Hollweg, *Betrachtungen*, II, pp. 53–54, ch. 4; Veit Valentin, *Deutschlands Aussenpolitik, 1890–1918*, ch. 14. 来自维也纳、柏林和达姆施塔特的接触记载于帕莱奥洛格(Paléologue)的日记,维也纳档案中有关于俄国试探手段的证据。

[2] 见 *Documents Relating to Peace Proposals and War Aims*, edited by G. Lowes Dickinson。

让地反击敌人并击败他。"[1]

德国首相预期只有法国会坚决反对，但他马上就不抱幻想了。次日，白里安谴责这份邀请是分裂协约国的计策，俄国外交部长"满怀愤慨地"拒绝了它，而松尼诺力主意大利在对"这个奸诈手段"的态度上不要让自己与盟友们分离。英国的答复由劳埃德·乔治先生传达，他在12月的第一周打败了阿斯奎斯先生，接替后者担任首相，并组建了一个由一个秘书处协助的战时内阁来处理关于冲突的紧要难题，可以不受日常的法律与行政事务妨碍。[2] "关于这个德国宣布了自身胜利的邀请，在完全不晓得她给了什么提议的情况下进入一个会议，就是把我们的头伸进套索里。在我们能考虑这样一个邀请之前，我们应当知道，她已经准备好答应使和平的获得与维持成为可能的唯一条件——完全归还、全面赔偿、有效担保。如果我们现在就讲和，从德国首相的讲话中能听出什么希望，让普鲁士的军事团体不像曾经一样居于主导地位？提出这些和平建议的那一次讲话，是对兴登堡及其军团之胜利的长篇颂歌。"

在这些个别答复之后，俄国、法国、英国、日本、意大利、比利时、黑山、葡萄牙和罗马尼亚这些联盟国政府于12月30日回馈了一份集体答复。"不带条件声明而只说应开始谈判的单纯建议不是和平提案。一个缺乏所有实质性和准确性的虚伪提议，看上去更像一个战争手法而不大像和平提案。它只停留在一份欧洲的战争地图上——这地图只不过代表局势的表面阶段和正在过去的阶段，而不依赖于交战各方的真实力量。基于这种条件的和平将仅仅符合侵略利益。由于德国人的战争宣言而产生的灾难以及德国及其盟友犯下的无数暴行，需要处罚、赔偿和担保，但德国避免提及这些东西的任何一点。这些主动表示的目的是为在联盟国之间制造纠纷，为遏制德国的舆论，也为欺骗中立国的舆论。联盟国政府拒绝考虑一个空洞且不诚恳的提

1　见Ludendorff, *The General Staff*, I, ch. 6。

2　劳埃德·乔治先生在战争期间的活动在以下书中得到不同角度的描述：Roch, *Mr. Lloyd George and the War*；Spender, *The Prime Minister*；Sir F. Maurice, *Intrigues of the War*。

议。联盟国再度宣布,直到她们获得对被侵犯之权利的赔偿,直到承认关于国家的原则和小国的自由存在原则,直到合计出一个能终结对各国构成永久威胁之武力的安置方式,否则侈谈和平。"

德皇一收到这份不妥协的答复,就给陆军和海军颁发一则鲁登道夫起草的战斗宣言。"我们的敌人们已经拒绝了我们的建议。他们渴望德国被毁灭。对于我渴望为你们免除的未来的可怕牺牲,敌国政府必须在上帝和人类面前为之担负沉重责任。在你们因我们的敌人没完没了的轻率浮躁而产生的正当愤怒中,在你们捍卫我们最神圣财产的坚定愿望中,你们的心灵将淬炼成钢。我们的敌人们不想要我伸向他们的谅解之手。在上帝的帮助下,我们的臂膀将强迫他们接受它。"

德国发布行动方针之后,随即就是来自华盛顿的口气较冷静的一份呼吁。12月18日,总统给交战各国发出一则邀请,请她们宣布各自可以结束战争的条件,他解释说,他早就想发这则邀请,它与最近的提案完全没关系。按她们各自所声明,她们的目标实质上是一样的。从未有权威发言人承认说,确切的目标如果达成将会令他们和他们的人民满意。"和平恐怕比我们所知的离得更近;条件并不像人们所担心的那么不可调和;观点的交换将扫清开会的道路。总统并不是在提议和平,甚至也不是提出斡旋。他只是提议应进行试探。"12月25日,正在等待联盟答复其邀请的德国回答说,由交战方代表在某个中立国进行直接讨论看来是通往和平的最佳道路,又补充说,当眼下的斗争结束之后,她将乐于同美国在阻止未来战争方面合作。就在柏林如此这般礼貌地拒绝了总统让其公布条件的邀请之时,联盟国于1917年1月10日派送一份详尽答复。1914年9月4日签署的《伦敦协定》已承诺大不列颠、法国及俄国不会单独缔结和平,也不在没有预先达成一致的情况下要求谈和平条件。日本与意大利在较晚的时期附议了这份协定,但没有起草纲要。阿斯奎斯先生1914年11月9日在市府曾以一般性用语解说过大不列颠的目标。"对于我们并非轻易拔出的剑,我们绝不还剑入鞘,直到比利时——我还要补上塞尔维亚——全境光复且要恢复到好于她所牺牲掉的;直到法国面对入侵的威胁时能足够安全;直到欧洲各小国的权利能立于一个无懈可击的基础之上;还要直到普鲁士的军事统治被完全和最终摧毁。"这份宣言于1914年12月22日得到法国总统维维亚尼的支持,他还补充说法国只有当阿尔萨斯和洛林归还给她时才会放下武器。[1]然而这些言论只涵盖了一个日益扩大之领域的一小部分,而且也是时候该告诉参加协约的不同人民,他们为之抛洒热血的确切目标为何。

联盟国现在宣布,她们全心全意把自己同建立一个国际联盟(League of Nations)的计划联系起来;但是这样一场讨论以当前冲突得到妥善解决为前提。获得赔偿、归还和担保的和平在眼下是奢望。刻下的事实是,德国与奥地利那让自己主宰欧洲并在经济上称霸世界得以实现的侵略意愿。随着冲突的发展,她们的态度已经成为对人性与文明的挑战。两个交战集团目标间的相似性其实清晰可见。"联盟国觉得答复这个请求不费力。文明世界都知道这些目标首先包含比利时、塞尔维亚和黑山带着她们应得的赔偿而复原;从法国、俄国与罗马尼亚的被侵略领土撤军并要有公正的赔款;重组欧洲,在一个稳定政权的担保下进行,并即刻立足于尊重所有国家,也尊重经济发展之充分安全与自由的权利,也立足于保证陆地与海洋边界免受不正当袭击的领土协定与国际性安置;归还以前凭武力或违反当地居民意愿而从联盟国撕走的省份;意大利人以及塞尔维亚人、罗马尼亚人和捷克-斯洛伐克人从外国统治下获得解放;臣服于土耳其人血腥暴政下的人民要获得自由;奥斯曼帝国的欧洲部分要被证明确然是西方文明的外围。沙皇关于波兰的意图已经通过他的军队来宣明。因此不消讨论,联盟国是否想要庇护欧洲免受普鲁士军国主义贪婪的暴虐行为,因为消灭日耳曼人民和使他们从政治上消失从来就不是她们规划的题中之义。"

驱逐并瓜分土耳其的指涉足够明白了,但对奥地利的暗示故意模棱两可。意大利人从外国统治下"解放",只能意味着意大利的吞并行为;但解

---

[1] 关于阿尔萨斯-洛林问题的最公正的研究见Coleman Phillipson, *Alsace-Lorraine, Past, Present and Future*。

放塞尔维亚人、罗马尼亚人和捷克-斯洛伐克人可以除了自治,不再表示更多东西。[1] 另一方面,对措辞的最自然解释不仅被相关国家流亡中的发言人接纳,比如马萨里克(Masaryk)教授和特鲁姆比奇博士(Dr. Trumbitch),也被同盟国接受,她们向自己忍受苦难的人民指出,协约国决心征服和分裂。一份巴尔福先生(他在阿斯奎斯政府倒台之后接替爱德华·格雷阁下任外交部长)给英国驻华盛顿大使的急件重申了政府的政策,维护对土耳其的瓜分,并辩解说,持久的和平只能建立在胜利的基础上。美国总统获得了联盟国关于战争目标的一则声明,但他那带来和平的成就仍在千里之外。1月11日,德国与奥地利各自发送照会给各中立国,让协约国负起继续流血的责任。

在笔头让位于刀剑之前,威尔逊总统为制止战争做了一次最后努力。国务卿兰森评论说他无法理解为何德国不能说出她的条件时,贝恩施道夫回答,它们太温和了,看上去像弱点。兰森又答:"你们可以要求更多,其实可以是任何将提供一个开端的东西。" 12月19日,豪斯上校通知这位大使,总统认为开个大会不太可能没有先期谈判,因此邀请他进行密谈。贝恩施道夫拍电报请求指示,补充说威尔逊针对保证未来不打仗而施加的压力多过对于领土变更。最近刚从美国返回的美国驻德国大使被指示于1月6日对柏林的美国商会(American Chamber of Commerce)发表讲话,其热忱的语气惊动世界。吉拉德先生(Mr. Gerard)声称:"我们的关系从未比现在更好,而且只要诸如贝特曼-豪尔维格、赫尔弗里希以及齐默曼、兴登堡、鲁登道夫这些人继续在任,友好关系的持续就会有保障。"[2]

这些甜言蜜语是明日黄花,也没引起反响。次日,接替雅高担任外交部长的齐默曼答复贝恩施道夫说,尽管德国肯讨论阻止战争的手段,但美国的斡旋是德国不想要的,因为绝不能诱导敌人认为和平提案是因惧怕而被

---

1 1917年8月24日,罗伯特·塞西尔爵士(Lord Robert Cecil)声明,我们没有被要求就解放的形式许诺。

2 Gerard, *My Four Years in Germany*.

命令提出的。"我们确信我们能赢。因此你必须在我们的条件一事上拖延时间。不过你可以告诉威尔逊，它们非常温和。我们不想吞并比利时，但阿尔萨斯-洛林免谈。"两天之后的1月9日，德国首相在普勒斯召开的王室智囊团会议上勉强接受了2月1日重新开始无限制潜艇战的要求；的确，现在阻止它已经超出他或者皇帝的力量了。12月20日，在读到劳埃德·乔治先生关于和平提案的讲话后，鲁登道夫拍电报说，由于劳埃德·乔治已经拒绝和平提案，他确信潜艇战役现在必须以全力开启。这个理由没有收到答复，而衰弱的首相在《回忆录》中承认，他先前的反对是因潜艇数量少才提出的，不是因为原则上反对。[1] 如此决议被一个正在为反对世界而战斗的、经过严酷考验的民族热情欢迎。法尔肯海恩曾在1916年春季力主此议，德国海军部承诺五个月内把英国带到谈和桌前，而兴登堡没有它就拒绝保证1917年的西线。卡尔（Karl）[2] 与切尔宁抗议无效，因为康拉德也是支持者之一。对于它涉及与美国开战这一理由，军事首脑们回答说，美国早就在给协约国无限制地供应军火，而德国处于一个要面对所有不可测之事的位置。包括切尔宁在内的文官们懂得多一点。备受折磨的首相评论说："这是我们最后一张牌。"在这决议通过后他又连线同样反对该决议的赫尔弗里希说："卢比孔河已经跨越。"他如果辞职就好了，因为他的威望已失，且军队首脑们鼓噪着让一个他们既不赞同其温和而又讨厌其软弱的人下台；而自此以往，就连皇帝丰满的个性也蜷缩在鲁登道夫伟岸形象与专制意愿的阴影之下。

　　德国此重要决议仍旧保密，而与此同时德国驻美国大使与威尔逊总统继续他们的努力。[3] 贝恩施道夫汇报说，总统除了想带来和平，别无他想，并恳求他的政府别触发潜艇难题。他补充说，鉴于罗马尼亚已经解体，总统认为德国是不可战胜的，并相信协约国尽管发出自信满满的宣言，却会接受充满

---

[1] 首相转变的故事见Bethmann-Hollweg, *Betrachtungen*, II; Helfferich, *Der Weltkrieg*, II。试比较Czernin, *In the World War*, ch. 5。
[2] 奥匈帝国皇帝。——译注
[3] 这个故事详细记载于Bernstorff, *Three Years in America*，亦见他提交给国民议会委员会的证据，重印于*Deutscher Geschichtskalender*, Lieferung 65。

谅解的和平。1月19日来自柏林的回答令大使充满绝望，因为他被指示于1月31日通知美国政府，战役将在2月1日开幕。他立刻打电报恳请延后，因为豪斯上校刚刚告诉他说，总统打算要表明自己的看法。

1月22日，总统在对参议院的一场纪念讲话中评论了他的行动方针的效果，并解释了启发它的思想。他声称，方针很接近于对和平的明确讨论，因此国际协调组织必须在战争之后成立，新世界的人民必须担起他们那份责任。双方都宣布，粉碎对手并不在她们的目的之中；这些保证意味着必定是没有胜利的和平。"胜利将意味着强加在失败者头上的和平。它会在被强迫的状态下屈辱地接受，并将留下一阵刺痛、一股仇恨、一段苦涩记忆，建立在这种条件上的和平将不能永久存续，一如建基于流沙之上。"他补充说，如果不能认识到政府都是经被管理者的同意而获得他们的正当权力，而且不存在可以将人民在各个权势者之间移交来、移交去的权利，那么没有和平能够持久或应当持久。当叛乱的意志在那里，就不会有稳定。例如，各处的政治家都同意应当有一个统一的、独立的、自治的波兰。每个伟大民族都再度被确保有通往海洋的直接出口，或者通过领土割让，或者通过道路权利。海洋的自由是和平、平等与合作的条件。如果庞大的军备继续下去，国家之间就没有安全或平等。他总结说，美国将加入保障基于如此基础之和平的持久性。[1]这是一位立足于"超越战争"的思想者的言辞，是一年之后的"十四条"中表达之原则的第一个迹象。这也是一位相信冲突能够也应当不过于拖延就走向终点的观察家的讲话——这一观点被总统最亲密的朋友兼非官方顾问豪斯上校充分共享，他间或访问欧洲并与两个阵营的领导人们讨论和平的可能性。

次日，德国大使拍电报报告了豪斯上校的紧急请求——德国应当公开或私下声明她的和平条件，总统据此将立刻提议开一个和平会议。1月26日，豪斯上校给贝恩施道夫读了一份总统的备忘录，正式提出作为谅解式和平的

---

[1] 关于这位总统之政策的此项声明及其他声明，均汇集于Lowes Dickinson, *Documents Relating to Peace Proposal and War Aims*。

斡旋者而行动。贝恩施道夫电告:"威尔逊认为协约国的条件不可能,并向参议院提出他自己的程序作为答复。现在他希望德国的条件能公开。如果潜艇战役开始,他将视之为打他的脸,而战争将不可避免。"首相像个溺水之人抓住了稻草,并在1月29日回电。"德国准备接受斡旋提案以达成开会目的;但我们对此提案的接受必须保密。我们不能公开宣布我们头脑中的关于12月12日在协约国答复之后所提出之议案的条件,因为她们将视之为弱点。"不管怎样,他要求总统提供私人见解的条件包括,将阿尔萨斯由德国占领的部分地区归还法国;获得一块将德国与波兰同俄国分隔开的、有战略价值和经济价值的边境地带;归还被征服的殖民地,保证德国殖民地领土与她的人口和经济利益相协调;恢复被占领的法国,但要做一些战略性和经济性的修正并要获取财政补偿;归还比利时并保证德国对她是安全的;对被双方侵占的领土提供经济和财政救助;补偿德国因战争遭受的损失及平民蒙受的破坏;抛弃经济壁垒,恢复常规商业;让海洋自由建立在一个有保证的基础上。

太迟了。贝恩施道夫悲哀地评论说,如果这提案早几天做出,德国本可以延迟战役,但21艘船现在已经扬帆前往驻地。贝恩施道夫将这些条件交给豪斯上校,可是1月31日他便按照指示向兰森通报了潜艇决议。总统评论:"这意味着战争。"[1] 2月3日他中止了外交关系。德国签下了她自己的死刑执行令。豪斯上校对与他观点一致的贝恩施道夫写道:"在我们离和平如此靠近的当口,你的政府竟然宣布了无限制的潜艇战,这太令人悲伤了。"两个月之后的4月2日,当发现了齐默曼让墨西哥反对美国的一次努力后,总统宣战,而且再没从华盛顿听说有关无胜利之和平的更多内容。巴尔福先生立刻越过大西洋来讨论军事合作与财政合作。

就在德国给她的敌人们赠送一位新的强有力盟友之时,俄国的专制政治在战争的张力和背叛与腐败的瓦解性影响之下摇摇晃晃地垮台了。惠特早在

---

[1] 见 *Life of Walter Page*, II, ch. 22。

1914年就宣称"这场战争是疯狂蠢行。它只会终结在俄国的毁灭中。我们必须尽可能快地消灭这桩愚蠢冒险"[1]。随着斗争进展，沙皇越来越深地跌入反动分子的影响下，统治者与他苦难人民之间的鸿沟变宽了。即使有英国大使与法国大使的进谏，在波兰问题上支持一种相对自由之决策的萨佐诺夫仍于1916年8月被解职，而接替他的施图尔默不比沙皇和皇后，他对协约国的忠心大有可怀疑的理由。杜马中的军校学生的学术领导者米留科夫发动的一场攻击，令施图尔默三个月后就被赶出外交部；但他仍作为帝国司库而保留一部分权力。卑鄙的僧侣拉斯普京（Rasputin）则施加了一种邪恶得多的影响，他对皇后产生一种不健康的影响，而皇后的手长久以来就可见于政治和行政的最高领域。皇太后和谢尔盖大公夫人（Grand Duchess Serge）的陈述徒劳无益；尼古拉大公代表王室家族给沙皇的一份最诚挚的呼吁打了水漂；而1916年结束时，这个被萨佐诺夫描述为敌基督者的骗子在一个秘密枢机主教会议上遭谴责并被一群高层人士处决。人民对这消息欣喜欢呼，但朝廷却为此坠入幽暗之境。在专制政治苟延残喘的这个短暂时期，命脉掌握在一位自由派的变节者普路托波波夫（Protopopoff）手中，他劝告沙皇以镇压来应对不满。英国大使乔治·布坎南阁下在步入1917年时徒劳地劝告这位被误导的君主说，为了王朝的利益和基于常识理由，要选择能被杜马信任的大臣们。彼得格勒核心伙伴会议的成员米尔纳爵士（Lord Milner）等人在1月底时被所见所闻吓坏了，并且让英国机关枪从前线转移到首都来镇压即将发生的叛乱。[2]

革命第一阶段的可怕程度被证明远小于预期，因为腐朽的大厦连挣扎都没有就崩塌了。[3] 3月8日，彼得格勒大量工人罢工，3月11日一队士兵拒绝

---

[1] Paléologue, *La Russie pendant la Grande Guerre*, I, chs. 5–6.
[2] Paléologue, *La Russie pendant la Grande Guerre*, I; Miss Buchanan, *A City of Trouble*; Princess Cantacuzene, *Revolutionary Days*; Wilton, *Russia's Agony*; Rosen, *Forty Years of Diplomacy*，都再现了革命的气氛。
[3] 关于革命第一年最详尽的报告见 A. Tyrkova-Williams, *From Liberty to Brest-Litovsk*，试比较 M. P. Price, *The Russian Revolution*。对于革命在军队之效果的描述见 Denikin, *The Russian Turmoil*。

向人群开火。杜马议长发电报给沙皇说无政府状态君临首都；但当杜马被要求休会时，它拒绝解散。3月12日，另一队士兵拒绝向人民开火，却射向它的军官们。被派来镇压反抗的军队加入了反抗者，几个小时之内这座城市就被解放了。3月13日，莫斯科如法炮制。沙皇下令伊凡诺夫（Ivanoff）向首都进军，但已无济于事，因为军队首脑中的大多数都接受革命。3月15日，沙皇宣布自己和儿子都放弃王位，传位给他的弟弟米哈伊尔（Mikhail/Michael），但米哈伊尔拒绝继位。洛夫亲王（Prince Lvoff）担纲组建一个联合内阁，米留科夫任外交部长，十月党[1]经验丰富的领袖古奇考夫（Gutchkoff）任国防部长，雄辩的社会主义者律师克伦斯基（Kerensky）任司法部长。但内阁的权力与一个工人士兵委员会分享，他们形成第一苏维埃[2]。这场革命得到全世界自由之友的热切欢呼。尽管对沙皇感到遗憾，但他的不称职已经昭彰于天下；而陷入困境的联盟国行列希望一个改革过并恢复青春的、有尼古拉大公做总参谋长的俄国，能带着新鲜的热忱投身于这场斗争。然而很快发现，人民厌倦了战争，革命不仅仅是专制政治的垮台，也是对战争之有效参与的终结。

1915年的灾难丝毫没有缩减俄国参战时拥有的领土胃口。萨佐诺夫1916年3月致信伊兹沃利斯基称："所有给中欧定界的建议都为时尚早，但我们准备允许法国与英国在划定德国的西部界线上完全自由，条件是盟友们将允许我们完全自由地界定我们同德国及奥地利之边界。我们坚持把波兰排除在国际讨论之外，也排除把她置于受各国担保和控制的状态。"近一年以后的1917年2月，杜梅格在访问彼得格勒时告知沙皇，法国想要阿尔萨斯-洛林、萨尔河谷（Saar valley）的一个特别地点，以及她的跨莱茵河地区在政治上与德国分离，他还表示希望俄国会同意。俄国外交部长波克罗夫斯基（Pokrovsky）回复，沙皇原则上同意，条件是在俄国自己的西部边界上自由行事，并且解除1856年对亚兰群岛（Aland Islands）要塞的否决。2月25日，

---

1 全称是十月十七日联盟。——译注
2 指劳工代表会议。——译注

波克罗夫斯基与杜梅格通过互换照会达成一致。[1] 两周之后，沙皇就下台了。

4月12日，新政府解释了自己外交政策的原则。"自由俄国不以统治其他民族、剥夺他们的民族世袭遗产或武力占领外国领土为目标。其目标是在各民族有权利决定其自身命运的基础上建立持久的和平。俄罗斯民族已移除压在波兰人民身上的锁链。政府将捍卫祖国的权利，同时遵守与我们的盟友们订立的约定。"如果俄国人不再被要求为了自己国家的领土扩张而抛洒热血，那么几乎不可能指望他们为了他们朋友的抱负而战斗。5月中旬，分享帝国主义野心但不分享专制政治原则的米留科夫被迫从外交部辞职，而身为老兵却不能维持军队纪律的古奇考夫退隐。迄今为止，以布尔乔亚为主的政府现在急剧向左倾，克伦斯基接替古奇考夫任国防部长，而土地国有化的拥护者切尔诺夫（Tchernoff）以及其他两名社会主义者进入内阁。接下来六个月里，俄国被克伦斯基统治，他勇敢地试图将苏维埃日渐增长的力量同对盟友们的忠诚这两者间的差异结合起来。[2]

5月30日，苏维埃请求重新声明协约国的战争目标；但西方国家没有惠赐回应。伦敦、巴黎和罗马的政要们也没对荷兰社会主义者的领袖特鲁尔斯特拉（Troelstra）提出的、被苏维埃大力支持并得到克伦斯基赞同的计划给予首肯，该计划是在斯德哥尔摩召开一个劳工大会讨论和平的可能性。此计划得到英国战时内阁工党成员韩德森先生（Mr. Henderson）的支持，他与范德菲尔德（Vandervelde）及阿贝尔·汤玛斯（Abel Thomas）一道在沙皇下台后被派往彼得格勒。韩德森先生报告称，如果阻止俄国走出战争，那么必须要恢复俄国人民参战的信心。劳埃德·乔治先生属意该计划；但他的同僚们反对他，而且协约国各政府拒绝为劳工领袖颁发护照。大会有同盟国及中立的北方国家的社会主义者领袖参加，但因缺少协约国的劳工领袖，它注

---

1 见Cocks, *The Secret Treaties*。这份合约对大不列颠保密，而当它被布尔什维克党人披露时，巴尔福先生坦率地评论说，我们从未鼓励过或同意过左岸的分离。

2 纳博科夫的感伤之著《一位外交官的历练》（Nabokoff, *The Ordeal of a Diplomat*）描述了沙皇的世界垮台后，俄国外交代表在伦敦的异常姿态。

定苍白贫乏。[1] 尽管修订战争目标的呼吁没有得到联盟国的回应，但克伦斯基仍在接替阿列克谢夫任总参谋长的布鲁西洛夫的帮助下，激发南方的军队做了一次最后努力，以伦贝格为目标。这场战斗始于6月29日，然而经过三周的前进之后，一场反攻重新占领了失地，而且马肯森一路进击，直到罗马尼亚军队在本国边境给他造成停顿。俄国军队的士气彻底破碎；而在北方，德国人跨过德维纳河（Dvina），征服里加湾的各个岛屿，并登陆俄国本土，而日瓦尔在登陆点的可攻击范围内。

　　美国的介入以及俄国的崩溃都注定要产生极其重要的军事后果，但它们对1917年西线的斗争没造成影响。这一年初，德国在索姆的阵线后退到以兴登堡防线之名著称的地方。如果说放弃几百平方英里的法国土地是联盟国满意之情的一个来源，那么撤退到一条较短的防线就是加强德国的防御。尽管有1916年的一系列失败，海格仍决心展开一场新攻势，于是4月9日他揭开了阿拉斯战役，此战最辉煌的篇章是加拿大人夺取了维米岭（Vimy Ridge）。英国人的进攻同我们盟友一个更具野心的事业同步进行。若佛尔于1916年底被免职，他的继任者、凡尔登反攻中的英雄尼韦勒（Nivelle）相信对苏瓦松（Soissons）和尚帕涅之间的恩河河段的一记重击会击退德国人的防线，并坚定怀抱第一天就夺取拉昂（Laon）的希望。[2] 他的乐观既不被总理潘尔卫（Painlevé）看好，也不被贝当和海格看好，于是他提出辞职，但被拒绝。炮袭始于4月6日。十天之后，也就是夺取维米岭一周以后，他在一条长50英里的阵线上发起攻势。然而这计划被敌军发觉，于是48小时之内就清楚地看到这次打击失败了。天气在关键时刻突变，损失巨大，也没做好接待伤员的足够准备。贵妇小径（Chemin des Dames）之战是1915年尚帕涅攻势失败以来对法国军事行动最大的打击，继之而来的就是以10个师的兵变为出气口的大消沉。尼韦勒被贝当接替，同时福赫任总参谋长。但在这一年剩下的日子，

1　Scheidemann, *Der Zusammenbruch*, ch. 9; E. Bevan, *German Social Democracy and the War*, ch. 16.
2　见Mermeix, *Joffre (la Première crise du commandement)* 及 *Nivelle et Painlevé (la deuxième crise du commandement)*，试比较Sir F. Maurice, *Intrigues of the War*。

除了在凡尔登，再没尝试更多攻势。夏季与初秋，英国人在伊普尔尖角取得大约五英里的推进，代价是在巴雪戴尔（Paschendaele）周围进行了激烈但无利可图的战斗，而11月在康布雷（Cambrai）的一场出色胜利，被一场同等出色的反攻所抵消。渴望的眼睛转向美国，她正缓慢地为这场斗争武装自己。与此同时，潜艇战的头几个月看上去实现了其倡议者的希望并让不列颠政府充满严重焦虑，焦虑在4月达到顶峰，当时四艘离开我们海岸的船中有一艘被毁了，而德国人造潜艇的速度快过我们破坏潜艇。[1]

在西方的失望某种程度上因美索不达米亚的一场出色战役而缓解。汤森德于库特投降之事让西姆拉和白厅的军事权威们懂得，巴格达不能靠一次闪电袭击而夺取；于是莫德将军（General Maude）把1916年后几个月都花在为进军底格里斯河做准备。[2] 行军于12月开始，1917年2月占领库特，3月11日进入巴格达，4月英国军队便到达萨马拉（Samara）——从巴格达向北的80英里铁路线的终点。但尽管丢失美索不达米亚中部和南部对奥斯曼帝国是一个比埃尔祖鲁姆大得多的打击，但帝国的力量仍未崩溃。1917年初，埃及的两翼因在西边击退塞努西（Senussi）的进攻并在东边扫清西奈半岛而得以缓解；但是当苏伊士运河的守军最后前进去征服巴勒斯坦时，他们发现土耳其人在加沙（Gaza）强有力地设防，而且他们3月和4月的猛攻都被击退。自艾伦比6月上任以来，情况有所改观。11月，加沙的防御被扭转，12月9日耶路撒冷投降。

人力、金钱和物资的优势也使联盟国在面对失败和失望之时，以时运在她们这一方的想法来自我安慰，而维也纳也持此种观点，尽管柏林不这么认为。尽管同盟国的和平提案被轻蔑地拒绝了，卡尔皇帝仍继续为他苦难的领土寻求和平。在他1916年11月登基之时对臣民的声明中，他表达了让冲突走向终点的愿望，并有针对性地评论说，他对冲突的爆发不负责任。在协约国送来对12月12日和平提案的联合答复之前，卡尔就力主做一个新提案，可是

---

[1] 见 *Life of Walter Page*, II, ch. 22。
[2] 见 Callwell, *Life of Sir Stanley Maude*。

德皇回答说他恳求和平但并不乞讨和平。[1] 12月9日，齐塔（Zita）皇后的母亲帕尔玛公爵夫人（Duchess of Parma）给她的儿子、正在比利时军队服役的希克斯特亲王（Prince Sixte）写信，敦促他回来看她。[2] 在阿尔伯特国王的批准下，亲王1917年1月29日在瑞士与母亲碰面，并得到通知说奥地利皇帝准备与俄国订秘密停火协议，奥地利宣称自己对君士坦丁堡没兴趣，乐意归还阿尔萨斯-洛林，偿还比利时，并创立包括波斯尼亚、黑塞哥维那、塞尔维亚、阿尔巴尼亚和黑山的南斯拉夫王国（Jugoslavia）。3月5日，亲王向庞加莱递交一份来自切尔宁的外交照会，附带皇帝的秘密"口头通告"。法国总统回答说，切尔宁的照会太模糊，但皇帝的解释更乐观。他必须将这些给总理看，并要之转寄沙皇、乔治国王和劳埃德·乔治先生。然而意大利将成为一块绊脚石，因为尽管她恳请法国军队帮她抵抗奥地利的进攻，她的领土要求却很复杂。

3月16日，亲王写信给奥皇称事情进展顺利，并敦促他寄一份包含关于阿尔萨斯-洛林、比利时、塞尔维亚和君士坦丁堡这四个要点的书面照会。他进而又在卢森堡拜访了皇帝，卡尔在那里宣称德国对胜利很肯定，但如果德国拒绝了对他而言合理的解决方法，他不能牺牲君主国，并将单独媾和。他补充说，随着沙皇下台，不再有必要支持俄国对君士坦丁堡的要求。切尔宁同样清楚，如果柏林试图阻止合理的和平，那么德国这个盟友就到头了。亲王离开卢森堡时兴高采烈，怀揣一份署着3月24日的亲笔信，这封信连切尔宁都不知情。"我请你以秘密且非正式的方式向庞加莱总统传达，我将用所有方式并动用我对我盟友的一切个人影响力来支持法国涉及阿尔萨斯-洛林的公正要求。[3] 比利时的主权必须完全恢复。塞尔维亚将重建起主权，我们

---

1 见Cramon, *Unser Oesterreichisch-Ungarischer Bundesgenosse*，他悲恸于弗兰茨·约瑟夫的去世和康拉德被解职，并透露出他对卡尔、皇后及切尔宁的深刻不信任。

2 Manteyer, *The Austrian Peace Offer*利用亲王的记录全面讲述了这个故事。试比较Czernin, *In the World War*；Ludendorff, *The General Staff*, II, pp. 414-445。

3 关于1918年克列孟梭、切尔宁和卡尔之间关于该措辞之真实性的争议意见，见Lowes Dickinson, *Documents Relating to Peace Proposal and War Aims*, pp. 36-41。

愿意给她通往亚得里亚海的通道，也给予大规模经济让步。奥地利将要求塞尔维亚镇压所有旨在分裂君主国的社团。俄国的事件迫使我目前要在这个主题上保留我的想法。"3月31日，亲王将这封非同小可的信件递交庞加莱，而且接替白里安任总理的里博将它出示给英国首相。这两位大臣都同意应继续谈判。

4月3日，卡尔与切尔宁同德皇及其首相在洪堡（Homburg）碰面，并告诉他们的东道主说，他们对胜利没把握，如果德国拒绝合理的和平，奥地利无法战斗到秋季以后，该和平包括让出阿尔萨斯-洛林，并要平衡他们将把加利西亚让渡给一个在德国轨道内之波兰的牺牲。卡尔返回后向德皇转交了一份切尔宁写的预告式备忘录。"我们的军事资源正在耗尽。我们必须在敌人充分意识到我们已山穷水尽之前就开始谈判。又一场冬季战役绝对是不可能的。我的论据的基础是革命的危险。我们人民身上的负担现在已不可承受。弓拉得这么紧，随时都会断裂。告诉我说柏林和维也纳有着根深蒂固的君主思想，这于事无补，因为君主制会被推翻。这场战争史无前例。如果君主们不在接下来几个月媾和，他们的人民就会骑在他们头上要和平，然后革命的浪潮就将扫除我们的子孙们今天正在为之战斗的一切。德国人因潜艇战役产生的希望是幻觉。我们还能等几个星期并看看是否有任何与巴黎或彼得格勒谈话的机会。如果没有，我们必须在恰当时机打出我们的底牌。"德皇欢快地答复说他对胜利有信心，而包含重大牺牲的和平也将包含对王朝的重大危险。他附上一份首相起草的备忘录，其中力争潜艇战役已超出预期，需要有一致和信心，俄国应被鼓励去媾和。[1]

4月18日，希克斯特亲王在巴黎见到去圣让德莫里耶纳（St. Jean de Maurienne）路上的劳埃德·乔治先生。英国首相评论说："如果奥地利离开德国，我们会愿意同她握手，但意大利对她怀有相当苦涩的感情，而意大利是我们的盟友。我们不能没有她就媾和。"当抵达萨伏依（Savoy）的会面地点时，他发现这位要求士麦那并获得相应承诺的意大利大臣嘲弄对待奥地利

---

[1] 文件见Czernin, *In the World War*, ch. 6。

时的观念。4月20日,劳埃德·乔治先生回程中再度于巴黎同亲王见面。"使得我们同松尼诺的会谈变得更加困难的是这样一个事实,我们不能向他传达皇帝的直接目的。他宣称意大利在自己的战争目标没实现之前不能缔结单独和平。如果提出'白色和平',没有一个政府能维持一天,而且一场革命就会废黜国王。意大利的要求很多——特伦蒂诺、达尔马提亚、沿海所有岛屿,还有的里雅斯特。奥地利给意大利一些东西是绝对必要的,但在皇帝的信中没提到意大利。奥地利将被迫达成协议,因为否则我们不会停止战斗。如果眼下我们无法进入正式谈判,那么一俟奥地利证明她准备好割让特伦蒂诺和达尔马提亚群岛,我们就与她谈判。"亲王答应会通知奥皇,劳埃德·乔治先生邀请他去伦敦进一步讨论。法国人对奥皇书信的回复也是同样效果。

与认为谈判会中止相去甚远的是,卡尔比之前抱有更大希望。他答复说,他不认为德国会进攻他,但如果她这么做,他能独力支撑。1915年以来已经对奥地利提出五次和平提议,特别是来自俄国的,而且洛夫亲王刚刚提议停火协议。特伦蒂诺可以转交意大利,伊松佐边界可以重定。如果奥地利与协约国媾和,她还会带上土耳其与保加利亚。为响应来自奥皇的一个紧急请求,亲王于5月8日再访卢森堡。他被告知,三周之前,一位意大利上校提出以割让意大利人的特伦蒂诺为基础的和平。该上校自称是卡多尔纳(Cadorna)与意大利国王的特使,而且他还面见了伯尔尼(Berne)的德国大使,对方打发他找奥地利公使。[1] 奥皇拒绝了该提议,尽管他愿意通过意大利的盟友与意大利交涉。他准备好出让意大利人的特伦蒂诺,但必须有些补偿——比如一块意大利殖民地。奥皇交给亲王第二封信,表达了对法国与英国分享他的观点的满意之情,除了让意大利参与的问题,并补充说意大利刚刚请求给予割让特伦蒂诺的和平。奥皇延迟做决定,直到他收到来自法国与大不列颠的关于切尔宁一封附函中所列诸点的答复,切尔宁解释了奥地利不能在既没有补偿也没有对君主国其余部分之完整性的担保下就割让领土。皇

---

[1] 卡多尔纳后来否认他曾这么做。

帝提议,协约国应在6月中旬派一位外交官到瑞士签署和平协议。这时候,切尔宁邀请贝特曼-豪尔维格来维也纳,并在5月13日通知他(但不提及希克斯特亲王),大不列颠、法国和意大利已建议单独和平,作为对割让特伦蒂诺和一些岛屿的回报。他补充说,这样的一种和平不会损害德国,因为奥地利可以将她的军队从意大利转移到俄国前线,因此就能将德国在东部的军队解脱出来转战西线,同时,解除亚得里亚海的封锁将使食物可以抵达德国。德国首相同意谈判继续。

5月20日,亲王第五次见庞加莱并交给他那两封信。总统评论说从意大利那里榨取补偿会难办,又问哪块殖民地可以考虑。亲王提到索马里。里博抱怨说没提到罗马尼亚,又补充说联盟国不会要求意大利放弃所许诺给她的。他拒绝相信意大利国王与卡多尔纳能在不让松尼诺知情的情况下提议和平,并建议,问问国王本人就应该一清二楚,而他可以被邀请来参观法国与英国的阵线并与乔治国王、总统及两国的首相或总理会面。亲王启程去伦敦,首相在那里将他引见给国王,国王赞同在法国会商的计划。然而这邀请被松尼诺拒绝了,因此对所交付的奥皇的信与切尔宁的照会也就没有回音。尽管奥地利与法国在不止一个场合通过李维尔塔拉伯爵(Count Revertera)与阿尔芒伯爵(Count Armand)在瑞士的会商而致力于非正式讨论,[1]但协约国对卡尔推进之举的拒绝迫使他退回到他盟友的铁腕之中。5月17日,这位皇帝与切尔宁在克洛伊兹纳赫(Kreuznach)拜访了德皇,并签了一份不谈及牺牲或让与的协议。奥地利要在巴尔干进行兼并,罗马尼亚的被占领部分要划入她的利益范围,同时库尔兰与立陶宛加入德国,而且奥地利随后要放弃她在波兰的共治权。6月8日一份更进一步的协议将波兰军力的组建权置于德国人手中。[2]

---

[1] Lowes Dickinson, *Documents Relating to Peace Proposal and War Aims*, pp. 30–41.
[2] 克拉芒生动状绘这场"卡诺萨之行"(Journey to Canossa,神圣罗马帝国皇帝亨利四世因在与教皇的权力斗争中失败而前往意大利北部卡诺萨城堡觐见教皇的悔罪求和之旅——译注)的尴尬,以及德皇对他这位盟友的信心无可挽回的丧失。

自卡尔皇帝即位以来激发了奥地利政策的妥协之必要性，被越来越大量的德国舆论所承认。1917年初，巴伐利亚的卢普莱西特亲王（Prince Rupprecht of Bavaria）开始迫切要求和平。无限制的潜艇战已把美国带入战争，而许诺中的大不列颠的衰亡却还没看到征兆。舆论既失望又沮丧。7月6日，艾尔茨贝尔格在召开于法兰克福的一期执政党秘密会议中坦白地解说了局势的危险性，他已获得切尔宁绝望的4月备忘录的一个副本并对他的同僚们宣读。这位天主教徒领袖争辩说，战争赢不了，德国应公开声明放弃所有吞并愿望。当这消息泄露出去时，效果是电光石火般的，因为艾尔茨贝尔格始以要求征服的和平，终又成为首个接受社会主义者要求的布尔乔亚领袖。7月10日，贝特曼-豪尔维格辞职，但奥地利政府抗议他的被免职和毕娄的回归——让毕娄回来是兴登堡、鲁登道夫和祖国党（Vaterland Partei）想要的，于是辞呈被拒了。自"复活节宣言"承诺要改革普鲁士公民权以来，保守党就遗弃了他，而国家自由党和执政党现在也是他的反对者。军队首脑长久以来都在抱怨他缺乏能量，所以当他们现在都以辞职相威胁时，德皇才勉强让步。老谋深算的巴达维亚首相赫尔特林（Hertling）拒绝接手该职位，于是它被托付给一位默默无闻的普鲁士官员米夏里斯（Michaelis）;[1] 而用下台首相的苦涩话语来说，德国从此以后就被军事独裁制所统治。[2]

7月19日，艾尔茨贝尔格起草的一个正式决定在国会以212票对126票通过，大多数中包括执政党、主流社会主义者以及部分自由派，反对者包括保守党、国家自由党和独立社会主义者。"国会力争一个基于谅解及人民之永久和解的和平。以武力获取的领土以及政治、经济或财政压迫是与这种和平不一致的。这样的和平也拒绝所有瞄准战后之经济壁垒的方案。海洋的自由必须得以确保。然而，只要敌国政府以征服和压迫威胁德国及其盟友，德意志民族就将战斗下去，直到它自己和其盟友的生存权与发展权被确保。"新

---

[1] 见Scheidemann, *Der Zusammenbruch*, ch. 7; Ludendorff, *The General Staff*, II, pp. 446-476; Erzberger, *Erlebnisse im Weltkriege*, ch. 19; Bethmann-Hollweg, *Betrachtungen*, II, pp. 47-52。

[2] 米夏里斯11月就下台，赫尔特林从12月起接掌首相之职。——译注

首相宣布，他的目标在"按照我所理解的"该决定的条件之内是可达成的，包括德国领土不受侵犯和对反对经济壁垒的保证。"我们不能再度给出和平提案，但如果敌人放弃他们的征服欲望和镇压目标并希望谈判，那么我们将本着准备接受和平的精神倾听。"这个正式决定的支持者们相信该决定会重新振作德国人民参与一场纯粹的防御战，而它的反对者们相信它削弱了德国的地位并加强了德国敌人们的决心。

贝特曼-豪尔维格下台前接待了教廷大使的一次来访，他带来一封教皇致德皇的信。[1] 帕塞利（Pacelli）声称，能知道德国的条件将是很大的帮助，而首相立刻就作答了。如果其他国家都限制自己的军备，德国将限制军备，并将恢复比利时的独立，不过比利时一定不能落入大不列颠和法国的政治、军事及财政支配当中。教廷大使问："你们会在阿尔萨斯-洛林做领土让步吗？"首相回答："如果法国准备好接受一份谅解，那不会是障碍。双方都应修订边界。"然而东线眼下不可能有和平。德皇接待教廷大使时的友善度也不逊色，而且首相相信教皇的行动就算不是协约国所鼓动的，也是协约国所知道的。

在探听过各方之后，教皇于8月1日推出"具体且实际的提议"作为和平的基础——缩减军备、带约束力的仲裁、放弃损害赔偿、归还被占领土。有理由希望争议性问题比如德国与法国、奥地利与意大利以及亚美尼亚、巴尔干半岛同波兰之间的，能够本着调和的精神加以审视，要虑及人民的渴求。这场斗争看起来日益成为一场毫无价值的大屠杀。"那么，倾听我们的祈祷，接受我们以和平王子之名向你们发出的父兄般的邀请。"它实际上是一个回归战前格局的提议，一场"没有胜利的和平"，就如威尔逊总统在他中立的日子里所倡导的，但他现在客气地拒绝了，通知教皇说德国统治者仍未被征服，也不能信任。比利时回答说，德国从未承认过教皇所宣告的比利时的那

---

[1] 贝特曼-豪尔维格1920年2月29日的文章，重印于Ludendorff, *The General Staff*, II, pp. 478–483; Helfferich, III, p. 147; Erzberger, *Erlebnisse im Weltkriege*, ch. 20; Spahn, *Die Päpstliche Friedensvermittlung*; William II, *Memoirs*, ch. 11。

种补偿权利。大联盟（Grand Alliance）的第三位成员巴西也送出答复。

巴尔福先生写信给我们驻梵蒂冈的特别使臣萨利斯伯爵（Count de Salis）说："政府尚未能获取盟友们的意见，因此不能说提供答复是否会有助于任何有益目的，或者，如果能有益，尚不能说应采取什么样的答复形式。[1] 尽管同盟国已经就比利时问题认了罪，但她们还没有明确告知她们是打算让她恢复到从前的完全独立状态，还是打算从她所遭受的损失中捞取好处。直到她们及其盟友们正式声明在赔偿和复原问题上她们愿意走多远之前，直到她们公布了她们的战争目标并且提出建议该采取何种措施才能有效保证不会再让世界被投入眼下这种被蹂躏的恐慌中之前，我国政府认为任何走向和平的进展都不大可能取得。在交战方的分歧点都已清楚知晓之前，并且在德国或奥地利不再针对盟友们为回答威尔逊总统照会而发布之声明做任何声明之前，致力于在交战方之间达成一项协议看来无济于事。你应向宗座阁下指出此点。"教皇请求该信的副本并得到了，而教廷国务卿评论称德国早就宣布她打算恢复比利时的独立。"在我对这一声明提出异议时，他让我想想属意于无吞并之和平的决心。我回答说，国民大会不统治德国。"加斯帕里枢机（Cardinal Gasparri）又答称，他将在收到德国政府对于他所请求之关于比利时的正式宣言后再行答复。伯爵报告称："我意欲避免任何可能看上去会鼓励与德国政府进行任何类型讨论的声明，因此当他征询我的意见时，我回答说关于比利时问题的宣言看上去是喜人的。这一点只是众多争论点之一，但它是对我们具有特别重要性的一点。"即使这么精明的评论也在唐宁街引起警示。"假如被问起你的意见，你应谢绝表述任何看法。以任何方式介入教皇和德国政府之间的谈判都不合宜。"巴黎警觉了，并且8月26日法国代办带了一份备忘录去英国外交部。"我的政府将自己同与梵蒂冈的交流联系起来，这是因为系口头交流且无须招致更复杂的回应。但有一份书面文件已交给枢机，而且与我们所期望的相比，我们可能会被带到更远之处。"

---

[1] 见 *British and Foreign State Papers*, 1917-1918, pp. 575-589。

一两天之后，巴尔福先生通知驻外英国公使们，有威尔逊总统照会为鉴，政府决定不再有必要进一步答复教皇照会。

尽管遭到协约国的冷遇，教皇仍继续他的努力。[1] 教廷国务卿将巴尔福先生的信转递柏林，并建议，明确承诺比利时的独立和对她的赔偿将是走向谈判的重要一步。王室智囊团会议相应召开，会上海军部头头要求比利时的海岸，兴登堡和鲁登道夫要求列日；但智囊团批准了恢复比利时的完整性及主权。不过，德国政府答复说，谈话只有在双方都没被打败的基础上才可行，因此公布条件是没用的。加斯帕里枢机于9月28日将德国与奥地利的答复转寄伦敦时评论说，该文件为交换想法留了一扇门；"而且如果协约国不会拒绝进入谈判，那么宗座就将主动地准备对可能会被指出的这些要点，要求进一步的解说和更详尽的界定"。对于这一邀请，巴尔福先生回以一份正式的致谢。

德国政府虽然拒绝回应教皇关于条件的请求，但在夏季试着与巴黎和伦敦建立联系。德皇听任和平差遣这一信息由德国政府驻布鲁塞尔的政治主任兰肯男爵转达给刚刚卸任法国总理的白里安，先是6月通过梅洛德伯爵夫人（Comtesse de Mérode）传达，又于8月通过科佩男爵（Baron Coppée）再度传达。[2] 白里安回答说法国只能处理同自己盟友的合作，如果从被占领土撤军，那么归还阿尔萨斯-洛林和赔偿损失应提前被承认。比利时首相布罗克韦尔（Brocqueville）渴望法国政治家9月同兰肯在瑞士会面，白里安本人也急着想去；但里博否决了这场会面，他把来自同盟国方面的任何推动都视为陷阱。不久之后，西班牙驻比利时公使兼库尔曼的友人比利亚洛瓦尔（Villalobar）被请求，就基于战前德国之完整性、不要赔款、没有经济联合抵制这些条件的谈判去探听伦敦的风声。这位西班牙驻外公使随即通知英国驻马德里公使说，德国将乐于知晓大不列颠愿意开始谈判的条件是什么。巴尔福先生邀请联盟国的公使们开个会，会上一致认为这只是分裂盟友们的又

---

1 Hellferich, *Der Weltkrieg*, III, p. 577.
2 见 Mermeix, *Les Négociations Secrètes et les Quatre Armistices*, chs. 7, 13。

一企图；于是英国驻马德里公使被指示回答说，英国政府准备好接收德国政府想要做出的任何沟通，并将与盟友们共同考虑其内容。[1]

奥地利政府与德国政府的想法在它们驻外公使的讲话中有一定的披露。10月2日，切尔宁在提醒他的听众记得双元君主国未被征服之后，富有雄辩力地恳请国际上进行彻底的海陆裁军。他主张，若以这一点作为持久和平的保证，奥地利就不要求兼并。然而这演说在结束时发出一道威胁。"希望没人怀有错觉，以为我们会永远坚持这个爱好和平的温和计划。如果我们的敌人强迫我们继续战争，那么我们就将被迫修改它并要求赔偿。我确信到下一年我们的景况会空前地更好。"10月9日，库尔曼在答复阿斯奎斯先生关于归还阿尔萨斯-洛林同比利时的自由一样必要的近期宣言时，否认欧洲是在为比利时而战。"把欧洲逐渐转变为一个垃圾堆的争吵在于阿尔萨斯-洛林的未来。我们对于'德国能否在阿尔萨斯-洛林对法国做任何让步'这个问题只有一个回答。不！绝不！只要有一个德国人的手能扣动来福枪，帝国的完整性就不臣服于任何谈判之下。我们为之而战的不是幻想中的征服，而是帝国的完整。除了法国对阿尔萨斯-洛林的愿望，再没有通往和平的绝对障碍。"

公使们能够采用这么自信的口吻，要归结于1917年秋季——就如1916年和1915年那样——给联盟国造成新的灾难这一事实，灾难源于俄国从冲突中抽身而走，且意大利在卡波雷托（Caporetto）全军覆没。克伦斯基于1917年7月接替洛夫亲王担任总理；然而他的活力与雄辩力都不能弥补他缺乏政治支持这一点。一场社会革命随着旧制度垮台而发生，农民夺取了私人所有者和国有的土地。联合政府的右翼退出了，苏维埃被克伦斯基的敌人布尔什维克党人所支配，他们反对7月攻势，而且同一个月内他们在彼得格勒的起义被镇压。克伦斯基再也不能指望军队，因为9月他与大溃败之后接替布鲁西洛夫任总参谋长的考尼洛夫（Korniloff）吵翻了，他怀疑考尼洛夫志

---

[1] Nabokoff, *The Ordeal of a Diplomat*, pp. 167-169.

在军事独裁。最后，他无法把疲惫的人民带进他们渴求的和平。他在考尼洛夫危机后宣布："政府与其盟友们完全一致，很快就将参加一个会议，我们的代表将在这个会上寻求达成基于俄国革命所宣示之原则的谅解。"10月20日，一位俄国代表接到指示称"联盟国之间的新条约必须建立在没有吞并也没有赔款且各民族有支配自己命运的原则上"。但联盟国没有准备开会或妥协的征兆，且英、法、意三国大使10月9日联合敦促俄国恢复军队战斗力。[1] 11月初，克伦斯基被布尔什维克党人推翻，俄国政府传到该党领袖列宁（Lenin）手中，他担任人民委员会主席，而彼得格勒苏维埃主席托洛茨基（Trotzky）担任外交部长。[2]

新政府的首要目标是构建和平。11月8日，苏维埃代表大会邀请所有交战方开始为没有兼并或赔款的和平而谈判，并特别呼吁"英、法、德这世界上三个最重要国家智慧的工人们"。这一公告由托洛茨基转交，他邀请各国政府将之当作关于在各条战线立刻休战并立刻谈判的官方提议来考虑。没有回应来临，于是俄国政府马上接触同盟国。在12月3日要签署停火协议之前，俄国中断谈判一星期，以通知她的盟友们并让她们也能参与。正式的和平谈判于12月22日在布列斯特立陶夫斯克开始，由托洛茨基、切尔宁和库尔曼实行，后者由一位来自德国总参谋部的军方代表襄助或控制。[3] 12月25日，德国接受了俄国无兼并、无赔款的原则，条件是协约国也得接受它；而程序又延迟到1918年1月4日，用托洛茨基的话，这是为了给协约国诸盟友一个免受单独媾和之后果影响的最后机会。他的声明更像劝诫而非邀请，而且这个呼吁背后潜藏着威胁。"如果他们将表示已经准备好在无条件承认所有国家、所有人民自主自决的原则上缔造和平，如果他们能开始将该权利赋予本国被压

---

[1] 见 Laloy, *Les Documents Secrets des Archives du Ministere des Affaires Etrangeres de Russie*, pp. 179–182。

[2] 见 Kerensky, *The Prelude to Bolshevism: The Korniloff Rebellion*; Miliukoff, *The Second Russian Revolution*; Trotzky, *The Revolution in Russia*。

[3] 见 "Die Friedensverhandlungen in Brest-Litovsk", *Deutscher Geschictskalender*; Czernin, *In the World War*, ch. 10; Nowak, *Der Sturz der Mittelmächte*, ch. I。

迫的人民，这将创建出让德国与奥地利的计划在人民的压力下被推翻的国际条件。一场单独媾和无疑是对协约国的严重打击。俄国政府无时不在争取全面和平，俄国革命也已敞开一条通往即时的全面和平之路。如果协约国政府再度拒绝参与和平谈判，工人阶级将从那些不能或不愿将和平给予人民的人手中强行夺权。我们承诺对每个国家起而反抗本国的帝国主义者、沙文主义者和军国主义者的工人阶级提供全面支持。"

当等待协约国的答复时，德国宣布波兰、立陶宛、库尔兰以及利沃尼亚（Livonia）和爱沙尼亚（Esthonia）的部分地区已经表示，希望从俄国分离出来并希望德国的保护。托洛茨基谴责了旨在保留同盟国征服成果的政治花招；但是1月10日关于单独媾和的讨论开始了。托洛茨基要求被占领省份由公民投票表决，但白费气力，2月10日，他在拒绝接受德国条件的同时宣布战争结束。德国人以向彼得格勒进军反击，于是3月3日就签了一项和平协议，从俄国分离出三个波罗的海省份即波兰、立陶宛和乌克兰，但什么都没给奥地利。德国与乌克兰、芬兰（Finland）及罗马尼亚都签了单独的和平条约，后者被迫将多布罗加移交给保加利亚，将喀尔巴阡山山口移交给奥地利，但由于卡尔皇帝个人的介入，罗马尼亚保留了自己的国王。[1]

俄国和罗马尼亚从打斗中退出，鼓舞鲁登道夫梦想着来年春天西线能在数量占压倒性优势的美国军队抵达之前有个了断；使盟军从受威胁的诸点转移开，这也是他宽泛战略的一部分。经过两年半代价高昂的战争之后，意大利除了夺取戈里齐亚便乏善可陈，而厌战情绪在都灵（Turin）和其他城市都能感觉到。眉头紧蹙而又不友好的卡尔索山区（Carso）仍然封住通往的里雅斯特的路，而且有消息走漏说在伊松佐左翼的军队已失去斗志。10月中旬，意大利前线首次报告出现德国军队，10月24日卡波雷托的一场令人震惊的打击冲破了没上锁的门。北方的防线崩溃导致卡尔索前线第三军紧急撤退。卡多尔纳对这场"赤裸裸的背叛"咬牙切齿，它扰乱了整个作战活动并

1　见Czernin, *In the World War*, ch. 11, "The Peace of Bucharest"。

让他赔上了他的地位；不过意大利指挥部对于这场灾祸的巨大规模要负部分责任。奥地利的攻势可能在德国人领导下发起并被德国分队所加强，这一可能性从未被认真考虑，也未就军队和火炮的迅速撤退或在贴近前线之处广积粮草做好充足准备。韦内齐亚（Venetia）大部几天之内就被踏过，意大利军队退守距离威尼斯（Venice）20英里范围内的皮亚韦河（Piave）。意大利被抛入阴郁之中，但一两天里英军与法军正在穿越伦巴底（Lombard）平原行军。入侵被止住，意大利逐渐重获一定程度的自信；但卡波雷托灾难使她付出了韦内齐亚这块沃土、25万名战俘、1 800杆枪，以及数量庞大的仓储物资。

劳埃德·乔治先生一接到关于这个灾祸的消息，就在英法政要和士兵的陪同下火速赶往拉帕洛（Rapallo），去同维克托·伊曼纽尔国王及其顾问交换意见；回程中他在巴黎发表一场讲话，透露出他的苦涩心声。他情绪激昂地谴责联盟国的委员会缺乏团结，并宣布自此以后将由一个设在凡尔赛的最高作战委员会（Supreme War Council）协调他们的行动。"如果我们的军事努力曾经有过真正的合作，我们现在就不应专注于防止灾难。我已打定主意，除非会产生一些改变，否则我不再继续负责。然而这场灾难可能拯救了联盟国，因为倘若没有它，我不相信我们到现在还能设立一个真正的委员会。"[1]

尽管英国政府拒绝了同德国政府进行商讨或开会的邀请，但战争延长到第四个冬季以及对军事形势的紧张焦虑并非没有影响；《泰晤士报》11月28日刊出的兰斯当爵士的信表达了一种日益增长的感伤。"我们不是要失去这场战争；但它的拖延将施咒毁灭文明世界。对于一个其活力因安全性而受益的世界来说安全性是无价的，但对于筋疲力尽到几乎无法伸出一只手来抓住和平的民族来说，和平的祝福又有何价值呢？如果战争能及时终结以避免一场世界性灾祸，那将是由于被卷入交战双方之国家的人民认识到战争早已旷

1　关于最高作战委员会的性质和功能，见Sir W. Robertson, *From Private to Field-Marshal*；Sir F. Maurice, *Intrigues of the War*；Wright, *The Supreme War Council*。

日累时。"他补充说,如果我们的战争目标修改了,可能就会给德国的和平派别以一个非常好的激励。这之后不久,斯玛茨将军就被派往瑞士与门斯道夫伯爵会面,并敦促奥地利单独媾和。

英国首相在1918年1月5日对贸易联合会的演说中,比之前任何一次曾解说过的更充分、更权威也更审慎地阐明了大不列颠的目标。[1] 计划被提交给阿斯奎斯先生、格雷爵士、工党的领袖们以及大不列颠帝国各领地的代表。其温和的口气同一年前联盟国答复威尔逊总统时具有挑战意味的自信有霄壤之别。首相开篇说,不列颠没有瞄准破坏或分裂德国,也不会仅仅为了改变或破坏帝国宪法而战斗;但军事独裁是一种危险的无政府主义。接受一部真正的民主制宪法将是军事主导的旧精神已经死亡的最可信证据,并将使得缔结一份涵盖广泛的、民主制的和平更加易行。"不列颠政府及其盟友们一贯提出的第一个要求就是完全恢复比利时的政治、领土和经济独立性,并且要对其城镇和省份受到的蹂躏做出赔偿。其次是塞尔维亚和黑山的光复以及法国、意大利和罗马尼亚被占区的归还。我们打算至死支持法国民主政体所提出的重新考虑1871年那个巨大错误的要求。"我们不打算为布尔什维克抛洒热血。"如果与俄国的新民主政体肩并肩作战到底,我们会感到骄傲。但如果她当前的统治者们不顾盟友们而独自行动,我们无意于介入遏止那准定正在降临他们国家的灾祸。俄国只能靠自己的人民来拯救。不过我们相信,一个独立的波兰——由所有愿意成为其中一分子的真正的波兰元素组成——对于西欧的稳定而言是亟须的。"

"重新考虑"阿尔萨斯-洛林问题暗示着某种少于完整归还这两省的东西;对奥地利类似方式的指涉透露出我们的要求收缩了。"奥匈解体不在我们的战争目标中;但真正的自治政府必须给予奥匈帝国境内那些长期渴望它的民族们。"但是,有一个情况下的完全解放是必要的。"我们认为,意大利人要同那些与他们同族同语的人统一起来的合法要求得到满足是至关重要

---

[1] 见 Lowes Dickinson, *Documents Relating to Peace Proposal and War Aims*。

的。"关于罗马尼亚的声明故意含糊不清。"我们也打算努力要求，流着罗马尼亚人的血、讲着罗马尼亚语言的人们的合法欲求要得到公正对待。"

如果说对奥地利的指涉界定也限定了1917年的规则中的暧昧之处，那么新的土耳其政策就是坦白地改弦更张。"我们战斗不是为了夺走土耳其的首都，或者小亚细亚富裕并有名望的土地，又或者民族构成以土耳其人为主的色雷斯。"但是海峡要国际化和中立。阿拉伯半岛、亚美尼亚、美索不达米亚、叙利亚和巴勒斯坦要被给予承认她们独立国家状态的权利。"对每个具体个案加以承认的确切形势应当不必在此处讨论；但不可能把这些领土归还到它们从前的主权之下。"德国殖民地应保留到交由一个会议处置，会议决议必须优先考虑土著居民的愿望和利益。决定性的考虑应是防止它们为了欧洲资本家或欧洲政府的利益而遭到剥削。

在处理过领土问题后，首相转向其他考虑。必须基于国际法对暴行造成的损害加以赔偿，比如对我们的水兵所造成的。在世界性原材料短缺的情况下，那些控制原材料的国家自然应首先自助和帮助朋友；但随着环境变化，这一解决方法也应变化。最后，必须做一个伟大的尝试，通过某种国际组织建立起以解决国际争端替代打仗的方法。对于持久和平来说有三个条件具有本质重要性——重新确立条约的神圣不可侵犯性，基于自主自决或被统治者之意愿的领土处置法，建立某种国际组织限制军备负担并缩小战争可能性。"立足这些条件，不列颠帝国会欢迎和平；为确保这些条件，帝国的人民准备好做出比他们迄今已承受的更大的牺牲。"

口气的转变被同盟国认识到了。德国首相评论说："他不再沉溺于毁谤之中。但是，我不能像许多中立国的公众舆论那样走那么远，去把这篇演说解读为一个严肃的和平愿望，甚至是一个友好的安置。军事形势从未像现在这样鼓舞人心。如果敌国的领袖们当真倾向于和平，他们应再度修改计划。"他认为，没有帝国的完整，和平是不可能的。武力吞并比利时从不在德国的计划内；但在协约国接受德国与其盟友们的完整性之前，他必须拒绝提前把比利时问题移出讨论。不久之后，切尔宁宣布，奥地利将捍卫她的盟友及自己的战前财产。

英国首相对贸易联合会发表演说三天之后，威尔逊总统列出一个包含十四条的和平安置计划，它注定要在冲突收尾的阶段扮演重要角色。[1]

1. 可公开获得的开放式和平盟约。

2. 无论和平还是战时，在海上航行绝对自由，除了为执行国际盟约而由国际行动加以封锁。

3. 尽可能广地移除所有经济壁垒。

4. 有效保证军备应被压缩到与国内安全相称的最低点。

5. 公平地调整所有殖民地要求，原则是人民的利益必须同该地所要分配给的政府的公正要求有同样权重。

6. 从所有俄国领土撤军，她的政治发展与民族政策由她自己决定。

7. 比利时必须被撤军和光复，不得有任何限制她主权的企图。

8. 所有法国领土必须解放，入侵的部分要归还，1871年在阿尔萨斯－洛林问题上犯下的错误应被纠正。

9. 重订意大利边界之事应伴随被明确承认的民族界限一起实行。

10. 奥匈帝国的人民——我们希望看到他们在各民族中的地位被守护和确保——应当被授予自主性发展的第一机会。

11. 罗马尼亚、塞尔维亚和黑山应被撤军，被占领土当归还，塞尔维亚被给予通往海洋的通道，巴尔干各国的关系要遵循历史上确立的拥戴性和民族性来决定。

12. 奥斯曼帝国的土耳其人国境内应确保是一个安全的主权国；但土耳其人统治下的其他民族应确保享有无可怀疑的人身安全和绝对无干扰的自治发展机会，而且达达尼尔海峡应作为对享有国际保障之所有国家的船只与商贸的自由通道而永久性开放。

13. 应建立一个独立的波兰政权，它将包括居住着身份无可争辩之波兰

---

[1] *President Wilson's Foreign Policy*, ed. by J. B. Scott.

人民的土地，它应被确保通往海洋的自由且安全的通道，它的政治与经济独立性以及领土完整性应受国际盟约保障。

14. 国与国之间的一般性联合应当在对大小国家一视同仁地提供关于政治独立和领土完整之互惠保证的基础上形成。

协约国战争目标的修订、同盟国的回应以及斡旋者们幕后的努力[1]都不足以避免西线的总攻，德国在这场攻势中集中起她自俄国投降以来的信心，而即使持怀疑态度的切尔宁也期盼它成功。2月4日，凡尔赛的最高作战委员会发布一则令讨论结束的声明。声明宣称，赫尔特林与切尔宁的讲话没提供构建和平的基础，《布列斯特立陶夫斯克条约》则披露了征服与掠夺的计划。因此，当下的唯一任务就是动用军事努力，直到它的压力能使得敌国政府和人民回心转意。这则直言不讳的宣言在议会开幕时被重申，那时英国首相宣布，坚持四个盟国的财产完整性使得谈判不可能进行。一项新的攻击武器现在锻造出来了——成立一个由诺斯克里夫爵士（Lord Northcliffe）领导的宣传部门，主要注意力倾注于培养哈布斯堡帝国的斯拉夫民族的不满情绪，以及劳而无功地协调他们的目标与意大利帝国主义的目标。[2]

大进攻3月21日在英军阵线由第五军防守的圣昆坦（St. Quentin）区域揭幕，这段防线最弱，也是英法联军可能被攻破之处；而当四年斗争中最强大的攻势被遏制之后两周，在差不多是亚眠（Amiens）门户之处，德国人宣称俘虏9万人、缴枪1 300支。这是英国陆军史上最大的失败，但它不代表士兵们或其统帅高夫将军（General Gough）的耻辱。因为英军防线在没有相应军队增长的情况下被拉长了，而在最关键的时刻，德国人享受着以三攻一的数量优势。首相立即请求威尔逊总统加速美国军队的流动，令30万曾因担心本土遭入侵而被不明智地阻止出发的军人们匆忙跨过海峡，并将从军年

---

[1] 阿尔芒与李维尔塔拉于瑞士再度会面；巴伐利亚的图尔灵 - 耶腾巴赫（Törring-Jettenbach）在伯尔尼与比利时公使会面，丹麦国王则向德国询问她对和平的看法。

[2] 见Campbell Stuart, *The Secrets of Crewe House*及*The New Europe*, March 14 and May 2, 1918。关于奥地利的斯拉夫人战争期间的渴求，见Benes, *Bohemia's Case for Independence*；Vosnjak, *A Bulwark Against Germany*（斯洛文尼亚人）；Voinovitch, *Dalmatia*。

龄提高到50岁。但最紧迫的任务是确保西线的指挥一致。1917年11月被召唤来执政的克列孟梭以其不可折服的胜利意愿振奋了他的国民们正在低落的精神,他一开始就对凡尔赛的最高作战委员会不满——它的确作用不大,并想要任命福赫担任最高统帅。[1] 3月25日,在贝当位于贡比涅(Compiègne)的指挥部的一场会议上,克列孟梭敦促英国战时内阁代表米尔纳爵士允许统一指挥。次日,这位法国总理在杜朗(Doullens)再度提出该诉求,海格宣布他由衷同意。

4月9日,第一次攻势退去的一天或两天之后,鲁登道夫挥出他的第二击。海格调拨军队去阻止圣昆田大溃败,而他力弱难支的左翼再度成为新打击的目标。假如鲁登道夫连续出击,他本可以赢得海峡的港口,但他只使用了3月兵力中的一小部分,而且纵然英军阵线被推后了,他在这场激战到月底的代价惨重的斗争中也没什么可炫耀的。对英军阵线而言,最糟糕的已经过去;而且美国迅速响应首相的呼吁,这令盟军士气复原。12万美军士兵于4月跨过大西洋,22万于5月越洋,27.5万又于6月到来;尽管他们中的大多数都被要求在法国境内进一步训练,但他们一准备好上火线就与英法军队组编。斯玛茨将军5月17日的一场演说反映出战时内阁的焦虑之情没有减少,并且听着就像兰斯当爵士的回音。"当我们谈论胜利时,我们没想着向莱茵河或柏林进军,我们也没想着一路前进直至粉碎日耳曼和德意志帝国,以及能够在敌人的首都命令其接受和平。我们应将战争继续到我们设立的目标达成为止。我不认为对这场战争中的任何国家集团还可能会有一场彻头彻尾的胜利,因为那将意味着一场无限长的战役。这将意味着被大批杀害的民族又将被号召用很多年来偿付战争,而且这样的结果将是,我们前来拯救的文明可能使自己岌岌可危。我们不该要一种仅仅靠军队在这场战争中的独自努力而获得的和平。我们应动用我们所有的外交策略和所有可供支配的力量把战

---

1 见Tardieu, *La Paix*, pp. 42–48;米尔纳爵士关于杜朗会议的报告,见Milner, *The New Statesman*, April 23, 1921; Dewar & Boraston, *Sir Douglas Haig's Command, 1915–1918*; Mermeix, *Le Commandement unique*。

争带向一个胜利的终结。我可以设想，你们已经勇敢战斗到了一个敌人准备好承认你们的原则性条件的阶段。但如果没有正式会议，你们怎能知道这一点？"

鲁登道夫在针对英军阵线进行了两次毫不含糊的打击后，将注意力转向法军，他于5月27日发动的第三次攻势针对苏瓦松到兰斯（Rheims）。苏瓦松被占，且三天之内德军行进30英里直抵马恩河靠近蒂耶里堡（Château-Thierry）的河段，他们在这里被挡住了。此时，即6月15日，奥地利在皮亚韦河发动一场总攻。河流被架通，但洪水冲垮了奥地利人搭的绝大多数桥梁，然而一周之内入侵者再行跨河，结果损失10万人。这场胜利恢复了意大利的自信，加重了德国那些目光长远的文官的忧虑之情，他们并未因鲁登道夫花费不菲的胜利或"大伯莎"（Big Bertha）[1]对巴黎的轰炸而目眩神迷。6月25日，也就是奥地利攻势失败的三天以后，库尔曼在国会低调地发表一场讲话。他声称，德国及其盟友的领土完整是进行安置的唯一可行基础；但他说不上战争何时能结束。毛奇评论过下一场冲突可能是一场七年战争或三十年战争。"只靠军事决议而没有外交谈判就收场，这是不可能的。因此必须有一只眼寻求或许最终开启和平可能性的政治因素。"关于战争恐怕终究无法在战场赢得的暗示对德国舆论是个震惊，因为陆军战无不胜是一个信条；而且外交部长为他的坦率支付的代价就是，在军队首脑们不由分说的盼咐下被解职了。他的罪责不在于支持这些观点，而在于公开表达这些观点，因为这些观点被最高层广泛共享。卢普莱西特亲王早就告诉过首相，他认为到了提出和平讨论的时间，而赫尔特林答复说他在小心盯着正确的时机。[2]

德军攻势的第四幕亦即最后一幕于7月15日拉开。鲁登道夫评论说："如果我在兰斯的攻势成功，我们就能赢了这场战争。"福赫在这同一个难以忘怀的日子里评论道："如果德国对兰斯的攻势胜利，我们就输了战争。"蒂耶里堡和埃佩尔奈（Epernay）之间的马恩河被跨越，但包围兰斯的企图失败

---

1 美国俚语称德国巨型加农炮。——译注
2 Hertling, *Ein Jahr in der Reichskanzlei*.

651 了；7月18日，福赫停止了3月21日开始的推进并发动准备已久的反攻，被鲁登道夫证明"比我以为可能的数量要多"的美军的补充和入侵者日益深重的疲惫使他得以展开这次反攻，而且这场反攻直到敌军四个月后放下武器之前都没有停止。从恩河延伸到马恩河的那个犄角的西侧被楔入，马恩河被反向跨越，苏瓦松被收复。在亚眠和比利时前线的反攻同样成功，8月8日，一支英法联军的进攻收复了圣昆坦之战中所丢失阵地的部分。使鲁登道夫相信战争赢不了的不是失败本身，而是在号称"德国陆军黑暗日"的那一天的战斗中丧失了士气，他在8月13日斯帕（Spa）召开的一次会议中把自己的意见告知皇帝与首相。[1] 他在未建议缔结和平的同时同意进行和平试探；而新任外交部长辛策（Hintze）报告说奥地利无法撑过整个冬季。德皇现在乐意通过荷兰女王就德国的状况进行最终沟通，而赫尔特林获得了当他觉得合适时自由行事的权力。盟军的胜利推进继续进行，美国军队则在潘兴将军（General Pershing）的统率下驻扎在盟军防线的右翼，从那里进军楔入圣米耶勒（St. Mihiel）犄角。8月30日，奥地利大使通知德国首相，奥地利将采取独立行动，邀请交战方开一个会。德国政府抗议，但很快就如法炮制。9月8日，德

652 国军队首脑们告诉首相说，他们想要尽快得到和平；但赫尔特林决心在盟军的攻势平息之前不采取行动，除了请荷兰女王准许在海牙召开一个和平大会。

同盟国的困境因奥地利9月15日发布进行口头讨论的呼吁而为世人所知。5月在斯帕签署的关于在战后同德国密切政治与经济联合的协议，是以关于波兰的一项协定为条件的，但该协定从未达成；而且尽管有德皇的坦率抗议和警告，奥地利现在还是恢复了行动自由。"我们冒险希望，交战各方的任何一派都不会对这样一种观点的交换持有异议。战争行动不会受到干扰。讨论只会达到由参与方考虑提交各种胜利前景的程度。从中不会产生不利。过去那些堆积如山的误解应当消除。人性之善那被禁锢的细流应当释放。因此

---

[1] 德国崩盘的政治面见官方叙述 *Materialien betreffend die Waffenstillstandsverhandlungen*，也见鲁登道夫怒气汹汹的《答辩》（Ludendorff, *Entgegnung*），这比他的回忆录更充实。

奥地利政府对所有交战方提议，派遣代表在一个中立国家基于基本原则进行一场机密且非约束性的讨论。"对于这个几乎是带有恳求性条件的呼吁，威尔逊总统答复说，他早就声明过他不能接受开大会的条件。

继奥地利的痛苦呐喊之后是保加利亚的崩溃。[1] 自1916年夺取莫纳斯提尔之后，构筑起一条从瓦洛纳到萨洛尼卡的连贯防线的盟军就没做过决定性努力；但是9月15日开始了一场势不可当的攻势，导致10天之内保加利亚就请求停战并废黜斐迪南。保加利亚的突然崩溃揭示出局势对同盟帝国人民的引力比西线的缓慢撤退更为有效。巴尔干盟友的退缩使得土耳其的投降势在必行，而塞尔维亚的胜利鼓舞奥地利的南斯拉夫人省份丢掉哈布斯堡王朝的轭。布加勒斯特亲德国的马尔吉洛曼（Marghiloman）内阁被推翻，罗马尼亚重新进入战场。与此同时，保加利亚防线的马其顿段被攻破，艾伦比重新开始1917年底在耶路撒冷暂停的胜利进军。[2] 约旦东部的英国军队在一些法国部队和阿拉伯募兵的帮助下击破巴勒斯坦北部的土耳其军队，并于9月30日进入大马士革。后续进军是闪电般的疾行，10月底阿勒颇被占领，而叙利亚躺在征服者脚下。同一时期，美索不达米亚北部的土耳其军队被击溃并投降。塔拉特与恩弗尔早就下台，10月31日，即保加利亚崩溃后一个月，与土耳其签了停火协议，协议中将海峡开放给联盟国。

9月30日，鲁登道夫在康布雷和圣昆坦之间吃了败仗并失去了兴登堡防线之后宣布，兴登堡与他本人确信必须终止敌对。赫尔特林拒绝接手局势所要求的联合内阁并且辞职。当皇帝与首相10月1日在斯帕闭门密谈时，鲁登道夫闯了进来，还激动地问："新的政府还没组建？"皇帝回答说："我又不能行神迹。"将军作答："必须立刻组建，因为对和平的请求必须今天提出。"10月4日，巴登的马克斯亲王（Prince Max of Baden）被任命为首相，10月5日，德国政府请求威尔逊总统以"十四条"为基础尝试恢复和平，并

---

[1] 保加利亚军队、人民和政府已经在斗争中意兴阑珊。见Nowak, *Der Sturz der Mittlemächte*, ch. 5。
[2] 对艾伦比无往不胜之进军的生动描述见Massey, *How Jerusalem was Won*及*Allenby's Final Triumph*。

654 邀请所有交战方任命各自的全权代表。新政府的立场和政策由首相对国会解说。内阁包括劳工代表,因此能为这个民族说话。它接受了国会1917年7月的决议,同意成立国际联盟,完全归还比利时。巴尔干诸省、波兰和立陶宛应自行决定命运。首相给华盛顿寄了一份被帝国所有权威人士以及他所有盟友们赞同的照会。"我走出这一步不仅是为拯救德国及其盟友,也是为了拯救全人类,因为威尔逊先生宣扬的关于国家间未来福祉的思想,与德国新政府以及我们占压倒性多数之民众的想法一致。"

下一个月里,华盛顿与柏林之间的电报线高负荷运转。10月8日,威尔逊要求在他回答德国照会之前先对三个问题给予答复。首先,首相是否接受1月8日及随后的发言中列举的条件?其次,同盟国是否会立即从被侵略领土撤出武力?再次,首相是否仅仅为迄今为止主导着战争的帝国当局说话?索尔夫博士(Dr. Solf)答复说,讨论只能限定在关于"十四条"之应用的实际细节;德国与奥地利同意撤军,并提议成立一个混合委员会处理细节;最后,首相以德国政府和德国人民的名义说话,他的所有行为都得到国会大多数人意愿的支持。总统作答,撤军及停火协议的条件必须由盟军决定,而且必须保证他们眼下的军事优势;停火协议不能在非法和不人道行为诸如击沉客轮仍在继续时被考虑;另外,应做到让迄今为止操控着德意志民族的独裁

655 政权解体或压缩到实质性地不起作用。"盟友们应确定无疑地知道他们在与谁打交道,这是不可或缺之事。"德国的答复中将撤军细节的安排提交给军事顾问们,抗议对非法及不人道行为的指控,宣布以鱼雷炸客轮的行为现在已被禁止,并争辩说帝国宪法已经发生根本改变,关于和平的提案出自一个摆脱了所有独裁势力及不称职影响力的政府。

总统对他这一刨根究底式盘问的结果终于感到满意,回答说他已将通信转递他的盟友们,同时建议他们应起草停火协议的条件。德国接受这样一份停火协议将是她接受和平之条件与原则的最佳证据。特别防范措施是必要的,因为近期的宪制变化并未获得永久性保障。"尚未触及当前难题的要害。显然德国人民还没有方法控制军事权威在大众意愿中被默认的状况,普鲁士

国王控制帝国政策的权力没有削弱,那些迄今都是德意志主人的人依旧保留着决定性的主动权。世界各国没有也不能相信他们的话,美国不能与除了德国人民——他们是确保被真实的宪法赋予了作为德国真正统治者之地位的人民——的真正代表以外的人打交道。如果迟早必须与德国的军事头子和帝制独裁者们打交道,那所要求的就必不是和平谈判而是投降。"德国政府简短回复说,和平谈判将由人民政府实行,军事力量是下属,而且政府等着停火协议的提议。

就在联盟考虑如何答复时,哈布斯堡君主国因为战争而倒下并且四分五裂。[1] 10月7日,政府提议基于"十四条"签停火协议和进行谈判,10月16日,奥皇将奥地利转变为一个联邦制国家。美国总统答复说,1月8日以来发生了一些事。他那时只要求奥地利人民的自治;但美国随即承认捷克斯洛伐克国家议会是一个事实上的交战国政府,并且也承认了南斯拉夫人民的公正渴求。"因此他不再有自由仅仅把由这些人民自治当作和平的基础加以接纳,而有义务坚持认为,是他们而不是他将成为法官,裁断什么行动会令他们作为国家大家庭之成员感到满意。"对民族性的渴求在继之而来的各省会的独立宣言中被清晰呈现;当10月23日意大利人的一场攻势粉碎了皮亚韦河阵线且士兵们数以千计地或缴械投降,或四散奔逃时,垂死的帝国受到致命打击。10月27日,和平主义者拉玛仕(Lammsch)教授应邀组建内阁,同一天奥地利接受了美国总统关于各民族应自行决定自身未来的条件,并宣布她准备"不等待其他谈判的结果"便进入关于和平与即刻停火协议的非正式谈判。后一个条件相应地被巴黎的最高作战委员会拟定并于11月3日被接受。11月11日,卡尔放弃了未来在政府中的份额,11月12日一个共和国在维也纳成立,11月16日匈牙利紧随其例。1526年以来一直是一个伟大政权的哈布斯堡帝国,不仅仅是被击败,还烟消云散了。

德国现在孤家寡人,离终点也不会太远。鲁登道夫已经改变心意,嚷嚷

---

[1] 对一个庞然帝国垂死时之痉挛的生动描绘见Count Julius Andrassy, *Diplomacy and the War*; Prince Windischgraetz, *My Memoirs*; Nowak, *Der Sturz der Mittlemächte*。

着来一场大范围征兵，但为时已晚，而且他的辞呈于10月27日发布。法国和比利时境内的撤退继续急速进行，11月4日海格在桑布尔河（Sambre）打出决定性一击。次日，威尔逊总统传递了一份备忘录，胜利者们在其中宣布了他们准备好用什么条件谈论和平。"盟友们对通信做了细致考虑。在下文所列条件之下，他们宣布愿意基于总统1月8日讲话中所列之和平条件与德国政府媾和。他们必须指出，提到什么是通常所描述之海洋自由的第2条，是具有多种阐释的开放性条款，其中一些解释是他们不能接受的。因此当他们进入和平会议后，他们必须在这个主题上保留自己的完整自由。此外，总统1月8日宣布，被入侵领土必须被归还，也同样必须撤军和被解放，协约国政府感到关于此条款之所指不应允许存在疑问。据此，他们认为，德国将赔偿因德国的陆海空入侵而对联盟国平民百姓及其财产所造成的一切损害。"总统补充说，他赞成此种阐释，而且福赫元帅已被授权接待德国政府代表并传达停火协议的条件。

福赫早就在桑利斯（Senlis）召集了一个协约国统帅会议，[1] 讨论什么条件才能防止德国重新挣扎，并能使协约国发布和平指令。首先发言的海格力主适度，因为盟军上气不接下气而德国军队尚未被打垮。贝当和潘兴则站在另一方，要求比较严厉的条件。福赫在思量过这场辩论后起草了一个纲要，得到最高作战委员会首肯，并于11月8日传达给德国。其条件包括从所有被占领土撤军，撤到莱茵河以外，在莱茵河右岸设一个中立地带，取消《布列斯特立陶夫斯克条约》和《布加勒斯特条约》，遣返战俘，归还缴收的机枪、飞机、铁路机车，最后但并非最不重要的是移交舰队。这方案由福赫11月8日递交给以艾尔茨贝尔格为首的、被指引着穿越盟军防线前来的代表团，而它被拒绝也是无疑的。无情的进军仍在继续，"本土阵线"则因革命而被打破。[2] 10月28日，基尔因发布出航命令而爆发一场海军兵变，兵变者把这

---

[1] Tardieu, *La Paix*, pp. 66–79.
[2] 见 William II, *Memoirs*, ch. 12; Bernstein, *Die Deutsche Revolution*; Noske, *Von Kiel bis Kapp*; George Young, *The New Germany*。

些命令阐释为打仗信号。11月4日，组选出一个基于俄国模式的工人委员会，基尔11月5日便处在他们的控制下。海啸席卷全国，所有王座都被淹没在愤怒的大水中。柏林宣告成立共和国，由社会主义者艾伯特（Ebert）任总统，社会主义者沙德曼（Scheidemann）任总理，11月9日皇帝逊位并逃往荷兰。停火协议被新政府接受，1918年11月11日上午11点，一千万人为之丧命的斗争戛然而止。[1]

1　见官方报告 *Materialien betreffend die Waffenstillstandsverhandlungen*；Erzberger, *Erlebnisse im Weltkriege*。

第十九章 善　后

战斗的咆哮平息之后，乔治国王、阿尔伯特国王和维克托·伊曼纽尔国王访问巴黎，为了大解脱而祝贺她。[1]两条路线对胜利者敞开。其一是在第一时间设计和平的初步格局，在此之后可以解除封锁、遣返战俘，并让工厂的轮子重新转动。联盟国11月5日的通告在有两点保留的条件下承认了基于"十四条"的和平请求；而基于这些线条的粗略安置将被德国新政府迅速接受，新政府的注意力全被建立共和国以及同斯巴达党人（Spartacists）[2]对抗占据。另一条路线是延迟讨论，直到大联盟每个成员国的代表能从世界最远的角落抵达，然后就要处理因作为整体的冲突而引出的问题。后一条路线是可选的，而且理论上可以给它找很多借口；但是，由于在法国的盼咐下延长封锁，它便给人类的苦难、经济的衰退、政治的愤懑这笔总账加了数不尽的附加物。

延迟和会这一举措中天生的罪恶因劳埃德·乔治先生解散议会的决议而

---

[1] 见 History of the Peace Conference at Paris, ed. by H. Temperley, 5卷（第6卷即将完成）；Tardieu, La Paix； What Really Happened at Paris, ed. by Colonel House and C. Seymour； Hearings before the Committee on Foreign Relations, United States Senate, 1919； Lansing, The Peace Negotiations: A Personal Narrative； Haskins and Lord, Some Problems of the Peace Conference； Hanotaux, Le Traité de Versailles； Barthou, Le Traité de Paix。对记者们眼中之大会的描述见Dillon, The Peace Conference； Wilson Harris, The Peace in the Making； Huddleston, Peace-Making at Paris； Bartlett, Behind the Scenes at the Peace Conference。从一个德国人的角度对大会的总结之作见Rothbart, Die Grossen Vier am Werk。

[2] 签订停火协议后在德国声望大增的一个激进社会主义者组织。——译注

扩张了，他恳切陈词，联合内阁还从未得到人民的批准，也从未要求被委以和平任务；议会自1910年就安坐不动，而包括女性投票权和席位重分配在内的一场深远的公民权改革已经实现。但是在寻求于联盟国委员会中代表这个国家的权威方面，他因轻率做出且不可能实现的承诺而加剧了他的困难。首相和博纳·劳先生对选民的联合呼吁隐藏在温和的语言中，并要求延长联合内阁直至世界安顿下来。但是，出于对冲突的恐惧，敏感于热切的兴奋及愤慨倾向的公众舆论没有心情签空头支票。当选战正酣之时，劳埃德·乔治先生有违他的良好判断力，却进而与最大多数的群众一起振臂高呼。除了朗声预报英国盛产英雄，其主要施政纲领就是惩罚战争罪犯和回收战争开销。战时内阁的工党代表巴恩斯先生（Mr. Barnes）大声敦促绞死德皇，而另一位大臣埃里克·盖德斯阁下（Sir Eric Geddes）劝诫他的国民们去压榨德国直到榨干为止。选民们以无可比拟的慷慨和信心作为礼物来为劳埃德·乔治先生的领导背书。阿斯奎斯先生与其友人们遭到狠狠打击，新一届议会满是不知名的、决心让这位首相恪守誓言的人，首相则要借此誓言追求英国近代史上所陌生的独裁统治。

同一时期，威尔逊总统正在宣讲一篇判若云泥的福音，他未理会国务卿的忠告，决心亲自代表他的国民出席巴黎和会，并在12月中旬跨越大西洋，以便在商议开始之前先研究局势。交战国与中立国都读过他关于冲突之目标和重建和平世界的崇高宣言，而且他被自由欧洲当作新救主而欢呼迎候。如山的人群于法国、英国和意大利蜂拥在这位命定之人左右，当他以动人的口才解说一场持久安置的原则和在富有成效的和平进程中予以协助之国际联盟的理想时，人们渴望着他嘴唇的翕动。有那么一刻，这位代表着一个强大的、气力未衰且公平无私之国家的总统，看上去似乎有可能平息狂暴激情并令旧世界的政治家们折服于他的意愿。

史学家们将持续数代讨论"威尔逊和平"在1919年是否可行；但它实现的机会因巴黎被选作大会地点而消失了。日内瓦（Geneva）被考虑过，也被否决，因为法国的要求和一个宏大城市的便利得胜了。很多月里片时无缓的狂轰滥炸,两次受到被夺取的威胁,几乎就在被毁区域的可见范围内,法国新闻界向来访者们提示有炮弹休克症现象。法国怒火冲天并且有成千伤口在滴血,因此为了她那些既由于她承受的困难,也由于她的成绩而提出的要求寻求支持,同时,她的地理位置和长期的冲突传统使她得以相当令人信服地争辩说,她比她的任何客人都更理解德国鬼子的方法。实现"威尔逊和平"的第二个也是更具体的障碍是,大不列颠、法兰西与意大利被她们在令人绝望的斗争期间情愿或不情愿地签署的秘密协议绑在一起的事实。总统的确力主过废除所有与"十四条"相冲突的先在协议而接受"十四条",但是他不能说服他的盟友们,而结果就是一场拖沓冗长的斗争和一场有破坏性的妥协。

  到了1919年1月中旬,来自组成大联盟之27个国家的70位授权代表在巴黎汇聚一堂。英国的全权代表是劳埃德·乔治先生、巴尔福先生、博纳·劳先生与巴恩斯先生,殖民地各有他们自己的领袖政治家作为代表——博沙将军(General Botha)与斯玛茨将军,罗伯特·博登阁下(Sir Robert Borden)与休斯先生(Mr. Hughes)。然而从一开始,威望已不在顶峰的英国首相就追求自己的路线。没有一位全权代表曾经触及用很薄弱的翔实知识装备来重建一个被毁世界的任务;但首相学得很快,而且他给和平缔造者们所面对的如同乱麻的丛生问题提出一个新鲜思路。凯恩斯先生(Mr. Keynes)形容了首相"对环绕他的每个人那种准确无误的、媒体般的感知力",并赞扬他有"六七种普通人不会有的意识能力,对性格的判断力,动态的且潜意识的冲动力,领会每个人正在想的甚至每个人接下来要说的是什么,还能将心灵感应般的直觉同最适合他当下听众之虚荣、弱点或私心的论据或诉求点结合起来"。兰森先生也给首相画了一幅很类似的肖像。[1]"他的路线很奇怪。他拥有一种令人叹为观止的警觉力,随着用之不竭的精力而明显地满溢出来。他做决定很快,不怎么考虑细节或基本原则。如果他因为知识不完备或推论错

---

[1] Lansing, *The Big Four and Others at the Peace Conference*.

误而犯了错,他会用大笑或俏皮话让自己重整旗鼓。他是'四巨头'里思维最敏捷的一个,但似乎缺少稳定性。他活泼多动、好脾气,又有着强烈的幽默感,是社交场上的宠儿。但只不过,不可能喜欢他。他在辩论中能巧妙地找到对手盔甲上的弱点,他对自己的错误又完全漠不关心,这使他成为一个危险的敌人。然而这个非比寻常的人不具备外交艺术。他在巴黎并非寥寥的成功,大大归因于提供给他而他又明智地接受了的出色忠告。"

不列颠代表团没有详尽的计划而只有一些指导原则便开始了它艰巨的任务。它同意必须让德国不再有能力重启在陆地或海洋的攻势,必须牺牲她的殖民地,必须尽她能力所及偿付战争,必须交出她的战争罪犯进行审判;不过,施加于她的条件必须具有让德国政府愿意签署的性质,因为假如该政府垮台了,那么中欧可能蹒跚步入布尔什维克主义。不列颠帝国代表团支持一种相对温和的处置方式,除了休斯先生不合时宜的例外。然而劳埃德·乔治先生不处在可以吩咐他的盟友的位置,因为除了受制于一系列书面约定,他还被迫要考虑法国的看法与利益。

克列孟梭拥有的声望和权威完全不逊于他的英国同行所享有的。在1918年大进攻那几个备受煎熬的月份里,这只不屈不挠的老虎坚持点亮希望和决心的圣洁之光,而且这位"光荣之父"得到国民们回赠的无限信任。他因限制和集中自己的目标而增强力量。他的任务不是让世界走上正轨,而是解除1871年的成果并护卫法国边境。凯恩斯先生写道:"他对法国的感受就如伯里克利(Pericles)对雅典的感受——她有独一无二的价值,其他一切无关紧要;不过他的政治理论是俾斯麦那一套。他有一个幻想——法国;也有一个破灭的幻想——人类,包括法国人在内,也一定程度上包括他的同行们。他相信,你绝不能与一个德国人谈判或安抚他;你必须命令他。舍此而外,他既不会尊敬你,也不会停止欺骗你。但有疑问的是,他在多大程度上认为这些性格为德国人所独有。出于审慎,傻帽美国人和伪善英国人会在某种程度上口头效忠'理想';但如果相信这世界给诸如国际联盟这种东西留下多少余地,那就是愚蠢麻木。"他持有这种观点,所以他会抱怨威尔逊总统谈吐像耶稣基督，这就不足为奇。兰森先生证实说："他主导着和会。他拥有行使伟大领导能力的必要素质。他进退有度。他对被广泛赞许的理想主义的真实价值冷嘲热讽，而很多代表都是在不涉及本国具体利益的条件下热情支持理想主义。他在所承担的几乎每件事上都成功了。"豪斯上校补充说："他以最鲜明的棱角从一众人中脱颖而出。他身上没有笼罩奇迹。他在和平时期一如在战争时期，公开地、智慧地、有胆识地为他深爱的法兰西而战斗。他鼓舞了许多人的感情，激发了所有人的爱戴。他坦率地站在旧秩序一边，把国际联盟当作具体保障的附加条件而非替代品来接受。他绝对相信德国除了武力什么也不懂，因此他不假装受'十四条'制约。"盛气凌人的英国首相把派头不遑多让的法国总理压在幕后，而即使他所信任的外交部长皮雄也不被允许主动出击。后者最亲密的朋友兼顾问是塔迪厄，后者对外交事务的广博知识、随时待命的笔头以及孜孜不倦和个人投入，分担了他顶头上司的重担并赢得他的感激。

威尔逊总统的肖像给艺术家们带来更多麻烦，但关于他在会议开幕式上所据有的崇高地位或关于他对创建一个更好世界的热切渴望，可谓众口一词。他的至交豪斯上校写道："当他站在个人影响与力量的巅峰之时，再也没有更加居高临下的人物，因为他那时就是全世界道义力量和精神力量的代言人。他在巴黎不知疲倦和无私忘我地工作。"评价最公正的威尔逊·哈里斯先生（Mr. Wilson Harris）附和道："他在那里是为建立一种'十四条'和平，而且他竭尽全力去做了。他部分地失败了，但并非因为不够努力。整个和会期间，他都是四股力量中一以贯之地争取纯粹和平的那一股，除了在修订阶段劳埃德·乔治先生突然像个温和的使徒那般跳将出来。他必须在接受一个糟糕的善后与任由和会变得更糟之间做个取舍。他牺牲的远多过他所实现的，但是他相信国联将拨乱反正。"斯坦纳德·贝克先生（Mr. Stannard Baker）证实："凡是当真见过总统在前有明枪、后有暗箭之情下行动的人，不会有片刻轻视他的任务的广阔性和低估他非凡的忍耐力、精力及勇气。与和会上所有其他无论贵贱、高低者相比，他工作的时间更长，约见更多，给自己的休息时间更少。"[1] 兰森先生对于他的上司承担着更多国际道义与国际正义这一代表们中的普遍感受，也有一份见证。博士们所不同意的在于他的能力和方法。凯恩斯先生写道："他既非英雄也非先知，甚至也不是哲学家，只是一个有着慷慨目标但具有其他人类所具有之许多弱点的人，并且缺乏在同精致而又危险的、令人着迷的演说家们竞争时占优势的智性装备，巨大的力量冲突与人格碰撞已经把那些演说家作为胜利的主人带到一场快速反应之交换游戏的顶点，在委员会中当面争锋。他什么都没设计出来。当进入实践时，他的思想既朦胧又不完善。对于给活生生的血肉披上他自白宫怒喝出的戒律之衣，他没计划，没纲要，也没建设性思想。他像一个不遵国教派的大臣。他的想法与性情本质上都是神学的，不是智性的。"兰森先生对他上司能力的评价高得多，但他也抱恨于总统对自己的任务缺乏细节性准备，并且对于从他的官方顾问们那里寻求忠告不感兴趣。尽管有豪斯上校的深笃友情，总统在巴黎仍是政治上最孤独的那一个。

意大利首相奥兰多（Orlando）既不具备三巨头那般权威，也不具备他们那般能力，而且克列孟梭对他比起对待其英美同行甚少重视。身为前法律教授和拥有广博文化而又是娴熟于逻辑的政治家，他在剧目中扮演一个次要角色，深思熟虑地将自己限定于同他的国家有直接利益的问题。此外，他被他不可一世的同僚松尼诺所支配，此人是意大利政坛上最倔强也最清廉的人，他在目睹奥地利帝国分崩离析之际决心要控制亚得里亚海，并且不在乎新生南斯拉夫的阴沉脸色。第五个大国的代表西园寺与卷野在欧洲的重新安置上扮演更小的戏份。日本在冲突中的份额是一种有限责任，而且她来到会议桌前只带着获取山东这个唯一的确切目标。威尔逊·哈里斯先生写道："他们会在一场讨论中一言不发地静坐全场，面如雕木，仿佛猜不透的谜语，用他们特有的沉默寡言来挑战质问。那背后都是什么？他们对和会究竟感想几何？"

---

1 Stannard Baker, *What Wilson did at Paris*. 试比较 Thompson, *The Peace Conference Day by Day*。这两本书是对总统之活动的最好记录。

小国代表当中占据首要位置的无疑是维内泽洛斯，他传奇的职业生涯和他对联盟国目标的出众效力所赢得的影响力，因他的口才和魅力更添光彩。这位希腊首相在游戏中下了大赌注，现在他来巴黎领取他的酬赏。兰森先生证实："他所要求的被给予了，因为他开口要。"罗马尼亚的要求被她的首相布拉迪阿诺不那么有说服力地急切提出，布拉迪阿诺没多麻烦就安抚了朋友们，而且当罗马尼亚军队开进布达佩斯时他与诸大国公然叫板。塞尔维亚由她的元老帕斯齐代表，他活着看到了他那南斯拉夫王国从哈布斯堡帝国的废墟上升起的梦想实现。脱离维也纳统治的亚得里亚海诸省找到德高望重的斯帕拉多（Spalato）市长特鲁姆比奇当代言人，新生的南斯拉夫共和国则由其首相、曾任奥地利帝国议会中青年捷克党领袖的克拉玛尔茨博士（Dr. Kramarz）和外交部长、值得尊敬的马萨里克的学生兼同事贝内斯（Benes）代表。波兰拥有一位独特的传译员——她的首位总理帕德列夫斯基（Paderewski），兰森先生经过在华盛顿和巴黎的密切观察之后慎重宣称，他作为一名政治家比作为一名音乐家更伟大。比利时由其外交部长海曼斯（Hymans）代表，而且在一次关键场合，阿尔伯特国王火速赶往巴黎来支援他。拥挤的舞台上最引人注目的角色是汉志国王威武的儿子菲苏尔埃米尔，他来恳请一个从麦加开始向北延伸到托罗斯山脉、向东延伸到幼发拉底河的阿拉伯王国。每一个代表团都有专家、秘书和打字机相随。

除了大联盟中获承认的伙伴，还有一些来自世界各个角落的、在某种程度上不受欢迎的不速之客——亚美尼亚人、叙利亚人、格鲁吉亚人、白俄罗斯人、爱沙尼亚人、立陶宛人、拉脱维亚人、芬兰人、阿尔巴尼亚人、波斯人、埃及人、朝鲜人、犹太复国主义者、石勒苏益格人、亚兰群岛人、爱尔兰裔美国人——像一大群蜜蜂般突袭巴黎，冀望于能被听取意见，或至少唤起对他们各自民族之目标的兴趣。欧洲从未见证过统治者和竞争者、折服于具体目标的现实主义者和为更美好世界奋斗的理想主义者像这般聚集一堂。对那些怀着失望之情甚至愤慨之情注视着十委员和四巨头之演出的人来说，想起最沉静的胡佛先生（Mr. Hoover）在他的办公室里安静工作，这是种安慰。"这位联盟国救济处总干事是巴黎一种巨大的人道主义影响力的化身。他与他召集在身边的人们在阻止濒死的儿童们死去，并至少驱散了惨淡愁云的一角，卸去压在欧洲身上之苦难的一缕。关于他所从事之工作的学问像一道涤荡污秽的光线，以某种难以捉摸、难以明了的方式，从包裹着竭尽全力而又无能为力之会议的浓雾中激射而出。"[1]

第一项任务是讨论每个国家的代表资格数目。但决议几乎没有实际意义，因为不列颠帝国、法国、意大利、美国和日本这五大国允许小盟国们做的不超过提交他们的案子。1月18日，第一轮全体会议由法兰西共和国总统揭幕，他对他的听众们极力主张，要"除了正义不求其他"，要适用民族自主自决的原则，并要建立一个国际联盟作为反对对人类权利之最新侵犯的最高保障。克列孟梭随后被选为会议主席。其后又开了五轮全体会议，但仅仅是著录早已达成的决议。兰森先生记录，克列孟梭在坚持通过由五大国首相和外长组成的十人委员会所赞同之计划纲要一事上极尽专横之能事。"他那随着讲话进行而愈加激烈的刻薄判语和雄辩言辞，还有他真真假假的激情，轻易盖过了抗议和抵触。一轮全体会议就是一场闹剧。"十人委员会是最高作战委员会的别名，他们一天碰头两次，需要时就传唤专家顾问，这持续到2月中旬，有三位主要演员短暂退出。劳埃德·乔治先生与威尔逊总统分别返回伦敦与华盛顿处理国内政务，克列孟梭则在2月19日受伤了。这些初步审度的主要成果是，发现了法国人与英美人在维持封锁、对待俄国、重新分配欧洲领土等问题上的分歧程度。另一方面也任命了处理特定政治问题和经济问题的专家委员会，而由罗伯特·塞西尔爵士和胡佛先生担纲的最高经济委员会，为与遍布欧洲的饥饿做斗争而勇敢地劳作着。

和会起初几周最让人抓狂的问题就是俄国，不仅因为这问题天生困难，还因为胜利者们的目标与同情心各异其趣。与预期相反，布尔什维克在他们的位置上坐了超过一年，但他们被国内外的敌人环伺。北方，有一支英国武

---

[1] Wilson Harris, *The Peace in the Making*.

装在阿尔汉格尔斯克支持着一个反布尔什维克的政府，另一支英国武装则驻扎摩尔曼斯克（Murmansk）。芬兰人、爱沙尼亚人、立陶宛人、波兰人和乌克兰人这些被解放的民族，多多少少公开敌视莫斯科。南方，在黑海受到联盟国支持的、对抗革命的邓尼金将军（General Denikin）向北推进到诸河地带，而准备奇兵突现的海军司令高尔察克（Koltchak）盘桓在乌拉尔山（Urals）后的西伯利亚铁路上。布尔什维克一般被视为叛徒和歹徒，但联盟国没有正式与俄国开战。当政要们1月份在巴黎齐集一堂时，法国力主动用胜利方的联合资源颠覆布尔什维克政权，但大不列颠和美国都不能许以军队，法国又无力提供据福赫确信从事该事业所必需的35万精兵。

明显的替代途径就是与共同代表旧俄罗斯帝国的各色政府谈判，此议被威尔逊总统和劳埃德·乔治先生极力推荐。英国首相提议召集代表们去巴黎，但由于克列孟梭反对弄脏他的首都，"现在正在行使或力图行使政治权威或军事控制的每个有组织群体的"三位代表被邀请前往马尔莫拉海中的普林基泊（Prinkipo）岛，在那里与联盟国的代表们会面，条件是发布并遵守一个总体休战协议。这邀请被对抗革命的各政府愤慨地拒绝了，而布尔什维克虽然未被正式告知此计划，却答复说如果协约国承诺不干涉俄国内政并且与他们或其他俄国政治组织商讨，他们就准备与协约国达成协议。他们还补充说准备承认俄国对协约国国民们的债务。普林基泊会议定于2月15日开幕，联盟国的代表是临时选出的，爱沙尼亚人、拉脱维亚人、立陶宛人和乌克兰人则在经过一段耽搁之后接受了该邀请。但由于邓尼金和高尔察克轻蔑地拒绝关于休战协议和开会的提议，所以俄国国内战争依旧，也没采取进一步行动。

法国对于同布尔什维克打任何交道都深恶痛绝，这一点众所周知，而且普林基泊计划失败时她也不曾掩饰解脱之感；然而体认到游移不定之政策的危险性的英国人与美国人急于完成安排。李维诺夫（Litvinoff）迫切地渴望安置；而在豪斯上校的煽动下并得到英国代表团赞同，美国代表团的一位成员布里特先生（Mr. Bullitt）被派往莫斯科，还带回一份列宁写的和平条款,其中包括停火协议、开会、取消封锁、恢复政治关系与商业关系以及大赦所有政治犯。前帝国的所有政府都要承认它们的财政义务,同时喀山(Kazan)的捷克人掠夺的黄金和在别处被盟军没收充公的黄金要用于支付债务。盟军和外国军队要被召回,对反苏维埃政府的一切支持举动都要停止。布里特先生3月底返回时把自己的报告递交给总统,但总统无暇给予充分关注;不过劳埃德·乔治先生邀他共进早餐,同时讨论局势。关于该使团的消息现在走漏了,巴黎和伦敦新闻界的评论都充满敌意。4月中旬,英国首相短暂巡视了圣斯蒂芬学院,在那里遭遇一个关于布里特使命的提问。他回答说:"我们还没有过这种类型的接触。有暗示说到某个归来的年轻美国人。我所能说的就是,这些沟通的价值不是由我来裁断的。如果总统对之系以任何价值,那么他就应该将它们提到会议上来。"首相被吓到了;而且这番除了令布里特先生本人感到吃惊再不会令他人吃惊的虚伪言辞,终止了直接谈判的机会。这次出使的唯一积极效果就是南森博士(Dr. Nansen)在胡佛先生建议下提出的给俄国供应食物的一则提议。在他的计划得到四巨头批准之前差不多过了两周,因为克列孟梭非常不情愿。这份赠予得到布尔什维克感激的接纳,但他们不明智地补充说,必须在同一时间同联盟国讨论停止敌对。参加政治讨论的尝试变成打退堂鼓的理由。计划被告无效,南森博士厌恶地退出了。联盟国现在如政治移民们所力主的那样,摇摆到去争取保皇党的积极支持。关于巴黎和会的故事中没有篇章反映劳埃德·乔治先生那严重不名誉的失信之举和法国官方不留余地的严格态度。

和会戏码的第二幕随着主角们于3月初返回巴黎而揭幕。优先权现在给了对德条约,但进展寥寥,以致劳埃德·乔治先生明智地建议将十人委员会压缩为四人委员会,而外交部长们在次一级问题上仍旧作为上诉庭召集。新的安排于3月25日生效,各议题在巨头们之间打磨,他们一天碰头两次,或在彼此的住宅,或在国防部。因为克列孟梭讲流利的英语,所以大多数讨论都用英语进行,不过在最高作战委员会就担任翻译的曼托(Mantoux)先生仍在左右帮助意大利首相,而英国战时内阁的秘书、不可或缺的莫里斯·汉克阁下（Sir Maurice Hankey）非正式地记录决议。[1] 新计划运转良好，被称为和会之英雄时代的接下来六周，就对德国的安置制订出细节。

塔迪厄写道："音调是对谈性质的，没有忸怩作态，没有搔首弄姿。奥兰多很少发言。那是三个人的对话——有一种平生仅见或脑洞大开的、令人惊讶的、最对立的性格反差。谈话不时因其庄重的朴素性而显得悲情；其他时候可谓欢快；总是真诚与直接的。一个人欺骗另一个人的说法是种传说。从头至尾，他们都带着想达成一致的深刻愿望在讨论。威尔逊像个挑剔一篇论文的学究那样争辩，笔直地坐在他的扶手椅中，以循循善诱的逻辑家般的透彻性发展他的思想。劳埃德·乔治像个神枪手似的讨论，突然热忱，也突然爆发，双手抱着膝盖，以对技术性论据惊人地漠视作为武装，本能地被拉向出乎意料的进程，在魄力和创造性上令人眼花缭乱，只对关乎团结与公正的宏大永恒理由做出回应，时刻担心着议会的反弹。克列孟梭的辩证法经常被令人着迷的情绪推动，既非像威尔逊那样建立在三段论上，也非如劳埃德·乔治那样具有爆发性。"

和会最具建设性的成就呈现出最少的困难。国际联盟是"十四条"之一条，威尔逊总统也决心让它在最早阶段就创建并包含在诸和平条约中。1914年战争爆发后不久，阿斯奎斯先生就讲过"一种真正的欧洲伙伴关系"；而大不列颠与美国有一群又一群人早已开始为维系和平而起草方案，其中包括布莱斯爵士和塔夫特先生（Mr. Taft）。国家联合会的概念可上溯至中世纪，亨利四世和沙皇亚历山大一世的方案以及佩恩（Penn）、圣皮埃尔（St. Pierre）[2] 和康德的方案，都开始被带着崭新和鲜活的兴趣加以研究。1916年，威尔逊总统在一系列崇高声明中提请世界注意此种思想，1917年不列颠政府任命了一个由菲利摩尔爵士（Lord Phillimore）任主席的委员会。该委员会的计划于1918年夏季被送交华盛顿；大战结束之际斯玛茨将军又提出一个方案，总统和豪斯上校都将之同菲利摩尔草案仔细对勘。法国与意大利也都就

---

[1] 见Sir M. Hankey, *Diplomacy by Conference*。
[2] 指圣皮埃尔修道院长查理－爱任纽·卡斯特（Charles-Irénée Castel）。——译注

一般原则提交了声明，而在海牙会议上代表法国的经验丰富的政治家布尔热瓦全副身心投入到这项任务中。然而不管是克列孟梭还是皮雄都不对一个国联宣誓效忠，因此它的命运取决于它那盎格鲁-撒克逊倡议人的力量能压过他们盟友的漠不关心。

1月25日的第二轮全体会议中，在威尔逊先生提议下，决定应建立国联以促进国际合作、确保国际义务之实施，并为反对战争提供防护措施；它应构成《和平条约》的一个组成部分；它应开放给所有可以指望来促进其目标的文明国家；它的成员应定期会面并应有一个常设组织和秘书处；应任命一个委员会来制订关于其章程与功能的细节。这个委员会成员包括豪斯上校、罗伯特·塞西尔爵士、斯玛茨将军、布尔热瓦和维内泽洛斯。威尔逊总统任主席，而且尽管他几乎不能出席委员会，他还是会与委员会成员们保持密切联系。2月14日，这份《公约》（Covenant）摆上第三轮全体会议，4月28日的第五轮全体会议中威尔逊总统则解释了对草案的琐细修改。为应对批评者，美国同意门罗主义不应当受影响。日本经过在委员会中的失败抗争之后，转而要求国联所有成员实行国家平等；但在面临对这条美国和澳大利亚都不接受之原则的反对时，她撤回了要求。布尔热瓦又一次徒劳无益地呼吁设立一个国联视察团来控制压缩军备并设立一个海陆军总参谋部。经这样增补后的《公约》被接受了，而且尽管国联到1920年1月才正式诞生，但在人类组织的历史上最具希望和抱负的实验从1919年4月的某天就开始了。比利时、巴西、希腊和西班牙被补充到五大国中构成委员会的实质成员，埃里克·德拉蒙德阁下（Sir Eric Drummond）被选为首任秘书长。委员会英美成员们想即刻接纳敌国进入国联的愿望，被法国和比利时的反对所挫败。

用前言的话来讲，缔约方"出于促进国际合作并达成国际和平与安全"而同意该《公约》，且她们的职责在26个条款中列出。原始成员是大联盟中的伙伴国，13个中立国立刻被邀请加入。其他国家在就她们遵守其国际义务的诚恳意图提供有效保证的条件下，要经过集会三分之二同意才可加入。任何成员国都可在经过为期两年的公告后退出。国联的机构就是一个集会、一个委员会和一个秘书处。集会的召开有明确间隔期,每个成员国可有三位代表,但只有一位有投票权。委员会由常任代表和被选举代表组成,前者从五大国中选人,后者由集会选举。秘书处设在国联首席所在地日内瓦。

在如此界定过该新组织的结构之后,文件进而解释成员的义务。委员会为压缩军备制订计划,并就阻止由私人制造军火及战争工具所引起之罪恶的方法提出建议。成员国要就她们的军备规模、陆军规模、海军规模及空中计划规模充分交换信息。条款10—17构成《公约》的核心,直接涉及防止战争。条款10称:"作为对外来侵略的反对,国联的成员承诺尊重和维系国联所有成员国的领土完整性和现有政治独立性。"任何战争或战争威胁,不管是否直接影响到一个成员国,都被宣布为是关乎整个国联之事,而且委员会应接受任何成员国的请求召集开会。所有成员国都享有权利提请集会或委员会注意任何威胁和平的事件。成员国要将危险的争端提交委员会仲裁或质询,而且在仲裁人的报告发布三个月之内不许以任何理由诉诸战争。要建立一个永久性的国际公正法庭,有权力决定所有国际争端,并有权就任何由委员会或集会提交给它的问题给出咨询意见。未提交仲裁的危险争端应诉之委员会,如果委员会的努力失败,应公布事实与建议。成员国不得与接受了委员会建议的争端方开战。任何无视自己的誓言而诉诸战争的成员国被视同犯下了反对所有其他成员国的战争罪,她们将立刻中断与冒犯者的一切商业关系、金融关系及私人关系,同时委员会将就每个成员国应提供多少兵力给出建议。涉及一个国联成员国与一个非成员国的争端,或涉及两个或更多非成员国的争端,国联应提供效劳;而如果该邀请被拒绝,且一个国联成员国被攻击,那么其他成员国应出面援助。

结尾条款补充了相当多不那么直接涉及预防战争的指示。每份新条约或国际协定都必须即刻在秘书处著录并由秘书处公布,而且在经过这般著录之前,此类协定没有约束力。集会可以建议重新考虑已变得不适用的条约。与斯玛茨将军的一则提议相应,居住着落后人民的被征服土地要在国联制定的委任统治令下委托给先进人民,受托者则应提交年度报告。成员国进一步起誓要在改善劳工条件、防止疾病与减轻苦难上合作，也在同白人的贩奴交易、鸦片贸易以及其他对文明构成危险的事项做斗争上合作。

威尔逊总统的历史地位将由这份《公约》的成与败来决定；而我们已经置身于一个能比1919年的骚乱时代更准确地评估他的成就价值几何的位置上。一位半官方观察员写道："这么多既定利益都被国联挑战了，欧洲那么多将要反对国联的新力量都被释放出来了，除非国联已经构成和平的一部分，否则它可能要拖延一代才发挥作用。更重要的事实是，各条约本身是以关于国联的思想为中心而制定的，其程度之深以致没有国联这些条约就得成为一纸空文。在巴黎提出的难题只能由一个永久性国际组织来解决，对这一点承认或许是和会最重大的成果。"[1] 我们现在可以补充说，和平缔造者们的过错使得一个供他们进行修正的国际工具成为必要之物。

四巨头面临的最困难任务是法国东部边境的防御。[2] 1917年法俄协议中包含的政策被布尔什维克披露之后遭巴尔福先生的尖锐驳斥，但是在大多数法国人眼里，将莱茵河左岸从德国分出来是反对未来入侵的唯一坚实保证。在停火协议之后不久，福赫就敦促克列孟梭坚持以莱茵河为界，1月他又对盟军各位将军发出类似的呼吁。法国总理相应指示塔迪厄准备一份关于法国情况的充分声明。其中列举的论据是，德国的攻击能力在于莱茵河左岸的战略铁路网与莱茵河要塞的结合。英国代表团对这个方案提出无情的反对意见。劳埃德·乔治先生评论说："在我对巴黎的首次访问中，我最强烈的印象就是给斯特拉斯堡的雕像降半旗。让我们别再制造另一个阿尔萨斯-洛林。"将七百万德国人从他们的祖国分离，这本身就是错的，也从未在关于战争目标的任何分离宣言或联合宣言中被要求过，而且还是不必要的，因为德国已经被解除武装。大不列颠无论如何都将拒绝参与驻军职责。

3月14日，即威尔逊总统自美国返回之日，两位盎格鲁-撒克逊政治家提出以联合军事担保作为替代方案。法国总理要求给时间考虑该提案。三天

---

[1] H. Temperley ed., *History of the Peace Conference*, I, pp. 276-277.
[2] 塔迪厄讨论左岸和萨尔的篇章解释了法国的最深层思想。

之后，他表示想让担保作为占领的附加条件而非替代方案，因为一份条约固然可以确保胜利，却不能防止入侵。谈判不间断地持续到4月22日，又因为其他严重的意见分歧而复杂化。劳埃德·乔治先生的观点在3月26日一份详尽备忘录中得到体现，这份备忘录受到最崇高的政治家气度感召，提出了不着眼于临时安置而着眼于长久和平的条件。[1] "你可以剥夺德国的殖民地，压缩她的军备到仅有警察力量，压缩她的海军到五流国家水平。但归根结底，如果她觉得自己在1919年的和约中受到不公正对待，她还是会找到精准地报复她的征服者们的方法。四年史无前例的屠戮对人心造成的刻骨印象，将会随着被伟大战争之可怕刀剑标记过的心灵一起消失。然后和平的维系就将取决于没有令人恼怒的理由持续不断地煽动爱国主义、公正或公平游戏的情操。为实现矫正，我们的条款可能会严格，它们可能严厉，甚至无情，但同时它们能够合理到令这个被施加这些条款的国家从内心感到没有权利去抱怨。而在胜利的时刻上演的不公与傲慢将绝不会被忘记或原谅。因此，出于这些原因，我强烈反对将数量多过可能有所帮助之限额的德国人从德国人治下转交到另外某个国家治下。我无法设想未来还有比德国人可能会有的更加重大的战争理由，他们已经确定地证明了自己是世界上最有活力也最强大的民族之一，而他们将被一大群小国所环绕，其中许多国家由那些此前从未给自己建立过一个稳定政权的人组成，但这些国家的每一个都包含大批吵嚷着要与他们的故国重新统一的德国人。"报复性条款将毁灭现任德国政府，并可能驱使人们投入布尔什维克的怀抱，布尔什维克在德国人的帮助下将主宰中欧并威胁西方国家。"因此，从任何一点来看，我都觉得我们应当致力于像暂时忘却战争冲击的公正仲裁者那般来制定一个和平安置法。"他补充说，与德国达成合理并有远见的和平必须要以下补充条件：以国际联盟作为国际权益与自由的有效卫士，对战胜方的军备限制不小于对战败方的限制，在德国接受国联的条款并建立起一个稳定且民主的政府之后接纳德国进入国联。

---

[1] 这份备忘录最早发表于尼迪《不安宁的欧洲》（Nitti, *Peaceless Europe*），随后又作为白皮书发表，Cd. 1614（1922）。

法国的答复辩解说，创建新的无边界国家供他们生息将导致他们转向布尔什维克，而且从不列颠的提议中会衍生出大不列颠获得安全而法国面临不安全，这两者的反差将毒害联盟国的关系。首相现在要在不放弃他不容忍新阿尔萨斯-洛林之决心的同时，致力于满足法国人的安全要求。他同意将德国军队缩减到10万人，废除征兵制，莱茵河右岸50千米范围内非军事化；但在反对永久分离左岸上他坚定不移，而且威尔逊总统也赞同在联合担保之外，不可能也不必要有更多举措。法国总理刻薄地作答，德国舰队已经消失而美国远在彼岸。福赫与盟军将领们被召唤来对四巨头讲话，但元帅没得到支持，即使被召唤到委员会中的阿尔伯特国王也没要求延长占领。总统被法国人的不妥协搞到厌倦，下令"乔治·华盛顿"号驶往布雷斯特。法国形单影只，于是克列孟梭怀着沉重的心情撤回关于分离左岸的要求。4月20日，总统同意盟军占领15年，4月22日，劳埃德·乔治先生附议。大家同意，假如在这个时限结束时对法国的安全担保被认为不充分，则占领期可以延长，而且，如果德国未能偿债，盟军可以重新占领。

这么困难才达成的妥协，既不令大不列颠满意，也不令法国满意。福赫抱怨时间限制，争辩说"谁是莱茵河的主人谁就是德国的主人，如果我们不在莱茵河，我们就已经丧失一切"。劳埃德·乔治先生同样不满，并且在接到德国人对《和平条约》之原始形式的评论后，他表达对允许自己被说服的遗憾之情。他两度咨询内阁及不列颠代表团，而他们众口一词地认为他应当提议占领或提议担保条约。他对克列孟梭谈及："我不责怪你，我只怪自己太快屈从于你的论据。如果你坚持，我将不得不将此问题提交议会。"法国总理回答说，他不能重启该议题，而且他也将面对议会，且必要的话辞职。英国首相最终让步了。另一方面，元帅关于军政权的要求被拒绝，同时成立一个由五位文官组成的莱茵河委员会。

若说对永久占领莱茵河左岸的主要反对意见来自大不列颠，那么反对吞并萨尔河谷的主要是美国。当威尔逊总统告诉克列孟梭说他既不能同意分离左岸也不能同意吞并萨尔时，这位法国政治家称他是个拥德派，还骤然离席。[1] 法国人对这块1814年而非1815年划分给他们的地区的要求，遭到大不列颠和美国的反对，因此撤回。大家都同意当法国自己的矿藏竭尽之时她应拥有萨尔煤田，但是，劳埃德·乔治先生愿意创建一个在法国保护下的自治政府，而总统起先愿意赞同的却只是与法国所损失之煤炭等量的一份煤炭贡赋。法国慎重地声明放弃吞并一批德国人口的要求，并要求在该地区建一个特别政治组织，包括整个矿区，而且1814年的边界应有三分之一留在外面。最终达成的妥协是创立一个五人行政委员会（三人由国际联盟任命，一人由本地居民选举，另一人为法国选派），以及在15年后由全民公决决定该地区是应被法国合并，还是继续现行政体或是回归德国。如是后者，德国要支付法国以当时煤矿的估计价值。

当不列颠代表团支持对左岸和萨尔问题实行温和安置的同时，它对另外两个问题的态度看上去是联盟国中少有的个把最严厉的，甚至是报复性的。对德皇的审判是竞选誓言；而纵然有美国和日本的反对，以及博沙将军和斯玛茨将军的不赞成，德皇仍被要求从荷兰引渡，哪怕这要求是白费气力。关于赔款问题，不列颠的要求又一次在没给自己要求任何赔款的美国人看来不仅过分而且失态。[2] "十四条"包括"归还"被占领土，而11月5日的通告提及"德国将赔偿因德国的陆海空入侵而对联盟国平民百姓和他们的财产所造成的一切损害"。然而英法政治家随即宣布德国要为战争的全部花费负责任。克列孟梭宣称，不管专家们可能提出多大的数额，都仍会少于法国人的期望；劳埃德·乔治先生则补充说，如果固定下来一个数目，他也会下台。与此相反，美国代表团全体一致要求固定一个数目，以便能恢复德国元气并鼓励德国人工作。法、英、比、意的个别代表们都赞成他们，但其上司们不依不饶。

---

1 Isaiah Bowman, *What Really Happened at Paris*, pp. 464–465.
2 见Baruch, *The Making of the Economic and Reparations Sections of the Treaty*；Keynes, *The Economic Consequences of the Peace*。R. G. Lévy, *La Juste Paix*就经济条款和凯恩斯先生的意见提供了法国人的观点。

在赔款类别之下应提什么要求，这个问题导致讨论拖宕不决。休斯先生尖酸地质问美国人的观点，被杜勒斯先生（Mr. Dulles）巧妙辩解说，战争的花费不能被描述为对平民的赔偿。总统3月自美国返回的路上由电报得知这场争议，并回复说"纳入战争花费显然与我们谨慎地引导敌人去期想的不一致，并且不能仅因为我们有权力就在此刻堂而皇之地改变"。英方的要求在很大程度上归结于我们对潜艇和空袭造成之物质损害的要求相对小，但胜利的果实必须要同竞选誓言产生些联系，370位议会议员在一封警告电报中提醒首相记得那些誓言，该电报受《威斯敏斯特公报》（*Westminster Gazette*）一篇同"一位高层权威"[1]的访谈煽动。"正如你在竞选演说中反复声称的，我们的选民始终期待着媾和代表们的首要行动就是全额呈现账单并让德国知道这笔债务。"劳埃德·乔治先生回答说，政府将忠实地准备为它所有的诺言行动。4月中旬他短暂巡视圣斯蒂芬学院时痛斥了诺斯克利夫爵士，他认为爵士是那封电报的教唆犯，而且爵士现在正在《泰晤士报》和《每日邮报》上领导一场反对首相的猛烈战役。作为"战争花费"和11月5日规则之妥协的最终结果包括战争抚恤金和退职津贴[2]——总统是因斯玛茨将军的一份备忘录转而支持该方案，并要求两年内，也就是在联盟国内部赔款委员会（Inter-Allied Reparation Commission）制定出一个覆盖30年期限之支付方案的截止期之前支付10亿。

对由阜姆、山东和波兰所产生的问题取得共识的难度，被证明同对左岸、萨尔和赔款问题达成一致的难度不相上下。意大利借1915年的秘密《条约》而获得对其北达尔马提亚要求的承认，此举严重违背了自主自决原则，然而她现在着手以该原则的名义提出她对阜姆的"公正要求"，哪怕意大利人在阜姆及其边缘的苏沙克（Susak）加起来都是少数人口。英国首相和法国总理在准备执行该协定的同时劝告她放弃对达尔马提亚的要求，并补充说如果她坚持1915年的全部条件，她就不能得到阜姆。应塞尔维亚人之邀进行

1　这位高层权威就是首相本人。见Sisley Huddleston, *Peace-Making at Paris*。
2　对英国在此事务上之行为的一份深刻判断见Zimmern, *The Convalescence of Europe*。

仲裁但其服务不讨意大利人喜欢的威尔逊总统相信，已经接受了"十四条"的意大利必须放弃所有与"十四条"冲突的要求；他力主南斯拉夫人必须获得有效的出海通道。然而豪斯上校力邀意大利和南斯拉夫争议方来他的旅馆围桌而谈的努力是场徒劳。临近4月底，当德国人就要抵达巴黎时，奥兰多坚称该问题应当立刻考虑，尽管它不构成与德国商谈安置的一部分。他烦恼的同行们恳求他等到涉及德国安置的突出问题都解决之后，因为他们要求意大利为即将出台的对德条约签字。四人委员会之间漫长的讨论没有结果，而奥兰多与总统都不肯让步。

4月20日，总统给他的英法同行读了一份备忘录，他提议如果意大利人拒绝全部折中之道，就公布这份备忘录。他宣称，和平必须建立在某些明确的原则上。"如果坚守这些原则，那么阜姆必须被作为匈牙利、波希米亚、罗马尼亚和新南斯拉夫联邦而非意大利的商业出入口。将它分配给意大利将造成一种感想，觉得我们有意把这个被上述所有国家依凭为地中海通道的港口交到一个国家手上，而该港口并不构成这个国家的整体组成，且该国家的主权不可避免定被视为外来的而非本土的。现在有问题的不是利益，而是人民的权利，首先是让世界获得和平的权利，以及使得和平得以保障的利益安排权。这些，也只有这些，是美国为之奋斗的原则，基于这些原则她才同意缔造和平。"这份备忘录得到劳埃德·乔治先生和克列孟梭的赞同，而且总统理解他们两人都乐意公布它。四巨头在一场有外交部长们参加的会议中的进一步讨论无果，奥兰多发了条消息说，在该问题按照意大利的喜好解决之前，他不会进一步参加四人委员会。总统现在把他的声明交发新闻界。同一天傍晚，意大利人宣布其代表团将于次日离开巴黎，奥兰多也发布一则答复。他抱怨说，美国总统在意大利人民与其政府之间划了一条界线，以此暗示一群伟大的自由人民能够服从一个并非自己之意愿的束缚。更大的冒犯是关于意大利的要求违背了自由和公正原则的论点，因为这位自主自决教旨的创作者应该是能率先承认阜姆这座古代意大利城市之权利的人。"还有，意大利对达尔马提亚海岸这一数个世纪来的意大利防波堤的欲求能被形容为过分吗？为什么意大利的欲求要特别被怀疑有帝国主义者的贪婪？"劳埃德·乔治先生努力劝说他的同行别退出，但总统的挑战在意大利激起一阵愤慨的风暴，意大利大臣们别无选择。他们在罗马获得热烈欢迎和全体一致的赞成票，但5月4日三巨头要求他们回归，5月7日他们便又在巴黎。阜姆问题的解决被无限期延后。

意大利愤而退出和会对于山东问题的解决并非没有影响。正如意大利参加战争是由对北达尔马提亚的许诺而换取，日本的效劳由1917年2月的秘密保证来报答，该保证的内容是英、法、俄、意要在和会上支持她对德国远东遗产的要求。然而总统拒绝被这份条约束缚，他到了巴黎才听说该条约；而且他同情中国的恳求也不是秘密，中国驻美大使顾维钧雄辩地力陈，中国1915年在胁迫之下接受的要求应当取消。总统4月25日电告华盛顿："我来此之前，这些困难对我来讲是难以置信的。"而且他的朋友兼医生格雷森（Grayson）海军上将报告说，那段时光对总统是可怕的日子，不管在身体上还是其他方面。[1] 日本代表威胁说，如果禁止保留他们的猎物，他们就离开和会。[2] 兰森先生认为他们虚张声势，而且美国代表团想辞职以示抗议。但总统相信，若无意大利和日本在构成国联之整体组成的《条约》上签字，国联就有危险；而且，因为一个将山东半岛的主权完整交还中国、仅保留曾授予德国之经济特权和青岛租界的口头许诺，他在某种程度上变得缓和。然而《条约》上载录的是将德国的权利割让给日本，代表们的口头保证并未得到总统大多数同胞的高度评价。斯坦纳德·贝克先生记录："和会上所有的重要决议都没有这个更令他焦虑和最终更不令他满意。他在巴黎必须面对的问题都很严重，但都没有这一个令他个人更为上心。"我们可以补充说，没有别的问题比这一个能为他的政治对手在将要开展的反对《公约》及其肇始人的残酷斗争中提供更强大的武器。

不管涉及阜姆还是山东，总统都没从他的英国同行那里获得有效支持，

---

1 Tumulty, *Woodrow Wilson as I Knew Him*, pp. 554-555.
2 Lansing, *The Big Four and Others at the Peace Conference*, ch. 18.

但又轮到劳埃德·乔治先生赤手空拳反对波兰人的无度要求。对柏林留了个心眼的皮雄声称，波兰必须大而强，要很强，这显然是在认为波兰的力量将随着她的面积而增长。一个联盟国内部委员会提议将普鲁士的波森省（Posen）和西普鲁士省几乎全境移交给波兰，它们曾是波兰王国的一部分，包括维斯瓦河与但泽河的两岸，还有马林韦尔德（Marienwerder）地区来保证对但泽至华沙铁路的控制，还要让艾伦斯坦（Allenstein）地区的新教徒波兰人全民公决。更有提议要把很多个世纪都已经不属于波兰的上西里西亚的更大部分分配给波兰。劳埃德·乔治先生强烈反对将两百万德国人移交波兰治下，因此决心允许在艾伦斯坦全民公决，并让但泽成为一个国联管理下的自由市，虽然在海关问题和对外关系方面隶属波兰。波兰也可使用但泽的港口、河流与铁路。

德国代表4月29日抵达凡尔赛，条约于5月7日在特里亚农宫旅店（Trianon Palace Hotel）交付给他们。克列孟梭在简短的开幕式上宣称，冲突让战胜方消耗了太多，令他们无暇顾及使和平得以长治久安的所有谨慎必要。外交部长布洛克道夫-兰造伯爵（Count Brockdorff-Rantzau）在接收包含着这些条件的庞大卷帙之时宣读了一则声明，代表他的国家拒绝为战争承担唯一性责任。威尔逊总统想与代表们口头讨论，但他的提议被斯玛茨将军强力驳回；不过克列孟梭受到劳埃德·乔治先生一点犹豫之情的鼓励而坚称所有评论都应笔录。德国代表团进而转交一系列批评性备忘录，指出德国在失去领土、煤田和铁矿之余将无力支付数额巨大的战争赔偿，而她的几百万居民也将无以维生。[1] 4月29日，德方的对应提议已经备好。其中抱怨说，以德国必须放下武器作为基础的原则被违反了，新政府是个完全民主制的政府，不再有针对一个帝国主义者的政府所应施加的严厉条件，德国只有在被允许保留上西里西亚的情况下才能履行义务，她愿意接受阿尔萨斯-洛林在中立支持力量主持下的全民公决结果，她应当立即以权利平等的姿态加入

---

[1] 见官方文件 *Materialien betreffend die Friedensverhandlungen*, 13 Teile。

国际联盟，缩减军备应是全体的，不是单边的。"强夺"但泽和割让梅默尔（Memel）之举被谴责，德方提出把殖民地保留在委任统治之下。

德国人的答复只是令法国总理的脊背挺得更直，对劳埃德·乔治先生则产生深刻影响，他把他的主要同僚从伦敦召来讨论局势，发现他们正如他本人一样倾向于温和适度。被塔迪厄描述为"第二场，也是更糟糕的危机"开始了。"那是些凶险的日子。他被拒绝签署条约或德国发生危机的后果吓坏了。他对所有问题——裁军、占领、赔款、但泽、上西里西亚——都提出难以认可的让步，为这么迟才这样做而道歉，并谈到咨询议会。'我们的要求会令政府不安并且没人会签字。和平协议必须要签署。我们不能在一种既没和平也没战争的状态中迁延两三年。如果法国希望这么做，她可以做。'两个月来的工作有崩盘之虞。"克列孟梭答复说，法国最知道德国人，那种让步在使联盟国丧失权利的同时只会鼓励德国人的抗拒。他讥讽地补充说，他注意到英国舆论并不反对让德国交出她的殖民地和舰队。尽管美国代表团总体上同情英国首相，但急于尽速签署条约的总统本人要求不变更基本条款，并且不坚持他的专家们所力主的财政修正案。失去支持的劳埃德·乔治先生无法赢取他所有的点数。塔迪厄兴高采烈地记录："理性恢复了她的权利，修订之处一个接一个地消失了。"然而6月16日联盟的回复中宣布的修正点对德国有着相当的重要性。在上西里西亚进行全民公决被承认了；波兰西部边界被轻微改动；与东普鲁士的交通得到改进；缩减军队的速度被延缓；支付战争赔款的方式要同一个德国委员会讨论。没有这些改变，任何一个德国政府都不会签字，而德国代表全体一致的愿望是连这些改动过的条款都拒绝。德国内阁分裂了，但艾尔茨贝尔格的坚持赢得了魏玛国民大会的大多数，而随着沙德曼辞职，成立了一个受命去签条约的新内阁。在此关头，德国舰队沉入斯卡帕湾，这解决了一个棘手难题，但激起了联盟国的怒火。为了略去关于交出德皇和其他战犯并宣布德国与其盟友是战争唯一肇造者的条款而做的最后努力，被四巨头简洁明了地拒绝，并要求即刻服从。时限截至6月23日晚7点，而我们知道到下午5点20分时德国已经屈服了。6月28日，德国和除中国外的所有联盟国成员在镜厅（Galerie des Glaces）签了条约，德意志帝国正是半个世纪之前在镜厅骄傲地宣布诞生。在这具有历史意义的同一天里，劳埃德·乔治先生与巴尔福先生、克列孟梭和皮雄签了反对无正当理由之德国入侵的互助保证，这是4月许诺要签的，作为否决分离莱茵河左岸的补偿；威尔逊总统也签了一份类似的文件。

虽说对德条约的部分内容上文已经叙述，但总结一下它的条款会比较方便。在西部，德国将阿尔萨斯-洛林割让给法国，将普鲁士莫雷斯特（Prussian Moresnet）、奥伊蓬（Eupen）和马尔梅迪（Malmédy）割让给比利时。后者在移交之后要举行全民公决。萨尔河谷要让与15年，卢森堡从关税同盟中退出，莱茵河左岸非军事化。在丹麦边界，石勒苏益格的北部与中部要由全民公决决定其忠诚于谁。[1] 最可怕的领土牺牲在东部，波森和西普鲁士两省的大部分都割让给波兰。上西里西亚要举行全民公决。但泽成为国际联盟治下的自由市，但在波兰关税同盟之内。东普鲁士被与德国其余部分分离，该省南部与东部要举行全民公决。梅默尔及其所处地区要割让给联盟国。整个殖民帝国被交出并在战胜国之间划分为多个委任统治区。德属西南非洲成为南非联盟的一部分。德属东非落入大不列颠手中，其中西南部一块毗连刚果国的、面积小但人烟稠密之地被大不列颠给了比利时。法国几乎获得了整个喀麦隆和多哥兰。太平洋的领土在不列颠帝国和日本之间分割，前者要了赤道以南的地方，后者要了赤道以北的。赤道以南的除德属萨摩亚给了新西兰以及瑙鲁（Nauru）群岛留给大不列颠，其余都给了澳大利亚。

德国的裁军在停火协议的条件下开展，条约则提供了更进一步限制。到1920年3月，德国军队要缩减到10万人，从军12年。总参谋部取消。禁止大型机枪，小机枪和军火的数量被严格限定。莱茵河东岸30英里的地带要非军事化。海军限制在6艘战舰、6艘轻型巡洋舰、12艘驱逐舰、12艘鱼雷舰以及15 000人的志愿兵。不许造潜艇，不许在波罗的海建防御工事，赫尔戈兰的

---

[1] 北石勒苏益格投票与丹麦统一，中石勒苏益格留在德国。

要塞需拆除。不许保留或建造军用飞机或飞船。赔款的总额将由联盟国内部委员会最迟于1921年5月1日确定，但到了那个时间需先支付一亿，余款于30年内付清。德国要交出她所有载重量超过1 600吨的商船、半数载重量在1 600吨和800吨之间的商船以及四分之一的渔船，并在5年之间每年只新建20万吨位。10年间要把大批量煤炭交给法国。德国应承担军事占领的开支，5年间不搞针对联盟国的关税歧视，并要同意出售所有在联盟成员国内的德国财产。基尔运河以平等条件开放给所有国家的战舰与商船，德国的河流要国际化，（斯特拉斯堡对面的）克尔（Kehl）要置于法国控制之下。德皇要由5个大国的法官来审判，战犯们由特别军事法庭依照战争法律及惯例审判。条约的约束力还包括占领莱茵河左岸及各桥头堡15年，并随着战争赔款逐渐付清而分阶段撤军。如果德国不能履行赔款义务，则不论是15年间还是15年后，该地区可被重新占领。

7月3日，劳埃德·乔治先生介绍一个供有效执行条约的法案，并不失时机地评论了他自己及其同道们的手艺制品。他宣称，这些条件虽然可怕，但公正，因为所有的领土调整都是赔偿。战争的策划者们和违反战争法的罪犯们必须被惩罚，不是出于报复，而是出于打击犯罪，而德皇将在伦敦受审。德意志民族必须被惩罚，因为它赞成了它的统治者们。他挑战说，任何人都可指出有哪一条与公正和公平游戏的要求不符。他补充说，《英法条约》只有在发生放肆的战争时才对我们有约束力。国际联盟是最大的护卫，但除非它背后有强大的国家准备好阻止侵略，否则它就形同虚设。

首相所告白的满意之情并不被他的盎格鲁－撒克逊同行们所分享。对兰森先生而言，这些条件显得"无比严厉而又屈辱，而其中许多在我看来不可能实行"。辞去财政代表一职以示对赔款安置之抗议的凯恩斯先生，着手在一部流行全世界的书中谴责这一"迦太基人的和平"。对付出如此多努力——英美代表团成员对此有着广泛感受——所达成之效果的失望之情，在布里特先生于条约条款公布时提出辞职之际致威尔逊总统的一封公开信中得到浓墨重彩的表达。"我是暗暗信任你的领导的千百万人中之一，并相信除了建基于'无私及无偏见之公正'上的永久和平,你不会再取其他。但是我们的政府同意了给苦难的人民送去新的压迫、征服和肢解。你本人反对大多数不公正的安置并且是在压力之下才接受它们的,这一点众所周知。如果你公开战斗而不是躲在背后反对,那么你将赢得全世界的公众舆论。我很遗憾你没有把我们的搏斗进行到底,也很遗憾你对千百万像我这样对你有信心的人那么没信心。"在法国,这条约是被意兴阑珊地接受的,因为没能吞并萨尔河谷且没能把莱茵河左岸同德国切割开,这份失败被强烈地感受着。不过最善于辞令的条约拥护者塔迪厄公正地辩解说,法国的观点总体上获胜了。贝特曼-豪尔维格在《回忆录》中发声明时为他的国人讲话,称世界从未见过一个比这更可怕的奴役战败者的工具。

斯玛茨将军发布的一则宣言雄辩地表达了最有思想性的人们看待这一成就时的混合感情。"我签下这份条约不是因为我认为它是令人满意的文件,而是因为它对于结束战争是一种强制性的必要。我们还没有达成我们的人民在盼望着的真正和平。缔造和平的工作只有在明确地叫停已经祸害欧洲近五年的破坏性激情之后才能开始。对新生活的许诺,那些人们毫不吝惜地为之舍命弃财的伟大人类理想的胜利,人们关于一个新国际秩序之渴望的实现,都没有写入这份条约,也不会被写入任何条约。无论是对我们的敌人还是对我们自己,都必须给予一颗新的心灵。只要有在这个共同受苦、共同悲伤的伟大时刻诞生于人们心中的崭新慷慨精神和人道精神,就能治愈基督教世界这一躯体上所承受的伤痛。"博沙将军全心赞同他的这位同事,并且不无勉强地签了条约。

劳埃德·乔治先生和威尔逊总统一俟条约签好就离开了巴黎。巴尔福先生和兰森先生留下来同其他交战国开展安置事宜,她们全都无条件投降。[1] 对奥条约的完整形式于6月2日交付首相雷纳博士(Dr. Renner),而当奥地利代表指出不可能履行其中的经济条件时,7月20日呈送了一个修正版。然而,

---

[1] 见H. Temperley ed., *History of the Peace Conference*, IV.

直到9月10日才缔结了《圣日耳曼和约》(Peace of St. Germain)。哈布斯堡帝国在战火平息之前就已分崩离析,战胜方只不过著录一下既成事实。奥地利承认捷克斯洛伐克、南斯拉夫、波兰和匈牙利的独立,她们全都要承诺保护少数族群。东加利西亚要移交给联盟国,特伦蒂诺、南蒂罗尔、的里雅斯特和伊斯特里亚移交给意大利。陆军限额为3万志愿兵,取消海军和空中力量。奥地利要移交战犯,并自1921年起连续30年支付赔款。其所有商船附带其他实物和金钱捐助都要在那个日期之前移交。国家艺术宝藏20年内不得转售。战前的国债要与新政府分担。多瑙河国际化,但奥地利要拥有通往亚得里亚海的无障碍通道。除了这些经济条件,该条约还禁止奥地利在没有国际联盟委员会同意的情况下与德国联合,而且由于法国反对这种联合且委员会的决议必须全体一致,所以摆脱这种难以忍受之位置的大道被预先堵死。奥地利被从海洋切断,禁止加入德国,不能购买波希米亚的煤炭及匈牙利的玉米和肉,加上一个有200万居民的超负荷首都,这一切使得这个600万人口的小小共和国于开启自己的生涯之际,便在各方面都陷入凌迟处死的痛苦前景。

博里斯(Boris)接替他失信于人的父亲登基而斯塔姆布里斯基(Stambuliski)从牢狱脱身来执掌的保加利亚,因1919年11月27日签订的《纳伊条约》(Treaty of Neuilly)被同爱琴海切断,被迫将斯特鲁姆尼匝(Strumnitza)交给南斯拉夫,并负担9000万战争赔款,她的军队则被限制在两万人。经过一段布尔什维克统治的插曲后又被白色势力反转的匈牙利共和国,因1920年6月4日签订的《特里亚农条约》(Treaty of Trianon)而在领土和人口上都被压缩到比从前的三分之一略多。对土耳其的最后清算被延后,因为要知道美国是否会承担对亚美尼亚的委任统治。1920年8月10日签订的《色佛尔条约》(Treaty of Sèvres)只给奥斯曼帝国留下在欧洲的一个不安定据点,而小亚细亚的大部分仍悬而未决,这是由于安哥拉的穆斯塔法·凯末尔(Mustapha Kemal)独立政府的坚决反对、印度穆斯林的怒火以及康斯坦丁国王取代维内泽洛斯主政希腊。不过该事实并不妨碍大不列颠依旧是自己在美索不达米亚和巴勒斯坦征服地的受托人，关于后者，巴尔福先生曾在1917年代表政府许诺在此为犹太人提供"一个国家"。

如果有个瑞普·凡·温克尔（Rip van Winkle）[1] 1914年闭上了眼睛而又在1919年睁开，他就几乎认不出自己出生的欧洲了。德国是一个由社会主义者当总统的共和国，皇帝和皇储在流放中，舰队沉在海底，阿尔萨斯-洛林在法国手中。俄国沙皇及其全家被谋害，一个共产主义独裁者坐镇克里姆林宫统治俄罗斯帝国的遗留部分。哈布斯堡家族壮丽的王国被打成碎片，而其最后的统治者是一个流亡瑞士的人。波兰、立陶宛和波希米亚死而复生。芬兰自由了。爱沙尼亚和拉脱维亚变成独立邦国。塞尔维亚成长为南斯拉夫，"塞尔维亚人、克罗地亚人和斯洛文尼亚人的王国"。黑山消失。匈牙利减半而罗马尼亚翻倍。意大利在的里亚斯特、希腊在士麦那、法国在大马士革、大不列颠在耶路撒冷和巴格达。土耳其皱缩成从前那个自己的影子。力量均势不再存在。法国是陆地霸主，而大不列颠是海上霸主。三国同盟与三国协约都成陈年往事。在一个新世界里，熟悉的界标已被风暴和地震清扫一空，智慧的开端就是认清楚，欧洲文明的幸存物与一个对战胜国与战败国并容遍覆之国际联盟的活力及权威形影相依。

---

[1] 美国作家欧文（W. Irving）同名小说的主人公。——译注

索 引[1]

[本索引中的页码为英文原书的页码，即本书边码]

A

ABBAS PASHA 阿拔斯帕沙（埃及总督） 270

AbdulAziz 阿卜杜勒·阿齐兹，摩洛哥苏丹 358；接受会议计划 361；1908年遭废黜 459；法国人关于其军队的提议 355；法国人在摩洛哥的改革 348；拒绝法国提议 356；1894年接替哈桑亲王 340

Abdul Hamid 阿卜杜勒·哈米德，土耳其苏丹 117, 214；接受斐迪南亲王任东鲁米利亚总督 256；任命委员会调查亚美尼亚事件 236；为克里特岛选基督徒总督 246；对德国的信任 263；1896年君士坦丁堡大屠杀 239；挑剔改革方案 237；宣布对希腊开战 248；接受"二月计划" 399；与德皇的友谊 244；承认1876年宪法 410；1895年大屠杀 239；在希腊边界调动军队 247；给各国的照会 242；反对乔治亲王 251；停止敌对的命令 250；各国为希腊而斡旋 249；屈服各国 403；改革许诺 398；拒绝从克里特召回军队 251；拒绝金伯利爵士的改革方案 236；批准改革 238；对大不列颠的胜利 244；与菲利普·柯里阁下的改革方案 235；与亚美尼亚大屠杀 234；与克里特撤军 252

Abdurrahman proclaimed Ameer 阿卜杜勒拉赫曼（被称为阿米尔） 27

Abyssinia 阿比西尼亚 213；被意大利宣布为被保护国 278；在阿杜瓦击败意大利 279；罗德使命 284

Adam, Madam 亚当夫人 160

Adowa 阿杜瓦（意大利败于此） 279

Adrianople 阿德里安堡 509

Aehrenthal 埃伦塔尔 420；接触保加利亚 413；去世 500；论爱德华·格雷

---

[1] 原索引中很少指明人物的职务身份，翻译时尽量注明各国首相/总理、外交部长和重要驻外大使。——译注

阁下 418；论法德摩洛哥协定 462；
满意于俄国的放弃 421；波斯尼亚
政策的成功 423；与吞并波斯尼亚
414；与意大利的的黎波里计划 486；
与伊兹沃利斯基的布赫劳谈话 412；
与俄国的协议 412；与俄国关于波
斯尼亚的谅解 411；与日瓦尔访问
408；与桑扎克铁路 405；与塞尔维亚
422；对土耳其的补偿 419

Afghanistan 阿富汗 24, 369, 373, 394；
阿富汗的阿米尔 24, 26, 31

Africa 非洲（为之定界）110；法英
非洲竞争 264；因瓜分引起的摩擦
209；扩张与瓜分 73

Agadir 阿加迪尔（"黑豹"号事件）470

Aksakoff, Ivan 伊凡·阿卡扎科夫 32

Albania 阿尔巴尼亚 58, 213, 503,
506, 508

Albert, King of the Belgians 阿尔伯特，
比利时国王 513, 659, 680

Aleko Pasha 阿莱科帕沙（1879年被任
命为东鲁米利亚总督）7

Alexander of Battenberg 巴腾堡的亚历
山大（见保加利亚亲王亚历山大）；想
娶普鲁士的维多利亚公主 6；被选登
王位 4；致罗马尼亚卡罗尔亲王的信
4；被承认为东鲁米利亚总督 121；憎
恨俄国的干涉 5；与1885年大使会
议 119；与菲利波波利斯革命 115
及以下

Alexander II of Russia 俄国的亚历山大
二世 33；接受1878年的《条约》3；
接受对潘杰事件的仲裁 31；赞同奥

德联盟 47；想达成俄德协议 50, 51；
对被提议之俄德协议的赞成 52；被刺
52；接受达弗林爵士任不列颠驻俄大使
23；在亚历山德罗沃与德皇会面 39；
给维多利亚女王的消息 28；与1878
年条约 2

Alexander III of Russia 俄国的亚历山
大三世 155；登基 53；赞同军事协
定 180；蔑视法国共和党人 159；保
加利亚政策失败 154；想拖延 179；
想与德国合作 53；关于军事协定的讨
论 178；邀法国结盟 161；驳回《柏
林条约》关于巴统的条款 123；访问
但泽 55；与德国拒绝续订《俄德条
约》199；与卡特科夫 128；与保加利
亚人的伪造 141；与俄德摩擦 137

Alexander, Prince of Serbia 亚历山大，
塞尔维亚亲王 124

Alexandria 亚历山大里亚（英国分遣舰
队在此）82；叛乱 81

Alexandrovo 亚历山德罗沃 39, 42

Algeciras 阿尔赫西拉斯（法案）389,
466, 470；1906年签署 366；条款 366,
367；阿尔赫西拉斯会议 347, 361, 365,
367, 389, 458

Allenby, General 艾伦比将军 625, 653

Amatongaland 阿玛同格兰 217

Amban, the, of Tibet 昂邦（驻藏大臣称
号）373

Ambassadors, Conference of, in London
伦敦大使会议 508 及以下

Ampthill, Lord 安普希尔爵士 85, 103

Anatolian Railway Company 安纳托利

索 引 / 509

亚铁路公司 263

Andrassy, Count 安德拉希伯爵 1, 18, 36, 42, 51, 58; 与俾斯麦讨论奥德联盟 37; 离任 46; 致俾斯麦的信 38; 提议与德国结盟 43; 签署《维也纳条约》[1] 45; 与亚历山大亲王 8; 与奥地利占领波斯尼亚及黑塞哥维那 17; 与巴尔干的奥俄竞争 126

Anglo-Italian Compact, 1891 1891年[2]《英意合约》, 条款 148

Anglo-Portuguese Convention, 1884 1884年《英葡协定》 112

Anglo-Russian Convention 《英俄协定》(作为商业契约) 395; 关于波斯的条款 392, 393; 一项政治胜利 396

Angra Pequena, Bay of 安哥拉佩克纳湾 101 及以下

Appert, General 阿佩尔将军 159

Arabi Pasha 阿拉比帕沙 80, 81, 87; 特勒凯比尔败仗 84; 领导埃及叛乱 76; 针对不列颠宣战 82

Argyll, Duke of 阿盖尔公爵 28

Armand, Count of 阿尔芒伯爵 631

Armenia 亚美尼亚 23; 大屠杀 213, 233 及以下

Asia Minor 小亚细亚 262, 263

Asquith, Mr. 阿斯奎斯先生(英国首相) 447, 575, 592, 607, 642, 660; 任财政大臣 365; 在马耳他 496; 就摩洛哥安置祝贺卡约 483; 论不列颠的战争目标 612

Atbara, battle of the 阿特巴拉之战 287

Athens 雅典 120, 121, 122, 249

Austria 奥地利(的警示报告) 500; 吞并波斯尼亚 410; 封锁希腊 122; 关于波斯尼亚的安置难题 419; 愿意开大使会议 507; 对塞尔维亚宣战 541; 想要意大利的支持 146; 对塞尔维亚的敌意 516; 欧洲人对奥地利的感想 418; 与塞尔维亚缔结秘密条约 69; 德国对奥地利的支持 41, 423; 介入对塞尔维亚的拯救 120; 分裂马其顿 401; 占领桑扎克的西部 18; 反对俄国的巴尔干政策 125 及以下; 军事总调动令 546; 部分军事调动 508; 为损失在波斯尼亚－黑塞哥维那的王家财产而支付赔偿 419; 提议与大不列颠和意大利订第二份地中海协议 150; 拒绝爱德华·格雷阁下的提议 404; 在巴尔干与俄国竞争 125; 1883年与罗马尼亚秘密结盟 71; 塞尔维亚对亚得里亚海的要求 507; 塞尔维亚对杜拉佐的要求 506; 怀疑俄德协议 51; 与俄国关系紧张 152; 遏制军备 431; 巴尔干战争 505; 卡萨布兰卡危机 459; 米尔茨施泰格计划 400; 桑扎克铁路 405; 萨拉热窝谋杀 532; 与德国和意大利的三国同盟

---

1 正文未出现过此名称。——译注
2 原索引中称1887年, 但相应页码论及1887年的协议是意大利与德国和奥地利的, 与英国的协议签于1891年。同时, 正文未出现文件正式名称, 只是泛称"协定"或"协议", 此处才出现名称, 故此处译法与正文略不同。——译注

68; 对塞尔维亚的最后通牒 536; 奥地利的弱点 511; 与英国的斡旋提案 544; 对德尔卡塞政策的支持 356; 与东鲁米利亚 7; 与马其顿财政改革方案 402; 提议对俄国的让步 411; 与爱德华·格雷阁下的演说 406; 与阿尔赫西拉斯会议 366, 367; 与《英意合约》 149; 与巴尔干联盟 501; 与巴尔干诸国 398; 与克里特安置 250, 251; 与海峡的开放 489; 与会议提议 419; 与三国同盟的续订 147; 与的黎波里战争 487 (见"大战")

Austro-German Alliance 奥德联盟 48; 关于奥德联盟的谈话 37 及以下

Austro-German Treaty of 1879 1879 年的《奥德条约》 68

Austro-Russian Pact, 1897 1897 年的《奥俄协定》 259 及以下

Austro-Serbian Treaty, 1881 1881 年的《奥塞条约》 70

B

BAGDAD RAILWAY 巴格达铁路 334, 391, 392; 最后谈判 526; 英德协议 527; 英土协议 526

Bahr-el-Ghazel 巴勒加扎耳 209, 271, 289, 290

Baker, Mr. Stannard 斯坦纳德·贝克先生 665

Baker, Sir Valentine 瓦伦汀·贝克阁下 21

Balfour, Mr. 巴尔福先生(英国首相、外交大臣) 678, 690, 694, 696;

在巴黎和会上 662; 成为外交大臣 614; 在美国 619; 论帝国防御委员会 429; 论德皇对桑德灵厄姆的访问 332; 论土耳其苏丹 280; 论俄国与阿富汗 373; 对教皇和平提议的答复 634; 辞职 362; 1905 年关于帝国防御的演说 373; 海军预算 446; 与加斯帕里枢机 636; 与德国的和平试探 637

Balkan States 巴尔干诸国 251, 399, 404, 405, 424, 500, 501, 503; 奥地利与德国的巴尔干政策 261; 奥德在巴尔干的竞争 125; 军事调动 504; 俄奥在巴尔干的合作 398; 巴尔干诸国的胜利 505

Balkan war, the 巴尔干战争 504; 对欧洲政治的影响 510; 宣布和平 510; 重新开战 509; 条约条款 509; 联盟国的争吵 510; 在伦敦签条约 509

Barclay, Sir Thomas 汤玛斯·巴克莱阁下 339; 与 1900 年英国各商会在巴黎的会议 337

Bardo, Tready of 《巴尔多条约》 63, 66

Baring, Sir Evelyn 伊夫林·贝林阁下 (见克罗默爵士)

Barnes, Mr. 巴恩斯先生 660, 662

Barrère, Camille 卡米尔·巴吕雷(法国大使) 283, 346

Bashford, Mr. 巴士福德先生 427

Batum 巴统 32, 123

Beaconsfield, Earl 比肯斯菲尔德伯爵(英国首相) 19, 21, 27; 与明斯特的讨论 49; 反对俄国 23; 会见德国

大使 48; 论利顿爵士被任命为总督 24; 自柏林会议返回 1; 与俾斯麦的合作愿望 191; 与德国人想要英国支持的愿望 49; 与保加利亚安置 115

Beatty, Admiral 比蒂（英国舰队司令）590

Belgium 比利时（英国国防部测量其公路与铁路）500; 加拿大的优先选择 335; 中立 134; 1913 年引入义务兵役制 500; 与不列颠的军事讨论 365; 与法国在上乌班吉河的扩张 273; 与斯凯尔特 499（见"大战"）

Belgrad 贝尔格莱德 120, 248

Benckendorff 班肯道夫（俄国驻英国大使）492, 507, 530, 540; 论爱德华·格雷阁下 529; 论英俄海军协定 531; 俄国对土耳其的提议 488

Bennigsen 贝尼希森 59, 230

Berchtold, Count 贝尔奇托尔德伯爵（奥地利外交部长），在彼得格勒 411, 412, 413, 419; 他的巴尔干政策 503; 接替埃伦塔尔 500; 宣战 540; 与俄国重启谈话 544; 与萨拉热窝谋杀 532

Berlin Conference, the, 1884 1884 年的柏林会议 112

Berlin 柏林（克鲁格访问）215; 霍尔丹爵士赴柏林使团 492 及以下; 摩尔人使团在柏林 215

Bernstorff 贝恩施道夫（德国驻美国大使）614; 导向和平的努力 616; 论威尔逊总统的和平条件 618; 与威尔逊总统论潜艇战 594

Berthelot 贝尔特洛（法国外交部长），辞职 278

Bertie, Sir Francis 弗兰西斯·贝尔蒂阁下 547

Bethmann-Hollweg 贝特曼－豪尔维格（德国首相），关于英德海军谈判 451 及以下; 忧虑英俄海军协定 530; 被告知奥地利的和平谈判 630; 成为首相 449; 不列颠的斡旋提议 538; 想进行和平讨论 607; 请求英国人中立 542; 辞职 632; 论德国海军政策 450; 论意大利和三国同盟 487; 论《波瑟公报》的文章 524; 论摩洛哥麻烦的原因 485; 论谈判失败 496; 论法国人在菲斯 466; 论德皇 513; 论摩洛哥安置 483; 论"黑豹"号事件 472; 论和平条件 693; 论的黎波里战争 487; 来自教皇的和平提议 633; 摩洛哥安置 484; 警告维也纳 543; 就摩洛哥警告法国 468; 与美国谈德国的和平条件 618; 与不列颠的海军谈判 451; 与霍尔丹爵士讨论殖民地合作 525; 向协约国提议和平谈判 609; 与《陆军法案》511; 与巴尔干诸国 504; 与无限制潜艇战的重启 615

Bessarabia 比萨拉比亚 1, 8, 9, 31, 71

Beyens, Baron 拜因斯男爵（比利时驻德国公使）471; 论德国的军国主义 512; 论德皇 514

Bieberstein, Marchall von 马沙尔·冯·毕博施坦（德国外交部长）197, 200, 217, 218, 221, 358; 驻君士坦丁堡大使

261; 努力安抚英国政府 220; 论德国在德兰士瓦的政策 216; 与克鲁格电报 219

Birileff, Admiral 比利莱福司令(与《比约雪岛协定》) 385

Bismarck 俾斯麦(德国首相) 2, 29, 32, 36, 145; 赞同蒂尔皮茨《海军法案》230; 奥俄的巴尔干竞争 128; 奥俄关系紧张 152; 比利时中立 135; 向戈尔抱怨新闻界的攻击 141; 批评移交赫尔戈兰岛 204; 想要赫尔戈兰岛 104; 想与不列颠政治合作 48; 想要英国人的合作承诺 191; 与安德拉希讨论德奥联盟 37; 不信任德皇与英格兰的关系 205; 解释自己的政策 153; 下台 194, 195; 德国殖民地 99; 针对格兰维尔和德比的怒气 105; 保加利亚政策 119; 欧洲通评 130 及以下; 针对俄国的政策 33; 被德皇突破的政策 211; 对明斯特报告的答复 49; 支持俄国 125; 对埃及的看法 85; 警告仍是皇储的威廉二世 190; 意大利想要合作 67; 来自安德拉希的信 38; 因透露《俄德条约》的始末而造成危害 200; 论赫尔施泰因 197; 论德意志帝国的外交政策 155; 论不续订《俄德条约》201; 关于法国的政策 57; 宣布对西南非洲摄政 102; 保护瓦维斯湾的德国臣民 101; 对索尔兹伯里再保证 142-143; 1884年在柏林接待克鲁格 215; 收到德皇关于俄国局势的报告 40; 俄德关系 34; 憎恨英国对他太平洋计划的阻碍 107; 德国面临战争时的安全性 140; 签署对奥地利的条约 53; 保加利亚政策的成功 154; 双边联盟 186; 1887年的《再保险条约》138; 1887年续订三国同盟 146; 对俄贷款 164; 俄德摩擦 137; 1875年的战争恐慌 157; 访问维也纳 44; 警告俄国 153; 与"德鲁莱德党" 159; 与德国对奥地利关系 41; 与意大利 64, 146; 与摩洛哥 340; 与犹太人在罗马尼亚的地位 10; 与霍亨罗厄亲王在加施泰因 42; 与对奥结盟提议 43; 与俄德协议 52; 与俄德协约 51; 与《维也纳条约》46; 与三国同盟 68; 与土耳其-希腊问题 13; 与土耳其-希腊安置 14; 与《英意合约》149; 与《英葡协定》112; 与保加利亚人的伪造 141; 与喀麦隆 106; 与皇储 188; 与东方问题 22; 与埃及问题 79; 与法国吞并突尼斯 62

Bismarck, Herbert 赫伯特·俾斯麦 103, 162; 为德国殖民地而赴伦敦的使命 108

Bizerta 比塞大(要塞) 265, 267

Björko 比约雪岛(沙皇与德皇在此) 385;《比约雪岛协定》的失效 388;《比约雪岛协定》的条款 385

Boer Republics 布尔人共和国 309, 317; 欧洲人对之的同情 309; 认为德国是他们的朋友 221; 投降 332; 布尔人共和国的将军们在欧洲 332

Boisdeffre, General 布瓦代弗尔将军 166; 赴俄国总参谋部的使命 167; 1892年签署军事协定 180

Borden, Sir Robert 罗伯特·博登阁下 662

Bosnia 16, 17, 56, 58, 65

Bosnia-Herzegovina 波斯尼亚-黑塞哥维那（被奥地利吞并） 410

Botha, General 博沙将军 694；在巴黎和会上 662

Boulanger, General 布朗热将军（被控叛国而自杀） 136；任职期间的鲁莽 163；起义 133 及以下；与德国的危机 162；与新兵营 162

Bourgeois, M. 布尔热瓦先生（法国总理） 674；在第二次海牙会议上 432；他的内阁垮台 281；与阿比西尼亚重新谈判 281；与阿尔赫西拉斯会议 367；与苏丹国战役 280

Boxer rising 义和团运动 323

Brotiano, the elder 老布拉迪阿诺 11；小布拉迪阿诺 604, 607, 667

Brest-Litovsk, Treaty of 《布列斯特立陶夫斯克条约》 639, 647

Briand, M. 白里安先生（法国总理） 636

Bridges, Colonel 布里吉斯上校 499

Brockdorff-Rantzau, Count 布洛克道夫-兰造伯爵（德国外交部长） 688

Brocqueville 布罗克韦尔（比利时首相） 636

Brodrick, Mr. 布罗德里克先生 332, 373

Brusiloff 布鲁西洛夫（俄国将军） 623

Bryan, Mr. 布莱恩先生 593

Bryce, Lord 布莱斯爵士 673

Buchanan, Sir George 乔治·布坎南阁下（英国驻俄国大使） 539, 546, 569, 620

Bucharest 布加勒斯特（的和平会议） 120

Bucher, Lothar 洛塔尔·布谢尔（论赫尔施泰因） 197

Buchlau 布赫劳（伊兹沃利斯基与埃伦塔尔会面于此） 412；关于谈话的有冲突版本 412

Bulgaria 保加利亚 509；获得中立 3；向各国呼吁 399；奥俄关于保加利亚的争吵 159；1881 年获俄国承认的独裁统治 5；被希腊收买 248；恢复 1878 年宪法 5；对塞尔维亚宣战 585；击败塞尔维亚 120；解散马其顿委员会 399；科堡的斐迪南被选为亲王 150；1908 年宣布独立 413；加入同盟国 581, 585；与俄国复和 255；憎恨俄国的监管 4；俄国-奥地利给她的通告 403；寻求与塞尔维亚合作 501；协约国想要她支持 582；东方铁路 419；三年危机的结束 154；南北统一 116；在柯克基里瑟的胜仗 504；提议与希腊结防御性联盟 502；与土耳其的协议 401；与马其顿委员会 398；与对东方铁路的掠夺 413

Bullitt, Mr. 布里特先生（赴莫斯科的使命） 671；论和平条款 693

Bülow, Prince von 毕娄亲王（德国首相） 573；获得马沙尔·冯·毕博施坦关于摩洛哥改革的建议 358；反对英德协议 302；钱伯兰对德国的提议 299；与英格兰合作 303；否认任何干涉计划 320；英国就"联邦参议院"号事件道歉 315;在《帝制德国》中解说他的海军政策 448;解释《每日电讯报》的访谈 440;他的世界政治 449;在与大不列颠结盟方面退缩 312;令钱伯兰印象深刻 310;请求各国同意废除《柏林条约》第25条 422;克鲁格想要访问柏林 322;捍卫摩洛哥政策 362;论奥地利的波斯尼亚政策 423;论欧洲局势 430;论德皇在温莎 434;论德皇与索尔兹伯里在考斯会谈中的不一致 214;论爱德华国王访问柏林 445;在国会演说中论摩洛哥 352;论摩洛哥协定 462;论三国协约 396;反对限制军备 444;向俄国施压接受德国提议 421;宣布赫尔施泰因的阿尔赫西拉斯政策无效 366;接替马沙尔·冯·毕博施坦 229;克里特安置 251;《海军法》 427;《比约雪岛协定》 388;否决在柏林开会 436;与德皇访问英格兰 310;警告法国 358;支持奥地利 416;与儒勒·汉森 317;与卡萨布兰卡危机 460;与德皇访问丹吉尔 352;与限制军备 431;与日瓦尔访问 408;与桑扎克铁路计划 405;与《第二海军法案》 316;讨论关于三国同盟事 346;与《扬子江协定》 324

Burns, Mr. John 约翰·伯恩斯先生 550

Buxton, Mr. Noel 诺尔·布克斯顿先生（巴尔干委员会主席） 582

C

CAILLAUX 卡约（法国总理） 470;对刚果条约满意 482;论法德在摩洛哥的协议 462;与法德谈判的僵局 480

Cairoli 凯罗里（意大利首相） 59, 62

Cambon, Jules 儒勒·康朋（法国驻德国大使），建议接受德国的协议草案 462;与基德兰就在刚果的补偿谈话 475;关于摩洛哥与刚果的指示 481;对《刚果条约》满意 482;卡萨布兰卡危机 460;法德摩洛哥协定 461;与英德经济协约 459;与贝特曼论摩洛哥 468;与基德兰在基辛根 469;与基德兰论法国的摩洛哥计划 465;与基德兰 474;与法国人干涉菲斯 466;与"黑豹"号事件 483

Cambon, Paul 保罗·康朋（法国驻英国大使），与爱德华·格雷阁下交换信件 498;论奥地利对塞尔维亚的最后通牒 536;论爱德华国王访问巴黎 338;接替库塞尔男爵 296;1904年与兰斯当爵士签秘密条约 353;与法国和英国的亲善 339

Campbell-Bannerman 坎贝尔－班纳曼（英国首相）担任首相 362;不列颠对俄国的好意 389;论其外交政策 363;论杜马被解散 390;与爱德华·格雷阁下 364;与截留军备 431

Caprivi 卡普里维（德国首相） 266;下台 211;对其殖民政策的辩护 203;否决续订《俄德条约》的理由 200;扩充德国陆军 206;共享德皇的亲英感情 208;1892年关于《陆军法案》的演说 206;接替俾斯麦任首相

196; 与德皇访问俄国 200; 与德国拒绝续订《俄德条约》 201; 与德俄关系 199

Carnot 卡诺（法国总统），接受圣安德鲁大十字徽章 169

Carol 卡罗尔（罗马尼亚国王） 509, 601; 去世 603; 作为罗马尼亚亲王致信保加利亚国王 4; 与犹太人在罗马尼亚的地位 10; 成为罗马尼亚国王 11

Casablanca bombarded 炮轰卡萨布兰卡 458; 卡萨布兰卡外国人军团的德国逃兵 459; 卡萨布兰卡铁路 464; 解决危机 460

Cassel, Sir Ernest 厄内斯特·卡塞尔阁下 492

Cassini, Count 卡西尼伯爵 389

Castro 卡斯特罗（委内瑞拉总统） 333

Cavagnari, Sir Louis 路易斯·卡瓦纳利阁下（遇刺） 27

Cecil, Lord Robert 罗伯特·塞西尔爵士 673, 674

Chamberlain, Joseph 约瑟夫·钱伯兰（英国政治家） 193; 以其刻薄的演说使不列颠远离同情 309; 与德国合作 303; 想与德国结盟 298; 讨论与摩洛哥的俄德商业条约 328; 莱斯特演说 311; 论东古拉推进 280; 论法国人在尼日尔河的远征 285; 对德国的提议 299; 撤回为英德结盟而进行的谈判 312; 对赫尔戈兰岛的暗示 201; 与德皇谈及英德结盟 310; 与俾斯麦对英格兰的接触 192; 与法国的支持

329; 与巴格达特许权 334; 与法绍达事件 293; 与德国军队 330; 与萨摩亚安置 305

Chamberlain, General Sir Neville 内维尔·钱伯兰将军阁下 25

China 中国 372; 授权俄国舰队在旅顺港越冬 225; 1895年被日本击败 222; 德国对传教士被谋杀要求赔偿 224; 德国的掠夺计划 225; 中国东北争议 325;《扬子江协定》 324

Chino-Japanese War 中日战争 222

Churchill, Winston 温斯顿·丘吉尔（英国第一海军大臣），在马耳他 496; 论德国的《增补法案》 496; 与布克斯顿使命 482; 与达达尼尔计划 571

Clemenceau 克列孟梭（法国总理） 63, 160, 690; 在巴黎和会上 664; 论莱茵河边界纷争 678, 680; 赔款与补偿 682; 主张创建国家军队 442; 主张统一指挥 648; 针对俄国贷款提警告 390; 与德国对《和平条约》的答复 689; 与伊兹沃利斯基 414; 与《刚果条约》 483; 与阜姆争议 685; 与德国代表们 688; 与萨尔煤田 681; 与最高指挥部 648

Congo State 刚果国 209; 达成协议 482; 取消与英国的条约 273; 恢复讨论 481; 斯坦利远征刚果 111; 比利时国王成为刚果元首 113; 与1894年条约 271

Congress of Berlin, 1878 1878年的柏林会议 1, 3, 10, 24, 32, 59, 68, 73, 115,

213, 232

Constantine 康斯坦丁（希腊王储）249

Constantine 康斯坦丁（希腊国王）586, 695；被大不列颠和法国废黜 606；拒绝屈从协约国 606

Constantinople 君士坦丁堡 150, 257, 409, 412, 502, 504, 539；1876年的大会 213；在此召开的大使会议 119；英国在此的影响力被破坏 22；德国在此的影响力 261；英国对此地丧失影响力 243；1896年大屠杀 241；1895年此地屠杀亚美尼亚人 239；1879年在此签署《基本法》7；1897年签订《和平条约》250；1887年签订《德拉蒙德·沃尔夫协定》97

Cook, Sir Edward 爱德华·库克阁下（论英德海军谈判）451及以下

Corti, Count 科尔蒂伯爵（意大利驻土耳其大使），关于《英意合约》148

Crete 克里特岛（作为一个独立的基督徒国家）254；想与希腊统一 246；安置难题 250及以下；基督徒与穆斯林间的摩擦 245；在希腊总督治下 244

Crispi 克里斯皮（意大利议长、首相）58, 59, 64, 84；就比塞大要塞向德国抱怨 266；下台 267；就法国与地中海致信索尔兹伯里 266；支持保加利亚 150；与比塞大要塞 265

Cromer, Lord 克罗默爵士（英国在埃及的实际执政者）88, 92, 442；被任命为不列颠驻埃及代表 75；论戈登将军在喀土穆 94；与罗德斯 304；与英法协约 340

Cruppi 克吕皮（法国外交部长），康朋向之回报基辛根谈话 470；摩洛哥的铁路谈判 468；召康朋来巴黎 464；与摩洛哥安置 464；与解救菲斯 466

Currie, Sir Philip 菲利普·柯里阁下（英国驻土耳其领事）236, 242, 250；他的改革方案 235；针对亚美尼亚大屠杀抗议 234；与1895年大屠杀 240

Curzon, Lord 柯曾爵士（印度总督），忧虑俄国与波斯 269；在波斯湾的海军示威 371；与西藏 371；与威廉二世的谕旨 433；与《英俄协定》395；与《拉萨条约》373

Czernin, Count 切尔宁伯爵（奥地利驻罗马尼亚公使）601, 615, 630, 647；在布列斯特立陶夫斯克 639；绝望的预告 628；论和平 637

D

D'ALMODOVAR, DUC 达尔莫多瓦公爵（任阿尔赫西拉斯会议主席）365

d'Annunzio 邓南遮 576

de Bunsen, Sir Maurice 莫里斯·德·本森阁下（英国驻奥地利大使），与金伯利爵士谈话 275；与法绍达撤军 293

Delagoa Bay 德拉瓜湾 105, 218；不列颠分遣舰队 220；德国战舰 215, 217

Delcassé 德尔卡塞（法国外交部长），陪吕贝去伦敦 339；想达成英法协约 337；下台 357；与克鲁格会面 321；在多格洲事件中的斡旋 378；与大不列颠就非洲安置谈判 296；论英法在

埃及的分歧 288；承认意大利对的黎波里的要求 341；拒绝为1880年条约开会 356；赴菲斯使团 348；与库尔曼论《英法条约》及《法西条约》351；与拉道林亲王论《英法条约》349；与丹吉尔，错误地考虑了英国人的态度 357；与《英法条约》 344；与法绍达事件 290；与秘密条约 354

Delyannis 德律阿尼斯（希腊首相） 121, 122, 246, 249

Depretis 德普雷蒂斯（意大利首相） 58, 59, 66, 150

Derby, Lord 德比爵士（第十五世伯爵），英国殖民大臣 102, 105；俾斯麦对他的怒火 104；与德国吞并新几内亚 107

Derby, Lord 德比爵士（第十七世伯爵），征兵运动 598

de Selves, M. 德瑟尔福先生（法国外交部长） 470；论"黑豹"号事件 471；与法德关于摩洛哥问题的谈判 475

Devonshire, Duke of 德文郡公爵 298, 324, 328

Dilke, Sir Charles 查尔斯·迪尔克阁下（《双周评》上关于比利时的文章） 135

Dobrudja 多布罗加 8；1880年确定边界线 9；1878年罗马尼亚占领该地 9

Dondukoff, Prince 东杜科夫亲王（任保加利亚特派员） 3

Dongola 东古拉（被不列颠占领） 280；对该地的远征计划 278；提议向该地进军 279；从该地南部开始的铁路 283

Dreikaiserbund 三皇联盟 57, 66, 71, 115, 119, 126, 138, 140, 156, 159；俾斯麦想要重建三皇联盟 50；得弗兰茨·约瑟夫同意重建 52

Drummond Wolff Convention 《德拉蒙德·沃尔夫协定》 264

Dufferin, Lord 达弗林爵士（英国驻俄国大使） 31, 81, 269, 272, 274；英国人占领埃及 86；被彼得堡接受为英国大使 24；派赴彼得堡任大使 23

E

ECKARDSTEIN, BARON VON 艾卡德施坦男爵（德国驻英国使馆秘书） 212, 213, 215, 221, 329；安排哈茨费尔德与钱伯兰会面 209；爱德华国王向之抱怨德皇的行为 327；论赫尔施泰因的危险影响 198；提议英-德-日协定 327；1899年德皇访问英格兰 309；警告不列颠反对儒勒·汉森 317；与德国对法俄就她们欧洲财产的质问 318；与"联邦参议院"号事件 314

Edward VII 爱德华七世（英国国王），在克龙贝格 429；在伊施尔 439；在基尔 350, 428；在日瓦尔 407；与伊兹沃利斯基就《英法条约》谈话 374；谴责赫尔施泰因 198；在巴黎的演说 338；1909年在柏林 445；来自德皇的谴责英国大臣们的信 327；论日瓦尔访问 408；答复沙皇关于南非战争的信 321；当威尔士亲王时在布鲁塞尔被枪击 315；1908年演说

437; 访问巴黎 329, 338; 对奥地利的波斯尼亚行动表示遗憾 415; 与克列孟梭在马林巴德 442; 与艾卡德施坦 330; 与访问伦敦的吕贝总统 339; 与阿尔赫西拉斯会议 365; 与卡萨布兰卡危机 460

Egypt 埃及 341; 商业自由 342; 控制权移交大不列颠 81; 法英建立的双重控制 74; 与财政困难 92; 与英法协约 340; 与德威士起义 279

Enver Bey 恩弗尔贝 509, 600, 653

Erzberger 艾尔茨贝尔格（德国政治家和政论家） 576, 631, 632, 658, 689

F

FALKENHAYN 法尔肯海恩（德国国防部长） 547, 562, 577, 597, 598, 615

Fallières 法利埃（法国总统），与吞并波斯尼亚 414

Fshoda 法绍达（英法关于法绍达的讨论） 291 及以下; 法国撤出 293; 撤军影响到法国人对不列颠的感受 337; 马尔尚抵达该地 287

Faure 福雷（法国总统），接受圣安德鲁勋章 184; 访问俄国 186

Ferdinand of Bulgaria 保加利亚的斐迪南 502, 509; 退位 652; 想与俄国和好 255; 对同盟国的同情 584; 与帕尔玛的露易丝公主结婚 255; 被各国承认 256; 俄国要求他撤退 154; 来自他的伪造书信 141; 访问布达佩斯 413

Ferdinand, King of Roumania 费迪南（罗马尼亚国王） 603

Ferdinand of Coburg 科堡的斐迪南（被选为保加利亚亲王） 150

Ferry, Jules 儒勒·费瑞（法国总理） 13, 62, 93, 136; 想得到俾斯麦的好意 159; 殖民运动 112; 不想与俄国结盟 159; 与布朗热将军 134

Fez 菲斯 355, 361; 关于法国人援助菲斯的争议 467; 法国人帮忙解救菲斯 466; 法国人为菲斯的改革 351; 法国军官在菲斯被屠杀 483; 赴菲斯使团 348; 由赴菲斯使团引起的忧虑 353; 菲斯起义 465

Fisher, Lord 费舍爵士 407, 571, 589; 任命为第一海军大臣 428; 预言英德战争 428

Flourens 弗卢朗（法国外交部长），想与俄国结盟 163; 对布朗热危机的担忧 162; 对俄国的好意 161; 接待保加利亚代表 161

Foch, Marshal 福赫元帅（大战中法国统帅） 657; 担任总参谋长 624; 与兰斯攻势 650

France 法国（接受对第 25 条的废除） 422; 接受关于摩洛哥的会议 360; 接受英国的斡旋提议 537; 对下尼罗河的野心 284; 吞并马达加斯加 282; 呼吁不列颠干涉 548; 与大不列颠的边界谈判 269; 会议计划 361; 在埃及争执中想要德国支持 95; 提议中的奥德联盟对法国的影响 342; 撤出法绍达 293; 法俄联盟的条款 183; 与意大利的摩擦 487; 放弃埃及 83;

非洲殖民地及与大不列颠的摩擦 74; 对布尔人的同情 318; 对大不列颠在埃及的敌视 283; 在摩洛哥 458; 介入中日战争的安置 222; 对俄国贷款 165; 纽芬兰渔业 296; 放弃纽芬兰捕鱼特权 343; 分裂马其顿 401; 军国主义 515; 巴黎和会 661 及以下; 提议吞并新赫布里底群岛 265; 提议介入南非战争 318; 1894 年针对《英国－刚果条约》抗议 271; 针对不列颠与刚果自由政府之协定的抗议 209; 实行封锁 269; 承认罗马尼亚是一个王国 11; 认为大不列颠是盟友 499; 拒绝德国关于割让刚果领土的提议 480; 否定第二份《德拉蒙德·沃尔夫协定》 98; 对德国军事态度的回应 514; 与大不列颠在太平洋竞争 264; 对瓜分非洲满意 209; 解决西非问题 286; 苏丹国战役 280; 马尔尚使命 281; 恩戈科－桑加公司 464; 与西班牙签条约 351; 对英德谈判感到不安 528; 西非特许权 343; 对阿卜杜勒·阿齐兹提议 356; 与埃及的双重控制 74; 与德国就摩洛哥安置讨论 463; 与德国修订过的要求 479 (见"大战"); 与自己的地中海舰队 498; 与干涉 319; 与关于摩洛哥的会议 358; 与俄国签海军协定 502; 关于上尼罗河的谈判 274; 在苏丹的英－埃政府 295; 与《英葡协定》 112; 与巴格达铁路 435; 与巴尔干战争 505; 由阿尔赫西拉斯会议获得的特许权 367; 与刚果协议 482; 在刚果与德国的合作 464; 与克里特安置 250; 与东古拉计划 278; 与法绍达事件 289 及以下; 与摩洛哥协定 461; 与苏伊士运河的中立化 93; 与海峡的开放 489; 拒绝加入《比约雪岛协定》 388; 与解救菲斯 466; 与《俄德条约》 382; 与日俄战争 374; 与暹罗危机 268; 与奥地利违反《柏林条约》 415; 与三国协约 396

Francis Joseph 弗兰茨·约瑟夫（奥匈帝国皇帝） 57, 145, 506, 565; 同意重建三皇联盟 52; 保加利亚政策 119; 为萨拉热窝谋杀致德皇书信 533; 批准奥俄密谋 258; 在布尔战争中同情不列颠 309; 对塞尔维亚的最后通牒 536; 与吞并波黑 410; 与保加利亚的斐迪南 413; 向沙皇呼吁维系和平 508

French, Sir John 约翰·弗兰治阁下（大战中英国远征军指挥） 407; 指挥远征军 561

Freycinet 弗雷西内（法国总理） 60, 62, 95; 倡议与俄国结盟 166; 1890 年组建内阁 166; 提议舰队访问喀琅施塔特 168; 维护布朗热 136; 想与俄国签军事协定 176; 下台 83; 埃及政策 79; 为俄国造来福枪 166; 反对与俄国交往 158; 接替甘必大 78; 与布朗热 133; 与法国人对埃及的放弃 83

G

GAMBETTA 甘必大（法国总理） 63,

160, 229; 埃及政策 77; 失势 78; 给大不列颠的照会 76; 反对与俄国交往 158

George I of Greece 乔治一世（希腊国王） 246, 247

George, Prince of Greece 乔治（希腊的王子） 246; 成为克里特总督 253; 被提议担任克里特总督 251; 辞去克里特职位 254

George V of England 英国的乔治五世，1913年在柏林 526; 在巴黎 529, 659; 与德皇对伦敦的访问 457

George, Lloyd 劳埃德·乔治（英国首相） 565, 574, 582, 607, 690; 吁请美国军队 648; 在巴黎和会上 662; 成为首相 609; 从德国要赔偿 682; 在莱茵河边界争端上折中 680; 解散国会 660; 德国对和平条约的答复 688; 论不列颠政策的曼逊宫演说 477; 关于持久和平的备忘录条款 679; 论布里特使命 671; 论和平条件 692; 关于合作的巴黎演说 641; 答复德国的和平提案 609; 对贸易联合会的演说中谈论不列颠战争目标 642 及以下; 与诺斯克利夫爵士 683; 与希克斯特亲王 628; 与阜姆争议 685; 与德国代表 688; 与斯德哥尔摩劳工大会 623; 与波兰的要求 687; 与俄国难题 670; 与萨尔煤田 681

Germany 德国（要求萨摩亚）110; 与大不列颠关于赫尔戈兰岛和桑给巴尔的协议 201; 帮助俄国 379; 疏远日本 223; 吞并新几内亚 107; 对摩洛哥安置的态度 340; 抗议加拿大的优先选择 335; 放弃在萨摩亚的权利 306; 钱伯兰对德国军队的攻击 330; 对运河的集体保护 83; 与大不列颠的殖民地合作 525; 与大不列颠的商业竞争 227; 会议计划 361; 与俄国合作 383; 要求就摩洛哥开会 355; 关于阿加迪尔的急件 470; 各国不团结 254;"联邦参议院"号事件的影响 315; 鼓励奥地利采取行动 534; 与英国因德兰士瓦而不和 215; 殖民政策 203; 第一块殖民地 103; 对非洲的兴趣 100; 海军计划 313; 对摩洛哥安置的敌意 483; 扩充陆军 510; 针对大不列颠的愤慨 484; 介入中日战争的安置 222; 利芒·冯·桑德尔斯任职土耳其军队 517; 劳埃德·乔治的演说造成的感想 477; 对劳埃德·乔治在贸易联合会之演说的看法 645; 人民的尚武精神 512; 修订要求 478; 1900年的《海军法》 427; 占领胶州 224; 反对克里特和亚美尼亚的改革 261; 人民的亲布尔人同情心 312; 提议瓜分摩洛哥 329; 抗议不列颠与刚果自由政府的协议 209; 在小亚细亚的铁路 262; 承认不列颠对上尼罗河的要求 280; 承认罗马尼亚是个王国 11; 拒绝集体斡旋 319; 拒绝法国关于刚果领土割让的提议 480; 答复爱德华·格雷阁下 478; 就摩洛哥答复法国 358;《第二海军法案》 316; 被俄国夺了船只 375; 支持奥地利的波斯尼亚政策 423; 支持德

兰士瓦 216;《海军法案》 511;"联邦参议院"号事件 314; 卡萨布兰卡危机 459; 喀琅施塔特访问 172; 对建造"无畏舰"的警惕 428; 中国东北争议 326; 摩洛哥协定 461; 海军联合会成立 231; 海峡开放 489; 新闻界的好战态度 522; 日瓦尔访问 409; 夺取旅顺港 226;《扬子江协定》324; 对俄国的最后通牒 547; 在海牙会议上否决压缩军备 307; 警告俄国 508; 与《英法条约》 349; 与《奥罗条约》 71; 与克里特自治 249; 与比利时中立 134; 与英国人在巴格达铁路上的合作 334; 与殖民 99; 1910 年与大不列颠的海军谈判 454 及以下; 与法国就摩洛哥安置讨论 463; 与俄国就安置提议的施压 421; 与阿尔赫西拉斯会议 365; 与《英法条约》及《法西条约》 351; 关于巴格达铁路的英德安置 526; 与奥德海军讨论 530; 与亚美尼亚难题 212; 与遏制军备 431; 与巴格达铁路 435; 与巴尔干战争 505; 与封锁希腊 122; 对波斯尼亚问题的安置提议 420; 与英国舰队 427; 与法国在刚果的合作 464; 与克里特安置 251; 与东方问题 213; 与萨摩亚安置 305; 与 1899 年《温莎条约》 303; 与三国协约 396; 与委内瑞拉问题 333（见"大战"）

Giers 戈尔（俄国外交部长） 39, 56, 57; 被任命为外交部长 55; 察知保加利亚人的伪造 141; 关于军事协定的讨论 178; 解释俄国对保加利亚政策

200; 德国拒绝续订《俄德条约》 199; 想与保加利亚和好 116; 生病 179; 论俄国人对法国的感情 170; 抗议沙皇对巴统的行动 123; 与在土耳其的外交合作 177; 与东鲁米利亚 120; 与卡特科夫的新闻战 137; 与奥俄的紧张关系 152; 与布朗热危机 162; 与保加利亚统一 118; 与军事协定 180; 与 1887 年的《再保险条约》 138

Gladstone 格莱斯顿（英国首相） 15, 16, 22, 30, 105, 107, 122, 134; 谴责阿卜杜勒·哈米德 242; 谴责土耳其 237; 罗思贝里爵士对他利物浦演说的答复 243; 论希腊败北 250; 论占领埃及 270; 论希腊的小册子 248; 支持黑山对杜尔奇尼奥的要求 16; 与埃及 92; 与土耳其-希腊问题 13; 与乌干达 271

Goltz, General von der 冯德尔·高尔茨将军 72, 261, 517

Goluchowski 戈武霍夫斯基（奥地利外交部长） 240, 246; 关于 1897 年奥俄协定的急件 258; 马其顿的改革方案 398; 与德皇 368

Gordon, General 戈登将军（担任苏丹总督） 94; 死亡 94

Gortchakoff 戈尔恰科夫（俄国首相） 25, 26, 33, 34, 55, 156

Goschen, Sir Edward 爱德华·戈申阁下（英国驻土耳其大使） 13, 14, 451, 541, 542, 554

Granville, Lord 格兰维尔爵士（英国外交大臣） 29, 48, 63; 俾斯麦想要赫尔

戈兰岛 104; 安哥拉佩克纳的德国侨民区 101 及以下; 德国吞并新几内亚 107; 埃及政策 79; 意大利拒绝在埃及合作 84; 提议割让赫尔戈兰岛 105; 与比利时的中立 134; 与不列颠在埃及的职责 87; 与土耳其－希腊安置 14; 与德国吞并喀麦隆 106; 与苏丹国 89

Great Britain 大不列颠（接受关于摩洛哥的会议）361; 结盟日本获得的好处 332; 与德国关于赫尔戈兰岛和桑给巴尔的协议 201; 吞并阿玛同格兰 217; 任命不列颠军官担任土耳其小亚细亚的特别领事 20; 埃及的军队改革 94; 为解决土耳其－希腊问题的努力 12; 对1878年条约的态度 2; 让希腊自治 247; 与法国的边界谈判 269; 取消《英国－刚果条约》273; 集体保护苏伊士运河 83; 与德国的殖民地合作 525; 1887年与意大利的约定 148; 抱怨德国在德兰士瓦的影响 216; 想废除双重控制 85; 对瓜分非洲不满意 209; 各国不团结 254; 法绍达撤军 293; 法俄对苏丹战役的阻碍 280; 法国人在尼罗河谷的敌意 283; 德国对大不列颠的苦涩之情 484; 政府对《增补海军法案》的答复 496; 和平计划 663; 支持日本 223; 对意大利的敌对感情 487; 对克鲁格电报的愤慨 220; 对"黑豹"号事件的愤慨 272; 在埃及和摩洛哥的打算 342; 介入克里特难题 245; 与奥地利、意大利的地中海协定 151;

与法国就非洲安置谈判 296; 分割新几内亚 108; 占领东古拉 280; 参与对俄国贷款 390; 与西藏的政治关系 372; 抗议沙皇对巴统的行动 123; 承认罗马尼亚是个王国 11; 与法国在太平洋竞争 264; 与俄国在西藏竞争 371; 防止暴行重现的方案 235; 关于葡萄牙殖民地的秘密条约 302; 被俄国夺取船只 375; 西非问题的解决 286; 与南非战争 308; 在阿尔赫西拉斯会议上支持法国 367; 怀疑俄国在远东的目标 369; 对三国同盟的同情 171; 关于巴格达的英德协议 526; 中国东北争议 326; 海军预算 446; 巴黎和会 661 及以下; 对土耳其苏丹就埃及的行政管理向大不列颠提议 81; 镇压义和团运动 323;《扬子江协定》324; 与法国在西非的边界安置 343; 与阿富汗 394; 与巴格达铁路特许权 334; 与埃及麻烦 74; 与法国要求干涉的呼吁 548; 与甘必大的照会 77; 因德兰士瓦与德国疏远 215; 1901年与德国的海军谈判 454 及以下; 与日本 397; 与分裂马其顿 401; 与兰斯当爵士的马其顿改革方案 402; 与纽芬兰 342; 与俄国要求就波斯尼亚开会 415; 与俄国的海军讨论 530; 与奥地利的宣战书 541; 与亚美尼亚难题 212; 与巴尔干战争 505; 与封锁希腊 122; 与伦敦的大使会议 508; 与刚果协议 482; 与埃及问题 89; 与法绍达事件 289 及以下; 与法国人在马达加斯加 282; 与德皇的丹吉尔演

说 353；与苏伊士运河的中立 93；与海峡开放 489；与波斯湾 371；与日俄战争 374；与萨摩亚安置 305；与三国协约 396；与封锁委内瑞拉 333（见"大战"）

Great War 大战，恩河之战 562；艾伦比在巴勒斯坦 653；美国参战 619；签停火协议 658；阿拉斯之战 624；奥地利从特伦蒂诺进击 599；奥地利对俄国宣战 554；奥地利的和平提案 626 及以下；贝特曼－豪尔维格的演说 553；轰炸贝尔格莱德 586；不列颠对奥地利宣战 554；不列颠远征军在法国 561；不列颠对教皇的答复 634；不列颠对德国的最后通牒 554；保加利亚对塞尔维亚宣战 585；保加利亚加入同盟国 581；保加利亚投降 652；康布雷 624；加拿大人夺取维米岭 624；战争爆发的深层原因 559；贵妇小径之战 624；罗马尼亚崩溃 606；克拉多克舰队在克罗内尔之战败绩 589；达达尼尔撤军 588；塞尔维亚溃败 587；华沙撤军 578；安特卫普沦陷 562；列日沦陷 561；那慕尔沦陷 561；第一场伊普斯之战 562；福赫在阿拉斯 563；福赫的反攻 651；狂袭杜奥蒙堡 596；法国对奥地利宣战 554；法国对比利时中立的保证 549；法国军事调动 550；法国在沙勒罗瓦溃败 561；德国的军队首脑想要和平 651；德国的东非战役 601；德国在凡尔登失利 598；德国的和平提案 609；德国闯向巴黎 561；德国在蒂耶里堡 649；德国与比利时的中立 549；德国限制潜艇战役 595；德国打退俄国人的进攻 599；德国侵犯比利时的中立 552；德国对比利时的最后通牒 550；大不列颠承诺对法国提供海军支持 550；希腊在塞保战争中宣布中立 587；入侵加利西亚 564；意大利对奥地利宣战 576；意大利对德国宣战 576；意大利在卡波雷托大败 566；日德兰之战 590；基尔的海军兵变 658；"基奇纳的军队"在法国 597；库特埃尔阿玛拉之降 600；伦贝格被夺 564；"露西塔尼亚"号被击沉 593；马恩河之战 561；美索不达米亚战役 625；封锁北海 591；巴雪戴尔 624；巴黎和会 661 及以下；签署《和平条约》 690；威尔逊总统请求和平讨论 612；普热梅西尔撤军 577；德国革命 658；罗马尼亚加入协约国 601；罗马尼亚签下和平条约 640；俄国与德国在战争中 549；俄国对土耳其宣战 369；俄国签下和平协议 640；俄国革命 620；俄国军队在埃尔祖鲁姆 599；俄国在加利西亚大败 577；俄国的最后努力及崩溃 623；瓜分方案 569；塞尔维亚入侵波斯尼亚 565；爱德华·格雷阁下与比利时中立问题 549；爱德华·格雷阁下定义英国态度的演说 551；赫尔戈兰岛海域的小冲突 589；苏瓦松被夺 649；索姆之战开始 649；福克兰群岛海域的斯特迪之战 589；苏夫拉湾 585；坦能堡之战 564；协约国的战争目标 612；协约国的和平条件 657；协约国与教皇的和平提议 635；协约国拒绝德国的和平提案 610；协约国对威尔逊总统的答复 613；奥地利的情况 555；不列颠的情况 558；布鲁西洛夫攻势 599；卡波雷托灾难 641；达达尼尔计划 571；废除《伦敦宣言》 596；法国的情况 557；意大利的情况 555；"戈本"号与"布雷斯劳"号 566；戈尔利采攻势 577；斯卡帕湾的大舰队 590；德皇的演说 552；美国的中立 591；皮亚韦河大捷 649；波兰难题 579；教皇的和平提议 633；从蒙斯撤退 561；兰斯攻势 650；俄国的情况 556；圣昆坦溃败 647；萨洛尼卡远征 586；施利芬计划 560；索姆攻势 598；潜艇战 592；运输远征军 589；《伦敦条约》 574；土耳其加入德国一方 567；土耳其投降 653；美国针对封锁北海抗议 596

Greece 希腊（接受克里特自治） 249；被各国封锁 122；宣告行动自由 121；要求补偿 121；与土耳其就边界安置争执 12；进入萨洛尼卡 504；希望不列颠在战争中帮助 248；介入克里特 246；各国为希腊斡旋 249；在塞保战争中宣布中立 587；拒绝撤出克里特 247；俄奥给希腊的照会 403；建议保加利亚结防守同盟 502

Grévy 格雷维（法国总统） 60，133，157，161

Grey, Sir Edward 爱德华·格雷阁下（成为英国外交大臣） 403；讨论防止战争的各国联合会 607；1895年的宣言 370；对波斯民族主义者的同情 491；就波斯湾致信阿瑟·尼克森阁下 393；军事讨论 364；论奥地利对塞尔维亚的最后通牒 536；论德国请求英国的中立 542；论德国的海军计划 447；论塞尔维亚对最后通牒的答复 537；论协约国的巴尔干外交 587；论英俄海军协定 531；论菲斯进军 468；论海军预算 445；论尼日尔河委员会 285；论"黑豹"号事件 473；论日瓦尔访问 407；论桑扎克铁路计划 406；斡旋提议 543；对柏林提议斡旋 537；答复对他的批评 484；塞尔维亚关于领土补偿的要求 417；7月27日的下议院演说 540；警告德国 541；与美国的中立 595；与奥地利违反《柏林条约》 415；与奥地利赔偿波斯尼亚之王家财产的丧失 419；与康朋提议各国斡旋 537；与大使会议 507；与里奇诺瓦斯基，新斡旋提案 545；与霍尔丹爵士关于其使命的报告 495；与俄国对德黑兰的要求 491；与俄国对土耳其的提议 488；与萨佐诺夫 518；与塞尔维亚 506；与西班牙之摩洛哥行动的危险性 468；与第25条的废除 422；与巴尔干半岛 506；与封锁北海 591；与布克斯顿使命 583；与法德的摩洛哥协议 462；与法德关于摩洛哥的谈判 475；就马其顿问题给各国派急件 407；与舒斯特危机 491

H

HAGUE Conference, The　海牙会议　306, 431；军备问题提上议程　432；设立国际战利品法庭　432

Haig, Sir Douglas　道格拉斯·海格阁下（大战中英国远征军指挥官）624, 648, 657；接替约翰·弗兰治阁下　597

Haldane, Lord　霍尔丹阁下　561；论自己的柏林使命　492 及以下；国防大臣　365；与贝特曼－豪尔维格讨论殖民地合作　525；与德皇就巴格达铁路方案谈话　436

Hamilton, Sir Ian　伊安·哈密尔顿阁下　572

Hamley, General　哈姆利将军（1878 年不列颠特派员）2

Hankey, Sir Maurice　莫里斯·汉克阁下　672

Hanotaux　阿诺托（法国外交部长）210, 274, 483；在西非的边界问题　286；否认马尔尚使命是军事任务　282；与德国保持友好关系　283；答复爱德华·格雷阁下的宣言　276；返回任上　281；马尔尚使命　294；尼日尔河委员会　285；与法国人在菲斯　285；与尼罗河谷问题　287

Hansen, Jules　儒勒·汉森　158, 317

Harcourt, Sir William　威廉·哈考特阁下　280

Hardinge, Sir Charles　查尔斯·哈丁格阁下（英国驻俄国大使）374, 384, 389, 407, 408, 429, 438

Hartington, Lord　哈丁顿爵士（与俾斯麦的合作愿望）192

Hartwig　哈特维奇（关于巴尔干联盟的讨论）501

Hatzfeldt　哈茨费尔德（德国驻英国大使）191, 193, 208, 213, 218；与钱伯兰的英德条约提议　299；与赫尔施泰因对索尔兹伯里的不信任　305；与英德结盟提议　310

Hayashi, Baron　早矢仕男爵（日本驻英国大使）327；与 1902 年的日本联盟　331

Haymerle　海梅尔勒（奥地利外交部长）43；成为外交部长　46；对俄国不信任　52；怀疑俄德协议　51；与意大利　64；与中立条约　65

Heligoland　赫尔戈兰岛（俾斯麦想要此岛）104；被大不列颠割让给德国　101；对德国海军发展的重要性　204；因其移交而令德国满意　203

Henderson, Mr.　韩德森先生（英国战时内阁的工党成员）623

Herbette　埃尔贝特（法国驻德国大使）95, 159

Hertling　赫尔特林（德国首相）647, 651

Heydebrand　黑德布兰德（攻击德国首相）484

Hicks-Beach, Sir Michael　迈克尔·希克斯－比奇阁下（与法绍达事件）293

Hilmi Pasha　希尔米帕沙　398；作为元老　407；在萨洛尼卡宣布 1876 年宪法　410

Hindenburg　兴登堡　564, 615, 632, 653；被任命为德军最高指挥官　598

Hohenlohe, Prince 霍亨罗厄亲王（德国驻法国大使、首相） 83, 205, 229, 508; 向俄国保证德国的好意 223; 在加施泰因 42; 对法国的好意 159; 会见德皇 44; 会见阿诺托 283; 论俾斯麦缺乏殖民兴趣 99; 论布朗热将军的地位 134; 接替卡普里维 211; 与《海军法案》 230

Holstein, Baron von 赫尔施泰因男爵 42, 197, 310; 反对英德协议 302; 不信任索尔兹伯里 305; 危险的影响力 198; 阻挠为了英德结盟的谈判 328; 支持奥地利的波斯尼亚政策 423; 提议德皇访问丹吉尔 351; 与《俄德条约》不续订 201

Hoover, Mr. 胡佛先生（联盟国救济处总干事） 668, 671

Hoskier 豪斯基尔（与对俄国的财政援助） 165, 175

Hötzendorff, Conrad von 康拉德·冯·赫岑道夫（奥地利总参谋长） 418, 500, 517, 564, 573

House, Colone 豪斯上校 514, 614, 616, 617, 618, 664, 665, 666, 674, 684

Hughes, Mr. 休斯先生 662, 683

Humbert I of Italy 洪堡一世（意大利国王） 47, 67, 145; 首次访问维也纳 65

Hymans 海曼斯（比利时在巴黎和会上的代表） 667

I

ISMAIL PASHA 伊斯梅尔帕沙（1863年的埃及总督） 73; 1879年被废黜 75

Italy 意大利 511; 接受废除第25条 422; 反奥地利示威 416; 宣战 486; 阿杜瓦溃败 279; 想与奥地利及德国合作 67; 与阿比西尼亚的困难 213; 与法国的摩擦 487; 意大利国王 424; 与大不列颠及奥地利的地中海协定 151; 中立条约 65; 占领马萨瓦 278; 与法国的协定 345; 巴黎和会 661 及以下; 为吞并的黎波里准备理由 486; 藉三国同盟获得的特权 148; 宣布中立 554; 与土耳其苏丹争吵 486; 承认她对的黎波里的要求 341; 拒绝与德国在发生战争时合作 222; 获得俄国对最终吞并的赞许 486; 夺取的黎波里 485; 防御苏伊士运河 83; 与德国及奥地利结成三国同盟 68; 与奥地利 146; 与《奥罗条约》 71; 与分裂马其顿 401; 与阿尔赫西拉斯会议 367; 与亚美尼亚问题 240; 与秘密条约 354; 涉及三国同盟的讨论 346（见"大战"）;

Ito, Prince 伊东亲王（与俄国） 331;

Izvolsky 伊兹沃利斯基（俄国外交部长） 505; 接受德国提议 421; 与奥地利的协议 411; 对奥地利的恨意 423; 与爱德华国王关于《英法条约》及《英日条约》的谈话 374; 属意三国协约 391; 在伦敦 415; 在巴黎 414; 论大使会议提议 507; 论俄国舰队 377; 就日瓦尔访问对毕娄再保证 408; 俄国大臣在哥本哈根 374; 对杜马发表关于波斯尼亚的演说 419; 接替兰布斯多夫 391; 与埃伦塔尔的布

赫劳会谈 412；与德国对解决波斯尼亚问题的提议 420；与布赫劳会谈 413；与波斯难题 391；与日瓦尔访问 408；与桑扎克争议 411

J

JAGOW 雅高（德国外交部长）517, 519, 522, 543, 554

Jameson 詹姆森（突袭）218

Japan 日本（镇压义和团起义）323；对德国宣战 566；1895年击败中国 222；对德国的敌意 223；战争爆发 342；和平谈判 383；与俄国和好 397；与俄国打仗 374；与中国在旅顺对俄国舰队的款待 225；与海牙会议 307；与国际联盟 674；与中国东北争议 325；与巴黎和会 666

Jellicoe, Admiral 杰利科（英国舰队司令）590

Joffrer 若佛尔（法国将军）597, 624（见"大战"）

Jomini, Baron H. 约米尼男爵 32

Jungbluth, General 荣布鲁特将军 499, 500

K

KALLAY, BARON 卡雷男爵（奥地利在波黑的执政者）7；任命为联合财政部长 19

Kalnoky, Count 卡尔诺基伯爵（奥地利外交部长）65, 66, 67, 119, 125, 147, 410；巴尔干政策 126；保加利亚政策的胜利 154；与意大利对于同盟国的要求 146；与俄国在近东的野心 145

Karaveloff 卡拉维洛夫 116, 117

Karl 卡尔（奥匈帝国皇帝）（希望单独媾和）630；致信庞加莱总统 627；寻求与俄国签秘密停火协议 630；协约国拒绝他的和平提议 631；与德皇在洪堡 627

Katkoff 卡特科夫（《莫斯科公报》主编）32, 120；与德鲁莱德 160；去世 140；他的新闻战 128 及以下；被戈尔警告 137

Kaufmann, General 考夫曼将军（任突厥斯坦总督）24

Kaulbars, General Nicholas 尼古拉·考尔巴斯将军（作为沙皇在索非亚的代表）126

Kerensky 克伦斯基（成为俄国司法部长）621；成为总理 638；掌权 622；被布尔什维克推翻 638；与俄国的最后努力 623；与斯德哥尔摩的劳工大会 623

Khalifa 哈里发（苏丹的）284；死亡 295；被击败 288

Khartum 喀土穆 89, 281；陷落 94

Khelat, Khan of 卡拉特可汗（1876年与大不列颠间的条约）24

Kiderlen-Wächter 基德兰-瓦希特（德国外交部长）517；任外交部长 451；与康朋就刚果的补偿谈话 475；要求通往刚果的通道 480；摩洛哥政策 470；在曼逊宫演说之后修改他的要求 479；达成摩洛哥协议 481；论法国人在菲斯的干涉 467；"黑豹"号

事件 471；论战争的可能性 480；恢复刚果讨论 482；解决卡萨布兰卡危机 460；与康朋在基辛根 469；与儒勒·康朋就摩洛哥谈话 474；与摩洛哥 466；与巴尔干诸国 504；与巴尔干战争 505

Kiel Canal 基尔运河 184, 201；启用 210

Kimberley Lord 金伯利爵士（英国外交大臣） 234；与法国大使就爱德华·格雷阁下的宣言谈话 275；关于亚美尼亚的改革方案 236；与法国人对《英国－刚果条约》的批评 272

Kitchener, Lord 基奇纳爵士 563 571 588；在法绍达 289；在马耳他 496；在阿特巴拉击败哈里发 287；进入喀土穆 288；论波斯的防御 395；论上尼罗河 283；在南非接替罗伯茨爵士 322；与罗德斯 304

Komaroff, General 科马罗夫将军（占领潘杰） 30, 31

Kramarz, Dr. 克拉玛尔茨博士（巴黎和会上代表捷克斯洛伐克共和国） 667

Kruger 克鲁格（德兰士瓦总统），称赞德兰士瓦的德国侨民 216；1900年在欧洲 321；在巴黎 338；就粉碎詹姆森突袭答复德皇电报 218；德皇拒绝见他 321；被德国敦促避免挑拨 217；1884年访问柏林 215；与斯威士兰 216

Kühlmann 库尔曼（德国驻英国使馆成员，后任外交部长），在布列斯特立陶夫斯克 639；论阿尔萨斯－洛林 637；论冯·桑德尔斯将军的任命 518；国会演说 650；与德尔卡塞论《英法条约》及《法西条约》 351；与对德皇丹吉尔演说的报告 353

L

LAMSDORFF 兰布斯多夫（俄国外交部长） 339；法国拒绝加入《比约雪岛协定》 388；在马其顿的改革方案 398；访问索非亚与贝尔格莱德 399；不赞同《比约雪岛协定》 387；与1905年条约 384

Lancken, Baron 兰肯男爵（德国驻法国大使） 459, 636

Lansdowne, Lord 兰斯当爵士（英国外交大臣） 336；接受改革方案 399；不列颠关于波斯湾的政策 370；与德皇关于合作的谈话 325；解释不列颠对摩洛哥的意见 357；德皇想要在南非的补偿 327；马其顿计划 389；改革方案 400；《每日邮报》上的信 642；对与法国的交易感到满意 344；中国东北争议 326；与奥俄的改革计划 401；拒绝俄奥的马其顿财政改革方案 402；1904年与保罗·康朋签秘密条约 353；答复俄国人关于西藏的抗议 372；与委内瑞拉 333；与早矢仕男爵谈判 331；与《英法条约》 349；与英俄协定 395；与赴伦敦的摩尔人使团 341；与柏林对结盟的阻碍 328；与日俄战争 374；与1905年条约 384；与《温莎条约》 303

Lansing, Mr. 兰森先生（美国国务卿）

594, 614, 694; 论克列孟梭 664; 论日本 686; 论劳埃德·乔治 662; 论威尔逊总统 665

Lascelles, Sir Frank 弗兰克·拉塞尔斯阁下（英国驻德国大使） 218, 220, 320, 336, 429

Law, Bonar 博纳·劳先生 660; 在巴黎和会 662

Layard, Sir Henry 亨利·莱亚德阁下（英国驻土耳其大使） 13, 19, 21

League of Nations 国际联盟 612, 654, 661, 673, 680, 687, 690, 692, 695, 696

Lenin 列宁（人民委员会主席） 638

Leopold II of Belgium 利奥波德二世（比利时国王） 110, 112, 209; 成为刚果国君主 113; 与塞西尔·罗德斯 304

Lettow-Vorbeck 莱托-福尔贝克 601

Lichnowsky 里奇诺瓦斯基（德国驻英国大使） 535, 538; 论英德殖民合作 525; 论爱德华·格雷阁下的新斡旋提议 545

Liotard, Colonel 利奥塔尔上校（被任命为上乌班吉河的特派员） 273; 马尔尚使命 281

Lobanoff, Prince 罗巴诺夫亲王（俄国外交部长） 223, 255; 倡议不干涉土耳其事务 240; 想要在土耳其挫败不列颠的政策 256; 否决各国对土耳其的高压 238; 与改革方案 236

Loftus, Lord Augustus 奥古斯特·洛夫特斯爵士（英国驻俄国大使），来自索尔兹伯里的信 2

Loubet 吕贝（法国总统） 318; 与德尔卡塞 356; 在伦敦 339; 访问罗马 347

Louis, Prince of Battenberg 巴腾堡的路易斯亲王（英国第一海军大臣） 530, 589

Lowther, Sir Gerard 吉拉德·劳瑟阁下 488

Ludendorff 鲁登道夫 564, 609, 616, 632, 640, 653; 建议和平提议 651; 兰斯攻势 650; 第二次攻势 648; 第三次攻势 649; 论德国的军事计划 510; 辞职 657

Luderitz 卢德历茨（在西南非洲的定居点） 101; 计划获取蓬多兰 106

Ludwig, King of Bavaria 路德维希（巴伐利亚国王），与俾斯麦的往来书信 41

Lugard, Colonel 卢加德上校 270

Lumsden, Sir Peter 彼得·卢慕斯登阁下 29, 30

Lusitania "露西塔尼亚"号（沉没） 593

Lvoff, Prince 洛夫亲王（在俄国组建一个联合内阁） 621

Lyons, Lord 利昂爵士 77, 90, 133

Lytton, Lord 利顿爵士 27; 接替诺斯布鲁克爵士任印度总督 24

M

MACEDONIA 马其顿 248, 501, 502; 任命总督 407; 分裂 401; 财政改革方案 402; 希尔米帕沙成为元老 407; 叛乱 399; 财政委员会 403; 与

青年土耳其党人　409

Mackensen　马肯森　577, 586, 623

Makino　卷野（巴黎和会上的日本代表）　666

Malet, Sir Edward　爱德华·马利特阁下（英国驻德国大使）　77, 80, 217

Mangin, General　曼金将军（与摩洛哥军队）　465

Manteuffel, Field-Marshal　曼陶费勒（德国陆军元帅）　39

Mantoux, Professor　曼托教授　672

Marchand　马尔尚（抵达法绍达）　287；在上乌班吉河的远征　281；在上尼罗河　283；从法绍达撤军　293；与基奇纳在法绍达　289

Masaryk, Professor　马萨里克教授　614

Maude, General　莫德将军　625

Max, Prince of Baden　巴登的马克斯亲王　653

McKenna, Mr.　麦克肯纳先生　466, 447

Mecklenburg, Grand Duke of　梅克伦堡大公　212

Menelek II　孟尼利克二世（阿比西尼亚国王），否认意大利的要求　278；对意大利主动提议和平　279；与罗德使命　284

Mensdorff, Count　门斯道夫伯爵（奥地利驻英国大使）　415, 539, 642

Michaelis　米夏里斯（成为德国首相）　632

Mijatovich　米亚托维奇（塞尔维亚外交部长）　69, 120

Milan　米兰（塞尔维亚国王）　119, 120

Milner, Lord　米尔纳爵士　620, 648

Milovanovich　米罗瓦诺维奇（塞尔维亚外交部长）　412, 417

Milutin, General　米卢廷将军　32, 34, 39, 41

Mingrelia, Prince　明戈瑞利亚亲王　126

Miribel, General　密拉贝将军　166

Mohrenheim　莫亨海姆　161, 162, 163, 169, 184

Moltke, the elder　老毛奇　44, 57, 130, 205, 262

Moltke, the younger　小毛奇　513, 547

Monro, Sir Charle　查尔斯·门罗阁下　588

Monson, Sir Edmund　埃德蒙·芒森阁下（英国驻法国大使），与德尔卡塞就英法在埃及的分歧谈话　288；论尼日尔委员会　285；与法绍达事件　290

Monteil, Colonel　蒙泰伊上校（从尼罗河转向象牙海岸的使命）　273

Montenegro　黑山　15, 50, 503, 508；宣战　504；黑山亲王　191；与希腊的口头谅解　502；与吞并波斯尼亚　417

Monts, Count　芒茨伯爵　205, 347

Morier, Sir Robert　罗伯特·莫瑞尔阁下　130

Morley, Lord　莫利爵士　550

Morocco　摩洛哥　328, 331；商业自由　342；法德达成关于摩洛哥的协议　481；法德关于摩洛哥的协议　461；法国在摩洛哥的行动　346；法国在摩洛哥的利益　350；提议关于摩洛哥的会议　358；罗斯福的斡旋　360；与法国　348；与德国　340

Mulai Hafid 穆赖·哈菲德（摩洛哥统治者），逊位并传位给兄弟 482；接受法国为保护人 483；1908 年在菲斯自称苏丹 458；法国与他的债务 465；与法国解救菲斯 466

Mulai Yusuf 穆赖·玉素弗（接替穆赖·哈菲德） 483

Muley Ismail 伊斯梅尔亲王（摩洛哥统治者） 340

Münster, Graf von 明斯特伯爵（德国驻英国大使） 48, 49, 103, 105, 107

Muravieff 穆拉维夫（俄国外交部长） 225, 226, 307；在波茨坦 318；批评《奥俄协定》 260；在巴黎讨论介入布尔战争 317

Mürzsteg programme, terms of 米尔茨施泰格计划的条款 400 及以下

N

NANSEN, DR. 南森博士 671

Nekludoff 奈克鲁道夫（俄国驻索非亚公使） 501

Nelidoff 奈利多夫（俄国驻土耳其大使） 98, 257, 432

New Hebrides 新赫布里底群岛 264, 343, 344

Newton, Lord 纽顿爵士（英国驻法国使馆成员），论布朗热将军 133

Nicholas II 尼古拉二世（俄国沙皇），逊位并传位给弟弟 621；赞成和平谈判 383；不信任英国人的土耳其政策 243；法国与《俄德条约》 382；在巴尔干的进取政策 522；对塞尔维亚的友谊 520；敌视不列颠 375；德皇致尼古拉二世的信 217；就南非战争致信爱德华国王 320；论俄国的中立 163；论多格洲事件 378；论基尔运河的启用 210；论日瓦尔访问 408；总动员命令 546；批准《奥俄协定》 258；披露《比约雪岛协定》 387；答复德皇关于被提议之英德协议的信 301；对弗兰茨·约瑟夫皇帝的恨意 424；俄德的远东协约 223；对英法亲善感到满意 239；彼得格勒革命 620；访问罗马尼亚 523；与法国分遣舰队在喀琅施塔特 172；与德国对俄国的援助 379；与爱德华国王在日瓦尔 407；与拉斯普京 619；与威廉二世在彼得堡 191；与亚美尼亚问题 238；与巴尔干联盟 501；与黑海舰队 376；与博斯普鲁斯图谋 253；与海牙会议 306；与德皇在比约雪岛会面 385；与德皇，关于被提议的俄德合作 380；与 1905 年条约 384；与沙皇皇后访问法国 185

Nicholas, Grand Duke 尼古拉大公 157, 166, 387, 515, 621；作为俄军统帅 563；对波兰人的公告 579；因拉斯普京而劝诫沙皇 619；与华沙撤军 578

Nicolas I of Montenegro 尼古拉一世（黑山国王） 508

Nicolson, Sir Arthur 阿瑟·尼克森阁下（英国在丹吉尔的代表） 328, 422；来自爱德华·格雷阁下论波斯湾的信 393；论"黑豹"号事件 272；签署《英俄协定》 392；与俄国 389；与阿

尔赫西拉斯会议　367

Niger　尼日尔河　209, 284, 286

Nippold, Otfried　奥特弗里德·尼鲍尔德　512

Noel, Admiral　诺埃尔（英国舰队司令）252

Northbrook, Lord　诺斯布鲁克爵士（关于埃及问题的报告）91

Northcliffe, Lord　诺斯克利夫爵士　683; 宣传工作　647

O

OBROUTCHEFF　奥布罗特切夫（签署1892年军事协定）180

Omdurman, the battle of　乌姆杜尔曼之战　287

Orlando　奥兰多（意大利首相），在巴黎和会　666; 与阜姆争议　684

Ottoman Empire　奥斯曼帝国　501

P

PACT OF HALEPA　《哈勒帕协定》14; 被披露　245; 复苏　245

Paderewski　帕德列夫斯基（巴黎和会上的波兰代表）667

Page, Mr.　佩吉先生（美国驻英国大使）592, 595

Pasitch　帕斯齐（巴黎和会上的塞尔维亚代表）667; 俄国对塞尔维亚的同情417

Pawncefote, Sir Julian　朱利安·庞斯富特阁下（英国驻美国大使）93, 308

Peace Conference at Paris　巴黎和会661; 南森博士与俄国　671; 批评对德条约　693; 德国对《和平条约》的答复　688; 德国签署《和平条约》690; 日本与山东　686;《纳伊条约》695;《圣日耳曼条约》[1]　694; 布里特使命　671; 四人委员会　672; 十人委员会　669;《公约》674;《公约》与委任统治　677;《公约》的义务　676;《公约》的成员　675; 参加和会的代表　661 及以下; 德国解除武装　691; 阜姆争议　684; 德国代表抵达　688; 国际联盟　673;《和平条约》的条款总结　690; 波兰人的要求　687; 普林基泊计划　670; 赔款争议　683; 莱茵河边界争端　678; 俄国难题　669; 萨尔煤田争端　681; 修订《和平条约》689

Penjdeh　潘杰（被判给俄国）31; 阿富汗对之提出要求而俄国对此起争端29; 被俄国占领　30

Pershing, General　潘兴将军（大战中美军统帅）651, 658

Persia　波斯　371; 英俄在波斯的合作490; 与欧洲　369; 与俄国的势力范围390

Persian Gulf　波斯湾　263; 海上示威371; 与东印度公司　370; 与英俄争议393

Pétain　贝当　597, 624, 658

---

[1] 正文称《圣日耳曼和约》(Peace of St. Germain)。

Peter I　彼得一世（塞尔维亚国王）　417

Peters, Karl　卡尔·佩特斯　109, 228

Phillimor, Lord　菲利摩尔爵士　673

Photiades, Pasha　佛蒂阿德斯帕沙（被任命为克里特总督）　15

Pichon　皮雄（法国外交部长），接受德国关于摩洛哥安置的邀请　463；鼓励法德经济协约　459；摩洛哥政策　462；法德摩洛哥协定　462；与卡萨布兰卡危机　460；与《刚果条约》　483；与丹吉尔－菲斯铁路　464

Pobiedonostseff　波别多诺斯采夫　141, 258

Poincaré　庞加莱（法国财政部长、总理、总统），任财政部长，与对俄国贷款　389；被选为总统　515；论塞保协定　502；卡尔皇帝的和平提案　627；力主开大使会议　507；与保加利亚　503；与希克斯特亲王　626, 630；与巴尔干战争　505；与三年兵役法　514

Pokrovsky　波克罗夫斯基　621

Poland　波兰（被征服）　578；未来地位的难题　578

Pope（Benedict XV）教皇本笃十五（的和平提议）　633 及以下

Port Arthur　旅顺港（英国的炮舰）　226；俄国人想要旅顺作为西伯利亚铁路终点　223；沦陷　383；被占　226；被日本放弃　222；俄国舰队在此越冬　225

Portal, Sir Gerald　吉拉德·波特阁下　271

Portual　葡萄牙　215；对刚果的要求　111；1898 年关于她的殖民地的秘密条约　302

Pourtalès　普塔莱（德国驻俄国大使）　543

Prinetti　普里内蒂（意大利外交部长）　346, 347

Protopopoff　普路托波波夫　620

R

RADOLIN, PRINCE　拉道林亲王（德国驻法国大使），法德摩洛哥协定　462；与德尔卡塞就《英法条约》谈话　349；与鲁维埃关于摩洛哥的初步协议　361；与《法西条约》　351

Rasputin　拉斯普京（俄国恶僧），被处死　619；对沙皇和皇后的影响　619

Rawlinson, Sir Henry　亨利·罗林森阁下　25

Reid, Whitelaw　怀特劳·莱德　384

Repington, Colonel　雷平顿上校　363；论特维德茅斯信件　437

Reuss, Prince　罗宇斯亲王（德国驻奥地利大使）　45；来自他的伪造信件　141

Reventlow　雷文特洛　219, 221；论贝特曼的海军政策　450；论基德兰修订过的要求　479；论阿尔赫西拉斯会议　368；与《英法条约》　350

Rhallis　拉里斯（希腊首相），接替德律阿尼斯　249

Rhodes　罗德斯（在柏林）　303；讨论英德与摩洛哥的条约　328；在南非的活动　216；"洋人"对他的恨意　308；与好望角至开罗的铁路　303；与德属东

非 304; 与葡萄牙殖民地 302

Ribot 里博（法国外交部长）184, 266; 关于军事协定的讨论 178; 法国对拖延的不耐烦 179; 与俄国的军事协定 176; 俄国想结盟 173; 与在土耳其的外交合作 177

Richter 里希特（反对《第二海军法案》）316

Ripon, Lord 瑞彭爵士 28; 成为总督 27

Roberts, Lord 罗伯茨爵士（关于坎大哈）27, 332; 从德皇处接受黑鹰勋章 322; 敦促义务兵役 442

Robilant 罗必朗（意大利驻奥地利大使）147; 与意大利同德国的合作 67; 与意大利对同盟国的要求 146

Rodd, Mr. Rennell 雷内尔·罗德先生（赴阿比西尼亚的使命）284

Rojdestvensky, Admiral 罗日杰斯特文斯基（俄国舰队司令）377

Roosevelt 罗斯福（美国总统），在摩洛哥问题上的调停 359, 360; 德皇给他的关于摩洛哥的消息 352; 与奥地利的斡旋提议 366; 与俄国的和平谈判 383; 与阿尔赫西拉斯会议 365

Root, Mr. Elihu 伊莱修·鲁特先生 360

Rosebery, Lord 罗思贝里爵士（英国外交大臣，曾任英国首相）93, 227; 支持索尔兹伯里的亚美尼亚政策 243; 关于法国与新赫布里底群岛的政策 265; 暹罗政策 269; 论多格洲事件 378; 论法绍达事件 292; 抗议亚

美尼亚大屠杀 234; 抗议法国的条约 344; 斥责埃及总督 270; 与英德海军竞争 447; 与封锁希腊 122; 与暹罗危机 268; 与土保协定 121

Rosyth 罗塞斯（英国在此打造海军基地）428

Rothschild, Alfred 阿尔弗雷德·罗特希尔德 298, 318

Roumania 罗马尼亚 501, 509, 511; 与协约国的协议 605; 成为一个王国 11; 1883 年成为三国同盟的秘密伙伴 11; 瓦解 606; 对奥地利宣战 605; 同盟国想要她的支持 602; 加入协约国 601; 与俄国的军事协定 605; 宣布中立 554; 1883 年与奥地利秘密结盟 71; 沙皇访问罗马尼亚 523; 与意大利的条约 603; 与俄国的条约 603; 与同盟国 604; 与巴黎和会 667

Roumelia, Eastern 东鲁米利亚（力争统一）6

Roustan 鲁斯坦 61

Rouvier 鲁维埃（法国总理）136, 358; 与拉道林签署关于摩洛哥的预备协议 361

Rupprecht, Prince, of Bavara 巴伐利亚的卢普莱西特亲王 631

Russell, Lord Odo 奥多·拉塞尔爵士（英国驻德国大使）48, 99

Russia 俄国（接受德国的提议）421; 塞尔维亚的亚历山大投降 124; 对不列颠的敌意 244; 奥地利对其巴尔干政策的反对 125 及以下; 对不列颠人

之敌意的信念 256; 为她的战舰要求通过海峡的自由通道 488; 与德国合作 383; 保加利亚政策失败 154; 拖延签署军事协定 181; 想与土耳其密切关系 488; 想要旅顺港作为西伯利亚铁路终点 223; 与阿富汗关于潘杰所有权的争执 29; 与德国疏远 32; 总调动 546; 德国给她的最后通牒 547; 德国对她的援助 379; 大不列颠有条件地与她来往 499; 对塞尔维亚的友谊 520; 与保加利亚的关系 4; 对大不列颠在埃及的敌意 283; 对第二份《德拉蒙德·沃尔夫协定》的敌意 98; 阻碍1878年条约的落实 2; 扩充军备 522; 在波斯的影响 391; 在西藏的影响 372; 介入中日战争的安置 222; 日本军事使团访俄 523; 爱德华国王在日瓦尔 407; 借款与投机 175; 在南方调动 541; 占领木鹿 28; 占领旅顺港 226; 对战争局势的意见 517; 部分调动 508; 在西部为战争做准备 519; 奥德联盟对俄国的可能影响 43; 提议干涉 318; 与保加利亚和好 255; 与日本和好 397; 拒绝帮助阿富汗 26; 拒绝爱德华·格雷阁下的提议 404; 拒绝接受金伯利的改革方案 237; 在巴尔干重获据点 256; 就利芒·冯·桑德尔斯的任命劝谏 517; 与奥地利在巴尔干竞争 125; 在红海掠夺不列颠和德国的船只 375; 与保加利亚关系紧张 5; 支持塞尔维亚 539; 与奥地利关系紧张 152; 法俄联盟的条款 183; 王室智囊团会议辩论海峡问题 520; 各国不团结 254; 多格洲事件 378; 米尔茨施泰格计划 400; 革命 620; 三国协约 396; 否决各国对土耳其施高压 238; 与日本打仗 374; 阿富汗 373, 394; 与一笔国际借款 389; 与奥地利给保加利亚发联合通告 403; 与奥地利对希腊发联合通告 403; 与奥地利给塞尔维亚发联合通告 403; 提议对奥地利让步 411; 仇恨奥地利 424; 支持德尔卡塞的政策 356; 与保加利亚的斐迪南 150; 与法国签海军协定 502; 与大不列颠的海军讨论 529; 与马其顿财政改革方案 402; 答复爱德华·格雷阁下的急件 407; 与德黑兰 491; 与西藏 371; 与天津 325; 与《维也纳条约》 45; 谋划巴尔干联盟反对土耳其 503; 与土耳其驻军撤离克里特 252; 与吞并波斯尼亚 414; 与遏制军备 431; 与巴格达铁路 392; 与巴尔干联盟 501; 与巴尔干半岛 398; 与封锁希腊 122; 与义和团起义 323; 与刚果协议 482; 与克里特安置 250; 与法德的摩洛哥协议 462; 与格雷－康朋往来书信 529; 与波斯问题 491; 与桑扎克铁路 405; 与海峡 412; 与奥地利违反《柏林条约》 415 (见"大战")

S
SABOUROFF 萨博洛夫(俄国外交

官），签署对奥地利的条约 53；与被提议的俄德协议 51；与俄德协议 52

Saionji 西园寺（巴黎和会上的日本代表） 666

Salisbury, Lord 索尔兹伯里爵士（英国外交大臣、首相） 22, 24, 59, 93, 122, 193；英-埃征服臣属哈里发的土地 288；就"联邦参议院"号事件向德国道歉 315；缔结对奥地利的条约 50；俾斯麦的合作愿望 191；比塞大要塞 265；镇压义和团 323；英国船只在旅顺港 226；肯定《格雷宣言》 286；克里特自治 247；在亚美尼亚问题上独自干涉的危险 243；英国在亚美尼亚问题上的孤立 241；解释割让赫尔戈兰岛 202；德国就中国做出的再保证 225；对于德皇对英国的好意没信心 205；接触俾斯麦 142；想与俄国合作 145；埃及政策 96；与德皇就东方问题会谈 214；尼罗河谷政策 294；与明斯特会谈 49；来自比肯斯菲尔德的关于奥德联盟的信 49；致信奥古斯特·洛夫特斯爵士 2；致信亨利·莱亚德阁下 20；为希腊斡旋 249；与法国就非洲问题谈判 296；论比利时的中立 134；论德国作为盟友 99；与亚历山大亲王被废黜 127；论克鲁格电报 221；向土耳其苏丹抗议 239；重启与德国的谈判 302；答复俾斯麦关于再保证的信件 144-145；答复克里斯皮的信 266；辞职 338；重新主政 213；支持保加利亚 119；支持乔治亲王任克里特总督 251；同情巴尔干的基督徒 118；英意协定 148, 149；亚美尼亚难题 212；清偿委员会 75；克里特难题 246；选科堡的斐迪南统治保加利亚 150；詹姆森突袭 218；中国东北争议 326；各国与希腊 121；威胁土耳其 237；警告塞尔维亚 237；土耳其驻军从克里特撤出 252；与奥德联盟 47；与埃及 94；与俄国在中东的活动 369；与英国商会 337；与"联邦参议院"号事件 314；与克里特难题 245；与占领东古拉 281；与法绍达撤军 293；与湄公河问题 267；与尼日尔委员会 285；与被提议的改革方案 238；与1899年《温莎条约》 303；与《扬子江协定》 324

Salonika 萨洛尼卡 401, 405, 504, 509

Samoa 萨摩亚（被德国获取） 110；解决难题 305

Sanders, Liman von 利芒·冯·桑德尔斯（被任命为土耳其军队的监察长） 519；被授予土耳其军队的统帅之职 517；辞去第一军团统帅 519

San Giuliano 圣朱利亚诺（意大利外交部长） 486, 487, 516

Sanjak 桑扎克（关于它的争议） 411；从此地撤军 419；西部被奥地利占领 18

San Stefano, Treaty of 《圣斯特凡诺条约》 1, 3, 21, 33, 36, 69

Sarajevo 萨拉热窝（费迪南大公夫妇在

索　引 / 537

此被谋害）532；组织反对奥地利的占领　17；被奥地利军队猛攻　18

Sazonoff　萨佐诺夫（俄国外交部长）488，489，502，547，621；在王室智囊团会议讨论海峡　520；对俄国新闻界的诉请　522；瓜分方案　569；急于缔结海军协定　531；被施图尔默接替　619；论冯·桑德尔斯将军的任职　518；论庞加莱访问彼得格勒　503；论俄国在巴尔干的政策　507；论需要行动计划　520；论三国协约　528；与土耳其关于冯·桑德尔斯将军的答复　519；各国与巴尔干诸国　504；警告保加利亚　505；与奥地利的最后通牒　539；与总调动　546；与塞尔维亚　506；与波斯问题　491

Scapa Flow　斯卡帕湾（德国舰队沉没于此）690；大舰队驻扎　590

Schiemann, Professor　谢曼教授　350，481，483；论德皇在温莎　433；论的黎波里战争　486

Schön, Baron von　舍恩男爵（德国外交部长）435；法德摩洛哥协定　461；与摩洛哥铁路　464

Schuvaloff, Paul　保罗·舒瓦洛夫（俄国驻德国大使）32，200；与德国谈判　199；布朗热危机　162；1887年《再保险条约》138；与卡普里维的不续订《俄德条约》200

Scott, Sir John　约翰·斯科特阁下　92

Scott-Moncrieff, Sir Colin　柯林·斯科特 - 蒙克里夫阁下　92

Selborne, Lord　塞尔伯恩爵士（在布拉德福德关于西非的演说）286

Serbia　塞尔维亚　507，547；与希腊结盟　509；袭击保加利亚　119；奥地利的最后通牒　536；与奥地利结秘密条约　69；拒绝接受波斯尼亚被吞并　420；俄国对她的友情　520；俄奥给她的照会　403；寻求与保加利亚合作　501；向奥地利投降　422；吞并波斯尼亚　414，417；南斯拉夫诸省　417；库玛诺沃大捷　504；与杜拉佐　506；与巴黎和会　667（见"大战"）

Shuster, Mr.　舒斯特先生（与波斯政府）491

Siam　暹罗　367，343；接受法国人的要求　269；危机　268

Siam, Gulf of　暹罗湾　343

Siberian Railway　西伯利亚铁路（1891年动工）222；俄国计划建西伯利亚铁路　186

Sixte, Prince　希克斯特亲王（在伦敦）630，631；在卢森堡访问卡尔皇帝　627；与奥地利的和平提议　626；劳埃德·乔治论奥地利的和平提案　628

Skobeleff　斯科贝列夫　25；去世　57；在巴黎的演说　56；在彼得堡的演说　56

Smolenski, General　斯莫伦斯基将军　249

Smuts, General　斯玛茨将军　601，673，674，677，688；在巴黎和会　662；对条约的评论　693；与门斯道夫伯爵在瑞士会面　642；1918年的演说　549

Sofia 索菲亚 120, 123, 248

Sonnino 松尼诺（意大利外交部长） 66, 572, 573, 576, 628, 631, 666

Souchon, Admiral 苏雄司令 568

South Africa 南非（大不列颠和德国之间争执的理由） 215; 德国关于南非的灾难性失误 215

South Africa War 南非战争 308 及以下 370; 结束 332; 对法国人之英国感想的影响 337

Spain 西班牙（德尔卡塞对之提议） 341; 包括在地中海协定中 151; 军队在拉腊什登陆 468; 占领埃尔－卡斯尔 468; 与法国的条约 351; 与法国就摩洛哥达成谅解 342; 与《阿尔赫西拉斯法案》 366; 与阿尔赫西拉斯会议 365; 在阿尔赫西拉斯会议上支持法国 367; 与遏制军备 354

Spithead 斯皮德黑德（在此举行海军阅兵） 228

Stambuloff 斯塔姆布洛夫（保加利亚议长） 117, 124

Stanley, Henry 亨利·斯坦利 202; 探索刚果 111

Stead, W. T. 斯特德 306

St. Hilaire, Barthélemy 巴托洛缪·圣伊莱尔（法国外交部长） 13, 62

Stolberg, Count 施托尔贝格伯爵（德国副首相） 42, 45

Stolietoff, General 斯多里朵夫将军 25, 26

Sturdee 斯特迪 589

Sturdza 斯图尔扎 10

Stürgkh, Count 施图尔克伯爵（奥地利首相） 544

Stürmer 施图尔默（俄国外交部长） 619; 论罗马尼亚的要求 605; 接替萨佐诺夫任外交部长 604

Suda Bay 苏达湾 121, 247, 252

Sudan 苏丹 89, 221; 重新征服苏丹的计划 278, 280; 界定其地位 294; 向马哈迪头像 93

Suez Canal 苏伊士运河 354; 打退对它的进攻 569; 中立 87; 开放通航 73; 中立化 93; 各国与运河的防御 83; 与法国 342

Sukhomlinoff 苏霍姆利诺夫（俄国国防部长） 549

Szechenyi 塞奇尼（签署对奥地利的条约） 53

T

TAFT, MR. 塔夫特先生 673

Taillandier, Saint-René 圣勒内·泰朗蒂耶（与菲斯使命） 348

Talaat 塔拉特 600, 653

Talienwan 大连湾 226

Tangier 丹吉尔 328, 355; 在此示威 354; 德皇访问 352

Tardieu 塔迪厄（巴黎和会上克列孟梭的助理，1929—1932 年间三度出任法国总理） 688, 689, 693; 论四人委员会 672; 论爱德华国王在巴黎 338

Tattenbach, Count 塔腾巴赫伯爵 355

Tcharykoff 察耶科夫 488, 489

Tel-el-Kebir 特勒凯比尔（之战） 84

Tewfik 陶菲克（被任命为埃及总督） 75, 86

Thessaly 塞萨利 248; 被土耳其割让给希腊 14; 安排休战 249

Tibet 西藏 394; 边界争议 371; 不列颠与西藏的政治关系 372; 签订条约 372; 与《拉萨条约》 373

Tirpitz 蒂尔皮茨 219, 227; 任命为海军部首脑 228; 任职 229; 批评贝特曼 450; 要求增补《海军法案》 490; 想达成英德海军协议 453; 免职 595;《海军法案》 230; 论沃尔夫－梅特尼希与《海军法案》 444; 在英德谈判上支持贝特曼－豪尔维格 453; 与不列颠的海军竞赛 429; 与德国海上力量 313; 与《第二海军法案》 315

Tisza 蒂萨（匈牙利首相） 535, 536, 544, 602, 604

Tittoni 蒂托尼（意大利外交部长），与桑扎克铁路 405; 论吞并波斯尼亚 416; 与法德摩洛哥协议 462; 论意大利在的黎波里的权利 485

Togoland 多哥兰 208; 边界安置 283

Tolstoi, Count 托尔斯托伯爵 141

Townshend, General 汤森德将军 600

Transvaal 德兰士瓦 105; 德国人对德兰士瓦的支持 215; 德国关于德兰士瓦的政策 216; 酝酿风暴 217

Treaty of Berlin 柏林条约 45, 243, 405, 415; 奥地利违反条约 414及以下

Trebizond 特拉布宗 239

Tricoupis 特里库匹斯（希腊首相） 123; 接替德律阿尼斯 122; 敦促各国干涉克里特的暴动 245

Tripoli 的黎波里 146, 213, 266, 341, 346; 被意大利夺取 485

Troelstra 特鲁尔斯特拉（提议在斯德哥尔摩开劳工大会） 623

Trotzky 托洛茨基（在布列斯特立陶夫斯克） 639; 成为外交部长 639; 签署和平协议 640; 与协约国 639

Tsingtau 青岛 224, 229

Tunis 突尼斯 265, 266, 340; 英法关于突尼斯的协议 283; 成为法国的保护国 63; 关于突尼斯的争议 60; 建立三重财政控制 61

Turkey 土耳其 1, 2, 18, 511; 由各国设立的调查亚美尼亚暴行的委员会 235; 与意大利缔结和约 504; 在君士坦丁堡开大使会议 119; 对希腊宣战 248; 拒绝开放海峡 489; 战败 505; 谴责希腊的行动 121; 想要德国军官来重组军队 517; 与三国协约疏远 489; 撤出克里特 252; 对突尼斯的宗主权 62; 占领塔拜 389; 对杜尔奇尼奥和罗马尼亚抗议 16; 就冯·桑德尔斯将军事答复三位大使 518; 被法国支持 13; 与埃及的军队改革 94; 与损失波斯尼亚的赔偿 419; 与保加利亚的协议 401; 与马其顿的财政改革方案 402; 与亚美尼亚难题 213,

232；与巴尔干联盟 501；与保加利亚的统一 118；与克里特难题 245；与埃及问题 80；与法俄协约 176；与马其顿委员会 398；与第二份《德拉蒙德·沃尔夫协定》98；与青年土耳其革命 409（见"大战"）

Tweedmouth, Lord 特维德茅斯爵士（来自德皇的论海军政策的信） 437

U

UCCIALLI, Treaty of 《乌查里条约》 278；取消 279

Uganda 乌干达 270；被大不列颠吞并 201；铁路计划 271

United States 美国 384；在阿尔赫西拉斯会议支持法国 367；对欧洲的争议置身世外 308；对解救亚美尼亚人予以同情和援助 240；与海牙会议 307；与海上私人财产的豁免权 308；与图图伊拉岛 306；与萨摩亚安置 305（见"大战"）

V

VASSOS, COLONEL 瓦索斯上校（占领克里特） 246

Venezelos 维内泽洛斯（希腊首相） 254，502，581，586，606，674，695；作为希腊首相参加巴黎和会 667

Venosta, Visconti 维斯孔蒂·韦诺斯塔（意大利外交部长） 345，346

Versailles 凡尔赛（最高作战委员会设于此） 642，647，648

Victor Emmanuel III 维克托·伊曼纽尔三世（意大利国王） 347；在拉帕洛 641；在巴黎 659；与吞并波斯尼亚 416

Victoria, Queen 维多利亚女王 155；去世 322；六十周年纪念 228；评论对奥地利的条约 50；德皇《回忆录》事件 319；邀请德皇访问英国 309；致信德国皇帝 157；被德皇任命为第一近卫团荣誉团长 193；亚历山大二世的来信 28；论亚历山大亲王的退位 124；在议会开幕时的演说 241；支持保加利亚 118；与亚美尼亚大屠杀 237

Villalobar 比利亚洛瓦尔（西班牙驻比利时公使） 636

Vincent, Sir Edgar 埃德加·文森特阁下 92

Viviani 维维亚尼（法国总理），论法国的战争目标 612

Vladimir, Grand Duke 弗拉基米尔大公 165

Von Spee 冯施培 589

W

WADDINGTON, M. 沃丁顿先生（法国总理） 2，33，44，47，59，60；拒绝卷入俄国的争吵 158；接替德尔卡塞 157；与湄公河 267；与土耳其－希腊谈判 12；与埃及局势 90

Waldersee, Count 瓦尔德塞伯爵 327；被任命为镇压义和团的国际远征军指

挥官 323; 密谋反对俾斯麦 194

Wallace, Sir Donald Mackenzie 唐纳德·麦肯齐·华莱士阁下 389

Warren, Sir Charles 查尔斯·瓦伦阁下 106

West Africa 西非 286; 英法在西非的边界安置 343; 英国人在西非的特许权 344

White, Sir William 威廉·怀特阁下 117, 119

William I of Germany 德意志的威廉一世 33, 34, 38, 57; 接受《维也纳条约》 45; 去世 188; 与沙皇在亚历山德罗沃会面 39; 自亚历山德罗沃返回并向俾斯麦汇报 40; 与《维也纳条约》的草案 44

William II 威廉二世（德意志皇帝）（退位）658; 登基 188; 仰慕不列颠海军 208; 德国主导君士坦丁堡的目标 261; 允许对俄条约失效 199; 答复弗兰茨·约瑟夫关于萨拉热窝凶手的信 533; 任命卡普里维担任德意志帝国首相 196; 对日瓦尔访问的忧虑 408; 在汉堡赛舟会 408; 在爱德华国王的葬礼上 454; 在丹吉尔 352; 在温莎 433; 在市政厅 433; 成为民法博士 433; 俾斯麦对他的警告 190; 对胜利的信心 628; 在威尔士亲王逃脱布鲁塞尔刺杀后祝贺他 315; 为法德摩洛哥协定祝贺舍恩 462; 与兰斯当的谈话 325; 不信任法俄同盟 184; 首次访问英国 193; 对阿卜杜勒·哈米德的友情 261; 挫败法俄的干涉企图 319; 对俾斯麦的仰慕之情 189; 改变观点 513; 殖民政策 449; 对不列颠国防部长的热忱 430; 进步政策 211; 与索尔兹伯里关于东方问题的会谈 214;《回忆录》319; 海军野心 204; 对陆军的公告 189; 对海军的公告 189; 对人民的公告 189; 沃尔斯战役周年纪念上的演说 215; 对维多利亚女王去世的吊唁 322; 为粉碎詹姆森突袭致电克鲁格 218; 访问英国 310; 与大不列颠的亲密关系 205; 致雅高论斡旋的信 543; 致爱德华国王的信 327; 致罗斯福总统论摩洛哥问题的信 359; 致沙皇论其温莎之行的信 435; 致沙皇论俄国对奥地利政策的信 424; 致沙皇论詹姆森突袭的信 219; 致沙皇论被提议的英德协议的信 300; 与俾斯麦的正式和解 195; 论协约国对和平提案的答复 611; 论克里特 253; 论德国的海上力量 228; 论摩洛哥 350; 论《波瑟公报》上的文章 524; 论克里特撤军 252; 与俾斯麦分道扬镳 195; 和平讨论的提议 608; 拒绝英国的斡旋提案 537; 拒绝接受首相的辞呈 496; 拒绝接待克鲁格 321; 在大马士革的演说 262; 在卡尔斯鲁厄的演说 355; 论德国海上力量的演说 312; 基尔运河启用仪式上的演说 210; 祝贺阿特巴拉大捷的电报 298; 致沙皇论俄德合作的电报 379; 致沙皇论劫夺德国

船只的电报 375; 感谢戈武霍夫斯基在阿尔赫西拉斯会议上的支持 368; 卡萨布兰卡危机 460;《俄德条约》与法国 382; 阻碍结盟讨论 327; 访问英国 457; 访问俄国 200; 访问桑德灵厄姆 332; 就法俄密谋反对不列颠警告爱德华国王 321; 与塞西尔·罗德斯 304; 与钱伯兰关于英德协议的提议 299; 与裁军 429; 与赫尔戈兰岛 429; 与爱德华国王在克龙贝格 439; 与霍尔丹爵士讨论巴格达铁路方案 436; 与特维德茅斯爵士论海军政策的信 437; 与阿瑟·李先生的演说 428; 与罗斯福论摩洛哥 352; 与惠特 386; 与阿尔赫西拉斯会议 365; 与巴格达铁路 435; 与黑海舰队 376; 与《每日电讯报》采访 440; 与《比约雪岛协定》 388; 与教廷大使 388; 与波茨坦会议 542; 与沙皇关于不列颠的忠告 382; 与沙皇: 给俄国舰队加煤 383; 与沙皇关于《俄德条约》的协议草案 380; 与沙皇在比约雪岛会面 385; 与沙皇论俄国的条约 425; 与国防部 534

Wilson, President 威尔逊（美国总统） 643, 674; 劝告签停火协议 655; 在巴黎和会 665; 与德国中止外交关系 618; 关于莱茵河边界争端的折中 680; 宣战 619; 德国与和平提议 653; 和平政策 661; 要求进行和平讨论 611; 离开巴黎 694; 论国际联盟 673; 论"露西塔尼亚"号沉没 593; 答复奥地利 652; 论和平政策的参议院讲话 616; 协约国的和平条件 657; 与贝恩施道夫论潜艇战 594; 与德国的和平条件 654; 与大不列颠论潜艇战 595; 与日本 686; 与《公约》 677; 与阜姆争议 684; 与德国代表 688; 与美国的中立 591; 与教皇的和平提议 634; 与俄国难题 670; 与萨尔煤田 681

Wilson, Sir Charles 查尔斯·威尔森阁下 20

Wilson, Sir Rivers 里夫斯·威尔森阁下 93

Wingate, Sir Francis 弗朗西斯·盖温特阁下（在科尔多凡击败哈里发） 295

Witte 惠特（俄国财政部长、首相），成为首相 388; 阻止博斯普鲁斯阴谋 258; 论俄国开战 619; 俄国与借款 390; 在洛明腾访问德皇 386; 与《英俄协定》 395; 与海牙会议 306; 与《比约雪岛协定》 386; 与俄国借款 389

Wolff, Sir Henry Drummond 亨利·德拉蒙德·沃尔夫阁下 7; 第二份协定 97; 在埃及 95; 派往土耳其 94

Wolff-Metternich, Count 沃尔夫－梅特尼希伯爵[1]（德国驻英国大使） 325, 492; 论"黑豹"号事件 272; 与英德

---

[1] 原索引中出现两次梅特尼希的条目，一次是"Metternich, Count"，一次是"Wolff-Metternich"，实则是一人，因此合并。——译注

海军猜忌 444; 与爱德华·格雷阁下 404; 与海军竞争 429

Wolseley, Sir Garnet 加内特·沃尔斯利阁下 84

Wood, Sir Evelyn 伊夫林·伍德阁下 92

Wood, Sir Richard 理查德·伍德阁下 61

Y

YAKUB KHAN 雅库布汗 26; 退位 27

Yangtse Agreement, the 《扬子江协定》 324

Younghusband 荣赫鹏（赴拉萨的使命） 372

Young Turk revolution 青年土耳其革命 409

Z

ZAIMIS 塞米斯（接替乔治王子任克里特总督） 254

Zanzibar 桑给巴尔 109, 203; 成为不列颠的被保护国 201; 作为东非锁匙的重要性 202

Zelenoi, General 泽列诺伊将军 29, 30

Zimmermann 齐默曼（德国外交部长） 530, 619; 成为外交部长 615; 解释"黑豹"号事件 471

"二十世纪人文译丛"出版书目

《希腊精神:一部文明史》　　　　　　〔英〕阿诺德·汤因比　著　乔　戈　译

《十字军史》　　　　　　　　　　　　〔英〕乔纳森·赖利-史密斯　著　欧阳敏　译

《欧洲历史地理》　　　　　　　　　　〔英〕诺曼·庞兹　著　王大学　秦瑞芳　屈伯文　译

《希腊艺术导论》　　　　　　　　　　〔英〕简·爱伦·哈里森　著　马百亮　译

《国民经济、国民经济学及其方法》　　〔德〕古斯塔夫·冯·施穆勒　著　黎　岗　译

《古希腊贸易与政治》　　　　　　　　〔德〕约翰内斯·哈斯布鲁克　著　陈思伟　译

《欧洲思想的危机(1680—1715)》　　　〔法〕保罗·阿扎尔　著　方颂华　译

《犹太人与世界文明》　　　　　　　　〔英〕塞西尔·罗斯　著　艾仁贵　译

《独立宣言:一种全球史》　　　　　　〔美〕大卫·阿米蒂奇　著　孙　岳　译

《文明与气候》　　　　　　　　　　　〔美〕埃尔斯沃思·亨廷顿　著　吴俊范　译

《亚述:从帝国的崛起到尼尼微的沦陷》　〔俄〕泽内达·A.拉戈津　著　吴晓真　译

《致命的伴侣:微生物如何塑造人类历史》　〔英〕多萝西·H.克劳福德　著　艾仁贵　译

《希腊前的哲学:古代巴比伦对真理的追求》　〔美〕马克·范·德·米罗普　著　刘昌玉　译

《欧洲城镇史:400—2000年》〔英〕彼得·克拉克　著　宋一然　郑昱　李陶　戴梦　译

《欧洲现代史(1878—1919):欧洲各国在第一次世界大战前的交涉》
　　　　　　　　　　　　　　　　　　〔英〕乔治·皮博迪·古奇　著　吴莉苇　译

《古代美索不达米亚城市》　　　　　　〔美〕马克·范·德·米罗普　著　李红燕　译

《图像环球之旅》　　　　　　　　　　〔德〕沃尔夫冈·乌尔里希　著　史良　译

《古代波斯:阿契美尼德帝国简史(公元前550—前330年)》
　　　　　　　　　　　　　　　　　　〔美〕马特·沃特斯　著　吴玥　译

"二十世纪人文译丛"出版书目

《古代埃及史》　　　　　　　　　　　　　〔英〕乔治·罗林森　著　王炎强　译

《酒神颂、悲剧和喜剧》　　　　　　〔英〕阿瑟·皮卡德-坎布里奇　著　周靖波　译

《诗与人格：传统中国的阅读、注疏与诠释》　　　　〔美〕范佐仁　著　赵四方　译

《人类思想发展史：关于古代近东思辨思想的讨论》
　　　　　　　　　　　　〔荷兰〕亨利·法兰克弗特、H.A.法兰克弗特 等　著　郭丹彤　译

《意大利文艺复兴简史》　　　　　　　　　　　　〔英〕J.A.西蒙兹　著　潘乐英　译

《人类史的三个轴心时代：道德、物质、精神》　　〔美〕约翰·托尔佩　著　孙　岳　译

《西方古典历史地图集》　〔英〕理查德·J.A.塔尔伯特　编　庞纬　王世明　张朵朵　译

《中世纪与文艺复兴时期的佛罗伦萨》　　　　〔美〕费迪南德·谢维尔　著　陈勇　译

《乌尔：月神之城》　　　　　　　　　　　〔英〕哈丽特·克劳福德　著　李雪晴　译

《塔西佗》　　　　　　　　　　　　　　　　〔英〕罗纳德·塞姆　著　吕厚量　译

《历史哲学指南：关于历史与历史编纂学的哲学思考》〔美〕艾维尔泽·塔克　主编　余伟　译

《罗马艺术史》　　　　　　　　　　　　　　〔美〕斯蒂文·塔克　著　熊莹　译

《人类的过去：世界史前史与人类社会的发展》
　　　　　　　　　　　　〔英〕克里斯·斯卡瑞　主编　陈淳　张萌　赵阳　王鉴兰　译

《意大利文学史》　　　　　　　　　〔意〕弗朗切斯科·德·桑科蒂斯　著　魏怡　译

"二十世纪人文译丛·文明史"系列出版书目

《大地与人：一部全球史》　〔美〕理查德·W.布利特 等　著　刘文明　邢科　田汝英　译

《西方文明史》　　　　　　　　　　　　〔美〕朱迪斯·科芬 等　著　杨军　译

《西方的形成：民族与文化》　　　　　　　〔美〕林·亨特 等　著　陈恒 等　译

图书在版编目（CIP）数据

欧洲现代史：1878-1919：欧洲各国在第一次世界大战前的交涉 /（英）乔治·皮博迪·古奇著；吴莉苇译. —北京：商务印书馆，2022
（二十世纪人文译丛）
ISBN 978 - 7 - 100 - 20262 - 6

Ⅰ. ①欧⋯　Ⅱ. ①乔⋯ ②吴⋯　Ⅲ. ①欧洲—现代史—1878-1919　Ⅳ. ①K505

中国版本图书馆 CIP 数据核字（2021）第165047号

权利保留，侵权必究。

欧 洲 现 代 史（1878—1919）
欧洲各国在第一次世界大战前的交涉

〔英〕乔治·皮博迪·古奇　著
吴莉苇　译

商 务 印 书 馆 出 版
（北京王府井大街36号　邮政编码 100710）
商 务 印 书 馆 发 行
山 东 临 沂 新 华 印 刷 物 流
集 团 有 限 责 任 公 司 印 刷
ISBN 978 - 7 - 100 - 20262 - 6

2022年4月第1版　　　　开本 640×960　1/16
2022年4月第1次印刷　　印张 35

定价：160.00元